HSK 6급 단어 한권으로 끝내기

다락원

매달 시행되는 HSK 시험!
최신 출제 경향을 반영한
주요 어휘를 공개합니다.
QR코드를 스캔해 확인하세요.

HSK 1타강사 **남미숙 선생님과**
중국어 교육을 선도하는 **다락원이 만든**

HSK 합격을 위한 완벽 솔루션

HSK 단어장

HSK 종합서

HSKK 교재

저자의 말

단어는 외국어 공부에 있어 가장 기본이 되는 요소이면서, 중국어 수준 향상을 위해서 반드시 넘어야 하는 관문이기도 합니다. 현장에서 20년 이상 중국어 강의를 하는 동안 중국어 공부와 HSK 준비를 하면서 단어의 벽에 부딪혀 어려워하시는 분들을 자주 만날 수 있었습니다.

이번에 출간하는 『HSK 6급 단어 한권으로 끝내기』는 단순 암기법의 한계를 쉽고 재밌게 극복하실 수 있도록 HSK 6급 어휘를 HSK에 자주 출제되고 실생활에도 자주 사용되는 주제별 테마 단어장으로 풀어냈습니다. 특히 HSK 최신 기출문제를 바탕으로 출제 빈도가 높은 표현을 반영해 모든 예문을 구성함으로써 단어 공부를 하면서 동시에 자연스럽게 HSK 실력도 향상될 수 있도록 구성하였습니다.

HSK 6급 빈출 핵심 어휘를 먼저! HSK 기출 표현이 반영된 예문으로 빈출 핵심 어휘를 먼저 공부하고, 추가적인 보충 어휘는 WEB 단어장을 통해 예문과 함께 공부할 수 있어요.

체계적이고 효율적인 30DAY 단어장, HSK 빈출 주제별로 구성된 30개 DAY별 학습을 따라가면 자연스럽게 한 달에 HSK 6급 단어를 정복하실 수 있어요.

단어가 저절로 외워지는 암기 코칭 제공! 암기 코칭은 단어의 특성에 따라 위트 있는 암기 팁을 제시할 때도 있고, 단어를 실생활에서 사용할 수 있는 사용 환경이나 활용 형식에 대한 정보를 알려드릴 때도 있어요.

이 단어장을 통해 중국어 학습자와 HSK 수험생 여러분이 보다 쉽고 재미있게 HSK 6급을 정복하시길 기대합니다. 이 책을 펴내는 데 도움을 주신 남미숙 중국어연구소의 민순미 선생님, 모정 선생님, 김호정 선생님, 시인혜 선생님 그리고 김동준 님께 감사드립니다.

저자 **남미숙**

📅 목차 및 학습 플래너

단어는 반복 학습! 단어를 꼼꼼하게 암기한 후, 총 2번 이상 복습해 보세요.
3번 이상 반복하면 기억이 2배, 3배 더 오래 유지됩니다.

DAY	주제	페이지	학습일	복습 1회차	복습 2회차	복습 3회차
01	전통과 풍습, 일상생활	10				
02	라이프 스타일	26				
03	운동하는 즐거움	42				
04	대자연의 품으로	60				
05	단풍 놀이 갈까?	80				
06	튼튼 습관 만들기	100				
07	따라해 보세요	116				
08	내가 제일 잘 나가	128				
09	신중모드 ON	148				
10	여긴 어디 나는 누구	166				
11	언어의 연금술사	184				
12	아주 좋은 지적이야	204				
13	너와 나의 연결고리	224				
14	딱 질색이야	242				
15	수고했어, 오늘도!	258				

이 책의 활용법

QR코드로 음원 바로 듣기

HSK 6급 시험
빈출 테마 &
시험 경향에
대한 정보 습득하기

주요 문장을
그림으로 미리보기

주제별 주요 단어를
영상으로 암기하기

테마별로 빈출 핵심 어휘들을 선별했어요.

표제어 리스트 PDF로 간편하게
예습, 복습하세요.

단어, 발음, 품사, 뜻

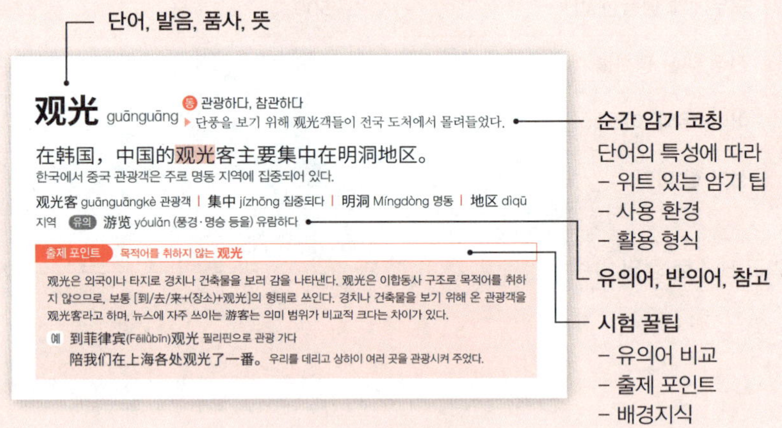

순간 암기 코칭

단어의 특성에 따라
- 위트 있는 암기 팁
- 사용 환경
- 활용 형식

유의어, 반의어, 참고

시험 꿀팁
- 유의어 비교
- 출제 포인트
- 배경지식

HSK 6급 빈출 표현,
데일리 테스트

▶ 고득점 합격을 위한다면 빈출 표현까지 암기해 보세요.
▶ 데일리 테스트(PDF)를 통해 공부한 내용을 복습해 보세요.

QR코드를 스캔하면 데일리 테스트를
다운로드 받을 수 있어요.

데일리 테스트 정답: p571

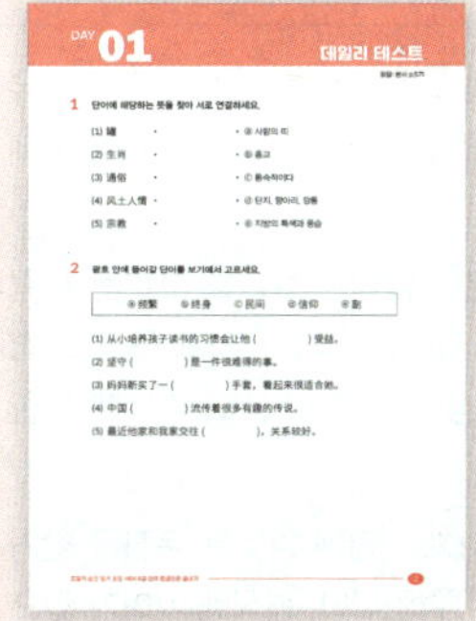

모범문장 필사노트

HSK 6급 쓰기 유형에서 바로 활용
할 수 있는 모범문장을 정리했어요.

WEB 단어장

HSK 6급 단어 2500개 중 30일 커리큘럼 표제어로
다루지 않은 단어들은 WEB 단어장으로 공부하세요.

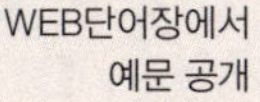

WEB단어장에서
예문 공개

🧭 HSK 출제 경향

최근 HSK 6급 시험은 난이도가 다소 오르내림을 반복하면서 전반적으로는 점차 어려워지는 추세입니다. 듣기 영역에서는 녹음을 듣고 바로 정답을 찾을 수 있는 문제가 줄어들고 있으며, 독해 영역에서는 난도가 높은 어휘의 출제 비중이 점점 증가하고 있습니다. 다만 최근에는 몇 가지 주요 테마를 중심으로 문제가 반복 출제되는 경향이 있으므로, 자주 등장하는 테마별 어휘를 미리 충분히 익혀 둔다면 높은 점수를 받는 데 도움이 될 것입니다.

HSK 6급 파트별 최신 출제 경향

❶ 듣기 1·3부분 & 독해 3·4부분 (단문 유형)

듣기 1부분은 내용을 듣고 그와 일치하는 보기를 선택하는 유형으로, 동식물, 지역, 역사, 인물을 설명하는 내용이 자주 출제됩니다.

듣기 3부분은 내용을 듣고 질문에 알맞은 보기를 고르는 유형으로, 보통 한 지문에 3~4개의 질문을 합니다. 사회 현상, 과학 기술, 자연 현상, 동물의 습성, 심리 및 철학 등의 주제에 대한 논설문과 설명문이 출제됩니다.

독해 3·4부분은 각각 지문을 읽고 빈칸에 알맞은 문장을 찾거나 질문에 알맞은 답을 고르는 유형입니다. 형식에 차이가 있으나 지문은 모두 과거 이야기, 발명 및 개발에 관한 이야기, 우주 과학, IT, 스마트 도시 등 여러 주제로 출제됩니다.

듣기와 독해는 풀이 방식은 다르지만, 이번 시험의 듣기 지문이 다음 번 독해 지문으로 출제될 만큼 주제나 내용면에서 큰 차이가 없습니다. 따라서 자주 출제되는 필수 어휘들을 잘 익히면 두 영역에서 모두 좋은 점수를 받을 수 있습니다.

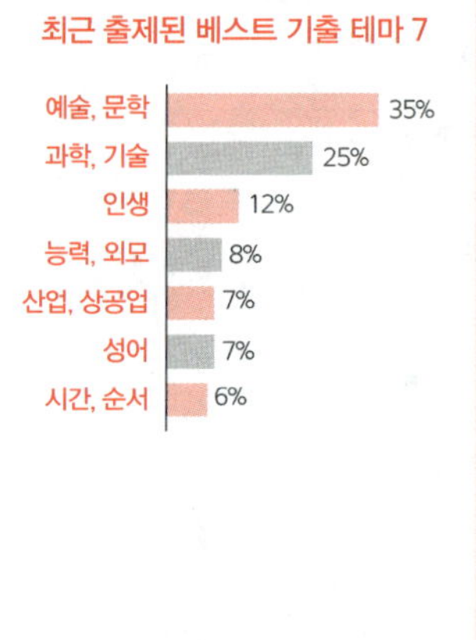

❷ 듣기 2부분 (인터뷰 유형)

전문가를 인터뷰한 대화문이 출제되며, 최근 예술·문학 분야의 전문가 인터뷰가 가장 많이 출제되고 있습니다. 인터뷰 대상에게 성공 요인, 어려움을 극복한 방법, 이룩한 성과에 대한 설명, 자신의 개성 등을 묻습니다. 질문과 대답의 순서가 불규칙하게 출제되기 때문에 인터뷰 내용을 전체적으로 파악해야 합니다. 아래 자주 출제된 테마의 어휘를 잘 익혀 두어야 합니다.

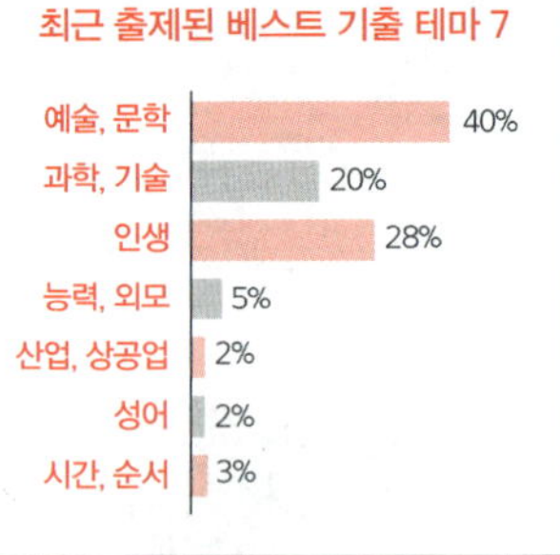

❸ 독해 1부분

오류가 있는 문장을 찾아내는 유형으로, 수험생들이 가장 어려워하는 부분입니다. 가장 많이 출제되는 오류 유형은 '짝꿍 어휘'로, 동사와 목적어, 주어와 형용사가 어울리게 쓰였는지를 알아야 합니다. 이 책은 매 과에 있는 'HSK 6급 빈출 표현'을 공부하면 독해 1부분을 좀더 쉽게 정복할 수 있습니다.

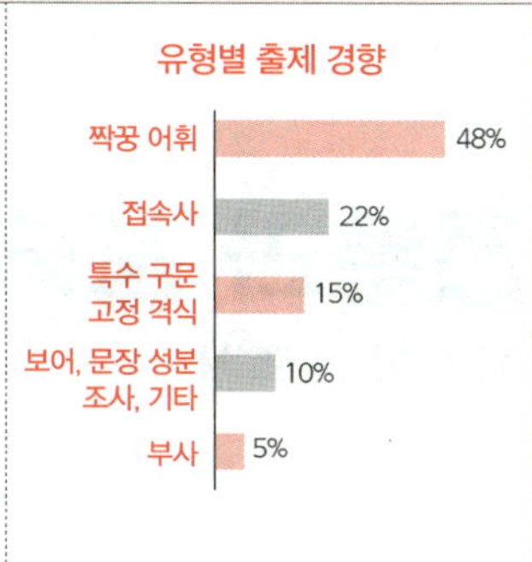

❹ 독해 2부분

지문 속 3~4개의 빈칸에 들어갈 알맞은 어휘들을 고르는 유형입니다. 단어의 품사와 의미, 활용을 정확하게 파악해야 하며, 유의어를 구분할 줄 알아야 합니다.

특히 최근에는 성어도 시험에 따라 1~3개 정도씩 꾸준히 출제되고 있습니다. 이 책에서는 단어마다 주요 유의어 및 반의어를 제공하고, '유의어 비교' 팁에서 유의어와 자주 출제되는 어휘, 짝꿍 표현을 심화 학습하여, 독해 2부분에서 고득점을 받을 수 있도록 하였습니다.

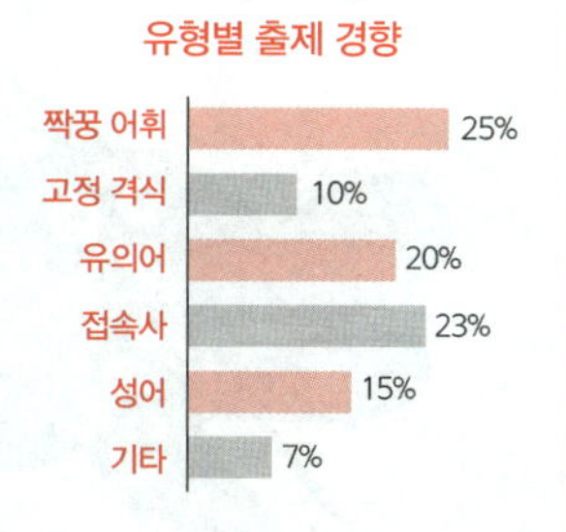

❺ 쓰기 영역

1000자(A4 용지 약 1장)가량의 이야기를 10분 동안 읽고 기억했다가, 원문을 보지 않고 35분 동안 400자로 줄여 쓰는 유형입니다. 이야기의 핵심을 정확하게 파악하고, 가감 없이 정확하게 요약하는 것이 가장 중요합니다. 최근에는 사업이나 프로젝트 등의 성공담, 좋은 아이디로 좋은 일이 생기는 이야기, 발명이나 발견에 관한 이야기, 성어나 속담 유래, 유명인사_인플루언서(왕홍), 예술인, 체육인 관련 이야기 등이 출제되고 있습니다.

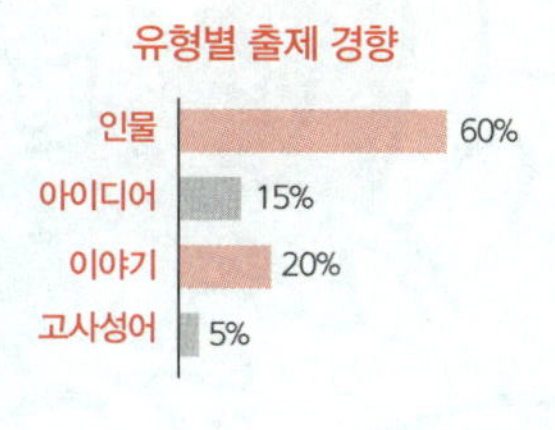

DAY

01

HSK 6급 30일 합격 프로젝트

★ HSK 시험에 이렇게 나와요.

가정·풍속과 관련된 어휘는 전통, 풍습, 일상생활과 관련된 설명문 등으로 듣기 1·3부분에 많이 출제됩니다. 특히, 중국의 명절, 풍습, 전통 음식 등은 독해 4부분에서도 출제되고 있습니다.

전통과 풍습, 일상생활

#가정 #풍속 #전통

음원 듣기

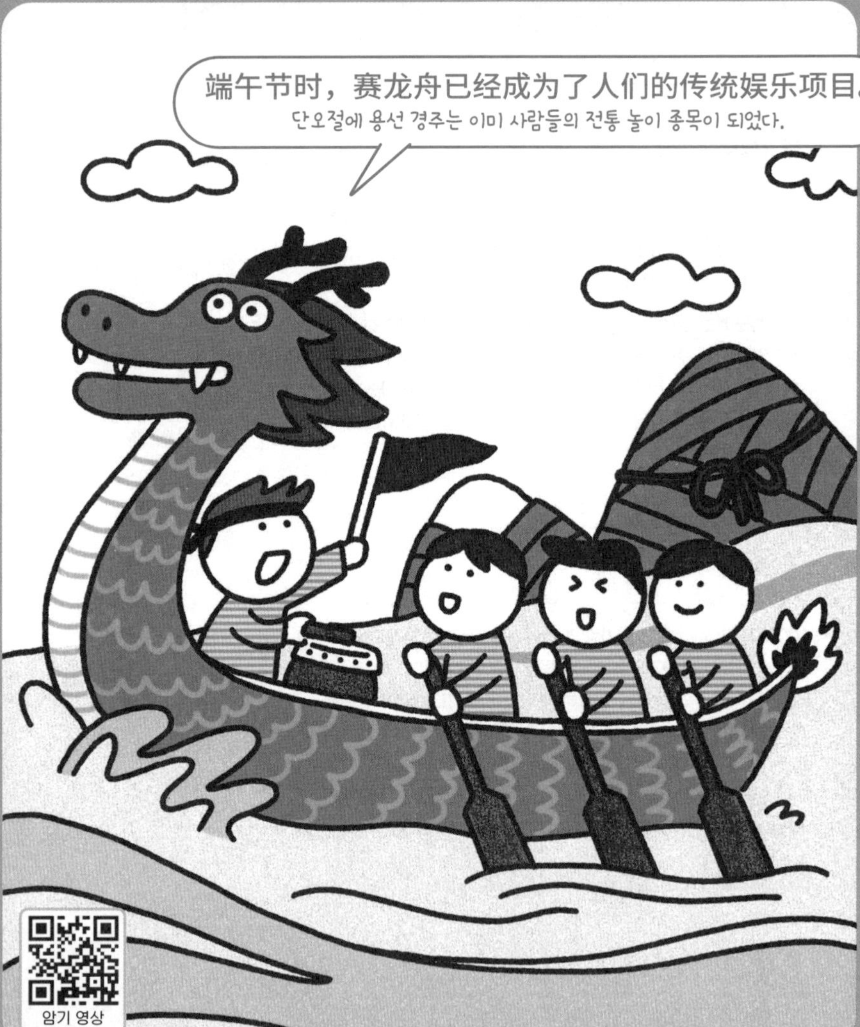

암기 영상

家属 jiāshǔ

명 가족
▶ 아버지가 올여름에 家属를 데리고 해외여행을 갈 거라고 하셨어.

医院需要得到患者家属的签字才可以动手术。

병원은 환자 가족의 서명을 받아야 비로소 수술을 할 수 있다.

得到 dédào 받다 | **患者** huànzhě 환자 | **签字** qiānzì 서명하다 | **动手术** dòng shǒushù
수술하다

유의 **家族** jiāzú 가족

伴侣 bànlǚ

명 동반자, 짝, 파트너
▶ 부부란 평생을 함께하는 인생의 伴侣야.

伴侣之间最重要的莫过于互相信任。

동반자 사이에 가장 중요한 것은 상호 신뢰이다.

之间 zhī jiān ~의 사이 | **莫过于** mòguòyú ~ 이상의 것은 없다 | **互相** hùxiāng 상호 | **信任**
xìnrèn 신뢰하다

配偶 pèi'ǒu

명 배우자, 배필(주로 법률 서류에 많이 쓰임)
▶ 그녀는 配偶를 잘못 만나, 일평생 고생만 했어.

当今社会，人们对配偶的要求也越来越高了。

오늘날 사회에서, 사람들의 배우자에 대한 요구도 갈수록 높아진다.

当今 dāngjīn 오늘날 | **社会** shèhuì 사회

新娘 xīnniáng

명 신부
▶ 新娘의 손에는 예쁜 부케가 들려 있었다.

新娘是婚礼上最受瞩目的人。

신부는 결혼식에서 가장 주목받는 사람이다.

婚礼 hūnlǐ 결혼식 | **受** shòu 받다 | **瞩目** zhǔmù 주목하다

참고 **新郎** xīnláng 신랑

请柬 qǐngjiǎn

명 초대장, 청첩장
▶ 6살짜리 조카가 귀엽게도 생일 파티 请柬을 보냈어!

那位有名的画家举行了画展，教授收到了他发的请柬。
그 유명한 화가가 전시회를 열었고, 교수는 그가 보낸 초대장을 받았다.

画家 huàjiā 화가 | **举行** jǔxíng 거행하다, 열다 | **画展** huàzhǎn 그림 전시회 | **教授** jiàoshòu 교수 | **收到** shōudào 받다

유의 **请帖** qǐngtiě 청첩장, 초대장

终身 zhōngshēn

명 평생, 일생
▶ 부모님이 살아 계실 때 효도하지 못한 것이 终身의 한이 되었다.

从小培养孩子读书的习惯会让他终身受益。
어려서부터 아이의 공부 습관을 기르면 아이는 평생 덕을 본다.

从小 cóngxiǎo 어린 시절부터 | **培养** péiyǎng 기르다 | **受益** shòuyì 이익을 얻다

夫人 fūrén

명 부인, 기혼 여성에 대한 호칭
▶ 그는 결혼하고 나서 아내를 夫人이라고 부른대.

习近平主席的夫人彭丽媛是一位歌唱家。
시진핑 주석의 부인 펑리위안은 가수이다.

习近平 Xí Jìnpíng 시진핑(중국 국가 주석) | **主席** zhǔxí 주석 | **彭丽媛** Péng Lìyuán 펑리위안 | **歌唱家** gēchàngjiā 가수

婴儿 yīng'ér

명 영아, 젖먹이
▶ 婴儿이 태어난 지 벌써 100일이 지났다.

这家妇产医院一天有200多个新生婴儿出生。
이 산부인과에서는 하루에 신생아 200여 명이 태어난다.

妇产 fùchǎn 산부인과 | **新生婴儿** xīnshēng yīng'ér 신생아 | **出生** chūshēng 태어나다

人家 rénjiā / rénjia

- 명 (-儿) 집, 인가
- 대 타인 대 본인
▶ 여기는 마을이 작아서 이웃 人家끼리 사이가 매우 돈독해.

一条小溪把两户人家分隔开来。
작은 계곡이 두 집을 가른다.

小溪 xiǎoxī 작은 내 | 户 hù 집(가정을 세는 양사) | 分隔 fēngé 갈라놓다

출제 포인트　**人家**의 발음과 뜻

人家는 家를 1성으로 읽느냐 경성으로 읽느냐에 따라 품사와 의미가 달라진다. 1성일 때는 가정집, 경성일 때는 남이나 자기 자신을 가리키는데, 특히 여자가 스스로를 애교스럽게 부를 때 사용하기도 한다. 성조에 따른 의미를 확실히 구분하지 않으면 들을 때 혼동할 수 있으므로, 구분하여 익히자.

人家 rénjiā(r)	家가 1성일 때는 명사로, 사람이 사는 집이나 가정을 나타냄 예 十户人家 10가구의 집 | 小户人家(儿) 가난한 집
人家 rénjia	家가 경성일 때는 대명사로, 어떤 사람(들)을 가리킴 예 让人家看 남에게 보여 주다 | 偷人家的钱 남의 돈을 훔치다

团圆 tuányuán

- 동 한자리에 모이다 형 동그랗다
▶ 멀리 살던 친척들도 명절이 되면 고향으로 와서 团圆해.

姐姐从小就在外国留学，今天她回国，我们终于团圆了。
언니는 어려서부터 외국에서 유학을 했는데, 오늘 귀국해서, 우리는 드디어 한자리에 모였다.

从小 cóngxiǎo 어린 시절부터 | 回国 huíguó 귀국하다

출제 포인트　**团圆**의 활용

团圆은 '한자리에 모이다', '동그랗다'라는 두 가지 의미를 가지고 있는데, 주로 명절과 관련된 상황에서 중첩 형태인 团团圆圆이나 团圆饭 등으로 활용된다. 확장된 형태로 大团圆은 '모두 모였다'는 뜻에서 '원만한 결말'을 비유하기도 하니 알아 두자.

예 团圆饭 명절에 가족이 함께 모여 먹는 밥 | 大团圆结局(jiéjú) 대단원의 (행복한) 결말

频繁 pínfán

- 형 잦다, 빈번하다
▶ 친구랑만 그렇게 频繁하게 연락하지 말고, 집에 연락 좀 해.

最近他家和我家交往频繁，关系较好。
요즘 그의 집과 우리 집은 왕래가 잦고, 사이가 꽤 좋다.

交往 jiāowǎng 왕래하다

繁忙 fánmáng

형 일이 많고 바쁘다

▶ 여러 가지 일로 繁忙해서 본가에 못 간 지 오래됐어.

他尽管工作繁忙，也会抽出时间和孩子们玩耍。

그는 비록 일이 바쁘지만, 시간을 내서 아이들과 놀아 준다.

尽管A, 也B jǐnguǎn A, yě B 비록 A라 하더라도, B하다 | **抽出** chōuchū 뽑아내다 | **玩耍** wánshuǎ 놀다

유의 **忙碌** mánglù (정신 없이) 바쁘다

床单 chuángdān

명 침대보

▶ 침대의 床单이 너무 더러운데, 좀 빠는 게 어때?

弟弟不小心把咖啡洒在床单上了。

남동생이 실수로 커피를 침대보에 쏟았다.

洒 sǎ 엎지르다

容器 róngqì

명 용기

▶ 어머니께서 반찬 담는 容器를 모두 유리로 바꾸셨어.

儿子最近对化学产生了兴趣，所以桌子上摆着各种化学容器。

아들이 요즘 화학에 관심이 생겨서, 책상 위에 각종 화학 용기가 놓여져 있다.

化学 huàxué 화학 | **产生** chǎnshēng 생기다 | **摆** bǎi 놓다

罐 guàn

명 (~儿) 단지, 항아리, 깡통 (차용양사로도 쓰임)

▶ 아이가 돼지 모양 저금罐을 갈라 부모님께 드릴 카네이션을 샀다.

这罐罐头是姐姐从中国买回来的，听说很好吃。

이 통조림은 언니가 중국에서 사온 건데, 맛있다고 한다.

罐头 guàntou 통조림

蜡烛 làzhú

명 양초, 초
▶ 케이크 위에 **蜡烛**를 꽂고 할아버지의 생신을 축하해 드렸어.

如今在一些贫困地区，蜡烛依然很实用。
오늘날 일부 빈곤 지역에서는 양초가 여전히 매우 쓸모 있다.

如今 rújīn 오늘날 | **贫困** pínkùn 빈곤하다 | **地区** dìqū 지역 | **依然** yīrán 여전히 | **实用** shíyòng 실용적이다

拐杖 guǎizhàng

명 지팡이
▶ 할머니께서는 다리가 불편하시니 **拐杖** 하나를 사 드릴까?

前面的老人拄着拐杖缓慢地挪动脚步。
앞의 노인이 지팡이를 짚고 천천히 발걸음을 옮기고 있다.

拄 zhǔ (지팡이로) 짚다 | **缓慢** huǎnmàn 느리다 | **挪动** nuódòng 옮기다 | **脚步** jiǎobù 발걸음

棍棒 gùnbàng

명 몽둥이, 막대기
▶ 옛날에는 죄인을 벌할 때 **棍棒**으로 곤장을 때렸대.

中国有句俗话叫："棍棒底下出孝子。"
중국에는 "몽둥이 아래에서 효자가 나온다."라는 속담이 있다.

俗话 súhuà 속담 | **底下** dǐxia 아래 | **孝子** xiàozǐ 효자

屑 xiè

명 조각, 부스러기, 찌꺼기　형 하찮다, 사소하다
▶ 아이들이 치킨을 먹고 난 자리에 튀김 **屑**가 가득해.

地上有很多纸屑，可能是孩子弄的。
바닥에 종이 조각이 많은데, 아이가 한 것 같다.

弄 nòng 하다　유의 **渣** zhā 부스러기

출제 포인트　쓰기 영역 빈출 표현 **不屑**

屑는 원래 '부스러기'를 뜻하는 단어로, 부스러기같이 하찮은 존재를 뜻한다. 不와 함께 쓰여, '가치 없다, 무시하다'라는 파생 의미로 많이 쓰인다. 6급 쓰기 영역에서 많이 활용되므로, 자주 출제되는 어휘를 함께 익혀 보자.

예 **不屑的神情** 무시하는 표정 | **不屑一顾** 거들떠볼 가치도 없다 |
不屑置辩(zhìbiàn) 논할 가치도 없다

副 fù

양 켤레, 쌍, 짝(쌍이나 짝으로 된 물건을 세는 양사)
▶ 손이 시려서 장갑 한 副를 샀다.

妈妈新买了一副手套，看起来很适合她。
엄마는 장갑 한 켤레를 새로 사셨는데, 엄마에게 매우 잘 어울린다.

手套 shǒutào 장갑 | **看起来** kàn qǐlai ~해 보이다 | **适合** shìhé 어울리다

출제 포인트 **幅와 副**

'幅(fú)'는 옷감·종이·그림 등을 세는 양사로, 副와 의미는 전혀 다르지만 생김새와 발음이 비슷해 종종 착각할 수 있다. 독해 2부분에서 양사를 고를 때 혼동하기 쉬우니 주의하도록 하자.

예 **一副手套** 장갑 한 켤레 | **一副眼镜** 안경 한 벌 | **一幅画** 그림 한 폭

孕育 yùnyù

동 낳다, 낳아 기르다, 내포하다
▶ 바다는 새 생명을 孕育하는 신비한 곳이야.

唐朝是诗歌发展的鼎盛时期，同时也孕育了很多新思想。
당나라 때는 시가 발전의 전성기였고, 또한 많은 새로운 사상을 낳기도 했다.

唐朝 Tángcháo 당 왕조 | **诗歌** shīgē 시가 | **发展** fāzhǎn 발전하다 | **鼎盛** dǐngshèng 바야흐로 가장 융성하다 | **时期** shíqī 시기 | **同时** tóngshí 동시에 | **思想** sīxiǎng 사상

生育 shēngyù

동 출산하다, 아이를 낳다
▶ 아이의 生育를 앞두고 육아용품들을 구입했어.

生育阶段的女性往往会承受较大身心压力。
출산기의 여성은 종종 더 큰 신체적, 정신적 스트레스를 받습니다.

阶段 jiēduàn 단계, 시기 | **承受** chéngshòu 감당하다, 견디어내다 | **身心** shēnxīn 몸과 마음 | **压力** yālì 부담, 스트레스

抚养 fǔyǎng

동 (아이를) 돌보다, 부양하다, 기르다
▶ 나는 어렸을 때 부모님이 바쁘셔서 할머니가 抚养해 주셨어.

抚养子女是每个父母应尽的责任。
자녀를 돌보는 것은 모든 부모가 다해야 하는 책임이다.

子女 zǐnǚ 자녀 | **父母** fùmǔ 부모 | **应** yīng (마땅히) ~해야 한다 | **尽** jìn 다하다 | **责任** zérèn 책임

故乡 gùxiāng

명 고향
▶ 내가 나고 자란 **故乡**은 예전의 모습과 많이 달라졌어.

父亲从出生到就业一直没离开过**故乡**。

아버지는 태어나서 취업할 때까지 줄곧 고향을 떠난 적이 없다.

出生 chūshēng 태어나다 | 就业 jiùyè 취업하다

유의 家乡 jiāxiāng 고향

반의 外乡 wàixiāng 타향

유의어 비교 故乡 vs 家乡

故乡과 家乡은 '고향'을 뜻하는 단어로, 그 쓰임이 비슷해 대부분 바꿔 쓸 수 있지만, 내포하고 있는 뜻에 차이가 있어 바꿔 쓸 수 없는 경우가 있으니 주의하도록 하자.

故乡 gùxiāng
태어났거나 오랜 시간 살았던 곳을 의미함.(하나 이상일 수 있음)

예 他十岁就离开了故乡。 그는 10세에 일찍이 고향을 떠났다.
上海已经成了我的第二故乡。 상하이는 이미 나의 제2의 고향이 되었다. (○)

家乡 jiāxiāng
집안 대대로 살았던 곳을 의미함.(유일한 장소이며, 여러 장소가 될 수 없음)

예 他十岁就离开了家乡。 그는 10세에 일찍이 고향을 떠났다.
上海已经成了我的第二家乡。(×)

生肖 shēngxiào

명 사람의 띠
▶ 12가지 生肖 중에 나는 용띠야.

十二**生肖**中的每个属相都有相应的传说。

십이지신의 모든 띠에는 그에 상응하는 전설이 있다.

十二生肖 shí'èr shēngxiào 12가지 띠 | 属相 shǔxiang 사람의 띠 | 相应 xiāngyìng 상응하다
| 传说 chuánshuō 전설

유의 属相 shǔxiang 사람의 띠

风土人情 fēngtǔ rénqíng

지방의 특색과 풍습
▶ 나는 중국에서 5년간 살아서 그곳의 风土人情에 대해 잘 알아.

去外国旅行不但要吃当地的小吃，还要体会当地的**风土人情**。

외국에 여행을 가면 현지의 먹거리를 먹어야 할 뿐만 아니라, 현지의 특색과 풍습도 체험해야 한다.

旅行 lǚxíng 여행하다 | 当地 dāngdì 현지 | 体会 tǐhuì 체험하여 터득하다

习俗 *xísú*

▶ 중국 남방에는 아침이면 찻집에 모여 차를 마시는 习俗가 있어.

按照北方习俗，立冬那天是要包饺子吃的。
북방의 풍속에 따르면, 입동 날에는 만두를 빚어 먹어야 한다.

按照 ànzhào ~에 따라 ┃ **北方** běifāng 북방 ┃ **立冬** lìdōng 입동 ┃ **饺子** jiǎozi 만두
유의 风俗 fēngsú 풍속

忌讳 *jìhuì*

동 금기하다, 기피하다 동 삼가다
▶ 힌두교에서는 소를 신성하게 여겨서 소고기 먹는 것을 忌讳해.

在外交场合，应该注意对方国家的风俗和忌讳的事宜。
외교적인 자리에서는 상대국의 풍속과 금기 사항에 주의해야 한다.

外交 wàijiāo 외교 ┃ **场合** chǎnghé (특정한) 장소 ┃ **对方** duìfāng 상대방 ┃ **风俗** fēngsú 풍속 ┃
事宜 shìyí (관련된) 일

正月 *zhēngyuè*

명 정월
▶ 음력 1월을 正月라고 부른다.

正月里，到处是一片喜庆、祥和的情景。
정월에는 모든 곳이 경사스럽고 화목한 모습이다.

到处 dàochù 곳곳 ┃ **片** piàn 풍경·기상·언어·소리·마음 등을 세는 양사 ┃ **喜庆** xǐqìng 즐겁고
경사스럽다 ┃ **祥和** xiánghé 경사스럽고 평안하다 ┃ **情景** qíngjǐng 모습

对联 *duìlián*

명 대련, 주련(기둥·문·벽 따위에 써 붙이는 글귀)
▶ 새해에는 복을 기원하는 소망을 对联에 적어 문에 붙여 둔다.

对联是中国的传统文化之一，人们常把它贴在门两边。
대련은 중국 전통 문화의 하나로, 사람들은 자주 대련을 문 양쪽에 붙인다.

之一 zhī yī ~ 중의 하나 ┃ **传统** chuántǒng 전통 ┃ **贴** tiē 붙이다

灯笼 dēnglong

 등롱, 초롱
▶ 해가 지자 처마 밑에 달린 붉은 灯笼에 하나둘 불이 켜졌어.

阳台上挂着很多灯笼，它象征圆满与富贵。

베란다에 많은 등롱이 걸려 있는데, 원만과 부귀를 상징한다.

阳台 yángtái 베란다 | **挂** guà 걸다 | **象征** xiàngzhēng 상징하다 | **圆满** yuánmǎn 원만하다 | **与** yǔ ~과 | **富贵** fùguì 부귀하다

拜年 bàinián

동 세배하다, 새해 인사를 드리다
▶ 새해가 되면 모두 지인들에게 拜年하는 메시지를 보내느라 바빠.

人们已经习惯了用手机短信代替上门拜年。

사람들은 직접 새해 인사하는 것을 휴대폰 문자로 대신하는 데 이미 익숙해졌다.

短信 duǎnxìn 문자 메시지 | **代替** dàitì 대체하다 | **上门** shàngmén 방문하다

压岁钱 yāsuìqián

명 세뱃돈
▶ 세배 후에 어른들께 压岁钱을 받는 게 큰 즐거움이야.

在春节时，长辈会给孩子们压岁钱。

설에는 어른들이 아이들에게 세뱃돈을 준다.

长辈 zhǎngbèi (집안) 어른

端午节 Duānwǔ Jié

고유 단오절
▶ 우리나라는 端午节 때 그네를 뛰고 씨름을 하는 게 전통이야.

端午节时，赛龙舟已经成为了人们的传统娱乐项目。

단오절에 용선 경주는 이미 사람들의 전통 놀이 종목이 되었다.

赛龙舟 sài lóngzhōu 용머리로 뱃머리를 장식하고 벌이는 배 경주 | **成为** chéngwéi ~이 되다 | **传统** chuántǒng 전통 | **娱乐** yúlè 오락 | **项目** xiàngmù 종목

배경 지식 ▸ 굴원의 죽음을 기리는 명절 端午节

端午节는 음력 5월 5일로, 중국에서는 초나라(楚国)의 애국 시인 굴원(屈原)의 죽음을 기리는 날이다. 중국에서는 이날 대나무 잎으로 싼 粽子를 먹고, 赛龙舟라는 경기를 한다. 독해 3·4부분에서 전통 문화·역사 관련 지문으로 출제될 가능성이 높으니 잘 기억해 두자.

예 **楚国** Chǔguó 초나라 | **屈原** Qū Yuán 굴원 | **粽子** zòngzi 쫑즈 | **赛龙舟** sài lóngzhōu 용선 경주

元宵节
Yuánxiāo Jié

 정월 대보름, 원소절
▶ 새해 첫 보름달이 뜨는 정월 대보름이 元宵节야.

元宵节是春节之后的第一个节日，深受中国人的重视。
정월 대보름은 설 이후로 처음 맞는 명절로, 중국인들이 매우 중요하게 여긴다.

深受 shēnshòu 깊이 ~를 받다 | **重视** zhòngshì 중요시하다

宗教 zōngjiào

명 종교
▶ 모든 宗教는 숭배하는 신과 교리가 다 다르다.

在西方国家基督教是最大的**宗教**之一。
서방 국가에서 기독교는 가장 큰 종교 중 하나이다.

基督教 Jīdūjiào 기독교 | **之一** zhī yī ~ 중 하나

信仰 xìnyǎng

명 신앙　동 신앙하다
▶ 모든 사람에겐 종교 信仰의 자유가 있다.

坚守**信仰**是一件很难得的事。
신앙을 굳게 지키는 것은 어려운 일이다.

坚守 jiānshǒu 꿋꿋이 지키다 | **难得** nándé 하기 어렵다

迷信 míxìn

동 미신을 믿다　명 미신
▶ 내 여자 친구는 신발을 선물하면 도망간다는것을 迷信해.

虽然科技在不断发展，但是**迷信**的人还是很多。
비록 과학 기술이 끊임없이 발전하고 있지만, 미신을 믿는 사람은 아직 많다.

科技 kējì 과학 기술 | **不断** búduàn 끊임없이 | **发展** fāzhǎn 발전하다

仪式 yíshì

명 의식
▶ 그들의 결혼식은 전통 혼례 仪式으로 치러졌다.

中国地大物博，各个地方的婚礼**仪式**也各不相同。
중국은 땅이 넓고 자원이 많아서, 각 지역마다 혼례 의식도 다르다.

地大物博 dìdà wùbó 땅이 넓고 생산물이 풍부하다 | **婚礼** hūnlǐ 결혼식 | **各不相同** gè bù xiāngtóng 제각기 다르다

诞辰 dànchén

명 (윗사람이나 존경하는 사람의) 생일

▶ 광화문에서 세종대왕의 诞辰을 기념하는 행사가 열렸대.

为邓小平诞辰100周年，国家发行了一套金银纪念币。

덩샤오핑 탄생 100주년을 맞이하여, 국가에서 금은 기념 화폐를 발행했다.

邓小平 Dèng Xiǎopíng 덩샤오핑 | 周年 zhōunián 주년 | 发行 fāxíng 발행하다 | 套 tào 세트를 세는 양사 | 金银 jīnyín 금과 은 | 纪念币 jìniànbì 기념 화폐

유의어 비교 **诞辰** vs **生日**

두 단어 모두 '생일'을 뜻하지만 약간의 차이가 있다. 诞辰은 위대하거나 존경받는 인물이 태어난 날에 쓰지만, 生日는 모든 사람에 대해 쓸 수 있으며, 국가나 단체 등의 매 주년에도 사용할 수 있다.

예 诞辰60周年 탄생 60주년 | 李舜臣(Lǐ Shùnchén)将军的诞辰 이순신 장군의 탄생
父亲的生日 아버지의 생신 |
7月1日是中国共产党的生日。 7월 1일은 중국 공산당의 생일이다.

敬礼 jìnglǐ

동 경례하다 **동** 삼가 아뢰다

▶ 제복을 입은 경찰과 군인은 敬礼하는 방식으로 인사한다.

天安门广场上，战士们庄严肃立，向五星红旗敬礼。

톈안먼 광장에서, 전사들이 엄숙하게 서서, 오성홍기를 향해 경례한다.

天安门 Tiān'ānmén 톈안먼 | 广场 guǎngchǎng 광장 | 庄严 zhuāngyán 장중하고 엄숙하다 |
肃立 sùlì 정중하게 서 있다 | 五星红旗 Wǔxīng Hóngqí 오성홍기(중국의 국기)

民间 mínjiān

명 민간, 비공식적

▶ 할머니는 근거 없는 民间 요법에만 의지하고 병원을 안 가셔.

中国民间流传着很多有趣的传说。

중국 민간에는 많은 재미있는 전설이 전해지고 있다.

流传 liúchuán (대대로) 전해 내려오다 | 有趣 yǒuqù 재미있다 | 传说 chuánshuō 전설

祖先 zǔxiān

명 조상, 선조

▶ 우리 집은 1년에 두 번 祖先들께 제사를 지내.

清明时节的风俗很多，比如扫墓、祭祀祖先等。

청명절 때의 풍속은 매우 많은데, 예를 들면 성묘하기, 조상님께 제사 드리기 등이다.

清明 Qīngmíng 청명(절) | 时节 shíjié 시기, 절기 | 风俗 fēngsú 풍속 | 比如 bǐrú 예를 들면 |
扫墓 sǎomù 성묘하다 | 祭祀 jìsì 제사 지내다 | 等 děng 등, 따위

神仙 shénxiān

명 신선　**명** 유유자적하며 어느 것에도 얽매이지 않는 사람
▶ 해야 할 일은 잊고 놀이에 열중하는 걸 '神仙놀음'이라고 하지.

在梦中，我梦到了神仙帮我解决了所有问题。
꿈속에서, 나는 신선이 나를 도와 모든 문제를 해결해 주는 걸 봤다.

梦 mèng 꿈, 꿈꾸다　|　所有 suǒyǒu 모든

人间 rénjiān

명 세상, 인간 사회
▶ 간디는 78세를 일기로 人间을 떠났다.

人间还有很多事，是不能用科学的原理说明的。
세상에는 아직도 과학의 원리로 설명할 수 없는 많은 일들이 있다.

科学 kēxué 과학　|　原理 yuánlǐ 원리　|　说明 shuōmíng 설명하다

通俗 tōngsú

형 통속적이다
▶ 나는 난해한 책보다 이해하기 쉬운 通俗 소설을 더 좋아해.

他周末时就在家看一些通俗读物打发时间。
그는 주말에 집에서 통속적인 책들을 읽으면서 시간을 보낸다.

读物 dúwù 읽을거리　|　打发 dǎfa (시간을) 보내다

출제 포인트　通俗 빈출 짝꿍 표현

通俗는 '통속적이다'라는 뜻으로, 간단명료하고 알기 쉬워 일반 대중에게 쉽게 통함을 의미한다. 주로 아래의 형태로 사용되니 알아 두자.

예　通俗化 대중화하다　|　通俗易懂(yìdǒng) 통속적이고 알기 쉽다　|　通俗音乐 대중음악　|　通俗文化 대중문화

寓言 yùyán

명 우화, 우언
▶ 나는 '이솝 寓言'에서 '해와 바람' 이야기가 가장 인상 깊었어.

考试中的很多寓言故事对学生来说是最难的。
시험에 나온 많은 우화 이야기는 학생들에게 가장 어려운 것이다.

对……来说 duì……lái shuō ～에게 있어서

俗话 súhuà

명 속담, 옛말
▶ 기운 내. '고생 끝에 낙이 온다'라는 俗话도 있잖아.

俗话说："金无足赤，人无完人"意思是说世界上没有完美的人。

속담에 '황금에 순금은 없고, 사람 중에 완벽한 사람은 없다'는데, 세상에 완벽한 사람은 없다는 뜻이다.

金无足赤, 人无完人 jīnwúzúchì, rénwúwánrén 황금 가운데 순금은 없고, 사람 가운데 완벽한 사람은 없다 | 世上 shìshàng 세상 | 完美 wánměi 완전하여 흠잡을 데가 없다

유의 俗语 súyǔ 속담, 속어

童话 tónghuà

명 동화
▶ '콩쥐팥쥐전'은 우리나라의 대표적인 전래 童话 중 하나야.

这本童话书中的故事充满了奇异的幻想。

이 동화책 속의 이야기에는 신기한 환상으로 가득 차 있다.

充满 chōngmǎn 가득 차다 | 奇异 qíyì 신기하다 | 幻想 huànxiǎng 환상

着想 zhuóxiǎng

동 (어떤 대상을 위해) 생각하다, 고려하다
(회화에서는 'zháoxiǎng'으로도 발음함)
▶ 이건 내가 너를 着想하는 마음에서 조언하는 거야.

我们应该明白父母的唠叨都是为我们着想而说的。

우리는 부모님의 잔소리가 우리를 생각해서 하는 말이라는 점을 알아야 한다.

唠叨 láodao 잔소리하다 | 为A而B wèi A ér B A를 위해 B하다

欣慰 xīnwèi

형 기쁘고 안심이 되다
▶ 아들이 경기에서 1등을 해서 얼마나 欣慰한지 몰라.

父亲看到儿子的成就感到十分欣慰。

아버지는 아들의 성과를 보고 크게 기뻐했다.

父亲 fùqīn 아버지 | 成就 chéngjiù 성취, 성과 | 十分 shífēn 매우

指望 zhǐwàng

동 기대하다, 바라다 명 기대, 희망

▶ 부모님이 도와주기만 指望하지 말고 스스로 노력해야 해.

父母已经老了，她不能再像以前那样指望父母了。

부모님이 이미 연로하셔서, 그녀는 더는 예전처럼 부모님에게 기댈 수 없다.

유의 期望 qīwàng 기대하다, 바라다

★ 보충단어 아래 단어들의 예문은 WEB 단어장에서 확인할 수 있어요.

보충단어
WEB 단어장

夫妇 fūfù 명 부부	筐 kuāng 명 (−儿) 바구니, 광주리 (차용양 사로도 쓰임)
新郎 xīnláng 명 신랑	钩子 gōuzi 명 갈고리
请帖 qǐngtiě 명 청첩장, 초대장	收音机 shōuyīnjī 명 라디오
媳妇 xífù 명 며느리	磁带 cídài 명 (카세트) 테이프
岳母 yuèmǔ 명 장모	话筒 huàtǒng 명 수화기 명 마이크
祖父 zǔfù 명 할아버지, 조부	便条 biàntiáo 명 메모, 쪽지
伯母 bómǔ 명 큰어머니, 아주머니	辜负 gūfù 동 (호의·기대를) 저버리다
嫂子 sǎozi 명 형수	跟前 gēnqián 명 (−儿) 곁, 부근, 근처 명 가까운 때
侄子 zhízi 명 조카	籍贯 jíguàn 명 본적, 출생지, 고향
双胞胎 shuāngbāotāi 명 쌍둥이	烟花爆竹 yānhuā bàozhú 불꽃놀이
保姆 bǎomǔ 명 가정부, 보모	儒家 Rújiā 고유 유가, 유학자
家伙 jiāhuo 명 녀석, 자식, 놈	清真 qīngzhēn 형 이슬람교의, 회교식의
大伙儿 dàhuǒr 대 모두, 여러 사람	鞠躬 jūgōng 명 허리를 굽혀 절하다
港湾 gǎngwān 명 항만	魔鬼 móguǐ 명 악마, 마귀
家常 jiācháng 명 평상의, 보통의 명 일상적인 일	沐浴 mùyù 동 (비유적으로) 푹 빠지다 동 (비유적으로) (햇빛·비 등을) 흠뻑 받다 동 목욕하다
枕头 zhěntou 명 베개	

 ## HSK 6급 빈출 표현

终身伴侣	zhōngshēn bànlǚ	일생의 동반자
终身大事	zhōngshēn dàshì	혼인 대사(남녀간의 결혼)
娶媳妇	qǔ xífu	아내를 맞이하다, 장가가다
点蜡烛	diǎn làzhú	촛불을 켜다
燃放烟花爆竹	ránfàng yānhuā bàozhú	폭죽을 터뜨리다
孕育生命	yùnyù shēngmìng	생명을 잉태하다
抚养后代	fǔyǎng hòudài	자손을 부양하다
请保姆	qǐng bǎomǔ	보모를 고용하다
聊聊家常	liáoliao jiācháng	일상 이야기를 나누다
感到欣慰	gǎndào xīnwèi	위안을 느끼다
辜负期望	gūfù qīwàng	기대를 저버리다
拄着拐杖	zhǔzhe guǎizhàng	지팡이를 짚고
信仰宗教	xìnyǎng zōngjiào	종교를 믿다
向……敬礼	xiàng …… jìnglǐ	~에게 경례하다
给……拜年	gěi …… bàinián	~에게 세배하다
为……着想	wèi …… zhuóxiǎng	~를 위해 생각하다

 ## 데일리 테스트

고생하셨어요!
QR코드를 스캔하면 DAY01~DAY30 전체 데일리 테스트 PDF가
다운로드됩니다.

DAY 02

★ HSK 시험에 이렇게 나와요.

일상생활과 밀접한 생활 방식, 의복 스타일, 교통수단의 이용 등의 내용이 자주 출제됩니다. 의복의 특징, 지역의 음식 문화, 교통수단의 발전 등의 주제로 듣기 3부분이나 독해 4부분에 출제되기도 합니다.

라이프 스타일

#의식주 #교통 #패션 #교통

음원 듣기

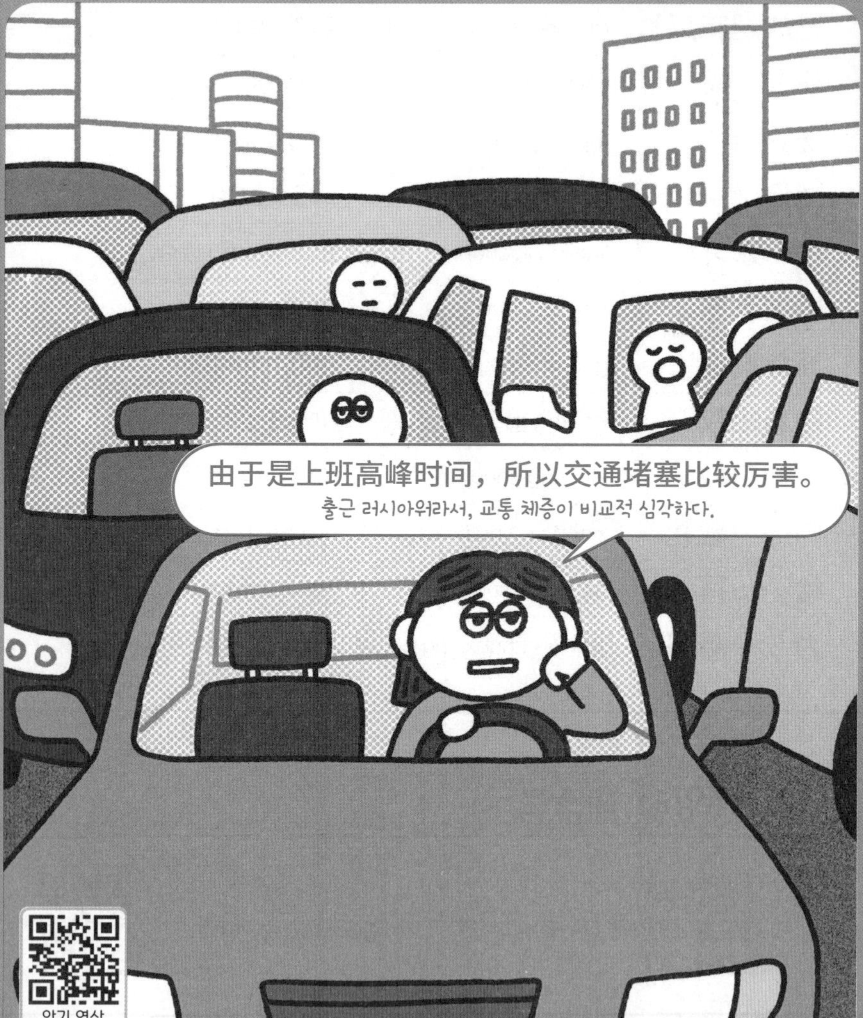

암기 영상

旗袍 qípáo

명 치파오(중국의 여성 전통의상)
▶ 그 여배우가 빨간색 旗袍를 입은 모습은 정말 아름다웠어.

外国人对中国的旗袍很感兴趣。
외국인은 중국의 치파오에 매우 관심이 있다.

款式 kuǎnshì

명 스타일, 격식
▶ 요즘 가장 유행하는 款式로 보여 주세요.

中国的年轻人很喜欢韩国款式的衣服。
중국의 젊은이들은 한국 스타일의 옷을 매우 좋아한다.

유의 样式 yàngshì 스타일, 모양

兜 dōu

명 (-儿) 호주머니, 주머니
▶ 이 옷은 兜가 없어서 지갑을 손에 들고 다녀야 해.

他从衣兜里拿出50块钱给了出租车司机。
그는 호주머니에서 50위안을 꺼내어 택시 기사님에게 주었다.

衣兜 yīdōu 호주머니

鲜明 xiānmíng

형 선명하다, 분명하다
▶ 네가 입은 옷 색깔이 굉장히 鲜明해서 사진이 잘 나왔어.

我新买的电视不但画面色彩鲜明，而且价格便宜。
내가 새로 산 TV는 화면의 색이 선명할 뿐만 아니라, 가격도 저렴하다.

画面 huàmiàn 화면 | 色彩 sècǎi 색채 | 价格 jiàgé 가격
반의 模糊 móhu 모호하다, 분명하지 않다

华丽 huálì

형 화려하다, 아름답다
▶ 그녀는 이브닝파티에 가장 华丽한 드레스를 입고 왔어.

过于华丽的打扮会影响我们的第一印象。
지나치게 화려한 단장은 우리의 첫인상에 영향을 줄 수 있다.

过于 guòyú 지나치게, 너무 | 打扮 dǎban 단장하다, 꾸미다 | 第一印象 dì yī yìnxiàng 첫인상
반의 朴素 pǔsù 화려하지 않다, 소박하다

光彩 guāngcǎi

명 빛, 광채　형 영광스럽다, 체면이 서다
▶ 얼굴에 도대체 뭘 발랐길래 반짝반짝 光彩가 나니?

妈妈做的鱼香肉丝为这桌饭菜增添了光彩。

엄마가 해 주신 위샹로우쓰는 밥상에 빛을 더했다.

鱼香肉丝 yúxiāng ròusī 위샹로우쓰(돼지고기 볶음)　|　饭菜 fàncài 식사
桌 zhuō 상(상차림의 수를 세는 양사)　|　增添 zēngtiān 더하다
유의　光荣 guāngróng 영광스럽다, 영예롭다

染 rǎn

동 염색하다, 물들다, 감염되다
▶ 여름이니까 머리를 밝은색으로 染해 볼까 생각 중이야.

在以前，年轻人染头发是一种个性的张扬。

예전에는 젊은이들이 머리를 염색하는 것은 일종의 개성 표출이었다.

个性 gèxìng 개성　|　张扬 zhāngyáng 소문을 내다

裁缝 cáifeng

명 재봉사
▶ 저 裁缝은 양복을 정말 잘 만들어서, 굉장히 유명해.

裁缝用这块布料做出了一套精美的旗袍。

재봉사는 이 천으로 아름다운 치파오 한 벌을 만들었다.

布料 bùliào 천　|　套 tào 벌(세트를 세는 양사)　|　精美 jīngměi 아름답다　|　旗袍 qípáo 치파오(중국의 여성 전통의상)

皮革 pígé

명 가죽, 피혁
▶ 엄마는 큰마음을 먹고 천연 소皮革로 된 가방 하나를 장만하셨다.

这双鞋是由皮革制成的，穿着很软。

이 신발은 가죽으로 만든 것이어서, 신으면 부드럽다.

由 yóu ~으로　|　制 zhì 만들다　|　软 ruǎn 부드럽다

化妆 huàzhuāng

동 화장하다
▶ 化妆을 잘못해서 얼굴색이 흙빛이 되었어.

最近化妆的男人也在逐渐增多。
최근 화장하는 남자도 점점 많아지고 있다.

逐渐 zhújiàn 점점 | 增多 zēngduō 많아지다
유의 打扮 dǎban 치장하다, 꾸미다
반의 卸妆 xièzhuāng 화장을 지우다

搭配 dāpèi

동 배합하다, 짝을 이루다 형 잘 어울리다
▶ 와인을 주문할 때는 음식과의 搭配를 생각해야 해.

我们公司的老板很讲究服饰的搭配。
우리 회사 사장님은 옷과 액세서리의 매치를 중시한다.

老板 lǎobǎn 사장 | 讲究 jiǎngjiu 중요시하다 | 服饰 fúshì 옷과 액세서리

首饰 shǒushì

명 (귀고리·목걸이·반지·팔찌 따위의) 장신구, 액세서리
▶ 그녀는 목걸이, 반지 같은 首饰에 도통 관심이 없어.

调查显示，一般女人都喜欢首饰。
조사 결과, 일반적으로 여성은 모두 장신구를 좋아하는 것으로 나타났다.

调查 diàochá 조사하다 | 显示 xiǎnshì 보여 주다
유의 饰物 shìwù 장식품

钻石 zuànshí

명 다이아몬드
▶ 반짝반짝 빛나는 钻石 목걸이가 나의 눈길을 사로잡았다.

我的男朋友一边给我戴钻石戒指一边向我求婚。
내 남자 친구는 나에게 다이아몬드 반지를 끼워 주면서 청혼했다.

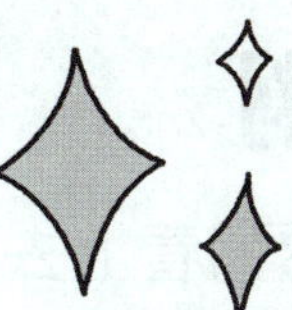

一边A一边B yìbiān A yìbiān B A하면서 B하다 | 戴 dài 끼다 |
戒指 jièzhi 반지 | 求婚 qiúhūn 청혼하다

珍珠 zhēnzhū

명 진주
▶ 나는 항저우에서 유명한 珍珠조개 양식장에 가 본 적이 있어.

专家一看就知道，这颗珍珠是人工珍珠。
전문가는 한 번 보기만 해도, 이 진주가 인조 진주라는 것을 안다.

专家 zhuānjiā 전문가 | **一 A就B** yī A jiù B A하기만 하면 B하다 |
颗 kē 알(둥글고 작은 알맹이를 세는 양사) | **人工** réngōng 인공의

佳肴 jiāyáo

명 맛있는 요리
▶ 몇 년 만에 돌아온 딸을 위해 엄마는 온갖 佳肴들을 차려 주셨다.

这些美味佳肴是为客人准备的。
이 맛있는 요리들은 손님을 위해서 준비한 것이다.

美味佳肴 měiwèi jiāyáo 맛있는 요리 | **为** wèi ~를 위해

饮食 yǐnshí

명 음식 **동** (음식을) 마시고 먹다
▶ 그렇게 무절제하게 饮食를 먹다가는 건강을 해칠 거야.

南北方饮食习惯的差异比我们想象的大。
남방과 북방의 식습관 차이는 우리가 상상하는 것보다 크다.

差异 chāyì 차이 | **想象** xiǎngxiàng 상상하다

饮食의 빈출 짝꿍 표현

饮食는 보통 饮食习惯이라는 형태로 듣기 설명문 유형과 독해 4부분 건강 관련 지문에 자주 출제된다.
주로 식습관이 건강에 미치는 영향이나 다이어트에 관한 내용 등이 나온다. 확장된 형태로 饮食起居는
'음식과 주거', 즉 '일상생활'을 의미하기도 한다.

예 **节制**(jiézhì)**饮食** 음식을 절제하다 | **合理的饮食习惯** 합리적인 식습관

粥 zhōu

명 죽
▶ 속이 안 좋을 때는 밥 대신 하얀 쌀粥를 먹어.

熬粥看上去简单，实际操作起来却不那么容易。
죽 끓이는 것은 보기에는 간단하지만, 실제로 하려면 그렇게 간단하지 않다.

熬 áo 오래 끓이다 | **看上去** kàn shàngqu 보아하니 ~하다 | **实际** shíjì 실제 | **操作** cāozuò
다루다 | **却** què 그러나

烹饪 pēngrèn

(동) 요리하다
▶ 나는 烹饪하는 것에 관심이 많아서, 요리 학교에 진학할 거야.

金师傅的烹饪技术在韩国是数一数二的。
김 셰프의 요리 기술은 한국에서 손꼽힌다.

师傅 shīfu 선생님(기예·기능을 가진 사람에 대한 존칭) | 技术 jìshù 기술 | 数一数二 shǔyī shǔ'èr 손꼽히다　(유의) 烹调 pēngtiáo 요리하다

煎 jiān

(동) (적은 기름에) 부치다, 지지다
▶ 비 오는 날 김치 부침개가 너무 먹고 싶어서 직접 煎해 먹었어.

这种饺子不但可以煮，还可以煎。
이런 만두는 삶을 수 있을 뿐 아니라, 부칠 수도 있다.

饺子 jiǎozi 만두 | 不但A，还B búdàn A, hái B A할 뿐만 아니라, B하다 |
煮 zhǔ 삶다

熬 áo

(동) 달이다, 푹 삶다
▶ 호박을 가져다가 熬해서 맛있는 호박죽을 만들 거야!

这种中药一定要熬两个小时以上。
이런 한약은 반드시 두 시간 이상 달여야 한다.

中药 zhōngyào 한약

> **출제 포인트**　**熬**의 빈출 짝꿍 표현
>
> 熬는 煮(zhǔ)보다 오래 끓인다는 뜻을 나타내며, 고통이나 생활고를 견디어 내는 것을 비유적으로 나타 낼 때도 쓸 수 있다. 아래 주요 표현을 익혀 두자.
>
> (예)　**熬粥** 죽을 끓이다 | **熬药** 약을 달이다 | **熬夜** 밤새다

盛 shèng
　 chéng

(형) 성대하다　(형) 번성하다, 흥성하다
(동) (용기 등에) 물건을 담다
▶ 그들의 결혼식은 호화 호텔에서 매우 盛하게 치러졌다.

所有的人都盛装出席了这次活动。
모든 사람들이 화려하게 차려 입고 이번 행사에 참가했다.

所有 suǒyǒu 모든 | 盛装 shèngzhuāng 화려하고 장중한 차림 | 出席 chūxí 참석하다 | 活动
huódòng 행사

串 chuàn

🔴양 (-儿) 송이, 꿰미, 줄(꿴 물건에 쓰임)   🔴명 꼬치   🔴동 꿰다
▶ 다이어트 한다더니, 바나나 한 串을 다 먹으면 어떡해!

农场里一串串的葡萄如晶莹的玛瑙。
농장의 포도송이들이 반짝반짝 빛나는 수정 같다.

农场 nóngchǎng 농장 | **一串串** yíchuànchuàn 송이송이 | **葡萄** pútáo 포도 | **如** rú ~과 같다
| **晶莹** jīngyíng 반짝반짝 빛나다 | **玛瑙** mǎnǎo 수정, 마노

粒 lì

🔴명 (-儿) 알갱이, 입자   🔴양 톨, 알(알갱이를 세는 데 쓰임)
▶ 이번에 산 오미자는 粒가 정말 붉고 탱탱해.

玉米粒金黄金黄的，像一颗颗小珍珠。
옥수수 알갱이가 황금빛이 도는 것이, 마치 알알이 박힌 작은 진주 같다.

玉米 yùmǐ 옥수수 | **金黄** jīnhuáng 황금빛의 | **一颗颗** yìkēkē 알알이 | **珍珠** zhēnzhū 진주

馅儿 xiànr

🔴명 (만두 등 밀가루 음식의) 소
▶ 나는 고기 馅儿이 들어 있는 만두가 더 맛있어.

在中国，用红豆做面包的馅儿也是很常见的。
중국에서도 팥으로 빵의 소를 만드는 것은 흔한 일이다.

红豆 hóngdòu 팥 | **常见** chángjiàn 흔히 보다

调料 tiáoliào

🔴명 양념, 조미료
▶ 调料를 많이 넣은 음식은 간이 세고 건강에 안 좋아.

很多韩国人在吃火锅的时候，都会苦恼放什么调料。
많은 한국인이 훠궈를 먹을 때, 어떤 양념을 넣어야 하는지 고민하게 된다.

火锅 huǒguō 훠궈(중국식 샤부샤부) | **苦恼** kǔnǎo 고민하다

素食 sùshí

🔴명 채식
▶ 이 식당은 素食 메뉴를 제공합니다.

目前很多人都是"素食主义"者。
현재 많은 사람들이 '채식주의'자이다.

目前 mùqián 현재 | **素食主义** sùshí zhǔyì 채식주의 | **者** zhě 자, 사람

品尝 pǐncháng

동 시식하다, 맛보다

▶ 그녀는 品尝한 모든 식품을 장바구니에 담았다.

这家餐厅正在请客人们**品尝**他们的新菜。

이 식당에서는 손님들에게 그곳의 새로운 메뉴를 맛보게 하고 있다.

餐厅 cāntīng 식당

유의 品味 pǐnwèi 맛보다, 음미하다

출제 포인트　비교적 서면어에 많이 쓰이는 **品尝**

品尝은 기본적으로 尝과 같은 의미를 나타내지만, 회화에는 尝이 많이 쓰이고, 品尝은 서면어에 많이 쓰인다. 독해 2부분에 목적어와 함께 종종 출제되므로, 아래 함께 쓰이는 목적어를 익혀 두자.

예 **品尝美食** 맛있는 음식을 맛보다 | **品尝味道** 맛을 음미하다

正宗 zhèngzōng

형 정통의, 진정한　**명** 정통

▶ 가장 正宗한 오리구이를 먹고 싶다면, 당연히 베이징으로 가야지!

我去唐人街，就是为了吃**正宗**的中国菜。

나는 정통 중국 음식을 먹기 위해 차이나타운에 간다.

唐人街 Tángrénjiē 차이나타운

可口 kěkǒu

형 맛있다, 입에 맞다

▶ 이 과자는 정말 바삭바삭하고 可口한 게 딱 내 스타일이야!

他做的菜色香味俱全，不仅好看而且十分**可口**。

그가 만든 요리는 색, 향, 맛이 잘 갖춰져 있어, 보기 좋을 뿐 아니라 맛도 아주 좋다.

色香味 sèxiāngwèi (음식의) 색깔, 향, 맛 | 俱全 jùquán 완전히 갖추다 | 不仅A而且B bùjǐn A érqiě B A뿐만 아니라 게다가 B하다 | 好看 hǎokàn 보기 좋다 | 十分 shífēn 아주

油腻 yóunì

형 기름지다, 느끼하다　**명** 기름진 식품

▶ 저는 油腻한 게 싫으니 기름은 조금만 사용해 주세요.

减肥的时候尽量不要吃**油腻**的食物。

다이어트를 할 땐 되도록 기름진 음식을 먹지 말아야 한다.

减肥 jiǎnféi 살을 빼다 | 尽量 jǐnliàng 되도록 | 食物 shíwù 음식

반의 清淡 qīngdàn 담백하다

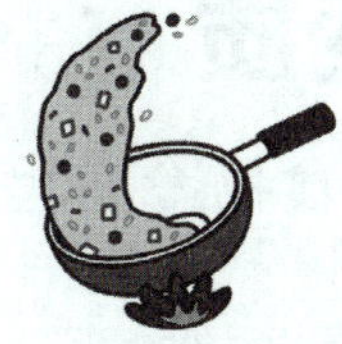

风味 fēngwèi

명 풍미, 맛, 색채, 기분
▶ 그는 중국 음식 중에서도 특히 사천 风味의 음식을 좋아해.

韩国人比较喜欢中国北方风味的小吃。
한국인은 비교적 중국 북방 풍미의 간식을 좋아한다.

小吃 xiǎochī 간식

유의어 비교	风味 vs 气味 vs 香味

风味는 풍미나 맛 등을 나타내어 종종 气味, 香味와 혼동되기 쉽지만, 의미와 활용에 차이가 있다.

风味	주로 사물이 가지는 특색, 지방색, 향토색을 강조 예 **风味小吃** 특색 있는 먹거리 ǀ **别有风味** 또 다른 특색이 있다
气味	코로 맡게 되는 냄새 예 **气味好闻**(hǎowén) 냄새가 좋다 ǀ **气味芬芳**(fēnfāng) 냄새가 향기롭다
香味	향기로운 냄새 예 **玫瑰**(méigui)**花的香味** 장미의 향기 ǀ **香味浓郁**(nóngyù) 향기가 짙다

气味 qìwèi

명 냄새
▶ 하수구에서 올라오는 역겨운 气味 때문에 숨을 못 쉬겠어.

特别是在夏天，食物垃圾会散发出刺鼻的气味。
특히 여름에, 음식물 쓰레기는 코를 찌르는 냄새를 내뿜는다.

垃圾 lājī 쓰레기 ǀ **散发** sànfā 내뿜다 ǀ **刺鼻** cìbí (냄새가) 코를 찌르다

丰盛 fēngshèng

형 (음식 등이) 풍성하다
▶ 명절이면 식탁에 아주 丰盛한 음식들이 차려진다.

当地的朋友为我们准备了丰盛的晚餐。
현지 친구가 우리를 위해 풍성한 저녁 식사를 준비해 주었다.

当地 dāngdì 현지 ǀ **晚餐** wǎncān 저녁 식사

变质 biànzhì

동 변질되다
▶ 아껴 먹으려고 남겨 둔 케이크가 变质되다니 슬프다.

把食物冷冻起来，可以防止食物变质。
음식을 얼리면, 음식의 변질을 막을 수 있다.

冷冻 lěngdòng 얼리다 ǀ **防止** fángzhǐ 방지하다

腐烂 fǔlàn

[동] 부패하다, 변질되다
▶ 더운 날씨에 생선을 바로 냉장고에 넣지 않으면 腐烂하기 쉬워.

地窖用来保存食物，防止食物腐烂。
토굴은 음식을 보관하여, 음식의 부패를 방지하는 데에 쓰인다.

地窖 dìjiào (저장용) 토굴 | **保存** bǎocún 보존하다
[반의] **新鲜** xīnxiān 신선하다

居住 jūzhù

[동] 거주하다
▶ 4천만 년 전 인류의 조상은 동굴에 居住했다.

人类的居住环境正在日益恶化。
인류의 주거 환경은 날로 악화되고 있다.

人类 rénlèi 인류 | **日益** rìyì 날로 | **恶化** èhuà 악화되다

清洁 qīngjié

[형] 깨끗하다, 청결하다
▶ 외출했다가 돌아오면 반드시 손을 닦아서 清洁하게 유지해야 해.

清洁的环境是靠我们每一个人努力保持的。
깨끗한 환경은 우리 모두의 노력으로 유지되는 것이다.

靠 kào 의거하다 | **保持** bǎochí 유지하다
[유의] **干净** gānjìng 깨끗하다　　**[반의]** **肮脏** āngzāng 더럽다

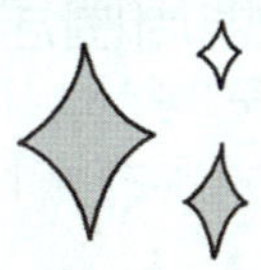

适宜 shìyí

[동] 적합하다, 적절하다　　**[형]** 알맞다
▶ 돼지고기는 샤부샤부 해 먹기에 适宜하지 않아.

现在的气候很适宜和家人外出度假。
지금의 기후는 가족과 밖에서 휴가를 보내기에 적합하다.

气候 qìhòu 기후 | **外出** wàichū 외출하다 | **度假** dùjià 휴가를 보내다
[유의] **合适** héshì 적합하다　　**[반의]** **不宜** bùyí 적당하지 않다

[유의어 비교] **适宜** vs **适当**

适宜와 适当은 '적합하다, 적절하다'라는 뜻을 가진 단어이지만, 适宜는 동사와 형용사로 모두 쓰이기 때문에 목적어를 가질 수 있고, 适当은 형용사로만 쓰여 목적어를 가질 수 없다. 한자가 비슷하고, 뜻도 같아 헷갈릴 수 있으니 주의하자.

[예] **温度适宜** 온도가 적절하다 | **这水不适宜饮用。** 이 물은 마시기 부적절하다. |
　　　温度适当 온도가 적당하다 | **适当饮用 (✕)**

繁华 fánhuá

형 번화하다
▶ 그녀의 집은 비교적 繁华가에 위치하여 교통이 편리해.

繁华的都市生活给人们增添了许多乐趣。
번화한 도시 생활은 사람들에게 많은 즐거움을 더해 주었다.

都市 dūshì 도시 | **生活** shēnghuó 생활 | **增添** zēngtiān 더하다 | **许多** xǔduō 매우 많다 | **乐趣** lèqù 즐거움　**반의** 荒凉 huāngliáng 황량하다

嘈杂 cáozá

형 시끄럽다, 떠들썩하다, 시끌벅적하다
▶ 그 식당은 음식은 맛있는데, 사람이 너무 많아서 嘈杂해.

夜市虽然环境**嘈杂**，但是非常值得一去。
야시장은 비록 환경이 시끄럽지만, 한번 가볼 만한 가치가 충분하다.

夜市 yèshì 야시장 | **值得** zhídé ～할 만한 가치가 있다　**반의** 安静 ānjìng 조용하다

噪音 zàoyīn

명 소음
▶ 집 근처에 공항이 있어서, 비행기가 오갈 때마다 噪音이 심해.

在工地周围居住的人们备受**噪音**的影响。
공사장 주변에 사는 사람들은 소음의 영향을 받을 대로 받는다.

工地 gōngdì 공사장 | **周围** zhōuwéi 주변 | **居住** jūzhù 거주하다 | **备受** bèishòu 다 받다

堵塞 dǔsè

동 막히다, 가로막다
▶ 피서철에는 어느 도로로 가도 차가 堵塞해.

由于是上班高峰时间，所以交通**堵塞**比较厉害。
출근 러시아워라서, 교통 체증이 비교적 심각하다.

高峰时间 gāofēng shíjiān 러시아워 | **交通** jiāotōng 교통 | **厉害** lìhai 심각하다
유의 阻塞 zǔsè 막히다　**반의** 疏通 shūtōng 잘 통하게 하다

舟 zhōu

명 배
▶ 우리는 종이로 작은 舟를 접어 물 위에 띄웠다.

他独自驾着小**舟**在水面上游玩。
그는 혼자서 작은 배를 타고 물 위에서 놀고 있다.

独自 dúzì 혼자서 | **驾** jià 운전하다 | **游玩** yóuwán 유람하며 즐기다　**유의** 船 chuán 배

船舶 chuánbó

명 선박, 배
▶ 태풍으로 인해 부산항의 모든 船舶가 운항 취소되었다.

每天都有去中国的船舶停靠在仁川码头。
매일 중국으로 가는 선박이 인천 부두에 정박하고 있다.

停靠 tíngkào 정박하다 | **仁川** Rénchuān 인천 | **码头** mǎtou 부두

轮船 lúnchuán

명 선박, 배
▶ 파도가 심하지 않으면 轮船을 타고 여행을 가 볼 생각이야.

这艘轮船上的乘客都是中国人。
이 유람선의 승객은 모두 중국인이다.

艘 sōu 척(선박을 세는 양사) | **乘客** chéngkè 승객

중국어에서 배를 뜻하는 단어는 크기와 동력, 목적에 따라 구분하며, 어울리는 양사도 다르다. 舟는 보통 나무로 만든 나룻배, 船는 동력의 구분 없이 민간용 배, 艇(tǐng)은 돛과 갑판이 없고, 비교적 가볍고 빠르게 움직이는 배, 舰(jiàn)은 군용으로 쓰이는 배에 쓰인다. 배를 세는 양사는 배의 크기에 따라 간단히 艘＞条＞只 순으로 쓰며, 배의 통칭으로는 船只(배), 船舶(선박), 舰船(군용과 민간용 선박) 등이 있으며, 통칭에는 일반적으로 양사를 쓰지 않는다.

예 **一艘轮船** 선박 한 척 | **一条船** 배 한 척 | **一只舟** 나룻배 한 척 | **一艘船舶**（×）

艘 sōu

양 척(선박을 세는 데 쓰임)
▶ 수십 艘의 어선이 출항하는 모습은 정말 장관이야.

前面的两艘轮船都是中国制造的。
앞에 있는 두 척의 배는 모두 중국이 만든 것이다.

制造 zhìzào 만들다

港口 gǎngkǒu

명 항구, 항만
▶ 港口는 드나드는 배들로 북적거렸다.

近十年来，中国在沿海港口的建设上，投资近1万亿元。
최근 10년 동안, 중국은 연해 항구 건설에 1조 위안 가까이 투자했다.

沿海 yánhǎi 연해 | **建设** jiànshè 건설하다 | **投资** tóuzī 투자하다 | **万亿** wànyì 조

停泊 tíngbó

동 정박하다, 머물다
▶ 우리가 탄 배는 작은 섬에 停泊했어.

这个码头可以停泊五十艘货船。
이 항구에는 50척의 화물선이 정박할 수 있다.

货船 huòchuán 화물선

航空 hángkōng

명 항공 동 비행하다
▶ 비싸기는 해도 航空 우편이 배편보다 빠르고 안전해!

最近很多航空公司进行推销活动，所以我打算这次假期出国旅行。
최근에 많은 항공사에서 판촉 행사를 해서, 나는 이번 휴가 때 해외여행을 갈 계획이다.

进行 jìnxíng 진행하다 | 推销 tuīxiāo 내다 팔다 | 活动 huódòng 행사 | 假期 jiàqī 휴가 기간 | 旅行 lǚxíng 여행하다

> **출제 포인트**　航空의 빈출 짝꿍 표현
>
> 航空은 하늘 위를 비행하는 것을 뜻하여, 주로 관련된 명사를 꾸며 준다. 독해 영역에서 항공업과 관련된 내용으로 자주 출제되므로, 관련 어휘들을 함께 체크하고 넘어가자.
>
> 예　航空公司 항공사 | 航空保险 항공보험 | 航空里程(lǐchéng) 항공 마일리지 |
> 航空联名卡 항공 마일리지 카드

航行 hángxíng

동 항해하다, 운항하다
▶ 그 배는 航行하지 않은 지 오래되어 곳곳에 녹이 슬었다.

经历了十余天的航行，轮船终于返航了。
십여 일간의 항해를 거쳐 선박이 드디어 귀항했다.

经历 jīnglì 경과하다 | 余 yú ~여(정수 외의 나머지) | 返航 fǎnháng 귀항하다

导航 dǎoháng

동 인도하다, 유도하다
▶ 내비게이션이 고장 났는지 자꾸 막히는 길로 导航해!

公司新研发的导航技术，即将上市。
회사가 새로 개발한 GPS 기술이 곧 출시된다.

研发 yánfā 연구 개발하다 | 技术 jìshù 기술 | 即将 jíjiāng 곧, 머지않아 | 上市 shàngshì 출시되다

舱 cāng

명 객실, 선실
▶ 나는 캐나다에 갈 때, 비행기 일등석에 탈 거야.

由于航空公司的失误，他被免费升级到商务舱。
항공사의 실수로, 그는 비즈니스석으로 무료로 업그레이드되었다.

由于 yóuyú ~ 때문에 | **航空公司** hángkōng gōngsī 항공사 | **失误** shīwù 실수 | **免费**
miǎnfèi 무료로 하다 | **升级** shēngjí 업그레이드하다 | **商务舱** shāngwùcāng 비즈니스석

沉重 chénzhòng

형 몹시 무겁다, 심각하다, 우울하다
▶ 아무 성과도 내지 못하고 고향으로 돌아가려니 마음이 沉重해.

他独自背着沉重的包袱离开了。
그는 혼자서 무거운 짐을 지고 떠났다.

独自 dúzì 혼자서 | **背** bēi (등에) 짊어지다 | **包袱** bāofu 짐 | **离开** líkāi 떠나다

抵达 dǐdá

명 도착하다, 도달하다
▶ 나는 아마 내일 밤 10시에 인천공항에 抵达할 것 같아.

飞机将于明天上午八点抵达加拿大。
비행기는 내일 오전 8시에 캐나다에 도착할 예정입니다.

将 jiāng ~할 것이다 | **于** yú ~에 | **加拿大** Jiānádà 캐나다

유의 到达 dàodá 도착하다　　**반의** 出发 chūfā 출발하다 / 动身 dòngshēn 출발하다

终点 zhōngdiǎn

명 종착점, 종점, 결승점
▶ 버스에서 깜빡 잠이 들었는데 终点까지 가서야 깼어.

这辆列车的终点站是中国的首都北京。
이 열차의 종착역은 중국의 수도 베이징입니다.

列车 lièchē 열차 | **首都** shǒudū 수도

轮胎 lúntāi

명 타이어
▶ 눈이 오기 전에 자동차 轮胎를 미리 점검해야 해.

不平坦的道路会导致汽车轮胎的老化。
평평하지 않은 도로가 자동차 타이어의 노화를 초래할 수 있다.

平坦 píngtǎn 평평하다 | **导致** dǎozhì 초래하다 | **老化** lǎohuà 노화하다

简陋 jiǎnlòu

형 초라하다, 보잘것없다
▶ 비록 简陋하고 낡았지만, 난 우리 집이 좋아.

这位画家的住所可以用简陋来形容。
이 화가가 사는 곳은 초라하다는 말로 형용할 수 있다.

画家 huàjiā 화가 | **住所** zhùsuǒ 사는 곳 | **形容** xíngróng 형용하다
반의 **豪华** háohuá 호화스럽다

渣 zhā

명 (-儿) 부스러기, 가루, 찌꺼기
▶ 과자 渣를 잘 치우지 않으면 개미가 꼬일 거야.

孩子吃完面包后，满地都是面包渣。
아이가 빵을 다 먹고 나니, 온 바닥이 빵 부스러기이다.

满地 mǎndì 온 사방　유의 **屑** xiè 조각, 부스러기, 찌꺼기

★ **보충단어**　아래 단어들의 예문은 WEB 단어장에서 확인할 수 있어요.

보충단어 WEB 단어장

衣裳 yīshang 명 의상, 의복

羽绒服 yǔróngfú 명 오리털 재킷

纽扣儿 niǔkòur 명 단추

粉色 fěnsè 명 분홍색, 핑크

棕色 zōngsè 명 갈색, 다갈색

熨 yùn 동 다리다, 다림질하다

玉 yù 명 옥

荤 hūn 명 육류, 고기 요리

橙 chéng 명 오렌지, 오렌지색

涮火锅 shuàn huǒguō 동 (중국식) 샤부샤부를 먹다

馋 chán 형 군침이 돌다 동 먹고 싶어 하다

腥 xīng 형 비린내가 나다

炊烟 chuīyān 명 밥 짓는 연기

物业 wùyè 명 시설, 건물, 설비 등의 통칭

喧哗 xuānhuá 동 떠들다, 소란을 피우다 형 시끄럽다, 떠들썩하다

码头 mǎtou 명 부두

装卸 zhuāngxiè 동 싣고 내리다

零星 língxīng 형 소량이다 형 산발적이다

畅通 chàngtōng 형 원활하다

轨道 guǐdào 명 선로, 궤도

刹车 shāchē 동 브레이크를 걸다

事故 shìgù 명 사고

引擎 yǐnqíng 명 엔진, 내연 기관

确保 quèbǎo 동 확보하다

立交桥 lìjiāoqiáo 명 입체 교차로

逆行 nìxíng 동 역행하다

留神 liúshén 동 주의하다, 조심하다

HSK 6급 빈출 표현

染发	rǎn fà	머리를 염색하다
流行款式	liúxíng kuǎnshì	유행하는 스타일
搭配衣服	dāpèi yīfu	옷을 매치하여 입다
熨烫	yùntàng	(옷을) 다리다
精于烹饪	jīngyú pēngrèn	요리에 정통하다
放调料	fàng tiáoliào	조미료를 넣다
去腥	qù xīng	비린내를 없애다
美味佳肴	měiwèi jiāyáo	맛있는 요리
素食主义	sùshí zhǔyì	채식주의
饮食习惯	yǐnshí xíguàn	식습관
交通堵塞	jiāotōng dǔsè	교통이 막히다(교통 체증)
航行路线	hángxíng lùxiàn	항해 노선
导航系统	dǎoháng xìtǒng	내비게이션 시스템
抵达目的地	dǐdá mùdìdì	목적지에 도달하다
偏离轨道	piānlí guǐdào	궤도에서 이탈하다
踩刹车	cǎi shāchē	브레이크를 밟다

데일리 테스트

고생하셨어요!
QR코드를 스캔하면 DAY01~DAY30 전체 데일리 테스트 PDF가
다운로드됩니다.

DAY 03

★ HSK 시험에 이렇게 나와요.

익스트림 스포츠, 전통적인 운동에 관한 설명문이 듣기 3부분과 독해 4부분에 출제되고, 취미로 레저 활동을 시작했다가 전업한 유명인을 인터뷰하는 내용도 듣기 2부분에 출제되었습니다. 또한 건강과 운동에 관한 설명문과 논설문도 출제됩니다.

운동하는 즐거움

#레저 #문화 #스포츠 #건강

음원 듣기

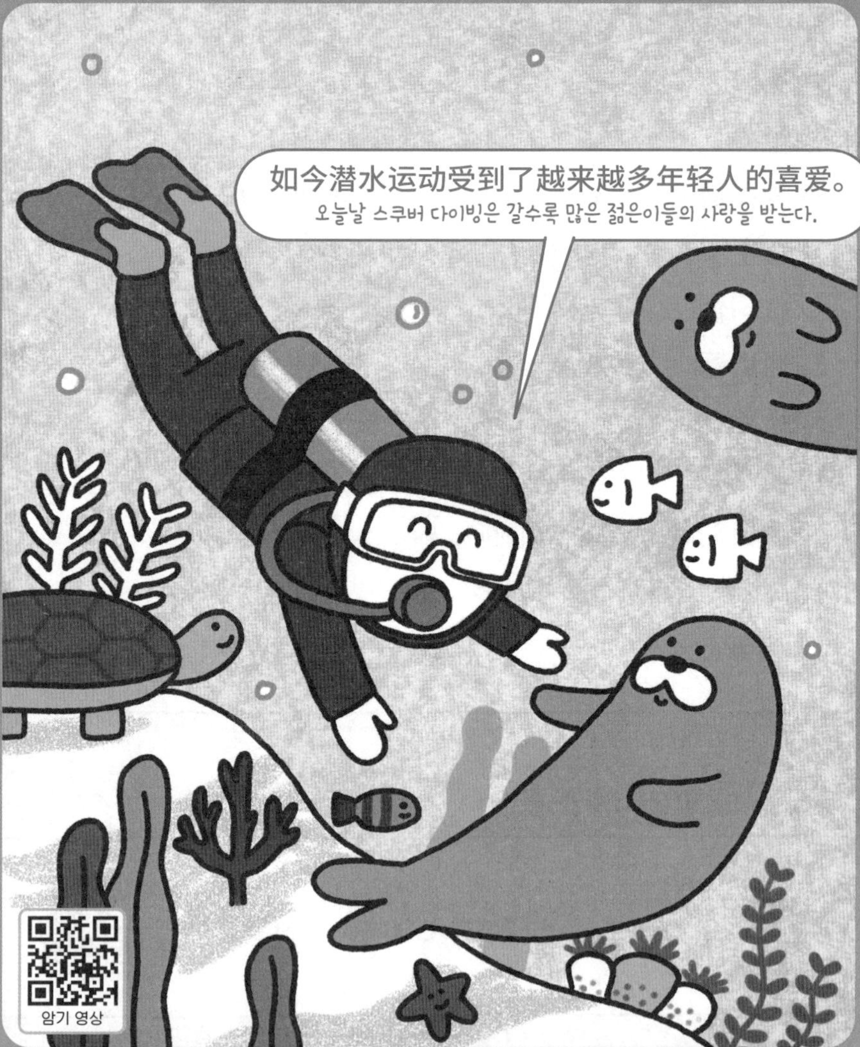

암기 영상

观光 guānguāng

동 관광하다, 참관하다
▶ 단풍을 보기 위해 观光객들이 전국 도처에서 몰려들었다.

在韩国，中国的观光客主要集中在明洞地区。
한국에서 중국 관광객은 주로 명동 지역에 집중되어 있다.

观光客 guānguāngkè 관광객 | 集中 jízhōng 집중되다 | 明洞 Míngdòng 명동 | 地区 dìqū 지역　유의　游览 yóulǎn (풍경·명승 등을) 유람하다

출제 포인트　목적어를 취하지 않는 **观光**

观光은 외국이나 타지로 경치나 건축물을 보러 감을 나타낸다. 观光은 이합동사 구조로 목적어를 취하지 않으므로, 보통 [到/去/来+(장소)+观光]의 형태로 쓰인다. 경치나 건축물을 보기 위해 온 관광객을 观光客라고 하며, 뉴스에 자주 쓰이는 游客는 의미 범위가 비교적 크다는 차이가 있다.

예　到菲律宾(Fēilǜbīn)观光 필리핀으로 관광 가다
　　陪我们在上海各处观光了一番。우리를 데리고 상하이 여러 곳을 관광시켜 주었다.

见闻 jiànwén

명 보고 들은 것, 견문
▶ 그는 여행을 많이 다녀서 见闻도 굉장히 많아.

旅行爱好者们常用拍照的方式记录自己的见闻。
여행 애호가들은 자주 사진을 찍는 방식으로 자신이 보고 들은 것을 기록한다.

旅行 lǚxíng 여행하다 | 爱好者 àihàozhě 애호가 | 拍照 pāizhào 사진을 찍다 | 方式 fāngshì 방식 | 记录 jìlù 기록하다

视野 shìyě

명 시야
▶ 산 정상에 오르자 사방의 视野가 확 트였다.

爷爷年轻时走遍了祖国的名山大川，这使他开阔了视野。
할아버지는 젊었을 때 조국의 유명한 산과 강을 두루 다녀서, 시야가 넓어졌다.

走遍 zǒubiàn 두루 (돌아)다니다 | 祖国 zǔguó 조국 | 名山大川 míngshāndàchuān 명산대천 (이름난 산과 큰 강) | 使 shǐ ～하게 하다 | 开阔 kāikuò 넓다

출제 포인트　듣기 영역 반출 단어 **视野**

视野는 눈으로 보이는 공간적인 범위, 즉 '시야'를 뜻하는데, 비유적인 의미로 어떠한 사물을 보는 안목이나 식견을 뜻하기도 한다. 듣기뿐만 아니라 전 영역에서 开阔, 开拓(kāituò) 등과 함께 자주 출제되니, 그 활용과 의미를 알아 두자.

예　视野好 전망이 좋다 | 视野广阔(guǎngkuò) 시야가 넓다 |
　　开阔视野 시야를 넓히다 (＝开拓视野)

指南针
zhǐnánzhēn

명 나침반
▶ 길을 잃었을 땐 指南针으로 북쪽을 찾은 다음 지도를 봐.

为了避免在森林里迷路，出门前最好随身携带指南针。
숲속에서 길을 잃지 않기 위해, 출발 전 몸에 나침반을 지니는 것이 가장 좋다.

避免 bìmiǎn 방지하다 **ㅣ** **森林** sēnlín 숲 **ㅣ** **迷路** mílù 길을 잃다 **ㅣ** **最好** zuìhǎo ~하는 게 제일 좋다 **ㅣ** **随身** suíshēn 몸에 지니다 **ㅣ** **携带** xiédài 휴대하다

动身 dòngshēn

동 떠나다, 출발하다
▶ 아침 8시 비행기이니까, 밥 먹고 바로 动身해야 해.

全家人聚在一起安排动身的时间。
온 가족이 모여서 떠날 시간을 함께 정하고 있다.

全 quán 온, 전 **ㅣ** **家人** jiārén 가족 **ㅣ** **聚** jù 모이다 **ㅣ** **安排** ānpái 안배하다
유의 出发 chūfā 출발하다, 떠나다 / 启程 qǐchéng 출발하다

启程 qǐchéng

동 출발하다, 길을 나서다
▶ 나는 할머니께서 위급하다는 소식을 듣고 바로 시골로 启程했다.

从韩国来的乘客们将于晚上八点启程。
한국에서 온 승객들은 저녁 8시에 출발할 예정이다.

乘客 chéngkè 승객 **ㅣ** **将** jiāng ~할 것이다 **ㅣ** **于** yú ~에
유의 出发 chūfā 출발하다, 떠나다 / 动身 dòngshēn 떠나다, 출발하다

유의어 비교 **启程** vs **动身** vs **出发**

세 단어는 모두 '원래 있던 곳에서 벗어나 다른 곳으로 떠난다'는 뜻이다. 启程은 길을 나선다는 의미로, 어떠한 일정 등이 시작됨을 나타내며, 보통 서면어나 공식적인 자리에서 많이 쓰인다. 动身은 사람에 많이 쓰이고, 出发는 사람뿐만 아니라 교통수단 등에도 쓰이는데, 出发는 추상적인 의미로 어떠한 문제를 고려하는 착안점을 나타내기도 하니 잘 알아 두자.

예 代表团明天启程。 대표단은 내일 출발한다.
我们8点动身。 우리는 8시에 출발한다. **ㅣ** 从实际动身 （×）
火车8点出发。 기차가 8시에 출발한다. **ㅣ** 从实际出发 사실에 입각하여 （〇）

带领 dàilǐng

동 인솔하다, 이끌다 동 안내하다
▶ 우리는 사촌 오빠의 带领 하에 많은 명승고적을 구경했어.

这些游客在导游的带领下，进入了免税店。
이 관광객들은 가이드의 인솔하에, 면세점에 들어갔다.

游客 yóukè 여행객 | 导游 dǎoyóu 가이드 | 进入 jìnrù 들어가다 | 免税店 miǎnshuìdiàn 면세점
유의 率领 shuàilǐng 이끌다, 인솔하다

携带 xiédài

동 휴대하다, 지니다
▶ 등산을 할 때에는 물을 携带하는 것이 필수야.

旅客们乘坐飞机前，会被告知禁止携带何种物品。
여행객들은 항공기에 탑승하기 전에, 어떤 물건을 휴대할 수 없는지에 대해 안내를 받는다.

旅客 lǚkè 여행객 | 乘坐 chéngzuò 타다 | 告知 gàozhī 알리다 | 禁止 jìnzhǐ 금지하다 | 何 hé 어떤 | 物品 wùpǐn 물품

留念 liúniàn

동 기념으로 남기다
▶ 우리는 이번 가족 여행을 留念하기 위해, 다 같이 찍은 사진을 열쇠고리로 만들었어.

拍照留念是很多人旅行时必做的事。
사진을 찍어 기념으로 남기는 것은 많은 사람들이 여행할 때 꼭 하는 일이다.

拍照 pāizhào 사진을 찍다 | 必 bì 반드시
유의 纪念 jìniàn 기념하다

镜头 jìngtóu

명 (사진기·영상 기기 등의) 렌즈 명 장면
▶ 그녀는 취미 생활을 위해 백만 원이 넘는 카메라 镜头를 샀어.

新买的相机镜头进水了，看来这次旅行时要买新的了。
새로 산 카메라 렌즈에 물이 들어가서, 이번에 여행할 때 새것을 사야 될 것 같다.

看来 kànlái 보아하니 ~하다

放大 fàngdà

동 증폭하다, 확대하다
▶ 내가 좋아하는 드라마는 회를 거듭할수록 기대감을 放大시켜!

做一项自己喜欢的运动可以放大自己的能力。
자신이 좋아하는 운동 하나를 하면 자신의 능력을 증폭시킬 수 있다.

项 xiàng 항목(운동 종목을 세는 양사) | 能力 nénglì 능력
반의 缩小 suōxiǎo 축소하다

遗失 yíshī

동 분실하다, 유실하다
▶ 여행지에서는 여권을 遗失하지 않도록 조심해.

潜水员在潜水时发现了沉船上人们遗失的物品。
잠수부는 잠수를 하다가 침수된 선박에서 사람들이 잃어버린 물건을 찾았다.

潜水员 qiánshuǐyuán 잠수부 | 潜水 qiánshuǐ 잠수하다 | 沉船 chénchuán 침몰한 배 | 物品 wùpǐn 물품
유의 丢失 diūshī 분실하다, 잃어버리다

博览会 bólǎnhuì

명 박람회
▶ 여행 博览会에서는 많은 여행 상품을 홍보한다.

这届博览会有很多中外合资的企业参加。
이번 박람회에 많은 중외 합작 기업이 참가한다.

届 jiè 회(정기적인 회의 또는 졸업생 등을 세는 양사) | 中外 Zhōngwài 중국과 외국 | 合资 hézī 합작하다 | 企业 qǐyè 기업

竞赛 jìngsài

동 경기하다, 경쟁하다, 시합하다
▶ 출전한 선수들의 실력이 비슷해서 竞赛가 아주 볼 만해.

学校组织的数学竞赛取得了圆满成功。
학교가 개최한 수학 경시 대회는 원만한 성공을 거두었다.

组织 zǔzhī 조직하다 | 取得 qǔdé 취득하다 | 圆满 yuánmǎn 원만하다 | 成功 chénggōng 성공하다
유의 比赛 bǐsài 시합하다

主办 zhǔbàn

（동）주최하다
▶ 이번 월드컵은 어느 나라에서 主办한대?

北京香山红叶文化节是由地方政府主办的。
베이징의 샹산 단풍 문화 축제는 지방 정부가 주최한다.

香山 Xiāng Shān 샹산(베이징에 위치한 산) | **红叶** hóngyè 단풍 | **文化节** wénhuàjié 문화 축제
| **由** yóu ~가 | **地方政府** dìfāng zhèngfǔ 지방 정부

选手 xuǎnshǒu

（명）선수
▶ 국가 대표 选手로 선발되는 것은 하늘에 별 따기만큼 힘들어.

业余马拉松大赛的参赛选手都是喜爱运动的普通百姓。
아마추어 마라톤 대회의 참가 선수는 모두 운동을 좋아하는 일반인이다.

业余 yèyú 아마추어의 | **马拉松** mǎlāsōng 마라톤 | **大赛** dàsài 대형 경기 | **参赛** cānsài
시합에 참가하다 | **喜爱** xǐ'ài 좋아하다 | **普通** pǔtōng 평범하다 | **百姓** bǎixìng 평민

裁判 cáipàn

（명）심판 （동）심판하다
▶ 저 경기의 裁判은 판정이 너무 편파적이야!

在比赛中，裁判的作用是十分重要的。
경기에서 심판의 역할은 매우 중요하다.

作用 zuòyòng 역할 | **十分** shífēn 매우

示范 shìfàn

（명）시범, 모범 （동）시범하다, 모범을 보이다
▶ 선생님이 먼저 요가 동작을 示范 보이자 모두 따라 했다.

教练在给学生做示范的时候受伤了。
코치가 학생들에게 시범을 보이다가 부상당했다.

教练 jiàoliàn 코치 | **受伤** shòushāng 부상당하다

胜负 shèngfù

（명）승패, 승부
▶ 경기의 胜负와는 상관없이 선수들은 정말 최선을 다했어.

没有胜负的比赛并不代表没有意义。
승패가 없는 경기라고 해서 의미가 없는 것은 아니다.

并 bìng 결코 | **代表** dàibiǎo 나타내다 | **意义** yìyì 의미 （유의）**输赢** shūyíng 승부, 승패

名次 míngcì

명 등수, 순위
▶ 1등은 바라지도 않고 그저 名次 안에만 들었으면 좋겠다.

所有的选手都希望在比赛中获得名次。
모든 선수들이 경기에서 등수를 얻고자 한다.

所有 suǒyǒu 모든 | **选手** xuǎnshǒu 선수 | **获得** huòdé 얻다, 취득하다

亚军 yàjūn

명 2등, 2위, 준우승자
▶ 우리 팀은 결승전에서 1점 차로 안타깝게도 亚军에 머물렀어.

他因技术略逊一筹，得了个亚军。
그는 기술이 약간 부족해서, 2등을 했다.

因 yīn ~ 때문에 | **技术** jìshù 기술 | **略逊一筹** lüèxùnyìchóu 약간 부족하다 | **得** dé 받다
참고 冠军 guànjūn 1등, 1위, 챔피언

田径 tiánjìng

명 육상 경기
▶ 우사인 볼트가 이번 田径 경기에서 또 신기록을 세웠다며?

田径项目一直是非洲选手的强项。
육상 경기는 항상 아프리카 선수들이 잘하는 종목이었다.

项目 xiàngmù 항목 | **非洲** Fēizhōu 아프리카 | **强项** qiángxiàng (실력이 비교적) 강한 종목

潜水 qiánshuǐ

동 잠수하다, 스쿠버 다이빙하다
▶ 동생은 열대 바다에서 潜水하는 것을 좋아해.

如今潜水运动受到了越来越多年轻人的喜爱。
오늘날 스쿠버 다이빙은 갈수록 많은 젊은이들의 사랑을 받는다.

如今 rújīn 오늘날 | **受到** shòudào 받다 | **越来越** yuèláiyuè 갈수록 | **年轻人** niánqīngrén 젊은이 | **喜爱** xǐ'ài 사랑하다

攀登 pāndēng

동 등반하다, 기어오르다
▶ 오빠는 주말마다 실내 암벽 攀登하기를 즐기러 다녀.

攀登世界最高峰一直是登山爱好者的理想。
세계에서 가장 높은 산봉우리에 오르는 것은 줄곧 등산 애호가들의 꿈이었다.

峰 fēng 산봉우리 | **登山** dēngshān 등산 | **爱好者** àihàozhě 애호가 | **理想** lǐxiǎng 이상 **유의** 登攀 dēngpān 등반하다

剧烈 jùliè

 격렬하다, 극렬하다

▶ 체력에 맞지 않는 剧烈한 운동은 오히려 건강을 해칠 수 있어.

专家告诉我们，剧烈运动后请勿马上喝水。

전문가는 우리에게, 격렬한 운동 후에는 바로 물을 마시지 말라고 말한다.

专家 zhuānjiā 전문가 ｜ 勿 wù ~하지 마라

유의 激烈 jīliè 격렬하다 / 猛烈 měngliè 맹렬하다

유의어 비교 剧烈 vs 激烈 vs 猛烈(měngliè)

모두 '격렬하다, 극렬하다'라는 뜻의 형용사지만, 서로 바꿔 쓸 수 없는 경우가 많다.

剧烈 jùliè ｜ 빠르고 맹렬한 동작을 나타내며, 주로 통증, 약의 성질 등에 사용됨.
예 剧烈的震动 격렬한 진동 (○) ｜ 比赛剧烈 (×)

激烈 jīliè ｜ 주로 동작이나 말로 하는 운동, 경기, 경쟁, 논쟁, 투쟁에 사용됨.
예 比赛激烈 경기가 격렬하다 (○) ｜ 激烈的震动 (×)

猛烈 měngliè ｜ 기세가 세고, 힘이 강함을 나타내며, 주로 자연 현상, 불 등에 사용됨.
예 猛烈的风暴(fēngbào) 맹렬한 폭풍 (○) ｜ 比赛猛烈 (×)

调剂 tiáojì

 조절하다, 조정하다

▶ 그녀는 때때로 혼자 산책을 하며 마음을 调剂하곤 해.

懂得调剂生活，才能享受丰富多彩的人生。

생활을 조절할 줄 알아야, 비로소 다채로운 인생을 누릴 수 있다.

懂得 dǒngde (뜻·방법 등을) 알다 ｜ 生活 shēnghuó 생활 ｜ 享受 xiǎngshòu 누리다 ｜ 丰富多彩 fēngfù duōcǎi 풍부하고 다채롭다 ｜ 人生 rénshēng 인생

유의 调节 tiáojié 조절하다

유의어 비교 调剂 vs 调节

모두 '조절하다'라는 뜻이지만, 调剂는 많거나 적음, 바쁘거나 한가한 것들을 적절히 조절하는 것이고, 调节는 수량·정도를 요구에 맞게 조절함을 나타낸다. 자주 쓰이는 목적어를 함께 익혀 두자.

调剂 tiáojì ｜ 물질·생활·정신 등 비교적 추상적인 의미의 명사와 어울림.
예 调剂精神 기분을 조절하다 ｜ 调剂生活 생활을 조절하다

调节 tiáojié ｜ 온도·음량·속도 등 비교적 구체적인 의미의 명사와 어울림.
예 调节体温 체온을 조절하다 ｜ 调节物价 물가를 조절하다

书法 shūfǎ

명 서예
▶ 주말마다 书法를 열심히 연습하더니, 명필이 되었구나!

在中国，越来越多的小学生开始练习书法。
중국에서 갈수록 많은 초등학생이 서예를 배우기 시작한다.

书籍 shūjí

명 서적, 책
▶ 아버지의 서재에는 아주 오래된 书籍들이 가득 있어.

他喜欢看书，所以他的书房里各种书籍应有尽有。
그는 독서를 좋아해서, 그의 서재에는 각종 서적이 구비되어 있다.

书房 shūfáng 서재 | 各种 gèzhǒng 각종의 | 应有尽有 yīngyǒu jìnyǒu 모두 갖추어져 있다

刊物 kānwù

명 간행물, 출판물
▶ 그 刊物는 월간지여서 매월 첫째 주에 배송된다.

少儿刊物的内容一直是父母担心的一个问题。
아동 간행물의 내용은 항상 부모가 걱정하는 문제이다.

少儿 shào'ér 아동 | 内容 nèiróng 내용

谜语 míyǔ

명 수수께끼
▶ 그녀는 어려운 谜语를 풀어내는 것이 유일한 취미야.

灯谜上的谜语很多都是字谜，这让人们饶有兴趣。
등롱 퀴즈의 수수께끼는 전부 단어 퀴즈인데, 이렇게 하면 사람들이 흥미를 가진다.

灯谜 dēngmí 등롱 수수께끼(종이에 쓴 문제를 벽에 붙이거나 줄에 거는 수수께끼) | 字谜 zìmí 글자
수수께끼 | 饶有兴趣 ráoyǒu xìngqù 어떤 것에 매우 큰 흥미를 느낌

提示 tíshì

동 알려 주다, 힌트를 주다
▶ 상자 겉면에 사용 방법에 대해 提示해 주는 문구가 있을 거야.

韩国的很多公共场所都有汉语提示。
한국의 많은 공공장소에는 중국어 안내문이 있다.

公共场所 gōnggòng chǎngsuǒ 공공장소

收藏 shōucáng

동 소장하다, 보관하다
▶ 아름다운 풍경을 그린 산수화를 收藏하는 것이 내 취미야.

姐姐收藏了很多珍贵的名家画作。
언니는 많은 진귀한 유명 화가의 작품을 소장하고 있다.

珍贵 zhēnguì 진귀하다 | 名家 míngjiā 명인 | 画作 huàzuò 회화 작품

收藏은 가치 있는 물건을 수집하는 것을 가리키며, 독해 3부분에 이와 관련된 이야기가 자주 출제된다. 수집 대상은 가구에서 옥새 문양까지 다양하며, 青铜器가 가장 많이 출제되었다. '수집하다'의 收集 (shōují)는 취미로 수집하는 것을 가리킨다는 차이가 있다. 아래 관련 어휘를 확인하고 넘어가자.

예   收藏品 소장품 | 收藏价值(jiàzhí)高 소장 가치가 높다 | 青铜器(qīngtóngqì) 청동기
珍品(zhēnpǐn) 진품 | 升值潜力(qiánlì) 가격 상승의 잠재력

古董 gǔdǒng

명 골동품
▶ 삼촌은 옛날 물건을 수집하기 위해 古董 가게를 찾아 다니셔.

每个人对古董的鉴别角度都不一样。
사람마다 골동품 감별에 대한 시각이 다르다.

鉴别 jiànbié 감별하다 | 角度 jiǎodù (문제를 보는) 각도

陶瓷 táocí

명 도자기
▶ 부모님은 주말마다 공방에 가서 찻잔, 접시 같은 陶瓷를 빚으셔.

陶瓷的炼成要经过很多工序，同时也要经过数月的时间。
도자기를 구워 내려면 많은 공정을 거쳐야 하며, 동시에 수개월의 시간을 거쳐야 한다.

炼 liàn (불로) 단련하다 | 工序 gōngxù 제조 공정 | 同时 tóngshí 동시에

模型 móxíng

명 모형, 견본
▶ 그는 어렸을 적부터 작은 模型 자동차를 모으는 것을 좋아했어.

最近市场上流行的模型飞机价格比想象的贵。
최근 시장에서 유행하는 모형 비행기의 가격은 상상한 것보다 비싸다.

市场 shìchǎng 시장 | 流行 liúxíng 유행하는 | 价格 jiàgé 가격 | 想象 xiǎngxiàng 상상하다

幼稚 yòuzhì

형 유치하다, 어리다, 미숙하다
▶ 이 만화 영화는 어른이 돼서 다시 봐도 전혀 幼稚하지가 않아.

每个人在年轻时期都会有幼稚的行为。
모든 사람이 젊은 시절에 유치한 행동을 하곤 한다.

时期 shíqī (특정한) 시기 | **行为** xíngwéi 행동

舞蹈 wǔdǎo

명 무용, 무도, 춤 **동** 춤추다, 무용하다
▶ 러시아는 발레 舞蹈가 유명한 나라 중 하나야.

芭蕾舞是舞蹈中最受欢迎的舞种之一。
발레는 무용 중에서 가장 환영받는 장르 중 하나이다.

芭蕾舞 bālěiwǔ 발레 | **受欢迎** shòu huānyíng 환영받다 | **舞种** wǔzhǒng 무용의 종류

演奏 yǎnzòu

동 연주하다
▶ 오늘 공연에서 그는 기타를 아주 환상적으로 演奏했어.

孩子们演奏的音乐让在场的观众感动。
아이들이 연주한 음악은 객석에 있던 관중을 감동시켰다.

在场 zàichǎng 현장에 있다 | **观众** guānzhòng 관중 | **感动** gǎndòng 감동시키다

节奏 jiézòu

명 리듬, 박자, 흐름
▶ 파티에서 음악이 흐르자 모두 节奏에 맞춰 춤을 추었다.

生活节奏的加快使人们的生活发生了变化。
생활 리듬이 빨라지면서 사람들의 생활에 변화를 일으켰다.

加快 jiākuài 빠르게 하다 | **使** shǐ ~하게 하다 | **发生** fāshēng 일어나다
유의 **节拍** jiépāi 리듬, 박자

출제 포인트　**节奏**의 빈출 짝꿍 표현

예 **生活节奏快** 생활 리듬이 빠르다 | **快节奏的时代** 빠른 리듬의 시대 |
富有节奏感 리듬감이 풍부하다 | **控制节奏** 리듬을 조절하다 |
快而不乱的节奏 빠르지만 흐트러지지 않는 리듬 | **讲话节奏** 말의 리듬

旋律 xuánlǜ

▶ 쇼팽의 피아노곡은 旋律가 아주 아름다워.

观众们在优美的旋律中沉醉了。
관객들은 아름다운 멜로디에 빠져들었다.

优美 yōuměi 우아하고 아름답다 | 沉醉 chénzuì 깊이 빠지다

杂技 zájì

명 곡예, 잡기
▶ 그 서커스단의 杂技는 너무 아슬아슬해 보여서 손에 땀을 쥐게 해.

丝绸之路上传进来的不仅有西方的物品，还有西方的文化、杂技等。
실크 로드로 전해 들어온 것은 서양의 물품만 아니라, 서양의 문화, 곡예 등도 있었다.

丝绸之路 sīchóu zhī lù 실크 로드 | 传 chuán 전하다 | 物品 wùpǐn 물품

相声 xiàngsheng

명 만담(중국 민간 예술의 일종)
▶ 相声은 말재주과 성대모사로 사람들을 웃기는 스탠딩 코미디야.

相声是一种以说、学、逗、唱为形式的民间说唱曲艺。
만담은 말하기, 흉내내기, 웃기기, 노래 부르기를 형식으로 하는 일종의 민간 소리 예술이다.

以 yǐ ~로 | 逗 dòu 웃기다 | 形式 xíngshì 형식, 형태 | 民间 mínjiān 민간 | 说唱 shuōchàng 말하기도 하고, 노래 부르기도 하는 형식의 예술 | 曲艺 qǔyì (지방 색채가 강한) 설창 예술

출제 포인트 중국의 만담 相声

相声은 무대 위에 서서 말을 주고받으면서 유머를 하는 것을 말하며, 듣기 2부분 인터뷰 유형에서 중국 문화 관련 내용으로 출제되기도 한다. 한 사람이 하면 单口相声, 두 사람이 하면 对口相声, 3명 이상일 경우 群口相声이라고 한다. 내용으로는 풍자형, 노래형, 오락형 등으로 나뉜다.

예 说相声 만담을 하다 | 表演相声 만담을 공연하다
讽刺型(fěngcìxíng) 풍자형 | 歌颂(gēsòng)型 노래형 | 娱乐(yúlè)型 오락형

扮演 bànyǎn

동 ~ 역을 맡아 하다, 출연하다
▶ 그 배우는 늘 악역을 扮演해서, 악역 전문 배우라고 알려져 있어.

他在《三国演义》中扮演关羽这一角色。
그는 삼국연의에서 관우 역을 연기한다.

《三国演义》Sānguó Yǎnyì 삼국연의 | 关羽 Guān Yǔ 관우 | 角色 juésè 배역, 역할
유의 饰演 shìyǎn ~ 역을 연기하다

剧本 jùběn

명 각본, 대본
▶ 그 작가는 로맨스 장르의 剧本을 잘 쓰기로 유명하지.

听说很多有名韩剧的剧本作家都是"大妈作家"。
듣기로 많은 유명한 한국 드라마의 각본 작가는 모두 '아줌마 작가'라고 한다.

听说 tīngshuō 듣기로 | **韩剧** hánjù 한국 드라마 | **作家** zuòjiā 작가 | **大妈** dàmā 아주머님
(나이 많은 부인에 대한 존칭)

来源 láiyuán

동 기원하다, 유래하다　명 근원, 출처
▶ 소설의 기본 소스는 대부분 일상생활에서 来源한다.

韩国传统文化的发展来源于韩国人对传统文化的保护。
한국 전통 문화의 발전은 한국인의 전통 문화 보호에서부터 기원한다.

传统 chuántǒng 전통 | **发展** fāzhǎn 발전하다 | **保护** bǎohù 보호하다
유의 **起源** qǐyuán 기원하다

> **유의어 비교**　来源 vs 起源
>
> 둘 다 '기원하다'라는 뜻이지만, 내포하고 있는 의미가 다소 달라 어울리는 말 또한 차이가 있다. 두 단어 모두 개사 于를 붙여서 많이 사용된다는 점도 알아 두자.
>
> **来源** láiyuán　사물의 출처, 근원 등을 의미함.
> 예 **经济来源** 경제적 원천 (○) | **人类的来源** (×)
>
> **起源** qǐyuán　어떤 일이 처음으로 발생한 기원, 그 뿌리를 의미함.
> 예 **人类的起源** 인류의 기원 (○) | **经济起源** (×)

结局 jiéjú

명 결말, 결국
▶ 그 영화는 结局가 너무 허무맹랑해서 관객들의 야유를 받았어.

室友们在津津有味地议论那部电影的结局。
룸메이트들은 흥미롭게 그 영화의 결말에 대해 이야기하고 있다.

室友 shìyǒu 룸메이트 | **津津有味** jīnjīnyǒuwèi 흥미진진하다 | **议论** yìlùn 의논하다

视频 shìpín

명 동영상
▶ 그녀는 여행을 다니며 사진과 视频을 찍어 SNS에 올려.

网络视频已经成了人们了解各国文化的途径。
인터넷 동영상은 이미 사람들이 각국의 문화를 이해하는 통로가 되었다.

网络 wǎngluò 인터넷 | **各国** gèguó 각국 | **途径** tújìng 길, 통로

直播 zhíbō

동 생중계하다
▶ 월드컵 경기는 전 세계에 실시간으로 直播된다.

那个节目是现场直播，所以表演者都十分紧张。
그 프로그램은 현장 생중계여서 연기자들 모두 매우 긴장하고 있다.

现场 xiànchǎng 현장 | 表演者 biǎoyǎnzhě 연기자 | 紧张 jǐnzhāng 긴장해 있다

卡通 kǎtōng

명 만화 영화, 애니메이션
▶ 디즈니의 卡通은 많은 이들의 사랑을 받고 있어.

那位演员的长相非常像我喜欢的卡通形象。
그 배우의 외모는 내가 좋아하는 만화 캐릭터와 매우 닮았다.

演员 yǎnyuán 배우 | 长相 zhǎngxiàng 외모 | 形象 xíngxiàng 이미지

魔术 móshù

명 마술
▶ 魔术 공연에서 미녀 조수와 비둘기는 빠질 수 없다고들 한다.

魔术表演丰富了人们的业余生活。
마술 공연은 사람들의 여가 생활을 풍요롭게 해 주었다.

表演 biǎoyǎn 공연 | 丰富 fēngfù 풍부하게 하다 | 业余 yèyú 여가 | 生活 shēnghuó 생활

系列 xìliè

명 시리즈, 계열
▶ '셜록 홈스' 시리즈는 매 시즌마다 긴장의 끈을 놓을 수가 없어.

一直以来，《哈利·波特》系列丛书在许多国家都很受欢迎。
줄곧 〈해리 포터〉 시리즈 전집은 많은 나라에서 인기를 끌고 있다.

一直以来 yìzhí yǐlái 항상, 줄곧 | 《哈利·波特》 Hālì Bōtè 해리 포터 | 丛书 cóngshū 전집 | 受欢迎 shòu huānyíng 환영받다

偶像 ǒuxiàng

명 우상, 아이돌
▶ 데이비드 카퍼필드는 그 마술사의 어렸을 적 偶像이었대.

崇拜偶像是每个人年少时都会有过的轻狂举动。
아이돌을 열렬히 좋아하는 것은 모두가 어렸을 때 해 봤을 법한 가벼운 행동이다.

崇拜 chóngbài 숭배하다 | 年少 niánshào 어리다 | 轻狂 qīngkuáng 경망스럽다 | 举动 jǔdòng 행동

旷课 kuàngkè

동 수업을 빼먹다, 무단결석하다
▶ 어제 선생님의 눈을 피해, 旷课하고 콘서트를 보러 갔어.

上中学时，我有过旷课去地方旅行的经历。
중·고등학교 시절, 나는 수업에 빠지고 지방에 여행을 간 경험이 있다.

中学 zhōngxué 중·고등학교 | 旅行 lǚxíng 여행하다 | 经历 jīnglì 경험

诱惑 yòuhuò

동 유혹하다, 꾀다   동 (나쁜 일에) 끌어들이다
▶ 나는 치킨의 诱惑를 뿌리치고 운동하러 공원으로 갔어.

我无法抵御运动的诱惑，所以一有时间就去运动。
나는 운동의 유혹을 참을 수 없어서, 시간만 나면 운동하러 간다.

无法 wúfǎ ~할 수 없다 | 抵御 dǐyù 저항하다 | 一 A 就 B yī A jiù B A하기만 하면 B하다
유의 迷惑 míhuò 현혹되다, 미혹되다

着迷 zháomí

동 빠져들다, 몰두하다, 사로잡히다
▶ 최근에 역사 소설 읽는 것에 着迷해서 시간 가는 줄을 몰라.

学生们对棒球十分着迷，以至于旷课去看棒球比赛。
학생들이 야구에 푹 빠져서, 심지어는 수업에 빠지고 야구 경기를 보러 간다.

棒球 bàngqiú 야구 | 以至于 yǐzhìyú ~에 이르기까지 | 旷课 kuàngkè 수업을 빼먹다

陶醉 táozuì

동 도취하다
▶ 그는 자신의 연주에 한 번 陶醉되면 몇 시간이고 연주해.

那位作家陶醉在自己的作品中，不能自拔。
그 작가는 자신의 작품 속에 도취하여, 스스로 헤어나올 수 없다.

作家 zuòjiā 작가 | 作品 zuòpǐn 작품 | 不能自拔 bùnéng zìbá (어떤 상황에서) 벗어날 수 없다

评论 pínglùn

명 평론, 논평   동 평론하다, 논의하다
▶ 그 작품을 评论한 기사는 지나치게 편파적이었어.

网友对这部电影的评论可以说是褒贬不一。
이 영화에 대한 누리꾼들의 평론은 호불호가 엇갈린다고 할 수 있다.

网友 wǎngyǒu 누리꾼(네티즌) | 褒贬 bāobiǎn 좋고 나쁨을 평가하다 | 不一 bùyī 일치하지 않다

趣味 qùwèi

명 흥미, 재미, 취미
▶ 최근 꽃꽂이에 趣味가 생겨서 플로리스트가 돼 볼까 해.

现在很多补习班开设了适合老年人的趣味活动班。
현재 많은 학원이 노인들의 흥미에 맞는 활동반을 만들었다.

补习班 bǔxíbān 학원 | 开设 kāishè 개설하다 | 适合 shìhé 알맞다 | 活动 huódòng 활동
유의 兴趣 xìngqù 흥미, 재미

风趣 fēngqù

형 재미있다, 흥미롭다   명 유머, 재미
▶ 아무리 재미없는 이야기도 그가 하면 무척 风趣하게 들려.

昨天看的表演中，有一位演员的语言非常风趣。
어제 본 공연에서, 한 배우가 하는 말이 매우 재미있었다.

表演 biǎoyǎn 공연 | 演员 yǎnyuán 배우 | 语言 yǔyán 말

乐趣 lèqù

명 즐거움, 기쁨, 재미
▶ 집 앞 영화관에 심야 영화를 보러 가는 것은 나의 乐趣이다.

他不能理解为什么有的人会把看恐怖电影当成一种乐趣。
그는 왜 사람들이 공포 영화 보는 것을 즐거움으로 삼는지 이해할 수가 없다.

理解 lǐjiě 이해하다 | 恐怖电影 kǒngbù diànyǐng 공포 영화 | 当成 dàngchéng ~으로 삼다

上瘾 shàngyǐn

동 중독되다, 인이 박히다
▶ 아들 녀석이 게임에 上瘾해서 방학 내내 집에서 게임만 해.

从去年开始爸爸就对极限运动上瘾了。
작년부터 시작해서 아버지는 익스트림 스포츠에 중독되셨다.

极限运动 jíxiàn yùndòng 익스트림 스포츠

过瘾 guòyǐn

형 짜릿하다, 끝내주다
▶ 나에겐 매운 음식을 맛보는 것보다 过瘾한 일은 없어.

对于购物狂来说，在免税店购物是最过瘾的。
쇼핑 중독자에게는 면세점에서 쇼핑하는 것이 가장 짜릿하다.

对于……来说 duìyú …… lái shuō ~에게 있어서 | 购物狂 gòuwùkuáng 쇼핑 중독자 | 免税店 miǎnshuìdiàn 면세점 | 购物 gòuwù 물건을 사다

枯燥 kūzào

형 지루하다, 무미건조하다

▶ 이 소설은 내용이 너무 枯燥해서 항상 보다가 잠들어.

瑜伽是一项不会让人感到枯燥的运动。

요가는 지루함을 느낄 수 없게 하는 운동이다.

瑜伽 yújiā 요가 | 项 xiàng 종목(운동 종목을 세는 양사)

유의 乏味 fáwèi 재미없다, 무미건조하다

출제 포인트 성공담에 자주 나오는 표현 枯燥

6급 쓰기에는 성공담이 가장 많이 출제되는데, 이때 함께 출제되는 어휘 중 하나가 枯燥이다. 지루한 연습과 준비 기간을 거쳐 끝내 성공한다는 이야기로 구성되어 있어서, 노력 과정을 요약할 때 활용할 수 있다.

예 训练之余的枯燥生活 훈련 뒤 지루한 생활 | 枯燥乏味的工作 지루하고 무미건조한 일

★ 보충단어

아래 단어들의 예문은 WEB 단어장에서 확인할 수 있어요.

보충단어 WEB 단어장

向导 xiàngdǎo 명 가이드 동 안내하다	娃娃 wáwa 명 인형 명 아기, 어린애
捎 shāo 동 (~하는 김에 다른 사람에게 물건을) 챙겨 주다	玩意儿 wányìr 명 물건, 사물 명 장난감 명 곡예, 기예
淡季 dànjì 명 비수기	曲子 qǔzi 명 노래, 악보
较量 jiàoliàng 동 겨루다, 대결하다	乐谱 yuèpǔ 명 악보
季军 jìjūn 명 3등	弦 xián 명 (현악기의) 줄, 활시위
桨 jiǎng 명 노	音响 yīnxiǎng 명 음향, 음향 기기
呼唤 hūhuàn 동 외치다, 큰 소리로 부르다	摇滚 yáogǔn 명 로큰롤(90년대 미국에서 발생한 대중음악) 동 흔들고 구르다
踊跃 yǒngyuè 형 앞을 다투다, 적극적이다 동 펄쩍 뛰어오르다	喇叭 lǎba 명 나팔
捣乱 dǎoluàn 동 말썽을 피우다, 소란을 피우다 동 귀찮게 굴다	排练 páiliàn 동 무대 연습·리허설을 하다
绣 xiù 명 자수품 동 수놓다	漫画 mànhuà 명 만화
	现成 xiànchéng 형 (-儿) 원래부터 있는

 **HSK 6급 빈출 표현**

见闻广博	jiànwén guǎngbó	견문이 넓다
开阔视野	kāikuò shìyě	시야를 넓히다
带领队伍	dàilǐng duìwu	조직을 이끌다
随身携带	suíshēn xiédài	몸에 휴대하다
启程日期	qǐchéng rìqī	출발 일자
旅游淡季	lǚyóu dànjì	여행 비수기
攀登高峰	pāndēng gāofēng	정상에 오르다
剧烈运动	jùliè yùndòng	격렬하게 운동하다
开展竞赛	kāizhǎn jìngsài	경합을 열다
裁判胜负	cáipàn shèngfù	승패를 판정하다
给……提示	gěi …… tíshì	~에게 힌트를 주다
来源于……	láiyuányú ……	~에서 기원하다
系列作品	xìliè zuòpǐn	시리즈 작품
故事的结局	gùshi de jiéjú	이야기의 결말
令人陶醉	lìng rén táozuì	사람을 도취시키다
枯燥无味	kūzào wúwèi	단조롭고 재미가 없다

데일리 테스트

고생하셨어요!
QR코드를 스캔하면 DAY01~DAY30 전체 데일리 테스트 PDF가
다운로드됩니다.

DAY

04

HSK 6급 30일 합격 프로젝트

★ HSK 시험에 이렇게 나와요.

중국의 명승지에 대해 설명하는 내용이 듣기 1·3부분에 자주 출제됩니다. 무엇에 대한 설명인지가 첫 문장에 나오므로, 처음부터 잘 들어야 합니다. 지형적 특징과 자연 현상에 관한 어휘를 중심으로, 듣고 알 수 있도록 소리 내어 읽으면서 외우면 좋습니다.

대자연의 품으로

#자연 #지형

음원 듣기

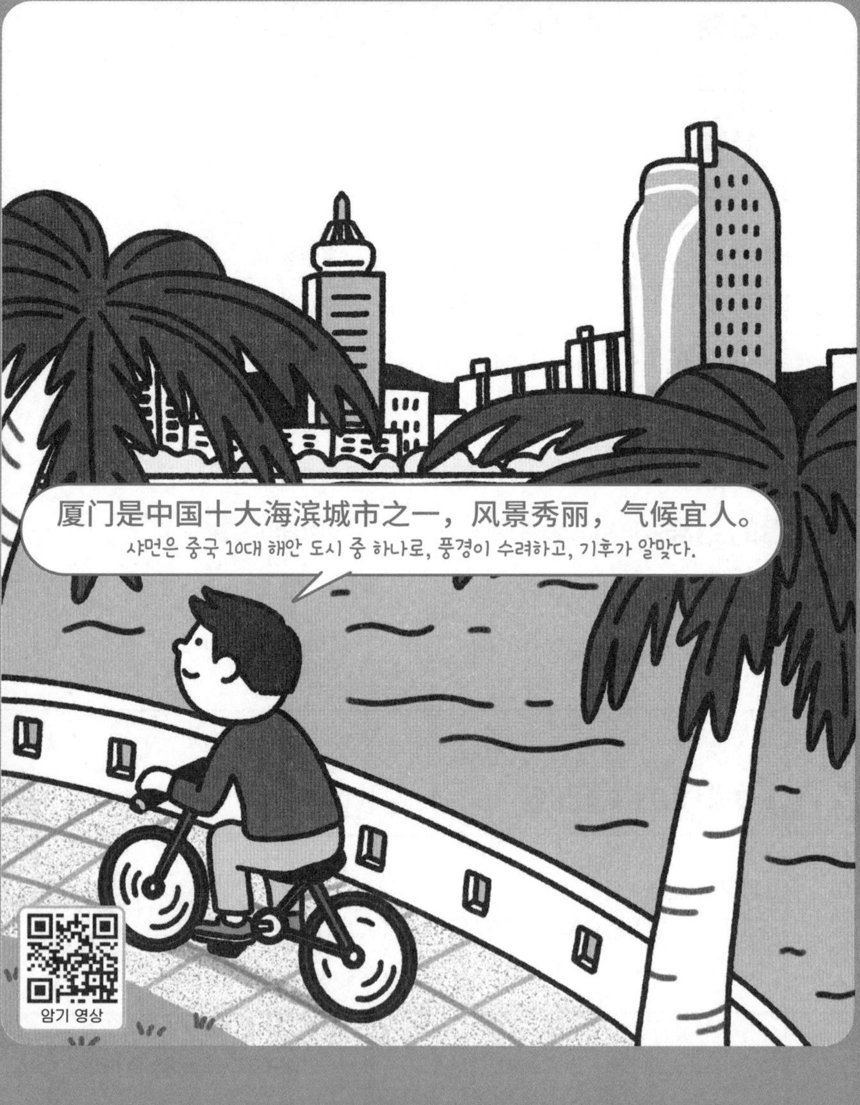

암기 영상

溪 xī

명 시내, 내천
▶ 나는 어렸을 적, 마을의 작은 溪에서 물고기를 잡으며 놀았어.

清溪川是位于韩国首尔市中心的一条小溪。
청계천은 한국 서울시 중심에 위치한 작은 시내이다.

清溪川 Qīngxīchuān 청계천 | 位于 wèiyú ~에 위치하다 | 首尔 Shǒu'ěr 서울 | 中心 zhōngxīn 중심 | 小溪 xiǎoxī 작은 시내

湖泊 húpō

명 호수의 통칭
▶ 시후(西湖)는 항저우에 있는 인공 湖泊로 풍경이 아주 아름다워.

中国湖泊众多，但在地区分布上很不均匀。
중국은 호수가 많지만 지역 분포가 균일하지 않다.

众多 zhòngduō 아주 많다 | 地区 dìqū 지역 | 分布 fēnbù 분포하다 | 均匀 jūnyún 균일하다

瀑布 pùbù

명 폭포, 폭포수
▶ 나는 나이아가라 瀑布를 본 적 있어.

瀑布是一种暂时性的现象，它最终会消失。
폭포는 일종의 일시적인 현상으로, 결국은 사라진다.

暂时 zànshí 일시, 잠시 | 现象 xiànxiàng 현상 | 最终 zuìzhōng 맨 마지막 | 消失 xiāoshī 사라지다

출제 포인트 듣기 빈출 어휘 **瀑布**

듣기 1부분에서 중국의 자연과 관련된 내용이 자주 출제되는데, 瀑布도 그중 하나이다. 유명하고 특징적인 곳이 자주 출제되며, 이름과 특징만 기억해도 듣기에 도움이 많이 된다. 아래의 폭포 이름과 자주 쓰는 용어들을 배경 지식으로 익혀 두자.

예 **黄果树瀑布** 황궈수 폭포(가장 큰 폭포) | **黄河壶口瀑布** 황허 후커우 폭포(두 번째로 큰 폭포)
瀑布群 폭포군(여러 폭포가 밀집한 것) | **瀑布云** 폭포 구름

清澈 qīngchè

형 맑고 투명하다
▶ 그 바다는 물이 清澈해서 아주 작은 물고기들도 잘 보여!

在清澈的湖水中，有几条金鱼游来游去。
맑고 투명한 호수에, 금붕어 몇 마리가 헤엄쳐 다닌다.

湖水 húshuǐ 호수 | 金鱼 jīnyú 금붕어 | 游 yóu 헤엄치다 | A来A去 A lái A qù 이리저리 A해 보다　반의 混浊 hùnzhuó 혼탁하다

混浊 hùnzhuó

형 혼탁하다
▶ 미세 먼지의 영향으로 공기가 갈수록 混浊해지고 있어.

混浊的空气使很多北京人出行时不得不戴口罩。
탁한 공기로 많은 베이징 사람들은 외출 시 마스크를 쓸 수 밖에 없다.

空气 kōngqì 공기 | 使 shǐ ~하게 하다 | 出行 chūxíng 외출하다 | 不得不 bùdébù 어쩔 수 없이 | 戴 dài 착용하다, 쓰다 | 口罩 kǒuzhào 마스크

유의 浑浊 húnzhuó 혼탁하다, 흐리다   반의 清澈 qīngchè 맑고 투명하다

淡水 dànshuǐ

명 담수, 민물
▶ 쏘가리는 염분이 많은 바다가 아닌 淡水에서만 사는 물고기래.

鄱阳湖是中国第一大淡水湖，它烟波浩渺、水草丰美。
포양호는 중국에서 가장 큰 담수호로, 안개 낀 수면이 끝없이 펼쳐지고, 수초가 무성하다.

鄱阳湖 Póyáng Hú 포양호(장시성 북부의 호수) | 淡水湖 dànshuǐhú 담수호 | 烟波浩渺 yānbōhàomiǎo 안개가 자욱하게 낀 수면이 가없이 펼쳐지다 | 水草 shuǐcǎo 수초 | 丰美 fēngměi 무성하여 보기 좋다

반의 咸水 xiánshuǐ 함수, 짠물

主流 zhǔliú

명 주류, 본류
▶ 유람선은 이 강의 主流와 다른 강이 합류되는 지점에서 회항한다.

长江的主流流经四川、湖北、浙江等11个省。
창강의 주류는 쓰촨, 후베이, 저장 등 11개 성을 지난다.

长江 Cháng Jiāng 창강(양쯔강) | 流经 liújīng (물줄기 등이 고정된 경로를) 지나다 | 四川 Sìchuān 쓰촨 | 湖北 Húběi 후베이 | 浙江 Zhèjiāng 저장 | 等 děng 등 | 省 shěng 성(현대 중국의 최상급 지방 행정 단위)

유의 干流 gànliú 간류, 주류, 본류   반의 支流 zhīliú 지류(강의 물줄기)

支流 zhīliú

명 지류(강의 물줄기) 명 부차적인 것
▶ 이 강은 여기에서 세 支流로 갈려 각기 다른 곳으로 흘러.

松花江是中国七大河之一，也是中国境内的最大支流。
쑹화강은 중국의 7대 하천 중의 하나로, 중국 영내에서 가장 큰 지류이기도 하다.

松花江 Sōnghuā Jiāng 쑹화강(헤이룽강의 가장 큰 지류) | 之一 zhī yī ~ 중의 하나 | 境内 jìngnèi 국내

반의 主流 zhǔliú 주류, 본류 / 干流 gànliú 간류, 주류, 본류

上游 shàngyóu

명 상류　명 앞선 목표나 수준
▶ 강의 上游는 중류나 하류보다 강폭이 좁고 물살이 세.

长江上游地区有着丰富的自然资源。
창강 상류 지역에는 풍부한 자연 자원이 있다.

地区 dìqū 지역 ｜ **丰富** fēngfù 풍부하다 ｜ **自然** zìrán 자연 ｜ **资源** zīyuán 자원
반의 **下游** xiàyóu 하류

泛滥 fànlàn

동 범람하다
▶ 홍수로 강물이 泛滥하여 인근 지역이 모두 물에 잠겼어.

洪水泛滥使当地居民苦不堪言。
홍수 범람으로 현지 주민들은 말로 다 할 수 없을 만큼 고생이 심하다.

洪水 hóngshuǐ 홍수 ｜ **当地** dāngdì 현지 ｜ **居民** jūmín 주민 ｜ **苦不堪言** kǔbùkānyán 고생을 이루 말할 수 없다

泡沫 pàomò

명 거품, 포말
▶ 파도가 흰 泡沫를 일으키며 밀려왔다.

船尾溅起的浪花泡沫在夜里非常耀眼。
선박 뒤에서 튀어 오르는 물보라 거품은 밤에 정말 눈부시다.

船尾 chuánwěi 선미 ｜ **溅** jiàn (액체가) 튀다 ｜ **浪花** lànghuā 물보라 ｜ **夜里** yèli 밤 ｜ **耀眼** yàoyǎn 눈부시다

波浪 bōlàng

명 파도, 물결
▶ 바다의 波浪이 잔잔해서 물놀이하기 아주 좋아.

大海上卷起了一层层的波浪，好像鲜艳的花朵似的。
바다에 겹겹이 파도가 일어, 마치 아름다운 꽃송이 같다.

大海 dàhǎi 바다 ｜ **卷** juǎn 일으키다 ｜ **一层层** yìcéngcéng 층층이 ｜ **好像** hǎoxiàng 마치 ～와 같다 ｜ **鲜艳** xiānyàn 산뜻하고 아름답다 ｜ **花朵** huāduǒ 꽃 ｜ **似的** shìde ～와 같다

汹涌 xiōngyǒng

형 (물이) 용솟음치다
▶ 항구에 폭풍우가 몰아치자 바닷물이 사납게 汹涌했다.

汹涌的海浪冲击着海岸对面的礁石。
용솟음치는 파도가 해안 맞은편의 암초를 세차게 때리고 있다.

海浪 hǎilàng 파도 ｜ **冲击** chōngjī 세차게 부딪치다 ｜ **海岸** hǎi'àn 해안 ｜ **礁石** jiāoshí 암초

摇摆 yáobǎi

동 흔들거리다
▶ 길가의 코스모스가 바람에 산들산들 摇摆하고 있어.

风雨中摇摆的野花野草都象征着无限的生命力。
비바람 속에서 흔들거리는 야생화와 야생초는 무한한 생명력을 상징한다.

风雨 fēngyǔ 비바람 | **野花** yěhuā 야생화 | **野草** yěcǎo 야생초 | **象征** xiàngzhēng 상징하다 | **无限** wúxiàn 무한하다 | **生命力** shēngmìnglì 생명력

유의 **摇动** yáodòng 흔들거리다

海滨 hǎibīn

명 해안, 해변
▶ 나는 나중에 바다가 가까이 있는 海滨 도시에 가서 살 거야.

厦门是中国十大海滨城市之一，风景秀丽，气候宜人。
샤먼은 중국 10대 해안 도시 중 하나로, 풍경이 수려하고, 기후가 알맞다.

厦门 Xiàmén 샤먼(푸젠성에 있는 도시) | **风景** fēngjǐng 풍경 | **秀丽** xiùlì 수려하다 | **气候** qìhòu 기후 | **宜人** yírén 요구에 적합하다

沿海 yánhǎi

명 연해, 바닷가 근처
▶ 바다와 인접한 沿海 지역은 무역이 발달되어 있다.

统计资料显示：到2005年，中国沿海开放城市共有15个。
통계 자료에 따르면, 2005년까지 중국의 연해개방도시는 총 15개라고 한다.

统计 tǒngjì 통계 | **资料** zīliào 자료 | **显示** xiǎnshì 보여 주다 | **开放** kāifàng 개방하다

地质 dìzhì

명 지질
▶ 이 地质 구조를 보아하니, 석유가 매장되어 있는 것이 분명해.

中国是世界上地质构造最复杂的大陆之一。
중국은 세계에서 지질 구조가 가장 복잡한 대륙 중 하나이다.

世界 shìjiè 세계 | **构造** gòuzào 구조 | **复杂** fùzá 복잡하다 | **大陆** dàlù 대륙 | **之一** zhī yī ~ 중의 하나

地势 dìshì

명 지세, 땅의 형세
▶ 이곳은 地势가 낮아, 장마가 오면 어김없이 물에 잠겨.

中国的地势特点是西高东低、呈阶梯状分布。

중국의 지세 특징은 서쪽이 높고 동쪽이 낮으며, 계단형 분포를 띤다.

特点 tèdiǎn 특징 | 低 dī 낮다 | 呈 chéng 띠다 | 阶梯 jiētī 계단 | 状 zhuàng 형상 | 分布 fēnbù 분포하다

출제 포인트 ▶ 자연 경관 관련 듣기 빈출 표현

듣기 1부분의 자연 경관에 관한 지문에서는 지형의 특징에 대한 설명이 자주 출제된다. 보통 지형이 평탄하거나 험준하다는 내용이 많이 나오므로, 관련 어휘를 미리 익혀 두자.

예 地势平坦 지형이 평탄하다 | 地势坦荡(tǎndàng) 지형이 평평하다
地势险峻(xiǎnjùn) 지형이 험준하다 | 地势险恶(xiǎn'è) 지형이 험악하다

气势 qìshì

명 기세
▶ 어제까지만 해도 폭우가 气势 좋게 내리더니 폭염이 찾아왔어!

很多诗人用"气势磅礴"来形容祖国的山河。

많은 시인이 '기세가 등등하다'라는 말로 조국의 산과 강을 형용한다.

诗人 shīrén 시인 | 气势磅礴 qìshìpángbó 기세가 드높다 | 形容 xíngróng 형용하다 | 山河 shānhé 산과 강

출제 포인트 ▶ 气势의 빈출 짝꿍 표현

气势는 사람이나 사물의 기세를 나타내며, 어떤 장소의 기세가 크다고 말할 때 쓰기도 한다. 독해 3부분에 중국의 유명한 지역이 서술문으로 자주 출제되는데, 주로 아래의 표현들과 함께 나오므로 미리 익혀 두자.

예 颇(pō)有气势 기세가 적지 않다 | 庞大(pángdà)的气势 거대한 기세
气势磅礴 기세가 드높다 | 气势雄伟(xióngwěi) 기세가 웅장하다
气势浩大(hàodà) 기세가 대단하다 | 气势宏伟(hóngwěi) 기세가 굉장하다

平原 píngyuán

명 평원
▶ 제주도에는 유채꽃으로 가득한 드넓은 平原이 펼쳐져 있어.

华北平原位于黄河下游，是中国第二大平原。

화베이 평원은 황허강 하류에 위치한, 중국에서 두 번째로 큰 평원이다.

华北 Huáběi 화베이(중국 북부 지역) | 位于 wèiyú ~에 위치하다 | 黄河 Huáng Hé 황허강 | 下游 xiàyóu 하류 | 반의 高原 gāoyuán 고원

平坦 píngtǎn

형 (도로·지대 등이) 평평하다

▶ 이 산은 고도는 높지만 길이 평탄해서 비교적 오르기 쉬워.

华北平原的海拔多在50米以下，地势平坦，一望无际。

화베이 평원의 해발은 대부분 50미터 이하이며, 지세가 평평하고, 대단히 광활하다.

海拔 hǎibá 해발 | 以下 yǐxià 이하 | 一望无际 yíwàngwújì 대단히 광활하다

유의 平缓 pínghuǎn (지면이) 평탄하다

반의 陡峭 dǒuqiào 가파르다, 험준하다

土壤 tǔrǎng

명 토양, 흙

土壤이 비옥해야 땅에 심는 작물이 잘 자라지!

土壤矿物质种类很多，是作物养分的重要来源之一。

토양 광물질은 종류가 많은데, 농작물 영양분의 중요 원천 중 하나이다.

矿物质 kuàngwùzhì 광물질 | 种类 zhǒnglèi 종류 | 作物 zuòwù 농작물 | 养分 yǎngfèn 양분 | 来源 láiyuán 출처

肥沃 féiwò

형 비옥하다

▶ 저희 농장은 천연 비료를 사용하여 땅을 肥沃하게 만듭니다.

这块土地的土壤肥沃，水源充足，因此粮食年年丰收。

이 땅의 토양은 비옥하고, 물이 충분해서, 식량이 매년 풍작을 이룬다.

土地 tǔdì 땅 | 水源 shuǐyuán 수원 | 充足 chōngzú 충분하다 | 因此 yīncǐ 그래서 | 粮食 liángshi 식량 | 丰收 fēngshōu 풍작을 이루다

반의 贫瘠 pínjí 비옥하지 않다

盆地 péndì

명 분지

▶ 대구처럼 산으로 둘러싸인 盆地 지역은 여름에 무척 더워.

从全球范围来看，盆地的分布比较广泛。

전 세계 범위로 봤을 때, 분지의 분포는 비교적 광범위하다.

全球 quánqiú 전 세계 | 范围 fànwéi 범위 | 分布 fēnbù 분포하다 | 广泛 guǎngfàn 폭넓다

坑 kēng

명 (-儿) 구덩이, 웅덩이
▶ 강아지가 앞발로 땅에 坑을 파기 시작했다.

由于修建地铁的原因，这段路的路面被挖了几个大坑。
지하철 건설 때문에, 이 길의 노면에 큰 구덩이가 몇 개 파였다.

由于 yóuyú ~ 때문에 | 修建 xiūjiàn 건설하다 | 原因 yuányīn 원인 | 路面 lùmiàn 노면 | 挖 wā 파다

坡 pō

명 (-儿) 비탈, 언덕　형 경사지다, 비스듬하다
▶ 산坡가 너무 가팔라서 쉽게 오를 수가 없어.

这里的山坡极为陡峭，所以路上有很多警告牌。
이곳의 산비탈은 경사가 매우 심해서, 길에 많은 경고판이 있다.

山坡 shānpō 산비탈 | 极为 jíwéi 매우 | 陡峭 dǒuqiào (산세 등이) 험준하다 | 警告 jǐnggào 경고 | 牌 pái 팻말

丘陵 qiūlíng

명 언덕, 구릉
▶ 나는 쉬는 날이면 운동 삼아 집 뒤의 작은 丘陵에 올라 일출을 봐.

丘陵一般分布在山地或高原与平原的过渡地带。
언덕은 일반적으로 산지 또는 고원과 평원의 과도 지대에 분포해 있다.

山地 shāndì 산지 | 高原 gāoyuán 고원 | 平原 píngyuán 평원 | 过渡 guòdù 과도하다 | 地带 dìdài 지대

岩石 yánshí

명 암석, 바위
▶ 화성암은 단단한 岩石여서 주춧돌이나 비석 같은 건축 재료로 많이 쓰여.

岩石是构成地壳和上地幔的物质基础，种类十分丰富。
바위는 지각과 상부 맨틀을 구성하는 물질적 토대로, 종류도 매우 다양하다.

构成 gòuchéng 구성하다 | 地壳 dìqiào 지각 | 地幔 dìmàn 맨틀(지구 내부의 핵과 지각 사이에 있는 부분) | 物质 wùzhì 물질 | 基础 jīchǔ 기초 | 十分 shífēn 매우 | 丰富 fēngfù 다양하다

坚实 jiānshí

형 튼튼하다, 견고하다　형 건장하다

▶ 이 나무가 坚实하게 잘 자라도록 거름도 주고 잘 가꿔 봐.

土壤太过坚实会影响幼苗出土发育。

토양이 너무 견고하면 새싹이 땅을 뚫고 나와 자라는 데 영향을 준다.

土壤 tǔrǎng 토양　|　**幼苗** yòumiáo 어린 모종　|　**出土** chūtǔ 지면을 뚫고 나오다　|　**发育** fāyù 자라다　유의 **坚固** jiāngù 견고하다, 튼튼하다

曲折 qūzhé

형 구불구불하다, 굽다　형 곡절이 많다　명 우여곡절

▶ 이 강은 曲折한 산자락을 끼고 흘러 래프팅 코스로 유명해.

走在曲折的林间小道上，别有一番感受。

구불구불한 숲속 오솔길을 걷자니, 색다른 느낌이 있다.

林 lín 숲　|　**小道** xiǎodào 오솔길　|　**番** fān 종류(종류를 세는 양사)　|　**感受** gǎnshòu 느낌

출제 포인트　曲折의 다양한 활용

曲折는 굽은 모습 외에도, 인생이나 일의 과정이 평탄치 않고 곡절이 많음을 묘사하기도 한다. 6급 쓰기에서는 파란만장한 삶을 거쳐, 멋진 기록을 세우거나 큰 업적 등을 이루어 내는 이야기가 많이 출제되는데, 이때 曲折가 쓰일 수 있다. 쓰기뿐만 아니라 독해 영역에도 자주 나오므로, 표현을 미리 알아 두자.

예　**蜿蜒**(wānyán)**曲折** 구불구불하다　|　**情节**(qíngjié)**曲折** 줄거리가 복잡하다

经历曲折 곡절을 겪다　|　**艰难**(jiānnán)**曲折** 파란만장하다

凹凸 āotū

형 울퉁불퉁하다

▶ 거기는 도로 공사가 아직 끝나지 않아서 바닥이 凹凸해.

雨后的山路凹凸难走，还时不时有岩石从山顶落下。

비 온 뒤의 산길이 울퉁불퉁해 걷기 힘들고, 시시때때로 바위가 꼭대기에서 떨어진다.

时不时 shíbùshí 자주　|　**岩石** yánshí 바위　|　**山顶** shāndǐng 산꼭대기　|　**落下** luòxià 떨어지다

山脉 shānmài

명 산맥

▶ 태백山脉는 우리나라를 남북으로 가로지르는 중추적인 산맥이야.

大青山是一条并不很高、但很宽阔的山脉。

다칭산은 그다지 높지는 않지만, 넓은 산맥이다.

宽阔 kuānkuò (폭이) 넓다

海拔 háibá

▶ 한라산은 남한에서 제일 높은 산으로, 海拔 1950미터래.

青藏高原是中国最大、世界海拔最高的高原。

티베트 고원은 중국에서 가장 크고, 세계에서 해발이 가장 높은 고원이다.

青藏高原 Qīngzàng Gāoyuán 티베트 고원, 칭짱 고원 | 高原 gāoyuán 고원

峡谷 xiágǔ

▶ 나중에 캘리포니아의 그랜드 캐니언 峡谷에 꼭 가 볼 거야!

张家界大峡谷是一个新近开发建设的旅游景区。

장자제 대협곡은 새로 개발·건설된 관광지이다.

张家界 Zhāngjiājiè 장자제 | 新近 xīnjìn 최근 | 开发 kāifā 개발하다 | 建设 jiànshè 건설하다
| 旅游景区 lǚyóu jǐngqū 관광지

堆积 duījī

▶ 바람에 날려 떨어진 낙엽들이 층층이 堆积해 있어.

观光客们在此处丢弃了无数垃圾，已经堆积成山了。

관광객이 이곳에서 수많은 쓰레기를 버려서, 이미 산처럼 쌓였다.

观光客 guānguāngkè 관광객 | 此处 cǐchù 이곳 | 丢弃 diūqì 버리다 | 无数 wúshù 매우 많다
| 垃圾 lājī 쓰레기

沉淀 chéndiàn

▶ 이곳의 약수는 깨끗하지 못하고 沉淀한 이물질이 있어.

大海里的沉淀物质已经被专家带走鉴定了。

바닷속에 쌓인 물질을 전문가가 이미 가져가서 감정했다.

大海 dàhǎi 바다 | 物质 wùzhì 물질 | 专家 zhuānjiā 전문가 | 鉴定 jiàndìng 감정하다

痕迹 hénjì

▶ 눈밭 위의 곳곳에 산짐승이 지나간 痕迹가 남아 있어.

这块盆地没有被人为破坏的痕迹。

이 분지는 인간이 파괴한 흔적이 없다.

盆地 péndì 분지 | 人为 rénwéi 사람이 하다, 인위적인 | 破坏 pòhuài 파괴하다

熄灭 xīmiè

동 (빛·불 등이) 꺼지다, 소멸하다
▶ 어쩐지 방이 춥더라니, 연탄불이 熄灭했구나!

森林大火虽已熄灭，但引起这场大火的原因正在调查中。
산불은 비록 이미 진화되었지만, 이 큰불을 일으킨 원인은 지금 조사 중이다.

森林 sēnlín 숲 | 引起 yǐnqǐ 야기하다 | 场 cháng 회(사물의 발생·자연 현상·행위의 과정을 세는 양사) | 原因 yuányīn 원인 | 调查 diàochá 조사하다
반의 燃烧 ránshāo 연소하다, 타다

穿越 chuānyuè

동 (산·들 등을) 통과하다, 지나가다, 넘다
▶ 한 고개를 穿越하면 또 한 고개가 나오니 가도 가도 끝이 없네!

徒步穿越沙漠是最近流行的极限运动之一。
걸어서 사막을 통과하는 것은 요즘 유행하는 극한 운동 중의 하나이다.

徒步 túbù 걸어가다 | 沙漠 shāmò 사막 | 流行 liúxíng 유행하는 | 极限 jíxiàn 극한 | 之一 zhī yī ~ 중의 하나

场所 chǎngsuǒ

명 장소
▶ 그 섬은 사람들이 와서 휴양하기에 딱 좋은 场所야.

偏远的山村里，供人们娱乐的场所极其有限。
외진 산골에, 사람들에게 오락을 제공하는 장소는 극히 제한되어 있다.

偏远 piānyuǎn 외지다 | 供 gōng 제공하다 | 娱乐 yúlè 오락하다 | 极其 jíqí 극히 | 有限 yǒuxiàn 유한하다

区域 qūyù

명 지역, 구역
▶ 이곳은 야생 동물들이 많이 살고 있는 区域래.

工厂周边区域的废水排放已经成了"老大难"问题。
공장 주변 지역에 폐수를 배출하는 행위는 이미 '해결하기 힘든' 문제가 되었다.

工厂 gōngchǎng 공장 | 周边 zhōubiān 주변 | 废水 fèishuǐ 폐수 | 排放 páifàng 배출하다 | 老大难 lǎodànán 해결하기 매우 어렵다
유의 地区 dìqū 지역

周边 zhōubiān

명 주변, 주위
▶ 설악산은 周边 경관이 빼어나 등산객들의 발걸음이 끊이지 않아.

麦田的周边都是农民用木头围起来的栅栏。
보리밭 주변은 온통 농민이 나무로 세운 울타리이다.

麦田 màitián 보리밭 | 农民 nóngmín 농민 | 木头 mùtou 나무 | 围 wéi 에워싸다 | 栅栏 zhàlan 울타리

유의 周围 zhōuwéi 주변, 주위

边缘 biānyuán

명 가장자리, 위기 **형** 경계에 근접한
▶ 추락할 위험이 있으니 절벽의 边缘 가까이 가지 마.

沿着这片海域的边缘一直走，可以看到一片树林。
이 해역의 가장자리를 따라 계속 걸으면, 숲 하나를 볼 수 있다.

沿着 yánzhe (일정한 노선을) 따라서 | 海域 hǎiyù 해역 | 树林 shùlín 숲

就近 jiùjìn

부 근방에, 가까운 곳에, 부근에
▶ 할머니 댁과 아주 就近한 곳에 유명한 호수가 있어.

渔民们就近找来干柴、生起火，把岸上的垃圾烧了。
어민들이 근방에서 마른 장작을 구해와 불을 지펴, 해안의 쓰레기를 태웠다.

渔民 yúmín 어민 | 干柴 gānchái 마른 땔나무 | 生火 shēnghuǒ 불을 피우다 | 岸 àn 해안 | 垃圾 lājī 쓰레기 | 烧 shāo 태우다

狭窄 xiázhǎi

형 비좁다, 협소하다 **형** (도량·견식 등이) 좁다
▶ 입구가 狭窄해서 그렇게 큰 트럭은 들어올 수가 없어.

在狭窄的隧道里，一列火车飞快地行驶过去了。
좁은 터널에서 기차 한 대가 빠르게 지나갔다.

隧道 suìdào 터널 | 列 liè 열(기차를 세는 양사) |
飞快 fēikuài 매우 빠르다 | 行驶 xíngshǐ 통행하다

유의 狭隘 xiá'ài 좁다 / (도량·견식 등이) 좁다
반의 宽敞 kuānchǎng 드넓다, 넓다

闭塞 bìsè

 외지다, (교통이) 불편하다   소식에 어둡다   막히다
▶ 闭塞한 곳이라 교통이 불편했는데, 근처에 고속 도로가 뚫렸어.

廊桥的故乡泰顺，以前是一个闭塞的小山村。
랑차오의 고향인 타이순은 예전에 외진 작은 산골 마을이었다.

廊桥 lángqiáo 랑차오(지붕 있는 다리) | **故乡** gùxiāng 고향 | **泰顺** Tàishùn 타이순(저장성 남단에 위치한 현) | **山村** shāncūn 산골

寂静 jìjìng

 고요하다, 조용하다
▶ 사람이 별로 살지 않는 섬에는 寂静한 적막만이 흐를 뿐이었다.

夜晚的撒哈拉沙漠空无一物，一片寂静。
한밤중의 사하라 사막은 아무것도 없이 매우 고요하다.

夜晚 yèwǎn 밤 | **撒哈拉沙漠** Sāhālā Shāmò 사하라 사막 | **空无一物** kōngwúyíwù 비어 아무것도 없다 | **片** piàn 지면·수면 등에 쓰는 양사
 喧闹 xuānnào 떠들썩하다

유의어 비교	寂静 vs 安静

둘 다 '조용하다, 고요하다'라는 뜻이지만, 꾸며 주는 단어와 쓰임에 차이가 있다.

寂静 jìjìng   주로 환경을 묘사하며, 중첩할 수 없고, 명령문에 쓸 수 없음.
예 **寂静的山林** 고요한 산림 | **睡得很寂静** (✕)

安静 ānjìng   사람과 환경을 모두 묘사하며, 중첩하거나 명령문에 쓸 수 있음.
예 **安静的山林** 조용한 산림 | **睡得很安静** 평온하게 자다 (〇)

宽敞 kuānchǎng

 드넓다, 넓다
▶ 집 앞마당이 아주 宽敞해서 예쁜 꽃들을 심어 볼까 해.

在这个宽敞的院子里停着许多马车。
이 넓은 정원에 수많은 마차가 세워져 있다.

院子 yuànzi 정원 | **停** tíng 세우다 | **许多** xǔduō 매우 많다 | **马车** mǎchē 마차
 开阔 kāikuò 넓다, 광활하다
 狭隘 xiá'ài 좁다 / **狭窄** xiázhǎi 비좁다

开阔 kāikuò

형 넓다, 광활하다　형 유쾌하다　동 넓히다
▶ 산 정상에 오르니 시야가 开阔해져 사방이 잘 보여.

翻过山，就会看到一条湖，水面开阔，波光粼粼。
산을 넘으면 호수가 하나 보이는데, 수면이 드넓고 물결이 반짝거린다.

翻过 fānguò (산 따위를) 넘어가다　|　湖 hú 호수　|　波光粼粼 bōguānglínlín 물결이 잔잔하게 반짝거리는 모양

유의　宽敞 kuānchǎng 드넓다, 넓다

반의　狭隘 xiá'ài 좁다　/　狭窄 xiázhǎi 비좁다

广阔 guǎngkuò

형 광활하다, 넓다
▶ 广阔한 바다에서 고래 떼가 헤엄치고 있어.

几个孩子骑着马，在广阔的草原上驰骋。
아이들 몇 명이 말을 타고, 광활한 초원 위를 달린다.

草原 cǎoyuán 초원　|　驰骋 chíchěng (말을 타고) 내달리다

유의　辽阔 liáokuò 광활하다, 탁 트이다

辽阔 liáokuò

형 광활하다, 탁 트이다
▶ 관목 숲이 아득히 펼쳐진 辽阔한 고원의 풍경은 정말 장관이었어.

辽阔的内蒙古大草原一直是牧民们的骄傲。
광활한 네이멍구 대초원은 항상 유목민의 자랑이었다.

内蒙古 Nèiměnggǔ 네이멍구　|　牧民 mùmín 목축민　|　骄傲 jiāo'ào 자랑

유의　广阔 guǎngkuò 넓다, 광활하다

유의어 비교　辽阔 vs 广阔

두 어휘 모두 공간이 넓음을 나타내지만, 수식하는 어휘에 차이가 있어 주의해야 한다.

辽阔 liáokuò　국토, 들판, 바다 등 구체적인 명사에 한정되어 쓰임.
예　辽阔的海洋 광활한 바다　|　辽阔的前景 (×)

广阔 guǎngkuò　구체적인 명사는 물론, 마음, 장래 등 추상명사에도 쓰임.
예　广阔的海洋 광활한 바다　|　广阔的前景 넓은 앞날 (○)

茫茫
mángmáng

형 한없이 넓다, 아득하다, 망망하다
▶ 茫茫한 대해는 육안으로 끝이 보이질 않아.

在茫茫的大海中，寻找沉船是一件极其困难的事。
한없이 넓은 바닷속에서, 난파선을 찾는 것은 매우 어려운 일이다.

大海 dàhǎi 바다 | 寻找 xúnzhǎo 찾다, 구하다 | 沉船 chénchuán 침몰한 배 | 极其 jíqí 매우 |
困难 kùnnan 어렵다

覆盖 fùgài

동 덮다, 뒤덮다
▶ 온종일 눈이 내려 마을이 온통 흰 눈으로 覆盖됐어.

大火连续烧了三天三夜，覆盖了整个森林。
큰불이 사흘 밤낮을 계속해서 타올랐고, 모든 숲을 뒤덮었다.

连续 liánxù 연속하다 | 烧 shāo 태우다 | 整个 zhěnggè 온, 전체 |
森林 sēnlín 숲

掩盖 yǎngài

동 덮어 가리다, 감추다　**동** 덮어 씌우다
▶ 먹구름이 순식간에 태양을 掩盖하면서 밤처럼 어두워졌어.

纷飞的大雪掩盖了田野山川，到处是白茫茫的景象。
폭설이 내리면서 논밭과 산, 강을 뒤덮어 곳곳이 새하얀 광경이다.

纷飞 fēnfēi (눈·꽃 등이) 흩날리다 | 田野 tiányě 논밭과 들판 | 山川 shānchuān 산천 | 到处
dàochù 곳곳 | 白茫茫 báimángmáng 온통 끝없이 새하얀 모양 | 景象 jǐngxiàng 광경
유의 遮盖 zhēgài 덮다, 가리다
반의 暴露 bàolù 드러내다, 폭로하다

隐约 yǐnyuē

형 어렴풋하다, 희미하다, 흐릿하다
▶ 구름에 뒤덮여서 산봉우리가 隐约하게 보여.

地震前，我隐约感受到了一阵阵晃动。
지진이 나기 전에, 나는 어렴풋이 진동을 몇 번 느꼈다.

地震 dìzhèn 지진 | 感受 gǎnshòu 느끼다 | 阵 zhèn 바탕, 차례(일·동작을 세는 양사) | 晃动
huàngdòng 흔들다
반의 清楚 qīngchu 분명하다 / 明显 míngxiǎn 뚜렷하다

散布 sànbù

(동) 퍼져 있다, 곳곳에 분산되다   (동) 퍼뜨리다, 유포하다
▶ 가장 큰 섬을 중심으로 작은 섬들이 주변에 散布해 있어.

工地上的灯火好像散布在天空中的星星一样。
공사 현장의 등불이 마치 하늘에 흩어져 있는 별 같다.

工地 gōngdì 공사 현장 **｜ 灯火** dēnghuǒ 등불 **｜ 天空** tiānkōng 공중 **｜ 星星** xīngxing 별

扩散 kuòsàn

(동) 확산하다, 퍼뜨리다
▶ 병충해의 扩散으로 전국의 농가가 비상 사태야.

气象台预报，台风的范围将扩散到北京附近的几座城市。
기상관측소 예보로는, 태풍의 범위가 베이징 근처의 도시 몇 곳까지 확산될 것이라고 한다.

气象台 qìxiàngtái 기상대 **｜ 预报** yùbào 예보하다 **｜ 台风** táifēng 태풍 **｜ 范围** fànwéi 범위 **｜
将** jiāng ~할 것이다 **｜ 座** zuò 채(부피가 크거나 고정된 물체를 세는 양사)

风光 fēngguāng

(명) 풍경, 경치
▶ 큰 나무들과 꽃이 어우러진 이 휴양지는 风光이 아주 아름다워.

我要在有生之年看遍祖国所有的自然风光。
나는 살아 있는 동안 조국의 모든 자연 풍경을 돌아보고 싶다.

有生之年 yǒushēngzhīnián 세상에 살아 있는 동안 **｜ 遍** biàn 두루 미치다, 전면적이다 **｜ 祖国**
zǔguó 조국 **｜ 所有** suǒyǒu 모든 **｜ 自然** zìrán 자연
(유의) **景色** jǐngsè 풍경 / **风景** fēngjǐng 풍경, 경치

> **유의어 비교 风光 vs 风景**
>
> 风光은 어떤 곳의 경치나 풍경을 의미하고, 风景은 산수, 나무, 꽃, 건축 및 자연 현상이 만들어 낸
> 감상할 만한 경치를 의미한다. 风光은 겉모습이 그럴싸해 보이는 것을 형용하기도 하는데 이때는
> 'fēngguang'으로 읽는다.
>
> (예) **南国风光** 남방의 풍경 **｜ 风景区** 관광지 **｜ 看起来很风光** 보기에는 그럴듯해 보이다

雄伟 xióngwěi

(형) 웅장하고 위엄이 있다   (형) 우람하다
▶ 언젠가는 백두산의 雄伟한 자태를 직접 보러 갈 거야!

高山流水的景象雄伟而庄重，使人不敢轻易靠近。
높은 산과 흐르는 강의 경치는 웅장하고 위엄이 있어서, 감히 쉽게 다가설 수 없게 만든다.

景象 jǐngxiàng 정경 **｜ 而** ér ~하고 **｜ 庄重** zhuāngzhòng 장중하다 **｜ 使** shǐ ~하게 하다 **｜
不敢** bùgǎn 감히 ~하지 못하다 **｜ 轻易** qīngyì 쉽다 **｜ 靠近** kàojìn 가까이 가다

宏伟 *hóngwěi*

형 웅장하다, 웅대하다
▶ 어마어마한 규모의 폭포를 보고, 그 宏伟한 모습에 압도당했어.

那些外国游客，面对长城的 宏伟壮观无不赞叹。
그 외국인 관광객들은 만리장성의 웅장한 경관을 보고 감탄해 마지않았다.

游客 yóukè 관광객 | 面对 miànduì 마주 보다 | 长城 Chángchéng 만리장성 | 壮观 zhuàngguān 장관 | 无不 wúbù ~하지 않는 자가 없다 | 赞叹 zàntàn 감탄하며 찬미하다

壮观
zhuàngguān

형 장관이다　명 장관
▶ 노을이 내려앉은 자금성의 모습은 정말 壮观이야.

人们来到三峡以后，都对它的 壮观景色赞叹不已。
사람들은 싼샤에 도착한 뒤, 장관을 이룬 풍경에 모두 감탄을 금치 못했다.

三峡 Sānxiá 싼샤(창강의 3개 협곡이 만나는 구간) | 景色 jǐngsè 풍경 | 不已 bùyǐ ~해 마지않다

壮丽 *zhuànglì*

형 웅장하고 아름답다
▶ 카메라로는 대자연의 壮丽함을 다 담아낼 수 없어서 아쉬워.

在中国的任何一座大山里你都会感受到 壮丽的景色。
중국의 어떤 큰 산에 가도 웅장하고 아름다운 경치를 감상할 수 있다.

任何 rènhé 어떠한 | 感受 gǎnshòu 느끼다

美观 *měiguān*

형 아름답다, 보기 좋다
▶ 그 성곽은 외관이 웅장하고 美观해서 사진 찍기 좋은 명소야.

这些绿化的设计与摆放让小区显得 美观、整齐。
이런 녹화 설계와 배열은 동네가 아름답고, 단정해 보이게 만든다.

绿化 lǜhuà 녹화하다 | 设计 shèjì 설계 | 摆放 bǎifàng 배열하다 | 小区 xiǎoqū 주택 단지 | 显得 xiǎnde ~하게 보이다 | 整齐 zhěngqí 정연하다

罕见 hǎnjiàn

형 보기 드물다, 희한하다
▶ 듣자 하니 그 산에 罕见한 야생 동물들이 산다던데 진짜야?

西双版纳是一个罕见的、充满异国情调的旅游景点。
시쌍반나는 보기 드물고, 이국적인 분위기가 가득한 관광지이다.

西双版纳 Xīshuāngbǎnnà 시쌍반나 | 充满 chōngmǎn 가득 차다 | 异国 yìguó 외국 | 情调 qíngdiào 분위기 | 景点 jǐngdiǎn 명소

迷人 mírén

동 매력적이다, 매혹적이다　동 매혹시키다, 마음을 끌다
▶ 상하이 와이탄의 야경은 아주 아름답고 迷人해서 또 가고 싶어.

我被汉拿山迷人的景色迷住了，可以说是流连忘返。
나는 한라산의 매력적인 경치에 빠져서, 집에 돌아가는 것도 잊을 정도였다고 말할 수 있다.

汉拿山 Hànná Shān 한라산 | 迷住 mízhù 홀리다 | 流连忘返 liúliánwàngfǎn 아름다운 경치에 빠져 떠나기 싫어하다

> **출제 포인트**　풍경의 아름다움을 나타내는 표현
>
> 독해 2·3부분에는 자연 경관에 관한 지문이 자주 출제되며, 迷人은 풍경이 사람을 매혹시킬 정도로 아름답다는 의미를 나타낸다. 이 외에도 宜人, 优美, 如画 등의 어휘가 자주 쓰이므로, 함께 알아 두자.
>
> 예　**景色迷人** 경치가 사람을 매혹시키다 | **风景宜人** 풍경이 마음에 들다
> **风景优美** 풍경이 아름답다 | **风景如画** 풍경이 그림 같다

展现 zhǎnxiàn

동 드러내다, 나타나다
▶ 새빨간 태양이 수평선 너머로 서서히 모습을 展现하기 시작했다.

那首乐曲展现了词作者对故乡的美好回忆。
그 곡은 고향에 대한 작사가의 아름다운 기억을 드러낸다.

首 shǒu 수(시·노래 등을 세는 양사) | 乐曲 yuèqǔ 악곡 | 词作者 cízuòzhě 작사가 | 故乡 gùxiāng 고향 | 美好 měihǎo 아름답다 | 回忆 huíyì 회상

经纬 jīngwěi

명 경도와 위도
▶ 지구의 经纬에 따라 시차가 발생하고 기후가 달라진다.

经度和纬度的简称为"经纬"。
경도와 위도는 '경위'라고 줄여서 말한다.

经度 jīngdù 경도 | 纬度 wěidù 위도 | 简称为 jiǎnchēngwéi 줄여 ~라고 한다

北极 běijí

▶ 하지 무렵 北极 근처의 고위도 지방에서는 백야 현상이 일어나.

在北极如果你运气好的话，有可能看到极光。

북극에서 운이 좋으면 오로라를 볼 수 있을 것이다.

运气 yùnqi 운 | 极光 jíguāng 오로라

참고 南极 nánjí 남극

赤道 chìdào

▶ 커피는 주로 赤道를 중심으로 한 열대 기후 지역에서 재배돼.

地球上的重力在赤道处是最小的。

지구상의 중력은 적도 지역에서 가장 약하다.

地球 dìqiú 지구 | 重力 zhònglì 중력 | 处 chù 장소

참고 纬度 wěidù 위도

★ **보충단어**　아래 단어들의 예문은 WEB 단어장에서 확인할 수 있어요.

보충단어
WEB 단어장

沼泽 zhǎozé 명 늪, 늪지	沾光 zhānguāng 동 덕을 보다
蔚蓝 wèilán 형 짙푸른, 쪽빛의	狭隘 xiá'ài 형 좁다
陡峭 dǒuqiào 형 가파르다, 험준하다	형 (도량·견식 등이) 좁다
畔 pàn 명 (강·호수·도로 등의) 가장자리	偏僻 piānpì 형 외지다, 구석지다
耸 sǒng 동 우뚝 솟다, 치솟다	荒凉 huāngliáng 형 황량하다, 쓸쓸하다
동 주의를 끌다	凄凉 qīliáng 형 썰렁하다, 쓸쓸하다
동 어깨를 으쓱거리다	형 처량하다
扁 biǎn 형 평평하다, 납작하다	茫然 mángrán 형 망연하다, 멍하다
屏障 píngzhàng 명 장벽, 보호벽	형 실의에 빠져 정신이 흐리멍덩하다
乡镇 xiāngzhèn 명 소도시	俯视 fǔshì 동 내려다보다, 굽어보다

HSK 6급 빈출 표현

地质结构	dìzhì jiégòu	지질 구조
地势平坦	dìshì píngtǎn	지대가 평평하다
肥沃的土壤	féiwò de tǔrǎng	비옥한 토양
挖坑	wākēng	구덩이를 파다
曲折的道路	qūzhé de dàolù	꼬불꼬불한 길
情节曲折	qíngjié qūzhé	줄거리가 복잡하다
心胸狭隘	xīnxiōng xiá'ài	마음이 좁다
不留痕迹	bù liú hénjì	흔적을 남기지 않다
覆盖地面	fùgài dìmiàn	지면을 덮다
清澈见底	qīngchè jiàndǐ	물이 맑아 바닥까지 보이다
洪水泛滥	hóngshuǐ fànlàn	홍수로 물이 범람하다
扩散疾病	kuòsàn jíbìng	질병이 확산되다
空气混浊	kōngqì hùnzhuó	공기가 혼탁하다
气势宏伟	qìshì hóngwěi	기세가 굉장하다
景色壮观	jǐngsè zhuàngguān	경치가 장관이다
展现景象	zhǎnxiàn jǐngxiàng	현상이 나타나다

데일리 테스트

고생하셨어요!
QR코드를 스캔하면 DAY01~DAY30 전체 데일리 테스트 PDF가
다운로드됩니다.

단풍 놀이 갈까?

#동식물 #생태 #기후

음원 듣기

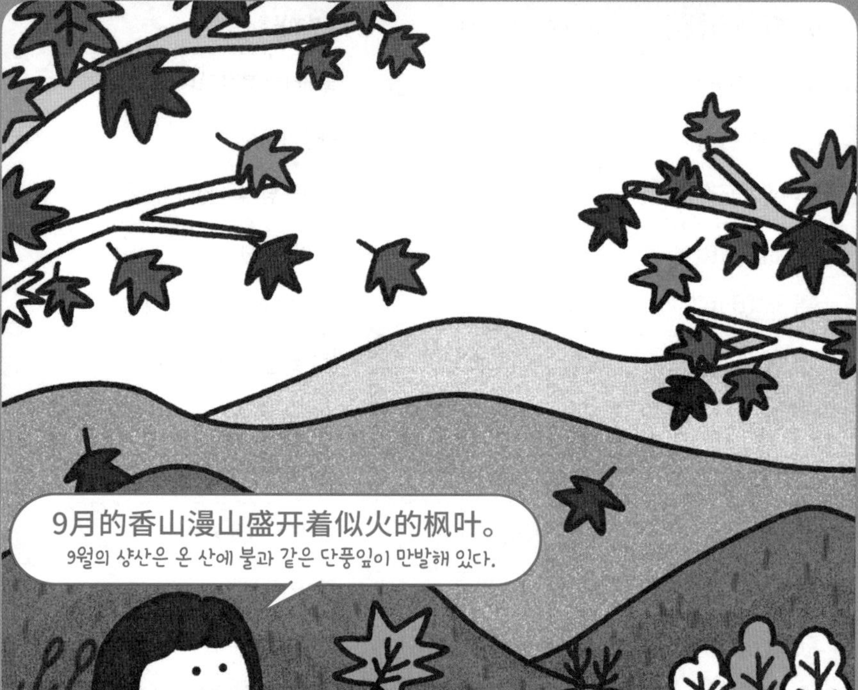

암기 영상

生态 shēngtài

명 생태
▶ 인간은 더 이상 동식물의 生态 환경을 파괴시켜서는 안 돼.

保护生态环境是全世界面临的问题。

생태 환경을 보호하는 것은 전 세계가 직면한 문제이다.

保护 bǎohù 보호하다 | **全世界** quánshìjiè 전 세계 | **面临** miànlín 직면하다

출제 포인트　**生态**의 빈출 짝꿍 표현

生态는 자연환경과 관련된 지문에 자주 출제되며, 듣기와 독해 영역에 걸쳐 골고루 출제된다. 특히 특정한 지역에 대해 설명하는 듣기 지문에 종종 출제되므로, 아래의 빈출 어휘를 알아 두자.

예　**生态环境** 생태 환경 | **生态平衡**(pínghéng) 생태 균형
　　生态系统(xìtǒng) 생태계 | **生态危机**(wēijī) 생태 위기

本能 běnnéng

부 본능적으로　명 본능
▶ 고슴도치는 위험을 감지하면 本能적으로 몸을 동그랗게 말아.

海葵的触手受到刺激时，会本能地分泌出毒液。

말미잘의 촉수는 자극을 받으면, 본능적으로 독소를 내뿜는다.

海葵 hǎikuí 말미잘 | **触手** chùshǒu 촉수 | **受到** shòudào 받다 | **刺激** cìjī 자극 | **分泌** fēnmì 분비하다 | **毒液** dúyè 독성 액체

雌雄 cíxióng

명 암컷과 수컷　명 승패, 우열
▶ 雌雄이 한 몸에 있는 생물을 자웅 동체라고 불러.

蜗牛是雌雄同体的动物，它行动缓慢，对植物有害。

달팽이는 자웅 동체인 동물로, 움직임이 느리고, 식물에 유해하다.

蜗牛 wōniú 달팽이 | **雌雄同体** cíxióng tóngtǐ 자웅 동체 | **行动** xíngdòng 행동 | **缓慢** huǎnmàn 느리다 | **植物** zhíwù 식물 | **有害** yǒuhài 유해하다

繁殖 fánzhí

동 번식하다, 불어나다
▶ 잡초는 繁殖하는 속도가 빨라서 며칠만 지나도 무성해져 있어.

蚂蚁是用无性繁殖的方式繁衍后代的。

개미는 무성 번식의 방식으로 후대를 늘린다.

蚂蚁 mǎyǐ 개미 | **无性** wúxìng 무성의 | **方式** fāngshì 방식 | **繁衍** fányǎn (수량·범위가 점차) 늘어나다 | **后代** hòudài 후대

牲畜 shēngchù

 가축
▶ 소는 예전의 농경 사회에서 가장 중요한 **牲畜** 중 하나였어.

很多饲养员都为自己饲养的牲畜买了保险。
많은 사육사들이 자신이 기르는 가축을 위해 보험에 가입했다.

饲养员 sìyǎngyuán 사육사 | **饲养** sìyǎng 기르다 | **保险** bǎoxiǎn 보험
유의 **家畜** jiāchù 가축

畜牧 xùmù

 목축하다, 축산하다
▶ 작은아버지가 **畜牧**업을 하셔서 목장에서 직접 짠 우유를 보내 주셨어.

畜牧业是农业生产的两大支柱之一。
목축업은 농업 생산의 2대 기둥 중 하나이다.

畜牧业 xùmùyè 목축업 | **农业** nóngyè 농업 | **生产** shēngchǎn 생산하다
| **支柱** zhīzhù 기둥

饲养 sìyǎng

 기르다, 사육하다, 먹이다
▶ 우리 학교에서는 귀여운 토끼 몇 마리를 **饲养**하고 있어.

这个农场主饲养了很多珍禽异兽。
이 농장 주인은 많은 진귀한 동물을 길렀다.

农场 nóngchǎng 농장 | **主** zhǔ 주인 | **珍禽异兽** zhēnqínyìshòu 진기한 짐승
유의 **喂养** wèiyǎng 사육하다, 양육하다

喂 wèi

 기르다   (동물에게) 먹이를 주다, 입에 넣어 주다, 먹이다
▶ 윗집에서 **喂**하던 돼지들을 전부 팔았대.

一些发展快的农村地区，已开始利用电子技术喂牲畜了。
몇몇 발전이 빠른 농촌 지역은, 이미 전자 기술을 활용하여 가축을 기르기 시작했다.

发展 fāzhǎn 발전하다 | **农村** nóngcūn 농촌 | **地区** dìqū 지역 | **利用** lìyòng 이용하다 |
技术 jìshù 기술 | **牲畜** shēngchù 가축

哺乳 *bǔrǔ*

(동) 젖을 먹이다, 포유하다
▶ 흰긴수염고래는 哺乳동물 중에 몸집이 가장 크대.

金丝猴在哺乳幼猴的同时，也在警惕周围的环境。
들창코원숭이는 새끼 원숭이에게 젖을 먹이는 동시에, 주변의 환경을 경계하고 있다.

金丝猴 jīnsīhóu 들창코원숭이(황금원숭이) | **幼** yòu 어리다 | **猴** hóu 원숭이 | **警惕** jǐngtì 경계하다 | **周围** zhōuwéi 주변

分泌 *fēnmì*

(동) 분비하다
▶ 사자가 토끼를 보자, 침샘에서 침이 分泌되기 시작했다.

蜗牛的腹足会分泌粘液。
달팽이의 복족은 점액을 분비한다.

蜗牛 wōniú 달팽이 | **腹足** fùzú 복족(살 바닥 부분) | **粘液** niányè 점액

犬 *quǎn*

(명) 개
▶ 그 집의 애완犬은 저녁만 되면 짖어 대서, 주민들의 항의가 빗발쳐.

在机场，海关人员牵着警犬来检查行李。
공항에서 세관 직원이 경찰견을 끌고 짐을 검사하고 있다.

海关人员 hǎiguān rényuán 세관 직원 | **牵** qiān 끌다 | **警犬** jǐngquǎn 경찰견
(유의) **狗** gǒu 개

蚂蚁 *mǎyǐ*

(명) 개미
▶ 아이들이 길가에 앉아 줄지어 기어가는 蚂蚁를 관찰하고 있어.

科学家告诉我们，蚂蚁是名副其实的搬运高手。
과학자는 우리에게 개미는 명실상부한 운반의 고수라고 알려 준다.

科学家 kēxuéjiā 과학자 | **名副其实** míngfùqíshí 명실상부하다 |
搬运 bānyùn 운반하다 | **高手** gāoshǒu 고수

贝壳 bèiké

명 (-儿) 조개껍데기, 조가비
▶ 조개를 구울 때는, 贝壳가 벌어져야 먹을 수 있어.

人们在退潮后到海滩上捡拾贝壳。
사람들이 썰물 후에 해변에서 조개껍데기를 줍는다.

退潮 tuìcháo 썰물이 되다 | **海滩** hǎitān 해변의 모래사장 | **捡拾** jiǎnshí 줍다

鸽子 gēzi

명 비둘기
▶ 鸽子는 평화의 상징이지만, 요즘 도시에서는 거리의 무법자가 되어가고 있어.

鸽子是魔术师在表演时常出现的"助手"。
비둘기는 마술사가 공연할 때 자주 등장하는 '조수'이다.

魔术师 móshùshī 마술사 | **表演** biǎoyǎn 공연하다 | **出现** chūxiàn 나타나다 | **助手** zhùshǒu 조수

飞翔 fēixiáng

동 날다, 비상하다
▶ 갈매기 떼가 여객선 위를 飞翔하며 승객들이 던져 주는 먹이를 받아 먹었다.

鸟儿在空中飞翔时，十分自由，这也是人类所向往的。
새는 하늘을 날아다닐 때 정말 자유로우니, 이는 인류가 동경하는 것이기도 하다.

十分 shífēn 아주 | **自由** zìyóu 자유롭다 | **人类** rénlèi 인류 | **所** suǒ ~하는 바 | **向往** xiàngwǎng 동경하다

巢穴 cháoxué

명 (새·짐승의) 집　명 소굴, 은신처, 아지트
▶ 뻐꾸기는 알을 다른 새의 巢穴에 낳는대.

动物也有属于它们自己保护巢穴的方法。
동물도 그들 자신만의 집을 지키는 방법이 있다.

属于 shǔyú ~에 속하다 | **保护** bǎohù 보호하다 | **方法** fāngfǎ 방법
유의 **窝** wō 둥지

窝 wō

명 보금자리, 둥지 명 (-儿) 은신처
▶ 공원에서 제일 큰 나무에 말벌이 窝를 만들었어.

鸟巢是鸟为自己建造的窝，它是人类建筑构思的源泉。
새 둥지는 새가 자신을 위해 만든 보금자리로, 인류 건축 개념의 원천이다.

鸟巢 niǎocháo 새 둥지 | 建造 jiànzào 세우다 | 建筑 jiànzhù 건축하다 | 构思 gòusī 구상하다 | 源泉 yuánquán 원천
유의 巢穴 cháoxué (새·짐승의) 집

飞禽走兽 fēiqín zǒushòu

명 새와 짐승, 금수
▶ 사파리에서는 곰, 사자, 앵무새 등 온갖 飞禽走兽를 볼 수 있어.

森林里，各种飞禽走兽往来其中。
숲에서 다양한 동물들이 그 안을 돌아다닌다.

森林 sēnlín 숲 | 往来 wǎnglái 왔다 갔다 하다 | 其中 qízhōng 그 안에

珍稀 zhēnxī

형 진귀하고 드물다, 희귀하다
▶ 珍稀한 야생 동물을 함부로 포획하는 것은 불법이야!

大熊猫是中国的珍稀动物，深受各国人们喜欢。
판다는 중국의 귀한 동물이라서, 각 나라 사람들의 깊은 사랑을 받는다.

大熊猫 dàxióngmāo 판다 | 深受 shēnshòu 깊이 ~을 받다 | 各国 gèguó 각 나라

耕地 gēngdì

명 경지 동 논밭을 갈다
▶ 그 耕地를 개간해서 그곳에 수박씨를 심어 볼까 해.

广西的耕地面积人均不到一亩。
광시의 농경지 면적은 1인당 1묘가 안 된다.

广西 Guǎngxī 광시 쫭족 자치구 | 面积 miànjī 면적 | 人均 rénjūn 1인당 평균 | 亩 mǔ 묘(토지 면적을 세는 양사)

播种 bōzhǒng

(동) 파종하다, 씨를 뿌리다
▶ 농작물은 제때에 播种하지 않으면 가을에 수확할 수가 없어!

春天是播种的季节，也是农民们最为辛苦的季节。
봄은 파종을 하는 계절이면서, 농민들이 가장 힘든 계절이기도 하다.

农民 nóngmín 농민 | 最为 zuìwéi 가장 | 辛苦 xīnkǔ 고생스럽다
(반의) 收获 shōuhuò 수확하다 / 收割 shōugē (익은 농작물을) 거두다

种植 zhòngzhí

(동) 재배하다, 씨를 뿌리고 묘목을 심다
▶ 이곳의 기후는 배추를 种植하기에 적합하지 않아.

中国北方种植的夏小豆是晚熟型品种。
중국 북쪽에서 재배하는 여름 팥은 늦게 여무는 품종이다.

小豆 xiǎodòu 팥 | 熟 shú (과일·곡식 등이) 익다, 여물다 | 型 xíng 타입 | 品种 pǐnzhǒng 품종
(유의) 栽培 zāipéi 심어 가꾸다, 재배하다

> **출제 포인트** **种植**의 활용 형태
>
> 种植는 독해 2부분에 자주 출제되는 어휘로, 동사 种과 같은 의미이지만, 보통 2음절 목적어를 갖는다는 차이가 있다. 栽培와도 바꾸어 쓸 수 있는데, 栽培는 비유적으로 인재를 기른다는 의미가 있어, 목적어에 주의해야 한다. 种植는 뒤에 동사(出)뿐만 아니라 개사구(在+명사)도 보어로 쓰일 수 있으므로, 독해 2부분에서 헷갈리지 않도록 주의하자.
>
> (예) **种植地** 재배지 | **人工种植** 인공 재배
> **种植出蔬菜** 야채를 재배해 내다 | **种植在水中** 물에서 재배하다

栽培 zāipéi

(동) 재배하다 (동) 양성하다 (동) 등용하다
▶ 농가에서는 한창 유기농 과일 栽培 열풍이 불었다.

栽培新品种一直都是农业研究员研究的课题。
신품종 재배는 항상 농업 연구원이 연구하는 과제였다.

农业 nóngyè 농업 | 研究员 yánjiūyuán 연구원 |
研究 yánjiū 연구하다 | 课题 kètí 과제
(유의) 种植 zhòngzhí 재배하다, 씨를 뿌리고 묘목을 심다

灌溉 guàngài

동 관개하다, 논밭에 물을 대다
▶ 논에 灌溉를 잘 해주어야 가뭄에도 곡식들이 잘 자랄 수 있어.

由于降水量不足等原因，必须人为地对农作物进行灌溉。
강수량 부족 등의 원인 때문에, 반드시 인위적으로 농작물에 관개해야 한다.

由于 yóuyú ~ 때문에 | **降水量** jiàngshuǐliàng 강수량 | **不足** bùzú 부족하다 | **等** děng 등 | **原因** yuányīn 원인 | **人为** rénwéi 인위적인 | **农作物** nóngzuòwù 농작물 | **进行** jìnxíng 진행하다

种子 zhǒngzi

명 씨앗, 종자, 열매
▶ 밭에 딸기를 심게 딸기 种子를 좀 사 와!

不同植物的种子形状、颜色也大不相同。
다른 식물의 씨앗은 형태와 색도 판이하다.

植物 zhíwù 식물 | **形状** xíngzhuàng 형상 | **大不相同** dàbùxiāngtóng 판이하다

출제 포인트   **씨앗을 심고 기르는 과정**

6급 쓰기에서는 설화도 종종 출제되는데, 꽃이나 나무를 심고 가꾸는 것과 관련된 이야기들이 출제되었다. 씨앗을 심고 기르는 과정에 관한 어휘를 미리 익혀 두면, 작문할 때 많은 도움이 된다.

예 培育(péiyù)种子 씨앗을 키우다 | 照顾种子 씨앗을 돌보다
发芽(fāyá) 싹이 나다 | 冒出芽来 싹이 올라오다 | 花盆(huāpén) 화분
施肥(shīféi) 비료를 주다 | 盛开(shèngkāi) (꽃이) 활짝 피다

萌芽 méngyá

동 싹트다   **동** 발생하기 시작하다   **명** 새싹
▶ 작고 귀여운 은행잎이 가지마다 萌芽하기 시작했어.

春天到了，大地万物都开始萌芽。
봄이 오니 대지의 만물이 싹트기 시작한다.

随着社会的进步，新思想的萌芽层出不穷。
사회의 진보에 따라, 새로운 사상의 싹이 끊임없이 나타난다.

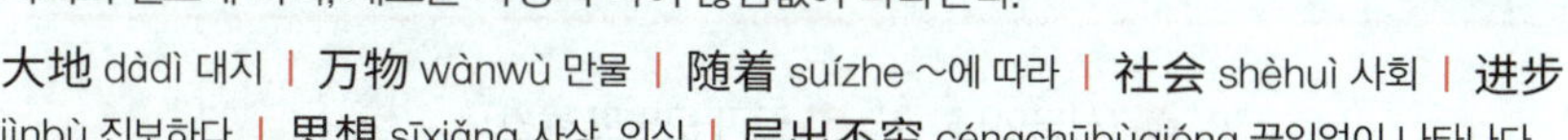

大地 dàdì 대지 | **万物** wànwù 만물 | **随着** suízhe ~에 따라 | **社会** shèhuì 사회 | **进步** jìnbù 진보하다 | **思想** sīxiǎng 사상, 의식 | **层出不穷** céngchūbùqióng 끊임없이 나타나다

출제 포인트   **萌芽의 비유적 표현**

萌芽는 본래 식물에 싹이 트는 것을 의미하는데, 비유적으로 '새롭게 시작하는 것'과 '사물이 새로 생겨나다'라는 의미를 나타낸다. 비유적인 의미로도 많이 쓰이므로 함께 익혀 두자.

예 小草萌芽 새 풀이 돋아나다 | 民主主义(mínzhǔ zhǔyì)的萌芽 민주주의의 싹

盛开 shèngkāi

동 (꽃이) 만발하다, 활짝 피다
▶ 뒷동산에 복숭아꽃이 盛开하여 터널을 이뤘어.

9月的香山漫山盛开着似火的枫叶。
9월의 샹산은 온 산에 불과 같은 단풍잎이 만발해 있다.

香山 Xiāng Shān 샹산(베이징 근교의 산) | 漫 màn 가득하다 | 似 sì ~과 같다 |
枫叶 fēngyè 단풍잎

散发 sànfā

동 발산하다, 내뿜다
▶ 장미가 散发하는 향이 바람에 실려 오니 정말 향기로워.

花园里百花齐放，散发出阵阵清香。
정원에는 온갖 꽃이 가득 피었고, 좋은 향기가 물씬 풍긴다.

百花 bǎihuā 온갖 꽃 | 齐放 qífàng (꽃이) 일제히 피다 | 阵阵 zhènzhèn 이따금씩 | 清香
qīngxiāng 맑은 향기

출제 포인트 목적어에 따라 뜻이 달라지는 **散发**

散发는 '발산하다, 퍼뜨리다'라는 의미로, 목적어는 주로 향기가 오지만, 종종 전단지나 문서 같은 목적
어가 쓰이면 '배포하다'라는 의미가 되므로 주의해야 한다.

예 **散发芳香** 향기를 풍기다 | **散发着墨香** 묵향을 풍기고 있다
散发出气味 냄새를 내뿜다 | **散发传单** 전단지를 돌리다

挺拔 tǐngbá

형 우뚝하다, 높이 치솟다　형 굳세다, 힘차다
▶ 그 마을 입구에는 천년 된 노송이 挺拔하게 서 있대.

即使是天寒地冻，松树也能挺拔生长。
날씨가 무척 춥더라도, 소나무는 우뚝 자라날 수 있다.

即使A，也B jíshǐ A, yě B 설령 A하더라도, B하다 | 天寒地冻 tiānhándìdòng 날씨가 무척 춥다
| 松树 sōngshù 소나무 | 生长 shēngzhǎng 자라다

茎 jīng

명 (식물의) 줄기　명 줄기 모양의 물건
▶ 기르던 화초의 줄기가 시들시들 늘어지더니 금세 죽어 버렸어.

植物的茎部是最需要水分的部分。
식물의 줄기 부분은 수분이 가장 필요한 부분이다.

植物 zhíwù 식물 | 水分 shuǐfèn 수분 | 部分 bùfen 부분

株 zhū

양 그루 　명 그루터기, 포기
▶ 우리 가족은 식목일에 늘 나무를 몇 株씩 심어.

白杨树生存能力极强，有草的地方就会长几株白杨树。

백양나무는 생존력이 매우 강해서, 풀이 있는 곳이면 백양나무 몇 그루가 자라난다.

白杨树 báiyángshù 백양나무(버드나뭇과) ｜ **生存** shēngcún 생존 ｜ **能力** nénglì 능력

> **유의어 비교**　**株** vs **棵**
>
> 株와 棵는 식물을 세는 양사로, 모두 꽃과 나무를 셀 수 있다. 의미는 같으나 棵는 회화에 많이 쓰이고, 株는 서면어에 주로 쓰여, 글에는 株가 쓰이는 게 자연스럽다.
>
> 예　一株牡丹(mǔdan) = 一棵牡丹 모란 한 포기
>
> 　　两株桃树(táoshù) = 两棵桃树 복숭아 나무 두 그루

枝 zhī

명 (-儿) 가지 　양 송이
▶ 나무의 잔가지를 좀 쳐 줘야 나무가 예쁘게 잘 자라.

自古以来，农民们都常利用干树枝、干树叶来烧火。

예로부터, 농민들은 자주 마른 나뭇가지와 마른 나뭇잎으로 불을 지폈다.

自古以来 zìgǔyǐlái 예로부터 ｜ **农民** nóngmín 농민 ｜ **利用** lìyòng 이용하다 ｜ **干** gān 건조하다
｜ **树枝** shùzhī 나뭇가지 ｜ **树叶** shùyè 나뭇잎 ｜ **烧火** shāohuǒ 불을 지피다

刺 cì

명 (-儿) 가시, 바늘 　동 찌르다, 뚫다
▶ 선인장 옆에서 장난치다가 刺에 찔렸어.

众所周知，玫瑰花茎部长满了刺。

모두 알다시피, 장미꽃의 줄기에는 가시가 가득 자라 있다.

众所周知 zhòngsuǒzhōuzhī 모든 사람이 다 알고 있다 ｜ **玫瑰花** méiguīhuā 장미 ｜
茎 jīng (식물의) 줄기 ｜ **长满** zhǎngmǎn 가득 자라다

丛 cóng

명 덤불, 수풀 　명 (사람·사물의) 무리, 떼 　동 군집하다
▶ 가시丛을 헤치고 나온 그의 얼굴에는 긁힌 상처가 가득했다.

猎人拿着枪走在灌木丛中，寻找猎物。

사냥꾼은 총을 들고 관목 덤불을 걸어 다니며 사냥감을 찾고 있다.

猎人 lièrén 사냥꾼 ｜ **枪** qiāng 총 ｜ **灌木** guànmù 관목 ｜ **寻找** xúnzhǎo 찾다, 구하다 ｜ **猎物**
lièwù 사냥감

茂盛 màoshèng

형 무성하다, 우거지다
▶ 잡초가 茂盛한 걸 보니 제초를 한 번 해 줘야겠구나.

失去了水分植物就无法茂盛生长。
수분을 잃으면 식물은 무성하게 자랄 수 없다.

失去 shīqù 잃다 | 水分 shuǐfèn 수분 | 植物 zhíwù 식물 | 无法 wúfǎ ~할 수 없다 | 生长 shēngzhǎng 자라다
유의 茂密 màomì (초목 등이) 빽빽이 무성하다

蔓延 mànyán

동 널리 번지다 동 만연하다
▶ 불길이 순식간에 蔓延하는 것을 막을 길이 없었다.

由于没有及时采取措施，导致这场大火迅速蔓延。
바로 조치를 취하지 않았기 때문에, 이번 큰불이 빠르게 번졌다.

由于 yóuyú ~ 때문에 | 及时 jíshí 곧바로 | 采取 cǎiqǔ 취하다 | 措施 cuòshī 조치 | 导致 dǎozhì 초래하다 | 场 cháng 회(사물의 발생·자연 현상·행위의 과정을 세는 양사) | 迅速 xùnsù 재빠르다

盛产 shèngchǎn

동 많이 나다, 많이 생산하다
▶ 우리나라 금산은 인삼이 가장 盛产되는 지역이야.

荔枝盛产于南方，被誉为"果中之王"。
여지는 남쪽에서 많이 나며 '과일의 왕'이라고 불린다.

荔枝 lìzhī 여지(리즈) | 誉为 yùwéi ~이라고 불리다 | 果 guǒ 과일 | 之 zhī ~의

丰收 fēngshōu

동 풍작을 이루다, 많이 수확하다, 풍년이 들다
▶ 올해는 채소가 丰收하여 싼 값에 좋은 상품을 많이 구입할 수 있어.

农民们在丰收了粮食后，都会留下一些作为自己的食物。
농민들은 식량을 많이 수확한 후, 모두 자신의 식량을 약간 남긴다.

农民 nóngmín 농민 | 粮食 liángshi 식량 | 留下 liúxià 남기다 | 作为 zuòwéi ~으로 삼다 | 食物 shíwù 음식물

枯萎 kūwěi

동 시들다, 마르다
▶ 정원의 나무가 枯萎해서 죽지 않도록 당번을 정해서 물을 주자.

干燥的气候是导致植物枯萎的主要原因。
건조한 기후는 식물을 시들게 하는 주된 원인이다.

干燥 gānzào 건조하다 | 气候 qìhòu 기후 | 原因 yuányīn 원인
반의 繁盛 fánshèng 무성하다, 우거지다

消灭 xiāomiè

동 없애다, 사라지게 하다, 멸하다 동 소멸하다
▶ 약을 쳐서 모기를 消灭해야지, 도저히 잠을 못 자겠어!

为了消灭苹枯叶蛾这种害虫，农民们引进了大量新农药。
사과나무나방과 같은 해충을 없애기 위해, 농민들은 다량의 신종 농약을 들여왔다.

苹枯叶蛾 píngkūyè'é 사과나무나방 | 害虫 hàichóng 해충 | 引进 yǐnjìn 도입하다 | 农药 nóngyào 농약

品种 pǐnzhǒng

명 품종
▶ 요즘엔 종자 개량으로 과일의 品种이 점점 다양해지고 있어.

科学家培育出许多优良的农作物品种。
과학자는 수많은 우수한 농작물 품종을 길러낸다.

科学家 kēxuéjiā 과학자 | 培育 péiyù 기르다 | 许多 xǔduō 매우 많다 | 优良 yōuliáng (품질·성적 등이) 아주 좋다, 우량하다 | 农作物 nóngzuòwù 농작물

稻谷 dàogǔ

명 벼
▶ 농촌에서는 낱알이 실하게 익은 황금빛 稻谷를 추수하기 시작했다.

一眼望去，成熟的稻谷如同一片金色的海洋。
저 멀리 바라보니, 잘 익은 벼가 마치 금빛 바다와 같다.

望 wàng 바라보다 | 成熟 chéngshú 익다 | 如同 rútóng 마치 ~와 같다 | 片 piàn 지면·수면 등에 쓰는 양사 | 海洋 hǎiyáng 바다

棉花 miánhua

명 목화(솜)
▶ 오리털을 넣은 이불이 棉花를 넣은 것보다 가볍고 따뜻해.

棉花的种植范围广泛，主要集中在南方地区。
목화의 재배 범위는 매우 넓으며, 주로 남쪽 지역에 집중되어 있다.

种植 zhòngzhí 재배하다 | 范围 fànwéi 범위 | 广泛 guǎngfàn 광범위하다 | 集中 jízhōng 집중되다 | 地区 dìqū 지역

化肥 huàféi

명 화학 비료
▶ 최근에 사람들은 化肥를 뿌리지 않고 기른 유기농 작물을 선호해.

化肥种类较多，性质和施肥方法差异较大。
화학 비료는 종류가 비교적 많고, 성질과 비료를 주는 방법의 차이가 비교적 큰 편이다.

种类 zhǒnglèi 종류 | 性质 xìngzhì 성질 | 施肥 shīféi 비료를 주다 | 方法 fāngfǎ 방법 | 差异 chāyì 차이

储备 chǔbèi

동 (물자를) 비축하다, 저장하다
▶ 흉년이 들자 나라에서 곳간을 풀어 储备해 두었던 식량을 나눠 주었다.

农民一般会在冬天储备明年食用的粮食。
농민들은 일반적으로 겨울에 내년에 먹을 식량을 비축한다.

农民 nóngmín 농민 | 食用 shíyòng 먹다, 식용하다 | 粮食 liángshi 식량

温带 wēndài

명 온대
▶ 우리나라는 계절의 변화가 뚜렷한 温带 기후에 속해 있어.

温带气候不仅分布地域广泛，而且类型多样。
온대 기후는 분포 지역이 넓을 뿐만 아니라, 유형도 다양하다.

气候 qìhòu 기후 | 不仅A，而且B bùjǐn A, érqiě B A할 뿐만 아니라, 게다가 B하다 | 分布 fēnbù 분포하다 | 地域 dìyù 지역 | 类型 lèixíng 유형 | 多样 duōyàng 다양하다

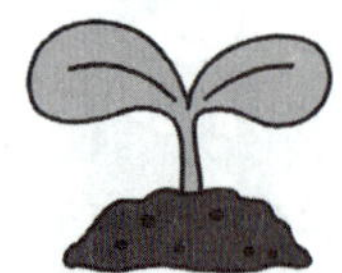

摄氏度
shèshìdù

양 섭씨 온도, 섭씨 ~도
▶ 연일 40摄氏度에 육박하는 폭염에 온열 질환자가 속출하고 있어.

全球变暖使部分城市的温度达到了40摄氏度以上。
지구 온난화로 일부 도시의 온도가 섭씨 40도 이상에 도달했다.

全球变暖 quánqiú biànnuǎn 지구온난화 | **使** shǐ ~하게 하다 | **部分** bùfen 일부 | **温度** wēndù 온도 | **达到** dádào 도달하다

气象 qìxiàng

명 기상(날씨 상황)
▶ 이번 주는 气象 조건이 안 좋다니까 계곡으로 놀러 가지 마.

气象预报的准确率并不是百分之百的。
일기 예보의 정확도가 100%인 것은 아니다.

预报 yùbào 예보 | **并** bìng 결코, 전혀 | **准确率** zhǔnquèlǜ 정확도 | **百分之** bǎifēnzhī 퍼센트

출제 포인트　날씨 관련 지문 단골 표현 **气象**

气象은 气象条件 등 다양한 형태로 듣기 영역의 날씨 관련 지문에 출제되니 잘 알아 두자.

예 **气象台** 기상청 | **气象预报** 기상 예보
气象状况(zhuàngkuàng) 기상 상황 | **气象预测**(yùcè) 기상 예측

气压 qìyā

명 (대)기압
▶ 비행기가 이착륙할 때면 气压 차이가 생겨서 귀가 먹먹해.

气压低、潮湿都会使人出现身体不适的情况。
기압이 낮고 습한 것은 사람들의 몸이 불편해지는 상황을 생기게 한다.

低 dī 낮다 | **潮湿** cháoshī 습하다 | **出现** chūxiàn 나타나다 | **不适** búshì 불편하다 | **情况** qíngkuàng 상황

晴朗 qínglǎng

형 쾌청하다
▶ 올여름은 장마가 길어서 晴朗한 날씨가 정말 그리워!

对于农民来说，越是晴朗的天气，越是要抓紧时间劳作。
농민들은 맑은 날씨일수록, 서둘러 농사일을 해야 한다.

对于……来说 duìyú …… lái shuō ~에게 있어서 | **农民** nóngmín 농민 | **抓紧** zhuājǐn 서둘러 하다 | **劳作** láozuò 노동하다　**반의** **阴暗** yīn'àn 어둡다

灿烂 cànlàn

형 눈부시다, 찬란하다

▶ 길었던 장마가 지나가고 햇빛이 온 세상을 灿烂하게 비췄다.

灿烂的红霞出现在天边，令人陶醉。

눈부신 붉은 노을이 하늘에 나타나, 사람을 도취시킨다.

红霞 hóngxiá 붉은 노을 | **出现** chūxiàn 나타나다 | **天边** tiānbiān 하늘가 | **令** lìng ~하게 하다 | **陶醉** táozuì 도취하다

耀眼 yàoyǎn

형 눈부시다

▶ 창문으로 들어오는 아침 햇살이 耀眼해서 잠이 깼어.

海发光是一种发生在海上的现象，它在夜间会更加**耀眼**。

야광 바다는 바다에서 발생하는 일종의 현상으로, 밤에 더욱 눈부시다.

海发光 hǎifāguāng 야광 바다 현상 | **发生** fāshēng 발생하다 | **现象** xiànxiàng 현상 | **夜间** yèjiān 야간 | **更加** gèngjiā 더욱, 더

照耀 zhàoyào

동 밝게 비추다

▶ 구름 사이로 눈이 부시도록 照耀하는 햇빛이 쏟아졌다.

在阳光的**照耀**下，庄稼地呈一片金黄色。

햇빛이 밝게 비추니 농지가 온통 황금빛을 띤다.

阳光 yángguāng 햇빛 | **庄稼地** zhuāngjiadì 농(경)지 | **呈** chéng 띠다 | **片** piàn 지면·수면 등에 쓰는 양사 | **金黄色** jīnhuángsè 황금색

夕阳 xīyáng

명 석양, 낙조

▶ 붉게 물든 하늘의 夕阳이 나의 마음도 붉게 물들였다.

夕阳西下，人们正拖着疲惫的身体返回。

석양이 서쪽으로 지니, 사람들이 피곤한 몸을 이끌고 되돌아가고 있다.

拖 tuō 끌다 | **疲惫** píbèi 대단히 피로하다 | **返回** fǎnhuí 되돌아가다

炎热 yánrè

형 무덥다, 찌는 듯하다
▶ 그곳의 날씨는 炎热하니, 열사병에 걸리지 않도록 주의해.

炎热夏天，人们出行前应注意防晒。

무더운 여름에 사람들은 외출 전에 햇빛 차단에 주의해야 한다.

出行 chūxíng 외출하다 | 防 fáng 방어하다, 차단하다 | 晒 shài 햇볕을 쬐다

반의 严寒 yánhán 아주 춥다, 추위가 심하다

严寒 yánhán

형 아주 춥다, 추위가 심하다
▶ 난 더위에 약해서 여름보다 차라리 严寒한 겨울 날씨가 좋아.

梅花不畏严寒的生长特性，常被用来比喻坚定的意志。

매화의 추위에 굴하지 않고 자라는 특성은, 결연한 의지를 비유하는 데 자주 쓰인다.

梅花 méihuā 매화 | 不畏 bú wèi 두려워하지 않다 | 生长 shēngzhǎng 자라다 | 特性 tèxìng 특성 | 用来 yònglái ~에 쓰다 | 比喻 bǐyù 비유하다 | 坚定 jiāndìng 결연하다 | 意志 yìzhì 의지

반의 炎热 yánrè 무덥다, 찌는 듯하다

猛烈 měngliè

형 맹렬하다, 세차다 부 급격히, 갑작스레
▶ 불길이 猛烈하게 타오르더니 결국 숲 전체를 태워 버리고 말았어.

这个冬天，寒风极其猛烈，使人们痛苦不堪。

이번 겨울은 찬바람이 아주 맹렬해서, 사람들을 고통스럽게 한다.

寒风 hánfēng 찬바람 | 极其 jíqí 아주, 매우 | 使 shǐ ~하게 하다 | 痛苦 tòngkǔ 고통스럽다 | 不堪 bùkān (부정적인 의미로) 몹시 심하다

유의 强烈 qiángliè 맹렬하다, 강렬하다

유의어 비교 猛烈 vs 强烈

두 단어 모두 '맹렬하다'라는 뜻이지만, 호응하는 단어가 달라 서로 바꿔 쓸 수 없다.

猛烈 měngliè 기세가 빠르고 맹렬함을 나타내며, 범위가 좁고, 주로 사물을 꾸며 줌.
　예 火势(huǒshì)猛烈 불길이 세다 | 猛烈的进攻(jìngōng) 맹렬한 공격

强烈 qiángliè 주로 힘이 세고 강력함을 나타내며, 범위가 넓고, 사물·사람을 모두 꾸며 줌.
　예 强烈反对 강력하게 반대하다 | 强烈的地震(dìzhèn) 강력한 지진

干旱 gānhàn

명 가뭄

▶ 극심한 干旱에 논바닥 갈라졌다.

当务之急是解决干旱地区的饮水问题。

현재의 급선무는 가뭄 지역의 식수 문제를 해결하는 것이다.

当务之急 dāngwùzhījí 급선무 | **解决** jiějué 해결하다 | **地区** dìqū 지역 | **饮水** yǐnshuǐ 식수

滋润 zīrùn

동 촉촉하게 적시다   **형** 습윤하다, 촉촉하다

▶ 장맛비가 가뭄으로 갈라졌던 땅을 滋润하게 적셔 주었다.

因为有了雨水的滋润，植物才能茂盛地生长。

빗물이 촉촉하게 적셔 주었기 때문에, 식물이 무럭무럭 자랄 수 있었다.

雨水 yǔshuǐ 빗물 | **植物** zhíwù 식물 | **茂盛** màoshèng (식물이) 우거지다

飘扬 piāoyáng

동 휘날리다, 펄럭이다

▶ 태극기가 바람에 飘扬하는구나!

一株株柳树在风中飘扬，仿佛一条条绿色的丝巾。

버드나무 여럿이 바람 속에 흩날리니, 마치 초록빛 스카프 같다.

株 zhū 그루(나무를 세는 양사) | **柳树** liǔshù 버드나무 | **仿佛** fǎngfú 마치 ~인 것 같다 | **丝巾** sījīn 스카프

유의어 비교　**飘扬** vs **飘**

飘扬과 飘는 모두 바람에 펄럭이고 나부낌을 의미하지만, 항상 바꿔 쓸 수 있는 것은 아니다. 또한 飘는 飘飘처럼 중첩된 형태로 활용될 수 있음을 알아 두자.

예　迎风飘扬 바람에 펄럭이다 | 飘扬来花香 (✕)

　　迎风飘 바람에 펄럭이다 | 飘来花香 꽃향기가 풍겨 온다 (○)

弥漫 mímàn

동 가득하다, 가득 차다, 자욱하다

▶ 아침 바다에 안개가 弥漫해서 방향을 알 수가 없어.

空气中弥漫着一股沁人心脾的茉莉花清香。

공기 중에 마음을 편안하게 하는 재스민 향기가 가득하다.

空气 kōngqì 공기 | **股** gǔ 가닥, 줄기(한 줄기로 된 물건을 세는 양사) | **沁人心脾** qìnrénxīnpí (향기를 맡거나 시원한 음료를 마셔) 심신을 편안하게 하다 | **茉莉花** mòlìhuā 재스민 | **清香** qīngxiāng 맑은 향기

台风 táifēng

▶ 台风으로 파도가 높아져서 여객선이 줄줄이 결항이야.

据台湾媒体报道，近日将有小型台风来袭。

타이완 언론 보도에 따르면, 며칠 내에 소형 태풍이 올 것이라고 한다.

据 jù ~에 따르면 | **台湾** Táiwān 타이완 | **媒体** méitǐ 대중 매체 | **报道** bàodào 보도 | **近日** jìnrì 요 며칠 사이 | **将** jiāng ~할 것이다 | **小型** xiǎoxíng 소형의 | **袭** xí 엄습하다

波涛 bōtāo

▶ 태풍에 높이 치솟은 波涛가 해안가 도로를 덮쳤대!

波涛汹涌的海上有几只渔船还在进行打捞。

파도가 거세게 몰아치는 바다에 어선 몇 척이 아직 어업 중이다.

波涛汹涌 bōtāo xiōngyǒng 파도가 거세다 | **渔船** yúchuán 어선 | **进行** jìnxíng 진행하다 | **打捞** dǎlāo 인양하다, (물속에서) 건져 내다

洪水 hóngshuǐ

▶ 이번에 일어난 대洪水로 강물이 범람하여 마을을 침수시켰다.

洪水带来的危害不亚于台风。

홍수가 가져온 피해는 태풍에 못지않다.

危害 wēihài 피해 | **不亚于** búyàyú ~에 못지않다

反常 fǎncháng

▶ 4월인데 눈이 오다니 정말 反常한 일이야!

在炎热夏天，人们可能受气候影响而做出一些反常行为。

무더운 여름에 사람들은 기후의 영향을 받아서 이상한 행동을 하게 된다.

炎热 yánrè 무덥다 | **受** shòu 받다 | **气候** qìhòu 기후 | **而** ér 그리고 | **行为** xíngwéi 행위

반의 **正常** zhèngcháng 정상적이다

遭受 zāoshòu

동 (손해를) 입다, 당하다

▶ 농작물이 병충해를 遭受하는 바람에 수확이 어렵게 생겼어.

在遭受自然灾害后，农作物的种植面临严重问题。

자연재해를 겪은 후, 농작물 재배에 심각한 문제가 생겼다.

自然 zìrán 자연 | **灾害** zāihài 재해 | **农作物** nóngzuòwù 농작물 | **种植** zhòngzhí 재배하다 | **面临** miànlín 직면하다 | **严重** yánzhòng 심각하다

유의 **遭到** zāodào (불행이나 불리한 일을) 당하다

爆发 bàofā

동 (화산이) 폭발하다   동 (감정 등이) 폭발하다

▶ 그 산은 휴화산이라 언제 爆发할지 모른다니 정말 무서워!

温泉是火山爆发后所伴随产生的一种自然现象。

온천은 화산이 폭발한 후에 뒤이어 생기는 일종의 자연 현상이다.

温泉 wēnquán 온천 | **所** suǒ 중심어가 동사의 객체임을 나타냄 | **伴随** bànsuí 수반하다 | **产生** chǎnshēng 생기다 | **现象** xiànxiàng 현상

유의 **暴发** bàofā 폭발하다

★ 보충단어

아래 단어들의 예문은 WEB 단어장에서 확인할 수 있어요.

杂交 zájiāo 동 교배하다

吼 hǒu 동 포효하다, 울부짖다

翼 yì 명 날개, 깃

田野 tiányě 명 들, 논밭과 들판

花瓣 huābàn 명 꽃잎, 화판

花蕾 huālěi 명 꽃봉오리, 꽃망울

梢 shāo 명 (-儿) (나무 또는 가늘고 길쭉한 물건의) 끝부분

砍伐 kǎnfá 동 벌목하다, 벌채하다

庄稼 zhuāngjia 명 농작물

闪烁 shǎnshuò 동 반짝이다, 어렴풋하다

霞 xiá 명 노을

冰雹 bīngbáo 명 우박

笼罩 lǒngzhào 동 뒤덮다, 휩싸이다

预兆 yùzhào 명 징조, 전조 동 조짐을 보이다

糟蹋 zāotà 동 낭비하다, 망치다, 못쓰게 하다

销毁 xiāohuǐ 동 소각하다, 불태워 없애다

HSK 6급 빈출 표현

种子发芽	zhǒngzi fāyá	종자가 발아하다(씨앗이 싹트다)
草木萌芽	cǎomù méngyá	초목이 싹트다
野草蔓延	yěcǎo mànyán	잡초가 무성하다
树木茂盛	shùmù màoshèng	수목이 우거지다
精心栽培	jīngxīn zāipéi	정성을 다해 재배하다
粮食丰收	liángshi fēngshōu	곡식이 풍작이다
散发香气	sànfā xiāngqì	향기를 발산하다
消灭细菌	xiāomiè xìjūn	세균을 없애다
人工繁殖	réngōng fánzhí	인공 번식
雌雄同体	cíxióng tóngtǐ	자웅 동체, 암수한몸
哺乳动物	bǔrǔ dòngwù	포유동물
饲养牲畜	sìyǎng shēngchù	가축을 사육하다
阳光照耀	yángguāng zhàoyào	햇빛이 눈부시게 비추다
乌云笼罩	wūyún lǒngzhào	먹구름이 끼다
展翅飞翔	zhǎnchì fēixiáng	날개를 펴고 비상하다
猛烈批判	měngliè pīpàn	맹렬하게 비판하다

데일리 테스트

고생하셨어요!
QR코드를 스캔하면 DAY01~DAY30 전체 데일리 테스트 PDF가
다운로드됩니다.

DAY

06

HSK 6급 30일 합격 프로젝트

★ HSK 시험에 이렇게 나와요.

건강과 관련된 설명문과 논설문이 듣기1·3부분과 독해3·4부분에 자주 출제됩니다. 안 좋은 습관으로 건강을 해치는 사례, 건강에 도움이 되는 것, 특정 증상에 대한 원인 등이 이와 관련되어 출제됩니다.

튼튼 습관 만들기

#신체 #건강

음원 듣기

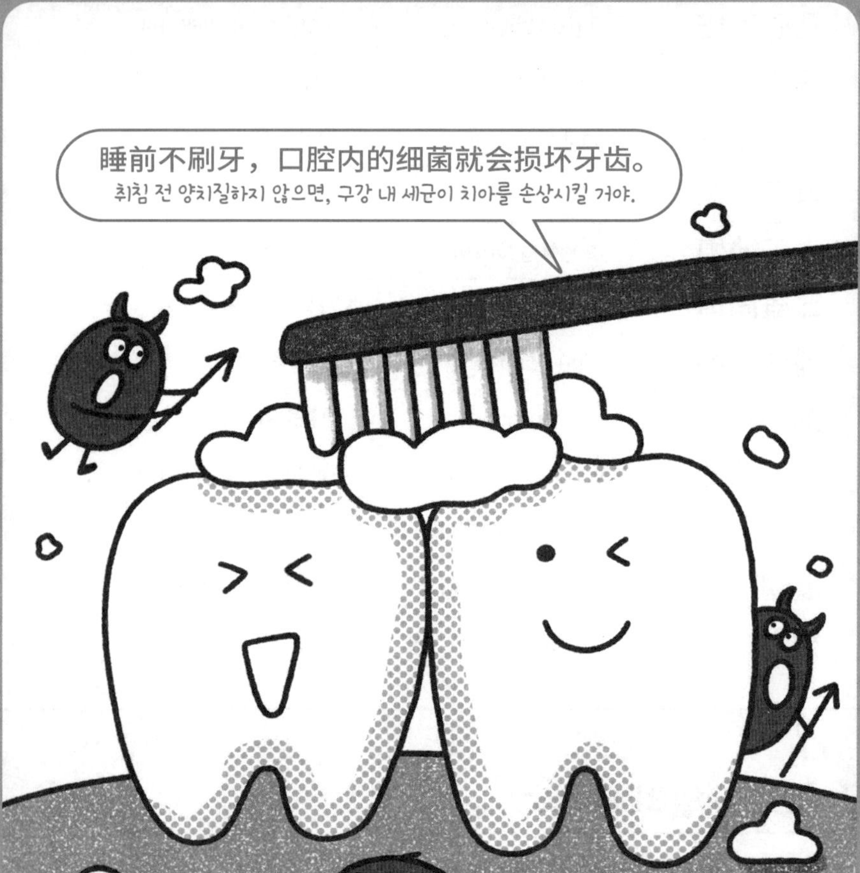

암기 영상

部位 bùwèi

명 부위
▶ 수술 部位가 아물지 않아서 아직 퇴원할 수 없어.

研究发现，腿部肌肉比其它部位的肌肉更难分解。
연구 결과, 다리 근육이 다른 부위의 근육보다 분해되기 더 힘들다고 한다.

研究 yánjiū 연구 ｜ 腿部 tuǐbù 다리 ｜ 肌肉 jīròu 근육 ｜ 分解 fēnjiě 분해하다

嘴唇 zuǐchún

명 입술
▶ 냉탕에 오래 있었더니 嘴唇이 시퍼렇게 변했어.

他嘴唇肿得厉害，可能是出现了过敏反应。
그의 입술이 심하게 부었는데, 아마도 알레르기 반응이 일어난 것 같다.

肿 zhǒng 부어오르다 ｜ 厉害 lìhai 심각하다 ｜ 出现 chūxiàn 나타나다 ｜ 过敏 guòmǐn 알레르기
｜ 反应 fǎnyìng 반응

喉咙 hóulóng

명 인후, 목구멍
▶ 喉咙에 염증이 심하니 되도록이면 말을 하지 마세요.

喉咙发炎常被人视为小病。
인후두에 염증이 생기는 것은 종종 작은 질병으로 여겨진다.

发炎 fāyán 염증이 생기다 ｜ 视为 shìwéi ～으로 여기다

舌头 shétou

명 혀
▶ 청양고추를 먹었더니 매워서 舌头가 너무 아려.

舌头没有味觉不是一件小事。
혀에 미각이 없는 것은 작은 일이 아니다.

味觉 wèijué 미각

拳头 quántóu

명 주먹
▶ 그는 경기에서 졌다는 패배감에 한참이나 拳头로 샌드백을 쳤다.

在比赛中，哥哥被对手的拳头打中了右眼。
경기에서 형은 상대방의 주먹에 오른쪽 눈을 맞았다.

对手 duìshǒu 상대 ｜ 打中 dǎzhòng 명중시키다

四肢 sìzhī

명 팔다리, 사지
▶ 그는 휘몰아치는 공포감에 四肢가 부들부들 떨려왔다.

因为打了麻醉，所以我感到四肢无力。
마취 주사를 맞았기 때문에, 나는 팔다리에 힘이 없다고 느꼈다.

麻醉 mázuì 마취하다 | **无力** wúlì 힘이 없다

浑身 húnshēn

명 온몸, 전신
▶ 운동을 하고 나니, 浑身이 땀으로 흠뻑 젖었어.

那位地震灾区的患者被送进医院时浑身是血。
그 지진 재해 지역의 환자는 병원에 이송될 때 온몸이 피였다.

地震 dìzhèn 지진 | **灾区** zāiqū 재해 지역 | **患者** huànzhě 환자 | **送进** sòngjìn 들여놓다 | **血** xiě 피　유의 **全身** quánshēn 온몸, 전신

器官 qìguān

명 기관
▶ 듣자 하니, 사후 장기器官을 기증하는 데 동의했다며, 정말이야?

人体的各个器官都有各自的功能。
인체의 각 기관은 모두 각자의 기능이 있다.

人体 réntǐ 인체 | **各自** gèzì 각자 | **功能** gōngnéng 기능

肺 fèi

명 폐, 허파
▶ 담배는 肺에 정말 좋지 않으니 금연하는 게 어때?

每天适当地做一些运动，可提高人的心肺功能。
매일 적당히 약간의 운동을 하며 사람의 심폐 기능을 높일 수 있다.

适当 shìdàng 적당하다 | **提高** tígāo 높이다 | **心肺** xīnfèi 심폐

动脉 dòngmài

명 동맥
▶ 혈관에 콜레스테롤이 쌓이면 动脉경화가 생길 수 있어.

由于动脉大量出血，导致病人昏迷。
동맥에 다량으로 출혈이 되었기 때문에, 환자가 의식불명 상태에 빠졌다.

由于 yóuyú ~ 때문에 | **出血** chūxiě 출혈하다 | **导致** dǎozhì 초래하다 | **昏迷** hūnmí 의식불명이다

脉搏 màibó

명 맥박

▶ 의사가 환자의 손목에 손가락을 대고 脉搏 수를 체크했다.

那位病人手术后的脉搏一直不稳定。

그 환자는 수술 후 맥박이 계속 불안정하다.

手术 shǒushù 수술하다 | **稳定** wěndìng 안정적이다

血压 xuèyā

명 혈압

▶ 고血压는 뇌졸중이나 심근경색 같은 위험한 합병증을 유발한다.

高血压患者不宜吃过咸的食物。

고혈압 환자는 너무 짠 음식을 먹어서는 안 된다.

高血压 gāoxuèyā 고혈압 | **患者** huànzhě 환자 | **不宜** bùyí 적당하지 않다 | **过** guò 지나치게 | **咸** xián 짜다 | **食物** shíwù 음식물

神经 shénjīng

명 신경, 정신 이상

▶ 자꾸 눈앞이 흐릿해지는데, 시神经에 문제가 생긴 건 아니겠지?

长期失眠会造成神经系统衰弱。

장기간의 불면증은 신경 계통의 쇠약을 초래한다.

失眠 shīmián 불면증에 걸리다 | **造成** zàochéng 초래하다 | **系统** xìtǒng 계통 | **衰弱** shuāiruò 쇠약해지다

基因 jīyīn

명 유전자

▶ 부모님께 물려받은 基因이 훌륭해서 얼굴도 예쁘고 머리도 좋다.

一切生命现象都与基因有关。

모든 생명 현상은 유전자와 관련이 있다.

一切 yíqiè 모든 | **生命** shēngmìng 생명 | **现象** xiànxiàng 현상 | **A与B有关** A yǔ B yǒuguān A는 B와 관련이 있다

基因의 짝꿍 표현 및 고정 격식

基因은 의학 기술과 관련된 설명문 및 논설문에 많이 출제된다. 또한 쓰기 영역에서 물려받은 유전자로 인해 유능하거나 그렇지 못하다는 이야기에도 나온 적 있다. 'A가 B의 유전자를 물려받았다'는 표현은 [A遗传(yíchuán)了B的基因]의 형태로 쓴다.

예 **遗传基因** 유전자를 물려받다 | **转基因食物** 유전자 변형(GMO) 식품

他遗传了父亲的基因，天生个子就很高。

그는 아버지의 유전자를 물려받아, 천성적으로 키가 크다.

细胞 xìbāo

명 세포
▶ 암细胞가 이미 다른 부위로 전이되었다.

白细胞有杀菌作用，被称为"保护人体健康的卫士"。
백혈구는 살균 작용이 있어서 '인체의 건강을 지키는 보디가드'라고 불린다.

白细胞 báixìbāo 백혈구 | **杀菌** shājūn 살균하다 | **作用** zuòyòng 작용 | **称为** chēngwéi ~라고 부르다 | **保护** bǎohù 보호하다 | **人体** réntǐ 인체 | **卫士** wèishì 보디가드

发育 fāyù

동 성장하다, 발육하다, 자라다
▶ 그 아이는 发育하는 속도가 느려 또래들보다 키가 작아.

青少年在生长发育期时，饭量会特别的大。
청소년은 성장기에 식사량이 특히 많다.

青少年 qīngshàonián 청소년 | **生长** shēngzhǎng 성장하다 | **饭量** fànliàng 식사량

隐患 yǐnhuàn

명 (잠복해 있는) 병, 걱정, 위험
▶ 정기 건강검진을 통해, 건강상의 隐患이 없도록 대비해야 해.

"亚健康症状"被视为现代人的健康隐患。
'아건강 증상'은 현대인의 숨은 건강 문제로 여겨진다.

亚健康 yàjiànkāng 병은 없지만 몸이 좋지 않은 상태 | **症状** zhèngzhuàng 증상 | **视为** shìwéi ~으로 여기다 | **现代人** xiàndàirén 현대인

症状 zhèngzhuàng

명 증상, 증후
▶ 3일 내에 이상 症状이 나타나면 바로 내원해 주십시오.

这种药服用后可能会出现头晕的症状。
이러한 약은 복용 후 어지러운 증상이 나타날 수 있다.

服用 fúyòng (약을) 복용하다 | **出现** chūxiàn 나타나다 | **头晕** tóuyūn 현기증이 나다

鼻涕 bítì

명 콧물

▶ 기침이 나고 鼻涕가 흐르는 걸 보면 코감기에 걸렸나 봐요.

我觉得无缘无故流鼻涕可能是过敏的反应。

나는 아무런 이유 없이 콧물을 흘리는 것이 알레르기 반응일 것이라고 생각한다.

无缘无故 wúyuánwúgù 아무런 이유도 없다 | **流** liú 흐르다 | **过敏** guòmǐn 알레르기 반응을 보이다

恶心 ěxin

형 속이 메스껍다　**동** 혐오감을 일으키다

▶ 음식을 급하게 먹어 체했는지 온종일 恶心해.

噪音污染严重的话，会使人头昏、恶心、呕吐。

소음 공해가 심각하면 어지러움, 메스꺼움, 구토를 일으킬 수 있다.

噪音污染 zàoyīn wūrǎn 소음 공해 | **严重** yánzhòng 심각하다 | **使** shǐ ~하게 하다 | **头昏** tóuhūn 어지럽다 | **呕吐** ǒutù 구토하다

疲惫 píbèi

형 대단히 피로하다, 지치다

▶ 여행 갔다가 오늘 아침 비행기로 돌아왔더니 몸이 너무 疲惫해.

当人们感到疲惫时，有可能是精神压力太大。

사람들이 피로를 느낄 때, 아마도 정신적 스트레스가 너무 클 것이다.

当……时 dāng …… shí ~할 때 | **精神** jīngshén 정신 | **压力** yālì 스트레스

유의 疲劳 píláo 피곤하다 / 疲倦 píjuàn 피곤하다, 늘어지다

疲倦 píjuàn

형 피곤하다, 늘어지다

▶ 일하는 게 재미있어서 몇 날 밤을 새도 疲倦한 줄을 모르겠어.

工作了一整天，难免会觉得疲倦。

온종일 일을 하면 피곤하다고 느낄 수 밖에 없다.

整天 zhěngtiān 온종일 | **难免** nánmiǎn ~하기 마련이다

유의 疲惫 píbèi 대단히 피로하다, 지치다

유의어 비교　疲倦 vs 疲惫

두 단어 모두 '피로하다'라는 뜻이지만, 그 정도 표현에 차이가 있다.

疲倦 píjuàn　졸리고 피곤하여 지치는 것을 나타내며, 비교적 가벼운 어감

　예　感到疲倦 피로를 느끼다

疲惫 píbèi　극도의 피곤함을 나타냄

　예　疲惫不堪(bùkān) 견디지 못할 정도로 피곤하다

感染 gǎnrǎn

동 감염되다, 전염되다
▶ 겨울철 유행성 독감에 **감염되지** 않도록 주의해!

战争中，许多士兵感染了"鼠疫"这种传染病。
전쟁 중에, 많은 병사들이 '흑사병'이라는 전염병에 감염되었다.

战争 zhànzhēng 전쟁 | **许多** xǔduō 매우 많다 | **士兵** shìbīng 병사 | **鼠疫** shǔyì 흑사병 |
传染病 chuánrǎnbìng 전염병

昏迷 hūnmí

동 의식불명이다, 혼미하다
▶ 진정제를 과다 복용하면 **昏迷한** 상태에 빠질 수 있어.

那位病人一直处于昏迷状态。
그 환자는 계속 의식불명 상태이다.

处于 chǔyú (~에) 처하다 | **状态** zhuàngtài 상태
반의 **清醒** qīngxǐng 의식을 회복하다

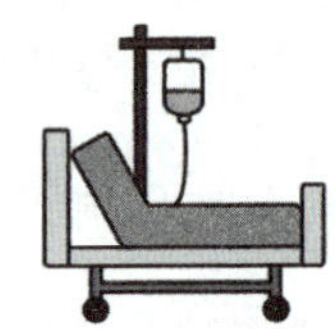

疾病 jíbìng

명 질병, 병
▶ 의학 기술이 발전했지만, 치료 방법이 없는 *疾病*은 아직도
존재한다.

疾病把他们折磨得骨瘦如柴。
질병이 그들을 피골이 상접하게 괴롭혔다.

折磨 zhémó 고통스럽게 하다 | **骨瘦如柴** gǔshòurúchái 피골이 상접하다

细菌 xìjūn

명 세균
▶ 백혈구는 인체에 침입한 *细菌*을 포식하여 우리 몸을 보호한다.

**牙刷使用超过两个月就会滋生大量细菌，专家建议，
定期更换牙刷。**
칫솔을 2개월 넘게 사용하면 대량의 세균이 번식하므로, 전문가들은
정기적으로 칫솔을 바꿀 것을 권한다.

使用 shǐyòng 사용하다 | **超过** chāoguò 넘다 | **滋生** zīshēng 번식하다 |
专家 zhuānjiā 전문가 | **建议** jiànyì 제안하다 | **定期** dìngqī 정기적인 |
更换 gēnghuàn 바꾸다

发炎 fāyán

 염증이 생기다, 염증을 일으키다
▶ 상처를 바로 치료하지 않아, 发炎해서 고름이 계속 나온다.

由于医生操作不当，导致病人伤口发炎。
의사가 조치를 잘못하여, 환자의 상처에 염증이 생겼다.

由于 yóuyú ~ 때문에 **|** **操作** cāozuò 조작하다 **|** **不当** búdàng 적절하지 않다 **|** **导致** dǎozhì 초래하다 **|** **伤口** shāngkǒu 상처

癌症 áizhèng

명 암(암의 통칭)
▶ 리리는 癌症을 조기에 발견해서, 수술을 받고 건강을 회복했어.

随着医学的发展，癌症已不再是不治之症。
의학의 발전에 따라, 암은 이미 더 이상 불치병이 아니게 되었다.

随着 suízhe ~에 따라서 **|** **发展** fāzhǎn 발전 **|** **不治之症** búzhì zhī zhèng 불치병

慢性 mànxìng

형 만성의, 느긋한
▶ 여동생은 오래 전부터 지긋지긋한 慢性 위염에 시달려 왔어.

医学上有很多慢性病是没有治愈方法的。
의학에서 많은 만성질환은 치료 방법이 없다.

治愈 zhìyù 치유하다 **|** **方法** fāngfǎ 방법 **|** 반의 **急性** jíxìng 급성의

患者 huànzhě

명 환자
▶ 203호 병실의 患者는 알 수 없는 불치병에 시달리고 있다.

患者们都在为自己的病情担心。
환자들은 모두 자신의 병세에 대해 걱정한다.

病情 bìngqíng 병세 **|** 유의 **病人** bìngrén 환자

临床 línchuáng

동 임상하다, 치료하다, 진료하다
▶ 그 의사는 临床 경험이 풍부해서 병을 잘 고친다.

临床试验证明，咳嗽不一定是感冒的表现。
임상 시험에 따르면, 기침이 꼭 감기의 증상은 아니라고 한다.

临床试验 línchuáng shìyàn 임상 시험 **|** **证明** zhèngmíng 증명하다 **|** **咳嗽** késou 기침하다 **|** **表现** biǎoxiàn 표현

消毒 xiāodú

(동) 소독하다, 독을 없애다
▶ 상처가 덧나지 않도록 먼저 깨끗이 消毒한 다음에 약을 발라.

由于手术前没有消毒，导致病人伤口难以愈合。
수술 전 소독을 하지 않아서, 환자의 상처가 아물기 어렵게 만들었다.

手术 shǒushù 수술(하다) | **难以** nányǐ ~하기 어렵다 | **愈合** yùhé (상처가) 아물다

注射 zhùshè

(동) 주사하다
▶ 그는 과로로 병원에 실려 가서 링거액을 注射받았어.

一些人通过注射的方式美白皮肤。
어떤 사람들은 주사를 맞는 방식으로 피부를 미백한다.

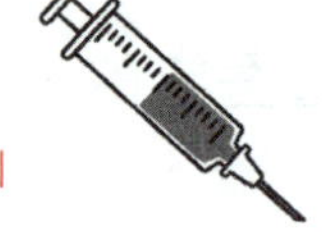

通过 tōngguò ~을 통해 | **方式** fāngshì 방식 | **美白** měibái 미백시키다 |
皮肤 pífū 피부　(유의) **打针** dǎzhēn 주사를 놓다

麻醉 mázuì

(동) 마취하다, 마비시키다
▶ 큰 수술이 아니라서 수술 부위만 麻醉하면 된대.

麻醉是手术过程中的重要环节。
마취는 수술 과정에서 중요한 단계이다.

过程 guòchéng 과정 | **环节** huánjié 부분

苏醒 sūxǐng

(동) 의식을 회복하다, 소생하다
▶ 일주일 동안 의식이 없던 그는 기적적으로 苏醒하였다.

经过几天几夜的抢救，那位病人终于苏醒了。
며칠의 응급 치료를 거쳐, 그 환자는 드디어 깨어났다.

几天几夜 jǐtiān jǐyè 몇 날 며칠, 오래 | **抢救** qiǎngjiù 응급 처치하다

清醒 qīngxǐng

(형) (정신이) 맑다, 또렷하다　(동) 의식을 회복하다
▶ 잠시 낮잠을 자고 일어났더니 정신이 清醒해졌어.

医生说奶奶的头脑清醒，精神正常，很快就可以出院了。
의사 선생님은 할머니의 머리가 맑고, 정신이 온전하다며, 곧 퇴원할 수 있겠다고 말했다.

头脑 tóunǎo 머리 | **精神** jīngshén 정신 | **正常** zhèngcháng 정상적인 | **出院** chūyuàn 퇴원
하다　(반의) **昏迷** hūnmí 의식불명이다, 혼미하다

损坏 sǔnhuài

동 손상하다, 훼손하다
▶ 태양을 똑바로 쳐다보면 시신경이 损坏될 수 있다.

睡前不刷牙，口腔内的细菌就会损坏牙齿。
취침 전 양치질하지 않으면, 구강 내 세균이 치아를 손상시킬 것이다.

口腔 kǒuqiāng 구강 | 细菌 xìjūn 세균 | 牙齿 yáchǐ 치아　유의 破坏 pòhuài 파괴하다

유의어 비교　损坏 vs 破坏

두 단어 모두 어떠한 대상을 파괴하는 것을 뜻하지만, 그 쓰임에 차이가 있다.

损坏 sǔnhuài　보통 구체적인 대상에 쓰여, 원래의 형태나 기능을 잃어버리게 하는 것을 나타내며, 의식적이거나 무의식적인 행동에 모두 쓰임
　예 损坏机器(jīqì) 기기를 훼손하다 | 损坏花草树木 화초와 나무를 훼손하다

破坏 pòhuài　건축물, 명예, 우정 등 구체적이거나 추상적인 대상을 파괴하거나, 제도, 규정 등을 어기는 것을 나타내며, 보통 의식적으로 하는 행동에 쓰임
　예 破坏桥梁(qiáoliáng) 다리를 파괴하다 | 破坏名誉(míngyù) 명예를 훼손하다
　破坏交通规则(guīzé) 교통 규칙을 위반하다

知觉 zhījué

명 지각(감각 기관을 통하여 대상을 인식함, 또는 그런 작용)
▶ 의식을 회복하고 知觉가 돌아와서 손가락을 움직일 수 있다.

小李经历了严重的事故后，下身完全失去了知觉。
샤오리는 심각한 사고를 겪은 후, 하반신에 감각을 완전히 잃었다.

经历 jīnglì 몸소 겪다 | 严重 yánzhòng 심각하다 | 事故 shìgù 사고 | 下身 xiàshēn 하반신 |
完全 wánquán 완전히 | 失去 shīqù 잃다

출제 포인트　知觉의 빈출 짝꿍 표현

知觉는 감각을 통한 대상의 인식 또는 인식 작용을 나타내며, 독해 3·4부분에 자주 출제된다. 知觉는
'감각'을 기본으로 형성되지만, 감각보다 복잡하고 완전하다. 시험에서는 의학 관련 설명문에서 자주 등
장하므로, 아래 함께 쓰이는 표현들을 익혀 두자.

　예 空间知觉 공간 지각 | 失去知觉 의식을 잃다 | 恢复知觉 의식을 회복하다

视力 shìlì

명 시력
▶ 매일 휴대폰을 그렇게 오래 보다가는 视力가 나빠질 거야.

有些人的视力问题是天生的。
어떤 사람들의 시력 문제는 천성적인 것이다.

天生 tiānshēng 천성적인

嗅觉 xiùjué

명 후각
▶ 아빠는 嗅觉가 예민해서 생선이 조금만 비려도 못 드셔.

人的**嗅觉**一般不如动物灵敏。
사람의 후각은 일반적으로 동물보다 예민하지 않다.

不如 bùrú ~만 못하다 | **灵敏** língmǐn 예민하다

残疾 cánjí

명 장애, 장애인
▶ 그녀는 신체적 残疾를 뛰어넘고 세계적인 운동선수가 되었다.

身体上的**残疾**使他失去了自信心。
신체상의 장애가 그에게 자신감을 잃게 했다.

使 shǐ ~하게 하다 | **自信心** zìxìnxīn 자신감

残留 cánliú

동 남아 있다
▶ 그는 어린 시절의 안 좋은 기억이 상처로 残留해 있다.

垃圾食品中的有害物质，会**残留**在人体中。
정크푸드 속의 유해물질은 체내에 남게 된다.

垃圾食品 lājī shípǐn 정크푸드 | **有害** yǒuhài 유해하다 | **物质** wùzhì 물질 | **人体** réntǐ 인체

防治 fángzhì

동 예방 치료하다
▶ 미리 주사를 맞아서, 독감에 걸리지 않도록 防治해야 해.

听说这种中药有**防治**头痛的作用。
듣자 하니 이러한 한약은 두통을 예방해 주는 효과가 있다고 한다.

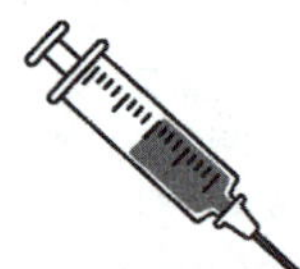

中药 zhōngyào 한약 | **头痛** tóutòng 두통 | **作用** zuòyòng 효과

节制 jiézhì

동 절제하다
▶ 너 이제 술 좀 节制해서 마셔, 그렇지 않으면 건강을 해칠 거야.

没有**节制**的运动，会引起身体不适。
절제 없는 운동은 몸의 불편함을 초래할 수 있다.

引起 yǐnqǐ 야기하다 | **不适** búshì (몸이) 불편하다

按摩 ànmó

 마사지하다, 안마하다
▶ 몸이 뻐근할 때 按摩를 받으면 피로가 싹 가신다.

通过按摩可以缓解病人的疼痛。
마사지를 통해 환자의 고통을 완화시킬 수 있다.

通过 tōngguò ~를 통해 | **缓解** huǎnjiě 완화시키다 | **疼痛** téngtòng 아프다

功效 gōngxiào

 효능, 효과
▶ 사과를 껍질째 먹으면 암 예방에 功效가 있대.

这种新药的功效还没有达到预期效果。
이 신약의 효능은 아직 예상했던 효과에 이르지 못했다.

新药 xīnyào 신약 | **达到** dádào 이르다 | **预期** yùqī 예기하다 | **效果** xiàoguǒ 효과
유의 **功能** gōngnéng 효능

蛋白质 dànbáizhì

 단백질
▶ 콩은 '밭에서 나는 고기'라고 할 만큼 蛋白质가 풍부해.

蛋白质是组成人体一切细胞、组织的重要成分。
단백질은 인체의 모든 세포와 조직을 구성하는 중요한 성분이다.

组成 zǔchéng 구성하다 | **人体** réntǐ 인체 | **一切** yíqiè 모든 | **细胞** xìbāo 세포 | **组织** zǔzhī 조직 | **成分** chéngfèn 성분

출제 포인트 시험 빈출 영양소

蛋白质 외에 자주 출제되는 관련 어휘들도 함께 익혀 두자.

예 **维生素**(wéishēngsù) 비타민 | **脂肪**(zhīfáng) 지방 | **激素**(jīsù) 호르몬
矿物质(kuàngwùzhì) 미네랄 | **纤维质**(xiānwéizhì) 섬유질 | **酶**(méi) 효소

维生素 wéishēngsù

 비타민
▶ 피로 회복을 위해서 维生素C를 챙겨 먹는 것은 기본이지.

维生素在人体生长、发育过程中发挥着重要作用。
비타민은 인체의 성장, 발육 과정에서 중요한 역할을 한다.

生长 shēngzhǎng 성장하다 | **发育** fāyù 발육하다 | **过程** guòchéng 과정 | **发挥** fāhuī 발휘하다
| **作用** zuòyòng 역할

脂肪 zhīfáng

▶ 기름진 음식을 먹은 후 차를 마시면 脂肪 분해에 도움이 된대.

减肥的人应该适当减少高脂肪食品的摄取。

다이어트를 하는 사람은 고지방 식품 섭취를 적절히 줄여야 한다.

减肥 jiǎnféi 다이어트하다 | **适当** shìdàng 적절하다 | **减少** jiǎnshǎo 줄이다 | **食品** shípǐn 식품 | **摄取** shèqǔ 섭취하다

钙 gài

명 칼슘

▶ 钙가 부족하면 골다공증에 걸릴 확률이 높아.

补钙对青少年和中老年人来说极其重要。

칼슘 보충은 청소년과 중·노년층에게 있어서 매우 중요하다.

补 bǔ 보충하다 | **对～来说** duì ~ lái shuō ～에게 있어서 | **青少年** qīngshàonián 청소년 | **中老年** zhōnglǎonián 중·노년 | **极其** jíqí 매우, 아주

充足 chōngzú

형 충분하다, 충족하다

▶ 充足한 수분을 섭취하는 것이 피부 노화를 막는데 가장 도움이 돼.

保证充足的睡眠是健康的基本条件。

충분한 수면을 보장하는 것은 건강의 기본 조건이다.

保证 bǎozhèng 보증하다 | **睡眠** shuìmián 수면

반의 **不足** bùzú 부족하다

新陈代谢 xīnchén dàixiè

신진대사

▶ 물을 많이 마시면 新陈代谢를 도와 체내의 노폐물을 배출시켜 준다.

新陈代谢是生命现象的最基本特征。

신진대사는 생명 현상의 가장 기본적인 특징이다.

生命 shēngmìng 생명 | **现象** xiànxiàng 현상 | **基本** jīběn 기본적인 | **特征** tèzhēng 특징

循环 xúnhuán

동 순환하다

▶ 이모는 혈액이 잘 循环되지 않아 늘 손발이 차고 저리다고 하셔.

有氧运动可以促进人体的血液循环。

유산소 운동은 인체의 혈액 순환을 촉진할 수 있다.

有氧运动 yǒuyǎng yùndòng 유산소 운동 | **促进** cùjìn 촉진하다 | **血液** xuèyè 혈액

免疫 miǎnyì

동 면역이 되다

▶ 영양소가 부족하면 免疫력이 떨어져 병에 걸리기 쉬워.

人体的免疫系统是抵抗病毒的有效武器。

인체의 면역계통은 바이러스를 막는 유용한 무기이다.

人体 réntǐ 인체 | **系统** xìtǒng 계통 | **抵抗** dǐkàng 저항하다 | **病毒** bìngdú 바이러스 | **有效** yǒuxiào 유용하다 | **武器** wǔqì 무기

> **출제 포인트** **免疫**의 빈출 짝꿍 표현
>
> 免疫는 단독으로 쓰이기 보다는, 免疫力, 免疫系统 등의 확장된 형태로 출제되니 잘 알아 두자.
>
> 예 **免疫力** 면역력 | **免疫系统** 면역 계통 | **免疫功能**(gōngnéng) 면역 기능

衰老 shuāilǎo

형 늙어 쇠약해지다, 노쇠하다

▶ 비타민은 대뇌가 衰老하는 속도를 늦춰 치매 예방에 효과가 있어.

任何人都不能避免衰老。

누구도 늙어 쇠약해지는 것을 피할 수 없다.

任何 rènhé 어떠한 | **避免** bìmiǎn 피하다

死亡 sǐwáng

명 사망, 멸망

▶ 건강하던 그의 갑작스런 死亡 앞에 모두 할 말을 잃었다.

这起事故的死亡人数还在统计中。

이 사고의 사망자 수는 아직 통계 중이다.

起 qǐ 건(횟수·건수를 세는 양사) | **事故** shìgù 사고 | **人数** rénshù 사람 수 | **统计** tǒngjì 통계하다

复活 fùhuó

 다시 살아나다, 부활하다
▶ 그녀는 어찌나 아름다운지 신화 속의 여신이 复活한 것만 같아!

人死了是没有办法复活的。
사람은 죽으면 다시 살아날 방법이 없다.

死 sǐ 죽다

坟墓 fénmù

 무덤
▶ 사람들은 명절마다 조상의 坟墓에 찾아가 성묘한다.

如今，很多人生前就为自己和家人选好了坟墓。
오늘날, 많은 사람들은 자신과 가족을 위해 생전에 무덤을 선택해 놓는다.

如今 rújīn 오늘날 | 生前 shēngqián 생전

보충단어
WEB 단어장

★보충단어

아래 단어들의 예문은 WEB 단어장에서 확인할 수 있어요.

口腔 kǒuqiāng 명 구강	肿瘤 zhǒngliú 명 종양
颈椎 jǐngzhuī 명 경추, 목등뼈	聋哑 lóngyǎ 형 귀가 먹고 말도 못하다
胸膛 xiōngtáng 명 가슴, 흉부	瘸 qué 동 다리를 절다, 절뚝거리다
臂 bì 명 팔	瘫痪 tānhuàn 동 반신불수가 되다, 마비되다
指甲 zhǐjia 명 손톱	
膝盖 xīgài 명 무릎	疤 bā 명 흉터, 상처, 흠
屁股 pìgu 명 엉덩이	斑 bān 명 반점, 얼룩
呻吟 shēnyín 동 끙끙거리다, 신음하다	疙瘩 gēda 명 뾰루지, 종기 / 명 풀기 힘든 갈등
喘气 chuǎnqì 동 호흡하다 / 동 숨을 돌리다	秃 tū 형 머리카락이 적다
哆嗦 duōsuo 동 떨다	丸 wán 명 알약, 환, 알갱이 / 양 알(환약을 세는 양사)
呕吐 ǒutù 동 구토하다	气功 qìgōng 명 기공(건강 단련술 중 하나)
腹泻 fùxiè 명 설사	性命 xìngmìng 명 생명, 목숨
麻木 mámù 형 마비되다, 둔하다, 무감각하다 / 형 (생각·반응 등이) 느리다	隔离 gélí 동 분리시키다, 떼어 놓다

 ## HSK 6급 빈출 표현

嗅觉灵敏	xiùjué língmǐn	후각이 예민하다
挺起胸膛	tǐngqǐ xiōngtáng	가슴을 쭉 펴다
脉搏稳定	màibó wěndìng	맥박이 안정적이다
视力模糊	shìlì móhu	시력이 흐릿해지다
四肢麻木	sìzhī mámù	팔다리가 저리다
细菌感染	xìjūn gǎnrǎn	세균에 감염되다
患上癌症	huànshàng áizhèng	암에 걸리다
瘫痪在床	tānhuàn zài chuáng	반신불수로 몸져눕다
昏迷不醒	hūnmí bù xǐng	정신을 잃고 깨어나지 못하다
性命攸关	xìngmìng yōuguān	목숨과 관계되다
治疗疾病	zhìliáo jíbìng	질병을 치료하다
注射药物	zhùshè yàowù	약물을 주사하다
促进循环	cùjìn xúnhuán	순환을 촉진시키다
临床试验	línchuáng shìyàn	임상 시험
动脉血管	dòngmài xuèguǎn	동맥혈관
遗传基因	yíchuán jīyīn	유전자

데일리 테스트

고생하셨어요!
QR코드를 스캔하면 DAY01~DAY30 전체 데일리 테스트 PDF가 다운로드됩니다.

DAY 07

따라해 보세요

#동작

음원 듣기

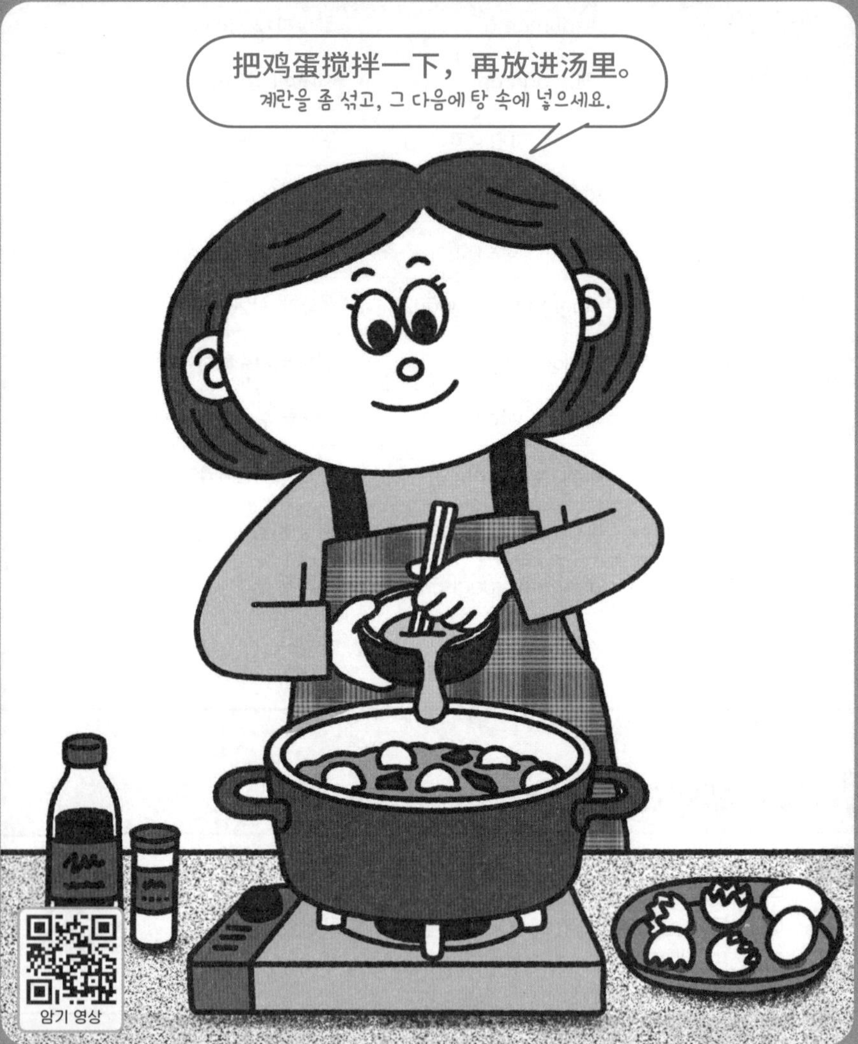

암기 영상

举动 jǔdòng

명 행동, 동작, 행위
▶ 할머니가 다리가 아프신지, 举动이 불편해 보여.

不要做让别人误会的举动。
다른 사람이 오해할 행동은 하지 마라.

误会 wùhuì 오해하다

유의 行动 xíngdòng 동작 / 动作 dòngzuò 동작 / 行为 xíngwéi 행위

束 shù

동 묶다, 매다, 속박하다　**양** 묶음, 다발
▶ 날씨가 이렇게 더운데 머리를 束하든지 단발로 잘라!

她束起头发后开始跳健身操。
그녀는 머리를 묶은 후 건강 체조를 하기 시작했다.

健身操 jiànshēncāo 건강 체조

출제 포인트 ▶ 활용 형태가 다양한 束

束는 한데 묶는 것을 나타내며, 한데 묶인 것을 세는 양사로도 쓰인다. 묶을 수 있는 사물이 모두 목적어
가 될 수 있는데, 시험에는 꽃이나 식물이 가장 많이 나온다. 또한 束는 묶여서 움직일 수 없는 속박 상태
를 뜻하기도 하므로, 함께 알아 두자.

예 一束花 꽃 한 다발 ｜ 一束花椒(huājiāo) 산초 한 묶음
　　 束缚(shùfù) 속박하다 ｜ 约束(yuēshù) 규제하다

揉 róu

동 비비다, 문지르다　**동** 빚다
▶ 더러운 손으로 눈을 揉하면 눈병에 걸릴 수 있어.

医生告诉做双眼皮手术的患者，不要揉眼睛。
의사 선생님이 쌍꺼풀 수술을 한 환자에게 눈을 비비지 말라고 말했다.

双眼皮 shuāngyǎnpí 쌍꺼풀 ｜ 手术 shǒushù 수술 ｜ 患者 huànzhě 환자

출제 포인트 ▶ 손을 나타내는 부수 扌

구체적인 동작을 나타내는 많은 한자들이 扌(재방변)을 포함하고 있는데, 扌은 手를 나타내기 때문이다.
대개 왼쪽의 扌은 의미를 나타내고, 오른쪽의 한자는 발음을 나타내는 경우가 많다. 揉에서 柔(róu)도 발
음을 담당한다. 이런 규칙을 이해하면 많은 한자를 이해하고 외울 수 있으므로, 같은 형태의 한자를 함께
익혀 보자.

예 搓(cuō) 문지르다 ｜ 搂(lǒu) 껴안다, 품다 ｜ 捞(lāo) 건지다, 잡다 ｜ 掏(tāo) 꺼내다

抚摸 fǔmō

동 쓰다듬다, 어루만지다
▶ 아이가 귀여운 강아지의 머리를 抚摸하였다.

岩画上有动物互相抚摸的图案。
암벽화에 동물이 서로 쓰다듬고 있는 도안이 있다.

岩画 yánhuà 암벽화 | 互相 hùxiāng 서로 | 图案 tú'àn 도안

捏 niē

동 잡다, 쥐다
▶ 할머니의 어깨가 아프셔서 어깨를 捏해드리고 있어.

因为爸爸工作辛苦，所以孩子在为爸爸捏腿。
아버지의 일이 고되어, 아이가 아버지를 위해 다리를 주무르고 있다.

辛苦 xīnkǔ 고생스럽다

拧 nǐng

동 비틀다, 비틀어 돌리다   형 뒤바뀌다, 전도되다
▶ 걸레를 拧해서 물기를 빼고 사용해야지.

红酒的木质瓶盖儿一定要用开瓶器才能拧开。
와인의 나무 마개는 오프너를 사용해야만 비틀어 열 수가 있다.

红酒 hóngjiǔ 붉은 포도주 | 木质 mùzhì 나무 재질 | 瓶盖(儿) pínggài(r) 병마개 | 开瓶器 kāipíngqì 병따개

牵 qiān

동 끌다   동 관련되다   동 근심하다
▶ 농부가 소 한 마리를 牵하고 집으로 돌아갔다.

因为妹妹失明了，所以他习惯每次出去都牵着她的手。
여동생이 실명해서, 그는 매번 나갈 때마다 동생의 손을 끌고 나가는 것에 익숙해졌다.

失明 shīmíng 실명하다

扛 káng

동 (어깨에) 메다
▶ 촬영팀은 카메라를 어깨에 扛하고 경복궁으로 갔다.

工人们扛着工具要开工。
인부들이 공구를 메고 공사를 시작하려 한다.

工人 gōngrén 노동자 | 工具 gōngjù 공구 | 开工 kāigōng 공사를 시작하다

吊 diào

동 (매달아) 들어 올리다 동 걸다 동 취소하다
▶ 그녀는 얇은 팔로 10리터나 되는 큰 물통을 쉽게 吊했어.

这台吊车能吊起100吨重的物体。
이 기중기는 100톤짜리 물체를 들어올릴 수 있다.

台 tái 대(기계·차량·설비 등을 세는 양사) ｜ 吊车 diàochē 기중기 ｜ 吨 dūn 톤(1,000kg) ｜
重 zhòng 무겁다 ｜ 物体 wùtǐ 물체

悬挂 xuánguà

동 걸다, 매달다
▶ 아빠가 벽에 한 폭의 아름다운 산수화를 悬挂하셨다.

人们把灯笼悬挂在自己的阳台上。
사람들은 등불을 자신의 베란다에 걸었다.

灯笼 dēnglong 등불 ｜ 阳台 yángtái 베란다　　유의 吊挂 diàoguà (매)달다, 걸다

搁 gē

동 보류하다, 방치하다 동 놓다, 두다 동 첨가하다
▶ 우리 이 일은 잠시 搁하는 게 좋겠어.

先把棘手的问题暂时搁一下吧。
우선 곤란한 문제는 잠시 보류해 둡시다.

棘手 jíshǒu (처리하기가) 곤란하다 ｜ 暂时 zànshí 잠시　　유의 放 fàng 놓다

挪 nuó

동 옮기다, 운반하다
▶ 이 상자는 너무 무거우니 같이 창고로 挪하자!

姐姐一个人挪不动那只沙发。
언니 혼자서는 그 소파를 옮기지 못한다.

不动 búdòng ～하지 못하다 ｜ 沙发 shāfā 소파

端 duān

동 받쳐들다 형 (품행이) 단정하다 형 곧다
▶ 음식이 담긴 이 그릇들을 端해서 거실로 가져다 줘.

叔叔端着酒走进来后，开始给客人们倒酒。
삼촌은 술을 받쳐 들고 들어와서 손님들에게 술을 따라 주기 시작했다.

倒酒 dàojiǔ 술을 따르다

捧 pěng

동 (두 손으로) 받쳐들다, 움켜 집다　양 움큼
▶ 동생이 몸통만 한 수박을 두 손으로 捧하고 집에 왔어.

他捧着一束花准备向她求婚。
그는 꽃 한 다발을 들고 그녀에게 프러포즈할 준비를 한다.

束 shù 다발(묶여 있는 물건을 세는 양사)　|　求婚 qiúhūn 구혼하다

割 gē

동 베다, 절단하다, 자르다
▶ 산소에 무성하게 자란 잡초들을 깨끗이 割했다.

当地人会在松树上割一个口子获取松脂。
현지인은 소나무에 틈을 내서 송진을 채취한다.

当地人 dāngdìrén 현지인　|　松树 sōngshù 소나무　|　口子 kǒuzi 틈새　|　获取 huòqǔ 얻다　|
松脂 sōngzhī 송진

削 xiāo

동 깎다, 제거하다
▶ 출출한데 사과 하나만 削해 먹을까?

老师为学生们准备了削铅笔的工具。
선생님은 학생들을 위해 연필을 깎는 도구를 준비했다.

工具 gōngjù 도구

搅拌 jiǎobàn

동 휘저어 섞다, 반죽하다
▶ 먼저 우유와 버터를 잘 搅拌해 주세요.

把鸡蛋搅拌一下，再放进汤里。
계란을 좀 섞고, 그 다음에 탕 속에 넣으세요.

汤 tāng 탕

压缩 yāsuō

동 압축하다, 줄이다
▶ 내가 부탁했던 문서들을 하나로 压缩해서 전송해 줘.

小李正在帮我压缩音乐文件。
샤오리는 지금 나를 도와 음악 파일을 압축하고 있다.

文件 wénjiàn 파일

卷 juǎn / juàn

동 (원통형으로) 말다　동 (큰 힘으로) 말아 올리다
명 (-儿) 시험지　명 책

▶ 반죽을 동그랗게 卷한 후, 칼로 잘라 주세요.

军人把被子卷得整整齐齐的。
군인은 이불을 말끔하게 말았다.

收到试卷的时候，我感到很伤心。
시험지를 받았을 때, 나는 매우 슬펐다.

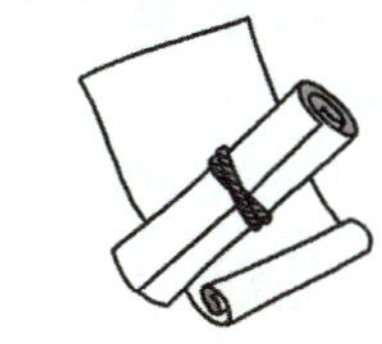

军人 jūnrén 군인 | 被子 bèizi 이불 | 整整齐齐 zhěngzhengqíqí 정연하다 | 收到 shōudào 받다 | 试卷 shìjuàn 시험지 | 伤心 shāngxīn 슬퍼하다

출제 포인트　돌돌 만 종이 모양을 본뜬 **卷**

卷은 돌돌 만 종이의 모양을 본뜬 한자로, 원형으로 마는 동작이나 원형으로 말린 물건을 나타낸다. 듣기 1부분에 종종 출제되므로, 아래 표현들을 잘 익혀 두자.

예　衣服卷(juǎn)起来 옷을 말아 올리다 | 卷起(juǎnqǐ)黄沙 황사가 일다
书卷(shūjuàn) 서적 | 手不释卷(shǒubúshìjuàn) 수불석권, 열심히 공부하다
卷子(juǎnzi) 롤빵 | 卷子(juànzi) 시험 답안지

掀起 xiānqǐ

동 열다　동 불러 일으키다
▶ 그 획기적인 아이디어는 광고업계에 신세계를 掀起했어.

造纸术掀起了人们书写的新纪元。
종이 제작 기술은 사람들의 글쓰기에 새로운 시대를 열었다.

造纸术 zàozhǐshù 제지술 | 书写 shūxiě 쓰다 | 新纪元 xīnjìyuán 신기원

출제 포인트　듣기 영역 빈출 어휘 **掀起**

掀起는 듣기 1부분과 3부분에서 어떠한 현상이 일어난다는 뜻으로 자주 출제된다. 목적어에 따라 의미가 다르므로, 아래 시험에 자주 출제되는 주요 표현으로 익혀 보자.

예　掀起盖子 뚜껑을 열다 | 掀起波涛(bōtāo) 파도가 일다
掀起热潮 붐을 일으키다 | 掀起热烈的讨论 열띤 토론을 일으키다

敞开 chǎngkāi

동 활짝 열다
▶ 기다리던 손님이 오자 그는 뛰어나가 대문을 敞开했다.

请为别人敞开你的心门。
다른 사람에게 당신 마음의 문을 여세요.

淋 lín

동 젖다 동 (액체를) 끼얹다, 붓다
▶ 푸른 나뭇잎이 새벽 이슬에 촉촉하게 淋하였다.

弟弟被雨淋湿了，我担心他会感冒。
남동생은 비에 젖어서, 나는 동생이 감기에 걸릴까 걱정이 된다.

淋湿 línshī 축축하게 젖다

淋은 물이나 비가 물체에 떨어지는 것을 나타내는데, 보통 액체가 물체 위로 떨어지는 그 동작만 나타내므로, 뒤에 젖는 결과를 나타내는 湿가 함께 쓰인다. 특히 비에 젖는 상황에는 被雨淋湿了 라는 고정 표현으로 자주 쓰이므로, 하나로 외우자.

예 淋湿 (물이나 비에) 젖다 | 被雨淋湿了 비에 젖었다 | 湿淋淋 흠뻑 젖다

浸泡 jìnpào

동 (액체 속에) 담그다, 적시다
▶ 딱딱한 녹두를 온종일 물에 浸泡해서 간 거야.

奶奶把白菜浸泡在调好的汤汁里。
할머니는 배추를 간을 맞춘 육수에 담그셨다.

调 tiáo 배합하다 | 汤汁 tāngzhī 육수

盯 dīng

동 응시하다, 주시하다
▶ 그는 아무것도 하지 않고 멍하니 바깥을 盯하고 있어.

叔叔一直盯着弟弟的零食。
삼촌은 계속 남동생의 간식을 응시하고 있다.

零食 língshí 간식

眨 zhǎ

동 (눈을) 깜박거리다, 깜짝이다
▶ 샤오리는 거짓말을 하면 눈을 쉴 새 없이 眨해.

我以为弟弟眼睛不舒服，原来是洋葱辣得他一直眨眼睛。
나는 남동생이 눈이 불편한 줄 알았는데, 알고 보니 양파가 매워서 눈을 계속 깜박거리는 거였어.

以为 yǐwéi ~인 줄 알다 | 原来 yuánlái 알고 보니 | 洋葱 yángcōng 양파 | 辣 là 맵다

晃 huǎng

동 눈부시게 하다　형 밝게 빛나다
▶ 태양이 너무 晃해서 눈을 바로 뜰 수가 없어.

舞台上的灯光非常晃眼睛。
무대 위의 불빛이 매우 눈이 부시다.

舞台 wǔtái 무대　|　灯光 dēngguāng 불빛

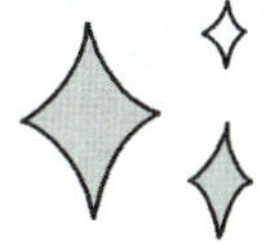

寻觅 xúnmì

동 찾다
▶ 그는 어렸을 적 헤어진 동생의 행방을 寻觅하기 시작했다.

调查人员在森林里寻觅狼的踪迹。
수색요원이 숲속에서 늑대의 흔적을 찾는다.

调查人员 diàochá rényuán 조사요원　|　森林 sēnlín 숲　|　狼 láng 늑대, 이리　|　踪迹 zōngjì 흔적, 행적　유의　寻找 xúnzhǎo 찾다

践踏 jiàntà

동 밟다, 디디다
▶ 강아지가 밭에 들어가서 새로 난 싹을 践踏하고 다녔다.

行人应该注意，不要践踏花草。
행인은 화초를 밟지 않도록 주의해야 한다.

行人 xíngrén 행인　|　花草 huācǎo 화초
유의　踩踏 cǎità 힘껏 밟다

跨 kuà

동 뛰어넘다, 건너뛰다
▶ 여기서 건너편 돌다리까지 跨하다간 물에 빠지겠어.

孩子们一个接一个地跨过了那块大石头。
아이들은 한 명씩 그 큰 바위를 뛰어넘었다.

跨过 kuàguò 뛰어넘다　|　石头 shítou 돌

蹦 bèng

동 뛰어오르다, 껑충 뛰다
▶ 고래가 해면 위로 蹦하여 물기둥이 치솟았다.

孩子们高兴地蹦得老高。
아이들은 기뻐하며 아주 높이 뛰어올랐다.

老高 lǎo gāo 까맣게 높다

旋转 xuánzhuǎn

동 (빙빙) 회전하다, 돌다, 선회하다
▶ 여름이 되니, 집집마다 선풍기가 쉴 새 없이 旋转하는구나.

金妍儿成功地完成了几个旋转动作。
김연아는 몇 개의 회전 동작을 성공적으로 완성했다.

金妍儿 Jīn Yán'ér 김연아 ㅣ 成功 chénggōng 성공적이다 ㅣ 动作 dòngzuò 동작
유의 盘旋 pánxuán 선회하다, 빙빙 돌다

盘旋 pánxuán

동 맴돌다, 머물다, 선회하다
▶ 독수리 한 마리가 상공을 계속해서 盘旋하고 있다.

长城好像一条盘旋的龙一样。
만리장성은 마치 맴돌고 있는 한 마리의 용 같다.

长城 Chángchéng 만리장성 ㅣ 好像 hǎoxiàng 마치 ~과 같다 ㅣ 龙 lóng 용
유의 旋转 xuánzhuǎn (빙빙) 회전하다, 돌다, 선회하다

奔驰 bēnchí

동 질주하다, 폭주하다
▶ 관우의 적토마가 용맹스럽게 전장을 奔驰하였다.

画中的马奔驰在草原上。
그림 속의 말은 초원에서 질주하고 있다.

草原 cǎoyuán 초원　　유의 奔跑 bēnpǎo 질주하다, 빨리 달리다

拄 zhǔ

동 (지팡이로) 짚다, (몸을) 지탱하다
▶ 다리가 다쳐서 목발을 拄하고 다닌 지 벌써 한 달째야!

老奶奶拄着拐杖慢慢地走过来。
할머니가 지팡이를 짚고서 천천히 걸어온다.

拐杖 guǎizhàng 지팡이

砸 zá

동 깨뜨리다, 때려 부수다　동 (어떤 일에) 실패하다, 망치다
▶ 아버지가 아끼던 도자기를 내가 실수로 砸해 버렸어.

不知道是谁砸坏了我的窗户。
누가 내 창문을 깨부순 것인지 모르겠다.

砸坏 záhuài 깨부수다 ㅣ 窗户 chuānghu 창문

捆绑 kǔnbǎng

동 줄로 묶다
▶ 탐관오리들이 모두 捆绑되어 관아로 끌려갔다.

研究人员把那几种植物捆绑在一起。
연구원은 그 몇 종류의 식물을 같이 묶었다.

研究人员 yánjiū rényuán 연구원 | **植物** zhíwù 식물　**반의** **解开** jiěkāi 풀다

扎 zhā / zā

동 찌르다, 뚫고 들어가다, 주둔하다
동 묶다, 매다
▶ 장미꽃을 만지다가 가시에 扎했어.

韩国人不消化的时候，会用针扎大拇指。
한국인은 소화가 안 될 때, 바늘로 엄지손가락을 찌른다.

消化 xiāohuà 소화하다 | **大拇指** dàmǔzhǐ 엄지손가락

扑 pū

동 달려들다, 돌진하여 덮치다　**동** (일·사업 등에) 몰두하다
▶ 밖으로 나서자마자 비둘기가 나한테 扑해서 넘어질 뻔했어!

哥哥一看见弟弟就高兴地扑了过去。
형은 남동생을 보자마자 바로 기쁘게 달려갔다.

一A就B yī A jiù B A하자마자 B하다

竖 shù

동 똑바로 세우다
▶ 셔츠 깃을 竖했더니, 목이 짧아 보여!

所有人都对他竖起大拇指表示称赞。
모든 사람들이 그에게 엄지손가락을 치켜들며 칭찬했다.

所有 suǒyǒu 모든 | **竖起** shùqǐ 수직으로 세우다 | **大拇指** dàmǔzhǐ 엄지손가락 | **表示** biǎoshì 나타내다 | **称赞** chēngzàn 칭찬하다

叼 diāo

동 (물체의 일부분을) 입에 물다
▶ 어젯밤 꿈에서 황룡이 여의주를 叼하고 승천했어!

我的狗叼起一根骨头就跑了。
우리 강아지가 뼈다귀 하나를 물고 바로 뛰어갔다.

根(儿) gēn(r) 개, 대(가늘고 긴 것을 세는 양사) | **骨头** gǔtou 뼈

搓 cuō 동 문지르다, 비비다

掐 qiā 동 꼬집다 동 조르다, 누르다

搂 lǒu 동 껴안다, 품다

拽 zhuài 동 잡아당기다, 잡아끌다

挎 kuà 동 메다, 걸다

捞 lāo 동 건지다, 잡다
동 (부정한 수단으로) 얻다

拣 jiǎn 동 고르다, 선택하다, 뽑다 동 줍다

掏 tāo 동 꺼내다 동 후비다

扒 bā 동 헤집다, 긁어 내다, 후벼 파다

摊 tān 동 늘어놓다, 펴다

拾 shí 동 줍다, 집다 동 정리하다
수 열, 10

掰 bāi 동 (손으로 물건을) 쪼개다, 떼어 내다

劈 pī 동 쪼개다, 패다 동 금 가다

缠绕 chánrào 동 얽히다, 둘둘 감다
동 방해하다

拨 bō 동 (손·막대기 등으로) 헤치다, 밀다

投掷 tóuzhì 동 던지다, 투척하다

撇 piě 동 던지다 동 (밖으로) 기울다
동 입을 삐죽거리다

溅 jiàn 동 (액체가) 튀다

泼 pō 동 뿌리다, 붓다 형 제멋대로이다

晾 liàng 동 (햇볕에) 널다, 쪼이다
동 (그늘이나 바람에) 말리다

烘 hōng 동 (불에) 말리다, 쬐다
동 두드러지게 하다

瞪 dèng 동 (눈을) 크게 뜨다
동 부라리다, 부릅뜨다

眯 mī 동 (눈을) 가늘게 뜨다, 실눈을 뜨다

迈 mài 동 내디디다

蹬 dēng 동 (발에 힘을 주어) 밀다, 딛다
동 (신발·바지 등을) 신다, 입다

溜 liū 동 슬그머니 사라지다
동 미끄러지다, 활강하다

徘徊 páihuái 동 배회하다, 거닐다
동 망설이다
동 (어떤 범위 안에서) 오르
락내리락하다

跪 guì 동 무릎을 꿇다

趴 pā 동 엎드리다

垫 diàn 동 받치다, 채우다
명 (-儿) 방석, 매트

搀 chān 동 부축하다, 돕다 동 섞다

翘 qiáo 동 (고개를) 치켜들다, 곧추세우다
qiào 동 (꼬리를) 쳐들다

啃 kěn 동 (어떤 일에) 몰두하다
동 물어뜯다, 뜯어 먹다

舔 tiǎn 동 핥다

咀嚼 jǔjué 동 (음식물을) 씹다
동 (어떤 것을) 되새기다

呼啸 hūxiào 동 날카롭고 긴 소리를 내다

颠簸 diānbǒ 동 (위아래로) 흔들리다

颤抖 chàndǒu 동 부들부들 떨다

靠拢 kàolǒng 동 가까이 다가서다,
(간격을) 좁히다

坠 zhuì 동 추락하다, 떨어지다, 낙하하다

磕 kē 동 부딪치다 동 털다, 치다

塌 tā 동 무너지다, 붕괴하다 동 가라앉다
동 안정되다

搭 dā 동 만들다, 세우다 동 잇다, 연결되다
동 (자동차 등을) 타다

# HSK 6급 빈출 표현

음원 듣기

扛行李	káng xíngli	짐을 메다
摆摊儿	bǎi tānr	노점을 벌이다
压缩体积	yāsuō tǐjī	부피를 줄이다
晾衣服	liàng yīfu	빨래를 널다
浸泡药材	jìnpào yàocái	약재를 담그다
割裂	gēliè	가르다, 나누다, 분리하다
均匀搅拌	jūnyún jiǎobàn	고루 반죽하다
顺时针旋转	shùnshízhēn xuánzhuǎn	시계 방향으로 돌다
搂抱	lǒubào	(두 팔로) 껴안다
一眨眼	yìzhǎyǎn	눈 깜짝할 사이
揉眼睛	róu yǎnjing	눈을 비비다
声音颤抖	shēngyīn chàndǒu	목소리가 떨리다
喘口气	chuǎn kǒuqì	한숨 돌리다
敞开心扉	chǎngkāi xīnfēi	마음의 문을 활짝 열다
翘尾巴	qiào wěiba	꼬리를 치켜세우다, 잘난 체하다
跨国	kuàguó	국경을 뛰어넘다(초월하다)

# 데일리 테스트

고생하셨어요!
QR코드를 스캔하면 DAY01~DAY30 전체 데일리 테스트 PDF가
다운로드됩니다.

PDF 다운로드

DAY 08

내가 제일 잘 나가

#성격 #능력 #외모

★ HSK 시험에 이렇게 나와요.

능력·외모와 관련된 어휘는 여러 영역에서 출제되는데, 특히 듣기 2부분과 쓰기 영역에서 자주 출제됩니다. 인터뷰 대상이 스스로의 능력에 대해 평가하거나, 쓰기에서 주인공을 설명할 때, 긍정적인 단어와 부정적인 단어가 모두 많이 출제됩니다.

음원 듣기

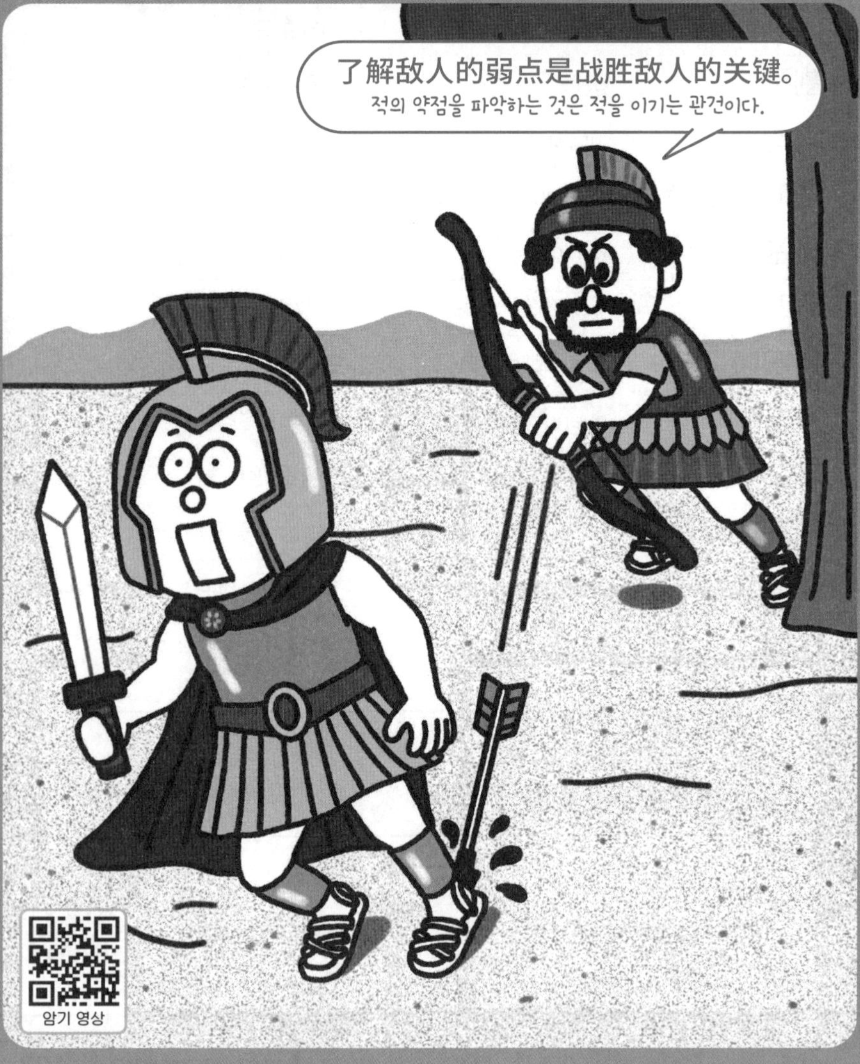

天生 tiānshēng

형 선천적인, 타고난, 천성적인
▶ 그는 天生으로 몸이 약해서 병원 가는 게 일상이야.

跳舞和走路、唱歌一样，是人们天生就具有的能力。
춤은 걷기와 노래하기처럼, 사람들이 선천적으로 가진 능력이다.

具有 jùyǒu 가지다 │ **能力** nénglì 능력

天赋 tiānfù

명 타고난 소질, 천부적 재능 **동** 천부적이다, 타고나다
▶ 동생은 아버지의 음악적 天赋를 물려받아 노래를 잘해.

有写作天赋的人不一定都能成为作家。
글쓰기에 소질이 있는 사람이 꼭 모두 작가가 될 수 있는 것은 아니다.

写作 xiězuò 글을 짓다 │ **成为** chéngwéi ~가 되다 │ **作家** zuòjiā 작가

6급 쓰기 영역에서는 성공 이야기가 가장 많이 출제되는데, 그중 천부적인 재능을 가지고 태어나서 훌륭한 인재가 된 성공담에 天赋가 많이 출제된다. 아래 자주 쓰이는 표현을 확인하고 넘어가자.

예 **有音乐天赋** 음악에 타고난 소질이 있다 │ **有游泳天赋** 수영에 천부적 재능이 있다

天才 tiāncái

명 천재 **명** 천부적인 재능, 특출한 지혜
▶ 아인슈타인은 상대성 이론을 발표한 天才 과학자야.

在知识的道路上，即使是天才也要付出努力。
지식의 길에서는 천재라 해도 노력을 해야 한다.

知识 zhīshi 지식 │ **道路** dàolù 길 │ **即使A也B** jíshǐ A yě B 설령 A하더라도 B하다 │ **付出** fùchū 들이다

才干 cáigàn

명 능력, 재간
▶ 그녀는 다방면으로 才干이 많아 못하는 게 없어.

善于发现员工的才干，是作为一个领导者应具备的素质。
직원의 능력을 찾아내는 것은 리더로서 갖추어야 하는 소질이다.

善于 shànyú ~을 잘하다 │ **员工** yuángōng 직원 │ **作为** zuòwéi ~의 신분으로서 │ **领导者** lǐngdǎozhě 지도자 │ **具备** jùbèi 갖추다 │ **素质** sùzhì 소질
유의 **才能** cáinéng 능력, 재능

本事 *běnshi*

명 능력, 재능

▶ 그는 큰소리만 칠 뿐, 실제로는 조금도 本事가 없어.

再有本事的人，也应该孝敬自己的父母。

아무리 능력이 있는 사람이라도, 자신의 부모를 공경해야 한다.

孝敬 xiàojìng 웃어른을 잘 섬기고 공경하다

유의 **本领** běnlǐng 기량, 능력

能量 *néngliàng*

명 에너지　　명 역량

▶ 유쾌한 사람과 함께 있으면 좋은 能量을 받을 수 있어.

我们的汉语老师是个充满正能量的人。

우리 중국어 선생님은 긍정 에너지가 넘치는 사람이다.

充满 chōngmǎn 넘치다　|　**正能量** zhèngnéngliàng 긍정 에너지

能量은 독해 전 부분에서 자주 출제되는 어휘로, 사람이나 동식물의 에너지 대사 또는 자연 현상에서 생겨나는 에너지와 관련된 내용으로 출제된다. 또한 독해 2부분에서 力量, 精力 등과 함께 보기로 제시되기도 하는데, 力量은 단순한 힘을, 精力는 정신과 육체의 에너지를 나타내는 정력·기력 등을 나타내어, 바꾸어 쓸 수 없음을 기억하자.

예　**集中能量** 에너지를 모으다　|　**消耗**(xiāohào)**能量** 에너지를 소모하다

　　提供能量 에너지를 제공하다　|　**积聚**(jījù)**的能量** 축적된 에너지

潜力 *qiánlì*

명 잠재력, 저력

▶ 그 아이는 우리의 생각보다 더 큰 潜力를 가지고 있을지 몰라.

每个人的潜力都是无限的，要试着去发掘。

모든 사람의 잠재력은 무한하므로, 잠재력을 발굴해 보아야 한다.

无限 wúxiàn 무한하다　|　**试着** shìzhe 시도해 보다　|　**发掘** fājué (숨은 인재·물건 등을) 발굴하다

潜力는 시험 전반에 출제되는 핵심 어휘 중 하나로, 특히 쓰기 영역의 성공 이야기에 자주 출제된다. 시험에 자주 출제되는 표현과 쓰기에서 활용할 수 있는 표현을 익히고 넘어가자.

예　**没有发展潜力** 발전 가능한 잠재력이 없다　|　**有潜力可挖**(wā) 파헤칠 잠재력이 있다

　　升值潜力 가치가 올라갈 잠재력　|　**他有一定的潜力。** 그는 어느 정도 잠재력이 있다.

　　人的潜力是无穷(wúqióng)**的。** 사람의 잠재력은 무궁무진하다.

实力 shílì

명 실력　명 (정치·경제적인) 힘
▶ 이번 대회에서 实力만 제대로 발휘하면 합격할 거야.

他没能在这次比赛中发挥出实力，大家都为他感到可惜。
그가 이번 경기에서 실력을 발휘하지 못해서, 모두 그를 안타까워한다.

发挥 fāhuī 발휘하다　|　**可惜** kěxī 애석하다

智能 zhìnéng

명 지능
▶ IQ는 智能의 발달 정도를 나타내는 지수이다.

很多父母从小就绞尽脑汁培养孩子的智能。
많은 부모가 어렸을 때부터 온갖 지혜를 동원하여 아이의 지능을 키운다.

父母 fùmǔ 부모　|　**从小** cóngxiǎo 어린 시절부터　|　**绞尽脑汁** jiǎojìnnǎozhī 온갖 지혜를 다 짜내다
|　**培养** péiyǎng 키우다

智力 zhìlì

명 지능, 지력
▶ 오랑우탄의 智力는 사람과 비슷하대.

对于智力低下的孩子，社会应该给予帮助。
지능이 낮은 아이들에게 사회가 도움을 주어야 한다.

对于 duìyú ～에게　|　**低下** dīxià 떨어지다　|　**社会** shèhuì 사회　|　**给予** jǐyǔ 주다

智商 zhìshāng

명 지능 지수(IQ)
▶ 멘사는 智商이 148 이상인 사람들만 가입할 수 있대.

智商高低并不是衡量一个人的唯一标准。
IQ가 높고 낮음은 결코 한 사람을 평가하는 유일한 기준이 아니다.

高低 gāodī 높고 낮다　|　**并** bìng 결코　|　**衡量** héngliáng 평가하다　|　**唯一** wéiyī 유일한　|　**标准**
biāozhǔn 기준

记性 jìxing

명 기억력
▶ 갈수록 记性이 떨어지는지 돌아서면 까먹어.

如今记性差已不再是老年群体的"专利"了。
오늘날 기억력 저하는 이미 더 이상 노년층의 '전유물'이 아니다.

如今 rújīn 오늘날　|　**老年** lǎonián 노년　|　**群体** qúntǐ 집단　|　**专利** zhuānlì 특허
반의 **忘性** wàngxing 건망증

机智 jīzhì

형 기지가 넘치다
▶ 나는 순간적으로 机智를 발휘하여 위기를 모면했어.

诸葛亮调兵遣将方面机智过人，被称为"常胜诸葛"。
제갈량은 병력 이동과 장수 파견에 있어서 기지가 비범하여, '항상 승리하는 제갈량'이라 불렸다.

诸葛亮 Zhūgě Liàng 제갈량 | **调兵遣将** diàobīngqiǎnjiàng 병력을 이동시키고 장수를 파견하다 | **方面** fāngmiàn 방면 | **过人** guòrén 남을 능가하다 | **称为** chēngwéi ～이라고 부르다 | **胜** shèng 승리하다

平凡 píngfán

형 평범하다, 보통이다
▶ 그는 겉보기엔 평범해 보이지만 유명한 패션 디자이너야.

平凡的人也可以做出伟大的事业。
평범한 사람도 위대한 일을 해낼 수 있다.

伟大 wěidà 위대하다 | **事业** shìyè 일
유의 **普通** pǔtōng 보통이다, 평범하다　　반의 **非凡** fēifán 보통이 아니다, 비범하다

眼光 yǎnguāng

명 관점, 견해　명 시선, 눈길　명 안목, 식견
▶ 도덕적 眼光에서 봤을 때 그 행동은 비난을 받아 마땅해.

人的眼光各不相同，不要把自己的标准强加到别人身上。
사람의 관점은 각기 다르니, 자신의 기준을 다른 사람에게 강요해서는 안 된다.

各不相同 gè bù xiāngtóng 제각기 다르다 | **标准** biāozhǔn 기준 | **强加** qiángjiā 강요하다

高明 gāomíng

형 뛰어나다, 빼어나다　명 고명한 사람
▶ 그분은 대한민국에서 의술이 가장 高明한 의사야.

那位选手的棋艺可以用"高明"来形容。
그 선수의 장기 솜씨는 '뛰어나다'로 형용할 수 있다.

选手 xuǎnshǒu 선수 | **棋艺** qíyì 장기·바둑을 두는 솜씨 | **形容** xíngróng 형용하다

英明 yīngmíng

형 현명하다, 뛰어나게 지혜롭고 총명하다
▶ 백성들은 그를 위대하고 英明한 황제로 여겼다.

公司能有今天的成果，得益于老板当初英明的决策。

회사가 오늘날의 성과를 이룰 수 있었던 것은, 당시 사장님의 현명한 결정 덕분이다.

成果 chéngguǒ 성과 | **得益于** déyìyú ~ 덕분이다 | **老板** lǎobǎn 사장 | **当初** dāngchū 당시
| **决策** juécè 결정된 책략

明智 míngzhì

형 현명하다, 총명하다
▶ 明智한 군주는 간신을 알아보고 멀리하는 법이야.

植树造林是一项明智的举动，只有这样，才能改善环境。

나무를 심고 숲을 조성하는 것은 현명한 행동으로, 이렇게 해야만 비로소 환경을 개선할 수 있다.

植树 zhíshù 나무를 심다 | **造林** zàolín 조림하다 | **项** xiàng 가지(항목을 세는 양사) | **举动**
jǔdòng 행위 | **改善** gǎishàn 개선하다

机灵 jīling

형 재치 있다, 똑똑하다, 영리하다
▶ 반장의 机灵한 농담에 교실이 웃음바다가 됐어.

面试官对应聘者机灵的反应非常满意。

면접관은 지원자의 재치 있는 반응에 매우 만족했다.

面试官 miànshìguān 면접관 | **应聘者** yìngpìnzhě 지원자 | **反应** fǎnyìng 반응

灵敏 língmǐn

형 영민하다, 민감하다, 예민하다
▶ 동생은 灵敏해서 어렸을 적부터 반장을 도맡아 왔어.

对于反应灵敏的人来说，完成这个任务简直是小菜一碟。

반응이 영민한 사람에게 이 임무를 끝내는 것은 그야말로 식은 죽 먹기이다.

对于……来说 duìyú …… lái shuō ~에게 있어서 | **任务** rènwu 임무 | **简直** jiǎnzhí 그야말로 |
小菜一碟 xiǎocàiyìdié 식은 죽 먹기

敏捷 mǐnjié

형 (동작·생각이) 민첩하다, 빠르다
▶ 그녀는 아주 敏捷한 움직임으로 장애물을 피해 달렸다.

猎人身手敏捷，两三下就抓住了猎物。
사냥꾼은 움직임이 민첩해서, 두세 번 만에 사냥감을 잡았다.

猎人 lièrén 사냥꾼 | 身手 shēnshǒu 몸놀림 | 抓住 zhuāzhù 붙잡다 | 猎物 lièwù 사냥감
유의 灵敏 língmǐn 예민하다 / 敏锐 mǐnruì 예리하다

敏锐 mǐnruì

형 예리하다, 빠르다 형 예민하다
▶ 학자들은 敏锐한 관찰력을 가져야 한다.

敏锐的市场洞察力使他成为中国"投资第一人"。
예리한 시장 통찰력으로 그는 중국 '투자계의 에이스'가 되었다.

市场 shìchǎng 시장 | 洞察力 dòngchálì 통찰력 | 使 shǐ ~하게 하다 | 成为 chéngwéi ~가
되다 | 投资 tóuzī 투자

유의어 비교 敏锐 vs 敏捷	
敏锐와 敏捷는 내포하고 있는 의미가 달라 혼용할 수 없으니, 그 차이를 알아 두자.	
敏锐 mǐnruì	감각·안목 등이 예민하고 날카로움을 의미함. 예 敏锐的观察力 날카로운 관찰력 (○)	行为敏锐 (×)
敏捷 mǐnjié	동작 등이 신속하고 재빠름을 의미함. 예 动作敏捷 동작이 날렵하다 (○)	敏捷的观察力 (×)

笨拙 bènzhuō

형 둔하다, 멍청하다, 우둔하다
▶ 그 아이는 걸음걸이도 느리고 행동도 笨拙해.

他虽然踢足球很灵活，但跳起舞来十分笨拙。
그는 비록 축구를 민첩하게 하지만, 춤을 추면 매우 둔하다.

灵活 línghuó 민첩하다 | 十分 shífēn 매우

拿手 náshǒu

형 자신 있다, 뛰어나다, 능하다 명 자신감
▶ 토마토 달걀 볶음은 내가 가장 拿手한 요리야.

父亲为客人做了几道自己的拿手菜。
아버지께서 손님을 위해 자신 있는 요리를 몇 가지 하셨다.

父亲 fùqīn 아버지 | 道 dào 요리를 세는 양사 유의 擅长 shàncháng 재주가 있다, 뛰어나다

擅长 shàncháng

동 재주가 있다, 뛰어나다, 잘하다　**명** 장기
▶ 바이올린에 擅长한 동생은 음대에 진학할 생각이래.

擅长画画儿的人一般想象力也更为丰富。
그림에 재주가 있는 사람은 보통 상상력도 더욱 풍부하다.

想象力 xiǎngxiànglì 상상력　｜　更为 gèngwéi 더욱　｜　丰富 fēngfù 풍부하다
유의 拿手 náshǒu 자신 있다, 뛰어나다, 능하다

유의어 비교　擅长 vs 善于 vs 拿手

세 단어는 모두 어떠한 방면에 실력이 뛰어남을 나타내지만, 활용에 차이가 있다.

擅长
shàncháng
정도부사 很의 수식을 받을 수 있으며, 명사를 목적어로 취할 수 있음.
예　很擅长 매우 뛰어나다 (○)　｜　擅长书法(shūfǎ) 서예에 능하다 (○)
擅长好戏 (×)

善于
shànyú
정도부사의 수식을 받을 수 없고, 명사 목적어가 아닌 동사 목적어만 취함.
예　善于团结人 사람을 단합시키는데 뛰어나다 (○)　｜　很善于 (×)

拿手
náshǒu
기술에 능하다는 뜻의 형용사로, 관형어는 될 수 있지만 목적어는 취할 수 없음.
예　很拿手 매우 능하다 (○)　｜　拿手好戏 가장 잘 하는 재주 (○)
拿手书法 (×)

专长
zhuāncháng

명 특기, 전문 기술, 전문 지식
▶ 그는 자신의 专长을 살려 만화가가 됐어.

很多搞笑艺人会时不时地在节目里表演自己的专长。
많은 개그맨이 자주 프로그램에서 자신의 특기를 선보인다.

搞笑艺人 gǎoxiào yìrén 개그맨　｜　时不时 shíbùshí 자주　｜　表演 biǎoyǎn 공연하다
유의 特长 tècháng 특기

特长 tècháng

명 특기, 장기
▶ 그 씨름 선수의 주特长은 밭다리 걸기야.

掌握一门特长也许会在将来助你一臂之力。
특기 하나를 기르는 것은 어쩌면 앞으로 너에게 조금이나마 도움이 될 수 있다.

掌握 zhǎngwò 정복하다　｜　门 mén 가지(과목·과학 기술 등을 세는 양사)　｜　也许 yěxǔ 어쩌면　｜
将来 jiānglái 장래　｜　一臂之力 yíbìzhīlì 조그마한 힘
유의 专长 zhuāncháng 특기

精通 jīngtōng

▶ 그는 중국의 언어뿐만 아니라, 문화와 역사에도 精通해.

俞伯牙精通音律，是春秋时代的著名乐师。

유백아는 음악에 정통한, 춘추 시대의 유명한 악사이다.

俞伯牙 Yú Bóyá 유백아 | **音律** yīnlǜ 음률 | **春秋时代** Chūnqiū shídài 춘추 시대 | **著名** zhùmíng 유명하다 | **乐师** yuèshī 악사, 연주가

资深 zīshēn

▶ 그분은 20년이나 법조계에 종사한 资深 변호사야.

作为资深记者，他认为他的采访对象隐瞒了事实。

베테랑 기자로서, 그는 그의 인터뷰 상대가 진실을 숨기고 있다고 생각한다.

作为 zuòwéi ~의 신분으로서 | **记者** jìzhě 기자 | **采访** cǎifǎng 인터뷰하다 | **对象** duìxiàng 대상 | **隐瞒** yǐnmán (진상을) 숨기다 | **事实** shìshí 사실

> **출제 포인트** 资深의 빈출 짝꿍 표현
>
> 资深은 어떠한 분야에서 경력이 오래된 것을 나타내는 어휘로, 회화와 시험에서 모두 자주 활용된다.
>
> 예 **资深导演** 베테랑 감독 | **资深望重** 경력이 오래되고 명성이 높다
> **资深教师** 경력이 오래된 교사 | **资深记者** 베테랑 기자

弱点 ruòdiǎn

▶ 상대방의 弱点을 이용하여 공격하는 것은 비겁한 짓이야.

了解敌人的弱点是战胜敌人的关键。

적의 약점을 파악하는 것은 적을 이기는 관건이다.

敌人 dírén 적 | **战胜** zhànshèng 싸워 이기다 | **关键** guānjiàn 관건

유의 **缺点** quēdiǎn 단점, 결점　반의 **优点** yōudiǎn 장점

缺陷 quēxiàn

▶ 안경은 시력의 缺陷을 교정해 준다.

这位画家克服了身体上的缺陷，终于完成了自己的作品。

이 화가는 신체적 결함을 극복하고, 드디어 자신의 작품을 완성했다.

画家 huàjiā 화가 | **克服** kèfú 극복하다 | **作品** zuòpǐn 작품

유의 **缺点** quēdiǎn 단점, 결점 / **毛病** máobìng 결점, 단점

外行 wàiháng

명 문외한, 풋내기　형 문외한이다, 경험이 없다
▸ 나는 농사일에는 外行이라 아는 게 하나도 없어.

就连外行都知道他是在骗人，更何况专家呢？

문외한조차 그가 거짓말을 하고 있다는 것을 아는데, 하물며 전문가는 어떻겠는가?

连 lián ~조차도　|　骗人 piànrén 남을 속이다　|　何况 hékuàng 하물며　|　专家 zhuānjiā 전문가
반의 内行 nèiháng 전문가, 숙련자

技巧 jìqiǎo

명 테크닉, 기교, 기예
▸ 나는 말하는 技巧가 없어서 남들 앞에서 이야기하기가 두려워.

考试技巧我已经告诉他了，如何去运用就看他的悟性了。

시험 테크닉은 내가 이미 그에게 알려 줬으니, 어떻게 활용할지는 그의 이해력에 달려 있다.

如何 rúhé 어떻게　|　运用 yùnyòng 활용하다　|　悟性 wùxìng 깨달음

출제 포인트　듣기 영역 빈출 어휘 **技巧**

技巧는 듣기 2부분의 인터뷰와 논설문에 자주 등장한다. 지니고 있는 테크닉에 대한 내용, 문제를 해결하거나 성공하기 위해서 테크닉이 있어야 한다는 내용으로 출제된다. 아래 주요 표현을 익혀 보자.

예 谈话技巧 대화의 기술　|　叙事(xùshì)技巧 서사 기법
掌握(zhǎngwò)技巧 기술을 통달하다　|　讲究(jiǎngjiu)技巧 테크닉을 중시하다

手艺 shǒuyì

명 솜씨, 손재간
▸ 우리 할머니는 바느질 手艺가 매우 좋아서 못 만드시는 게 없어.

每个人都应有一门维持生计的手艺，不靠别人养活自己。

모든 사람은 생계를 유지할 솜씨가 있어, 다른 사람에게 의지해 살아가지 않아야 한다.

维持 wéichí 유지하다　|　生计 shēngjì 생계　|　靠 kào 기대다　|　养活 yǎnghuo 먹여 살리다

出息 chūxi

명 장래성, 발전성, 전도
▸ 난 자포자기하는 사람은 出息가 없다고 생각해.

人们都认为认真读书的孩子将来会有出息。

사람들은 열심히 공부하는 아이는 앞으로 장래성이 있다고 여긴다.

将来 jiānglái 장래

高超 gāochāo

형 출중하다, 뛰어나다, 특출하다
▶ 그는 연기력이 高超해서 여기저기서 러브콜이 끊이지 않는대.

教练高超的技术，令运动员们目瞪口呆。
코치의 출중한 기술은 운동선수들을 어안이 벙벙하게 만들었다.

教练 jiàoliàn 코치 | **技术** jìshù 기술 | **令** lìng ~하게 하다 | **目瞪口呆** mùdèngkǒudāi 어안이 벙벙하다

超越 chāoyuè

동 능가하다, 넘어서다, 추월하다
▶ '청출어람'이라더니 스승의 실력을 超越하는 제자로구나!

后人之所以能超越前人，是因为站在了前人的肩膀上。
후대 사람들이 선인을 능가할 수 있는 것은 선인의 어깨 위에 서 있기 때문이다(선인이 이룬 업적을 바탕으로 시작하기 때문이다).

后人 hòurén 후세 사람 | **之所以A, 是因为B** zhīsuǒyǐ A, shì yīnwèi B A한 까닭은, B 때문이다 | **前人** qiánrén 선인 | **肩膀** jiānbǎng 어깨

卓越 zhuóyuè

형 탁월하다, 출중하다
▶ 그녀는 경영 방면에 卓越한 재능을 가졌어.

牛顿为人类的发展做出了卓越的贡献。
뉴턴은 인류의 발전을 위해 탁월한 공헌을 했다.

牛顿 Niúdùn 뉴턴 | **人类** rénlèi 인류 | **发展** fāzhǎn 발전하다 | **贡献** gòngxiàn 공헌하다
유의 **杰出** jiéchū 걸출하다, 출중하다

优越 yōuyuè

형 우월하다, 우량하다, 우수하다
▶ 优越한 유전자는 죄다 누나한테 갔는지, 누나는 공부도 잘해.

优越的家庭环境，造就了他骄傲自满的个性。
우월한 가정환경이 그의 거만한 성격을 만들었다.

家庭 jiātíng 가정 | **造就** zàojiù 만들어 내다 | **骄傲自满** jiāo'ào zìmǎn 교만하고 자만하다 | **个性** gèxìng 개성

跳跃 tiàoyuè

동 도약하다, 뛰어오르다
▶ 그는 피나는 연습 끝에 실력이 한 단계 跳跃했어.

这项运动要求运动员有极好的跳跃性。
이 운동은 선수에게 뛰어난 점프 실력을 요한다.

项 xiàng 항목(운동 종목을 세는 양사) | 性 xìng 성질

发扬 fāyáng

동 드높이다, 더욱더 발전시키다
▶ 그녀는 프로젝트를 성공시켜 스스로의 가치를 发扬했다.

发扬尊老爱幼的优良传统，是每个人都应该做的事。
어른을 공경하고 아이를 사랑하는 우수한 전통을 드높이는 것은 모든 사람이 마땅히 해야 하는 일이다.

尊老爱幼 zūnlǎo àiyòu 연장자를 존중하고 어린이를 사랑하다 | 优良 yōuliáng 아주 좋다 | 传统 chuántǒng 전통

丧失 sàngshī

동 잃어버리다, 상실하다
▶ 그는 당시 사업 실패로 모든 의욕을 丧失했다.

任何情况下都不要为感情丧失理智。
어떤 상황에서도 감정 때문에 이성을 잃어서는 안 된다.

任何 rènhé 어떠한 | 情况 qíngkuàng 상황 | 感情 gǎnqíng 감정 | 理智 lǐzhì 이성과 지혜
유의 丢失 diūshī 잃어버리다

模范 mófàn

명 모범 형 모범적인, 모범이 되는
▶ 그녀는 각 방면에 재주가 많아 늘 타인의 模范이 돼.

他对工作一向兢兢业业，因此今年被评选为模范员工。
그는 업무에 대해 항상 근면 성실해서, 올해 모범 직원으로 선정되었다.

一向 yíxiàng 줄곧 | 兢兢业业 jīngjīngyèyè 근면하고 성실하게 업무에 임하다 |
因此 yīncǐ 이로 인하여 | 评选 píngxuǎn 선정하다 | 员工 yuángōng 직원
유의 榜样 bǎngyàng 본보기, 모범

优异 yōuyì

형 특출하다
▶ 그는 지난번 시험에서 优异한 성적을 거두어 전교 1등을 했어.

取得优异的成绩是每个在校学生所追求的。
특출한 성적을 얻는 것은 모든 재학생이 추구하는 바이다.

取得 qǔdé 얻다 | **所** suǒ ~하는 바 | **追求** zhuīqiú 추구하다
유의 **优秀** yōuxiù 우수하다

荣誉 róngyù

명 영예, 명예
▶ 그는 뛰어난 글솜씨로 신춘문예에 당선되는 荣誉를 차지했어.

自古以来，集体的荣誉就不是个人所有的。
예전부터 집단의 영예는 개인의 것이 아니었다.

自古以来 zìgǔ yǐlái 예전부터 | **集体** jítǐ 집단 | **个人** gèrén 개인 | **所有** suǒyǒu 가지다
유의 **名誉** míngyù 명예

名誉 míngyù

명 명예 형 명예의, 명의상의
▶ 회사를 성공적으로 이끈 그는 은퇴와 동시에 名誉 회장이 됐어.

良好名誉会让你获得更多尊重。
훌륭한 명예는 당신이 더 많은 존경을 받게 할 것이다.

良好 liánghǎo 훌륭하다 | **获得** huòdé 획득하다 | **尊重** zūnzhòng 존중하다
유의 **荣誉** róngyù 명예, 영예 / **声誉** shēngyù 명예, 명성

信誉 xìnyù

명 평판, 신용, 위신, 명성
▶ 그녀는 실수를 자주 해서 회사 내에서 信誉가 별로 좋지 못해.

不要因个人的不当行为，毁了企业的信誉。
개인의 부적절한 행동으로 회사의 평판을 훼손해서는 안 된다.

因 yīn ~으로 인하여 | **不当** búdàng 적절하지 않다 | **行为** xíngwéi 행동 | **毁** huǐ 훼손하다 |
企业 qǐyè 기업
유의 **信用** xìnyòng 신용

光荣 guāngróng

형 영광스럽다, 영예롭다　**명** 영광, 영예
▶ 제가 대상을 탈 수 있어서 光荣입니다.

我为我国的航天科技发展而感到无比光荣。
나는 우리나라의 우주 기술 발전에 무한한 영광을 느낀다.

为A而B wèi A ér B A로 인해 B하다　|　航天 hángtiān 우주 비행과 관련 있는　|　科技 kējì 과학 기술
|　发展 fāzhǎn 발전하다　|　无比 wúbǐ 더 비할 바가 없다
유의 光彩 guāngcǎi 영광스럽다, 체면이 서다

威风 wēifēng

형 위엄이 있다, 당당하다　**명** 위풍, 위엄
▶ 회장님은 말투가 威风하셔서 매우 신뢰가 가.

我并不认为打架斗殴是一件威风的事。
나는 결코 치고받고 싸우는 것이 위엄 있는 일이라고 생각하지 않는다.

并 bìng 결코　|　打架 dǎjià (때리며) 싸우다　|　斗殴 dòu'ōu 치고받고 싸우다

声势 shēngshì

명 위엄과 기세, 명성과 위세
▶ 동점 골을 터뜨리자 声势가 오른 대표팀은 역전에 성공했다.

这是一场声势浩大的商业竞争，结果无人能预测。
이는 기세가 엄청난 비즈니스 경쟁으로, 결과는 누구도 예측할 수 없다.

场 cháng 회(사물의 발생·자연 현상·행위의 과정을 세는 양사)　|　声势浩大 shēngshì hàodà 명성과
위세가 드높다　|　商业 shāngyè 비즈니스　|　竞争 jìngzhēng 경쟁하다　|　结果 jiéguǒ 결과　|
无人 wúrén 사람이 없다　|　预测 yùcè 예측하다

气概 qìgài

명 기개
▶ 그는 어떤 상황에도 옳다고 생각하는 일에는 주장을 굽히지
　않는 气概를 가졌어.

我们急需一个有英雄气概的人站出来，为人民说话。
우리는 국민을 대변하여 나설 수 있는 영웅적 기개를 갖춘 사람이 절실히 필요하다.

急需 jíxū 절박하게 필요로 하다　|　人民 rénmín 국민
유의 气势 qìshì 기세 / 气魄 qìpò 기백, 패기

君子 jūnzǐ

명 군자, 학식과 덕망이 높은 사람
▶ 그는 궁지에 몰려도 좀처럼 화를 내지 않는 성인君子야.

君子和小人之间的界线有时很难划分。
군자와 소인 사이의 경계는 때때로 구분하기 어렵다.

小人 xiǎorén 소인 | **界线** jièxiàn 경계 | **有时** yǒushí 어떤 때, 때로 | **划分** huàfēn 구분하다

模样 múyàng

명 (-儿) 모습, 모양　명 상황, 정황　명 대략, 대강
▶ 아이가 애교 부리는 模样이 아주 귀엽고 깜찍하지 않니?

弟弟获得冠军时兴奋的**模样**，让我永生难忘。
남동생이 우승을 했을 때 흥분한 모습은 내가 평생 잊을 수 없다.

获得 huòdé 얻다 | **冠军** guànjūn 우승 | **兴奋** xīngfèn 흥분하다 | **永生** yǒngshēng 평생 |
难忘 nánwàng 잊을 수 없다

面貌 miànmào

명 모습, 면모, 상태　명 용모, 생김새
▶ 한층 새로워진 面貌로 다시 만날 수 있기를 기대합니다.

以怎样的**面貌**迎接新挑战是我们的当务之急。
어떤 모습으로 새로운 도전을 맞이해야 하는지가 우리의 당면 과제이다.

以 yǐ ~으로 | **迎接** yíngjiē 맞이하다 | **挑战** tiǎozhàn 도전 | **当务之急** dāngwùzhījí 당장 급히
처리해야 하는 일　유의 **容貌** róngmào 용모, 생김새

출제 포인트　비유적 의미로도 자주 쓰이는 **面貌**

面貌는 '얼굴의 모습'을 뜻하는 명사인데, 비유적인 의미로 '어떤 사물의 겉모습이나 상태'를 뜻하는 말
로 더 자주 출제된다. 특히 듣기 1부분에 자주 출제되므로 잘 알아 두자.

예 **城市面貌** 도시의 모습 | **精神**(jīngshén)**面貌** 정신 상태
中国的面貌发生了巨大(jùdà)**变化。** 중국의 모습에 큰 변화가 일어났다.

容貌 róngmào

명 용모, 생김새
▶ 내 동생은 容貌가 예쁘고 사랑스러워서 보는 사람마다 감탄해.

即使有姣好的**容貌**，也不一定会被所有人喜欢。
설령 아름다운 용모가 있다 해도, 반드시 모든 사람의 사랑을 받는 것은 아니다.

即使A，也B jíshǐ A, yě B 설령 A하더라도, B하다 | **姣好** jiāohǎo 아름답다 | **所有** suǒyǒu 모든
유의 **面貌** miànmào 용모, 생김새

外表 wàibiǎo

명 외모, 외관, 겉모습　**명** 겉, 표면
▶ 外表만 치장하지만 말고 내면도 좀 가꿔.

很多时候，一个人的外表是决定他成功与否的前提条件。
한 사람의 외모는 그의 성공 여부를 결정하는 전제 조건일 때가 많다.

成功 chénggōng 성공하다 | **与否** yǔfǒu 여부 | **前提** qiántí 전제 | **条件** tiáojiàn 조건

姿态 zītài

명 자태, 모습, 자세　**명** 태도, 기개
▶ 무용수들이 한복을 입은 姿态가 멋지다.

舞蹈演员们尽情地舞动身体，好像姿态万千的花朵。
무용수들이 마음껏 몸을 움직이고 있는데, 마치 자태가 다양한 꽃 같다.

舞蹈演员 wǔdǎo yǎnyuán 무용수 | **尽情** jìnqíng 하고 싶은 바를 다하여 | **舞动** wǔdòng 흔들리다 | **好像** hǎoxiàng 마치 ～과 같다 | **万千** wànqiān 다양하다 | **花朵** huāduǒ 꽃

유의어 비교	姿态 vs 姿势

두 어휘는 '자세, 모양, 모습'이라는 뜻을 가지고 있지만, 의미 범위에 차이가 있다.

姿态 zītài　태도나 기품, 내면적인 모습 등을 가리키며, 추상적인 의미를 지님
예 **姿态优美**(yōuměi) 자태가 아름답다 | **积极的姿态** 의욕적인 자세

姿势 zīshì　신체의 외적인 모습만을 가리킴
예 **姿势优美** 자태가 아름답다 | **姿势端正**(duānzhèng) 자세가 바르다

眼神 yǎnshén

명 눈빛, 눈매
▶ 학생들을 바라보는 선생님의 眼神이 따스한 봄날 같이 온화하다.

任何人都抵不住他那锐利的眼神。
누구도 그의 그 예리한 눈빛을 당해 내지 못한다.

任何 rènhé 어떠한 | **抵不住** dǐ bu zhù 막을 수 없다 | **锐利** ruìlì 예리하다

眼色 yǎnsè

명 눈치　**명** 윙크, 눈짓
▶ 막내는 부모님 眼色를 잘 살펴서 꾸중을 듣는 일이 거의 없어.

由于生活所迫，他从小就比同龄的孩子会看眼色。
생활고로 인해, 그는 어렸을 때부터 또래 아이들보다 눈치를 잘 봤다.

由于 yóuyú ～ 때문에 | **生活** shēnghuó 생활 | **所** suǒ 동사 앞에 쓰여 동사를 명사로 만듦 | **迫** pò 핍박하다 | **从小** cóngxiǎo 어린 시절부터 | **同龄** tónglíng 동년배의

皱纹 zhòuwén

명 주름(살)
▶ 나이가 드니 얼굴에 皱纹이 점점 늘어 가.

我看着母亲眼角的皱纹，不禁流下了眼泪。
나는 어머니 눈가의 주름을 보다가, 참지 못하고 눈물을 흘렸다.

母亲 mǔqīn 어머니 | **眼角** yǎnjiǎo 눈가 | **不禁** bùjīn 참지 못하고 | **流下** liúxià 흘러내리다 | **眼泪** yǎnlèi 눈물

苍白 cāngbái

형 창백하다, 생기가 없다
▶ 그의 피부가 너무 苍白해서 어디 아픈 줄 알았어.

病人刚送进医院时，脸色苍白，看起来十分痛苦。
환자가 막 병원에 이송되었을 때, 안색이 창백했고 매우 고통스러워 보였다.

病人 bìngrén 환자 | **脸色** liǎnsè 안색 | **看起来** kàn qǐlai ~해 보이다 | **十分** shífēn 매우 | **痛苦** tòngkǔ 고통스럽다

纯洁 chúnjié

형 맑다, 티 없이 깨끗하다　**동** 순결하게 하다, 정화하다
▶ 친구는 마치 어린아이처럼 纯洁한 얼굴을 가지고 있어.

大家都说妹妹是个纯洁可爱的孩子。
모두들 여동생을 티 없이 맑고 귀여운 아이라고 말한다.

柔和 róuhé

형 부드럽다, 온화하다, 강렬하지 않다
▶ 그녀는 노래하는 목소리가 벨벳 같이 柔和해.

他拍出的照片大多光线柔和，这是他最大的特点。
그가 찍은 사진은 대부분 빛이 부드러운데, 이것이 그의 가장 큰 특징이다.

拍 pāi (사진을) 찍다 | **大多** dàduō 대부분 | **光线** guāngxiàn 빛 | **特点** tèdiǎn 특징

平庸 píngyōng

형 평범하다, 보통이다, 그저 그렇다
▶ 남들과 다를 바 없이 平庸하다고 해서 가치가 없는 것은 아니야.

平庸并不代表庸俗，它在某种程度上也是一种优势。
평범함은 결코 저속함을 뜻하지 않으며, 어느 정도는 일종의 장점이기도 하다.

并 bìng 결코 | **代表** dàibiǎo 나타내다 | **庸俗** yōngsú 저속하다 | **某** mǒu 어느 | **程度** chéngdù 정도 | **优势** yōushì 우세　**유의** 平凡 píngfán 평범하다

丰满 fēngmǎn

형 풍만하다　형 충분하다, 가득하다　형 (깃털이) 촘촘하다

▶ 양귀비는 몸매가 丰满한 고대 미인의 상징이지.

在某些时期，丰满的身材曾经很受欢迎。

어떤 시기에는 풍만한 체형이 매우 인기 있었다.

身材 shēncái 체격, 몸매 | 曾经 céngjīng 일찍이, 이전에

审美 shěnměi

동 아름다움을 평가하다, 이해하다

▶ 사람의 외모를 보고 审美하는 기준은 이미 많이 서구화됐어.

众所周知，中西方的审美观存在着巨大差异。

모두 알다시피 중국과 서양의 심미관에는 큰 차이가 존재하고 있다.

众所周知 zhòngsuǒzhōuzhī 모두가 알고 있듯이 | 审美观 shěnměiguān 심미관 | 存在 cúnzài 존재하다 | 巨大 jùdà 아주 크다 | 差异 chāyì 차이

> **출제 포인트**　审美의 빈출 짝꿍 표현
>
> 审美는 듣기와 독해 3부분 예술 관련 지문에 자주 출제되며, 审美观, 审美标准처럼 확장된 형태로 많이 출제된다. 审美는 미를 평가하고 이해함을 나타내는 동사이지만, 다른 어휘들과 결합하여 '심미'라고 해석되므로, 함께 알아 두자.
>
> 예　审美观 심미관(아름다움을 보는 관점) | 审美标准 아름다움의 기준
> 适合……的审美观 ~의 심미관에 부합하다 |
> 反映(fǎnyìng)……的审美观 ~의 심미관을 반영하다

响亮 xiǎngliàng

형 (소리가) 우렁차다, 크고 맑다, 낭랑하다

▶ 그 친구는 목소리가 아주 响亮해서 교실이 쩌렁쩌렁 울려.

那位歌手的声音响亮，非常适合唱这首歌。

그 가수의 목소리가 우렁차서, 이 노래를 부르기에 아주 적합하다.

歌手 gēshǒu 가수 | 适合 shìhé 적합하다 | 首 shǒu 수(시·노래 등을 세는 양사)

打量 dǎliang

동 (복장·외모를) 훑어보다, 관찰하다　동 짐작하다

▶ 나는 그의 얼굴을 기억하기 위해 곁눈질로 그를 打量했어.

对初次见面的人，上下打量是一件不礼貌的事。

처음 만나는 사람을 위아래로 훑어보는 것은 예의 없는 행동이다.

初次 chūcì 처음 | 礼貌 lǐmào 예의 바르다

深沉 shēnchén

형 신중하다, 내색하지 않다   형 (목소리가) 낮고 묵직하다
형 (정도가) 깊다, 심하다

▶ 그의 눈빛은 조심스럽고 深沉해서 사람들에게 신뢰감을 준다.

他深沉的个性给调查人员留下了非常深刻的印象。

그의 신중한 특성은 조사원에게 매우 깊은 인상을 남겼다.

个性 gèxìng 개성 | 调查人员 diàochá rényuán 조사원 | 留下 liúxià 남기다 | 深刻 shēnkè (인상이) 깊다 | 印象 yìnxiàng 인상

学位 xuéwèi

명 학위

▶ 언니는 박사 学位를 취득하기 위해 밤낮으로 졸업 논문에 매달렸어.

"学位"也许可以用金钱换来，但"品味"却很难。

'학위'는 어쩌면 돈으로 바꿀 수 있을지 모르지만, '품위'는 어렵다.

也许 yěxǔ 어쩌면 | 金钱 jīnqián 돈 | 品味 pǐnwèi (물건의) 질과 풍미 | 却 què 오히려

보충단어
WEB 단어장

★보충단어   아래 단어들의 예문은 WEB 단어장에서 확인할 수 있어요.

伶俐 línglì 형 영리하다, (말주변이) 뛰어나다	气魄 qìpò 명 기백, 패기
愚昧 yúmèi 형 우매하다, 어리석고 사리에 어둡다	绅士 shēnshì 명 신사, 젠틀맨
愚蠢 yúchǔn 형 어리석다, 멍청하다	胡须 húxū 명 수염
无知 wúzhī 형 무지하다, 사리에 어둡다	辫子 biànzi 명 땋은 머리, 변발 / 명 결점, 약점
施展 shīzhǎn 동 발휘하다, 펼치다	乌黑 wūhēi 형 새까맣다, 칠흑 같다
尊严 zūnyán 명 존엄(성) 형 존엄하다	性感 xìnggǎn 형 섹시하다, 야하다

发挥潜力	fāhuī qiánlì	잠재력을 발휘하다
发扬光大	fāyáng guāngdà	크게 발전시키다
超越梦想	chāoyuè mèngxiǎng	꿈을 넘어서다
机智过人	jīzhì guòrén	기지가 남다르다
气概非凡	qìgài fēifán	기개가 비범하다
目光敏锐	mùguāng mǐnruì	눈빛이 날카롭다
思维敏捷	sīwéi mǐnjié	생각이 빠르다
反应灵敏	fǎnyìng língmǐn	반응이 빠르다
决策英明	juécè yīngmíng	결정이 현명하다
技术高明	jìshù gāomíng	기술이 뛰어나다
口齿伶俐	kǒuchǐ línglì	말솜씨가 유창하다
擅长烹饪	shàncháng pēngrèn	요리에 뛰어나다
审美眼光	shěnměi yǎnguāng	심미안
丧失信心	sàngshī xìnxīn	자신감을 상실하다
灭威风	miè wēifēng	위세를 꺾다
人工智能	réngōng zhìnéng	인공지능

데일리 테스트

고생하셨어요!
QR코드를 스캔하면 DAY01~DAY30 전체 데일리 테스트 PDF가
다운로드됩니다.

DAY

09

신중모드 ON

#태도 #성격

HSK 6급 30일 합격 프로젝트

★ HSK 시험에 이렇게 나와요.

인물의 태도와 성격에 관한 어휘들이 듣기 3부분과 독해4부분의 논설문이나 듣기와 쓰기 영역의 인물 묘사에서 주로 출제됩니다. 추상적인 것이 많고, 의미와 활용을 이해하기 어렵거나 유의어가 많으므로, 예문으로 정확히 익히는 것이 중요합니다.

음원 듣기

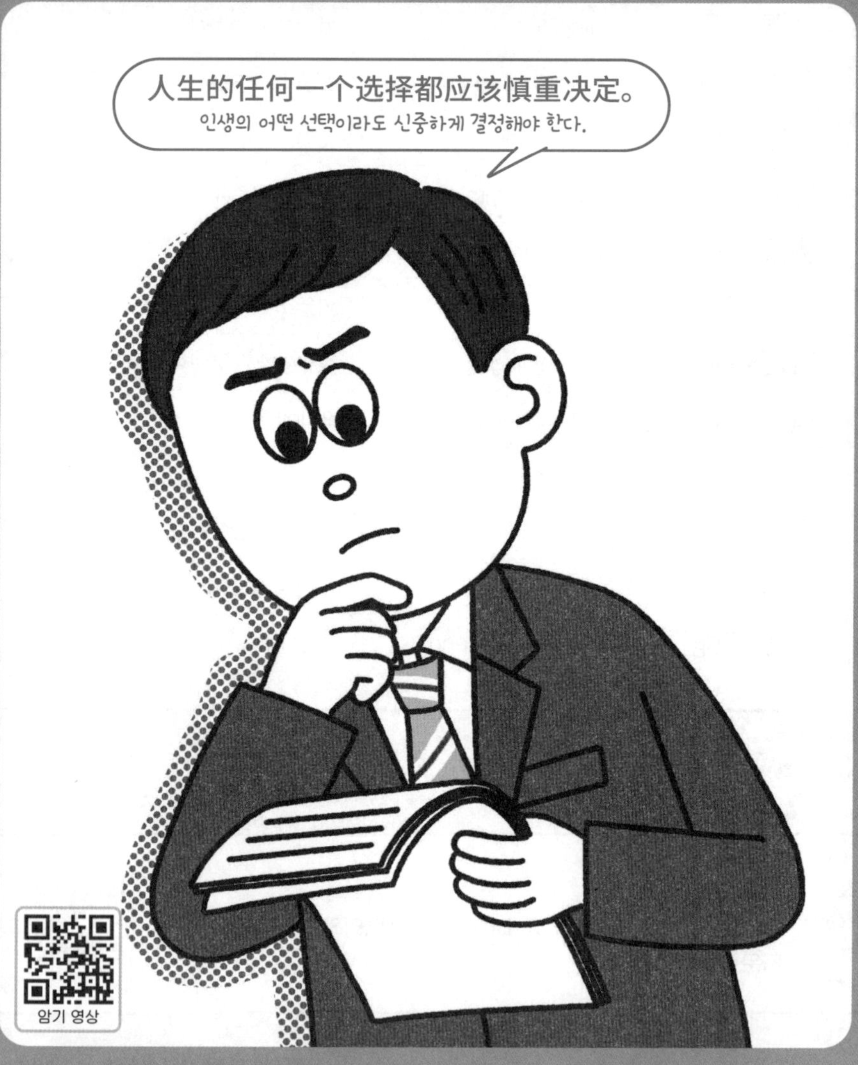

암기 영상

神态 shéntài

명 태도, 표정, 몸가짐
▶ 그 아이는 말하는 神态가 나이에 어울리지 않게 의젓해.

看到教授进来，学生们神态慌张地回到自己的座位上。
교수님이 들어오는 것을 보고, 학생들이 당황한 모습으로 자신의 자리로 돌아갔다.

教授 jiàoshòu 교수 | 慌张 huāngzhāng 당황하다 | 座位 zuòwèi 좌석
유의 神色 shénsè 표정, 안색

风度 fēngdù

명 품격, 품위, 매너
▶ 风度가 사람을 만든다.

几乎每个女孩儿心目中的"男神"都是风度翩翩的。
거의 모든 여자아이들의 마음속 '킹카'는 태도에 품위가 있다.

心目 xīnmù 마음속 | 男神 nánshén 잘생긴 남자 | 风度翩翩 fēngdùpiānpiān 풍모가 세련되다

体面 tǐmiàn

명 겉치레, 체면   형 아름답다, 근사하다
▶ 진심은 없이 그저 体面으로만 하는 인사는 별로야.

有些人只顾着外在的体面，却忘了充实内在。
어떤 사람들은 외적인 겉치레만 신경 쓰고, 오히려 내면에 충실해야 하는 것을 잊는다.

只顾 zhǐgù 오직 ~만 생각하다 | 外在 wàizài 외적인 | 却 què 오히려 | 充实 chōngshí 충실하다
| 内在 nèizài 내재적인

威信 wēixìn

명 위신, 신망, 권위, 체면
▶ 연이은 실패로 그의 威信은 이미 땅에 떨어졌어.

领导者想要树立威信，就应该以身作则。
리더가 위신을 세우려면 반드시 솔선수범해야 한다.

领导者 lǐngdǎozhě 리더 | 树立 shùlì 세우다 | 以身作则 yǐshēnzuòzé 솔선수범하다

气质 qìzhì

명 기질, 소질
▶ 물건을 잘 파는 걸 보니 장사꾼의 气质가 있구나!

他气质非凡，具有艺术家的风范。
그는 기질이 비범하며 예술가적 품격을 지니고 있다.

非凡 fēifán 비범하다 | 具有 jùyǒu 지니다 | 艺术家 yìshùjiā 예술가 | 风范 fēngfàn 품격

素质 sùzhì

명 (심리학적·선천적으로 가진) 소질　명 소양, 교양
▶ 우리 조카는 그림에 굉장한 素质가 있다.

良好的心理素质要从小开始培养。
올바른 심리 소질은 어려서부터 기르기 시작해야 한다.

良好 liánghǎo 훌륭하다 ｜ 心理 xīnlǐ 심리 ｜ 从小 cóngxiǎo 어린 시절부터 ｜ 培养 péiyǎng 기르다
유의 本质 běnzhì 본질 / 素养 sùyǎng 소양

教养 jiàoyǎng

명 교양　동 가르쳐 키우다
▶ 사람들 앞에서 教养 없이 행동하지 좀 마.

一个人的教养体现在生活中的方方面面。
한 사람의 교양은 생활 속 곳곳에서 드러난다.

体现 tǐxiàn 구체적으로 드러내다 ｜ 生活 shēnghuó 생활 ｜ 方方面面 fāngfāng miànmiàn
모든 방면
유의 修养 xiūyǎng 교양

修养 xiūyǎng

명 소양, 교양
▶ 퇴계 이황 선생은 학자적인 修养을 갖춘 분이셔.

在公共场合大呼小叫是缺乏道德修养的行为。
공공장소에서 큰소리로 소란 떠는 것은 도덕적 소양이 부족한 행동이다.

场合 chǎnghé (특정한) 장소 ｜ 大呼小叫 dàhū xiǎojiào 야단법석을 떨다 ｜ 缺乏 quēfá 결여되다
｜ 道德 dàodé 도덕적이다 ｜ 行为 xíngwéi 행동
유의 教养 jiàoyǎng 교양 / 素养 sùyǎng 소양

유의어 비교　**修养** vs **教养**

두 단어는 '교양'과 '소양'을 가리키지만, 나타내는 의미에 차이가 있다. 또한 修养은 명사여서 목적어를
가질 수 없다는 점도 잘 기억하자.

修养 xiūyǎng　이론·지식·예술·사상 등의 일정한 수준, 또는 올바르게 사람을 대하는 태도를 가리킴
예 艺术修养 예술 소양 (○) ｜ 文学(wénxué)修养 문학 소양 (○) ｜
家庭(jiātíng)修养 (×)

教养 jiàoyǎng　가르쳐 키워내는 것을 의미하며, 보통 문화나 성품 방면의 수양을 가리킴
예 家庭教养 가정 교육 (○) ｜ 教养子女 자녀를 교육하다 (○) ｜
艺术教养 (×)

品德 pǐndé

명 성품, 인품과 덕성
▶ 모두가 그녀의 근면 성실한 品德를 칭송한다.

中国历史上有很多品德高尚的伟大人物。
중국은 역사적으로 성품이 고상한 위대한 인물이 많았다.

高尚 gāoshàng 고상하다 | **伟大** wěidà 위대하다 | **人物** rénwù 인물
유의 **品质** pǐnzhì 품성, 인품

品质 pǐnzhì

명 품성, 인품 명 품질
▶ 그는 品质가 온화하고 겸손해서 안 좋아하는 사람이 없어.

国民的道德品质离不开教育。
국민의 도덕적 품성은 교육과 떼놓을 수 없다.

国民 guómín 국민 | **离不开** lí bu kāi 벗어날 수 없다 | **教育** jiàoyù 교육
유의 **品行** pǐnxíng 품행 / **品德** pǐndé 성품, 인품과 덕성

출제 포인트 사람과 사물에 모두 쓰이는 **品质**

듣기 2부분과 3부분에서는 사람의 태도나 제품의 품질 관련 설명문 및 논설문이 자주 출제된다. 品质는 사람의 행위·태도 등에서 나오는 사상·인식·품성 등과 물건의 질을 모두 뜻하여, 사람과 사물에 모두 쓰인다.

예 **高品质的生活** 고품격 라이프 | **医生的高尚**(gāoshàng)**品质** 의사의 고상한 품성
商品的品质 상품의 품질 | **品质特征** 품질 특성

人格 réngé

명 인격, 품격
▶ 모든 사람의 人格는 마땅히 존중받아야 해.

任何人都不可以轻易侮辱他人的人格。
누구도 함부로 타인의 인격을 모욕해서는 안 된다.

任何 rènhé 어떠한 | **轻易** qīngyì 함부로 하다 | **侮辱** wǔrǔ 모욕하다 | **他人** tārén 다른 사람, 타인

人性 rénxìng

명 인성, 인간의 본성
▶ 맹자는 인간의 人性은 선하다는 '성선설'을 주장했어.

面对灾难，各国互相帮助，这体现出了人性的善良。
재난에 직면했을 때, 각국에서 서로 도와주는 것은, 인간 본성의 선량함을 드러내는 것이다.

面对 miànduì 직면하다 | **灾难** zāinàn 재난 | **各国** gèguó 각국 | **互相** hùxiāng 서로 | **善良** shànliáng 선량하다

外向 wàixiàng

형 (성격이) 외향적이다 형 대외지향적인, 외국 시장을 겨냥한
▶ 성격이 外向한 사람들은 다른 사람들과 어울리는 것을 좋아해.

很多人认为性格外向就是乐观，其实是不对的。
많은 사람들이 성격이 외향적이면 곧 낙천적이라 생각하지만, 사실은 그렇지 않다.

性格 xìnggé 성격 | **乐观** lèguān 낙관적이다　반의　**内向** nèixiàng 내향적이다

开朗 kāilǎng

형 쾌활하다, 명랑하다
▶ 동생은 성격이 무척 开朗해서 우울해한 적이 거의 없어.

人们都喜欢与性格开朗的人交朋友。
사람들은 모두 성격이 쾌활한 사람과 친구가 되는 것을 좋아한다.

交朋友 jiāo péngyou 친구를 사귀다

活力 huólì

명 활력, 생기, 활기
▶ 그 친구는 항상 活力가 넘쳐서 함께 있으면 나도 힘이 나.

赛场上，选手们个个都摩拳擦掌充满了活力。
경기장에서 선수들이 각각 두 주먹을 불끈 쥐며 활력이 넘쳤다.

选手 xuǎnshǒu 선수 | **摩拳擦掌** móquáncāzhǎng 두 주먹을 불끈 쥐다 | **充满** chōngmǎn 넘치다

乐意 lèyì

동 기꺼이 ~하다
▶ 어떤 어려움이 닥쳐도 나는 너를 乐意 도울 거야.

无论自己多忙，爸爸总是乐意帮助别人。
본인이 아무리 바빠도, 아버지는 항상 기꺼이 다른 사람을 도와주신다.

无论 wúlùn ～을 막론하고

和蔼 hé'ǎi

형 상냥하다, 부드럽다
▶ 그녀는 늘 和蔼하고 친절해서 사람들과 쉽게 친해져.

奶奶和蔼的样子让我感到温暖。
할머니의 상냥한 모습에 나는 따뜻함을 느낀다.

样子 yàngzi 모습 | **温暖** wēnnuǎn 따뜻하다　반의　**凶恶** xiōng'è 흉악하다

温和 wēnhé

- 형 (성격·태도·언행 등이) 부드럽다, 온화하다
- 형 (기후가) 따뜻하다
▶ 어머니는 마음씨가 비단결처럼 곱고 温和해.

姐姐说话的语气十分温和。
언니가 말을 하는 어투가 매우 부드럽다.

语气 yǔqì 어투, 말투 | 十分 shífēn 매우
반의 暴烈 bàoliè 흉포하다

文雅 wényǎ

- 형 우아하다, 품위가 있다
▶ 그분은 점잖고 文雅해서 생전 거친 말을 입에 담지 않아.

音乐老师举止文雅，是最受学生欢迎的老师。
음악 선생님은 행동이 우아해서, 학생들에게 가장 인기 있는 선생님이다.

举止 jǔzhǐ 행동거지 | 受欢迎 shòu huānyíng 환영받다
유의 高雅 gāoyǎ 우아하다, 고상하다
반의 粗俗 cūsú (말투·행동거지가) 거칠고 저속하다

慎重 shènzhòng

- 형 신중하다
▶ 한번 뱉은 말은 돌이킬 수 없으니 여러 번 생각해서 慎重하게 말해야 해.

人生的任何一个选择都应该慎重决定。
인생의 어떤 선택이라도 신중하게 결정해야 한다.

人生 rénshēng 인생 | 任何 rènhé 어떠한
유의 谨慎 jǐnshèn (언행이) 신중하다

镇定 zhèndìng

- 형 침착하다, 태연하다
▶ 그렇게 흥분하지 말고 镇定하게 차근차근 말해 봐.

交通事故发生后，他仍然很镇定，这十分难得。
교통사고 발생 후에도 그는 여전히 침착했는데, 이건 정말 어려운 일이다.

交通事故 jiāotōng shìgù 교통사고 | 发生 fāshēng 발생하다 |
仍然 réngrán 여전히 | 难得 nándé 하기 어렵다
유의 镇静 zhènjìng 냉정하다, 침착하다 / 沉着 chénzhuó 침착하다

从容 cóngróng

형 침착하다　형 (시간이나 돈이) 여유 있다, 넉넉하다
▶ 계획이 확실하면 문제가 생겨도 从容하게 해결할 수 있어.

战士们从容地走向战场，哪怕战争的结果是死亡。
설사 전쟁의 결과가 죽음일지라도, 전사들은 침착하게 전쟁터로 나간다.

战士 zhànshì 전사 | **战场** zhànchǎng 전쟁터 | **哪怕** nǎpà 설령 ～이라 해도 | **战争** zhànzhēng 전쟁 | **死亡** sǐwáng 사망

沉着 chénzhuó

형 침착하다
▶ 그는 큰일이 닥쳐도 늘 沉着하고 냉정하게 대처해.

小光沉着冷静的性格使他在同龄孩子中脱颖而出。
샤오광은 침착하고 냉정한 성격 때문에 또래 아이들 중에서 돋보인다.

冷静 lěngjìng 냉정하다 | **性格** xìnggé 성격 | **使** shǐ ～하게 하다 | **同龄** tónglíng 동년배의 | **脱颖而出** tuōyǐng'érchū 두각을 나타내다

유의 **镇定** zhèndìng 침착하다, 태연하다 / **镇静** zhènjìng 냉정하다, 침착하다

慈祥 cíxiáng

형 자상하다, 자애롭다
▶ 할머니는 아이들을 예뻐하셔서 언제나 慈祥한 미소로 대해 주셔.

每当看到爷爷慈祥地看着我时，我总是感到非常幸福。
할아버지가 자상하게 나를 바라보실 때마다, 나는 늘 매우 행복하다고 느낀다.

当……时 dāng …… shí ～할 때 | **幸福** xìngfú 행복하다

仁慈 réncí

형 인자하다
▶ 담임 선생님은 仁慈하고 자상하셔서 아이들이 엄마처럼 따라.

她是一位仁慈的老人，大家都很尊敬她。
그녀는 인자한 노인이셔서, 모두가 그녀를 존경한다.

尊敬 zūnjìng 존경하다

반의 **残忍** cánrěn 잔인하다, 악랄하다

贤惠 xiánhuì

형 (여자가) 어질다, 현명하다 [=贤慧]
▶ 신사임당은 贤惠한 어머니이자 아내의 대명사이다.

很多男人的梦想是娶一个贤惠的妻子。
많은 남성의 꿈은 현명한 아내와 결혼하는 것이다.

梦想 mèngxiǎng 꿈 | 娶 qǔ 아내를 얻다

宽容 kuānróng

형 너그럽다, 포용력이 있다
▶ 그는 죄인을 宽容하게 용서하고 증오에서 벗어났다.

对待子女，所有的父母都是宽容的。
자녀들을 대할 때, 모든 부모가 너그럽다.

对待 duìdài 대하다 | 子女 zǐnǚ 자녀 | 父母 fùmǔ 부모

高尚 gāoshàng

형 고상하다, 도덕적 수준이 높다, 품위 있다
▶ 그녀는 취향이 高尚해서 이런 저속한 소설을 좋아하지 않아.

并不是所有人都是高尚的，但至少不应该成为卑鄙的人。
결코 모든 사람이 고상하지 않다고는 하지만, 최소한 비열한 사람이 되지는 말아야 한다.

并 bìng 결코 | 所有 suǒyǒu 모든 | 至少 zhìshǎo 최소한 | 成为 chéngwéi ~이 되다 | 卑鄙 bēibǐ 비열하다

유의 崇高 chónggāo 숭고하다, 고상하다
반의 卑鄙 bēibǐ 비열하다

유의어 비교 高尚 vs 崇高

두 단어는 모두 '고상하다'라는 뜻이지만, 崇高는 가장 고상한 것을 나타내어, 의미의 중점이 달라 꾸며주는 대상이 다르므로 활용에 주의하자.

高尚 gāoshàng
사람의 도덕 수준이 높고, 가치 있고, 저속하지 않음. '고상하다'로 해석됨
예 高尚的娱乐 고상한 오락 | 道德(dàodé)高尚 덕이 높다 (○) |
高尚的敬意 (✕)

崇高 chónggāo
사물의 가치가 가장 높고 고상함. '숭고하다'로 해석됨
예 崇高的理想 숭고한 이상 | 崇高的敬意 숭고한 경의 (○) |
道德崇高 (✕)

人道 réndào

명 인간성　명 인간의 도리
▶ 난민들을 무작정 내쫓는 것은 人道가 없는 태도야.

精神上的迫害比肉体上的迫害更惨无人道。
정신적인 학대는 육체적인 학대보다 더욱 잔인하고 비인간적이다.

精神 jīngshén 정신　|　**迫害** pòhài 학대하다　|　**肉体** ròutǐ 육체　|　**惨无人道** cǎnwúréndào 극도로 흉악하고 잔인하다

壮烈 zhuàngliè

형 장렬하다
▶ 황산벌에서 壮烈하게 전사한 관창의 나이는 겨우 16세였어.

战士们为了保卫自己的祖国在战争中壮烈牺牲。
전사들은 자신의 조국을 지키기 위해 전쟁에서 장렬히 희생했다.

战士 zhànshì 전사　|　**保卫** bǎowèi 보위하다　|　**祖国** zǔguó 조국　|　**战争** zhànzhēng 전쟁　|　**牺牲** xīshēng 희생하다

果断 guǒduàn

형 결단력이 있다, 과감하다
▶ 결정을 내릴 땐 果断해야지, 우물쭈물하다가는 아무것도 못 해.

公司果断做出了产品下架的决定。
회사는 과감하게 상품 판매를 중단하기로 결정을 내렸다.

产品 chǎnpǐn 생산품　|　**下架** xiàjià 진열대에서 내리다

반의 **犹豫** yóuyù 망설이다

爽快 shuǎngkuai

형 시원시원하다, 솔직하다　형 상쾌하다, 유쾌하다
▶ 그 사람은 면접관이 난처한 질문을 하는데도 돌려 말하지 않고 爽快하게 대답했어.

这次的谈判进行得很顺利，对方也爽快地签字了。
이번 협상은 순조롭게 진행되었고, 상대방도 시원시원하게 서명을 했다.

谈判 tánpàn 협상하다　|　**进行** jìnxíng 진행하다　|　**顺利** shùnlì 순조롭다　|　**对方** duìfāng 상대방　|　**签字** qiānzì 서명하다

유의 **直爽** zhíshuǎng 솔직하다, 거리낌 없다, 시원시원하다

坦白 tǎnbái

동 솔직하게 말하다, 숨김없이 털어 놓다
형 솔직하다, 허심탄회하다
▶ 무슨 말을 해도 화내지 않을 테니까 나에게 坦白해 봐.

犯错误并不可怕，只要坦白，就可以得到原谅。
잘못을 범하는 것은 결코 무서운 일이 아니며, 솔직하게 말하기만 하면 용서받을 수 있다.

犯 fàn 범하다 | 错误 cuòwù 잘못 | 并 bìng 결코 | 可怕 kěpà 무섭다 | 只要A，就B zhǐyào A, jiù B A하기만 하면, B하다 | 得到 dédào 받다 | 原谅 yuánliàng 용서하다
유의 坦率 tǎnshuài 솔직하다, 정직하다

真挚 zhēnzhì

형 진실의, 참된, 마음에서 우러나는
▶ 그런 허울만 좋은 우정 말고 真挚한 우정을 나누고 싶어.

如果对别人真诚地称赞，那么对方会感到我们的真挚。
만약 다른 사람을 진심으로 칭찬한다면, 상대방도 우리의 진실함을 느낄 것이다.

真诚 zhēnchéng 진실하다 | 称赞 chēngzàn 칭찬하다

출제 포인트 ▶ 함께 쓰이는 단어에 따라 해석이 달라지는 真挚

真挚는 진실하고 진지한 감정을 나타내어, 독해 2부분과 4부분에서 감정과 태도에 관한 지문에 자주 출제된다. 함께 쓰이는 단어에 따라 우리말 해석이 다소 달라지므로, 자주 출제되는 표현으로 익히자.

예 真挚的眼神 진심 어린 눈빛 | 饱满真挚的情感 진실함이 가득한 감정
真挚的友谊 참된 우정 | 语气真挚 말투가 진실하다

诚挚 chéngzhì

형 진실하다
▶ 저를 지지해 주신 분들께 诚挚한 감사의 말씀을 전합니다.

当地的百姓为客人们送上了诚挚的祝福。
현지 주민들은 손님들에게 진심 어린 축복을 보냈다.

当地 dāngdì 현지 | 百姓 bǎixìng 평민 | 送上 sòngshàng 드리다 | 祝福 zhùfú 축복
유의 诚恳 chéngkěn 간절하다, 진실하다　반의 虚伪 xūwěi 거짓되다, 위선적이다

恳切 kěnqiè

형 간절하다　형 진지하다
▶ 나는 그의 恳切한 부탁을 차마 거절할 수가 없었어.

他恳切地望着对方，希望事情能有转机。
그는 상대방을 간절하게 바라보며, 일이 호전될 수 있기를 바라고 있다.

对方 duìfāng 상대방 | 转机 zhuǎnjī 호전의 조짐

执着 zhízhuó

형 고집스럽다, 완고하다
▶ 그는 항상 다른 사람의 의견을 듣지 않고, 执着하게 자신의 의견만 주장해.

当我们为一件事执着的同时，也要考虑是否值得这样做。
우리가 어떤 일을 고집함과 동시에, 이렇게 할 만한 가치가 있는지도 고려해 봐야 한다.

当 dāng 바로 그때 | 同时 tóngshí 동시에 | 考虑 kǎolǜ 고려하다 | 是否 shìfǒu ～인지 아닌지 | 值得 zhídé ～할 만한 가치가 있다

반의 灵活 línghuó 융통성 있다

출제 포인트 부정적·긍정적 의미로 모두 쓰이는 **执着**

执着는 자신의 주장이나 행동에 집착하고 고집하는 것을 말한다. 부정적이거나 긍정적인 뜻으로 모두 쓰일 수 있으며, 쓰기 영역에서 주인공의 행동을 묘사하는 말로 종종 출제된다.

예 执着于过去 과거에 집착하다 | 看到执着的自己 집착하는 자신을 보다
不要执着于生活的琐事(suǒshì) 생활의 소소한 일에 집착하지 마라

固执 gùzhi

형 고집스럽다, 완고하다
▶ 그는 자기 말만 맞다고 固执하게 우기는 벽창호야.

从小到大的习惯使得他固执地相信自己永远是对的。
어려서부터 어른이 되기까지의 습관으로 인해 그는 고집스럽게 자신이 언제나 옳다고 믿는다.

从小 cóngxiǎo 어린 시절부터 | 使得 shǐde (～로 하여금) ～하게 하다 | 永远 yǒngyuǎn 언제나, 영원히

유의 顽固 wángù 완고하다, 고집스럽다 / 倔强 juéjiàng 완강하다, 강하고 고집이 세다

坚韧 jiānrèn

형 단단하고 질기다　형 완강하다, 강인하다
▶ 이 가죽 가방은 坚韧하게 보이는 게 진짜 가죽으로 만든 것 같아.

他继承了父亲坚韧不拔的性格，和不服输的精神。
그는 아버지의 완강한 성격과, 굴복하지 않는 정신을 이어받았다.

继承 jìchéng 이어받다 | 父亲 fùqīn 아버지 | 坚韧不拔 jiānrènbùbá 의지가 매우 강인하여 흔들리지 않다 | 服输 fúshū 실패를 인정하다 | 精神 jīngshén 정신

端正 duānzhèng

형 (품행이) 올바르다, 단정하다
형 (기울지 않고) 똑바르다, 단정하다　동 바르게 하다
▶ 그는 품행이 端正해 모두의 귀감이 된다.

工作态度不端正会直接影响到工作的质量。
일하는 태도가 올바르지 않으면 업무의 질에 직접적으로 영향을 미칠 수 있다.

态度 tàidu 태도　|　**直接** zhíjiē 직접적인　|　**质量** zhìliàng 질

郑重 zhèngzhòng

형 정중하다
▶ 그는 예복을 차려 입고 현관에서 우리를 郑重하게 맞이했다.

对于公司的错误，我们已郑重向消费者道歉了。
회사의 잘못에 대해, 우리는 이미 정중하게 소비자들에게 사과했다.

对于 duìyú ~에 대해　|　**错误** cuòwù 잘못　|　**消费者** xiāofèizhě 소비자　|　**道歉** dàoqiàn 사과하다

恭敬 gōngjìng

형 공손하다, 예의가 바르다
▶ 어른을 공경하고 恭敬하게 대할 줄 알아야지.

小李恭敬地对大家行了一个礼，表示歉意。
샤오리는 공손하게 모두에게 인사를 하고, 미안함을 표했다.

行礼 xínglǐ 경례하다　|　**表示** biǎoshì 표시하다　|　**歉意** qiànyì 미안한 마음

礼节 lǐjié

명 예절
▶ 함부로 말하는 것을 보니 너 정말 礼节라고는 눈곱만큼도 없구나.

中国和韩国都是非常重视礼节的国家。
중국과 한국은 모두 예절을 매우 중시하는 국가이다.

重视 zhòngshì 중시하다

忠实 zhōngshí

형 충직하고 성실하다, 충실하다　형 진실하다
▶ 모든 동물 중에서도 개는 인간의 가장 忠实한 친구야.

她是这个乐队忠实的粉丝，几乎每场演唱会她都参加。
그녀는 이 밴드의 충직한 팬으로, 거의 매회 콘서트에 참석한다.

乐队 yuèduì 밴드　|　**粉丝** fěnsī (가수의) 팬　|　**场** chǎng 회, 차례(오락·체육 활동·시험 등의 횟수를 세는 양사)　|　**演唱会** yǎnchànghuì 콘서트

朴实 pǔshí

형 정직하다　형 소박하다, 수수하다
▶ 사람을 대할 때 그는 거짓이 없고 매우 朴实해.

这本小说中的人物有着朴实的性格。
이 소설 속의 인물은 정직한 성격을 가지고 있다.

小说 xiǎoshuō 소설 ｜ 人物 rénwù 인물 ｜ 性格 xìnggé 성격
유의 朴素 pǔsù 정직하다 / 소박하다　　반의 华丽 huálì 화려하다

朴素 pǔsù

형 (생활이) 검소하다, 알뜰하다　형 소박하다, 수수하다
형 정직하다
▶ 그는 자수성가하여 많은 돈을 벌었지만 아직도 朴素하게 살아.

艰苦朴素一直是老一辈人的优良传统。
생활이 검소하고 소박한 것은 줄곧 기성세대의 우수한 전통이었다.

艰苦朴素 jiānkǔ pǔsù 고난을 잘 견디며, 근검하고 소박하게 살다 ｜ 老一辈 lǎoyíbèi 구세대 ｜
优良 yōuliáng 아주 좋다 ｜ 传统 chuántǒng 전통
유의 朴实 pǔshí 소박하다, 수수하다 / 정직하다

출제 포인트　여러 의미로 출제되는 朴素

朴素는 스타일이 화려하지 않고 소박하거나, 생활이 사치스럽지 않거나, 말이나 감정이 거짓되지 않은
것을 나타낸다. 여러 의미로 듣기 영역에서 많이 출제되므로, 자주 출제된 표현을 익히고 넘어가자.
예 穿着(chuānzhuó)朴素 차림이 소박하다 ｜ 简单朴素的真理 가볍고 꾸밈없는 진리
生活朴素 생활이 검소하다 ｜ 朴素的感情 (꾸밈없이) 정직한 감정

勤俭 qínjiǎn

형 근검하다, 알뜰하다
▶ 게으름 피우거나 낭비하지 말고 항상 勤俭한 습관을 가져야 해.

我从小和爷爷奶奶一起生活，在他们身上我学会了勤俭。
나는 어려서부터 할아버지, 할머니와 함께 살았고, 그분들에게서 근검절약을 배웠다.

从小 cóngxiǎo 어린 시절부터 ｜ 生活 shēnghuó 살다

分寸 fēncun

명 (일이나 말의) 정도, 한도
▶ 친한 친구 사이라도 分寸이 있어야지, 선을 넘어서는 안 돼.

说话做事都要讲分寸，特别是在职场中。
말이나 행동을 할 때는 도를 지켜야 하는데, 직장에서는 특히 그렇다.

讲 jiǎng 중시하다 ｜ 职场 zhíchǎng 직장

虚荣 xūróng

명 허영, 헛된 영화
▶ 아이가 虚荣이 많아서 분수에 안 맞는 비싼 브랜드만 찾아.

虚荣心太强的人难以在社会上立足。
허영심이 너무 강한 사람은 사회에 자리 잡기 어렵다.

虚荣心 xūróngxīn 허영심 | **难以** nányǐ ~하기 어렵다 | **社会** shèhuì 사회 | **立足** lìzú 발붙이고 살다

虚伪 xūwěi

형 위선의, 거짓의
▶ 그 사람은 겉으로만 착한 척하는 虚伪한 사람이야.

如今，**虚伪**的人越来越多了，人们习惯了戴着面具生活。
오늘날, 위선적인 사람이 갈수록 많아져, 사람들은 가면을 쓰고 살아가는 게 습관이 되었다.

如今 rújīn 오늘날 | **面具** miànjù 가면 | **生活** shēnghuó 살다
반의 **真挚** zhēnzhì 진실의, 마음에서 우러나는, 참된

> **유의어 비교** 虚伪 vs 虚假
>
> 虚伪와 虚假는 공통적으로 '거짓의'라는 뜻을 가지고 있는데, 虚伪는 주로 사람이 진실되지 못함을 형용하고, 虚假는 사람·사건·사물 등이 실제와 부합하지 않음을 형용한다. 그 차이를 잘 알아 두자.
>
> 예 她这个人太虚伪/虚假。 그녀는 너무 위선적/가식적이야.
>
> 虚假事实 허위 사실 (○) | 虚伪事实 (×)

自满 zìmǎn

형 자만하다
▶ 그 아이는 조금만 칭찬받으면 금방 自满하고 공부를 안 해.

无论我们多么成功也不可以骄傲**自满**。
우리가 얼마나 성공하든지 간에 교만하고 자만해서는 안 된다.

无论A也B wúlùn A yě B A하든지 간에 B하다 | **成功** chénggōng 성공하다 | **骄傲自满** jiāo'ào zìmǎn 교만하고 자만하다 유의 **骄傲** jiāo'ào 오만하다, 거만하다 반의 **谦虚** qiānxū 겸손하다

吝啬 lìnsè

형 인색하다, 쩨쩨하다
▶ 그 친구는 돈 쓰는 데에 지독하게 吝啬해서 별명이 짠돌이야.

节省是好习惯，但节省过头就成了**吝啬**。
절약은 좋은 습관이지만, 과도하게 절약하면 인색한 것이 된다.

节省 jiéshěng 절약하다 | **过头** guòtóu 도가 지나치다 | **成** chéng ~이 되다
유의 **小气** xiǎoqi 인색하다 반의 **大方** dàfang 통이 크다, 인색하지 않다

卑鄙 bēibǐ

형 비열하다, 졸렬하다
▶ 상대팀은 반칙과 할리우드 액션 같은 온갖 卑鄙한 방법으로 경기에서 이겼어.

打电话骗钱的行为是非常卑鄙的。
전화로 돈을 사기 치는 행위는 매우 비열한 것이다.

骗钱 piànqián 돈을 사취하다 | 行为 xíngwéi 행위
반의 高尚 gāoshàng 고상하다 / 崇高 chónggāo 숭고하다

挑剔 tiāoti

동 (결점·잘못 등을) 지나치게 트집잡다, 들추다
▶ 부장님은 너무 挑剔해서 보고서를 한 번에 결재받기 어려워.

我认为，有时候挑剔并不是一件坏事。
나는 어떤 경우 까다롭게 구는 것이 결코 나쁜 것은 아니라고 생각한다.

并 bìng 결코

挑剔는 결점·잘못 등을 까다롭게 트집잡는 것을 말하며, 보통 어떤 대상에 매우 엄격하다는 뜻을 내포한다. 문장은 보통 [A对B很挑剔]의 형태로 쓰임을 알아 두자.

예 对饭菜很挑剔 반찬에 까다롭다 | 对产品很挑剔 상품에 까다롭다

随意 suíyì

형 마음대로 하다, 원하는 대로 하다
▶ 나는 언제든 괜찮으니 시간은 네가 随意 정해.

工作时，过于随意的性格会给自己带来问题。
일을 할 때, 너무 마음대로 하는 성격은 스스로에게 문제를 가져오게 된다.

过于 guòyú 너무 | 性格 xìnggé 성격
유의 任意 rènyì 마음대로, 제멋대로

두 어휘는 비슷한 뜻과 한자로 인해 헷갈리기 쉽다. 둘 다 무언가를 마음대로 한다는 의미가 있지만, 随意는 자신의 뜻대로 하는 것을 의미하고, 随便은 많이 생각하지 않고 편한 대로 하는 것을 의미한다. 또한 随便은 중첩하여 随随便便의 형태로 사용할 수 있다는 점도 알아 두자.

예 随意点菜 마음대로 주문하다 | 随意聊聊 (✕)
　　随便点菜 아무거나 주문하다 | 随便聊聊 자유롭게 이야기하다 (〇)

懒惰 lǎnduò

- 형 게으르다, 나태하다
- ▶ 내 친구는 밥 먹는 것도 귀찮아할 만큼 懒惰해.

懒惰的习惯不是一天两天形成的。
게으른 습관은 하루 이틀에 만들어지는 것이 아니다.

形成 xíngchéng 형성되다
반의 勤劳 qínláo 부지런하다 / 辛勤 xīnqín 매우 부지런하다

被动 bèidòng

- 형 (의도대로 끌고 가지 못해) 수동적이다, 소극적이다
- 형 (외부의 힘에 의해) 수동적이다, 피동적이다
- ▶ 마지못해 被动적으로 하지 말고 좀 능동적으로 참여해 봐.

我们说话做事要留有余地，以免自己陷入**被动**的局面。
수동적인 상황이 되지 않도록, 우리는 언행에 여지를 남겨야 한다.

留有 liúyǒu 남겨 두다 | 余地 yúdì 여지 | 以免 yǐmiǎn ～하지 않도록 | 陷入 xiànrù 빠지다 | 局面 júmiàn 국면
반의 主动 zhǔdòng 주동적인, 자발적인

출제 포인트　어찌할 수 없는 때에 쓰이는 **被动**

被动은 스스로 행동이나 결정을 할 수 없는 상태로, 자신의 의지대로 행동하지 않거나 주변 상황의 흐름을 어찌할 수 없을 때 쓰인다.

예 对于做导演这件事，其实我是很被动的。
감독 일을 하는 데 있어서, 사실 나는 수동적인 위치이다.

后翅(hòuchì)只是被动地由前翅带动。 뒷날개는 단지 앞날개에 따라 수동적으로 움직인다.

迟疑 chíyí

- 형 망설이다, 머뭇거리다
- ▶ 선생님은 조금도 迟疑하지 않고 바로 결정을 내리셨다.

我从他**迟疑**的表情判断出他在说谎。
나는 그의 망설이는 표정에서 그가 거짓말을 하고 있다고 판단했다.

表情 biǎoqíng 표정 | 判断 pànduàn 판단하다 | 说谎 shuōhuǎng 거짓말하다
유의 犹豫 yóuyù 망설이다
반의 果断 guǒduàn 결단력이 있다

发呆 fādāi

(동) 넋(을)놓다, 멍하니 있다
▶ 이따금 아무 생각 않고 허공을 보며 发呆하는 게 두뇌의 휴식에 좋대.

研究表明，人们在工作时发呆是因为工作过于乏味。

연구 결과, 사람들이 일할 때 넋을 놓는 것은 일이 너무 무미건조하기 때문이다.

研究 yánjiū 연구하다 | 表明 biǎomíng 분명하게 밝히다 | 过于 guòyú 너무 | 乏味 fáwèi 무미건조하다

보충단어
WEB 단어장

★ 보충단어 아래 단어들의 예문은 WEB 단어장에서 확인할 수 있어요.

心眼儿 xīnyǎnr 몡 눈치 몡 마음(씨)

亲热 qīnrè 톙 친절하다

镇静 zhènjìng 동 진정하다
톙 침착하다, 차분하다

安详 ānxiáng 톙 조용하다, 침착하다, 차분하다

英勇 yīngyǒng 톙 매우 용감하다

潇洒 xiāosǎ 톙 (언행·기품이) 대범하다, 시원스럽다 [=萧洒]

倔强 juéjiàng 톙 완강하다

正气 zhèngqì 몡 공명정대한 태도, 바른 기풍
몡 기개, 절개, 지조

正经 zhèngjing 톙 진지하다
톙 정직하다 톙 정당한 톙 정식의

谦逊 qiānxùn 톙 겸손하다

不敢当 bùgǎndāng (칭찬·초대에 대해) 황송합니다, 천만의 말씀입니다

庸俗 yōngsú 톙 저속하다, 졸렬하고 속되다, 비속하다

贪婪 tānlán 톙 매우 탐욕스럽다

古怪 gǔguài 톙 괴상하다, 기괴하다

别扭 bièniu 톙 의견이 대립하다
톙 대하기 힘들다, 뜻대로 안 되다
톙 (말·글이) 부자연스럽다

服气 fúqì 동 승복하다, 따르다(주로 부정형)

胡乱 húluàn 뷰 함부로, 마음대로
뷰 대충대충

大肆 dàsì 뷰 제멋대로, 함부로

野蛮 yěmán 톙 잔악하다, 흉포하다
톙 야만적이다, 미개하다

粗鲁 cūlǔ 톙 교양이 없다

冒犯 màofàn 동 무례하다, 불쾌하게 하다

无赖 wúlài 몡 무뢰한
톙 무례하다, 막돼먹다

啰唆 luōsuo 동 잔소리하다
톙 수다스럽다
톙 (일이) 자질구레하다
[=啰嗦]

娇气 jiāoqì 톙 나약하다 몡 나약한 성격

含糊 hánhu 동 물러서다(주로 부정형)
톙 소홀하다 톙 분명하지 않다

HSK 6급 빈출 표현

神态悠闲	shéntài yōuxián	표정과 태도가 여유롭다
态度和蔼	tàidu hé'ǎi	태도가 상냥하다
举止文雅	jǔzhǐ wényǎ	행동거지가 품위 있다
品行端正	pǐnxíng duānzhèng	품행이 단정하다
品德高尚	pǐndé gāoshàng	성품이 고상하다
为人爽快	wéirén shuǎngkuai	사람이 시원시원하다
充满活力	chōngmǎn huólì	활력이 넘치다
慎重选择	shènzhòng xuǎnzé	신중하게 선택하다
迟疑不决	chíyí bùjué	머뭇거리며 결정하지 못하다
恳切祝愿	kěnqiè zhùyuàn	간절하게 축원하다
壮烈牺牲	zhuàngliè xīshēng	장렬하게 희생하다
缺乏教养	quēfá jiàoyǎng	교양이 부족하다
有失体面	yǒushī tǐmiàn	체면을 잃다
闹别扭	nào bièniu	의견 차이가 나다
吝啬鬼	lìnsèguǐ	구두쇠
虚伪的人	xūwěi de rén	위선적인 사람

데일리 테스트

고생하셨어요!
QR코드를 스캔하면 DAY01~DAY30 전체 데일리 테스트 PDF가
다운로드됩니다.

DAY

10

HSK 6급 30일 합격 프로젝트

★ HSK 시험에 이렇게 나와요.

듣기 3부분과 독해 4부분의 논설문, 그 외 듣기와 쓰기 영역에서 인물의 심리·감정 상태를 나타내는 어휘들이 출제됩니다. 주로 공포스럽거나 민망한 상황, 고독과 열등감에 관한 내용 등으로, 어휘마다 자주 쓰이는 상황이 있으므로, 예문을 통해 익혀 두세요.

여긴 어디 나는 누구

#심리 #감정

음원 듣기

记者会上主持人的一个问题，使那位演员陷入了尴尬。

기자 회견에서 사회자의 질문 하나가 그 배우를 난처하게 만들었다.

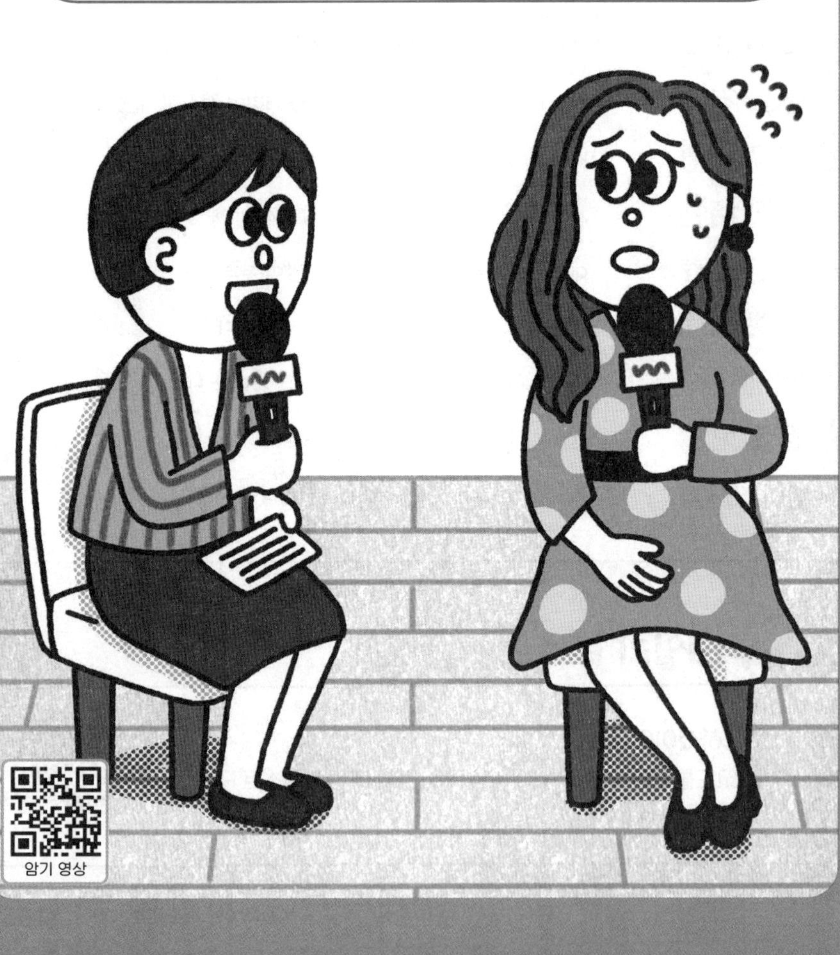

암기 영상

心态 xīntài

명 심리 상태, 마음가짐
▶ 모든 일은 어떤 心态로 바라보느냐에 따라 달라지는 거야.

保持良好的心态是健康的前提。
좋은 심리 상태를 유지하는 것이 건강의 전제이다.

保持 bǎochí 유지하다 | 良好 liánghǎo 좋다 | 前提 qiántí 전제 조건

출제 포인트　듣기·독해 빈출 어휘 **心态**

사람의 심리 상태를 뜻하는 心态는 듣기와 독해 전 부분에 고루 출제된다. '심리 상태가 낙관적이다'라는 뜻의 心态乐观(lèguān)을 비롯하여 아래의 형태들이 주로 출제되니 잘 알아 두자.

예　保持良好的心态 좋은 마음가짐을 유지하다 | 抱着乐观的心态 긍정적인 마음을 품다
改变心态 마음을 바꾸다 | 不良心态 좋지 않은 마음
开放(kāifàng)的心态 열린 마음 | 消极(xiāojí)心态 부정적인 마음

心灵 xīnlíng

명 마음, 정신, 영혼　형 재치 있는, 영리한
▶ 남의 心灵 깊은 곳의 상처는 함부로 건드리는 거 아니야.

学习汉语已经成为我的习惯，它是我心灵上的寄托。
중국어를 배우는 것은 이미 나의 습관이 되었고, 내 마음속의 안식처이다.

成为 chéngwéi ~이 되다 | 寄托 jìtuō 의탁하다

气色 qìsè

명 안색, 얼굴빛
▶ 너 气色가 어두워 보이는데, 안 좋은 일 있니?

睡眠不足不仅会使人气色变差，还会影响人们的生活。
수면 부족은 안색을 안 좋게 만들 뿐만 아니라, 사람들의 생활에도 영향을 끼친다.

睡眠 shuìmián 수면 | 不足 bùzú 부족하다 | 不仅A，还B bùjǐn A, hái B A 뿐만 아니라, B하다
| 使 shǐ ~하게 하다 | 生活 shēnghuó 생활

神气 shénqì

명 표정, 안색　동 으스대다, 뽐내다　형 활기차다
▶ 그는 이 상황이 너무 어색해서 경직된 神气를 감출 수 없었다.

朋友一脸不屑的神气，好像不相信我的话。
친구의 하찮게 여기는 표정은 마치 내 말을 믿지 않는 것 같다.

不屑 búxiè 하찮게 여기다 | 好像 hǎoxiàng 마치 ~과 같다
유의 神色 shénsè 표정, 안색 / 神情 shénqíng 표정, 안색

滋味 zīwèi

명 기분, 속마음   명 (좋은) 맛, 향미
▶ 무시하는 말을 듣고 나니 滋味가 정말 나쁘다.

看着她愁眉苦脸的样子，让人真不是滋味。
그녀가 인상을 쓰고 있는 모습을 보고 있자니, 정말 기분이 영 아니다.

愁眉苦脸 chóuméikǔliǎn 걱정과 고뇌에 쌓인 표정 | **样子** yàngzi 모습

无比 wúbǐ

형 더 비할 바가 없다, 아주 뛰어나다
▶ 명문대 합격 소식을 들었을 때 기쁘기가 无比했어.

室友的论文发表得非常成功，这让她兴奋无比。
룸메이트의 논문 발표가 매우 성공적이었고, 그녀는 더할 나위 없이 기뻐했다.

室友 shìyǒu 룸메이트 | **论文** lùnwén 논문 | **发表** fābiǎo 발표하다 | **成功** chénggōng 성공적이다 | **兴奋** xīngfèn 흥분하다

安宁 ānníng

형 평온하다, 편하다   형 안정되다
▶ 상담을 하고 나니, 불안했던 마음이 安宁해졌어.

经理曾经说过，退休后想过安宁的生活。
사장님은 예전에, 퇴직 후 평온한 생활을 하고 싶다고 말씀하신 적이 있다.

曾经 céngjīng 이전에 | **退休** tuìxiū 퇴직하다 | **过** guò 보내다 | **生活** shēnghuó 생활

喜悦 xǐyuè

형 기쁘다, 즐겁다, 유쾌하다
▶ 할아버지는 손자가 태어나자 喜悦한 나머지 덩실덩실 춤을 추셨어.

发自内心的喜悦是无法用言语表现出来的。
마음속에서 우러난 기쁨은 언어로 표현할 수 없다.

发自 fāzì ~에서 비롯되다 | **内心** nèixīn 마음속 | **无法** wúfǎ ~할 수 없다 |
言语 yányǔ 언어, 말 | **表现** biǎoxiàn 표현하다
반의 **悲伤** bēishāng 마음이 아프다, 몹시 슬퍼하다

欢乐 huānlè

형 즐겁다, 유쾌하다
▶ 한 번 사는 인생, 괴로워하지 말고 欢乐하게 살자!

心理学家认为，新生儿可以给家庭带来欢乐。
심리학자는 신생아가 가정에 즐거움을 가져다 줄 수 있다고 생각한다.

心理学家 xīnlǐxuéjiā 심리학자 | 新生儿 xīnshēng'ér 신생아 | 家庭 jiātíng 가정
유의 快乐 kuàilè 즐겁다, 기쁘다

舒畅 shūchàng

형 상쾌하다, 시원하다, 홀가분하다
▶ 맑은 공기를 실컷 마셨더니 기분이 아주 舒畅해.

饭后做适量的运动，可以使心情保持舒畅。
식후 적당한 운동을 하면 기분을 상쾌하게 유지할 수 있다.

饭后 fànhòu 식후 | 适量 shìliàng 적당량이다 | 使 shǐ ~하게 하다 | 心情 xīnqíng 기분 |
保持 bǎochí 유지하다

充沛 chōngpèi

형 왕성하다, 넘쳐흐르다, 충족하다
▶ 내 친구는 늘 활기차고 에너지가 充沛한 사람이야.

极限运动要求人们既要有充沛的精力，还要有冒险精神。
익스트림 스포츠는 넘치는 에너지뿐 아니라, 모험 정신도 있어야 한다.

极限运动 jíxiàn yùndòng 익스트림 스포츠 | 既 jì ~할 뿐만 아니라 | 精力 jīnglì 정신과 체력, 에너지
| 冒险 màoxiǎn 모험하다 | 精神 jīngshén 정신
유의 充实 chōngshí 넘치다, 충분하다

感慨 gǎnkǎi

동 감격하다, 감개무량하다
▶ 그녀는 감성이 풍부해서 조그마한 호의에도 쉽게 感慨해.

当歌剧的最后一幕落下后，我感慨万分。
오페라의 마지막 장면이 끝난 후, 나는 정말 감격했다.

歌剧 gējù 오페라 | 幕 mù 막, 편, 장면(연극·영화·정경 등을 세는 양사) |
落下 luòxià 내리다 | 万分 wànfēn 대단히

慷慨 kāngkǎi

형 아끼지 않다, 후하다   형 강개하다

▶ 할머님은 무엇이든 주변 사람들에게 慷慨하게 베푸셔.

对贫困人士慷慨无私的帮助，给他带来了很高的声望。

가난한 사람에게 아낌없이 베푼 도움이 그에게 높은 명성을 가져다 주었다.

贫困 pínkùn 빈곤하다 ｜ 人士 rénshì 인사 ｜ 无私 wúsī 사심이 없다 ｜ 声望 shēngwàng 명성과 덕성

유의 大方 dàfang 통이 크다, 인색하지 않다

반의 小气 xiǎoqi 인색하다 ／ 吝啬 lìnsè 인색하다, 쩨쩨하다

衷心 zhōngxīn

형 진심의, 충심의

▶ 실패했을 때도 늘 격려해 주신 분들께 衷心으로 감사드립니다.

人们衷心地祝愿自己的国家有一个美好的未来。

사람들은 자신의 국가가 아름다운 미래를 맞이할 수 있기를 진심으로 기원한다.

祝愿 zhùyuàn 기원하다 ｜ 美好 měihǎo 아름답다 ｜ 未来 wèilái 미래

欲望 yùwàng

명 욕망

▶ 그는 성공하겠다는 欲望에 사로잡혀 가족도 버렸어.

有欲望并不是一件坏事，重要的是不要不懂满足。

욕망이 있는 것은 결코 나쁜 일이 아니며, 중요한 것은 만족할 줄 모르면 안 된다는 것이다.

并 bìng 결코 ｜ 坏事 huàishì 나쁜 일 ｜ 不懂 bù dǒng 모르다 ｜ 满足 mǎnzú 만족하다

渴望 kěwàng

동 갈망하다

▶ 그는 초등학교밖에 나오지 못해서 배움에 대한 渴望이 커.

人们对生命的渴望是一种本能，这是无法抑制的。

생명에 대한 사람들의 갈망은 일종의 본능이어서, 이것은 억제할 수 없는 것이다.

生命 shēngmìng 생명 ｜ 本能 běnnéng 본능 ｜ 无法 wúfǎ ～할 수 없다 ｜ 抑制 yìzhì 억제하다

유의 盼望 pànwàng 간절히 바라다

不禁 bùjīn

부 저절로, 자기도 모르게
▶ 엄마가 만들어 주신 반찬을 보니까 不禁 엄마 생각이 나더라.

听到这首歌曲，让我不禁想起了故乡。
이 노래를 들으니 절로 고향이 떠올랐다.

首 shǒu 수(시·노래 등을 세는 양사) | **歌曲** gēqǔ 노래 | **故乡** gùxiāng 고향
유의 **不由得** bùyóude 저절로, 자연히

不由得 bùyóude

부 저도 모르게, 저절로　**동** ~하지 않을 수 없다
▶ 슬픈 사연을 읽던 진행자는 不由得 눈물을 흘렸다.

提到乒乓球，人们就不由得想起中国。
탁구 이야기를 하면 사람들은 자기도 모르게 중국을 떠올린다.

提到 tídào 언급하다 | **乒乓球** pīngpāngqiú 탁구　유의 **不禁** bùjīn 자기도 모르게, 저절로

유의어 비교　不由得 vs 不禁

두 단어는 의미는 같으나 不由得는 회화에 주로 쓰이고, 不禁은 서면어로 쓰인다. 또한 不禁 뒤에는 부정문이 올 수 없음을 기억하자.

예 **不由得流下了眼泪 = 不禁流下了眼泪** 나도 모르게 눈물이 났다
　不由得不相信 믿지 않을 수 없었다 (○) | **不禁不相信** (×)

巴不得 bābude

동 몹시 바라다, 간절히 원하다
▶ 모두가 한마음으로 그의 병이 巴不得 완쾌됐으면 하고 있어.

这部电影太失败了，观众们巴不得这部电影快点结束。
이 영화는 너무 실패적이어서, 관객들은 이 영화가 빨리 끝나기를 간절히 바란다.

部 bù 부(서적·영화를 세는 양사) | **失败** shībài 실패하다 | **观众** guānzhòng 관중

恨不得 hènbude

동 간절히 하고 싶다
▶ 당장이라도 짐을 싸서 恨不得 나가고 싶었어.

汉语对就业十分重要，我恨不得明天就通过HSK6级。
중국어가 취업에 매우 중요해서, 나는 내일 당장이라도 HSK 6급에 합격하고 싶다.

就业 jiùyè 취업하다 | **十分** shífēn 매우 | **通过** tōngguò 통과하다

冲动 chōngdòng

명 충동　동 흥분하다
▶ 걔는 새로운 피규어를 보면 사고 싶은 **冲动**을 도무지 참지 못해.

父母对儿子**冲动**的性格一点儿办法也没有。
부모는 아들의 충동적인 성격에 어찌할 방법이 없다.

父母 fùmǔ 부모　|　**性格** xìnggé 성격　　반의　**冷静** lěngjìng 냉정하다, 침착하다

> **출제 포인트**　　감정이 격해짐을 나타내는 **冲动**
>
> 冲动은 감정이 격해져서 이성적으로 행동하지 못하는 것을 가리킨다. 충동적으로 쇼핑하거나 감정적으로 흥분하는 상황에 많이 쓰인다.
>
> 예　**冲动消费** 충동적으로 소비하다　|　**冲动购物** 충동적으로 구매하다

理智 lǐzhì

형 이성적이다, 침착하다, 냉정하다　명 이성
▶ 그는 **理智**한 사람이라 어떤 일에도 감정적으로 대응하지 않아.

即使在危急时刻也要**理智**果断地处理问题。
설령 위급한 상황이라고 해도 이성적이고 결단력 있게 문제를 해결해야 한다.

即使A也B jíshǐ A yě B 설령 A하더라도 B하다　|　**危急** wēijí 위급하다　|　**时刻** shíkè 순간　|　**果断** guǒduàn 결단력 있다, 과단성이 있다　|　**处理** chǔlǐ 해결하다

压抑 yāyì

동 (감정·힘 등이) 억눌리다, 억제하다
▶ 그녀는 자신의 슬픔을 **压抑**하고 아무렇지 않은 척했다.

他**压抑**了很久的情绪，终于在这一刻释放了。
그는 오랫동안 억눌렸던 감정이 결국 이 순간에 폭발했다.

情绪 qíngxù 감정　|　**释放** shìfàng 방출하다
유의　**克制** kèzhì (감정을) 억누르다, 억제하다, 자제하다　/　**压制** yāzhì 억압하다, 억누르다, 제지하다

压制 yāzhì

동 억압하다, 억누르다, 제지하다　동 압착하여 만들다
▶ 아이의 행동이 산만하다고 해서 호기심까지 **压制**해서는 안 돼.

作为领导要多听取下属的意见，而不该**压制**他们。
리더로서 부하 직원의 의견을 많이 들어야 하고, 그들을 억압해서는 안 된다.

作为 zuòwéi ~의 신분으로서　|　**领导** lǐngdǎo 리더　|　**听取** tīngqǔ 귀담아듣다　|　**下属** xiàshǔ 부하　|　**意见** yìjiàn 의견, 불만　|　**而** ér ~하고
유의　**压抑** yāyì (감정·힘 등이) 억눌리다, 억제하다

克制 kèzhì

 (감정을) 억누르다, 억제하다, 자제하다
▶ 어젯밤 야식 프로그램을 보면서 식욕을 克制하느라 힘들었어.

他想克制住内心强烈的愤怒，但还是没有用。
그는 마음속의 강렬한 분노를 억누르고 싶었지만, 그래도 소용이 없었다.

内心 nèixīn 마음속 ｜ **强烈** qiángliè 강렬하다 ｜ **愤怒** fènnù 분노하다 ｜ **有用** yǒuyòng 쓸모가 있다
유의 **压抑** yāyì (감정·힘 등이) 억눌리다, 억제하다

纳闷儿 nàmènr

 궁금하다
▶ 유학 간 친구가 일절 소식이 없으니 정말 纳闷儿해.

科学家很纳闷儿，费尽心思地想了很长时间。
과학자는 정말 궁금해서 아주 오랫동안 온갖 궁리를 다 하여 고민했다.

科学家 kēxuéjiā 과학자 ｜ **费尽心思** fèijìnxīnsī 온갖 수를 다 짜내다

愤怒 fènnù

 매우 화나다, 분노하다
▶ 그 사람이 나를 속였다는 사실이 나를 愤怒하게 만들었어.

由于记者的不实报道，经理显得十分愤怒。
기자의 거짓 보도 때문에 사장님은 매우 화가 나 보인다.

由于 yóuyú ~ 때문에 ｜ **记者** jìzhě 기자 ｜ **不实报道** bùshí bàodào 거짓 보도, 가짜 뉴스 ｜
显得 xiǎnde ~인 것처럼 보이다 ｜ **十分** shífēn 매우
유의 **恼怒** nǎonù 화내다, 성내다

恐怖 kǒngbù

 (생명의 위협을 느껴) 무섭다, 공포를 느끼다
▶ 공포 영화를 보고 너무 恐怖해서 밤새 잠을 이루지 못했어.

夜晚阴森森的气氛让我们觉得很恐怖。
한밤의 으스스한 분위기는 사람을 무섭게 한다.

夜晚 yèwǎn 밤 ｜ **阴森森** yīnsēnsēn 으스스하다 ｜ **气氛** qìfēn 분위기
유의 **恐惧** kǒngjù 공포감을 느끼다, 겁먹다, 두려워하다

恐惧 kǒngjù

(형) 공포감을 느끼다, 겁먹다, 두려워하다
▶ 나는 높은 곳에 올라가면 恐惧해서 온몸이 떨려.

很多有精神疾病的患者，都是长期生活在恐惧中的。

정신 질환을 앓고 있는 많은 환자들은 오랫동안 공포 속에서 살고 있다.

精神 jīngshén 정신 | **疾病** jíbìng 질병 | **患者** huànzhě 환자 | **长期** chángqī 장시간 | **生活** shēnghuó 살다

(유의) 害怕 hàipà 무서워하다, 겁내다, 두려워하다

恐怖 kǒngbù (생명의 위협을 느껴) 무섭다

유의어 비교　恐惧 vs 恐怖 vs 害怕

세 단어 모두 겁을 먹거나 두려워하는 것을 뜻하지만, 품사와 활용에 차이가 있다.

恐惧 kǒngjù
공포를 느끼는 심리 상태를 강조하며, 형용사로 목적어를 취하지 않음
(예) 感到恐惧 두려움을 느끼다 | 恐惧不安 두렵고 불안하다 | 恐惧症 공포증

恐怖 kǒngbù
두려워하는 현상·반응을 강조하며, 공포를 느끼게 하는 것들에 많이 쓰임
(예) 恐怖电影(=恐怖片) 공포 영화 | 恐怖手段 공포 수단
恐怖分子 테러리스트

害怕 hàipà
난관이나 위험에 처해 두려운 것을 뜻하며, 목적어를 취할 수 있음
(예) 感到害怕 두려움을 느끼다 | 害怕蛇(shé) 뱀을 무서워하다

畏惧 wèijù

(동) 두려워하다, 무서워하다
▶ 그는 비록 큰 병에 걸렸지만 죽음을 조금도 畏惧하지 않았어.

畏惧困难的人是很难获得成功的。

고난을 두려워하는 사람은 성공을 얻기 어렵다.

困难 kùnnan 어려움 | **成功** chénggōng 성공하다
(유의) 害怕 hàipà 무서워하다

惊讶 jīngyà

(형) 놀랍다, 의아스럽다
▶ 4개월만에 HSK 6급을 따다니, 정말 惊讶하구나!

在短短数月里，他有了这么大的进步，真令人惊讶。

(짧은) 몇 개월 만에 그가 이렇게 큰 발전을 이루었다니, 정말 놀랍다.

进步 jìnbù 진보
(유의) 惊奇 jīngqí 이상하여 놀라다, 놀라며 의아해하다 / 诧异 chàyì 의아해하다, 이상해하다

惊奇 jīngqí

형 이상하여 놀라다, 놀라며 의아해하다

▶ 그녀의 세계 신기록 수립은 전 세계 사람들을 惊奇하게 만들었어.

电视节目中那些令人惊奇的故事，是吸引观众的原因。
TV 프로그램 속의 그 놀라운 이야기들은 시청자를 매료시키는 요인이다.

令 lìng ~하게 하다 | 吸引 xīyǐn 매료시키다 | 观众 guānzhòng 관중 | 原因 yuányīn 원인, 요인

유의 惊讶 jīngyà 놀랍다, 의아스럽다 / 诧异 chàyì 의아해하다, 이상해하다

震惊 zhènjīng

형 깜짝 놀라다　동 놀라게 하다

▶ 그의 갑작스런 죽음은 우리 모두를 震惊하게 만들었어.

原子弹可怕的威力，让世界人民感到震惊。
원자탄의 무서운 위력은 세계인들을 놀라게 했다.

原子弹 yuánzǐdàn 원자(폭)탄 | 可怕 kěpà 무섭다 | 威力 wēilì 위력 | 人民 rénmín 국민

薄弱 bóruò

형 (쉽게 좌절·붕괴·동요되어) 박약하다, 취약하다

▶ 그렇게 의지가 薄弱해서 이 험한 세상을 어찌 살아가려고.

意志薄弱的人是很难在竞争中取得胜利的。
의지가 약한 사람은 경쟁 속에서 승리하기 어렵다.

意志 yìzhì 의지 | 竞争 jìngzhēng 경쟁하다 | 取得 qǔdé 얻다 | 胜利 shènglì 승리하다

유의 单薄 dānbó 박약하다

출제 포인트 　구체적·추상적 대상에 쓰이는 모두 쓰이는 薄弱

薄弱는 구체적·추상적 대상에 쓰여, 독해 4부분의 설명문과 논설문에서 자주 출제된다. 대부분 薄弱环节로 물체의 약한 연결 고리나 연구의 허술한 부분을 나타내므로, 하나로 암기해 두자.

예　薄弱环节 약한 고리 | 薄弱的部分 약한 부분

崩溃 bēngkuì

동 붕괴하다, 무너지다

▶ 멘탈이 崩溃되는 걸 줄여서 '멘붕'이라고 하는 거야.

公众人物承受着巨大的压力，这也是他们崩溃的原因。
공인은 아주 큰 스트레스를 감당하고 있는데, 이 역시 그들이 무너지는 이유이기도 하다.

公众人物 gōngzhòng rénwù 공인 | 承受 chéngshòu 감당하다 | 巨大 jùdà 아주 크다 | 压力 yālì 스트레스

尴尬 gāngà

형 (입장이) 난처하다   형 (행동·태도 등이) 어색하다, 부자연스럽다
▶ 지금은 이러지도 저러지도 못 하는 상황이라 정말 尴尬해.

记者会上主持人的一个问题，使那位演员陷入了尴尬。
기자 회견에서 사회자의 질문 하나가 그 배우를 난처하게 만들었다.

记者会 jìzhěhuì 기자 회견 | 主持人 zhǔchírén 사회자 | 使 shǐ ~하게 하다 | 演员 yǎnyuán 배우 | 陷入 xiànrù (불리한 지경에) 빠지다

출제 포인트   듣기 빈출 어휘 尴尬

듣기 2·3부분에 당황스럽고 민망한 상황을 나타내는 어휘로 尴尬가 자주 출제된다. 민망한 상황을 피한다는 표현들이 출제되므로, 아래 기출 표현들을 익혀 보자.

예   颇为(pōwéi)尴尬 매우 민망하다 | 化解(huàjiě)尴尬 민망함을 없애다 |
避免尴尬 민망함을 피하다

难堪 nánkān

형 (인정·체면상) 난처하다, 난감하다   형 견디기 어렵다
▶ 괜히 중간에 끼어서 입장이 영 难堪하네.

绯闻被公开后，那位公众人物显得有点难堪。
스캔들이 공개된 후, 그 공인은 조금 난처해 보였다.

绯闻 fēiwén 스캔들 | 公开 gōngkāi 공개하다 | 显得 xiǎnde ~인 것처럼 보이다

绝望 juéwàng

동 절망하다
▶ 그는 조금도 나아지지 않는 현실에 크게 绝望했어.

这些难民们，在绝望中寻找着一线生机。
이 난민들은 절망 속에서 일말의 희망을 찾고 있다.

难民 nànmín 난민 | 寻找 xúnzhǎo 찾다 | 线 xiàn 추상명사에 쓰여 극소수를 나타내는 양사 |
生机 shēngjī 삶의 희망

悲哀 bēi'āi

형 슬프고 애통하다
▶ 키우던 강아지가 죽자 동생은 悲哀에 잠겨 울기만 했어.

看着被龙卷风侵袭的家园，人们难忍心中的悲哀。
토네이도의 습격을 받은 고향을 보며, 사람들은 가슴속의 슬픔을 참을 수 없었다.

龙卷风 lóngjuǎnfēng 토네이도 | 侵袭 qīnxí 침입하여 습격하다 | 家园 jiāyuán 고향 | 难忍 nánrěn 참기 어렵다   유의 悲痛 bēitòng 비통하다 / 悲伤 bēishāng 몹시 슬퍼하다, 상심하다

悲惨 bēicǎn

형 비참하다, 슬프다
▶ 고아인데다가 전과자가 된 그의 생활은 悲惨하기 그지없었다.

主人公悲惨的人生，是她疯狂的原因。
주인공의 비참한 인생은 그녀가 실성한 이유이다.

主人公 zhǔréngōng 주인공 | **疯狂** fēngkuáng 실성하다 | **原因** yuányīn 원인

沮丧 jǔsàng

형 낙담하다, 풀이 죽다　동 낙담하게 하다, 용기를 잃게 하다
▶ 기대를 걸었던 프로젝트가 실패해서 모두 沮丧하고 있어.

困难来临时我们难免沮丧，但要相信困难只是暂时的。
고난이 닥쳤을 때 우리는 낙담하게 되지만, 잠시뿐이라는 것을 믿어야 한다.

困难 kùnnan 어려움 | **来临** láilín 닥치다 | **难免** nánmiǎn ~하기 마련이다 | **暂时** zànshí 잠시
유의 **灰心** huīxīn 낙담하다 / **泄气** xièqì (자신감을 잃어) 기가 죽다

출제 포인트 ▶ 전 영역 빈출 어휘 **沮丧**

沮丧은 시험 전 영역에 자주 출제되는 어휘로, 주인공이 좋지 않은 일로 풀이 죽어 시련을 겪는 상황을 묘사하거나, 동사로 쓰여 무언가를 낙담하게 만드는 상황에도 쓰이는데, 주로 적의 기를 꺾으려 하는 상황에 자주 나온다.

예 **一脸沮丧的样子** 낙담한 얼굴 | **感到沮丧** 낙담하다
令人沮丧 맥이 빠지게 하다 | **沮丧敌人(dírén)的精神** 적의 기를 꺾다

孤独 gūdú

형 고독하다, 쓸쓸하다, 외롭다
▶ 여럿이서 늘 함께 지내다가 혼자 지내려니 孤独하네.

孤独是人类精神上最大的敌人之一。
고독은 인류의 가장 큰 정신적인 적 중의 하나이다.

人类 rénlèi 인류 | **精神** jīngshén 정신 | **敌人** dírén 적 | **之一** zhī yī ~ 중의 하나
유의 **孤单** gūdān 외롭다, 쓸쓸하다

空虚 kōngxū

형 공허하다, 텅 비다　형 허전하다
▶ 마음이 텅 빈 것처럼 空虚해.

调查显示，即使是忙碌的上班族，也会有空虚感。
조사 결과, 바쁜 직장인이라고 해도, 공허감을 느낀다고 한다.

调查 diàochá 조사하다 | **显示** xiǎnshì 보여 주다 | **即使A, 也B** jíshǐ A, yě B 설령 A하더라도, B하다 | **忙碌** mánglù 바쁘다 | **上班族** shàngbānzú 직장인 | **空虚感** kōngxūgǎn 공허감

自卑 zìbēi

형 스스로 남보다 못하다고 느끼다, 열등감을 느끼다
▶ 친구는 늘 자신이 남보다 못하다는 自卑감에 사로잡혀 있다.

克服自卑心理是人们在成长过程中较艰难的一步。
열등감을 극복하는 것은 사람들의 성장 과정에서 비교적 어려운 단계이다.

克服 kèfú 극복하다 | **自卑心理** zìbēi xīnlǐ 열등 심리 | **成长** chéngzhǎng 성장하다 | **过程** guòchéng 과정 | **艰难** jiānnán 어렵다
반의 **自负** zìfù 자부하다 / **自大** zìdà 잘난 척하다

沉闷 chénmèn

형 (날씨·분위기가) 답답하다, 우울하다
형 (기분이) 울적하다, (성격이) 명랑하지 않다
▶ 팀의 에이스가 부상을 당한 이후, 팀 분위기가 沉闷해졌어.

会议结束后，所有人都不说话，气氛十分沉闷。
회의가 끝난 후 모두가 이야기를 하지 않아서 분위기가 매우 무거웠다.

所有 suǒyǒu 모든 | **气氛** qìfēn 분위기 | **十分** shífēn 매우

哭泣 kūqì

동 흐느껴 울다, 훌쩍훌쩍 울다
▶ 몇 십 년 만에 만난 가족의 사연이 나를 哭泣하게 만들었어.

不要为伤害你的人哭泣，那样是不值得的。
당신을 아프게 한 사람 때문에 울지 마라, 그것은 가치 없는 일이다.

伤害 shānghài 상처를 주다 | **值得** zhídé ~할 만한 가치가 있다

起伏 qǐfú

동 (감정·관계가) 오르락내리락 변화하다, 불안정하다
동 기복을 이루다, 오르락내리락하다
▶ 그 친구는 감정이 수시로 起伏해서 웃다가도 금세 화를 내.

情绪的起伏与气候有着密切关系。
감정의 기복은 날씨와 밀접한 관련이 있다.

情绪 qíngxù 감정 | **与** yǔ ~와 | **气候** qìhòu 기후 | **密切** mìqiè 밀접하다

焦急 jiāojí

(형) 초조하다, 조급해하다
▶ 너무 **焦急**하게 생각하지 말고 마음을 느긋하게 가져.

公司收到顾客的退货单后，科长显得十分焦急。
회사가 고객의 반품 신청서를 받고 나서, 과장님은 매우 초조해 보인다.

收到 shōudào 받다 | **顾客** gùkè 고객 | **退货单** tuìhuòdān 반품 전표 | **科长** kēzhǎng 과장 |
显得 xiǎnde ~인 것처럼 보이다

(유의) **着急** zháojí 조급해하다 / **焦虑** jiāolǜ 초조하다

顾虑 gùlǜ

(명) 근심, 염려　(동) 걱정하다, 고려하다, 염려하다
▶ 너는 **顾虑**가 과도하게 많아, 그러지 말고 일단 실행에 옮겨 봐.

妈妈总是对所有的事都充满顾虑。
어머니는 항상 모든 일에 근심이 가득하다.

充满 chōngmǎn 넘치다
(유의) **顾忌** gùjì 고려하다, 걱정하다, 염려하다

惋惜 wǎnxī

(동) (불행·의외의 일에) 안타까워하다, 애석해하다
▶ 어머니는 집안 형편 때문에 똑똑한 언니가 대학에 못 가는 것을
　惋惜하셨다.

很多人为刘翔过早退役感到惋惜。
많은 사람들은 류샹의 너무 이른 은퇴에 안타까워한다.

刘翔 Liú Xiáng 류샹(중국의 남자 110m 허들 선수) | **过早** guòzǎo 너무 이르다 | **退役** tuìyì 은퇴하다

丢人 diūrén

(동) 창피를 당하다, 체면을 잃다, 쪽팔리다
▶ 모르는 것을 물어보는 건 절대로 **丢人**한 일이 아니니 언제든
　물어봐!

失败并不丢人，最重要的是不要被挫折打败。
실패는 결코 창피한 일이 아니며, 좌절에 굴복하지 않는 것이 가장 중요하다.

失败 shībài 실패하다 | **并** bìng 결코, 전혀 | **挫折** cuòzhé 좌절 | **打败** dǎbài 패하다
(유의) **丢脸** diūliǎn 체면을 잃다, 쪽팔리다

忧郁 yōuyù

형 우울하다, 침울하다
▶ 우중충한 하늘을 보니 내 마음도 먹구름이 낀 것 마냥 忧郁해.

听到这首欢快的音乐，刚才的忧郁已荡然无存。
이 즐거운 음악을 들으니 방금 우울함이 이미 불현듯 사라졌다.

首 shǒu 수(시·노래 등을 세는 양사) ┃ 欢快 huānkuài 즐겁고 경쾌하다 ┃ 荡然无存
dàngránwúcún 하나도 남지 않고 완전히 없어지다
반의 高兴 gāoxìng 기쁘다

> **유의어 비교** **忧郁** vs **忧虑**
>
> 두 단어는 한자의 생김새 때문에 헷갈릴 수 있으나, 품사와 뜻이 다르다. 忧郁는 형용사로 사람의 마음
> 이 우울한 것을 의미하고, 忧虑(yōulǜ)는 동사로 어떤 일을 걱정 근심하는 것을 의미하며, 일반적으로 뒤
> 에 안 좋은 일과 함께 쓰인다.
>
> 예 **忧郁症** 우울증 ┃ **神情忧郁** 표정이 우울하다
> **无穷的忧虑** 끝없는 걱정 ┃ **为找工作忧虑** 직업을 찾는 것 때문에 걱정하다

思念 sīniàn

동 그리워하다, 보고 싶어 하다
▶ 여름밤 귀뚜라미 소리를 들으면 시골에 계신 할머니가 문득
思念해져.

影迷们用各种方式向导演表达着思念。
영화 팬들은 다양한 방식으로 감독에게 그리움을 표하고 있다.

影迷 yǐngmí (영화) 팬 ┃ 各种 gèzhǒng 각종의 ┃ 方式 fāngshì 방식 ┃ 导演 dǎoyǎn 감독 ┃
表达 biǎodá 표현하다
유의 怀念 huáiniàn 그리워하다, 회상하다 / 想念 xiǎngniàn 그리워하다, 생각하다

悬念 xuánniàn

명 서스펜스, 긴장감, 박진감, 기대 심리
동 늘 생각하다, 마음에 걸다
▶ 이 영화는 쫓고 쫓기는 숨 막히는 액션과 悬念이 압권이야.

这部小说的结尾留下了一个悬念，耐人寻味。
이 소설은 결말에 여운을 남겨 곰곰이 생각하게 만든다.

部 bù 부(서적·영화를 세는 양사) ┃ 小说 xiǎoshuō 소설 ┃ 结尾 jiéwěi 결말 ┃ 留下 liúxià 남기다
┃ 耐人寻味 nàirénxúnwèi (의미심장하여) 곰곰이 생각하게 하다

在意 zàiyì

(동) 마음에 두다(주로 부정형으로 쓰임)
▶ 생각 없이 한 말이니까 在意하지 말고 잊어버려.

不管外界对他是怎样评价的，他都毫不在意。
바깥세상이 그를 어떻게 평가하든 그는 전혀 신경 쓰지 않는다.

不管A，都B bùguǎn A, dōu B A에 관계없이, 모두 B하다 | **外界** wàijiè 바깥세상 | **评价** píngjià 평가하다 | **毫不** háobù 전혀 ~하지 않다

留恋 liúliàn

(동) 미련을 두다, 그리워하다
▶ 나는 떠나간 사람에게는 조금의 留恋도 없어.

我们不应总留恋过去，而应该多展望未来。
우리는 계속 과거에 미련을 두면 안 되고, 미래를 자주 내다보아야 한다.

总 zǒng 늘, 줄곧 | **而** ér ~하고 | **展望** zhǎnwàng 앞을 내다보다 | **未来** wèilái 미래
(유의) **迷恋** míliàn 연연해하다, 미련을 두다

暗示 ànshì

(동) 암시하다, 넌지시 알리다
▶ 그녀가 연락처를 남긴 건 너와 만날 의사가 있다는 暗示야.

当我们处于紧张状态时，可以通过自我暗示平复心情。
우리가 긴장한 상태에 있을 때, 자기 암시를 통해 마음을 가라앉힐 수 있다.

当……时 dāng …… shí ~할 때 | **处于** chǔyú 놓이다, 처하다 | **紧张** jǐnzhāng 긴장하다 | **状态** zhuàngtài 상태 | **通过** tōngguò ~를 통해 | **自我** zìwǒ 자기 자신 | **平复** píngfù 가라앉다 | **心情** xīnqíng 기분

출제 포인트　**暗示의 활용 형태**

暗示는 심리학적 암시나 행동이나 말로 넌지시 알리는 것을 나타낸다. 가장 많이 쓰는 표현으로 '给~暗示(~에게 암시를 주다)', '向~暗示(~에게 암시하다)', '用……暗示(~으로 암시하다)', '暗示着……(~을 암시하고 있다)' 등이 있다.

(예) **给人心理暗示** 심리 암시를 주다 | **用眼神暗示他走开** 눈빛으로 그에게 가라고 넌지시 알리다

良心 liángxīn

(명) 양심　(명) 선량한 마음
▶ 그렇게 많이 갖고도 욕심을 부리다니, 넌 良心도 없니?

做任何事都要对得起自己的良心。
무슨 일을 해도 자신의 양심에 떳떳해야 한다.

任何 rènhé 어떠한 | **对得起** duìdeqǐ 떳떳하다

急切 jíqiè

형 절실하다, 절박하다   형 황급하다, 긴박하다
▶ 모두들 急切한 심정으로 구조를 기다리고 있었다.

投票结束后，人们急切地等待着投票结果。
투표가 끝난 후, 사람들은 절실하게 투표 결과를 기다리고 있다.

投票 tóupiào 투표하다 | 等待 děngdài 기다리다 | 结果 jiéguǒ 결과
유의 迫切 pòqiè 절실하다, 간절하다

★ 보충단어   아래 단어들의 예문은 WEB 단어장에서 확인할 수 있어요.

보충단어
WEB 단어장

快活 kuàihuo 형 즐겁다, 유쾌하다

干劲 gànjìn 명 (-儿) 의욕, 열정

激情 jīqíng 명 열정적인 감정, 격정

遏制 èzhì 동 저지하다, 억제하다

憋 biē 동 (억지로) 참다
동 답답하게 하다, 숨막히게 하다

冤枉 yuānwang 동 누명을 씌우다
형 억울하다

振奋 zhènfèn 형 진작하다, 사기가 높다
동 사기를 높이다, 진작시키다

恐吓 kǒnghè 동 협박하다, 위협하다

胆怯 dǎnqiè 형 소심하다, 겁이 많다

诧异 chàyì 형 의아해하다, 이상해하다

愣 lèng 동 멍해지다, 얼빠지다

出神 chūshén 동 넋이 나가다, 넋을 잃다

荒唐 huāngtáng 형 (생각·언행이) 황당
하다, 터무니없다

狼狈 lángbèi 형 매우 난처하다, 곤란하다

泄气 xièqì 형 (자신감을 잃어) 기가 죽다,
의기소침하다 형 한심하다

苦涩 kǔsè 형 괴롭다 형 쓰고 떫다

急躁 jízào 형 초조해하다, 조바심내다
형 성급하다

惦记 diànjì 동 (사람·사물을) 늘 생각하고
마음을 놓지 못하다

心疼 xīnténg 동 안타까워하다
형 몹시 아끼다

悔恨 huǐhèn 동 후회하여 자책하다

无耻 wúchǐ 형 뻔뻔스럽다, 염치 없다,
수치를 모르다

羞耻 xiūchǐ 형 수치스럽다, 부끄럽다

狠心 hěnxīn 명 독한 결심
동 모질게 마음먹다
형 모질다

活该 huógāi 동 ~한 것은 당연하다,
~ 꼴을 당해도 싸다

 HSK 6급 빈출 표현

음원 듣기

摆正心态	bǎizhèng xīntài	마음을 바로잡다
精力充沛	jīnglì chōngpèi	에너지가 넘쳐흐르다
激情奔放	jīqíng bēnfàng	격정을 분출하다
发出感慨	fāchū gǎnkǎi	감격을 표출하다
一时冲动	yìshí chōngdòng	일시적 충동
克制欲望	kèzhì yùwàng	욕망을 억누르다, 욕구를 자제하다
不知羞耻	bùzhī xiūchǐ	부끄러움을 모르다
恐惧心理	kǒngjù xīnlǐ	공포 심리
悲惨遭遇	bēicǎn zāoyù	불행한 경험
沉闷的气氛	chénmèn de qìfēn	답답한 분위기
意志薄弱	yìzhì bóruò	의지가 박약하다
薄弱环节	bóruò huánjié	약한 부분
神情沮丧	shénqíng jǔsàng	낙담한 기색이다
给……暗示	gěi……ànshì	~에게 넌지시 알려 주다
留恋之情	liúliàn zhī qíng	그리워하는 마음
感到震惊	gǎndào zhènjīng	크게 놀라다

데일리 테스트

고생하셨어요!
QR코드를 스캔하면 DAY01~DAY30 전체 데일리 테스트 PDF가
다운로드됩니다.

PDF 다운로드

HSK 6급 30일 합격 프로젝트

★ HSK 시험에 이렇게 나와요.
진리와 학설, 추상적인 개념 등이 듣기 3·4부분과 독해·2부분에서 논설문과 설명문으로 자주 출제됩니다. 대부분 추상적인 어휘들이기 때문에, 개념을 파악하는 것이 중요합니다. 쓰기 영역에서도 주인공의 생각이나 문학에 관한 내용으로 종종 출제됩니다.

언어의 연금술사

#논리 #생각 #진리

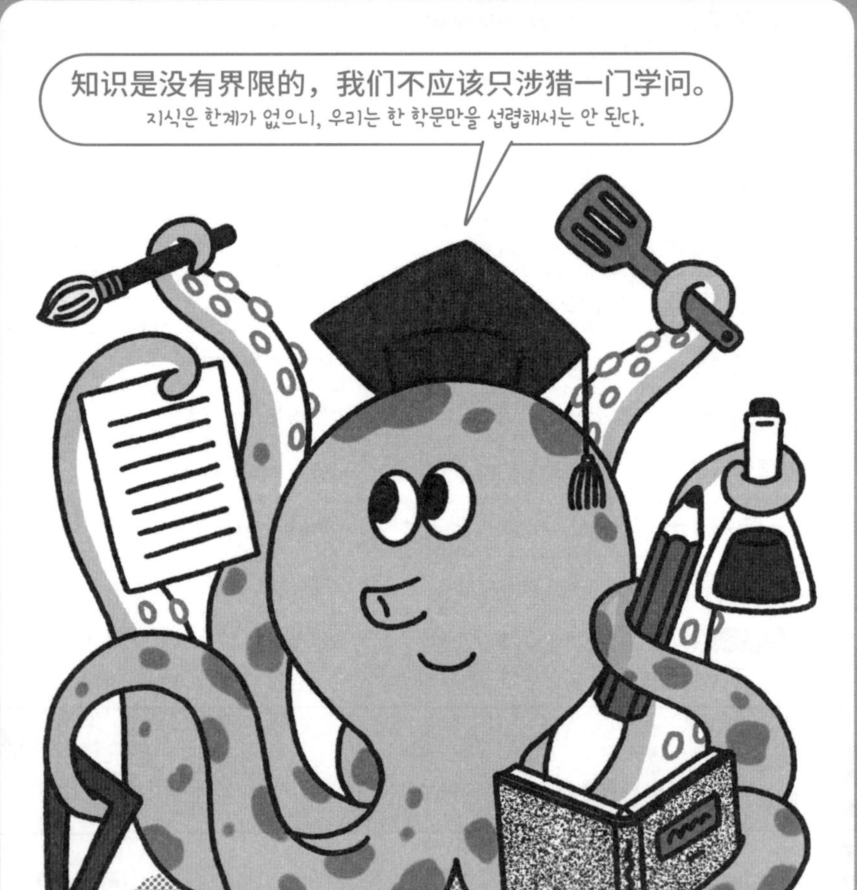

真理 zhēnlǐ

명 진리
▶ 난 뿌린 대로 거둔다는 말은 만고불변의 **真理**라고 봐.

如今，科学被人们视为不容质疑的真理。
오늘날, 과학은 사람들에게 의심할 수 없는 진리로 여겨진다.

如今 rújīn 오늘날 | **科学** kēxué 과학 | **视为** shìwéi 여기다 | **不容** bùróng 용납하지 않다 |
质疑 zhìyí 질의하다, 의문을 제기하다

命名 mìngmíng

동 이름 짓다, 명명하다
▶ 브랜드 이름은 주로 그 디자이너의 이름으로 **命名**되더라고.

派克将自己发明的钢笔命名为"派克笔"。
파카는 자신이 발명한 만년필을 '파카 펜'이라고 이름 지었다.

派克 Pàikè 파카(Parker) | **将** jiāng ~을 | **发明** fāmíng 발명하다 | **钢笔** gāngbǐ 만년필
유의 **定名** dìngmíng 이름 짓다, 명명하다

출제 포인트 **命名**의 빈출 활용 형태

命名은 사물·사람·사건 등에 이름을 지어 붙인다는 의미를 가지고 있는데, 자주 아래의 형태로 활용된다. 독해와 듣기에 출제되므로, 함께 알아 두자.
예 **A命名为B** A를 B라고 명명하다(이름 붙이다) | **A以B命名** A를 B로 이름 짓다

主义 zhǔyì

명 주의(사회 제도, 정치·경제 체계)　**명** 체계화된 이론·학설
명 관점, 기풍
▶ 자본**主义**는 풍요와 결핍이 공존하는 기현상을 보인다.

民主主义是很多国家一直奉行的原则。
민주주의는 많은 국가가 계속 신봉하는 원칙이다.

民主主义 mínzhǔ zhǔyì 민주주의 | **奉行** fèngxíng 신봉하다 | **原则** yuánzé 원칙

定义 dìngyì

명 정의
▶ 너는 행복을 무엇으로 **定义**할 수 있다고 생각해?

教科书上的定义一般是准确无误的。
교과서 속의 정의는 보통 정확하고 오류가 없다.

教科书 jiàokēshū 교과서 | **准确** zhǔnquè 정확하다 | **无误** wúwù 착오가 없다

本身 *běnshēn*

(명) 그 자체, 그 자신

▶ 이번 연구는 그 本身으로 의미가 있으니 결과에 연연하지 마.

人的一生本身就充满了悲欢离合，所以别只看坏的方面。
사람의 일생 자체에 슬픔과 기쁨, 이별과 만남이 가득해서, 좋지 않은 부분만 보아서는 안 된다.

一生 yìshēng 일생 | **充满** chōngmǎn 가득 차다 | **悲欢离合** bēihuānlíhé 슬픔·기쁨·이별·만남, 희비애락 | **方面** fāngmiàn 부분　(유의) **自身** zìshēn 자신

分辨 *fēnbiàn*

(동) 분별하다, 식별하다

▶ 아이들은 아직 좋고 나쁨을 分辨하기 어려워.

很多时候，我们无法分辨一个人的善恶。
많은 경우, 우리는 한 사람의 선과 악을 분별할 수 없다.

无法 wúfǎ ~할 수 없다 | **善恶** shàn'è 선과 악　(유의) **辨别** biànbié 분별하다, 식별하다

划分 *huàfēn*

(동) 구분하다　(동) (하나를 여러 부분으로) 나누다

▶ 정보의 공공성은 인터넷 시대 이전과 이후로 划分할 수 있어.

人不可以以相貌美丑划分，重要的是内在。
사람은 외모가 아름다운지 추한지로 구분해서는 안 되며, 중요한 것은 내면이다.

以 yǐ ~로 | **相貌** xiàngmào 용모 | **丑** chǒu 못생기다 | **内在** nèizài (마음속에) 내재하다
(유의) **区分** qūfēn 나누다, 구분하다

区分 *qūfēn*

(동) 구분하다, 나누다

▶ 공과 사는 명확히 区分해야 합니다.

区分两个事物并不难，难的是如何利用。
두 사물을 구분하는 것은 전혀 어렵지 않으며, 어려운 것은 어떻게 이용하느냐이다.

并 bìng 전혀, 결코 | **事物** shìwù 사물 | **如何** rúhé 어떻게 | **利用** lìyòng 이용하다
(유의) **区别** qūbié 구분하다, 분별하다 / **划分** huàfēn 구분하다

유의어 비교　区分 vs 区别

두 대상을 구분한다는 의미는 같으나, 区分은 어떤 일정한 기준을 가지고 두 대상을 구분함을 말하고, 区别는 두 대상 사이에 존재하는 차이로 구별함을 말한다. 또한 区分은 동사로만 쓰이지만, 区别는 명사로 쓰여, 두 대상 사이에 존재하는 '차이'를 나타내기도 한다.

(예)　**区分对错** 옳고 그름을 구분을 짓다 (○) | **有区分** (×)
　　　区别好坏 좋고 나쁨을 구별하다 (○) | **有区别** 차이가 있다 (○)

差别 chābié

명 차이, 차별, 구별, 격차
▶ 그 둘은 사고방식의 差别가 너무 커서 매번 싸워.

即使是双胞胎，在性格上也是有很大差别的。
설령 쌍둥이라 해도, 성격상 역시 큰 차이가 있다.

即使A, 也B jíshǐ A, yě B 설령 A하더라도, B하다 | 双胞胎 shuāngbāotāi 쌍둥이 | 性格 xìnggé 성격 　유의　 差异 chāyì 차이 / 区别 qūbié 차이

유의어 비교　差别 vs 差异

두 어휘 모두 두 대상에 차이가 있음을 뜻하여, 바꾸어 쓰기도 한다. 그러나 差别는 같은 범주의 두 대상이 구별이 되는 차이점을 말하고, 差异는 다른 범주의 두 대상이 구분이 되는 차이점을 말한다.

예　没有差别 = 没有差异 차이가 없다
　　城乡差别 도시와 농촌 간의 격차 | 缩小(suōxiǎo)差别 격차를 줄이다
　　气候差异 기후 차이 | 城乡差异 (×)

相差 xiāngchà

동 서로 차이가 나다, 서로 다르다
▶ 너희 둘은 같이 자란 형제인데도 생각하는 게 많이 相差하구나.

两个人的性格情趣相差很大的话，是难以生活在一起的。
두 사람의 성격과 취향이 서로 차이가 크면, 함께 생활하기가 힘들 것이다.

情趣 qíngqù 취향 | 难以 nányǐ ~하기 어렵다 | 生活 shēnghuó 생활하다

注重 zhùzhòng

동 중시하다, 중점을 두다
▶ 나는 실력보다 성실함을 더 注重하는 사람이야.

在人际交往中，不可以只注重个人利益。
인간관계에서 개인의 이익만 중시해서는 안 된다.

人际交往 rénjì jiāowǎng 대인 관계 | 个人 gèrén 개인 | 利益 lìyì 이익
　유의　 看重 kànzhòng 중시하다　　반의　 轻视 qīngshì 무시하다, 경시하다

主导 zhǔdǎo

형 주도의, 주도적　명 주도
▶ 그의 정신을 지배하는 主导 사상은 유교 사상이다.

思想道德的培养对未成年人的健康成长起主导作用。
사상과 도덕을 키우는 것은 미성년자의 건강한 성장에 주도적인 역할을 한다.

思想 sīxiǎng 사상 | 道德 dàodé 도덕 | 培养 péiyǎng 키우다 | 未成年人 wèi chéngniánrén 미성년자 | 成长 chéngzhǎng 성장하다 | 起作用 qǐ zuòyòng 역할을 하다

看待 kàndài

동 대하다, 다루다, 취급하다
▶ 너는 이 문제를 看待하는 관점부터가 잘못됐어.

我们要用与时俱进的观点去看待问题。
우리는 시대와 함께 나아가는 관점으로 문제를 바라보아야 한다.

与时俱进 yǔshíjùjìn 시대와 같이 전진하다 | **观点** guāndiǎn 관점

유의 **对待** duìdài 다루다, 대하다

유의어 비교　**看待 vs 对待**

두 어휘 모두 사람·사물을 어떠한 대상으로 여기는지를 나타낸다. 그러나 看待는 구체적인 행동 없이 생각으로만 인식하는 것을 가리키고, 对待는 인식하여 취하는 태도와 행위를 나타낸다는 차이가 있다.

예　**他当亲兄弟看待** 그를 친형제로 여기다

对待朋友要真诚(zhēnchéng) 친구를 대할 때는 진실해야 한다

认真对待 진지하게 대하다 (○) | **认真看待** (×)

一贯 yíguàn

형 일관되다, 변함없다
▶ 너는 전혀 一贯되지 않고 이랬다저랬다 말을 잘 바꾸는구나!

尊老爱幼是中国人一贯的传统，但如今很多人都忘记了。
어른을 공경하고 아이를 사랑하는 것은 중국인의 일관된 전통이지만, 현재 많은 사람들이 모두 잊었다.

尊老爱幼 zūnlǎo àiyòu 연장자를 존중하고 어린이를 사랑하다 | **传统** chuántǒng 전통 | **如今** rújīn 현재, 오늘날

疑惑 yíhuò

명 의혹, 의문　동 의문이 들다
▶ 증거를 봤는데도 마음 속의 疑惑는 여전히 풀리지 않아.

在学习方面，有疑惑就应该向老师请教。
학습 측면에 있어서, 궁금한 것이 있으면 바로 선생님에게 가르침을 청해야 한다.

方面 fāngmiàn 측면 | **请教** qǐngjiào 가르침을 청하다

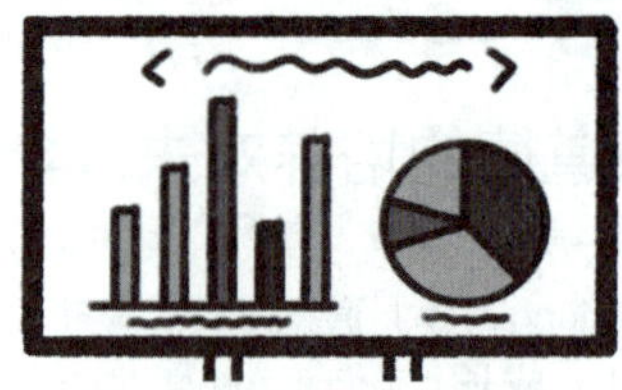

犹如 yóurú

동 마치 ~와 같다
▶ 발전이 없는 사상은 犹如 죽은 것과도 같아.

进入社会犹如进入了染缸，要选择适合自己的"颜色"。

사회에 진입하는 것은 마치 물감 통에 들어가는 것과 같아서, 자신에게 적합한 '색상'을 선택해야 한다.

进入 jìnrù (어떤 범위·시기에) 들다 | 社会 shèhuì 사회 | 染缸 rǎngāng 염색 항아리 | 适合 shìhé 적합하다
유의 仿佛 fǎngfú 마치 ~인 것 같다

指示 zhǐshì

동 지시하다, 명령을 내리다   동 가리키다   명 지시, 명령
▶ 우리는 국장이 지시한 대로 프로그램을 만들어야 해.

工人们按照上级指示的命令进行作业。

인부들이 상급자가 지시한 명령에 따라 작업을 진행한다.

工人 gōngrén 노동자, 인부 | 按照 ànzhào ~에 따라 | 上级 shàngjí 상급자 | 命令 mìnglìng 명령하다 | 进行 jìnxíng 진행하다

示意 shìyì

동 (표정·동작·모양 등으로) 뜻을 표시하다, 의사를 나타내다
▶ 선생님이 방금 눈짓으로 수업에 집중하라고 示意하셨어.

领导向台下的人们挥手示意，人们欢呼回应。

리더가 무대 아래의 사람들에게 손을 흔들어 마음을 표하자, 사람들은 환호성으로 답했다.

领导 lǐngdǎo 리더 | 台 tái 무대 | 挥手 huīshǒu 손을 흔들다 | 欢呼 huānhū 환호하다 | 回应 huíyìng 대답하다

呈现 chéngxiàn

동 나타내다, 드러나다
▶ 아마 모든 분야에서 비슷한 양상이 呈现될 것 같아.

通过政府的新政策，社会呈现出一片繁荣景象。

정부의 새로운 정책을 통해, 사회는 번영하는 광경을 띄었다.

通过 tōngguò ~을 통해 | 政府 zhèngfǔ 정부 | 政策 zhèngcè 정책 | 片 piàn 풍경·기상·언어·소리·마음 등을 세는 양사 | 繁荣 fánróng 번영하다 | 景象 jǐngxiàng 광경, 현상
유의 显现 xiǎnxiàn 드러나다

思维 sīwéi

명 사고, 사유 **동** 숙고하다, 생각하다
▶ 그녀는 思维가 논리적이지 못해서 자주 횡설수설해.

成功人士应该用发展的眼光观看问题并保持敏捷的思维。
성공한 사람은 반드시 발전적인 관점으로 문제를 바라보고, 민첩한 사고를 유지해야 한다.

成功 chénggōng 성공하다 | 人士 rénshì 인사 | 发展 fāzhǎn 발전하다 | 眼光 yǎnguāng 관점
| 观看 guānkàn 보다 | 并 bìng ~하고 | 保持 bǎochí 유지하다 | 敏捷 mǐnjié 민첩하다

思维는 개념·구성·분석·종합·판단·추리를 하는 등의 이성적 활동으로, 특히 독해 3부분의 논설문에서 자주 출제된다. 아래 빈출 표현들을 익히고 넘어가자.

예　思维能力 사고능력 | 思维机制(jīzhì) 사고 체제
逆向(nìxiàng)思维 역발상 | 缜密(zhěnmì)的思维 치밀한 사고
活跃(huóyuè)思维 활발히 사고하다 | 思维僵化(jiānghuà) 사고가 굳어지다

思索 sīsuǒ

동 사색하다, 깊이 생각하고 탐색하다
▶ 그 친구는 복잡한 건 질색이라서, 思索하는 것을 싫어해.

不要对我们不知道的问题不假思索地回答。
우리가 모르는 문제에 대해 깊은 생각 없이 대답하지 마라.

不假思索 bùjiǎsīsuǒ 깊이 사고하지 않다
유의　思考 sīkǎo 생각하다, 사고하다, 사색하다

思索는 어떤 일이나 문제 등을 이해하고 분명히 하기 위한 것이며, 思考는 어떤 것을 결정하거나 책략·방법을 정하기 위한 사고 활동을 나타낸다.

예　我反复思索也不明白。 나는 계속 생각해 봐도 잘 모르겠다.
经过认真思考, 我决定去中国留学。 심사숙고 끝에, 나는 중국 유학을 가기로 결정했다.

沉思 chénsī

동 심사숙고하다
▶ 오랫동안 沉思한 끝에 아주 좋은 해결 방안을 생각해 냈어.

沉思片刻的回答比脱口而出的建议更值得相信。
잠깐이라도 심사숙고한 대답이 나오는 대로 말한 제안보다 더 믿을 만하다.

片刻 piànkè 잠깐 | 脱口而出 tuōkǒu'érchū 나오는 대로 말하다 | 建议 jiànyì 제안 | 值得
zhídé ~할 만한 가치가 있다

琢磨 zuómo

(동) 깊이 생각하다, 사색하다, 궁리하다
▶ 이 문장이 뜻하는 바가 무엇인지 네가 한 번 琢磨해 보겠니?

这个问题太复杂了，所以他琢磨了半天，也没想明白。
이 문제는 매우 복잡해서, 그는 한참을 생각했는데도 잘 이해하지 못했다.

复杂 fùzá 복잡하다

回顾 huígù

(동) 회고하다, 뒤돌아보다
▶ 틈만 나면 예전 사진들을 보며 즐거웠던 시절을 回顾하곤 해.

当我们回顾一生走过的日子时，请不要愧对自己的良心。
우리가 평생 걸어온 날들을 돌이켜 볼 때, 자신의 양심에 부끄럽게 하지 마세요.

一生 yìshēng 일생 | 日子 rìzi 시절 | 愧对 kuìduì (대할) 면목이 없다 | 良心 liángxīn 양심

开明 kāimíng

(형) (생각이) 깨어 있다, 진보적이다
▶ 난 사고가 开明한 사람이 혁신을 일으킬 수 있다고 생각해.

一位开明的领导人对一个国家来说是至关重要的。
깨어 있는 지도자는 한 국가에 있어서 매우 중요하다.

领导人 lǐngdǎorén 지도자 | 至关重要 zhìguān zhòngyào 매우 중요하다

条理 tiáolǐ

(명) (생각·언어·글 등의) 조리, 두서, 맥락
(명) (생활·업무 등의) 질서, 짜임새, 체계
▶ 너 오늘따라 어째 하는 말마다 条理가 없니?

使用文字交流时，人们一般思路清晰、条理也更完整。
문자를 사용하여 교류할 때 사람들은 일반적으로 사고의 맥락이 명확하고, 조리도 더 완벽하다.

使用 shǐyòng 사용하다 | 文字 wénzì 문자 | 交流 jiāoliú 교류하다 | 思路 sīlù 사고의 맥락 |
清晰 qīngxī 또렷하다 | 完整 wánzhěng 완벽하다

推理 tuīlǐ

(동) 추론하다, 추리하다
▶ 그 탐정은 어쩜 推理하는 것마다 틀릴 수가 있지?

科学家进行推理时，往往遵循客观规律。
과학자는 추론을 할 때, 종종 객관적인 규칙을 따른다.

科学家 kēxuéjiā 과학자 | 进行 jìnxíng 진행하다 | 往往 wǎngwǎng 종종 | 遵循 zūnxún
따르다 | 客观 kèguān 객관적이다 | 规律 guīlǜ 규칙

推测 tuīcè

동 추측하다, 헤아리다
▶ 그건 단지 내가 推测해 본 것일 뿐, 아직 확실하지 않아.

预报员进行天气预报时，会凭经验加入自己的推测。
기상 캐스터는 일기 예보를 할 때, 경험을 바탕으로 자신의 추측을 더한다.

预报员 yùbàoyuán 기상 캐스터 ｜ 天气预报 tiānqì yùbào 일기 예보 ｜ 凭 píng ~에 의거하여 ｜ 经验 jīngyàn 경험 ｜ 加入 jiārù 보태다

意料 yìliào

동 (일의 상황·결과 등에 대해) 짐작하다, 예상하다
▶ 이건 모두 다 意料했던 일이라서 놀랍지도 않아.

火箭试飞成功是人们意料之中的事。
로켓 시험 발사가 성공한 것은 사람들이 예상했던 일이다.

火箭 huǒjiàn 로켓 ｜ 试飞 shìfēi 시험 비행하다 ｜ 成功 chénggōng 성공하다

预料 yùliào

동 (사전에 발전 과정·결과 등을) 예상하다 **명** 예상
▶ 내가 预料했던 것보다 일이 너무 커져서 도무지 감당이 안 돼.

对于我们无法预料的事，最好不要提前担心。
우리가 예상할 수 없는 일에 대해서는 미리 걱정하지 않는 것이 가장 좋다.

无法 wúfǎ ~할 수 없다 ｜ 最好 zuìhǎo ~하는 것이 가장 좋다 ｜ 提前 tíqián 앞당기다, 미리 하다

유의어 비교	预料 vs 预计 vs 预测	
预料 yùliào	관련된 상황을 통해 미리 예상하는 것으로, 비교적 정확하지 않음	
	예 出乎预料 예상 밖이다 ｜ 与他预料的正好相反 그가 예상한 것과 정반대이다	
预计 yùjì	사전에 미리 계산·계획·추측하는 것으로, 계산과 관련된 목적어가 많이 쓰임	
	예 预计负债 부채를 추산하다 ｜ 预计明年完工 내년에 완공할 것으로 추산하다	
预测 yùcè	정확한 계산을 통해 예측하는 것으로, 관측이 필요한 목적어에 많이 쓰임	
	예 预测市场 시장을 예측하다 ｜ 预测得很准确 정확히 예측하다	

联想 liánxiǎng

동 연상하다
▶ 붉은 단풍잎은 저절로 가을이라는 계절을 联想하게 해.

人在触景生情时，能联想起很多往事。
사람은 눈앞의 사물이 특별한 감정을 일으킬 때, 많은 지난 일들이 연상될 수 있다.

触景生情 chùjǐngshēngqíng 눈앞의 사물로 감정이 일다 ｜ 往事 wǎngshì 지난 일

设想 shèxiǎng

[동] 상상하다, 가상하다
▶ 어떻게 하면 그렇게 터무니없이 设想할 수가 있지?

只有大胆地设想，才会有意想不到的收获。
대담하게 상상해야지만 비로소 예상치 못한 수확을 거둘 수 있다.

只有A, 才B zhǐyǒu A, cái B A해야지만, 비로소 B하다 | **大胆** dàdǎn 대담하다 | **意想不到** yìxiǎng búdào 예상하지 못하다 | **收获** shōuhuò 수확

保守 bǎoshǒu

[형] (사상이) 보수적이다 [동] 고수하다, 지키다
▶ 어르신들은 비교적 保守한 사상을 가지고 있는 것 같아.

保守并非不好，但保守到故步自封，就容易被淘汰。
보수적인 것이 결코 나쁜 것은 아니지만, 현상에만 안주할 정도로 보수적이면, 도태되기 쉽다.

并非 bìngfēi 결코 ~하지 않다 | **故步自封** gùbù zìfēng 진보를 바라지 않고 현상에 안주하다 | **淘汰** táotài 도태하다

孤立 gūlì

[형] 따로 떨어져 있다, 고립되어 있다
[동] 고립시키다
▶ 타인과 교류하지 않고 孤立된 생각만 가지고는 발전할 수 없어.

解释词义时，不能从某个孤立的字句做望文生义的解释。
단어의 의미를 설명할 때, 어떤 고립된 문구에서 글자만 보고 뜻을 짐작하는 설명을 해서는 안 된다.

解释 jiěshì 설명하다 | **词义** cíyì 단어의 뜻 | **某** mǒu 어떤 | **字句** zìjù 문자와 어구 | **望文生义** wàngwénshēngyì (함의를 보지 않고) 글자만 보고 잘못된 해석을 하다

顽固 wángù

[형] 완고하다, 보수적이다 [형] 고질적이다
▶ 그는 남의 의견은 배척하면서 顽固하게 자기 주장만 옳다고 해.

我们不可以顽固地拒绝新事物的存在。
우리는 완고하게 새로운 사물의 존재를 거부해서는 안 된다.

拒绝 jùjué 거부하다 | **事物** shìwù 사물 | **存在** cúnzài 존재

指定 zhǐdìng

▶ 연구 보고서는 指定된 형식에 맞춰서 작성해 주세요.

探险家们会在事先指定的范围进行活动。

탐험가들은 사전에 지정된 범위에서 활동한다.

探险家 tànxiǎnjiā 탐험가 | **事先** shìxiān 사전에 | **范围** fànwéi 범위 | **进行** jìnxíng 진행하다 | **活动** huódòng 활동

特定 tèdìng

형 특정한
▶ 이번 글쓰기는 特定한 주제에 따라 진행됩니다.

人类思维方式的形成取决于特定的社会环境。

인류 사고방식의 형성은 특정한 사회 환경에 의해 결정된다.

人类 rénlèi 인류 | **思维** sīwéi 생각하다 | **方式** fāngshì 방식 | **形成** xíngchéng 형성되다 | **取决于** qǔjuéyú ~에 달려 있다, ~으로 결정되다 | **社会** shèhuì 사회

认定 rèndìng

동 인정하다 동 확정적으로 여기다
▶ 모두가 그 행위는 잘못된 것이라고 认定했어.

陪审员一致认定被告人的行为是有罪的。

배심원은 일제히 피고인의 행위가 유죄라고 인정했다.

陪审员 péishěnyuán 배심원 | **一致** yízhì 일치하다 | **被告人** bèigàorén 피고인 | **行为** xíngwéi 행위 | **有罪** yǒuzuì 유죄이다

断定 duàndìng

동 단정하다, 결론을 내리다
▶ 너의 방식이 옳은 것이라고 断定하기는 아직 일러.

人们不敢断定他不会成为下一任的主席。

사람들은 그가 차기 주석이 되지 못할 것이라고 감히 단정하지 못한다.

不敢 bùgǎn 감히 ~하지 못하다 | **成为** chéngwéi ~이 되다 | **任** rèn 차기, 대(관직의 횟수·차례에 쓰이는 양사) | **主席** zhǔxí 주석

确立 quèlì

동 확립하다, 수립하다
▶ 올바른 자아를 确立하고 행동할 줄 아는 어른이 되기를 바랄게.

一个人如果不能确立明确的目标，很可能碌碌无为。
사람이 만약 명확한 목표를 수립할 수 없다면, 아마 아무런 성과도 없을 것이다.

明确 míngquè 명확하다 | **目标** mùbiāo 목표 | **碌碌无为** lùlùwúwéi 부질없이 바쁘게 보내며 이룬 바가 없다

觉醒 juéxǐng

동 각성하다, 깨닫다
▶ 그는 잘못을 觉醒하고 결과를 바꿔 보려고 노력했어.

想要改变腐朽的社会现状，就需要人们的觉醒。
부패한 사회 상황을 바꾸려면 사람들의 각성이 필요하다.

改变 gǎibiàn 바꾸다 | **腐朽** fǔxiǔ 부패하다 | **社会** shèhuì 사회 | **现状** xiànzhuàng 현황

发觉 fājué

동 발견하다, 알아차리다, 깨닫다
▶ 그녀의 원망이 나를 향한 것임을 이제서야 发觉했어.

一旦发觉了自己的问题，就应该立即改正。
일단 자신의 문제를 발견하면 즉시 고쳐야 한다.

一旦A, 就B yídàn A, jiù B 일단 A하면, B하다 | **立即** lìjí 즉시 | **改正** gǎizhèng 개정하다

领悟 lǐngwù

동 깨닫다, 이해하다, 납득하다
▶ 시간이 흘러 자연스럽게 그 이치를 领悟하게 되었다.

一个人真正领悟人生，往往是经过了大起大落后。
한 사람이 진정으로 인생을 깨닫는 것은 종종 큰 풍파를 겪은 후이다.

真正 zhēnzhèng 진실로 | **人生** rénshēng 인생 | **往往** wǎngwǎng 종종 | **大起大落** dàqǐdàluò 풍파를 많이 겪다 | **全面** quánmiàn 완전하다

大致 dàzhì

형 대략적인, 대체적인　부 대략, 대강
▶ 계약서의 大致 내용은 들어서 알고 있습니다.

对这部世界名著，我只了解了一个大致内容。
이 세계 명작에 대해 나는 대략적인 내용만 이해했다.

部 bù 부(서적·영화를 세는 양사) | **名著** míngzhù 명작 | **内容** nèiróng 내용

范畴 fànchóu

명 범주, 범위, 유형
▶ 예상 范畴를 벗어난 문제로 인해 모두가 엄청 당황했다.

生物学问题不属于我们探讨的范畴。
생물학 문제는 우리가 탐구하는 범주에 속하지 않는다.

生物学 shēngwùxué 생물학 ｜ **属于** shǔyú ～에 속하다 ｜ **探讨** tàntǎo 탐구하다

层次 céngcì

명 (말·글의) 순서, 단계　명 (서로 관련된) 각급 기구
▶ 그림의 层次에 따라 논리적으로 설명해 보세요.

成功的文章一般是层次清楚、言简意赅的。
성공적인 글은 보통 순서가 명확하고 간단명료하다.

成功 chénggōng 성공하다 ｜ **文章** wénzhāng 글 ｜ **言简意赅** yánjiǎnyìgāi 말은 간결하나 뜻은 완벽하다

内在 nèizài

형 (마음속에) 내적인, 내재한, 내면의　형 내재적인
▶ 그가 아직도 결정하지 못한 걸로 보아 内在 갈등이 있는 것 같아.

兼顾内在与外在，才会成为一个受欢迎的人。
내재적인 것과 외재적인 것을 모두 신경 써야 비로소 인기 있는 사람이 될 수 있다.

兼顾 jiāngù 아울러 고려하다 ｜ **成为** chéngwéi ～이 되다 ｜ **受欢迎** shòu huānyíng 인기가 있다, 환영을 받다
반의 **外在** wàizài 외재적인, 외적인, 외형의

固有 gùyǒu

형 고유의, 본래 있는
▶ 사람마다 태어날 때부터 갖고 있는 固有한 특성이 있지.

要想学习知识，就不应该被固有的知识束缚。
배움을 얻으려면 기존의 지식에 얽매이지 말아야 한다.

要想A, 就B yàoxiǎng A, jiù B A하려고 한다면, B하다 ｜ **知识** zhīshi 지식 ｜ **束缚** shùfù 속박하다
반의 **外来** wàilái 외부에서 온, 고유한 것이 아닌

混淆 hùnxiáo

图 헷갈리게 하다, 모호하게 하다
图 뒤섞이다, 경계가 모호하다(주로 추상명사에 쓰임)
▶ 이 몇 가지 문제들이 명확하지 않아서, 자꾸 나를 混淆하게 해.

有些人总是喜欢混淆是非，不按事实说话。
어떤 사람들은 항상 옳고 그름을 헷갈리게 하고, 사실대로 말하지 않는다.

混淆是非 hùnxiáoshìfēi 옳고 그름을 혼동하게 하다 | 按 àn ~에 따라서 | 事实 shìshí 사실

要素 yàosù

명 요소
▶ 여러 가지 要素들이 얽혀 있어 개념을 이해하는 게 쉽지가 않아.

乐观的态度是获得幸福的重要要素。
낙관적인 태도는 행복을 얻는 중요한 요소이다.

乐观 lèguān 낙관적이다 | 态度 tàidu 태도 | 获得 huòdé 얻다 | 幸福 xìngfú 행복

蕴藏 yùncáng

图 잠재하다, 매장되다, 간직하다
▶ 속담에는 옛 조상들의 많은 지혜가 蕴藏되어 있는 것 같아.

庄子的寓言故事蕴藏着许多人生哲理。
장자의 우언고사에는 많은 인생의 철학이 담겨 있다.

庄子 Zhuāngzǐ 장자 | 寓言 yùyán 우화 | 许多 xǔduō 매우 많다 | 人生 rénshēng 인생 |
哲理 zhélǐ (우주와 인생의) 이치

출제 포인트　蕴藏+着

蕴藏은 듣기 1부분과 3부분에 자주 출제되는 어휘로, 신비함을 담고 있거나 자원 등이 묻혀 있는 내용으로 출제된다. 어떤 것이 담겨 있는 상태를 나타내어 보통 着와 함께 자주 쓰인다는 점도 알아 두자.

예　蕴藏着无限(wúxiàn)的奥秘(àomì) 무한한 신비가 담겨 있다
　　蕴藏着丰富的资源(zīyuán) 풍부한 자원이 묻혀 있다

意味着 yìwèizhe

图 의미를 나타내다
▶ 한두 번의 실패가 인생 전체의 실패를 意味着하지 않는다.

你富有并不意味着你幸福，贫穷也不代表你不幸。
자신이 부유하다는 것이 결코 자신이 행복하다는 것을 의미하지 않고, 가난하다고 해서 불행을
나타내지도 않는다.

富有 fùyǒu 부유하다 | 并 bìng 결코 | 幸福 xìngfú 행복하다 | 贫穷 pínqióng 가난하다 |
代表 dàibiǎo 나타내다 | 不幸 búxìng 불행하다

内涵 nèihán

명 (언어에 담겨 있는) 내용, 의미　명 소양, 교양
▶ 어떠한 사상에는 그 시대의 문화적 内涵이 많이 반영되기도 해.

汉字包含了丰富的历史文化内涵。
한자는 풍부한 역사·문화적 의미를 내포하고 있다.

汉字 Hànzì 한자 | 包含 bāohán 포함하다 | 丰富 fēngfù 풍부하다

含义 hányì

명 함의, 담긴 의미
▶ 독서가 부족해서 그런지 시 속의 含义는 아직 잘 모르겠어.

由于文化差异，有时同一个单词会有不同的含义。
문화적 차이 때문에 어떤 경우 같은 단어가 다른 의미를 지닐 수 있다.

由于 yóuyú ~때문에 | 差异 chāyì 차이 | 有时 yǒushí 어떤 때 | 同 tóng 같다, 동일하다 |
单词 dāncí 단어

涉及 shèjí

동 관련되다, 미치다
▶ 여러 사람과 涉及되어 있는 일을 결정할 땐 신중해야 해.

国际会议涉及到很多国与国之间的敏感话题。
국제 회의는 각국 간의 민감한 화제와 관련되어 있다.

国际会议 guójì huìyì 국제 회의 | A 与B之间 A yǔ B zhī jiān A와 B 사이 | 敏感 mǐngǎn 민감
하다 | 话题 huàtí 화제

反面 fǎnmiàn

명 부정적·소극적인 면　명 (-儿) 뒷면　명 (일 따위의) 다른 면
▶ 좋은 결과만 기대할 것이 아니라 反面 결과에 대해서도 대비해
　야 해.

电影中，很多反面角色受到了人们追捧。
영화 속에서 많은 악역들이 사람들의 추종을 받았다.

反面角色 fǎnmiàn juésè 악역 | 受到 shòudào 받다 |
追捧 zhuīpěng 우상으로 받들다, 추종하다
반의 正面 zhèngmiàn 긍정적·적극적인 면

迷惑 míhuò
동 현혹되다, 미혹되다　형 시비를 가리지 못하다
▶ 그럴싸한 말에 迷惑되어 자신의 주관은 완전히 없어져 버렸어.

受过高等教育的人，是不应该被封建迷信所迷惑的。
고등 교육을 받은 적이 있는 사람은 봉건 미신에 현혹되어서는 안 된다.

高等 gāoděng 고등의 | **教育** jiàoyù 교육 | **封建** fēngjiàn 봉건 제도 | **迷信** míxìn 미신 | **所** suǒ ~되다(피동을 나타냄)

妄想 wàngxiǎng
명 망상, 공상　동 망상하다, 공상하다
▶ 그는 근거 없는 妄想에 빠져 스스로를 피해자라고 생각해.

不通过持之以恒的学习，就想上大学，只能是痴心妄想。
꾸준하게 공부하지 않고 그저 대학에 가고자 하는 것은 헛된 망상일 수밖에 없다.

通过 tōngguò ~을 통해 | **持之以恒** chízhīyǐhéng 오랫동안 견지하다 | **痴心妄想** chīxīnwàngxiǎng 허황된 망상에 빠지다

空想 kōngxiǎng
명 공상　동 공상하다
▶ 그 아이디어가 어째서 실현 불가능한 空想이라고 생각해?

成功从不是靠空想得来的，而是靠不懈的努力而得到的。
성공은 한 번도 공상을 통해 얻어진 적이 없고, 끊임없는 노력이 있어야 얻을 수 있다.

成功 chénggōng 성공하다 | **不是A，而是B** búshì A, érshì B A가 아니라, B이다 | **靠** kào 의지하다 | **不懈** búxiè 꾸준하다 | **而** ér ~하고 | **得到** dédào 얻다

空白 kòngbái
명 공백, 여백
▶ 프린트 뒷면에 空白가 있으니 거기에 네 생각을 적어 봐.

当我们的大脑一片空白时，说明我们需要休息。
우리의 뇌가 새하얗게 될 때는 우리에게 휴식이 필요하다는 뜻이다.

当……时 dāng …… shí ~할 때 | **大脑** dànǎo 대뇌 | **片** piàn 풍경·기상·언어·소리·마음 등을 세는 양사 | **说明** shuōmíng 설명하다

출제 포인트　一片空白(백지 상태)

空白는 전 영역에 자주 출제되는 어휘로, 주로 一片空白로 쓰인다. 종이나 화면이 비어 있는 상태를 나타내지만, 아무 생각이 나지 않는 '백지 상태'로 훨씬 많이 출제된다. 특히 6급 쓰기에서 주인공의 심정·상황을 나타낼 때 쓰이므로, 확실히 익혀 두자.

예 **脑子里一片空白** 머리가 백지 상태이다 | **旁边一片空白** 옆이 모두 공백이다

寄托 jìtuō

동 걸다, 두다　동 의탁하다, 맡기다, 의뢰하다
▶ 이번 프레젠테이션은 너희 둘에게 기대를 寄托해 볼게.

孔明灯上的话语，寄托了人们美好的祝愿。
공명등 위에 쓰인 글은 사람들의 아름다운 염원을 담고 있다.

孔明灯 kǒngmíngdēng 공명등(풍등) ｜ **话语** huàyǔ 말 ｜ **美好** měihǎo 아름답다 ｜ **祝愿** zhùyuàn 염원

灵魂 línghún

명 마음, 정신　명 영혼
▶ 그 영화는 우리들의 灵魂에 깊은 감명을 주었다.

总统的讲话触及了我们每个百姓的灵魂深处。
대통령의 연설이 우리 모든 백성의 마음 깊은 곳에 닿았다.

总统 zǒngtǒng 대통령 ｜ **讲话** jiǎnghuà 연설 ｜ **触及** chùjí 닿다 ｜ **百姓** bǎixìng 백성 ｜ **深处** shēnchù 깊숙한 곳

间接 jiànjiē

형 간접적인(제3의 관계를 통해 발생한)
▶ 걔는 눈치가 없어서 间接로 돌려서 말하면 못 알아들어.

大多诗人不从正面描写对象，而是习惯间接地去描述。
대부분의 시인이 직접적으로 대상을 묘사하지 않고, 간접적으로 묘사하는 것에 익숙하다.

大多 dàduō 대부분 ｜ **诗人** shīrén 시인 ｜ **不 A, 而 B** bù A, ér B A하지 않고, B하다 ｜ **正面** zhèngmiàn 정면으로 ｜ **描写** miáoxiě 묘사하다 ｜ **对象** duìxiàng 대상 ｜ **描述** miáoshù 묘사하다

深奥 shēn'ào

형 (이치나 담은 뜻이) 심오하다, 깊다
▶ 동양 철학의 深奥한 이치를 깨달으려면 난 아직 멀었어.

汉字蕴含了华夏五千年的历史内容和深奥意义。
한자는 중화 민족 5천 년의 역사적 내용과 심오한 의미를 담고 있다.

汉字 Hànzì 한자 ｜ **蕴含** yùnhán 내포하다 ｜ **华夏** Huáxià 중화 민족 ｜ **内容** nèiróng 내용 ｜ **意义** yìyì 의미

奥秘 àomì

명 신비, 비밀, 수수께끼
▶ 생명의 奥秘를 가장 알기 쉽게 보여 주는 게 식물이래.

探究生命的奥秘，是科学家们毕生的事业。
생명의 신비를 탐구하는 것은 과학자들의 평생 과업이다.

探究 tànjiū 탐구하다 | **生命** shēngmìng 생명 | **科学家** kēxuéjiā 과학자 | **毕生** bìshēng 평생
| **事业** shìyè 사업

美妙 měimiào

형 아름답다, 훌륭하다, 더없이 좋다
▶ 지금 꿈꾸고 있는 나의 미래는 완벽하고 美妙해.

仰望着辽远的夜空，会让人心中充满美妙的遐想。
아득히 먼 밤하늘을 올려다 보고 있으면, 마음속이 아름다운 상상으로 가득 찬다.

仰望 yǎngwàng 고개를 들어 멀리 바라보다 | **辽远** liáoyuǎn 아득히 멀다 | **夜空** yèkōng 밤하늘 |
心中 xīnzhōng 마음속 | **充满** chōngmǎn 가득 차다 | **遐想** xiáxiǎng 끝없는 상상

奇妙 qímiào

형 신기하다, 기묘하다
▶ 해외여행 중에 소꿉친구를 만나다니, 정말 奇妙한 일 아니니?

优美的童话里充满了奇妙的幻想。
아름다운 동화 속에는 신기한 환상이 가득하다.

优美 yōuměi 우아하고 아름답다 | **童话** tónghuà 동화 | **幻想** huànxiǎng 환상

神奇 shénqí

형 기묘하다, 신기하다
▶ 그의 정신세계는 매우 神奇해서 쉽게 이해하기 힘들어.

中国的古代传说大都带有神奇的色彩。
중국의 고대 전설은 대부분 기묘한 색채를 띠고 있다.

古代 gǔdài 고대 | **传说** chuánshuō 전설 | **大都** dàdōu 대부분 | **带有** dàiyǒu 띠고 있다 |
色彩 sècǎi 색채

출제 포인트　**神奇의 빈출 짝꿍 표현**

神奇는 신비한 전설, 자연, 신체 등 여러 가지 주제로, 듣기와 독해 전 부분에 출제된다. 특히 독해 4부분
에서 자주 나오므로, 자주 쓰이는 표현을 익혀 두자.

예　**神奇的海底世界** 신비한 해저 세계 | **神奇的传说** 신비한 전설

　　神奇的一幕(mù) 신비한 장면 | **神奇之处** 신비한 점

神圣 shénshèng

형 신성하다, 성스럽다

▶ 할머니는 여전히 미신이 神圣한 것이라고 생각하셔.

教书育人是教师的神圣职责。

학생을 가르치고 인재를 양성하는 것은 교사의 신성한 책무이다.

教书 jiāoshū 학생을 가르치다 | 育人 yùrén 인재를 양성하다 | 职责 zhízé 책무

界限 jièxiàn

명 한계, 한도　명 경계

▶ 인간의 사고와 상상력에는 界限이 없는 것 같아.

知识是没有界限的，我们不应该只涉猎一门学问。

지식은 한계가 없으니, 우리는 한 학문만을 섭렵해서는 안 된다.

知识 zhīshi 지식 | 涉猎 shèliè 두루 섭렵하다 | 学问 xuéwen 학문

境界 jìngjiè

명 경지　명 (토지의) 경계

▶ 그는 그 당시에 이미 사상적으로 최고의 境界에 이르렀어.

科学家们一旦开始研究，就会进入到一种忘我的境界。

과학자들은 일단 연구를 시작하면, 바로 일종의 자신조차 잊는 경지에 도달한다.

研究 yánjiū 연구하다 | 进入 jìnrù 들다 | 忘我 wàngwǒ 자신을 돌보지 않다

★ 보충단어　아래 단어들의 예문은 WEB 단어장에서 확인할 수 있어요.

보충단어
WEB 단어장

学说 xuéshuō 명 학설

实质 shízhì 명 본질, 실질

线索 xiànsuǒ 명 (탐구의) 단서, 실마리
　　　　　명 (발전상의) 구성, 전개

迹象 jìxiàng 명 흔적, 자취, 조짐

确切 quèqiè 형 확실하다
　　　　형 적절하다, 정확하다

大体 dàtǐ 부 대체적으로　명 중요한 이치

纯粹 chúncuì 부 순전히(자주 是와 쓰임)
　　　　형 순수하다, 깨끗하다

酝酿 yùnniàng 동 마련하다, 준비하다
　　　　동 기르다　동 술을 빚다

贬义 biǎnyì 명 부정적·혐오적인 의미

迟钝 chídùn 형 둔하다, 느리다

颠倒 diāndǎo 동 전도하다, 뒤바꾸다
동 (순서 없이) 뒤섞여 어수선하다

文化内涵	wénhuà nèihán	문화적 함의
理解含义	lǐjiě hányì	속뜻을 이해하다
明确区分	míngquè qūfēn	명확하게 구분하다
分辨是非	fēnbiàn shìfēi	옳고 그름을 구분하다
推测后果	tuīcè hòuguǒ	결과를 추측하다
确立学说	quèlì xuéshuō	학설을 확립하다
用/以……命名	yòng/yǐ …… mìngmíng	~로 명명하다
呈现出……	chéngxiànchū ……	~를 나타내다
基本要素	jīběn yàosù	기본 요소
工作范畴	gōngzuò fànchóu	작업 범위
间接描写	jiànjiē miáoxiě	간접적으로 묘사하다
蕴藏潜力	yùncáng qiánlì	감춰진 잠재력
颠倒是非	diāndǎoshìfēi	옳고 그름을 뒤바꾸다
出乎预料	chūhū yùliào	예상을 빗나가다
疑惑不解	yíhuò bùjiě	의문이 풀리지 않다
思维能力	sīwéi nénglì	사고 능력

데일리 테스트

고생하셨어요!
QR코드를 스캔하면 DAY01~DAY30 전체 데일리 테스트 PDF가
다운로드됩니다.

아주 좋은 지적이야

#토론 #연설

诸位 zhūwèi

대 여러분
▶ 제 이야기는 여기서 마치고 诸位의 질문을 받겠습니다.

讲演者结束讲话时，向诸位的光临表示了感谢。
연사는 연설을 끝낼 때 참석해 준 사람들에게 감사를 표했다.

讲演者 jiǎngyǎnzhě 강연자 | **光临** guānglín 광림하다 | **表示** biǎoshì 표시하다 | **感谢** gǎnxiè 감사하다

倾听 qīngtīng

동 경청하다
▶ 유명 인사의 특별 강연이라 그런지 모두가 倾听하더라고.

所有人都聚精会神地倾听着我的演讲。
모든 사람이 정신을 집중하여 나의 연설을 경청하고 있다.

所有 suǒyǒu 모든 | **聚精会神** jùjīnghuìshén 정신을 집중하다 | **演讲** yǎnjiǎng 연설
유의 **聆听** língtīng 경청하다

目睹 mùdǔ

동 직접 보다, 목도하다
▶ 이런 경이로운 광경을 내가 目睹하다니!

观众们目睹了节目场面的情况，都觉得很不可思议。
관객들이 프로그램 장면의 상황을 직접 보고는 모두 불가사의하다고 느꼈다.

观众 guānzhòng 관중 | **场面** chǎngmiàn 장면 | **情况** qíngkuàng 상황 | **不可思议** bùkěsīyì 불가사의하다

言论 yánlùn

명 (정치나 공적인 일에 대한) 언론, 의견
▶ 잘못된 정보에 노출되면 잘못된 言论이 형성되기 쉬워.

我们应该共同抵制那些中伤他人身心的言论。
우리는 함께 타인의 심신을 해치는 언론을 제한해야 한다.

共同 gòngtóng 함께 | **抵制** dǐzhì 제한하다, 억제하다 |
中伤 zhòngshāng 중상하다, 근거 없이 헐거나 손해를 입히다 |
他人 tārén 타인 | **身心** shēnxīn 심신

论坛 lùntán

명 논단, 칼럼
▸ 이 행사는 각국의 환경 단체가 기후 변화에 대해 토론하는 论坛이야.

如今，在网络的论坛上，人们基本上可以畅所欲言。
오늘날, 인터넷 게시판에서 사람들은 기본적으로 의견을 마음껏 표할 수 있다.

如今 rújīn 오늘날 | **网络** wǎngluò 인터넷 | **基本** jīběn 기본적인 | **畅所欲言** chàngsuǒyùyán 하고 싶은 말을 마음껏 하다

立场 lìchǎng

명 입장, 태도, 관점
▸ 이번에도 네 立场을 확실히 하지 않으면 또 흐지부지될 거야.

这场辩论会的双方都充分地表达了自己的立场。
이번 토론회의 양측은 모두 충분히 자신의 입장을 표현했다.

场 cháng 회(사물의 발생·자연 현상·행위의 과정을 세는 양사) | **辩论会** biànlùnhuì 토론회 | **双方** shuāngfāng 양측 | **充分** chōngfèn 충분히 | **表达** biǎodá 표현하다

见解 jiànjiě

명 견해, 소견
▸ 이번 토론 주제에 대한 교수님들의 见解가 각각 달라.

那个人的见解只代表个人，并不能代表我们的想法。
그 사람의 견해는 개인의 생각을 대변할 뿐, 우리의 생각을 대변할 수는 없다.

代表 dàibiǎo 대신하다 | **个人** gèrén 개인 | **并** bìng 결코 | **想法** xiǎngfǎ 생각
유의 **看法** kànfǎ 견해

意图 yìtú

명 의도
▸ 상대방의 意图를 정확히 파악해야 승기를 잡을 수 있어.

有些网友歪曲了我在论坛上发表的真实意图。
일부 네티즌들이 내가 게시판에 언급한 진짜 의도를 왜곡했다.

网友 wǎngyǒu 네티즌 | **歪曲** wāiqū 왜곡하다 | **论坛** lùntán 논단 | **发表** fābiǎo 발표하다 | **真实** zhēnshí 진실하다
유의 **企图** qǐtú 의도 / **意向** yìxiàng 의도

意向 yìxiàng

명 의도, 의향, 의사
▶ 이렇게까지 몰아붙이는 데는 분명 어떤 意向이 있을 거야.

在大家的争吵声中，这次会议最初的意向完全消失了。
모두가 언쟁을 벌이는 가운데, 이번 회의의 최초 의도는 완전히 사라졌다.

争吵 zhēngchǎo 큰 소리로 언쟁하다 ｜ 最初 zuìchū 최초 ｜ 完全 wánquán 완전히 ｜ 消失 xiāoshī 사라지다

유의 意图 yìtú 의도

유의어 비교 　意向 vs 意图

두 단어 모두 어떠한 목표에 도달하기 위한 의도를 뜻하지만, 활용에 차이가 있다.

意向 yìxiàng
구체적이지 않고, 어떤 동기가 생겨나는 단계로, 그 다음 意图로 넘어감
예 意向不明 의향이 불분명하다 ｜ 投资意向 투자 의사 (○) ｜ 作家的意向 (✕)

意图 yìtú
비교적 구체적으로 목표를 실현하려는 계획을 가지며, 회화에 많이 쓰임
예 主观意图 주관적인 의도 ｜ 作家的意图 작가의 의도 (○) ｜ 投资意图 (✕)

表态 biǎotài

동 입장을 밝히다, 태도를 표명하다
▶ 그는 오랜 고민 끝에 반대의 입장을 表态했다.

教授明确表态说，他支持我们发表的观点。
교수님이 입장을 명확하게 밝히면서, 우리가 발표한 관점을 지지한다고 하셨다.

教授 jiàoshòu 교수 ｜ 明确 míngquè 명확하다 ｜ 支持 zhīchí 지지하다 ｜ 观点 guāndiǎn 관점

各抒己见 gèshū jǐjiàn

성 각자 자기의 의견을 발표하다
▶ 모두 各抒己见하느라 바빠서 남의 의견은 듣지도 않네.

各大学的代表各抒己见，在讨论中达成了共识。
각 대학의 대표가 각자의 의견을 발표했고, 토론을 하면서 공감대를 형성했다.

代表 dàibiǎo 대표 ｜ 讨论 tǎolùn 토론하다 ｜
达成 dáchéng (상의 후 결과를) 얻다 ｜ 共识 gòngshí 공통된 인식
유의 畅所欲言 chàngsuǒ yùyán 하고 싶은 말을 마음껏 하다

提议 tíyì

명 제의 동 제의하다
▶ 이번 토론을 통해 상대측의 提议를 받아들이기로 했어.

公司代表极其赞成对方代表提出的提议。
회사 대표는 상대방 대표가 제안한 제의에 적극 찬성했다.

极其 jíqí 아주, 극히 | **赞成** zànchéng 찬성하다 | **对方** duìfāng 상대방 | **提出** tíchū 제의하다
유의 **建议** jiànyì (자기 의견을) 제안하다, 제기하다, 건의하다

倡议 chàngyì

동 제의하다, 제안하다 명 제안, 제의, 발의
▶ 그는 다수결로 결과를 정하는 것이 어떻겠냐고 倡议하였다.

我校同学倡议开展向山区贫困儿童献爱心的活动。
우리 학교 학생들은 산간 지역의 빈곤 아동에게 도움을 주는 프로그램을 진행할 것을 제안한다.

开展 kāizhǎn 전개하다 | **贫困** pínkùn 빈곤하다 | **儿童** értóng 아동 | **献爱心** xiàn àixīn 선행을 베풀다 | **活动** huódòng 활동

陈述 chénshù

동 진술하다
▶ 동생이 떨지도 않고 의견을 자신 있게 陈述하더라고.

她有理有据地陈述了她的意见，引来了一阵热烈的掌声。
그녀는 조리 있게 그녀의 의견을 발표했고, 열렬한 박수를 이끌어 냈다.

有理有据 yǒulǐ yǒujù 이치에 맞고 근거도 있다 | **意见** yìjiàn 의견 | **引** yǐn 야기하다 | **阵** zhèn 차례(박수를 세는 양사) | **热烈** rèliè 열렬하다 | **掌声** zhǎngshēng 박수 소리
유의 **讲述** jiǎngshù 진술하다

展示 zhǎnshì

동 명확하게 나타내다, 확실하게 드러내다
▶ 이번 강연을 통해, 위인들의 위대한 사적을 展示해 보이려고 해.

他在这次会议中给人们展示了近期的工作成果。
그는 이번 회의에서 사람들에게 최근의 업무 성과를 선보였다.

近期 jìnqī 최근, 가까운 시기 | **成果** chéngguǒ 성과

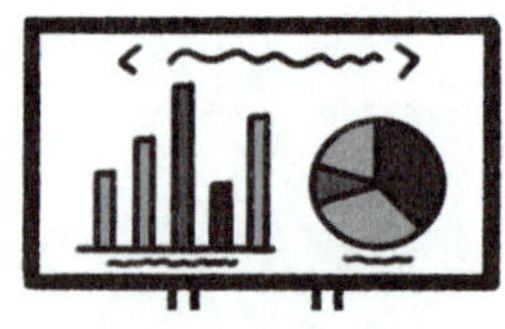

着重 zhuózhòng

동 강조하다, 치중하다, 힘을 주다

▶ 사회자는 모든 발언자가 공평하게 발언할 것을 着重하고 있어.

助教在会议上着重地阐述了这篇论文的核心。

조교는 회의에서 이 논문의 핵심을 강조하여 설명했다.

助教 zhùjiào 조교 | **阐述** chǎnshù 상세히 논술하다 | **篇** piān 편(문장 등을 세는 양사) | **论文** lùnwén 논문 | **核心** héxīn 핵심

骨干 gǔgàn

명 기본적이며 핵심적인 사람·사물 **명** 골간

▶ 그의 이야기에는 骨干이라고는 전혀 없고, 죄다 겉핥기식이야.

讨论会上代表们意见分歧很明显，令很多骨干感到尴尬。

토론회에서 대표들의 의견 차이가 분명해서 많은 간부가 난감해졌다.

讨论会 tǎolùnhuì 토론회 | **代表** dàibiǎo 대표 | **意见** yìjiàn 의견 | **分歧** fēnqí 불일치하다 | **明显** míngxiǎn 분명하다 | **令** lìng ~하게 하다 | **尴尬** gāngà 난감하다

精华 jīnghuá

명 정수, 정화

▶ 잘 분별하여 부차적인 것이 아닌 精华를 취해야 해.

哲学是时代精神的精华，它促进了社会的发展。

철학은 시대 정신의 정수로, 사회의 발전을 촉진했다.

哲学 zhéxué 철학 | **时代** shídài 시대 | **精神** jīngshén 정신 | **促进** cùjìn 촉진하다 | **社会** shèhuì 사회 | **发展** fāzhǎn 발전하다

유의 **精髓** jīngsuǐ 정수

精确 jīngquè

형 정확하다

▶ 지금 精确한 근거를 가지고 이야기하는 것 맞습니까?

他在论文中精确地列出了这次试产调查的数据。

그는 논문에서 이번 시험 생산의 조사 데이터를 정확하게 열거했다.

列出 lièchū 열거하다 | **试产** shìchǎn 시험 생산하다 | **调查** diàochá 조사하다 | **数据** shùjù 데이터

虚假 xūjiǎ

형 거짓의, 허위의, 실제와 다른
▶ 그는 자기가 겪지도 않은 虚假한 이야기로 강연을 했대!

他们对事实做了虚假的陈述，这引起了社会的关注。
그들은 사실에 대해 거짓으로 진술했고, 이는 사회적 관심을 모았다.

陈述 chénshù 진술하다 | 引起 yǐnqǐ (주의를) 끌다 | 关注 guānzhù 관심을 갖고 보다, 주시하다
반의 真实 zhēnshí 진실하다

依据 yījù

명 근거 동 근거하다, 의거하다 개 ~를 근거로
▶ 명확한 依据가 없는 주장은 받아들이지 않겠습니다.

我的推理为大家的研究提供了依据。
나의 추리는 모두의 연구에 근거를 제공했다.

推理 tuīlǐ 추리 | 研究 yánjiū 연구하다 | 提供 tígōng 제공하다
유의 根据 gēnjù 근거

鉴于 jiànyú

개 ~의 점에서 보아, ~에 비추어 보아 접 ~로 인하여, ~ 때문에
▶ 이러한 사실에 鉴于하여, 이번 계획은 수정하는 것이 좋겠어요.

鉴于研究的结果各有千秋，大会很难立即做出决定。
연구의 결과가 각기 다르다는 점에서 보아, 총회에서 바로 결정을 내리기는 어렵다.

结果 jiéguǒ 결과 | 各有千秋 gèyǒuqiānqiū 제각기 자기의 장점을 가지고 있다 | 大会 dàhuì
총회 | 立即 lìjí 바로

比方 bǐfang

동 비유하다 동 예를 들어, 예컨대 접 가령, 만약
▶ 구체적으로 比方해서 말하니 확실히 설득력이 있네.

尽管我打了很多比方，但是大家却没能理解。
내가 많은 예시를 들었지만, 모두들 이해하지 못했다.

尽管A, 但是B jǐnguǎn A, dànshì B 비록 A하지만, B하다 | 打 dǎ (어떤 방식을) 취하다 | 却 què
오히려 | 理解 lǐjiě 이해하다
유의 比如 bǐrú 예를 들어, 예를 들면

출제 포인트　比如와 같은 뜻을 나타내는 比方

比方은 比如의 유의어로, 독해 2부분에 자주 출제된다. 품사는 동사이며, 打比方의 형태로도 많이 쓰이
므로, 반드시 알아 두도록 하자.

예　比方说 예를 들어 말하면 | 打比方 예를 들어 설명하다

据悉 jùxī

▶ 据悉 모두가 그의 이번 발언에 당혹스러워하고 있다더라.

据悉双方对本次合作进行了深入的讨论。
소식에 의하면 양측이 이번 협력에 대해 깊이 있는 토론을 했다고 한다.

双方 shuāngfāng 양측 | **合作** hézuò 협력 | **进行** jìnxíng 진행하다 | **深入** shēnrù 깊다 |
讨论 tǎolùn 토론하다

推论 tuīlùn

명 추론 동 추론하다
▶ 네 推论은 모두 엉터리야, 맞는 게 하나도 없잖아.

听了我合理的**推论**，所有人都表示赞成。
나의 합리적인 추론을 듣고 나서 모든 사람들이 찬성했다.

合理 hélǐ 합리적이다 | **所有** suǒyǒu 모든 | **表示** biǎoshì 표시하다 | **赞成** zànchéng 찬성하다

论证 lùnzhèng

동 논증하다 동 심의하다 명 논거
▶ 찬반 토론에서 나는 완벽하게 论证했다.

他在辩论中引经据典，使**论证**有理有据。
그는 토론 중 경전의 어구를 인용하여 논증을 조리 있게 만들었다.

辩论 biànlùn 토론하다 | **引经据典** yǐnjīngjùdiǎn (연설·문장에서) 경전 중의 어구나 고사를 인용하다
| **使** shǐ ~하게 하다 | **有理有据** yǒulǐ yǒujù 이치에 맞고 근거도 있다
유의 **论据** lùnjù 논거

验证 yànzhèng

동 검증하다, 인증하다
▶ 모두 전문가에게 验证받은 정확한 사실입니까?

大会决定**验证**他们的说法是否属实。
총회는 그들의 주장이 사실인지를 검증하기로 결정했다.

说法 shuōfa 견해 | **是否** shìfǒu ~인지 아닌지 | **属实** shǔshí 사실과 일치하다

출제 포인트　듣기 영역 빈출 어휘 **验证**

验证은 듣기 영역에서 자주 출제되는 어휘로, 사실 여부를 확인한다는 의미로도 쓰인다. 시험에서는 验证码로 자주 출제되는데, 온라인 상에서 로그인할 때 사용되는 인증 번호를 뜻하며, 이와 관련된 시스템이나 개인 정보와 관련한 내용에 출제된다. 아래 어휘를 잘 익혀 두자.

예　**验证码** 인증 코드 | **图片验证码** 그림 인증 코드 | **验证方式** 인증 방식

检验 jiǎnyàn

(동) 검증하다, 검사하다

▶ 이것은 모두 检验된 이론이라 논거가 되기에 충분합니다.

所有人的观念必须经得起实验的检验。

모든 사람의 관념은 실험을 통한 검증을 감당할 수 있어야 한다.

所有 suǒyǒu 모든 | 观念 guānniàn 관념 |
经得起 jīng de qǐ 감당할 수 있다 | 实验 shíyàn 실험

(유의) 验证 yànzhèng 검증하다, 인증하다
　　　检查 jiǎnchá 검사하다

辨认 biànrèn

(동) 식별해 내다

▶ 너무 그럴싸해서 전문가가 아니라면 辨认하기 힘들 거야.

他的伪装很快被记者们辨认出来。

그의 위장은 금방 기자들에게 들통났다.

伪装 wěizhuāng 위장 | 记者 jìzhě 기자

识别 shíbié

(동) 가려내다, 분별하다, 식별하다

▶ 현대의 지식인에겐 가짜 뉴스를 识别해 낼 수 있는 혜안이 필요해.

召开这次会议的目的是识别并更正发言人的错误观点。

이번 회의를 개최한 목적은 연사의 잘못된 관점을 가려내고 수정하기 위한 것이다.

召开 zhàokāi 개최하다 | 目的 mùdì 목적 | 并 bìng 그리고 | 更正 gēngzhèng (잘못을) 고치다
| 发言人 fāyánrén 연설자, 연사 | 错误 cuòwù 잘못되다 | 观点 guāndiǎn 관점

(유의) 辨别 biànbié 판별하다, 구별하다

출제 포인트　독해 영역 빈출 어휘 **识别**

识别는 사람이나 사물의 좋고 나쁨, 진위, 선악 등을 구별하는 것을 뜻하는데, 보통 시각 등 감각을 통해 구별하고 인식하는 것을 나타낸다. 진위 구별, 안면 인식 등에 쓰여, 독해 영역에서 진위와 과학 기술 등의 내용에 자주 출제되므로, 아래 빈출 표현을 익혀 두자.

(예) **识别真假** 진위를 구별하다 | **识别物体** 사물을 구별하다
　　人脸识别 안면 인식 | **图片识别** 그림 인식

鉴别 jiànbié

동 구별하다, 감별하다, 변별하다
▶ 그들의 주장만 들어서는 옳고 그름을 鉴别하기 힘들어.

人们都在讨论这些难以鉴别真假的娱乐圈怪现象。

사람들은 진실과 거짓을 구별하기 어려운 연예계의 이런 괴현상들에 대해 토론하고 있다.

讨论 tǎolùn 토론하다 | 难以 nányǐ ~하기 어렵다 | 真假 zhēnjiǎ 진위 |
娱乐圈 yúlèquān 연예계 | 怪现象 guài xiànxiàng 이상한 현상
유의 鉴定 jiàndìng 감정하다, 감별하다
辨别 biànbié 판별하다, 구별하다

鉴定 jiàndìng

동 감정하다, 감별하다　동 (사람을) 평가하다　명 평가
▶ 진짜가 아니면 쓸모가 없으니, 전문가한테 鉴定받아 보자.

这幅画被专家们鉴定为赝品。

이 그림은 전문가들이 위조품이라고 감정했다.

幅 fú 폭(옷감·종이·그림 등을 세는 양사) | 专家 zhuānjiā 전문가 | 为 wéi ~라고 여기다 | 赝品
yànpǐn 위조품
유의 鉴别 jiànbié 구별하다, 감별하다, 변별하다

鉴定은 전문성이나 권위를 갖춘 사람이 어떤 대상을 감별할 때 쓰이므로, 듣기 2부분 인터뷰와 듣기 3
부분에 자주 출제된다. 유의어 鉴别는 행위의 주체에 상관없이 쓰이는 차이가 있다는 것도 참고하자.

예 鉴定文物真伪 문물의 진위를 감별하다 | 鉴定地质年龄 지질 연령을 감정하다
玺印(xǐyìn)鉴定 옥새 직인 감정 | 据鉴定 감정에 따르면

考核 kǎohé

동 심사하다
▶ 이번 考核를 통과하면 드디어 모든 과정이 끝이나!

参赛者们一定要通过评审的考核才能进入最后的决赛。

시합 참가자들은 반드시 심사 위원의 심사를 거쳐야 비로소 최종 결승전에 진출할 수 있다.

参赛者 cānsàizhě (경기 등의) 참가자, 참가 선수 | 通过 tōngguò 통과하다 |
评审 píngshěn 심사하다 | 进入 jìnrù 들다 | 决赛 juésài 결승전

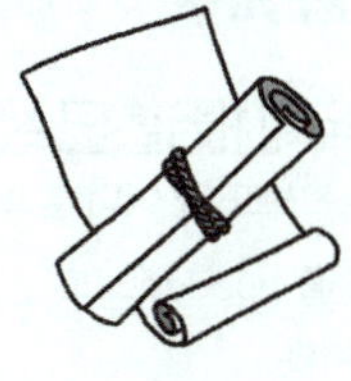

考验 kǎoyàn

(동) 시험하다, 검증하다
▶ 이것은 무차별한 공격이 아니라 자질을 考验하는 것입니다.

我的研究成果是经得起时间**考验**的。
나의 연구 성과는 시간의 시험을 이겨낼 수 있다.

研究 yánjiū 연구하다 | **成果** chéngguǒ 성과

출제 포인트 듣기·쓰기 빈출 어휘 **考验**

考验은 독해 영역에서 자주 출제되지만, 듣기와 쓰기에서도 출제되는 필수 어휘이다. 인생에 시련을 주는 상황 등에 많이 나오며, 목적어로는 사람이나 시험하는 내용을 취한다. 아래 기출 표현을 익혀 두자.

예 **考验新郎勇气** 신랑의 용기를 시험하다

考验如何权衡(quánhéng)**得失** 어떻게 득실을 따질지 시험하다

经得起考验 시험을 견뎌 낼 수 있다

证实 zhèngshí

(동) 실증하다, 검증하다
▶ 이야기의 진실성을 证实할 만한 증거가 전혀 없습니다.

未经**证实**的言论，不宜向公众发表。
실증을 거치지 않은 언사는 대중에게 발표하기 적당하지 않다.

未经 wèijīng 거치지 않다 | **言论** yánlùn (정치적·공적인 일에 대한) 의견, 언론 | **不宜** bùyí 적당하지 않다 | **公众** gōngzhòng 대중 | **发表** fābiǎo 발표하다

유의 **证明** zhèngmíng 증명하다

출제 포인트 **证实**의 빈출 짝꿍 표현

证实는 어떤 정보가 사실임을 증명하는 것을 나타낸다. 보통 연구 등을 통하여 어떠한 사실을 증명할 때 자주 쓰여, 전문가나 과학자, 연구 등의 내용과 함께 쓰인다.

예 **证实观点** 관점을 증명하다 | **证实它的存在** 그것의 존재를 증명하다

研究证实 연구 결과로 | **科学家证实** 과학자가 증명하다

辩解 biànjiě

(동) 해명하다, 변명하다
▶ 전부 다 사실무근이라고 공개적으로 辩解했어.

新闻报道已经发布了，可是当事人并未做出任何**辩解**。
뉴스 보도가 이미 발표되었지만, 당사자는 아직 어떤 해명도 하지 않았다.

报道 bàodào 보도 | **发布** fābù 발표하다 | **并未** bìngwèi 결코 ~ 적이 없다 | **任何** rènhé 어떠한

유의 **分辩** fēnbiàn 해명하다, 변명하다 / **辩白** biànbái 해명하다, 변명하다

敷衍 fūyan / fūyǎn

- **동** 무성의하게 하다, 형식적으로 하다
- **동** 부연 설명하다(주로 서면어로 쓰임)
- ▶ 그는 내 말을 주의 깊게 듣지도 않고 **敷衍**하게 대답하더라고.

大众一致认为媒体对不实报道的道歉过于敷衍。

대중들은 언론의 거짓 보도에 대한 사과가 지나치게 무성의하다고 생각한다.

大众 dàzhòng 대중 | **一致** yízhì 함께 | **媒体** méitǐ 대중 매체 | **不实报道** bùshí bàodào 거짓 보도, 가짜 뉴스 | **道歉** dàoqiàn 사과하다 | **过于** guòyú 지나치게, 과도하게

转移 zhuǎnyí

- **동** (위치를) 옮기다, 이동시키다　**동** 바꾸다, 변경하다
- ▶ 시선을 좀 **转移**해서 문제를 바라봐.

绯闻事件发生不久，媒体都将视线转移到当事人身上。

스캔들이 발생한 지 오래지 않아, 언론은 시선을 당사자에게 돌렸다.

事件 shìjiàn 사건 | **发生** fāshēng 발생하다 | **将** jiāng ~을 | **视线** shìxiàn 시선

유의 **移动** yídòng 옮기다

焦点 jiāodiǎn

- **명** 초점, 집중　**명** (물리·수학에서) 초점
- ▶ 논쟁의 **焦点**을 흐리지 말고 정확하게 이야기하세요.

近日，全民的焦点问题无疑是高考问题。

최근 온 국민의 초점은 단연 수능 문제이다.

近日 jìnrì 최근 | **全民** quánmín 전체 국민 | **无疑** wúyí 두말할 것 없다 | **高考** gāokǎo 중국의 대학 입학 시험

要点 yàodiǎn

- **명** (말·문장의) 요점　**명** 거점, 근거지
- ▶ 저는 이 한마디로 제 주장의 **要点**을 설명하려고 합니다.

本期报道的要点主要是地震灾区的灾后重建问题。

이번 보도의 요점은 주로 지진 피해 지역의 재해 복구 문제이다.

报道 bàodào 보도 | **地震** dìzhèn 지진 | **灾区** zāiqū 재해 지역 | **灾** zāi 재해 | **重建** chóngjiàn 재건하다

热门 rèmén

명 (-儿) 인기 있는 것, 유행하는 것, 이슈
▶ 한동안 줄기세포에 관한 이야기가 어디서나 热门이었지.

近期，大会将邀请人气作家来讨论最近的 热门社会话题。
최근 총회는 인기 작가를 초청하여 최근 이슈가 된 사회적 문제에 대해 논의하고자 한다.

近期 jìnqī 가까운 시기 ｜ **大会** dàhuì 총회 ｜ **将** jiāng ~할 것이다 ｜ **邀请** yāoqǐng 초청하다 ｜
人气 rénqì 인기 ｜ **作家** zuòjiā 작가 ｜ **讨论** tǎolùn 토론하다 ｜ **社会** shèhuì 사회 ｜ **话题** huàtí
화제

출제 포인트　**热门**의 빈출 짝꿍 표현

热门은 사람들에게 시선을 끌고, 인기를 얻고, 화제가 되는 대상을 가리킨다. 쓰기 영역에서 이런 표현이
활용되므로, 자주 쓰이는 표현을 익혀 두자.

예　**热门人物** 화제의 인물 ｜ **热门话题** 이슈(화제) ｜ **热门新闻** 핫 뉴스
　　热门生意 인기 사업 ｜ **热门职业** 인기 직업 ｜ **热门货** 인기 상품

反问 fǎnwèn

동 반문하다
▶ 그는 의심하는 태도로 그 의견이 실행될 수 있을 것 같냐고 反问했다.

王菲在接受记者采访时，时常反问那些难为她的记者。
왕페이는 기자와의 인터뷰에서, 그녀를 곤란하게 만드는 기자들에게 자주 반문한다.

王菲 Wáng Fēi 왕페이(중국 대중 가수) ｜ **接受** jiēshòu 받다 ｜ **记者** jìzhě 기자 ｜ **采访** cǎifǎng
인터뷰하다 ｜ **时常** shícháng 자주 ｜ **难为** nánwei 난처하게 하다

终究 zhōngjiū

부 결국, 필경, 어쨌든
▶ 양측은 오랜 마라톤 회의 끝에 终究 합의점에 도달했다.

会议上大家各执己见，问题终究未得到解决。
회의에서 모두 각자의 의견을 고집하여, 문제는 결국 해결되지 않았다.

各执己见 gèzhíjǐjiàn 각자 자기의 의견을 고집하다 ｜ **未** wèi ~하지 않다 ｜ **得到** dédào 얻다
유의　**终归** zhōngguī 결국에는 ／ **毕竟** bìjìng 어쨌든, 결국

是非 shìfēi

명 시비, 옳고 그름 명 말다툼, 시비
▶ 그렇게 간단한 일의 是非도 가리지 못하면서 누구를 설득합니까?

我们要强烈反对那些不辨是非的组织和团体。
우리는 시비를 분별하지 못하는 조직과 단체들을 강력히 반대해야 한다.

强烈 qiángliè 강렬하다 | **反对** fǎnduì 반대하다 | **不辨** búbiàn 분별하지 못하다 | **组织** zǔzhī 조직 | **团体** tuántǐ 단체

真相 zhēnxiàng

명 진상, 실상
▶ 이 일은 미스터리여서 真相이 아직도 확실히 밝혀지지 않았어.

揭露事实真相是一个合格的媒体人应尽的责任。
사건의 진상을 밝혀 내는 것은 적격한 언론인이라면 마땅히 온 힘을 다해야 하는 책임이다.

揭露 jiēlù 폭로하다 | **事实** shìshí 사실 | **合格** hégé 합격이다, 적격이다 | **媒体** méitǐ 대중 매체 | **尽** jìn 온 힘을 다해 해내다 | **责任** zérèn 책임
반의 **假象** jiǎxiàng 가상, 허상

争议 zhēngyì

동 논란하다, 논쟁하다
▶ 이런 식으로 의미 없게 争议하는 건 그만 둬.

这部电影的内容十分敏感，上映后引起了不少的争议。
이 영화의 내용은 매우 민감해서, 상영된 후 많은 논란을 일으켰다.

部 bù 부(서적·영화를 세는 양사) | **内容** nèiróng 내용 | **十分** shífēn 매우 | **敏感** mǐngǎn 민감하다 | **上映** shàngyìng 상영하다 | **引起** yǐnqǐ 야기하다

冲突 chōngtū

동 충돌하다, 싸우다 동 모순되다, 상충하다
▶ 여기는 의견을 나누는 곳이지 冲突하는 곳이 아니야.

选手们在后台起了冲突，这导致决赛延期举行。
선수들은 대기실에서 갈등을 일으켜서, 결승전의 진행이 연기되었다.

选手 xuǎnshǒu 선수 | **后台** hòutái 무대 뒤, 대기실 | **导致** dǎozhì 야기하다 | **决赛** juésài 결승 | **延期** yánqī 연기하다 | **举行** jǔxíng 거행하다

分歧 fēnqí

명 불일치, 차이　형 불일치하다, 어긋나다
▶ 모두의 分歧를 해결하지 않으면 하나의 결론을 낼 수 없어.

团体内有了分歧应及时解决，以免影响整个团体的发展。
조직 내 의견 불일치가 있으면 제때에 해결하여, 조직 전반의 발전에 영향을 미치지 않게 해야 한다.

团体 tuántǐ 단체　|　**内** nèi 내부　|　**及时** jíshí 제때에　|　**以免** yǐmiǎn ～하지 않도록　|　**整个** zhěnggè 온, 모든　|　**发展** fāzhǎn 발전하다
반의　**一致** yízhì 일치하다

计较 jìjiào

동 따지다, 계산하여 비교하다　동 논쟁하다, 언쟁하다
동 계획하다, 상의하다
▶ 이런 사소한 일로 计较해 봤자 꼴만 우스워져.

在集体中，不要过于计较个人利益。
단체 속에서 개인의 이익을 지나치게 따져서는 안 된다.

集体 jítǐ 단체　|　**过于** guòyú 지나치게　|　**个人** gèrén 개인　|　**利益** lìyì 이익

批判 pīpàn

동 비판하다　동 비평하다
▶ 잘못된 언론은 모두에게 批判받아 마땅해.

他根本没料到自己的作品会遭到社会各界的批判。
그는 자신의 작품이 사회 각계의 비판을 받을 것이라고는 전혀 짐작하지 못했다.

根本 gēnběn 전혀　|　**料到** liàodào 짐작하다　|　**作品** zuòpǐn 작품　|　**遭到** zāodào 당하다　|　**社会** shèhuì 사회　|　**各界** gèjiè 각계
유의　**批评** pīpíng 비평하다, 비판하다

抗议 kàngyì

동 항의하다　명 항의
▶ 불합리한 결정에 대해서는 抗议해도 되지 않나요?

留学生向学校提出了强烈抗议。
유학생들은 학교에 강력하게 항의했다.

留学生 liúxuéshēng 유학생　|　**提出** tíchū 제기하다　|　**强烈** qiángliè 강렬하다

反驳 fǎnbó

동 반박하다
▶ 그의 논리에는 빈틈이 없어 아무도 反驳할 수 없어.

虽然专家反驳了我的观点，但是他们的批评激励了我。
비록 전문가들이 나의 관점을 반박했지만, 그들의 비평은 나를 북돋워 주었다.

专家 zhuānjiā 전문가 | 观点 guāndiǎn 관점 | 批评 pīpíng 비평하다 | 激励 jīlì 북돋워 주다
유의 批驳 pībó 반박하다　반의 赞同 zàntóng 찬성하다

中立 zhōnglì

동 중립하다
▶ 그 친구는 누구의 편도 들지 않고 늘 中立한 입장을 취해.

他的主要论点是使自己在公司保持中立的立场。
그의 주요 논점은 자신이 회사에서 중립의 입장을 유지하도록 하는 것이다.

论点 lùndiǎn 논점 | 使 shǐ ~하게 하다 | 保持 bǎochí 유지하다 | 立场 lìchǎng 입장

调解 tiáojiě

동 조정하다, 중재하다
▶ 둘 사이의 갈등은 선생님이 调解하신 덕분에 해결됐어.

两所学校以友好调解的方式解决了这次争端。
두 학교는 우호적인 조정 방법으로 이번 논쟁을 해결했다.

所 suǒ 개(학교·병원 등 기관을 세는 양사) | 以 yǐ ~으로 | 友好 yǒuhǎo 우호적이다 | 方式 fāngshì 방법 | 争端 zhēngduān 분쟁의 실마리　유의 调和 tiáohé 중재하다

调和 tiáohé

동 타협하다, 양보하다(주로 부정형에 쓰임)
동 중재하다, 평화롭다
▶ 둘 중 누구도 먼저 调和할 생각은 없어 보여.

教授们一致认为在这个问题上没有调和的余地。
교수들은 모두 이 문제에 있어서 타협할 여지가 없다고 생각한다.

教授 jiàoshòu 교수 | 一致 yízhì 함께 | 余地 yúdì 여지　유의 调解 tiáojiě 조정하다, 중재하다

유의어 비교　调和 vs 调解

두 어휘는 강조점과 함께 쓰이는 목적어가 다르다. 차이점을 확실히 구분하자.

调和 tiáohé　서로 간의 분쟁을 해결하여 다시 사이가 좋게 된다는 뜻을 내포함
예 **从中调和** 중간에서 화해시키다 | **不可调和的矛盾**(máodùn) 없앨 수 없는 갈등

调解 tiáojiě　타협, 양보의 의미를 가지고 있음
예 **调解人** 조정자 | **调解纠纷**(jiūfēn) 갈등을 조정하다

公认 gōngrèn

동 공인하다
▶ 그가 언변에 능하다는 것은 자타가 公认하는 사실이야.

接受采访的企业家是人们公认的"良心企业家"。
인터뷰에 응한 기업가는 사람들이 공인하는 '양심 기업가'이다.

接受 jiēshòu 받다 | **采访** cǎifǎng 인터뷰하다 | **企业家** qǐyèjiā 기업가 | **良心** liángxīn 양심

公证 gōngzhèng

동 공증하다
▶ 신청서를 내려면 해외 대학의 성적표를 公证받아야 해.

办理公证一般需要一周时间，应提前申请。
공증하려면 보통 일주일이 걸려서, 사전에 신청해야 한다.

办理 bànlǐ 처리하다 | **提前** tíqián 앞당기다 | **申请** shēnqǐng 신청하다

顽强 wánqiáng

형 완강하다, 억세다, 드세다
▶ 어떤 공격에도 그는 顽强하게 자신의 주장을 펼쳐 나갔어.

我顽强地反对校长的提议，结果被学校记了处分。
내가 교장 선생님의 제안을 완강하게 반대해서, 그 결과 학교에서 처벌 기록이 남았다.

反对 fǎnduì 반대하다 | **提议** tíyì 제안 | **结果** jiéguǒ 결과 | **记处分** jì chǔfèn 처벌을 기록하다
유의 **坚强** jiānqiáng 완강하다

毅然 yìrán

부 결연히, 의연히
▶ 그녀의 흔들림 없는 목소리에서 毅然한 의지가 엿보였어.

在会议上他毅然要求领导让他奔赴灾区，帮助受灾人员。
회의에서 그는 대표에게 재해 지역에 서둘러 가서, 이재민을 도울 수 있게 해 달라고 결연하게 요구했다.

奔赴 bēnfù 서둘러 가다 | **灾区** zāiqū 재해 지역 | **受灾人员** shòuzāi rényuán 이재민

共鸣 gòngmíng

명 동감, 공명, 공감
▶ 그분의 성공 이야기는 모두의 共鸣을 불러 일으켰어.

他的讲话引起了现场观众的共鸣。
그의 발언은 현장에 있던 관객들의 공감을 얻었다.

讲话 jiǎnghuà 연설 | **引起** yǐnqǐ 야기하다 | **现场** xiànchǎng 현장 | **观众** guānzhòng 관중

출제 포인트 듣기·독해 빈출 어휘 **共鸣**

共鸣은 '공감, 동감'이라는 뜻의 비유적 의미를 가지며, 듣기와 독해에서 자주 출제되는데, 특히 듣기 2부분에 많이 출제된다. 대부분 아래의 형태로 활용되니, 반드시 익히고 넘어가자.

예 **引起共鸣** 공감을 이끌어 내다 | **得到共鸣** 공감을 얻다 | **产生共鸣** 공감이 생기다

方言 fāngyán

명 방언
▶ 표준어와 方言을 섞어서 이야기하니 반은 못 알아듣겠어.

作为一个专业的演讲人，应该避免使用地方方言。
전문적인 연사로서, 지방 사투리를 쓰는 일은 피해야 한다.

作为 zuòwéi ～으로서 | **专业** zhuānyè 전문의 | **演讲人** yǎnjiǎngrén 연사, 연설자 | **避免** bìmiǎn 피하다

口音 kǒuyīn

명 발음, 말하는 소리 명 사투리 발음
구음, 입소리(구강에서 기류가 통하여 나는 소리)
▶ 그가 입을 열자마자, 口音을 듣고 다른 지방 사람인 걸 알았어.

一听那位教授说话的口音，我就知道他是南方人。
그 교수가 말을 할 때의 발음을 듣자마자, 나는 바로 그가 남방 사람이라는 것을 알았다.

一A, 就B yī A, jiù B A하자마자, B하다 | **教授** jiàoshòu 교수

口气 kǒuqì

명 말투, 어조, 말씨 명 말의 속뜻 명 기, 어세(말하는 기세)
▶ 남을 설득하고 싶으면 그 자신감 없는 口气부터 바꿔.

他总是以老师的口气教育别人。
그는 항상 선생님 말투로 다른 사람을 가르친다.

以 yǐ ～로 | **教育** jiàoyù 교육하다

误解 wùjiě

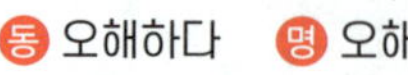

동 오해하다　명 오해
▶ 나쁜 의도로 한 이야기가 아니니 误解하지는 마.

即使被别人误解，我也要在众人面前说出事实。

다른 사람들의 오해를 사더라도, 나는 많은 사람들 앞에서 진실을 말할 것이다.

即使A，也B jíshǐ A, yě B 설령 A하더라도, B하다 | 众人 zhòngrén 여러 사람 | 面前 miànqián 눈앞 | 事实 shìshí 사실

유의 误会 wùhuì 오해하다

★ 보충단어　아래 단어들의 예문은 WEB 단어장에서 확인할 수 있어요.

보충단어
WEB 단어장

情理 qínglǐ 명 (일반적인) 이치, 사리

歪曲 wāiqū 동 왜곡하다

荒谬 huāngmiù 형 엉터리이다, 터무니없다

大不了 dàbuliǎo 형 대단하다, 굉장하다 (주로 부정형에 쓰임) 부 기껏해야, 고작

立足 lìzú 동 발붙이다 동 (입장에) 서다, 근거하다

澄清 chéngqīng 동 (인식·문제 등을) 분명하게 밝히다 동 평정하다 형 맑고 깨끗하다

答辩 dábiàn 동 답변하다

岔 chà 동 화제를 바꾸다 명 갈림길 명 (-儿) 착오, 실수, 사고

追究 zhuījiū 동 (원인·책임 등을) 추궁하다, 규명하다, 따지다

争端 zhēngduān 명 분쟁의 실마리

纠纷 jiūfēn 명 갈등, 다툼, 분쟁

尖锐 jiānruì 형 날카롭다, 예리하다

推翻 tuīfān 동 뒤집다, 뒤엎다 동 전복시키다

公然 gōngrán 부 공공연히, 공개적으로, 거리낌 없이

当面 dāngmiàn 부 (-儿) 그 자리에서, 직접 마주하여

手势 shǒushì 명 손짓, 손동작

口头 kǒutóu 형 구두로 하는 명 입(말을 하는 상황에 쓰임)

母语 mǔyǔ 명 모국어

吞吞吐吐 tūntūntǔtǔ 형 우물쭈물하다, 떠듬거리다, 얼버무리다

简体字 jiǎntǐzì 명 간체자

繁体字 fántǐzì 명 번체자

 HSK 6급 빈출 표현

음원 듣기

倾听意见	qīngtīng yìjiàn	의견을 경청하다
陈述事实	chénshù shìshí	사실을 진술하다
表明意图	biǎomíng yìtú	의도를 밝히다
引起共鸣	yǐnqǐ gòngmíng	공감을 이끌어 내다
追究责任	zhuījiū zérèn	책임을 추궁하다
进行辩解	jìnxíng biànjiě	변명을 늘어놓다
调解纠纷	tiáojiě jiūfēn	갈등을 조정하다
见解不深	jiànjiě bùshēn	견해가 깊지 않다
顽强拼搏	wánqiáng pīnbó	완강하게 끝까지 맞서 싸우다
转移视线	zhuǎnyí shìxiàn	시선을 옮기다
鉴定质量	jiàndìng zhìliàng	품질을 평가하다
通过验证	tōngguò yànzhèng	검증을 통해서
依据事实	yījù shìshí	사실에 근거하여
保持立场	bǎochí lìchǎng	입장을 유지하다
批判精神	pīpàn jīngshén	비판적인 정신
消除分歧	xiāochú fēnqí	의견 차이를 없애다

데일리 테스트

고생하셨어요!
QR코드를 스캔하면 DAY01~DAY30 전체 데일리 테스트 PDF가
다운로드됩니다.

PDF 다운로드

DAY 13

★ HSK 시험에 이렇게 나와요.

일상생활의 관계와 소통에 관한 내용이 듣기 3부분과 독해 4부분에 출제되는데, 주로 조화롭게 지내거나 단합, 당부, 보복하는 등의 상황, 관계가 악화되거나 좋아지는 상황 등에 대한 것들입니다.

너와 나의 연결고리

#관계 #소통

음원 듣기

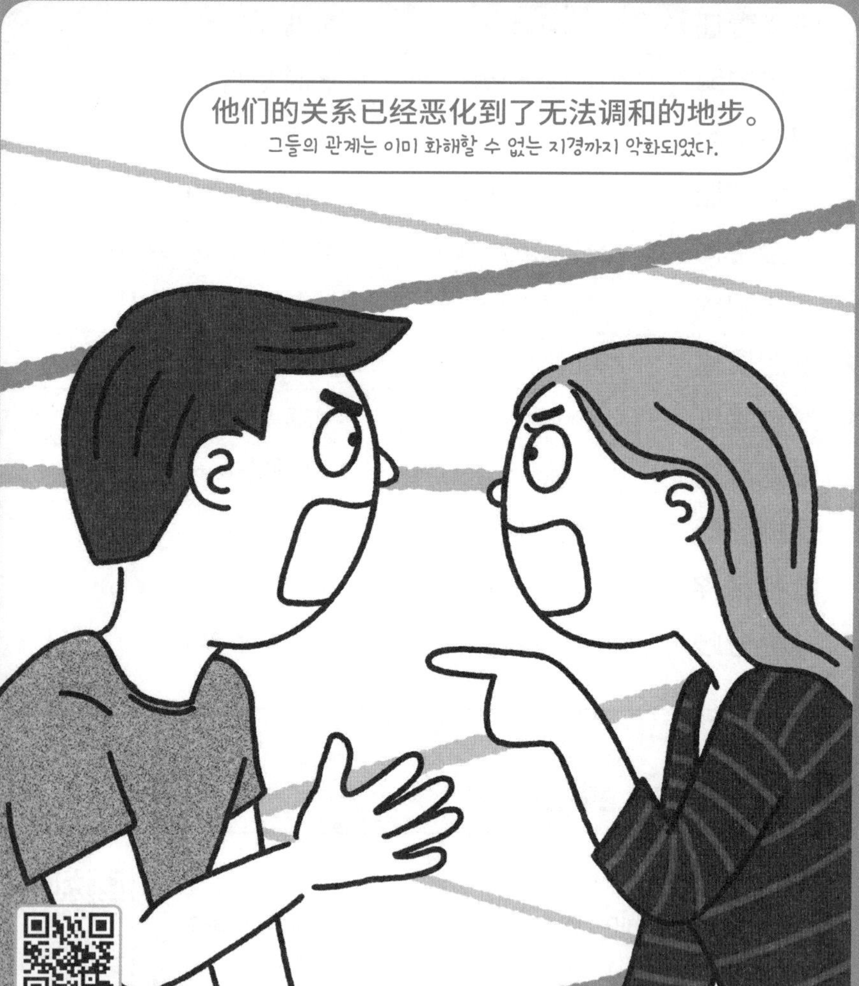

암기 영상

称号 chēnghào

명 호칭, 칭호
▶ 그녀는 주변 사람을 잘 도와서 '마더 테레사'라는 称号를 얻었어.

他不会拒绝人的性格让他有了"老好人"的称号。
그의 거절할 줄 모르는 성격은 '예스맨'이라는 호칭이 생기게 했다.

拒绝 jùjué 거절하다 | **性格** xìnggé 성격 | **老好人** lǎohǎorén 누구한테나 잘해 주어 미움 받지 않는 사람(주로 부정적 의미)

关怀 guānhuái

동 (주로 아랫사람을) 보살피다, 배려하다
▶ 어르신이 关怀해 주신 덕분에 제가 이렇게 성공할 수 있었습니다.

教授对我的关怀给了我莫大的安慰。
나에 대한 교수님의 보살핌은 내게 큰 위로가 되었다.

教授 jiàoshòu 교수 | **莫大** mòdà 더없이 크다 | **安慰** ānwèi 위로가 되다
유의 **关心** guānxīn 관심을 갖다

유의어 비교 关怀 vs 关心

关心은 사람과 사물에 모두 쓰일 수 있는 반면, 关怀의 대상은 사람만 될 수 있다. 또한 关怀는 선배, 연장자 등 주로 윗사람이 아랫사람을 보살피거나 배려하는 것을 뜻한다.

예 **关怀青年人的成长** 청년의 성장에 관심을 갖다 | **关怀群众生活** (×)
关心群众生活 대중의 생활에 관심을 갖다 (○)

东道主 dōngdàozhǔ

명 주최 측, 초대 측, 주최자, 초대자, 주인
▶ 이번 파티의 东道主는 리리야!

作为本次比赛的东道主，保障选手的安全是我们的义务。
이번 경기의 주최 측으로서, 선수의 안전을 보장하는 것은 우리의 의무이다.

作为 zuòwéi ~의 신분으로서 | **保障** bǎozhàng 보장하다 | **选手** xuǎnshǒu 선수 | **安全** ānquán 안전하다 | **义务** yìwù 의무

배경지식 东道主의 유래

东道主는 파티, 연회, 행사 등을 주최하는 주인을 일컫는 말로, 춘추전국 시대 진나라(晋国)가 다른 진나라(秦国)와 함께 정나라(郑国)를 치려고 하자, 정나라 왕이 촉지무(烛之武)를 진(秦)에 사신으로 보내, 정나라를 공격하지 않으면 진(秦)이 동쪽으로 교역하러 가는 길을 안내하고 사신들이 쉬어 가게 돕겠다고 설득한 데서 유래하였다. 독해 3부분에서 어원에 관한 지문이 출제된 적이 있으므로 관련 어휘들을 잘 확인해 두자.

예 **晋(Jìn)国** 진나라 | **郑(Zhèng)国** 정나라 | **秦(Qín)国** 진나라 | **烛之武(Zhú Zhīwǔ)** 촉지무

依托 yītuō

동 의지하다, 기대다 동 (명의를) 빌리다
▶ 내가 모든 것을 내려놓고 依托할 만한 사람은 너밖에 없어.

她生活得很充实，并且找到了可以依托的人。
그녀는 풍족하게 생활하고, 게다가 의지할 수 있는 사람도 찾았다.

生活 shēnghuó 생활하다 | 充实 chōngshí 풍부하다 | 并且 bìngqiě 게다가, 그리고

依赖 yīlài

동 기대다, 의지하다 동 의존하다
▶ 스스로 해결 못 하고 남한테 依赖하는 버릇을 아직도 못 고쳤어?

大学毕业后，我便不再依赖父母，开始独立生活了。
대학 졸업 후, 나는 더는 부모님께 기대지 않고, 독립적으로 생활하기 시작했다.

毕业 bìyè 졸업 | 便 biàn 곧(= 就) | 独立 dúlì 독립하다 | 生活 shēnghuó 생활하다
유의 依靠 yīkào 의지하다

> **출제 포인트** 浓厚의 빈출 짝꿍 표현
>
> 依赖는 자립하지 않고 다른 대상에 의지하는 것을 나타내어, 부모에게 기대거나 약물같은 사물에 의지하는 것을 나타낸다. 듣기와 독해 영역에서 전반적으로 자주 출제되는 어휘이며, 특히 듣기 1부분과 3부분에서 관계에 관한 지문에 자주 나온다.
>
> 예 依赖父母 부모에게 의지하다 | 相互依赖关系 서로 의존하는 관계
> 依赖出口 수출에 의존하다 | 过于依赖药物 약물에 지나치게 의존하다

联络 liánluò

동 연락하다, 접촉하다
▶ 한때는 그렇게 붙어 다녔는데 이제 联络하지 않아.

如今写信已经不是人们互相联络的唯一方式了。
오늘날 편지를 쓰는 것은 이미 사람들이 서로 연락하는 유일한 방식이 아니다.

如今 rújīn 오늘날 | 互相 hùxiāng 서로 | 唯一 wéiyī 유일한 | 方式 fāngshì 방식
유의 联系 liánxì 연락하다

应邀 yìngyāo

동 초청·초대에 응하다
▶ 그는 친구에게 应邀하여 그 학교의 축제에 참석했다.

校长应邀参加了留学生们的辩论大赛。
교장은 초청에 응해 유학생들의 토론회에 참가했다.

留学生 liúxuéshēng 유학생 | 辩论大赛 biànlùn dàsài 변론 시합

响应 xiǎngyìng

동 (호소·제안·요구 등에) 응하다 동 호응하다
▶ 그들의 호소에 정부는 바로 响应했다.

虽然志愿者活动是自愿性质的，但响应者寥寥无几。
비록 자원봉사 활동은 자발적 성격의 활동이라지만, 응하는 사람이 몇 안 된다.

志愿者 zhìyuànzhě 자원봉사자 | **活动** huódòng 활동 | **自愿** zìyuàn 자원하다 | **性质** xìngzhì 성질 | **寥寥无几** liáoliáowújǐ 매우 드물다

承诺 chéngnuò

동 승낙하다, 대답하다
▶ 네가 가겠다고 承诺했으면 당연히 가야지!

轻易对他人许下不能兑现的承诺是不负责任的行为。
다른 사람에게 지킬 수 없는 약속을 쉽게 하는 것은 무책임한 행동이다.

轻易 qīngyì 쉽다 | **他人** tārén 타인 | **许下** xǔxià 약속하다 | **兑现** duìxiàn 약속을 실행하다 | **负** fù 책임지다 | **责任** zérèn 책임 | **行为** xíngwéi 행동
유의 **答应** dāying 승낙하다, 허락하다 / **允诺** yǔnnuò 승낙하다

拜访 bàifǎng

동 삼가 방문하다, 예방하다
▶ 고향에 있는 친척 어른댁에 내일 拜访하기로 했어.

教育部长要专程拜访几所大学，以便了解地方高校教育。
교육부 장관은 특별히 대학 몇 곳을 방문하여, 지역 고등 교육에 대해 알아볼 예정이다.

教育 jiàoyù 교육 | **部长** bùzhǎng (중앙 정부 각 부처) 장관 | **专程** zhuānchéng 특별히 | **所** suǒ 개(학교·병원 등 기관을 세는 양사) | **以便** yǐbiàn ~하도록 | **高校** gāoxiào 고등 교육 기관
유의 **拜会** bàihuì 방문하다 / **拜见** bàijiàn 찾아 뵙다

유의어 비교　**拜访** vs **拜会**

둘 모두 경어인 拜를 포함하여, '방문한다'는 의미를 가지고 있는데, 拜访의 대상은 사람과 장소이지만, 拜会는 사람만 그 대상이 될 수 있다. 拜会는 외교상의 정식 방문에 자주 쓰인다는 점도 알아 두자.

예　**正式拜访** 정식으로 방문하다 | **拜访朋友家** 친구 집을 방문하다 (○)
　　正式拜会 정식으로 방문하다 | **拜会朋友家** (✕)

访问 fǎngwèn

동 방문하다, 회견하다 동 (인터넷을) 방문하다, 둘러보다
▶ 우리 학교와 자매결연을 맺은 학교 학생들이 곧 访问한대!

近日，各国体育代表团将相继访问韩国。
최근 각국의 스포츠 대표단이 잇따라 한국을 방문할 예정이다.

近日 jìnrì 최근 | 各国 gèguó 각국 | 代表团 dàibiǎotuán 대표단 | 将 jiāng ~할 것이다 |
相继 xiāngjì 잇따라

探望 tànwàng

동 방문하다, 문안하다 동 살피다
▶ 이번 주에는 고등학교 은사님을 꼭 探望하려고 해.

姐姐今天一定得去探望生病的朋友。
언니는 오늘 반드시 아픈 친구의 병문안을 가야 한다.

得 děi ~해야 한다
유의 看望 kànwàng 찾아가 보다, 방문하다

款待 kuǎndài

동 환대하다, 정성껏 대접하다
▶ 이렇게 예상 밖으로 款待해 주시니 어쩔 줄을 모르겠어.

这位大使先生把留学生作为贵客款待。
이 대사님은 유학생을 귀빈으로 정성껏 대접했다.

大使 dàshǐ 대사 | 留学生 liúxuéshēng 유학생 | 作为 zuòwéi ~로 여기다 | 贵客 guìkè 귀빈

荣幸 róngxìng

형 매우 영광스럽다
▶ 이런 자리에 초대된 것을 荣幸하게 생각합니다.

志愿活动结束后，所有志愿者都感到无比荣幸。
자원봉사가 끝난 후, 모든 봉사자들이 더없이 큰 영광을 느꼈다.

志愿活动 zhìyuàn huódòng 자원봉사 활동 | 所有 suǒyǒu 모든 | 志愿者 zhìyuànzhě
자원봉사자 | 无比 wúbǐ 더 비할 바가 없다
유의 幸运 xìngyùn 행운이다

发誓 fāshì

(동) 맹세하다

▶ 우리 우정은 영원할 것이라고 다 같이 发誓했어.

她默默地发誓一定要报答那位好心的捐助者。

그녀는 그 마음씨 좋은 기부자에게 반드시 보답하겠노라고 묵묵히 맹세했다.

默默 mòmò 묵묵히 | 报答 bàodá 보답하다 | 好心 hǎoxīn 좋은 마음 | 捐助者 juānzhùzhě 기부자

算数 suànshù

(동) (-儿) 한 말을 책임지다

▶ 난 내가 한 말은 반드시 算数하는 사람이야.

说话不算数的行为在人际交往中是大忌。

말을 하고 책임지지 않는 행위는 대인 관계에서 주요 금기 사항이다.

算数(儿) suànshù(r) 한 말을 책임지다 | 行为 xíngwéi 행위 | 人际交往 rénjì jiāowǎng 대인 관계 | 大忌 dàjì 주요 금기 사항

浓厚 nónghòu

(형) (흥미가) 크다 (형) (안개 등이) 짙다
(형) (색채 등이) 농후하다

▶ 너의 여러 가지 취미 중 네 흥미가 가장 浓厚한 것은 어떤 거야?

那些学生对我写的书产生了浓厚的兴趣。

그 학생들은 내가 집필한 책에 깊은 관심이 생겼다.

产生 chǎnshēng 생기다 | 兴趣 xìngqù 흥미 | (유의) 浓郁 nóngyù (흥미가) 크다, (향기 등이) 짙다

> **출제 포인트** 浓厚의 빈출 짝꿍 표현
>
> 자주 함께 쓰이는 아래 표현들을 묶어서 익히는 것이 좋다.
>
> (예) 气氛浓厚 분위기가 농후하다 | 宗教色彩浓厚 종교적 색채가 강하다
> 历史感浓厚 역사적 안목이 깊다 | 文化气息浓厚 문화 정취가 농후하다

激励 jīlì

(동) 격려하다, 북돋워 주다

▶ 가족과 친구들이 늘 곁에서 激励해 줘서 다시 일어설 수 있었어.

因为好朋友的激励和相助，我才不断地前进。

친한 친구의 격려와 도움 덕분에, 나는 비로소 계속 앞으로 나아간다.

相助 xiāngzhù 서로 돕다 | 不断 búduàn 계속해서 | 前进 qiánjìn 앞으로 나아가다

过奖 guòjiǎng

과찬이십니다
▶ 过奖이세요, 저는 그렇게 대단한 일을 하지 않았어요.

对于别人的称赞，他只回答："过奖了，应该的。"
다른 사람의 칭찬에, 그는 "과찬이세요, 당연한 일인걸요."라고만 답했다.

对于 duìyú ～에 대해 | **称赞** chēngzàn 칭찬하다

徒弟 túdì

명 제자, 도제
▶ 스승과 徒弟는 떼려야 뗄 수 없는 관계야.

师傅和徒弟之间的矛盾不是一天两天形成的。
스승과 제자 사이의 갈등은 하루 이틀 만에 생기는 것이 아니다.

师傅 shīfu 스승 | **之间** zhī jiān ～의 사이 | **矛盾** máodùn 갈등 | **形成** xíngchéng 형성되다
참고 **师傅** shīfu 스승

告辞 gàocí

동 작별을 고하다, 이별을 고하다
▶ 모두가 좋아했던 그가 告辞하고 떠나자 주변은 눈물바다가 되었다.

当我正要告辞离开时，对方的代表把我叫住了。
내가 작별을 고하고 떠나려 할 때, 상대측 대표가 나를 불러 세웠다.

当……时 dāng …… shí ～할 때 | **对方** duìfāng 상대편 | **代表** dàibiǎo 대표

保重 bǎozhòng

동 건강에 주의하다(다른 사람의 건강을 비는 말)
▶ 무엇보다 건강이 가장 중요하니 어디서나 항상 保重하세요!

海外的学子保重好自己就是对家人最好的报答。
해외에 있는 학생은 자신의 건강에 주의하는 것이 바로 가족들에 대한 최고의 보답이다.

海外 hǎiwài 해외 | **学子** xuézǐ 학생 | **报答** bàodá 보답하다

目光 mùguāng

명 시선, 눈길　명 눈빛　명 시야, 식견
▶ 친구들을 바라보는 그녀의 目光은 늘 다정하고 따뜻해.

周围的人向那个盲人投去了关切的目光。
주변 사람들은 그 시각 장애인에게 관심 어린 시선을 보냈다.

盲人 mángrén 맹인 | **投** tóu (눈길 등을) 던지다 | **关切** guānqiè 많은 관심을 갖다

注视 zhùshì

동 주시하다, 주의 깊게 살피다
▶ 할머니는 다정한 눈빛으로 손자를 注视하고 계셨다.

交谈的时候，注视着对方的眼睛是一种很有礼貌的行为。
이야기를 할 때, 상대방의 눈을 주시하는 것은 매우 예의 바른 행동이다.

交谈 jiāotán 이야기를 나누다 | **对方** duìfāng 상대편 | **礼貌** lǐmào 예의 | **行为** xíngwéi 행동
유의 凝视 níngshì 응시하다

凝视 níngshì

동 응시하다
▶ 두 사람은 서로의 눈을 한참 동안이나 凝视했다.

新郎新娘互相深情凝视的场面感动了无数宾客。
신랑과 신부가 서로를 정답게 응시하는 장면이 많은 하객을 감동시켰다.

新郎 xīnláng 신랑 | **新娘** xīnniáng 신부 | **深情** shēnqíng 정이 두텁다 | **场面** chǎngmiàn 장면 | **感动** gǎndòng 감동시키다 | **无数** wúshù 매우 많다 | **宾客** bīnkè 손님
유의 注视 zhùshì 주시하다

亲密 qīnmì

형 친밀하다, 친근하다
▶ 나는 그 친구와 어서 亲密한 사이가 되었으면 좋겠어.

再亲密的朋友，也要尊重彼此的隐私。
아무리 친한 친구라고 해도, 서로의 사생활을 존중해야 한다.

再A, 也B zài A, yě B 아무리 A하더라도, B하다 | **尊重** zūnzhòng 존중하다 | **彼此** bǐcǐ 서로 | **隐私** yǐnsī 사생활
반의 疏远 shūyuǎn (관계·감정이) 소원하다

和谐 héxié

형 화목하고 조화롭다 형 잘 맞다, 잘 어울리다
▶ 우리는 성격이 너무 달라서, 별로 和谐할 것 같지 않아.

日积月累，他们之间不和谐的事情越来越多。
시간이 흐르면서, 그들 사이에 조화롭지 못한 일이 갈수록 많아졌다.

日积月累 rìjīyuèlěi 날마다 조금씩 쌓이다
유의 谐和 xiéhé 어울리다

和睦 hémù

형 화목하다, 사이가 좋다
▶ 나와 친구들은 마치 친자매처럼 和睦하게 지내.

家庭关系和睦是长寿的重要因素之一。
가족 관계가 화목한 것은 장수의 중요한 요인 중 하나이다.

家庭 jiātíng 가정 | 长寿 chángshòu 장수하다 | 因素 yīnsù 요인 | 之一 zhī yī ~ 중의 하나
유의 和气 héqi 화목하다, 사이가 좋다　반의 不和 bùhé 화목하지 않다, 사이가 나쁘다

投机 tóujī

동 투기하다　형 견해가 일치하다
▶ 그는 부동산에 投机해서 큰돈을 벌었대.

凡是爱投机的人，永远不会有真正的朋友。
무릇 투기를 즐겨 하는 사람은 영원히 진정한 친구가 있을 수 없다.

凡是 fánshì 무릇 | 永远 yǒngyuǎn 영원히 | 真正 zhēnzhèng 진정한

团结 tuánjié

동 단결하다, 뭉치다　형 화목하다, 우호적이다
▶ 그 부서는 유대 관계가 좋아서 잘 团结한대.

在团体中，只有成员们都团结一致才能取得最后的胜利。
조직에서 구성원들이 모두 하나로 단결해야 비로소 최종적인 승리를 거둘 수 있다.

团体 tuántǐ 단체 | 成员 chéngyuán 구성원 | 一致 yízhì 일치하다 | 胜利 shènglì 승리하다

출제 포인트 ▸ 논설문 빈출 어휘 团结

团结는 독해 3부분에서 단체 생활에서 필요한 단결을 강조하는 논설문으로 자주 출제된다.

예 团结是力量 단결은 힘이다 | 加强团结 단결을 강화하다
团结精神 단결 정신 | 懂得团结合作 단결하고 협동하는 것을 이해하다

协助 xiézhù

동 협조하다, 보조하다
▶ 너희들이 协助해 줘야 힘을 합쳐서 잘 마무리할 수가 있어.

作为中小企业的代表，我十分感谢政府对我们的协助。
중소기업의 대표로서 저는 저희에 대한 정부의 협조에 매우 감사합니다.

作为 zuòwéi ~로서 | 中小企业 zhōngxiǎo qǐyè 중소기업 | 代表 dàibiǎo 대표 | 十分 shífēn 매우 | 感谢 gǎnxiè 감사하다 | 政府 zhèngfǔ 정부
유의 扶助 fúzhù 도와주다, 원조하다

辅助 fǔzhù

동 (옆에서) 돕다, 보조하다　**형** 협조적인
▶ 네가 辅助해 줘야지, 나 혼자서는 도저히 못 하겠어.

公司派小李辅助我完成这项重要任务。

회사는 샤오리를 파견하여 내가 이 중요한 임무를 완수하는 것을 돕게 했다.

派 pài 파견하다 ｜ 完成 wánchéng 완수하다, 완성하다 ｜ 项 xiàng 가지, 항목(제도·조항·업무 등을 세는 양사) ｜ 任务 rènwu 임무

유의 扶助 fúzhù 도와주다, 원조하다

借助 jièzhù

동 (~의) 힘을 빌리다, 도움을 빌다
▶ 자꾸 남의 힘을 借助하지 말고, 스스로 해 봐.

在社会中，借助他人力量实现目标并不是不光彩的事。

사회에서 다른 사람의 힘을 빌려 목표를 이루는 것은 결코 불명예스러운 일이 아니다.

社会 shèhuì 사회 ｜ 他人 tārén 타인 ｜ 力量 lìliang 힘 ｜ 实现 shíxiàn 실현하다 ｜ 目标 mùbiāo 목표 ｜ 并 bìng 결코 ｜ 光彩 guāngcǎi 영예롭다

拜托 bàituō

동 부탁드리다
▶ 내가 자리를 비운 동안 이 일은 너에게 잘 좀 拜托할게.

父亲四处拜托别人，为儿子谋求一份好工作。

아들에게 좋은 일자리를 구해 주기 위해, 아버지는 사방으로 다른 사람에게 부탁하신다.

父亲 fùqīn 아버지 ｜ 四处 sìchù 도처 ｜ 谋求 móuqiú 모색하다 ｜ 份 fèn 일을 세는 양사

给予 jǐyǔ

동 주다, 부여하다
▶ 그는 항상 친구들에게 도움을 给予해서 모두의 신임을 받았다.

我要做的就是实现自己的价值，给予社会更多贡献。

내가 하려는 것은 나 자신의 가치를 실현하고, 사회에 더 많은 공헌을 하는 것이다.

价值 jiàzhí 가치 ｜ 贡献 gòngxiàn 공헌

유의 授予 shòuyǔ 수여하다, 주다
　　　 赋予 fùyǔ 부여하다, 주다

授予 shòuyǔ

동 수여하다, 주다
▶ 교수님은 학술적인 공헌을 많이 하셔서 대통령 훈장을 授予받으셨어.

经理众望所归被公司授予了"最佳领导"的称号。
사장님은 신망이 높은 분으로, 회사에서 '최우수 리더'라는 칭호를 수여받았다.

众望所归 zhòngwàngsuǒguī 신망이 높다 | **最佳** zuìjiā 가장 뛰어난 | **领导** lǐngdǎo 리더 |
称号 chēnghào 칭호
유의 **给予** jǐyǔ 주다, 부여하다 / **赋予** fùyǔ 부여하다, 주다

赋予 fùyǔ

동 부여하다, 주다
▶ 그의 등장은 메말랐던 내 삶에 활력을 赋予해 줬어.

群众赋予了我荣誉，我要更加努力为人民办实事。
대중이 저에게 명예를 주셨고, 저는 더욱 노력하여 국민을 위해 실질적인 일을 할 것입니다.

群众 qúnzhòng 대중 | **荣誉** róngyù 명예 | **更加** gèngjiā 더욱 | **人民** rénmín 국민 | **办** bàn
하다 | **实事** shíshì 실제로 의미가 있는 일
유의 **给予** jǐyǔ 주다, 부여하다 / **授予** shòuyǔ 수여하다, 주다

谅解 liàngjiě

동 이해해 주다, 양해하다
▶ 모두가 사정을 잘 谅解해 주신 덕분에 잘 마칠 수 있었습니다.

学会谅解他人是一件利人利己的事。
다른 사람을 이해할 줄 아는 것은 타인과 자신에게 모두 좋은 일이다.

学会 xuéhuì 배워서 할 수 있게 되다 | **他人** tārén 타인 | **利人利己** lìrén lìjǐ 남과 자신을 이롭게
하다, 윈윈하다
유의 **体谅** tǐliàng 양해하다

和解 héjiě

동 화해하다
▶ 언제까지 그렇게 안 보고 지낼 수 없으니, 이제 그만 和解해!

双方采取了庭外和解的方式解决了这件事。
양측은 당사자간 합의하는 방식을 취하여 이 일을 해결했다.

双方 shuāngfāng 양측 | **采取** cǎiqǔ 취하다 | **庭外和解** tíngwài héjiě (법정 밖에서) 당사자끼리
합의하는 것 | **方式** fāngshì 방식

体谅 tǐliàng

동 이해하다, 양해하다
▶ 입장을 바꿔서 생각해 보니까, 그 사람을 体谅할 수 있겠더라고.

在人际交往中，互相体谅是十分重要的一个部分。
인간관계에서 서로 이해해 주는 것은 매우 중요한 부분이다.

人际交往 rénjì jiāowǎng 대인 관계 | 互相 hùxiāng 서로 | 十分 shífēn 매우 | 部分 bùfen 부분
유의 谅解 liàngjiě 양해하다, 이해해 주다

두 어휘는 의미의 중점과 활용에 차이가 있으므로, 어휘가 쓰이는 상황에 주의하자.

体谅 tǐliàng　타인의 잘못에 대해, 입장을 바꿔 타인을 헤아려 줌
예　**互相体谅** 서로 이해하다 | **体谅别人的难处** 다른 사람의 고충을 이해하다

谅解 liàngjiě　예전에 이해하지 못한 타인의 행위에 대해, 너그러이 받아들이거나 불만 삼지 않음
예　**互相谅解** 서로 양해하다 | **谅解他人** 타인을 이해하다

让步 ràngbù

동 양보하다
▶ 다 같이 한 발씩 让步하면 다투는 일이 없을 텐데.

生活中的一点点让步，会让我们过得更舒服。
생활 속의 작은 양보가 우리를 더 편하게 지내도록 할 것이다.

生活 shēnghuó 생활 | 一点点 yìdiǎndiǎn 아주 조금 | 舒服 shūfu 편안하다
유의 退让 tuìràng 양보하다

消除 xiāochú

동 풀다, 없애다, 해소하다
▶ 오랫동안 묵은 앙금을 消除하고 드디어 관계를 회복했다.

朋友之间消除误会的最好方法莫过于约出来喝一杯。
친구 사이에 오해를 푸는 가장 좋은 방법으로 친구를 불러내 차 한 잔 마시는 것보다 더 좋은 것은 없다.

误会 wùhuì 오해 | 方法 fāngfǎ 방법 | 莫过于 mòguòyú ~보다 더한 것은 없다 | 约 yuē 부르다, 약속하다

消除는 보통 추상적인 대상에 많이 쓰이며, 공포나 피로, 문제, 갈등 등에 많이 쓰인다. 특히 듣기 1부분과 3부분에서 논설문이나 설명문의 형태로 많이 나오므로, 아래의 자주 출제되는 표현들을 익혀 두자.

예　**消除恐惧** 공포를 없애다 | **消除疲劳** 피로를 없애다
消除屏障(píngzhàng) 장벽을 없애다 | **消除隔阂**(géhé) 거리를 없애다

缓和 huǎnhé　　동 완화시키다, 진정시키다　　형 완화하다, 느슨해지다
▶ 가정 법원은 이혼하려는 부부의 관계를 缓和하기 위해서 노력하는 중이야.

时间是缓和矛盾关系的一剂良药。
시간은 갈등 관계를 완화해 주는 좋은 약이다.

矛盾 máodùn 갈등 ｜ **剂** jì 제(탕약을 세는 양사) ｜ **良药** liángyào 좋은 약

容忍 róngrěn　　동 참고 견디다, 참고 용서하다
▶ 한 번의 실수는 容忍하고 넘어갈 수 있지만, 두 번은 안 돼.

当我们无法容忍对方的行为时，可以换角度思考一下。
우리가 상대방의 행동을 도저히 참아 견딜 수 없을 때, 관점을 바꾸어 생각해 볼 만하다.

当……时 dāng …… shí ～할 때 ｜ **无法** wúfǎ ～할 수 없다 ｜ **对方** duìfāng 상대편 ｜ **行为** xíngwéi 행위 ｜ **角度** jiǎodù (문제를 보는) 각도 ｜ **思考** sīkǎo 깊이 생각하다

疏远 shūyuǎn　　형 (관계·감정이) 소원하다, 멀다　　동 멀리하다
▶ 서로 멀리 떨어지면 사이도 疏远해지게 되었어.

两个人关系逐渐疏远的原因是因为大学时的一场误会。
두 사람의 관계가 점점 소원해진 이유는 대학 시절의 오해 때문이다.

逐渐 zhújiàn 점점 ｜ **原因** yuányīn 원인 ｜ **场** cháng 회(사물의 발생·자연 현상·행위의 과정을 세는 양사 ｜ **误会** wùhuì 오해
반의 **亲密** qīnmì 친밀하다, 사이가 좋다

谣言 yáoyán　　명 유언비어, 헛소문
▶ 그에 관한 말도 안 되는 谣言이 퍼져 한동안 그가 힘들어했어.

轻信谣言的人不能成大事，这是无人不晓的道理。
유언비어를 쉽게 믿는 사람이 큰일을 이룰 수 없다는 것은 모두가 아는 도리이다.

轻信 qīngxìn 쉽게 믿다 ｜ **成** chéng 이루다 ｜ **无人不晓** wúrén bùxiǎo 모르는 사람이 없다 ｜ **道理** dàolǐ 도리

吹牛 chuīniú

동 허풍을 떨다, 큰소리치다
▶ 그는 늘 지나치게 吹牛해서, 그의 말은 믿을 게 못 돼.

只知道吹牛，不干实事的人早晚会被淘汰。
허풍 떨 줄만 알고 실질적인 일을 안 하는 사람은 언젠가 도태된다.

干 gàn 일을 하다 | **实事** shíshì 실제로 의미가 있는 일 | **早晚** zǎowǎn 언젠가는 | **淘汰** táotài 도태하다

炫耀 xuànyào

동 과시하다, 자랑하다　**동** 밝게 비추다, 눈부시게 빛나다
▶ 많은 걸 가졌다고 지나치게 炫耀하는 것도 남이 보기에 안 좋아.

那个人一个劲儿地炫耀他的财富，引起了人们的反感。
저 사람은 자신의 부를 끊임없이 과시해서 사람들의 반감을 샀다.

一个劲儿 yígejìnr 끊임없이 | **财富** cáifù 부, 재산 | **引起** yǐnqǐ 일으키다 | **反感** fǎngǎn 반감

嫉妒 jídù

동 시기하다, 질투하다
▶ 친구의 성공을 嫉妒하는 내가 너무 못난 것 같아.

一味地嫉妒他人会让我们失去理性的判断。
무작정 다른 사람을 시기하면 우리는 이성적인 판단을 잃게 된다.

一味 yíwèi 무턱대고, 무작정 | **他人** tārén 타인 | **失去** shīqù 잃다 | **理性** lǐxìng 이성적이다 | **判断** pànduàn 판단

隐私 yǐnsī

명 사생활, 사적인 비밀, 프라이버시
▶ 다른 사람의 隐私는 네 일이 아니니까 모른 척해.

初次见面就询问对方的隐私是不礼貌的行为。
처음 만나면서 바로 상대방의 사생활에 대해 묻는 것은 예의 없는 행동이다.

初次 chūcì 처음 | **询问** xúnwèn 물어보다 | **对方** duìfāng 상대편 | **礼貌** lǐmào 예의 바르다

牢骚 láosāo

명 불평, 불만　**동** 불평하다, 푸념하다
▶ 뭐 할 때마다 그렇게 牢骚하지 말고 방법을 잘 찾아봐.

有很多人一遇到困难就发牢骚，这不是好习惯。
많은 사람들이 어려움이 닥치면 바로 불평하는데, 이는 좋지 않은 습관이다.

一A就B yī A jiù B A하기만 하면 B하다 | **困难** kùnnan 어려움 | **发** fā (감정을) 드러내다

嘱咐 zhǔfù

▶ 내가 제발 늦지 말고 제시간에 오라고 몇 번이나 嘱咐했니?

无论我的成就如何，我永远忘不了父母对我的嘱咐。

나의 업적이 어떻든 상관 없이, 나는 나에 대한 부모님의 당부를 영원히 잊을 수 없다.

无论 wúlùn ～을 막론하고 | **成就** chéngjiù 업적 | **如何** rúhé 어떻게 | **永远** yǒngyuǎn 영원히 | **忘不了** wàng bu liǎo 잊을 수 없다

유의 **叮嘱** dīngzhǔ 신신당부하다, 거듭 부탁하다

恶化 èhuà

동 악화되다 동 악화시키다

▶ 그에 대한 감정이 좋아지기는커녕 갈수록 더 恶化되는 걸 어째.

他们的关系已经恶化到了无法调和的地步。

그들의 관계는 이미 화해할 수 없는 지경까지 악화되었다.

无法 wúfǎ ～할 수 없다 | **调和** tiáohé 화해하다 | **地步** dìbù 지경

断绝 duànjué

동 단절하다, 차단하다

▶ 대화가 断绝되니까 사이가 점점 멀어지는 거야.

那些想要与父母断绝关系的人是很难在社会上立足的。

부모님과 관계를 단절하고 싶어 하는 사람들은 사회에 발붙이고 살기 힘들다.

社会 shèhuì 사회 | **立足** lìzú 발붙이고 살다

恩怨 ēnyuàn

명 은혜와 원한(주로 원한을 가리킴)

▶ 우리 사이에 있던 사사로운 恩怨은 따지지 않기로 했어.

随着时间的流逝，我们或许会看淡很多过往的恩怨。

시간이 흐르면서, 우리는 어쩌면 과거의 많은 은혜와 원한을 중요하게 생각하지 않을지 모른다.

随着 suízhe ～에 따라 | **流逝** liúshì 흘러가다 | **或许** huòxǔ 어쩌면 | **看淡** kàndàn 중요하게 생각지 않다 | **过往** guòwǎng 지난날

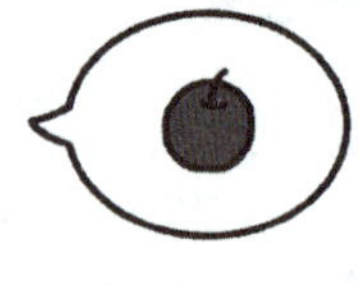

回报 huíbào

동 (행동으로) 보답하다　동 보고하다　동 보복하다

▶ 많은 사람들이 나를 도와줘서 어떻게 回报해야 할지 모르겠어.

他乐于助人，从来不图回报，这也是他受欢迎的原因。

그는 다른 사람 돕기를 좋아하고 한 번도 보답을 바라지 않는데, 이것은 그가 환영받는 이유이기도 하다.

乐于助人 lèyú zhùrén 다른 사람을 기꺼이 돕다 ｜ 从来 cónglái 지금까지 ｜ 不图 bùtú 쫓지 않다, 꾀하지 않다 ｜ 受欢迎 shòu huānyíng 환영받다 ｜ 原因 yuányīn 이유

回报는 듣기부터 독해, 쓰기까지 자주 출제되는 필수 어휘 중 하나로, 행동으로 보답하는 것 외에도 투자 후 되돌아오는 수익을 나타내기도 한다. 듣기와 독해에서는 경제와 관련하여 출제되고 있으며, 쓰기 영역에서는 투자하여 성공하는 사례의 이야기로 많이 나온다. 아래 자주 쓰이는 표현들을 함께 익혀 보자.

예　投资回报率 투자(자본) 수익률 ｜ 利润回报快 수익이 빠르게 들어온다

回报期 회복기 ｜ 得到巨大的回报 막대한 수익을 얻다

报答 bàodá

동 보답하다, 감사를 표하다

▶ 너에게 报答받으려고 도와준 거 아니니, 부담 갖지 마.

金钱是我报答对方恩情最直接的方式。

돈은 내가 다른 사람의 은혜에 보답하는 가장 직접적인 방법이다.

金钱 jīnqián 돈 ｜ 对方 duìfāng 상대편 ｜ 恩情 ēnqíng 은혜 ｜ 直接 zhíjiē 직접적인 ｜ 方式 fāngshì 방식

报仇 bàochóu

동 복수하다, 보복하다

▶ 이렇게 당한 게 억울해서 꼭 报仇하고 말 거야.

报仇并不一定是肉体上的，过得比仇人好也是一种方式。

복수는 결코 육체적인 것만이 아니라, 원수보다 잘 사는 것도 하나의 방법이다.

并 bìng 결코 ｜ 肉体 ròutǐ 육체 ｜ 仇人 chóurén 원수 ｜ 方式 fāngshì 방식

유의 报复 bàofù 보복하다, 원수를 갚다 / 复仇 fùchóu 복수하다, 보복하다

报仇는 행동으로 원수를 갚는 것을 의미하고, 报复는 자신을 비판하거나 자신의 이익을 해친 사람에게 보복하는 것을 의미한다. 두 어휘는 서로 바꿔 사용할 수 없으며, 특히 报仇는 목적어를 취할 수 없음에 주의하자.

예　为父亲报仇 아버지의 원수를 갚다 ｜ 报仇她 (×)

报复她 그녀에게 보복하다 ｜ 为父亲报复 (×)

报复 bàofù

▶ 그는 자신에게 모욕감을 준 사람들에게 报复할 것이라 다짐했다.

我们不应该浪费时间去报复那些无视我们的人。

우리는 우리를 무시하는 사람에게 보복하려고 시간을 낭비해서는 안 된다.

浪费 làngfèi 낭비하다 | 无视 wúshì 무시하다

유의 报仇 bàochóu 복수하다, 보복하다 / 复仇 fùchóu 복수하다, 보복하다

★ 보충단어　아래 단어들의 예문은 WEB 단어장에서 확인할 수 있어요.

보충단어
WEB 단어장

关照 guānzhào 동 보살피다
동 협력하다
동 통지하다

联欢 liánhuān 동 함께 모여 즐기다

答复 dáfù 동 회답하다, 답변하다

算数 suànshù 동 (~儿) 한 말을 책임지다

盛情 shèngqíng 명 두터운 정

伺候 cìhou 동 시중들다, 모시다, 돌보다

对付 duìfu 동 대처하다, 대응하다
동 아쉬운 대로 하다

致辞 zhìcí 동 축사를 하다, 인사말을 하다

理睬 lǐcǎi 동 거들떠보다, 상대하다

流露 liúlù 동 (생각·감정 등을)
무심코 드러내다, 배어나다

和气 héqi 형 온화하다, 부드럽다
형 화목하다 명 화목(한 감정)

融洽 róngqià 형 평화롭다, 사이가 좋다

谢绝 xièjué 동 사절하다, 정중히 거절하다

寒暄 hánxuān 동 인사말을 나누다

凑合 còuhe 동 끼워 맞추다 동 그런대로
~할 만하다 동 함께 모이다

暧昧 àimèi 형 애매하다 형 떳떳치 못하다

隔阂 géhé 명 (생각·감정의) 거리, 간격

闲话 xiánhuà 명 험담, 뒷말
명 (~儿) 잡담, 여담
동 한담하다

唠叨 láodao 동 잔소리하다

过问 guòwèn 동 신경을 쓰다, 관심을 가
지다, 관여하다

叮嘱 dīngzhǔ 동 신신당부하다

迸发 bèngfā 동 터져 나오다, 내뿜다,
솟아나다

酗酒 xùjiǔ 동 무절제하게 술을 마시다
동 주정하다

不像话 búxiànghuà 형 말이 안 된다,
이치에 맞지 않다 형 꼴불견이다

挽回 wǎnhuí 동 돌이키다, 만회하다
동 회수하다, 되찾다

不得已 bùdéyǐ 형 어쩔 수 없다

 # HSK 6급 빈출 표현

关系融洽	guānxi róngqià	관계가 좋다
和睦相处	hémù xiāngchǔ	화목하게 지내다
兴趣浓厚	xìngqù nónghòu	관심이 지대하다
真情迸发	zhēnqíng bèngfā	진심이 터져 나오다
流露出真情	liúlùchū zhēnqíng	진심을 드러내다
互相体谅	hùxiāng tǐliàng	서로 이해하다
做出承诺	zuòchū chéngnuò	승낙하다
感情隔阂	gǎnqíng géhé	감정의 틈
消除隔阂	xiāochú géhé	거리를 없애다
无所依托	wúsuǒ yītuō	의지할 곳이 없다
发牢骚	fā láosāo	불평하다
决不让步	juébú ràngbù	절대로 양보하지 않다
谢绝来访	xièjué láifǎng	방문을 정중히 거절하다
为……报仇	wèi …… bàochóu	~의 원수를 갚다
荣誉称号	róngyù chēnghào	영예로운 칭호
授予……称号	shòuyǔ …… chēnghào	~ 칭호를 수여하다

데일리 테스트

고생하셨어요!
QR코드를 스캔하면 DAY01~DAY30 전체 데일리 테스트 PDF가
다운로드됩니다.

★ HSK 시험에 이렇게 나와요.
화내거나 무시하거나 박해하는 등 부정적인 행동을 나타내는 어휘들은 듣기나 쓰기 영역에서 인물의 행동에 대해 설명하는 도중에 등장합니다. 어휘가 어렵고 출제 빈도가 낮은 편이므로, 표제어 중심으로 익혀야 합니다.

딱 질색이야

#부정적인 행동

음원 듣기

암기 영상

嫌 xián

동 싫어하다, 불만족하다
▶ 엄마는 내가 반찬 투정하는 걸 嫌하셔.

老板嫌我的设计方案，过于追求华丽。
사장님은 너무 화려함을 추구한다면서, 나의 설계 방안을 싫어하신다.

老板 lǎobǎn 사장 | **设计** shèjì 설계 | **方案** fāng'àn 방안 | **过于** guòyú 너무 | **追求** zhuīqiú 추구하다 | **华丽** huálì 화려하다

출제 포인트 　**嫌**의 활용 형식

嫌은 [嫌+대상(A)+행위(B)]의 형태로 'A가 B한 행동을 하는 것을 싫어하다'라는 뜻으로 쓰인다. 또한 다른 한자와 같이 쓰여 여러 가지 의미를 나타내는데, 아래 표현들을 체크하고 넘어가자.

예　**朋友都嫌他脾气太急。** 친구들은 그의 성격이 급한 것을 싫어한다.
嫌弃 싫어하여 피하다 | **嫌疑人** 용의자

厌恶 yànwù

동 혐오하다, 몹시 싫어하다
▶ 나는 애완동물을 학대하는 사람들을 정말 厌恶해.

生活中，有些人并不知道自己的行为非常令人厌恶。
생활 속에서 어떤 사람들은 자신의 행동이 혐오감을 일으킨다는 사실을 모른다.

生活 shēnghuó 생활 | **并** bìng 결코 | **行为** xíngwéi 행동 | **令** lìng ～하게 하다

可恶 kě'wù

형 가증스럽다, 혐오스럽다, 역겹다
▶ 모든 증거가 있는데도 속이려는 그 태도가 可恶하기 그지없어.

近年来，电话、短信诈骗日益猖獗，这种行为十分可恶。
최근 들어, 전화, 문자 메시지 사기가 날로 기승하고 있는데, 이러한 행동은 정말 가증스럽다.

近年来 jìnniánlái 최근 몇 년간 | **短信** duǎnxìn 문자 메시지 | **诈骗** zhàpiàn 속이다 | **日益** rìyì 날로 | **猖獗** chāngjué 기승하다 | **行为** xíngwéi 행동 | **十分** shífēn 매우

得罪 dézuì

동 기분을 상하게 하다, 무례하게 굴다, 잘못을 하다
▶ 괜히 나서서 다른 사람한테 得罪하지 말고 가만히 있어.

我们要注意自己的一言一行，以免无意间得罪别人。
무의식 중 다른 사람을 기분 상하게 하지 않도록, 우리는 자신의 언행 하나하나에 주의해야 한다.

一言一行 yìyán yìxíng 하나하나의 말과 행동 | **以免** yǐmiǎn ～하지 않도록 | **无意间** wúyìjiān 모르는 사이에, 무의식 중에

反感 fǎngǎn

명 반감, 불만　형 반감을 가지다, 불만하다
▶ 지나치게 강요만 하면 사람들의 反感을 사기 쉬워.

听了他的话，我对他立刻产生了反感。
그의 말을 듣고 나서 나는 그에게 바로 반감이 들었다.

立刻 lìkè 바로 | 产生 chǎnshēng 생기다
반의 好感 hǎogǎn 호감

嚷 rǎng

동 고함을 치다　동 소란을 피우다　동 책망하다
▶ 한밤중에 밖에서 누군가가 한 시간 넘게 큰 소리로 嚷해서 신고했어.

公共场所大声嚷嚷会影响到其他人。
공공장소에서 큰 소리로 고함을 치면 다른 사람에게 영향을 끼친다.

公共场所 gōnggòng chǎngsuǒ 공공장소 | 大声 dàshēng 큰 소리

嘲笑 cháoxiào

동 비웃다, 놀리다, 빈정거리다
▶ 남들이 바보 같다고 嘲笑해도 난 포기하지 않을 거야.

嘲笑他人的不足并不能证明我们的能力。
다른 사람의 부족함을 비웃는 것은 결코 우리의 능력을 증명할 수 없다.

不足 bùzú 부족하다 | 并 bìng 결코 | 证明 zhèngmíng 증명하다 | 能力 nénglì 능력
유의 讥笑 jīxiào 비웃다

讥笑 jīxiào

동 조롱하다, 비웃다, 조소하다, 놀리다
▶ 너는 왜 함부로 남의 진심을 깔보고 讥笑해?

这家公司创建初期，受到过不少人的讥笑。
이 회사는 창립 초기에 적지 않은 사람의 조롱을 받았었다.

创建 chuàngjiàn 창립하다 | 初期 chūqī 초기 | 受到 shòudào 받다
유의 嘲笑 cháoxiào 비웃다

鄙视 bǐshì

(동) 경멸하다, 경시하다, 무시하다
▶ 나는 속물 같이 구는 사람들을 鄙视해.

我们应该鄙视所有的暴力和背叛祖国的行为。
우리는 마땅히 폭력과 조국을 배반하는 모든 행위를 경멸해야 한다.

所有 suǒyǒu 모든 | **暴力** bàolì 폭력 | **背叛** bèipàn 배반하다 | **祖国** zǔguó 조국
(유의) **轻视** qīngshì 무시하다, 경시하다
(반의) **重视** zhòngshì 중시하다

怠慢 dàimàn

(동) 소홀히 하다, 냉대하다, 푸대접하다
▶ 돈 버는 일에만 급급해서 주변 사람들을 怠慢하게 대해서는 안 돼.

我们不能怠慢自己的工作，否则可能会被淘汰。
우리는 자신의 일을 소홀히 해서는 안 된다. 그렇지 않으면 도태당할 것이다.

否则 fǒuzé 그렇지 않으면 | **淘汰** táotài 도태하다

冷落 lěngluò

(동) 냉대하다, 푸대접하다　(형) 적막하다
▶ 비록 가족은 아니지만, 그 가여운 아이를 어찌 冷落할 수 있겠는가!

他因长时间受人冷落而患有忧郁症。
그는 오랫동안 냉대를 받아서 우울증을 앓게 되었다.

因A而B yīn A ér B A 때문에 B하다 | **受** shòu 받다 | **患** huàn (병에) 걸리다 | **忧郁症** yōuyùzhèng 우울증
(반의) **热闹** rènao 번화하다

责怪 zéguài

(동) 나무라다, 원망하다, 책망하다
▶ 뭘 하기만 하면 무조건 责怪하니 자신감이 생기질 않아.

经常大声责怪孩子会对孩子的心理健康造成不利影响。
아이들을 자주 큰 소리로 나무라면 아이들의 정신 건강에 좋지 않은 영향을 초래한다.

大声 dàshēng 큰 소리 | **心理** xīnlǐ 심리 | **造成** zàochéng 초래하다 | **不利** búlì 이롭지 않다
(유의) **责备** zébèi 책망하다, 탓하다 / **斥责** chìzé 질책하다

谴责 qiǎnzé

 질책하다, 비난하다, 꾸짖다
▶ 선생님은 학생들의 잘못을 호되게 谴责하셨다.

不论是赞扬或是谴责，我都不计较。
칭찬이든 질책이든, 나는 모두 신경 쓰지 않는다.

不论A或B, 都C búlùn A huò B, dōu C A이든 B이든, 모두 C하다 | **赞扬** zànyáng 칭찬하다 | **计较** jìjiào 따지다

유의 **斥责** chìzé 질책하다

排斥 páichì

 배척하다
▶ 나와 다른 의견을 가지고 있다고 해서 무조건 排斥하는 건 좋지 않아.

这三个组织虽各自互不干涉，但也互不排斥。
이 3개 조직은 비록 각자 서로에게 간섭하지 않지만, 서로를 배척하는 것도 아니다.

组织 zǔzhī 조직 | **各自** gèzì 각자 | **互 (相)** hù(xiāng) 서로 | **干涉** gānshè 간섭하다

背叛 bèipàn

 배반하다, 배신하다
▶ 그가 우리를 背叛하고 다른 회사로 정보를 빼돌릴 줄이야.

无论何时都不可忘记历史，因为忘记历史就意味着背叛。
역사를 잊는다는 것은 배반을 의미하기 때문에, 언제가 되었든 역사를 잊어서는 안 된다.

无论 wúlùn ~을 막론하고 | **何时** héshí 언제 | **不可** bùkě ~해서는 안 된다 | **意味着** yìwèizhe 의미하다

盲目 mángmù

 맹목적인, 무작정 눈먼
▶ 예전 것이 좋았더라도 盲目하게 따라 하면 안 돼.

不要盲目地照搬外国的东西，要敢于创新。
맹목적으로 외국의 것을 그대로 따라 해서는 안 되고, 용감히 혁신을 이루어야 한다.

照搬 zhàobān 그대로 따르다 | **敢于** gǎnyú 용감하게 ~하다 | **创新** chuàngxīn (옛 것을 버리고) 새것을 창조하다

不顾 búgù

동 고려하지 않다 동 꺼리지 않다
▶ 왜 다른 사람의 입장은 전혀 不顾하고 네 생각만 밀어붙이는 거야?

他不顾别人的感受，只顾着自己快乐。
그는 다른 사람의 기분은 고려하지 않고, 자신의 즐거움만을 생각한다.

感受 gǎnshòu 느낌 ｜ 只顾 zhǐgù 오직 ~만 생각하다

任意 rènyì

부 마음대로, 제멋대로 형 조건 없는, 임의의
▶ 네가 任意로 추측하고 오해하고서 왜 내 탓을 해?

无论是谁，都没有权利任意篡改历史。
누구든지, 마음대로 역사를 왜곡할 권리는 없다.

无论A, 都B wúlùn A, dōu B A를 막론하고, 모두 B하다 ｜ 权利 quánlì 권리 ｜ 篡改 cuàngǎi 왜곡하다

유의 随意 suíyì 마음대로

출제 포인트 듣기 영역 논설문 유형 빈출 어휘 **任意**

任意는 마음이 내키는 대로 행동함을 나타내며, 부정적인 행동에도 많이 쓰인다. 특히 듣기 영역의 논설문 유형에서 하지 말아야 할 행동에 대해서 많이 출제된다. 또한 조건이나 원칙 없이 정하여진 것, 임의적인 것도 나타내므로, 함께 알아 두자.

예 **任意浪费** 마음 내키는 대로 낭비하다 ｜ **任意妄为**(wàngwéi) 마음 가는 대로 행동하다
任意三角形 임의의 삼각형 ｜ **任意区域** 임의 구역

任性 rènxìng

형 제멋대로 하다, 마음 내키는 대로 하다
▶ 걔는 너무 任性해서 누가 뭐라고 말해도 듣지를 않아.

每个人身上都有任性的一面，但不要因此而影响别人。
사람마다 마음 내키는 대로 하는 면이 있지만, 그렇다고 해서 다른 사람을 방해해서는 안 된다.

一面 yímiàn 한 방면, 한 측면 ｜ 因A而B yīn A ér B A 때문에 B하다 ｜ 此 cǐ 이것

耍 shuǎ

- 동 (농단을) 부리다, 보이다(부정적인 의미)
- 동 가지고 놀다, 희롱하다　동 장난하다, 놀다
- ▶ 내 앞에서 얕은 꾀를 耍할 생각은 하지도 마.

谁都没想到，李代理竟然在公司的账上耍了手段。
누구도 이 대리가 놀랍게도 회사의 장부에 수단을 부릴 줄은 생각하지 못했다.

代理 dàilǐ 대리 | 竟然 jìngrán 놀랍게도 | 账 zhàng 장부 | 手段 shǒuduàn 수단

> **출제 포인트**　耍의 빈출 짝꿍 표현
>
> 耍는 주로 부정적인 의미로, 아래의 형태로 자주 활용된다. 또한 '놀다, 장난치다'라는 뜻으로 玩耍의 형태로 자주 쓰이므로, 함께 알아 두자.
>
> 예　耍流氓(liúmáng) 행패를 부리다 | 耍滑头(huátóu) 빤질거리다
>
> 耍把戏(bǎxì) 수작을 부리다 | 耍花枪(huāqiāng) 술수를 쓰다
>
> 在大树底下玩耍 큰 나무 아래에서 놀다 | 玩耍是人类的天性。 놀이는 인류의 천성이다.

偏偏 piānpiān

- 부 (기대와는 반대로) 유독, 하필　부 일부러, 기어코, 굳이
- ▶ 왜 偏偏 나한테만 이런 안 좋은 일이 생기는지 모르겠어.

很多意外偏偏在我们最想不到的时候发生。
많은 의외의 사고는 꼭 우리가 가장 예상치 못할 때 발생한다.

意外 yìwài 의외의 사고 | 发生 fāshēng 발생하다

欺骗 qīpiàn

- 동 속이다, 기만하다
- ▶ 넌 어떻게 우리를 이렇게 감쪽같이 欺骗할 수가 있어?

他自以为欺骗了所有人，但事实并非如此。
그는 자신이 모든 사람을 속였다고 생각하지만, 사실은 결코 그렇지 않다.

所有 suǒyǒu 모든 | 事实 shìshí 사실 | 并非 bìngfēi 결코 ~하지 않다 | 如此 rúcǐ 이와 같다

撒谎 sāhuǎng

- 동 거짓말을 하다
- ▶ 그는 입만 열면 撒谎하고 남을 속여.

撒谎是做贼的第一步，也是所有罪恶的开始。
거짓말은 도둑질하는 첫걸음이고, 모든 죄악의 시작이기도 하다.

做贼 zuòzéi 도둑질을 하다 | 第一步 dì yī bù 첫걸음 | 罪恶 zuì'è 죄악
유의　说谎 shuōhuǎng 거짓말을 하다

打架 *dǎjià*

동 싸우다, 다투다   동 모순되다, 어울리지 않다
▶ 너희 나이가 몇인데 아직도 만나기만 하면 打架하니!

这几个坏孩子竟然怂恿弟弟跟他们一起去打架。
이 나쁜 아이들은 놀랍게도 같이 싸우러 가자고 남동생을 부추겼다.

竟然 jìngrán 놀랍게도 | 怂恿 sǒngyǒng 부추기다

출제 포인트 목적어를 취하지 않는 이합동사 **打架**

打架는 쓰기 영역에서 주인공이 어렸을 때 치고받고 싸웠던 과거 이야기로 종종 출제된다. 打架는 술어 打와 목적어 架가 함께 쓰인 이합동사여서, 뒤에 목적어를 가지고 오지 않고, 和나 跟 등의 개사와 함께 쓰인다. 또한 '남을 부추긴다'는 의미의 怂恿과도 함께 자주 쓰이므로, 문장으로 외워 두는 것이 좋다.

예 和他打架 그와 싸우다 | 怂恿他去打架 그를 싸우러 가라고 부추기다

欺负 *qīfu*

동 괴롭히다, 업신여기다
▶ 다 큰 어른이 어째서 저런 어린아이를 欺负하는 거지?

在工作中，他的同事们总是合起来欺负他。
일을 할 때 그의 동료들은 항상 합세하여 그를 괴롭힌다.

合 hé 모으다, 합치다

为难 *wéinán*

형 난처하다, 곤란하다   동 난처하게 하다, 괴롭히다
▶ 갑자기 집으로 손님이 들이닥쳐서 아주 为难했었지.

两组队员的要求使主办方陷入了左右为难的境地。
두 팀 선수들의 요구로 주최 측은 이도 저도 할 수 없는 난처한 상황에 빠졌다.

组 zǔ 팀 | 队员 duìyuán 선수 | 使 shǐ ~하게 하다 | 主办方 zhǔbànfāng 주최자 | 陷入 xiànrù (불리한 지경에) 빠지다 | 左右为难 zuǒyòuwéinán 이러지도 저러지도 못하다 | 境地 jìngdì 상황

折磨 *zhémó*

동 고통스럽게 하다, 괴롭히다
▶ 왜 이렇게 시도 때도 없이 나를 구박하고 折磨하는지 모르겠어.

听那位歌手唱歌，对我来说简直就是一种折磨。
그 가수가 노래하는 걸 듣는 것은 나에게는 정말 고통이다.

歌手 gēshǒu 가수 | 对……来说 duì …… lái shuō ~에게 있어서 | 简直 jiǎnzhí 정말로
유의 折腾 zhēteng 고통스럽게 하다, 괴롭히다

迫害 pòhài

（동） 학대하다, 박해하다
▶ 아이들을 迫害하는 흉악 범죄가 점점 증가하는 것 같아.

精神上的迫害比肉体上的更惨无人道。
정신적인 학대는 육체적인 것보다 훨씬 잔인하다.

精神 jīngshén 정신 | **肉体** ròutǐ 육체 | **惨无人道** cǎnwúréndào 극도로 흉악하고 잔인하다

压迫 yāpò

（동） 억압하다, 압박하다
▶ 다른 사람의 자유를 함부로 压迫할 수 있는 권리가 어디 있어?

哪里有压迫，哪里就有反抗。
억압이 있는 곳에 반항이 있다.

反抗 fǎnkàng 반항

유의어 비교	压迫 vs 压制

두 단어 모두 무언가를 억압한다는 의미이지만, 压迫는 권력이나 세력으로 다른 사람을 복종하게 만드는 것을 뜻하고, 压制는 온 힘을 다해 제한하고 제지하는 것을 뜻한다. 또한 두 어휘는 꾸며 주는 대상이 다르고, 바꿔 쓸 수 없음을 기억하자.

压迫 yāpò 　사람 또는 신체 부위를 대상으로 함
예 **压迫神经**(shénjīng) 신경을 압박하다 | **压迫感** 압박감

压制 yāzhì 　비평, 다른 의견 등을 대상으로 함
예 **压制批评** 비판을 억압하다 | **压制不同意见** 다른 의견을 억압하다

逼迫 bīpò

（동） 핍박하다, 강요하다
▶ 계속해서 逼迫하는 바람에 결국 그의 의견에 동의하고 말았어.

我们无法逼迫别人无条件接受我们的意见。
우리는 다른 사람에게 우리의 의견을 무조건적으로 받아들이도록 강요할 수 없다.

无法 wúfǎ ~할 수 없다 | **无条件** wútiáojiàn 아무 조건이 없다 |
接受 jiēshòu 받아들이다 | **意见** yìjiàn 의견
（유의） **强迫** qiǎngpò 강요하다, 강제로 시키다
（반의） **自愿** zìyuàn 자원하다

强迫 qiǎngpò

(동) 강요하다, 강제로 시키다
▶ 네가 하기 싫다면 억지로 하라고 强迫할 생각은 없어.

我们不应以个人意愿去强迫他人做他们不喜欢的事情。
우리는 개인의 바람으로 다른 사람에게 원치 않는 일을 하도록 강요해서는 안 된다.

以 yǐ ~을 가지고 | 个人 gèrén 개인 | 意愿 yìyuàn 바람 | 他人 tārén 타인

(유의) 逼迫 bīpò 핍박하다, 강요하다
(반의) 自愿 zìyuàn 자원하다

强制 qiángzhì

(동) (정치력·경제력으로) 강제하다, 강요하다
▶ 아직도 많은 대기업에서 무리한 노동을 强制한다.

网站强制用户输入部分个人信息。
웹사이트에서 사용자가 개인 정보의 일부를 입력하도록 강제한다.

网站 wǎngzhàn 웹사이트 | 用户 yònghù 사용자 | 输入 shūrù 입력하다 | 部分 bùfen 일부 |
信息 xìnxī 정보

施加 shījiā

(동) (압력·영향 등을) 가하다, 주다
▶ 위에서 자꾸 압력을 施加해서 제안을 받아들일 수밖에 없었어.

因为对方不断施加压力，所以我方应尽快提出有效方案。
상대방이 계속 압박을 가해서, 우리 측은 서둘러 효과적인 방안을 제시해야 한다.

对方 duìfāng 상대편 | 不断 búduàn 계속해서 | 压力 yālì 압력 | 我方 wǒfāng 우리 측 |
尽快 jǐnkuài 되도록 빨리 | 提出 tíchū 제출하다 | 有效 yǒuxiào 효과적이다 | 方案 fāng'àn
방안

致使 zhìshǐ

(동) (접) (어떠한 이유로) 초래하다, 야기하다
▶ 누구에게나 다정한 그의 행동이 결국 모두의 오해를 致使했다.

他无礼的言行致使他人感到万分不快。
그의 예의 없는 언행이 다른 사람을 매우 불쾌하게 만들었다.

无礼 wúlǐ 무례하다 | 言行 yánxíng 언행 | 万分 wànfēn 매우, 대단히 | 不快 búkuài 불쾌하다

(유의) 导致 dǎozhì (어떤 사태를) 야기하다, 초래하다

勉强 miǎnqiǎng

형 억지스럽다 형 마지못하다 형 간신히 ~하다 동 강요하다
▶ 직원에게 무리한 근무를 시킨 그 사장의 변명은 너무 勉强하다.

这位辩手的辩词很勉强，难以说服观众。
이 토론자의 해명은 억지스러워서, 관중을 설득하기 어렵다.

辩手 biànshǒu 변론가 | 辩词 biàncí 해명이나 변명의 말 | 难以 nányǐ ~하기 어렵다 | 说服
shuōfú 설득하다 | 观众 guānzhòng 관중

制止 zhìzhǐ

동 제지하다, 저지하다
▶ 불법 행위를 강력하게 制止하지 않으면 같은 일이 다시 발생할
것이다.

在警方的强烈制止下，场面终于得到了控制。
경찰의 강력한 제지 하에, 상황이 비로소 제어가 되었다.

警方 jǐngfāng 경찰 측 | 强烈 qiángliè 강렬하다 |
场面 chǎngmiàn (처한) 상황 | 得到 dédào 받다 | 控制 kòngzhì 제어하다
유의 阻止 zǔzhǐ 저지하다 / 遏制 èzhì 저지하다, 억제하다

阻拦 zǔlán

동 저지하다, 방해하다, 막다
▶ 나에게는 그를 阻拦할 만한 힘이 없으니, 네가 막아 봐.

我的货车被管理人员阻拦了，但还不知道是什么原因。
내 화물차가 관리자에 의해 저지당했지만, 아직 무슨 이유인지 모른다.

货车 huòchē 화물차 | 管理人员 guǎnlǐ rényuán 관리자 | 原因 yuányīn 원인
유의 阻挡 zǔdǎng 저지하다, 가로막다

侵犯 qīnfàn

동 (권리/타국의 영역을) 침범하다
▶ 이 글은 내 글이랑 완전히 똑같아. 명백한 저작권 侵犯이야!

任何人都没有权利侵犯他人的隐私。
그 누구도 타인의 사생활을 침범할 권리는 없다.

权利 quánlì 권리 | 他人 tārén 타인 | 隐私 yǐnsī (개인의) 사생활

阻碍 zǔ'ài

동 (진행하지 못하도록) 가로막다   명 장애물
▶ 자기 전에 휴대폰을 보는 건 숙면을 阻碍해서 좋지 않대.

不要让人生的一点点不如意阻碍我们前进的道路。

인생에서 사소하게 뜻대로 되지 않는 부분이 우리의 앞길을 막게 해서는 안 된다.

人生 rénshēng 인생 | 一点点 yìdiǎndiǎn 아주 조금 | 如意 rúyì 뜻대로 되다 | 道路 dàolù 도로

유의 妨碍 fáng'ài 방해하다 / 阻挡 zǔdǎng 저지하다, 가로막다

유의어 비교 阻碍 vs 妨碍

阻碍는 통행·발전이 순조롭지 못하게 막는 것을 나타내고, 妨碍는 일의 진행을 방해하는 것을 나타낸다. 두 단어는 쓰이는 대상이 다르므로 주의하자.

阻碍 zǔ'ài | 교통, 사회·역사의 발전, 진보, 개혁, 전쟁, 생산 등 중대한 일이 대상이 됨
예 阻碍交通 교통을 가로막다 | 阻碍社会发展 사회의 발전을 가로막다

妨碍 fáng'ài | 일, 학업, 활동, 발전 등이 대상이 됨
예 妨碍别人 다른 사람을 방해하다 | 妨碍团结 (tuánjié) 단결을 방해하다

干扰 gānrǎo

동 방해하다, 지장을 주다   동 (전파·신호를) 방해하다
▶ 한창 집중하고 있었는데 왜 와서 干扰하는 거야!

这场会议因示威者的干扰而提前结束。

이 회의는 시위자의 방해로 일찍 끝났다.

因A而B yīn A ér B A 때문에 B하다 | 示威者 shìwēizhě 시위자 | 提前 tíqián 앞당기다

출제 포인트 독해 영역 빈출 어휘 干扰

干扰는 사람이 방해하는 행위 이외에 전파, 신호 등을 방해한다는 의미로도 쓰이며, 특히 독해 영역의 설명문에 많이 출제된다. 아래 빈출 표현을 확인하고 넘어가자.

예 受到干扰 방해를 받다 | 干扰信号 신호를 방해하다
干扰注意力 주의력을 방해하다 | 干扰路线 노선을 방해하다

告诫 gàojiè

동 경고하다, 훈계하다, 타이르다
▶ 어머니는 남을 속여서는 안 된다고 늘 告诫하셨어.

警察告诫围观者，不要靠近正在燃烧的建筑物。

경찰은 구경꾼들에게 불타고 있는 건물에 가까이 가지 말라고 경고했다.

警察 jǐngchá 경찰 | 围观者 wéiguānzhě 구경꾼 | 靠近 kàojìn 가까이 가다 | 燃烧 ránshāo 불타다 | 建筑物 jiànzhùwù 건축물

约束 yuēshù

동 단속하다, 속박하다, 구속하다
▶ 법은 사회 구성원을 约束하는 최소한의 도덕이야.

教练的严格约束使运动员们受到很大压力。

감독의 엄격한 단속이 선수들에게 큰 스트레스를 받게 한다.

教练 jiàoliàn 감독 | **严格** yángé 엄격하다 | **使** shǐ ～하게 하다 | **运动员** yùndòngyuán 운동
선수 | **受到** shòudào 받다 | **压力** yālì 스트레스
유의 **束缚** shùfù 구속하다

严禁 yánjìn

동 엄금하다
▶ 이곳은 야생 동물의 불법 사냥을 严禁합니다.

飞机上严禁乘客随身携带任何危险品。

기내에서는 승객들이 어떤 위험 물품도 몸에 지니는 것을 엄격히 금한다.

乘客 chéngkè 승객 | **随身** suíshēn 몸에 지니다 | **携带** xiédài 휴대하다 | **任何** rènhé 어떠한
| **危险品** wēixiǎnpǐn 위험물

束缚 shùfù

동 속박하다, 억압하다, 제한하다
▶ 그는 완벽해야 한다는 강박 관념에 束缚되어 하루도 편할 날이
없었다.

这位选手被大赛规则束缚住了，没有发挥出真正的实力。

이 선수는 대회 규정에 속박되어 진정한 실력을 발휘하지 못했다.

选手 xuǎnshǒu 선수 | **大赛** dàsài 대형 경기 | **规则** guīzé 규정 | **发挥** fāhuī 발휘하다 |
真正 zhēnzhèng 진정한 | **实力** shílì 실력
유의 **约束** yuēshù 단속하다

출제 포인트　**束缚**의 빈출 짝꿍 표현

束缚는 자유로이 행동하지 못하도록 강압적으로 얽매거나 제한함을 나타내며, 억압을 받거나 벗어남을
나타내는 표현으로 많이 쓰인다. 아래 주요 술어와 함께 표현을 익혀 보자.

예　**受束缚** 억압을 받다 | **感到束缚** 억압을 느끼다, 한계를 느끼다
　　被束缚住了 속박되었다 | **摆脱**(bǎituō)**束缚** 속박을 벗어나다

残忍 cánrěn

형 잔인하다, 악랄하다, 잔혹하다
▶ 그는 악독하고 残忍하기로 악명 높은 사람이야.

虚荣使他变得残忍自私，令人难以理解。
허영이 그를 잔인하고 이기적으로 변하게 한 것은 정말 이해할 수 없다.

虚荣 xūróng 허영 | **使** shǐ ~하게 하다 | **自私** zìsī 이기적이다 | **令** lìng ~하게 하다 | **难以** nányǐ ~하기 어렵다 | **理解** lǐjiě 이해하다

유의 残酷 cánkù 잔혹하다, 냉혹하다

残酷 cánkù

형 잔혹하다, 냉혹하다
▶ 그 살인범은 피해자를 残酷하게 살해했다.

打击敌人要像秋风扫落叶一样残酷无情。
적을 공격할 땐 가을바람이 낙엽을 쓸어 버리듯 무정하고 잔혹해야 한다.

打击 dǎjī 공격하다 | **敌人** dírén 적 | **秋风扫落叶** qiūfēng sǎo luòyè 가을바람이 낙엽을 쓸어 버리다 | **无情** wúqíng 무정하다

유의 残忍 cánrěn 잔인하다, 악랄하다, 잔혹하다

유의어 비교 **残酷** vs **残忍**

残酷 cánkù	사람이나 객관적인 환경이 잔혹하고 참혹함을 나타냄 예 残酷压迫(yāpò) 잔혹하게 억압하다 | 残酷暴行 잔혹하게 폭력을 행하다 残酷无情 잔혹하고 무정하다 | 市场竞争残酷 시장 경쟁이 혹독하다
残忍 cánrěn	사람이나 사물을 대하는 방법, 수단 등이 잔인함을 나타냄 예 手段残忍 수단이 잔인하다 | 残忍的行为 잔인한 행동 | 市场竞争残忍 (×)

冷酷 lěngkù

형 (사람을 대하는 태도가) 냉혹하다, 잔인하다
▶ 세상은 네 생각보다 더 잔인하고 冷酷하니 정신을 차려야 해.

无论他们怎么哀求，都不能打动他那颗冷酷无情的心。
그들이 아무리 간청해도, 그의 냉혹하고 무정한 마음을 흔들 수는 없다.

无论A, 都B wúlùn A, dōu B A를 막론하고, 모두 B하다 | **哀求** āiqiú 간청하다 | **打动** dǎdòng 마음을 움직이다 | **颗** kē 알(사람의 마음에 쓰이는 양사)

丑恶 chǒu'è 형 추악하다, 더럽다

恼火 nǎohuǒ 형 화내다, 성내다

起哄 qǐhòng 동 소란을 피우다
동 (여러 사람이) 놀리다, 조롱하다

玩弄 wánnòng 동 (수단을) 부리다, 쓰다
동 희롱하다　동 장난치다　동 뽐내다

唾弃 tuòqì 동 경멸하다, 혐오하다

藐视 miǎoshì 동 깔보다, 경시하다, 얕보다

蔑视 mièshì 동 깔보다, 우습게 보다

歧视 qíshì 동 차별 대우하다, 경시하다

敌视 díshì 동 적대시하다, 적대하다

亏待 kuīdài 동 박대하다, 부당하게 대하다

污蔑 wūmiè 동 모독하다, 비방하다

侮辱 wǔrǔ 동 모욕하다, 모독하다

诽谤 fěibàng 동 헐뜯다, 비난하다

陷害 xiànhài 동 모함하다, 모해하다

出卖 chūmài 동 배반하다　동 판매하다

擅自 shànzì 부 자기 멋대로, 독단적으로

成心 chéngxīn 부 고의로, 일부러

隐瞒 yǐnmán 동 숨기다

揍 zòu 동 (사람을) 때리다, 치다
동 깨다, 깨뜨리다

挨 ái 동 ~를 받다, ~를 당하다
동 어렵게 살아가다

殴打 ōudǎ 동 구타하다

扰乱 rǎoluàn 동 어지럽히다, 혼란스럽게
하다

骚扰 sāorǎo 동 소란을 피우다, 교란하다

折腾 zhēteng 동 만지작거리다, 반복하다
동 고통스럽게 하다, 괴롭히다　동 뒤척이다

惹祸 rěhuò 동 일을 저지르다, 화를 초래
하다

加剧 jiājù 동 심해지다, 격화되다, 악화되다

遭殃 zāoyāng 동 불행·재앙을 당하다,
재난을 입다

阻挠 zǔnáo 동 방해하다, 가로막다, 차단
하다

挑拨 tiǎobō 동 부추기다, 충동질하다,
분쟁을 일으키다

霸道 bàdào 형 포악하다, 횡포하다
명 패도, 무력 정치

剥削 bōxuē 동 착취하다

压榨 yāzhà 동 (잔혹하게) 착취하다
동 압착하다

摧残 cuīcán 동 학대하다, 심한 손상을
주다

虐待 nüèdài 동 학대하다

败坏 bàihuài 동 (명예·풍조 등을) 손상시
키다, 망치다　형 (도덕·규율이) 부패하다, 타락
하다

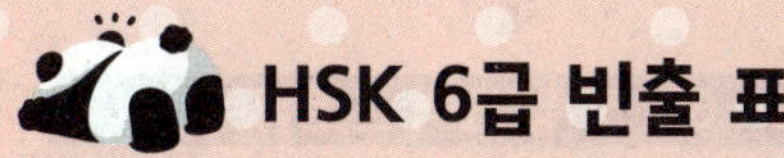 HSK 6급 빈출 표현

感到厌恶	gǎndào yànwù	혐오감을 느끼다
引起反感	yǐnqǐ fǎngǎn	반감을 일으키다
冷酷无情	lěngkù wúqíng	냉혹하고 무정하다
嘲笑别人	cháoxiào biéren	남을 비웃다
谴责他人	qiǎnzé tārén	타인을 질책하다
背叛朋友	bèipàn péngyou	친구를 배반하다
互相排斥	hùxiāng páichì	서로 배척하다
隐瞒真相	yǐnmán zhēnxiàng	진상을 숨기다
盲目乐观	mángmù lèguān	무작정 낙관하다
不顾一切	búgù yíqiè	아무것도 따지지 않다
任意改变	rènyì gǎibiàn	임의로 바꾸다
侵犯利益	qīnfàn lìyì	이익을 침해하다
及时制止	jíshí zhìzhǐ	곧바로 제지하다
束缚思想	shùfù sīxiǎng	사상을 속박하다
扰乱治安	rǎoluàn zhì'ān	치안을 어지럽히다
压迫感	yāpògǎn	압박감

데일리 테스트

고생하셨어요!
QR코드를 스캔하면 DAY01~DAY30 전체 데일리 테스트 PDF가
다운로드됩니다.

DAY

15

HSK 6급 30일 합격 프로젝트

★ HSK 시험에 이렇게 나와요.

인생 및 성공에 관한 어휘들은 듣기 2부분의 인터뷰 유형과 3부분, 독해 1·4부분, 쓰기에 이르기까지 전 영역에서 자주 출제되는 테마입니다. 특히 쓰기에서 주인공이 어려움을 극복하는 이야기에 많이 출제되므로, 의미와 활용에 주의하여 익혀 두세요.

수고했어, 오늘도!

#인생 #성공

음원 듣기

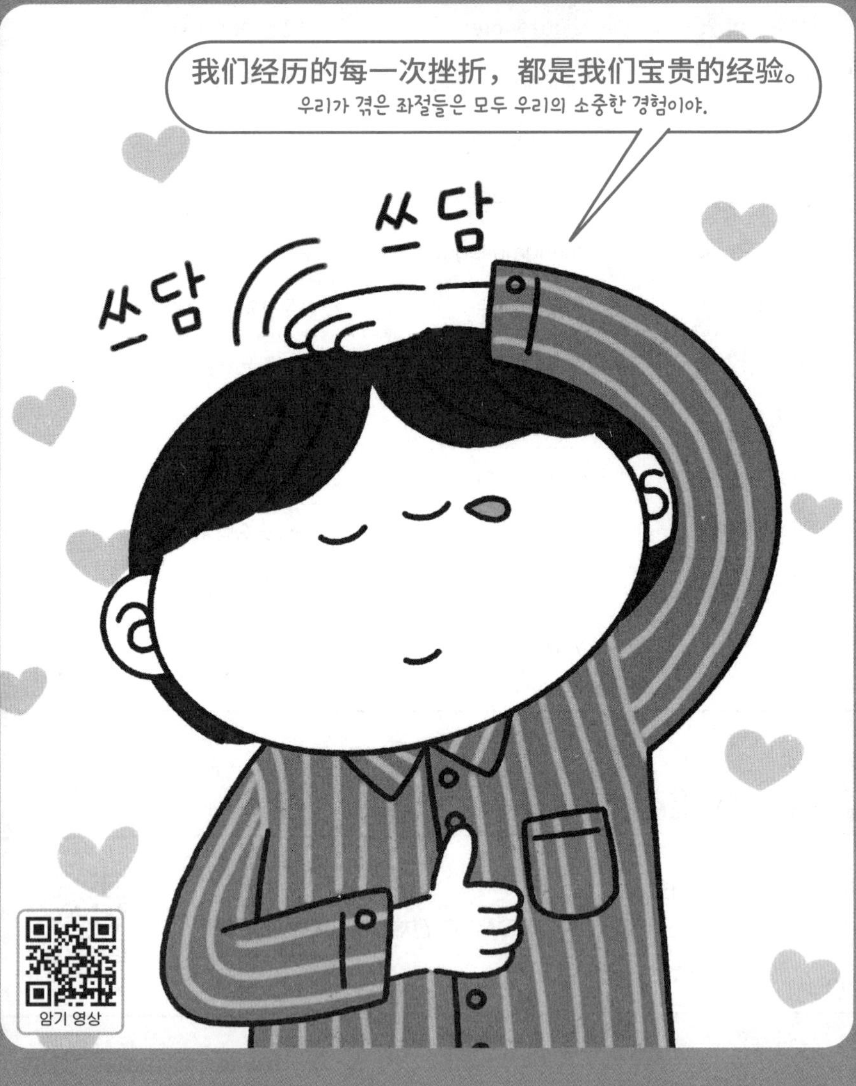

암기 영상

本人 běnrén

대 (사건의) 본인, 당사자 대 (1인칭) 나, 본인
▶ 本人이 살아오면서 성공했던 경험을 얘기해 보겠어요?

颁奖典礼要求奖项必须由获奖者本人领取。
시상식에서는 상을 반드시 수상자 본인이 받을 것을 요구한다.

颁奖典礼 bānjiǎng diǎnlǐ 시상식 | **奖项** jiǎngxiàng 상 | **由** yóu ~이(행동의 주체) | **获奖者**
huòjiǎngzhě 수상자 | **领取** lǐngqǔ 받다

自主 zìzhǔ

동 자주적으로 하다, 자체적으로 하다
▶ 남에게 일일이 간섭받지 않는 自主한 사람이 되어야 해.

独立自主不是闭关自守，自力更生不是盲目排外。
독립적이고 자주적인 것은 쇄국주의가 아니고, 자력갱생은 맹목적으로 배척하는 것이 아니다.

独立 dúlì 독립하다 | **闭关自守** bìguānzìshǒu 쇄국 정책을 실시하다 | **自力更生**
zìlìgēngshēng 자력갱생하다 | **盲目** mángmù 맹목적인 | **排外** páiwài 외부의 사람이나 영향력을
배척하다

> **출제 포인트** 쓰기 영역 빈출 어휘 **自主**
>
> 自主는 듣기와 독해에서도 많이 출제되지만, 특히 쓰기 영역에서 자주 출제된다. 자신이 주체가 되는 것
> 을 말하며, 스스로 제어할 수 없음을 나타내는 不由自主로도 출제되므로, 아래 빈출 표현과 함께 익혀
> 두자.
>
> 예 **自主知识产权** 자주적 지식소유권 | **独立自主精神** 자주 독립 정신
> **自主研发新品种** 새로운 품종을 자체 개발하다
> **不由自主地跟着打起哈欠来** 스스로 제어할 수 없이 따라서 하품을 한다

胸怀 xiōnghuái

명 마음, 가슴 명 흉부 동 가슴에 품다
▶ 친구와 胸怀를 터놓고 얘기하니 속이 시원해졌어.

对于他人的成就，我们应该敞开胸怀，敢于接受。
타인의 성과에 대해, 우리는 마음을 열고 기꺼이 받아들여야 한다.

对于 duìyú ~에 대해 | **他人** tārén 타인 | **成就** chéngjiù 성과 |
敞开 chǎngkāi 활짝 열다 | **敢于** gǎnyú 대담하게 ~하다 |
接受 jiēshòu 받아들이다

抱负 bàofù

▶ 그는 세계적인 디자이너가 되겠다는 抱负를 가슴에 품었다.

没有远大的抱负难以成就伟大的事业。
원대한 포부가 없으면 위대한 사업을 이루기 어렵다.

远大 yuǎndà 원대하다 | **难以** nányǐ ~하기 어렵다 |
成就 chéngjiù 이루다 | **伟大** wěidà 위대하다 | **事业** shìyè 사업
유의 **志向** zhìxiàng 포부, 지향

信念 xìnniàn

▶ 계속되는 유혹에 그녀의 굳은 信念이 흔들리기 시작했다.

王教授说他成功的原因是始终坚定了同一个信念。
왕 교수님은 그가 성공한 이유는 항상 같은 신념을 유지했기 때문이라고 말했다.

教授 jiàoshòu 교수 | **原因** yuányīn 원인 | **始终** shǐzhōng 한결같이 |
坚定 jiāndìng 확고히 하다
유의 **信心** xìnxīn 자신감, 확신, 신념

确信 quèxìn

▶ 나는 네가 해낼 것이라고 确信해, 그러니 조금만 더 힘내!

研究人员们确信这次的实验一定能获得成功。
연구진들은 이번 실험이 분명히 성공할 것이라고 확신한다.

研究人员 yánjiū rényuán 연구원 | **实验** shíyàn 실험 | **获得** huòdé 얻다

意志 yìzhì

▶ 意志가 박약한 사람들은 목표를 이루기 힘들지.

她具有坚强的意志和快速解决问题的能力。
그녀는 강인한 의지와 문제를 빠르게 해결하는 능력을 가지고 있다.

具有 jùyǒu 가지다 | **坚强** jiānqiáng 굳고 강하다 | **快速** kuàisù 빠르다 | **能力** nénglì 능력

坚定 jiāndìng

형 확고부동하다, 결연하다　　동 확고히 하다, 결연히 하다
▶ 유학가겠다는 그의 의지가 坚定해서 아무도 말릴 수가 없어.

他始终向着一个目标坚定不移地前行。
그는 항상 한 가지 목표를 향해 확고부동하게 나아간다.

目标 mùbiāo 목표 ｜ 坚定不移 jiāndìngbùyí 확고부동하여
조금도 흔들림이 없다 ｜ 前行 qiánxíng 앞으로 나아가다

유의 坚决 jiānjué 단호하다, 결연하다
반의 动摇 dòngyáo 동요하다

毅力 yìlì

명 굳센 의지, 끈기
▶ 동생의 毅力는 정말 강해서 하고자 하면 못 하는 일이 없다.

决心和毅力会带领我们走向成功。
결심과 굳센 의지는 우리가 성공을 향해 가도록 이끌 것이다.

决心 juéxīn 결심 ｜ 带领 dàilǐng 이끌다 ｜ 走向 zǒuxiàng ～로 발전해 가다

魄力 pòlì

명 패기, 기백, 박력, 투지
▶ 사내 녀석이 그렇게 魄力가 없어서야 무슨 일을 해낼 수 있겠어!

作为一个决策者，需要具有特别的魄力和胆量。
정책 결정자로서, 특별한 패기와 담력을 갖추어야 한다.

作为 zuòwéi ～로서 ｜ 决策者 juécèzhě 정책 결정자 ｜ 胆量 dǎnliàng 담력

动机 dòngjī

명 동기
▶ 이런 큰 결심을 하게 된 动机가 무엇인가요?

谁都没有想到，他做慈善工作的动机是为了牟利。
누구도 그가 자선 활동을 하게 된 동기가 사익을 취하기 위함이었음을 생각하지 못했다.

慈善 císhàn 자선을 베풀다 ｜ 牟利 móulì 개인적인 이익을 챙기다

机遇 jīyù

명 기회, 찬스
▶ 모든 사람에게는 일생에 세 번의 机遇가 찾아온대.

机遇总会眷顾那些有准备的人。
기회는 항상 준비된 사람을 돌본다.

眷顾 juàngù 돌보다
유의 机会 jīhuì 기회

前景 qiánjǐng

명 전망, 장래, 앞날 **명** (그림·무대 등) 가장 가까운 경물
▶ 그녀는 前景이 아주 촉망되는 피아니스트야.

他非凡的能力有着不可限量的**前景**与空间。
그의 비범한 능력은 끝없는 장래와 가능성을 가지고 있다.

非凡 fēifán 비범하다 | 能力 nénglì 능력 | 不可限量 bùkěxiànliàng 한정할 수 없다 | 与 yǔ ~와 | 空间 kōngjiān 공간

> **출제 포인트** 쓰기 영역 빈출 어휘 **前景**
>
> 前景은 사람이나 상품, 회사 등의 장래를 뜻하여, 듣기와 독해 영역 전반에서 자주 출제된다. 특히 기업의 성공, 사업의 발전, 성공한 사람의 성공 과정 등과 관련하여 독해 4부분의 설명문과 논설문에 자주 출제되므로, 아래 빈출 표현들을 익혀 두자.
>
> **예** 发展前景 발전 전망
> 前景堪忧(kānyōu) 앞날이 심히 우려되다
> 前景难以预料 전망을 예측하기 어렵다
> 前景不容乐观 앞날을 낙관할 수 없다

展望 zhǎnwàng

동 전망하다 **동** 먼 곳을 보다
▶ 미래를 展望할 줄 알아야 더 좋은 계획을 세울 수 있어.

我们满怀信心地**展望**着未来，并且为了目标而努力着。
우리는 자신만만하게 미래를 바라보면서 목표를 위해 노력하고 있다.

满怀信心 mǎnhuái xìnxīn 자신만만하다 | 未来 wèilái 미래 | 并且 bìngqiě 게다가 |
为了A而B wèile A ér B A를 위해 B하다 | 目标 mùbiāo 목표
유의 瞻望 zhānwàng 전망하다

期望 qīwàng

명 기대, 희망, 바람　　동 기대하다, 바라다, 소망하다
▶ 선생님께서 우리 반에 걸고 있는 期望이 매우 크셔.

即使我没有达到父母的期望，他们也不会给我施加压力。
설령 내가 부모님의 기대에 못 미치더라도, 부모님은 나에게 스트레스를 주지 않을 것이다.

即使A, 也B jíshǐ A, yě B 설령 A하더라도, B하다　|　达到 dádào 이르다　|　父母 fùmǔ 부모　|
施加 shījiā 가하다　|　压力 yālì 스트레스

유의　希望 xīwàng 희망
　　　指望 zhǐwàng 기대하다, 기대

树立 shùlì

동 세우다, 수립하다
▶ 엄마의 칭찬과 사랑은 나의 자존감을 다시 树立해 주었어.

他已经逐渐在团队中树立起了威信。
그는 조직에서 이미 점차 위신을 세웠다.

逐渐 zhújiàn 점점　|　团队 tuánduì 팀　|　威信 wēixìn 위신

유의　建立 jiànlì 세우다

尝试 chángshì

동 시도해 보다, 경험해 보다
▶ 두렵다고 뒷걸음만 치지 말고 한번 尝试해 봐!

要知道，你的每一次新的尝试都可能是成功的开始。
당신의 모든 새로운 시도들이 성공의 시작일 수 있다는 점을 알아야 한다.

成功 chénggōng 성공하다

引导 yǐndǎo

동 지도하다, 안내하다　　동 인솔하다, 이끌다
▶ 선생님은 학생이 올바른 길로 갈 수 있도록 引导한다.

家长应善于引导和教育孩子，不能放纵他们。
학부모는 아이를 지도하고 교육하는 데에 능해야 하며, 아이들을 방치해서는 안 된다.

家长 jiāzhǎng 학부모　|　善于 shànyú ~에 능하다　|　教育 jiàoyù 교육하다　|　放纵 fàngzòng
내버려 두다

启示 qǐshì

▶ 이번 인생 특강은 좌절하고 있던 내게 많은 启示를 주었어.

我从队友的失败中得到了一个重要的启示。
나는 동료의 실패에서 중요한 깨우침을 얻었다.

队友 duìyǒu 동료 ｜ **失败** shībài 실패하다 ｜ **得到** dédào 얻다
유의 **启发** qǐfā 깨우치다, 계시하다 ／ **启迪** qǐdí 깨우침

출제 포인트 ▶ **启示**의 빈출 짝꿍 표현

启示는 듣기 2부분의 인터뷰에 자주 출제되는 어휘로, 어떤 일에 대한 시사성이나 시사하는 바를 묻는 내용으로 출제된다. 자주 출제되는 표현들을 확인하고 넘어가자.

예 **富有启示性** 시사성이 충분히 있다 ｜ **给我们的启示** 우리에게 주는 시사점
这次研究对我们有什么启示? 이번 연구가 우리에게 시사하는 바가 무엇인가?

觉悟 juéwù

▶ 올바른 觉悟가 있는 사람이라면 그런 몰염치한 짓을 했겠어?

每个人的觉悟不同，不要将我们认为高尚的强加给别人。
사람마다 의식이 다르기 때문에, 우리가 고결하다고 생각하는 것을 다른 사람에게 강요해서는
안 된다.

将 jiāng ～을 ｜ **高尚** gāoshàng (도덕적으로) 고결하다 ｜ **强加** qiángjiā 강요하다
유의 **醒悟** xǐngwù 깨닫다 ／ **觉醒** juéxǐng 각성하다

借鉴 jièjiàn

▶ 실패했던 지난날을 借鉴해서, 이번에는 절대 실패하지 않을 거야.

我们应该借鉴历史，从中吸取经验教训。
우리는 마땅히 역사를 거울로 삼아, 그 속에서 경험과 교훈을 얻어야 한다.

从中 cóngzhōng 그 가운데서 ｜ **吸取** xīqǔ 얻다 ｜ **经验** jīngyàn 경험 ｜ **教训** jiàoxùn 교훈

출제 포인트 ▶ 듣기 영역 빈출 어휘 **借鉴**

借鉴은 사람이나 사건을 본보기로 삼아 장점을 취하고 단점을 보완하거나 교훈을 얻는 것을 의미하는
동사로, 듣기 3부분의 논설문에 자주 출제된다. 아래 빈출 어휘를 함께 익혀 두자.

예 **值得借鉴** 참고할 만한 가치가 있다 ｜ **借鉴长处** 장점을 취하다
借鉴方法 방법을 참고하다 ｜ **借鉴制度**(zhìdù) 제도를 참고하다

反思 fǎnsī

 과거를 돌이켜 생각하다, 되짚다, 반성하다
▶ 지난날의 과오를 되돌아보며 反思하는 것은 더 나은 미래를 위한 일이야.

这部纪录片使每个中国人都在深刻地反思自己的言行。

이 다큐멘터리는 모든 중국인들이 자신의 언행을 깊이 돌이켜 생각하고 있게 만든다.

部 bù 편(서적·영화를 세는 양사) | 纪录片 jìlùpiàn 다큐멘터리 영화 | 使 shǐ ~하게 하다 | 深刻 shēnkè (인상이) 깊다 | 言行 yánxíng 언행

유의어 비교	反思 vs 反省 vs 检讨

모두 '반성하다'라는 뜻으로 쓰이는데, 비슷해 보이지만 의미가 다르므로 활용에 주의해야 한다.

反思 fǎnsī | 과거의 경험을 통해 교훈을 얻는 것을 나타냄
예 反思过去 과거를 되짚다 | 工作反思 업무 회고

反省 fǎnxǐng | 자신의 행동에서 잘못을 반성하는 것을 나타냄
예 做自我反省 자기 반성을 하다 | 反省错误 잘못을 반성하다

检讨 jiǎntǎo | 단점과 잘못에 대해 자기비판을 하는 것을 나타냄
예 自我检讨书 자기반성문 | 工作检讨书 시말서

代价 dàijià

 대가   가격, 대금
▶ 그는 충분한 준비 없이 무턱대고 달려들어 결국 큰 代价를 치러야 했다.

将来我们可能会因现在一时的懈怠，而付出更大的代价。

앞으로 우리는 현재 잠깐의 게으름으로 더 큰 대가를 치르게 될 수도 있다.

将来 jiānglái 장래 | 因 A, 而 B yīn A, ér B A 때문에, B하다 | 一时 yìshí 잠시 | 懈怠 xièdài 게으르다 | 付出 fùchū 지불하다

座右铭 zuòyòumíng

 좌우명
▶ '후회하는 인생을 살지 말자'가 나의 座右铭이야.

教授为我在本子上写下了他的座右铭。

교수님은 나를 위해 노트에 그의 좌우명을 적어 주셨다.

教授 jiàoshòu 교수

心得 xīndé

명 체득, 심득, 터득, 느낌, 소감, 지식, 기술
▶ 수많은 경험을 통해 얻은 心得는 나에게 더없는 자산이 될 거야.

年长者的心得是我们必读的一本好书。
연장자의 깨달음은 우리가 반드시 읽어야 하는 좋은 책이다.

年长者 niánzhǎngzhě 연장자 | **必** bì 반드시

출제 포인트　듣기 2·3부분 빈출 어휘 **心得**

心得는 듣기 2·3부분에서 자주 출제되는 어휘로, 교훈과 성공에 관한 논설문에 자주 출제된다. 본래의 의미는 공부나 일 등을 통해 얻은 지식, 기술, 인식 등을 말한다. 경험에 대한 소감을 묻는 인터뷰나, 배움에 관련된 논설문 유형에서 주로 출제되며, 회화에서는 독후감이나 업무 뒤 종합 보고 등에도 쓰이므로, 함께 알아 두자.

예　**心得体会** 소감(문) | **说个人的心得** 개인의 소감을 말하다

挫折 cuòzhé

동 좌절하다, 실패하다　동 좌절시키다, 패배시키다
▶ 우리는 수없이 많은 실패를 겪었기 때문에, 이 정도로는 挫折하지 않아.

我们经历的每一次挫折，都是我们宝贵的经验。
우리가 겪은 좌절들은 모두 우리의 소중한 경험이다.

经历 jīnglì 몸소 겪다 | **宝贵** bǎoguì 소중한 | **经验** jīngyàn 경험

障碍 zhàng'ài

명 장애물, 방해물　동 방해하다, 막다
▶ 나의 계획에서 가장 큰 障碍는 아버지의 단호한 반대야.

人生的障碍不只一个，不要每次都把它放在心上。
인생의 장애물은 한 가지뿐이 아니니, 매번 마음에 담아 두면 안 된다.

人生 rénshēng 인생

遮挡 zhēdǎng

동 막다, 차단하다, 가리다　명 차단물, 방해물
▶ 부모님은 나의 피난처가 되어 어떤 난관도 遮挡해 주셨다.

幸福的家庭是温暖的港湾，它可以为我们遮挡风雨。
행복한 가정은 따뜻한 항만이라, 우리를 위해 폭풍우를 막아 준다.

幸福 xìngfú 행복하다 | **家庭** jiātíng 가정 | **温暖** wēnnuǎn 따뜻하다 | **港湾** gǎngwān 항만
风雨 fēngyǔ 비바람

遭遇 zāoyù

동 만나다, 맞닥뜨리다　명 처지, 경우, 운명
▶ 살면서 불행을 遭遇하지 않을 수 없겠지만, 너만 옆에 있다면 행복할 것 같아.

他的言行使他遭遇社会各界的冷落。
그의 언행으로 그는 사회 각계의 냉대를 받게 되었다.

言行 yánxíng 언행 | 使 shǐ ~하게 하다 | 社会 shèhuì 사회 | 各界 gèjiè 각계 | 冷落 lěngluò 냉대하다

陷入 xiànrù

동 (불리한 지경에) 빠지다　동 몰두하다, 전념하다
▶ 그는 살면서 어떤 위험에 陷入해도 늘 긍정적인 에너지로 이겨 냈다.

创业失败让他陷入绝望，父母对此十分担忧。
창업 실패는 그를 절망에 빠지게 했고, 부모는 이에 대해 매우 걱정한다.

创业 chuàngyè 창업하다 | 失败 shībài 실패하다 | 绝望 juéwàng 절망 | 父母 fùmǔ 부모 | 此 cǐ 이것 | 十分 shífēn 매우 | 担忧 dānyōu 걱정하다

淘汰 táotài

동 도태하다, 골라내다
▶ 그는 경쟁에서 淘汰하지 않기 위해 늘 기를 쓰고 노력해.

懒惰会成为一个人被淘汰的根本原因。
나태함은 한 사람이 도태되는 근본적인 원인이 될 것이다.

懒惰 lǎnduò 나태하다 | 成为 chéngwéi ~이 되다 | 根本 gēnběn 기본적인 | 原因 yuányīn 원인

출제 포인트　淘汰의 빈출 짝꿍 표현

淘汰는 발전하지 못하고 도태됨을 뜻하는 어휘로, 특히 쓰기 영역에서 주로 성공과 관련된 내용으로 많이 출제된다. 듣기와 독해에서는 성적이나 상품에 관련된 내용으로 나오기도 한다. 주로 被와 함께 쓰여 '도태됨'을 나타낸다는 점을 잘 알아 두자.

예　被自然淘汰 자연히 도태되다
　　逐渐被淘汰 점차 도태되다
　　手机终究(zhōngjiū)会被淘汰。 휴대폰은 결국 도태될 것이다.

艰难 jiānnán

형 곤란하다, 어렵다, 힘들다
▶ 비록 지금 처해 있는 상황이 艰难하지만 난 꼭 이겨 내서 성공할 거야.

艰难的处境可以锻炼人的意志，助我们走上成功的道路。
곤란한 상황은 사람의 의지를 단련하여, 우리가 성공의 길을 걷도록 도와준다.

处境 chǔjìng 상황 | **意志** yìzhì 의지 | **助** zhù 돕다 | **成功** chénggōng 성공적이다 | **道路** dàolù 길

严峻 yánjùn

형 중대하다, 가혹하다 형 엄숙하다, 위엄이 있다
▶ 이 선택은 네 인생에서 가장 严峻한 결정이 될 테니 신중하게 생각해 봐.

经济危机对每个企业来说，都是一个**严峻**的考验。
경제 위기는 모든 기업에 있어서, 매우 중대한 시험이다.

经济 jīngjì 경제 | **危机** wēijī 위기 | **对 ~来说** duì ~ lái shuō ~에게 있어서 | **企业** qǐyè 기업 | **考验** kǎoyàn 시험하다

抛弃 pāoqì

동 포기하다, 버리다
▶ 지긋지긋한 가난이 결국 그가 가지고 있던 오랜 꿈마저 抛弃하게 만들었다.

即使你被全世界**抛弃**，你也不能放弃你自己。
온 세상에 버림을 받게 된다 해도, 스스로를 포기하면 안 된다.

即使A, 也B jíshǐ A, yě B 설령 A하더라도, B하다 | **全世界** quánshìjiè 전 세계 | **放弃** fàngqì 포기하다

包袱 bāofu

명 부담, 짐 명 보자기, 보따리
▶ 주변 사람들의 기대가 나에게는 너무 큰 包袱가 되었어.

他对我的依赖成为了我沉重的**包袱**。
그가 나에게 의지하는 것이 나의 무거운 부담이 되었다.

依赖 yīlài 의지하다 | **沉重** chénzhòng 몹시 무겁다

忍耐 rěnnài

(동) 인내하다, 참다, 견디다
▶ 고통을 忍耐하고 계속해 나가다 보면 좋은 날이 오겠지.

人的忍耐总是有限度的，不要试着去挑战那个极限。
인간의 인내는 항상 한계가 있으니, 그 한계를 시험해 보지 마라.

限度 xiàndù 한계 | 挑战 tiǎozhàn 도전하다 | 极限 jíxiàn 극한, 최대 한도
(유의) 忍受 rěnshòu 참다, 견디다

忍受 rěnshòu

(동) 참다, 견디다
▶ 내 모든 노력을 무시하는 무조건적인 비난은 忍受할 수 없어.

对于他来说，没有真正的友谊是最难忍受的事情。
그에게는 진정한 우정이 없는 것이 가장 참기 힘든 일이다.

对于……来说 duìyú …… lái shuō ~에게 있어서 | 真正 zhēnzhèng 진정한 | 友谊 yǒuyì 우정
(유의) 忍耐 rěnnài 인내하다, 참다, 견디다

유의어 비교 忍受 vs 忍耐

두 어휘는 고통을 견디어 낸다는 뜻은 같지만, 의미의 중점이 다르다.

忍受 rěnshòu 외부로 오는 고통, 시련을 견디어 받는 것을 뜻함
예 忍受侮辱(wǔrǔ) 모욕을 참다 | 忍受不了 참지 못하다

忍耐 rěnnài 감정 등이 밖으로 드러나지 않도록 억누르는 것을 뜻함
예 忍耐力 인내력 | 忍耐不住 인내하지 못하다

吃苦 chīkǔ

(동) 고생하다, 고통을 맛보다
▶ 吃苦한 만큼 반드시 좋은 날이 올 거라고 믿어.

凡是年轻时肯吃苦的人，年老时都不会太难过。
무릇 젊을 때 기꺼이 고생하는 사람은 나이가 들었을 때도 살기 힘들지 않을 것이다.

凡是 fánshì 무릇 | 肯 kěn 기꺼이 ~하다 | 年老 niánlǎo 나이가 많다

吃力 chīlì

(형) 힘들다, 고달프다 (형) 피곤하다
▶ 나는 중국어 하나 배우는 것도 정말 吃力해.

走上坡路是吃力的，可没人愿意走下坡路。
오르막길을 가는 것은 힘든 일이지만, 그렇다고 내리막길을 걷고자 하는 사람은 없다.

上坡路 shàngpōlù 오르막길 | 下坡路 xiàpōlù 내리막길

伤脑筋
shāng nǎojīn

애를 먹다, 골치를 앓다
▶ 그녀는 아무에게도 말 못하는 일로 혼자 伤脑筋하고 있다.

不要伤脑筋去超越别人，努力超越你自己。
다른 사람을 넘어서기 위해 애먹지 말고, 자신을 넘어서기 위해 노력해야 한다.

超越 chāoyuè 넘어서다

脆弱 cuìruò

형 (좌절을 견디지 못하고) 나약하다, 굳세지 못하다
▶ 걔는 성격이 脆弱해서 조금만 힘들어도 눈물부터 쏟아.

性格脆弱的人必须使自己坚强起来，才有可能取得成功。
성격이 나약한 사람은 반드시 스스로 강인해져야, 비로소 성공을 얻을 수 있다.

性格 xìnggé 성격 | **使** shǐ ~하게 하다 | **坚强** jiānqiáng 굳세다 | **取得** qǔdé 얻다 | **成功** chénggōng 성공하다　유의　**软弱** ruǎnruò 연약하다

处境 chǔjìng

명 (처해 있는) 처지, 환경, 상태, 상황
▶ 사업이 망하는 바람에 우리는 위태로운 处境에 놓였다.

那位记者还没意识到自己的危险处境。
그 기자는 자신의 위험한 처지를 아직 깨닫지 못했다.

记者 jìzhě 기자 | **意识** yìshí 깨닫다, 의식하다 | **危险** wēixiǎn 위험하다

极限 jíxiàn

명 극한, 최대 한도
▶ 고통이 极限에 다다르면 뭐든 다 포기하고 싶어지게 마련이지.

大家都明白，他是挑战了自己的极限才完成那个动作的。
모두 그가 자신의 한계에 도전했기 때문에 비로소 그 동작을 완성할 수 있었음을 알고 있다.

挑战 tiǎozhàn 도전하다 | **动作** dòngzuò 동작

争气 zhēngqì

동 분발하다, 잘하려고 애쓰다
▶ 그는 고난이 거듭될수록 더욱더 争气한다.

说起那个不争气的儿子，老父亲勃然大怒。
분발하려 애쓰지 않는 그 아들을 언급하자, 노쇠한 아버지가 벌컥 성을 냈다.

勃然大怒 bórándànù 벌컥 성을 내다

致力 zhìlì

동 힘쓰다, 전력하다
▶ 그는 평생을 가난한 아이들의 생활 보장을 위해 致力하였다.

我国的宪法致力于保护人民最基本的权益。
우리나라의 헌법은 국민의 가장 기본적인 권익을 보호하기 위해 힘쓴다.

宪法 xiànfǎ 헌법 | 致力于 zhìlìyú ~에 힘쓰다 | 保护 bǎohù 보호하다 | 人民 rénmín 국민 |
基本 jīběn 기본적인 | 权益 quányì 권익

力争 lìzhēng

동 앞다투다, 힘써 쟁취하다　동 격렬하게 논쟁하다
▶ 난 현재에 안주하지 않고 더 나은 목표를 위해 力争하고 있어.

要想力争上游就要有笨鸟先飞的精神。
선두를 쟁취하고 싶다면 먼저 행동하려는 정신이 있어야 한다.

要想A就B yàoxiǎng A jiù B A하려고 한다면 B하다 | 力争上游 lìzhēngshàngyóu 선두를 쟁취하기 위해 노력하다 | 笨鸟先飞 bènniǎoxiānfēi 능력이 모자란 사람이 남에게 뒤질까 봐 먼저 행동을 개시하다 | 精神 jīngshén 정신

脱离 tuōlí

동 (환경·상황에서) 벗어나다, (관계를) 단절하다
▶ 가끔은 현실이 버거워서 속세를 脱离하고 싶어.

每个人也许都会有一个脱离现实的梦想。
모든 사람에게 어쩌면 현실에서 벗어나고자 하는 꿈이 있을 것이다.

也许 yěxǔ 어쩌면 | 现实 xiànshí 현실 | 梦想 mèngxiǎng 꿈
유의 离开 líkāi 떠나다, 헤어지다, 벗어나다

출제 포인트　독해 영역 빈출 어휘 **脱离**

脱离는 주로 독해 영역의 논설문에서 자주 출제되며, 현실이나 위험을 피하는 상황에 많이 출제된다. 아래 빈출 표현으로 익혀 보자.

예 **脱离现实** 현실에서 벗어나다 | **脱离危险** 위험에서 벗어나다
脱离困境 곤경에서 벗어나다 | **脱离局限**(júxiàn) 제한에서 벗어나다

摆脱 bǎituō

동 (속박·규제·곤경 등에서) 벗어나다, 빠져나오다
▶ 어떻게 너 혼자 곤경에서 摆脱하려고 친구를 팔 수가 있어?

不要忘记那些曾经帮我们摆脱困境的人。
우리를 곤경에서 벗어날 수 있게 도와준 사람들을 잊어서는 안 된다.

曾经 céngjīng 일찍이 | 困境 kùnjìng 곤경　유의 解脱 jiětuō 벗어나다

突破 tūpò

동 (시련·한계 등을) 극복하다, 돌파하다　동 뚫고 나아가다

▶ 나는 나를 가로막는 한계를 突破해서 반드시 성공하고 말 거야.

人们要勇于突破自我不断挑战。

사람들은 용감하게 자신을 극복하고 끊임없이 도전해야 한다.

勇于 yǒngyú 용감하게 ~하다 | **自我** zìwǒ 자기 자신 | **不断** búduàn 끊임없이 | **挑战** tiǎozhàn 도전하다

排除 páichú

동 제거하다, 없애다

▶ 범인을 수사할 때는 어떤 가능성도 排除할 수 없어.

人生无法排除任何可能性，我们只能义无反顾地向前看。

인생은 그 어떤 가능성도 배제할 수 없으니, 우리는 그저 뒤돌아보지 않고 용감하게 미래를 바라볼 수 밖에 없다.

人生 rénshēng 인생 | **无法** wúfǎ ~할 수 없다 | **任何** rènhé 어떠한 | **可能性** kěnéngxìng 가능성 | **义无反顾** yìwúfǎngù 뒤돌아보지 않고 용감하게 전진하다

勉励 miǎnlì

동 격려하다, 고무하다, 장려하다

▶ 힘들 때마다 서로 勉励하고 의지하여 끝까지 해낼 수 있었어.

他的成功离不开社会各界对他的勉励。

그의 성공은 그에 대한 사회 각계의 격려와 떼어 놓을 수 없다.

离不开 lí bu kāi 떨어질 수 없다 | **社会** shèhuì 사회 | **各界** gèjiè 각계

精心 jīngxīn

형 정성을 들이다, 몹시 조심하다

▶ 이번 계획은 하나부터 열까지 精心하여 치밀하게 준비했어.

人生中的很多事，不是我们精心安排就会获得的。

인생의 많은 일들은, 우리가 정성 들여 계획한다고 해서 얻을 수 있는 것이 아니다.

安排 ānpái (일정 등을) 짜다 | **获得** huòdé 얻다

心血 xīnxuè

명 심혈, 노력과 정성

▶ 친구가 평생 心血를 기울여 쓴 작품이 내일 드디어 출간된대.

公司是他毕生的心血，他绝不会让公司走下坡路。

회사는 그 일생의 피와 땀이니, 그는 절대 회사가 내리막길을 걷게 하지 않을 것이다.

毕生 bìshēng 일생 | **绝** jué 절대로 | **下坡路** xiàpōlù 내리막길

拼命 pīnmìng

동 필사적으로 하다, 기를 쓰다, 죽을 힘을 다하다　부 필사적으로
▶ 더 이상 물러날 곳이 없으니 拼命하고 매달릴 수밖에.

坚定的信念总是使我拼命往上爬。
결연한 신념은 나를 항상 필사적으로 위를 향해 오르게 한다.

坚定 jiāndìng 결연하다 | **信念** xìnniàn 신념 | **使** shǐ ~하게 하다

上进 shàngjìn

동 향상하다, 진보하다
▶ 매일 밤낮없이 공부했는데도 성적이 왜 上进하지 않지?

无论是青年人还是老年人，上进心都是十分可贵的。
청년과 노인을 불문하고, 향상하려는 마음은 모두에게 매우 귀중한 것이다.

无论A, 都B wúlùn A, dōu B A를 막론하고, 모두 B하다 | **青年人** qīngniánrén 젊은이 | **十分** shífēn 매우 | **可贵** kěguì 귀중하다

向往 xiàngwǎng

동 열망하다, 갈망하다, 동경하다
▶ 몇 년 동안 向往하던 캐나다 유학 생활을 드디어 시작했어!

她终于如愿以偿地考入了自己向往的首尔大学。
그녀는 드디어 원하던 대로 자신이 열망하던 서울대학교에 합격했다.

如愿以偿 rúyuànyǐcháng 바람이 이루어지다 | **考入** kǎorù 시험 보고 들어가다

难得 nándé

형 얻기 어렵다　형 드물다
▶ 그런 사소한 일 때문에 이렇게 难得한 기회를 포기한단 말이야?

我们都不应该轻易让难得的机会从身边溜走。
우리는 얻기 어려운 기회가 쉽게 우리 곁에서 떠나가게 두어서는 안 된다.

轻易 qīngyì 쉽다 | **身边** shēnbiān 곁 | **溜走** liūzǒu 몰래 달아나다

往事 wǎngshì

명 지난 일, 옛일
▶ 우리는 시골에서 함께 지냈던 往事를 즐겁게 떠올렸다.

这位音乐家晚年最大的乐趣就是回忆他曾经的往事。
이 음악가는 노년의 가장 큰 즐거움이 그의 예전에 있었던 지난 일을 회상하는 것이다.

音乐家 yīnyuèjiā 음악가 | 晚年 wǎnnián 노년 | 乐趣 lèqù 즐거움 | 回忆 huíyì 회상하다 |
曾经 céngjīng 이전에, 예전에

光辉 guānghuī

명 눈부신 빛, 찬란한 빛　형 찬란하다, 밝게 빛나다
▶ 각고의 노력 끝에 그의 연구가 드디어 光辉를 발했다.

勤奋使他的才能发出耀眼的光辉。
부지런함이 그의 재능에 눈부신 빛을 발하게 했다.

勤奋 qínfèn 부지런하다 | 使 shǐ ~하게 하다 | 才能 cáinéng 재능 | 发出 fāchū 내뿜다 |
耀眼 yàoyǎn 눈부시다

美满 měimǎn

형 아름답고 원만하다
▶ 나는 경치 좋은 곳으로 가서 美满한 노년을 보내고 싶어.

美满的婚姻取决于夫妻二人互敬互让。
아름답고 원만한 결혼은 부부 두 사람이 서로 공경하고 양보하는 것에 달려 있다.

婚姻 hūnyīn 결혼 | 取决于 qǔjuéyú ~에 달려 있다 | 夫妻 fūqī 부부 | 互敬互让 hùjìng
hùràng 서로 공경하고 양보하다

吉祥 jíxiáng

형 길하다, 상서롭다, 운수가 좋다, 행운이다
▶ 우리나라에서는 까치가 吉祥한 상징이야.

燃放爆竹的风俗是为了驱邪，祈求吉祥顺利。
폭죽을 터뜨리는 풍속은 악을 쫓고, 모든 일이 길하고 순조롭기를 기원하기 위한 것이다.

燃放 ránfàng (폭죽 등에 불을 붙여) 터뜨리다 | 爆竹 bàozhú 폭죽 | 风俗 fēngsú 풍속 | 驱邪
qūxié 악귀를 쫓다 | 祈求 qíqiú 바라다 | 顺利 shùnlì 순조롭다
반의 不祥 bùxiáng 상서롭지 않다

출제 포인트 ▶ **吉祥**의 빈출 짝꿍 표현

吉祥은 독해 영역에 자주 출제되는 어휘로, 길하고 상서로운 대상에 대한 설명문에 자주 나온다.

예 **吉祥多福** 길하고 복이 많다 | **吉祥富贵** 길하고 부귀하다
寓意(yùyì)**吉祥如意** 길하고 뜻대로 된다는 의미를 나타내다
红色寓意喜庆吉祥。 붉은색은 경사스럽고 상서로움을 나타낸다.

生机 shēngjī

명 활력, 생명력　명 삶의 희망, 생존의 기회
▶ 매사에 힘이 넘치던 그는 잇단 실패로 生机를 잃은 지 오래야.

我们应该以勃勃的生机面对即将到来的挑战。
우리는 넘치는 활력으로 앞으로 다가올 도전을 마주해야 한다.

以 yǐ ~으로　|　**勃勃** bóbó 왕성하다　|　**面对** miànduì 마주하다, 직면하다　|　**即将** jíjiāng 곧　|
到来 dàolái 도래하다　|　**挑战** tiǎozhàn 도전

天堂 tiāntáng

명 천국, 천당
▶ 한여름에는 에어컨 있는 실내가 완전 天堂이지!

人生的地狱建立在怨恨之上，天堂建立在自豪之上。
인생의 지옥은 원한 위에 세워지고, 천국은 자부심 위에 세워지는 것이다.

地狱 dìyù 지옥　|　**建立** jiànlì 세우다　|　**怨恨** yuànhèn 원한　|　**自豪** zìháo 스스로 긍지를 느끼다

志气 zhìqì

명 기개, 패기, 포부
▶ 고난 앞에서도 굽히지 않는 志气가 인상적이다.

人的志气应当像天上的星星那么高。
사람의 기개는 마땅히 하늘의 별처럼 그렇게 높아야 한다.

应当 yīngdāng 반드시 ~해야 한다　|　**星星** xīngxing 별

地步 dìbù

명 처지, 지경, 형편, 상황　명 정도　명 여지
▶ 일이 이런 地步에 이를 때까지 대체 뭐 하고 있었어?

因为他已经到了高升无望的地步，所以他选择离开公司。
그는 이미 승진의 희망이 없는 지경에 이르렀기 때문에, 회사를 떠나기로 결정했다.

高升 gāoshēng 승진하다　|　**无望** wúwàng 희망이 없다　　유의　**境地** jìngdì (생활·업무상의) 처지

领会 lǐnghuì

동 깨닫다, 이해하다, 파악하다
▶ 네 스스로의 가치를 领会하고, 소중히 여기길 바라.

读书时应慢慢儿去领会其中蕴含的道理，切勿囫囵吞枣。
책을 읽을 때는 마땅히 그 속의 도리를 천천히 깨달아야지, 절대 기계적으로 받아들여서는 안 된다.

其中 qízhōng 그중에　|　**蕴含** yùnhán 내포하다　|　**道理** dàolǐ 도리　|　**切勿** qièwù 절대 ~하지
마라　|　**囫囵吞枣** húlúntūnzǎo 기계적으로 받아들이다　　유의　**领悟** lǐngwù 깨닫다

检讨 jiǎntǎo

- 동 깊이 반성하다, 자기비판을 하다
- 동 총결산하여 분석하다 명 자기비판

▶ 자신의 잘못을 인정하고 스스로 检讨해야 같은 실수를 반복하지 않을 수 있어.

一个人要是不知道自我检讨的话，是很难成长的。

사람이 스스로 반성할 줄 모른다면, 성장하기가 어렵다.

要是……的话 yàoshi …… de huà 만약 ~한다면 ｜ 自我 zìwǒ 자기 자신 ｜ 成长 chéngzhǎng 성장하다

유의 反省 fǎnxǐng 반성하다

★ 보충단어 아래 단어들의 예문은 WEB 단어장에서 확인할 수 있어요.

보충단어 WEB 단어장

做主 zuòzhǔ 동 책임지고 결정하다	受罪 shòuzuì 동 고생하다, 시달리다
野心 yěxīn 명 야심	叹气 tànqì 동 한숨짓다, 탄식하다
流浪 liúlàng 동 방랑하다, 유랑하다	渺小 miǎoxiǎo 형 매우 작다, 보잘것없다
参谋 cānmóu 명 참모, 상담자 / 동 조언하다, 권하다	力求 lìqiú 동 부 몹시 애쓰다, 온갖 노력을 다하다
熏陶 xūntáo 동 영향을 끼치다, 훈도하다	挣扎 zhēngzhá 동 발버둥치다, 몸부림치다
逢 féng 동 만나다, 마주치다	
周折 zhōuzhé 명 곡절, 우여곡절	鞭策 biāncè 동 독려하다, 채찍질하다
停滞 tíngzhì 동 침체하다, 정체되다	福气 fúqi 명 복, 행운
堕落 duòluò 동 타락하다, 부패하다 / 동 떠돌다, 유랑하다	侥幸 jiǎoxìng 형 요행을 바라다, 다행으로 여기다

HSK 6급 빈출 표현

广阔的胸怀	guǎngkuò de xiōnghuái	넓은 마음
远大抱负	yuǎndà bàofù	원대한 포부
意志坚定	yìzhì jiāndìng	의지가 굳다
坚强的毅力	jiānqiáng de yìlì	강한 끈기
良好动机	liánghǎo dòngjī	좋은 동기
树立观念	shùlì guānniàn	관념을 수립하다(세우다)
自主经营	zìzhǔ jīngyíng	자주적으로(스스로) 경영하다
脱离实际	tuōlí shíjì	현실을 벗어나다
遇到挫折	yùdào cuòzhé	좌절에 부딪치다
陷入困境	xiànrù kùnjìng	곤경에 빠지다
危险的地步	wēixiǎn de dìbù	위험한 처지
抓住机遇	zhuāzhù jīyù	기회를 잡다
突破难关	tūpò nánguān	난관을 극복하다
值得借鉴	zhídé jièjiàn	참고할 가치가 있다
前景乐观	qiánjǐng lèguān	전망이 밝다
花心血	huā xīnxuè	심혈을 기울이다

데일리 테스트

고생하셨어요!
QR코드를 스캔하면 DAY01~DAY30 전체 데일리 테스트 PDF가
다운로드됩니다.

똑딱똑딱

#시간 #순서

HSK 6급 30일 합격 프로젝트

★ HSK 시험에 이렇게 나와요.

시간의 길이, 순서에 관한 단어들이 듣기·독해 영역의 서술형 지문뿐만 아니라 독해 2부분의 빈칸 문제에서도 많이 출제되고 있습니다. 특히 어휘의 구조 때문에 의미가 헷갈리는 단어가 많으므로, 주의하여 익혀야 합니다.

음원 듣기

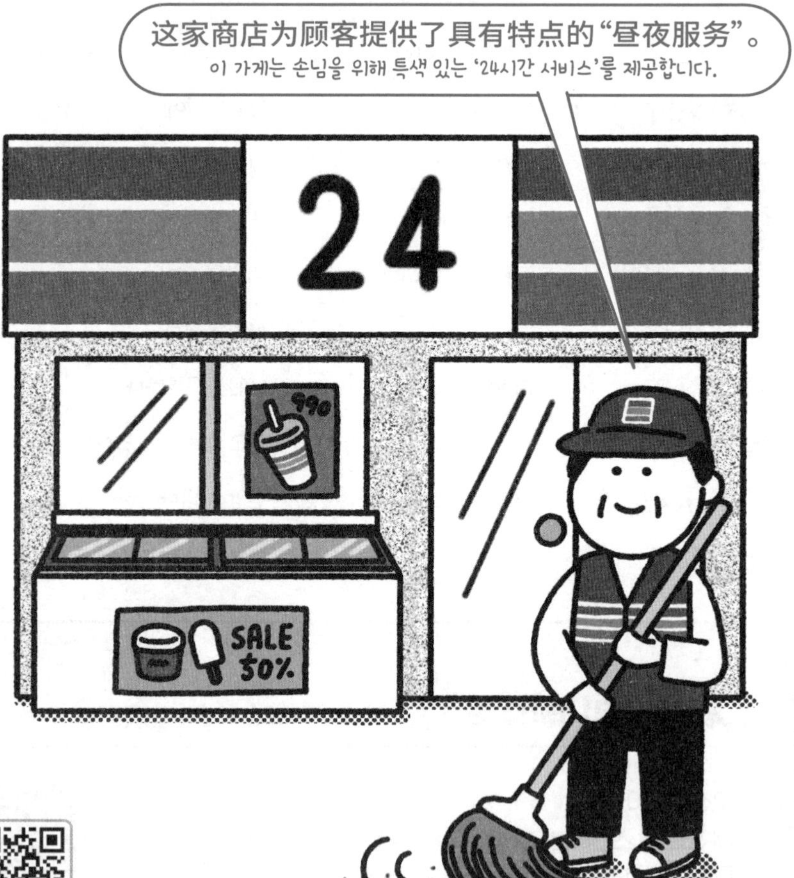

암기 영상

凌晨 língchén　명 새벽

▶ 이른 凌晨에 일어나서 운동을 하러 나가니 기분이 아주 상쾌해.

这场宴会一直持续到凌晨也没有结束的意思。

이 연회는 새벽까지 계속되었지만 끝날 기미가 없다.

宴会 yànhuì 연회 | **持续** chíxù 지속하다

清晨 qīngchén　명 이른 아침

▶ 우리 할머니는 매일 清晨에 일어나서 새벽 기도를 가셔.

观看演唱会的观众，到清晨来临时才离开现场。

콘서트를 보는 관객들은, 이른 아침이 되어서야 현장을 떠났다.

观看 guānkàn 보다 | **演唱会** yǎnchànghuì 콘서트 | **观众** guānzhòng 관중 | **来临** láilín 이르다 | **现场** xiànchǎng 현장

黎明 límíng　명 여명, 동틀 무렵

▶ 칠흑 같은 밤이 지나가고 벌써 黎明이 밝아 오고 있어.

黎明的空气清新凉爽。

동틀 무렵의 공기는 맑고 상쾌하다.

空气 kōngqì 공기 | **清新** qīngxīn 맑고 산뜻하다 | **凉爽** liángshuǎng 시원하고 상쾌하다 | **海滩** hǎitān 해변의 모래사장 | **阳光** yángguāng 햇빛 | **宜人** yírén (사람의) 마음에 들다

반의 **黄昏** huánghūn 황혼, 해 질 무렵

黄昏 huánghūn　명 황혼, 해 질 무렵

▶ 黄昏 무렵이 되면 길가의 가로등이 하나둘씩 켜진다.

小岛上美丽的黄昏吸引了不少游客前来。

작은 섬의 아름다운 황혼이 많은 관광객의 발길을 끌었다.

岛 dǎo 섬 | **吸引** xīyǐn 매료시키다 | **游客** yóukè 관광객 | **前来** qiánlái (이쪽으로) 오다

반의 **黎明** límíng 여명, 동틀 무렵

출제 포인트　주요 시간대 표현

비슷한 시간대를 표현하는 단어는 헷갈릴 수 있으므로, 대략적 시간대를 비교해 보자.

예 **凌晨** 자정에서 날이 밝기 전까지 | **清晨** 일출의 시간 | **黎明** 해가 막 뜬 시간
傍晚(bàngwǎn) 일몰의 시간 | **黄昏** 해가 지고 밤이 되기 전까지

凌晨 구체적인 시간과 함께 쓰일 수 있지만, 다른 표현들은 보통 단독으로만 쓰인다.

예 **凌晨3点** 새벽 3시 (○) | **黎明4点** (✕)

以往 yǐwǎng

명 과거, 예전, 종전
▶ 이미 많은 시간이 흘렀으니, 以往의 아픈 기억들은 잊자.

生了那场大病后，姐姐的脸上再也没有了 以往 的微笑。
그 큰 병에 걸린 후, 누나의 얼굴에는 예전의 미소가 사라졌다.

场 cháng 회(사물의 발생·자연 현상·행위의 과정을 세는 양사) | 微笑 wēixiào 미소

유의어 비교 以往 vs 以前 vs 从前

以往은 과거의 시간을 나타내어, 以前과 从前처럼 예전의 일을 나타낼 때 쓰인다. 다만, 以前은 현재 또는 언급한 때의 이전을 나타내어 [동사(구)+以前]으로 쓸 수 있고, 从前은 동사 앞에 많이 쓰이며, 以往은 명사 앞에서 관형어로 많이 쓰인다.

예 以往的事 예전의 일 | **毕业以前** 졸업 전 | **从前去过那儿** 예전에 그곳을 가 봤다

历来 lìlái

부 줄곧, 항상, 언제나
▶ 나는 历来 네가 결국 해낼 거라고 믿어 왔어.

消费者 历来 相信口碑，所以企业要树立良好的企业形象。
소비자는 줄곧 평판을 믿어 왔기 때문에, 기업은 좋은 기업 이미지를 만들어야 한다.

消费者 xiāofèizhě 소비자 | 口碑 kǒubēi (입으로 전해지는) 평가, 평판 | 企业 qǐyè 기업 | 树立 shùlì 세우다 | 良好 liánghǎo 좋다 | 形象 xíngxiàng 이미지
유의 从来 cónglái 지금까지 / 向来 xiànglái 지금까지

一向 yíxiàng

부 줄곧, 내내, 그동안   **명** (과거의 어느) 시기, 때
▶ 나는 아침부터 지금까지 一向 너를 기다리고 있었어.

王教授 一向 对留学生很照顾，大家亲切地称他为"爷爷"。
왕 교수는 줄곧 유학생들을 잘 돌봐 주었고, 모두 친근하게 그를 '할아버지'라고 부른다.

教授 jiàoshòu 교수 | 留学生 liúxuéshēng 유학생 | 亲切 qīnqiè 친근하다 | 称A为B chēng A wéi B A를 B라고 부르다   **유의** 向来 xiànglái 줄곧, 항상

向来 xiànglái

부 (과거부터 현재까지) 줄곧, 예전부터, 항상
▶ 두 사람은 向来 친자매처럼 사이가 좋았어.

朋友 向来 是个乐观的人，从来没有什么事能让他难过。
친구는 줄곧 낙관적인 사람이라, 여태껏 어떤 일도 그를 힘들게 하지 못했다.

乐观 lèguān 낙관적이다 | 从来 cónglái 여태껏   **유의** 一向 yíxiàng 줄곧, 내내

先前 xiānqián

명 예전, 이전
▶ 상태가 先前보다 많이 호전되긴 했는데, 아직 좀 더 쉬어야 한대.

我不愿重复讨论先前的决定，此时的决定是最重要的。
나는 예전의 결정에 대해 다시 논의하고 싶지 않고, 지금의 결정이 가장 중요하다.

重复 chóngfù 다시 하다 | **讨论** tǎolùn 토론하다 | **此时** cǐshí 지금

近来 jìnlái

명 최근, 근래, 요즘
▶ 近来 몸이 부쩍 나빠져서 건강 검진을 좀 받아 볼까 봐.

他近来受到了不少挫折，所以情绪也变得十分低落。
그는 최근 많은 좌절을 겪었기에, 기분도 많이 우울해졌다.

受到 shòudào 받다 | **挫折** cuòzhé 좌절 | **情绪** qíngxù 기분 | **十分** shífēn 매우 | **低落** dīluò 떨어지다

昼夜 zhòuyè

명 낮과 밤
▶ 그는 워커홀릭이라 昼夜 할 것 없이 일만 해.

这家商店为顾客提供了具有特点的“昼夜服务”。
이 가게는 손님을 위해 특색 있는 '24시간 서비스'를 제공한다.

顾客 gùkè 고객 | **提供** tígōng 제공하다 | **特点** tèdiǎn 특색 | **服务** fúwù 서비스하다

往常 wǎngcháng

명 (과거의) 평소, 평상시
▶ 넌 往常에는 잘 오지도 않더니 오늘은 어쩐 일로 왔어?

在承受了沉重的打击后，他还是像往常一样乐观。
큰 충격을 받은 후에도, 그는 평소처럼 낙관적이다.

沉重 chénzhòng 심하다 | **打击** dǎjī 타격을 주다 | **乐观** lèguān 낙관적이다

출제 포인트 과거 시점을 나타내는 **往常**

往常은 현재 시점을 나타내는 것이 아니라, 과거의 일반적인 날을 뜻한다. 일부 단어들은 과거와 연관되어 의미를 나타내는 것들이 있으니, 의미의 차이를 확실히 파악해 두자.

예 **往常** 과거의 평범한 날 | **一度** 과거의 한때 | **顿时** 과거에 문득 | **历来** 과거부터 현재까지 | **一向** 과거부터 현재까지 줄곧 | **向来** 과거부터 현재까지 줄곧, 예전부터

时光 shíguāng

명 세월, 시간   명 시기, 때   명 생활, 형편
▶ 속절없이 흘러가는 时光은 누구도 막을 수 없어.

时光稍纵即逝，我们必须倍加珍惜。
세월은 금세 사라져 버리니, 우리는 반드시 시간을 더욱 귀하게 여겨야 한다.

稍纵即逝 shāozòngjíshì 조금만 늦어도 사라져 버린다 | **倍加** bèijiā 더더욱 | **珍惜** zhēnxī 귀하게 여기다

时机 shíjī

명 시기, 때, 기회
▶ 아직 时机를 만나지 못한 것뿐이지, 넌 결코 가치 없는 사람이 아니야.

抓住展现自我的**时机**对每一个人来说都极为重要。
자신을 보여 줄 시기를 잡는 것은 모든 사람에게 몹시 중요하다.

抓住 zhuāzhù 잡다 | **展现** zhǎnxiàn 드러내다 | **自我** zìwǒ 자기 자신 | **对~来说** duì ~ lái shuō ~에게 있어서 | **极为** jíwéi 몹시, 매우

随即 suíjí

부 바로, 즉시, 곧
▶ 그는 어이가 없다는 듯이 웃다가 随即 정색하고 화를 냈다.

运动员一出现，观众们**随即**就鼓起了掌来。
선수가 등장하자, 관객들은 바로 박수를 치기 시작했다.

一A, 就B yī A jiù B A하자마자, B하다 | **出现** chūxiàn 나타나다 | **观众** guānzhòng 관중 | **鼓掌** gǔzhǎng 박수하다   유의 **立刻** lìkè 곧, 즉시

即将 jíjiāng

부 곧, 머지않아
▶ 내가 기다리던 공연이 即将 막을 올린대!

据报道，这座城市的地铁2号线**即将**开通。
보도에 따르면, 이 도시의 지하철 2호선이 곧 개통된다고 한다.

据 jù ~에 따르면 | **报道** bàodào 보도 | **号线** hàoxiàn (지하철) 호선 | **开通** kāitōng 개통하다

출제 포인트   **即将**의 활용 방식

即将은 동사 앞에 쓰여, 앞으로 곧 다가올 머지않은 때에 어떤 일이 일어날 것임을 나타내며, 구체적인 시간 표현과는 함께 쓰이지 않는다.

예   **即将开机** 곧 전원을 켜다 | **即将升职** 곧 승진하다
即将离开校园 곧 교정을 떠나다 | **即将安排发货** 배송을 곧 처리하다

昔日 xīrì

명 옛날, 이전, 석일(주로 서면어에 쓰임)
▶ 그 중년 배우는 昔日에 소녀들한테 인기가 아주 대단했대!

随着农业的发展，昔日的荒地今天成了良田。
농업의 발전에 따라, 예전의 황무지가 이제는 비옥한 논밭이 되었다.

随着 suízhe ~에 따라 | 农业 nóngyè 농업 | 发展 fāzhǎn 발전하다 | 荒地 huāngdì 황무지 |
成 chéng ~이 되다 | 良田 liángtián 비옥한 논밭
유의 往日 wǎngrì 이전, 예전, 지난날　반의 来日 láirì 장래, 미래

瞬间 shùnjiān

명 순간, 순식간
▶ 사랑하는 친구들과 함께했던 그 瞬间이 가장 행복했어.

人生非常短暂，好像一瞬间就过去了。
인생은 매우 짧아서 한순간에 지나간 것만 같다.

人生 rénshēng 인생 | 短暂 duǎnzàn (시간이) 짧다 | 好像 hǎoxiàng 마치 ~과 같다

刹那 chànà

명 찰나, 순간
▶ 집에서 나서려던 刹那에 누군가 초인종을 눌렀어.

没想到，刹那间就发生了那么多事情。
찰나에 그렇게 많은 일이 일어날 줄은 생각지도 못했다.

发生 fāshēng 발생하다

片刻 piànkè

명 잠깐, 잠시
▶ 이곳에 앉아서 片刻만 기다려 주시겠어요?

灾难就在片刻间发生了，谁都无法预料。
재난은 잠깐 사이에 발생하여, 그 누구도 예측할 수 없었다.

灾难 zāinàn 재난 | 无法 wúfǎ ~할 수 없다 | 预料 yùliào 예측하다

历代 lìdài

명 역대　명 대대
▶ 나는 우리나라 历代 왕 중에서 세종대왕님을 가장 존경해.

博物馆中收藏了历代中国皇帝的印章，都是国家级文物。
박물관에는 역대 중국 황제의 인장이 소장되어 있는데, 모두 국보급 문화재이다.

博物馆 bówùguǎn 박물관 | 收藏 shōucáng 소장하다 | 皇帝 huángdì 황제 | 印章 yìnzhāng
인장 | 文物 wénwù 문물

世代 shìdài

명 대대, 여러 대 명 세대, 연대
▶ 우리 집은 증조할머니 때부터 世代로 국밥 장사를 해 왔어!

民族的风俗是世代传下来的，不要试图改变它。
민족의 풍속은 대대로 전해져 내려온 것이어서, 그것을 바꾸려 해서는 안 된다.

民族 mínzú 민족 | **风俗** fēngsú 풍속 | **传下来** chuán xiàlai 전해 내려오다 | **试图** shìtú 시도
하다 | **改变** gǎibiàn 바꾸다

当代 dāngdài

명 당대, (일이 발생한) 그 시대
▶ 그는 当代에 누구도 따라올 수 없는 문학의 거장이야.

许多当代的美国作家，都曾担任过各种学术职务。
당대의 많은 미국 작가들은 다양한 학술적인 직무를 맡은 적이 있다.

许多 xǔduō 매우 많다 | **作家** zuòjiā 작가 | **曾** céng 일찍이 | **担任** dānrèn 맡다 | **各种**
gèzhǒng 각종의 | **学术** xuéshù 학술 | **职务** zhíwù 직무

当前 dāngqián

명 현재, 현 단계 동 직면하다, 눈앞에 닥치다
▶ 동생은 当前의 상황에 조금도 만족하지 못해.

应付当前的局势，并不是靠一个人的努力就能完成的。
현재의 사태에 대응하는 것은, 결코 혼자만의 노력으로 할 수 있는 것이 아니다.

应付 yìngfu 대응하다 | **局势** júshì 사태 | **并** bìng 결코 | **靠** kào 기대다, 의지하다
유의 **目前** mùqián 지금, 현재

当初 dāngchū

명 당초, 당시, 그때
▶ 팀장님은 当初의 계획을 손바닥 뒤집듯 뒤집곤 하셔.

无论成功还是失败，都不要忘记当初的梦想。
성공과 실패를 막론하고, 당시의 꿈을 잊어서는 안 된다.

无论A还是B, 都C wúlùn A háishi B, dōu C A든 B든 관계없이, C하다 | **成功** chénggōng 성공
하다 | **失败** shībài 실패하다 | **忘记** wàngjì 잊어버리다 | **梦想** mèngxiǎng 꿈

起初 qǐchū

명 처음, 최초
▶ 이 결과는 起初부터 예견된 거였어.

这种艺术形式**起初**很流行，但之后便渐渐地走向了衰落。
이런 예술 형식은 초기에는 유행했으나, 후에는 점차 쇠락하였다.

艺术 yìshù 예술 | 形式 xíngshì 형식 | 流行 liúxíng 유행하다 | 之后 zhīhòu 후, 다음 | 便 biàn 곧, 바로(=就) | 渐渐 jiànjiàn 점차 | 走向 zǒuxiàng ~로 발전해 가다 | 衰落 shuāiluò 쇠락하다 유의 最初 zuìchū 최초 반의 后来 hòulái 그 후

세 단어는 서로 바꾸어 쓸 수 있는 경우도 많지만, 의미에 차이가 있으므로, 구분하여 익혀 두자.

起初 qǐchū
일의 처음, 시작을 의미하고, 주로 일을 서술할 때 쓰임
예 起初为什么不太情愿? 처음에 왜 원하지 않았나?

最初 zuìchū
가장 빠른 시기, 시작되는 시점을 의미하여, 보통 사건의 발단을 가리킴
예 领袖(lǐngxiù)最初指衣服的领口和袖口。
'영수'는 처음에 옷의 깃과 소매를 가리켰다.

当初 dāngchū
보통 과거 일이 발생한 특정한 시기를 의미함
예 当初这里是一片汪洋(wāngyáng)。 당초에 여기는 망망대해였다.

初步 chūbù

형 일차적인, 처음 단계의, 시작 단계의
▶ 이건 初步적인 구상일 뿐이니, 자세한 사항은 시간을 두고 생각해 보자.

临床检查只能做出**初步**诊断，任何病情都有突变的可能。
임상 검사는 일차적인 진단만을 할 수 있어, 어떤 질환이라도 갑자기 변할 가능성이 있다.

临床检查 línchuáng jiǎnchá 임상 검사 | 诊断 zhěnduàn 진단하다 | 任何 rènhé 어떠한 | 病情 bìngqíng 병세 | 突变 tūbiàn 갑자기 변하다

原始 yuánshǐ

형 원시의 형 일차의, 최초의
▶ 그 박물관에 가면 原始 시대 구석기인들의 생활을 체험해 볼 수 있대.

原始部落靠渔猎为生，但这种生活方式如今已很少见了。
원시 부족은 물고기와 짐승을 포획하여 생계를 유지했지만, 이런 생활 방식은 오늘날 이미 보기 드물다.

部落 bùluò 부락 | 靠 ~为生 kào ~ wéishēng ~으로 생활하다, 생계를 유지하다 | 渔猎 yúliè (짐승·물고기를) 사냥하다, 포획하다 | 生活 shēnghuó 생활 | 方式 fāngshì 방식 | 如今 rújīn 오늘날 | 少见 shǎojiàn 보기 드물다

原先 yuánxiān

명 이전, 종전, 본래
▶ 자꾸 바꾸지 말고, 原先의 계획대로 해.

对于原先犯下的错误，他希望人们给他一次解释的机会。
이전에 범한 잘못에 대해, 그는 사람들이 그에게 해명할 기회를 주기를 바란다.

对于 duìyú ~에 대해 | 犯 fàn 범하다 | 错误 cuòwù 잘못 | 解释 jiěshì 해명하다

출제 포인트 쓰기 영역 빈출 어휘 **原先**

原先은 시험에 자주 출제되는 어휘 중 하나로, 특히 쓰기 영역에 많이 출제되었다. 原先은 '과거, 예전'을 의미하여, 지문에서 주로 과거의 행동, 본래의 상태, 당초의 계획 등을 나타낼 때 활용된다. 아래 기출 표현을 익혀 두자.

예 和原先一模一样 본래와 완전히 같다
推翻(tuīfān)原先的设计 본래의 계획을 뒤집다
从原先的不屑(búxiè)转变成佩服(pèifú) 이전의 무시에서 감탄으로 바뀌다

预先 yùxiān

부 미리, 사전에
▶ 预先에 상의도 없이 이렇게 계획을 바꿔 버리면 안 되지!

如果预先知道结局，那么很多人将不愿再努力生活。
만약 결말을 미리 안다면, 많은 사람들이 열심히 살고자 하지 않을 것이다.

结局 jiéjú 결말 | 将 jiāng ~일 것이다 | 不愿 búyuàn ~하려 하지 않다 | 生活 shēnghuó 살다

次序 cìxù

명 순서, 차례
▶ 자신의 次序에 따라서 천천히 입장해 주세요.

为了便于查找和整理，书店里的书一般都有次序地排放。
찾고 정리하기에 편하려고, 서점 안의 책은 보통 순서대로 배치된다.

便于 biànyú ~에 편하다 | 查找 cházhǎo 찾다 | 整理 zhěnglǐ 정리하다 | 排放 páifàng 차례대로 놓다　유의 顺序 shùnxù 순서, 차례

农历 nónglì

명 음력
▶ 农历 1월 1일은 민족 대명절인 설날이다.

农历春节这天，中国人讲究一家人在一起吃团圆饭。
음력 설 당일, 중국인은 온 가족이 함께 모여 밥을 먹는 것을 중시한다.

春节 Chūnjié 설 | 讲究 jiǎngjiu 중요시하다 | 一家人 yìjiārén 한집안 식구 | 团圆饭 tuányuánfàn 명절(특히 설날)에 가족이 함께 모여 먹는 밥　유의 阴历 yīnlì 음력

年度 niándù

명 연도
▶ 이번 年度의 총예산은 얼마나 됩니까?

本年度的移民限额已满，想要增加名额应该没那么容易。
올해 이민 한도가 이미 차서, 정원을 늘리고 싶어도 그렇게 쉽지 않을 것이다.

移民 yímín 이민 ｜ 限额 xiàn'é 한도(액) ｜ 满 mǎn (일정 한도에) 이르다 ｜ 增加 zēngjiā 증가하다 ｜ 名额 míng'é 정원, 인원수

季度 jìdù

명 분기
▶ 지출액은 1년을 4등분하여 季度마다 결산하면 돼.

本季度该校足球队因成绩不佳，没能进入全国决赛。
이번 분기에 그 학교의 축구팀은 성적이 좋지 않아서, 전국 결승전에 참가할 수 없었다.

该 gāi 이 ｜ 队 duì 팀 ｜ 因 yīn ～ 때문에 ｜ 不佳 bùjiā 좋지 않다 ｜ 进入 jìnrù (시기·상태·범위에) 들다 ｜ 决赛 juésài 결승(전)

周期 zhōuqī

명 주기
▶ 그 행사는 2년을 周期로 개최되는 비엔날레야.

在地球观测站观测的结果是：太阳的自转周期约为27天。
지구 관측소에서 관측한 결과, 태양의 자전 주기는 약 27일이다.

地球 dìqiú 지구 ｜ 观测站 guāncèzhàn 관측소 ｜ 观测 guāncè 관측하다 ｜ 结果 jiéguǒ 결과 ｜ 自转 zìzhuàn 자전하다 ｜ 约 yuē 대략 ｜ 为 wéi ～이다

定期 dìngqī

형 정기적인　동 날짜를 정하다
▶ 나와 친구들은 定期로 고아원에 봉사 활동을 가.

这位医生定期到农村义诊，因此受到了很多人的称赞。
이 의사는 정기적으로 농촌에 와서 의료 봉사를 하는데, 그로 인해 많은 사람들의 칭찬을 받는다.

农村 nóngcūn 농촌 ｜ 义诊 yìzhěn 무보수로 진찰하다 ｜ 因此 yīncǐ 이로 인하여 ｜ 受到 shòudào 받다 ｜ 称赞 chēngzàn 칭찬하다

为期 wéiqī

（동） 기한으로 하다
▶ 다른 회사와 3년을 为期하는 업무 협약을 맺었습니다.

这次会议为期一周，两家企业都极为重视。
이번 회의는 1주일 동안 진행되며, 두 기업이 모두 매우 중요시한다.

企业 qǐyè 기업 | **极为** jíwéi 매우 | **重视** zhòngshì 중요시하다

周年 zhōunián

（명） 주년
▶ 올해가 광복 몇 周年인지 아시나요?

在公司成立20周年的庆祝活动上，来了很多记者。
회사 설립 20주년 축하 행사에 많은 기자가 왔다.

成立 chénglì 설립하다 | **庆祝** qìngzhù 경축하다 | **活动** huódòng 행사 | **记者** jìzhě 기자

连年 liánnián

（동） 여러 해를 거치다
▶ 连年 계속되는 실패가 마음을 좀먹기 시작했다.

该地区连年饥荒，致使很多百姓无米下锅。
이 지역은 여러 해 동안 기근이 들어, 많은 백성들이 식량 부족을 겪고 있다.

该 gāi 이 | **地区** dìqū 지역 | **饥荒** jīhuang 기근 | **致使** zhìshǐ ~을 초래하다 | **百姓** bǎixìng 백성 | **无米下锅** wúmǐ xiàguō 밥해 먹을 쌀이 없다

逐年 zhúnián

（부） 해마다, 한 해 한 해
▶ 지구의 기온이 连年 올라가서 큰일이야.

随着经济的发展，人们的生活水平也在逐年提高。
경제의 발전에 따라, 사람들의 생활 수준도 해마다 높아지고 있다.

随着 suízhe ~에 따라 | **经济** jīngjì 경제 | **发展** fāzhǎn 발전하다 | **生活** shēnghuó 생활

期限 qīxiàn

（명） 기한, 시한, 만기
▶ 정해진 期限 안에 마무리 못 할 것 같으면 미리 말씀해 주세요.

随着期限的临近，大家都加班加点，希望可以尽快完成。
기한이 가까워지면서, 모두가 하루빨리 끝낼 수 있기를 바라며 야근을 하고 있다.

临近 línjìn 다가오다 | **加班** jiābān (휴일에) 추가 근무하다 | **加点** jiādiǎn (정해진 시간을 넘어서) 초과 근무하다, 야근하다 | **尽快** jǐnkuài 되도록 빨리

间隔 jiàngé

명 간격, 사이   **동** 간격을 두다
▶ 두 가지를 한 번에 할 수는 없고, 한 달 정도는 间隔를 두어야 합니다.

对于难忘的回忆，即使间隔再久，人们也依旧记忆清晰。
잊기 어려운 추억은, 간격이 아무리 멀어도, 사람들은 여전히 또렷이 기억한다.

对于 duìyú ~에 대해 | 难忘 nánwàng 잊기 어렵다 | 回忆 huíyì 추억 | 即使A, 也B jíshǐ A, yě B 설령 A하더라도, B하다 | 依旧 yījiù 여전히 | 记忆 jìyì 기억하다 | 清晰 qīngxī 또렷하다

유의 距离 jùlí 거리, 간격

 거리·시간적 간격을 의미하는 间隔

间隔는 두 사건이나 물체 사이의 거리나 시간적 간격을 의미합니다. '间隔十分钟(10분 간격으로)', '间隔十米(10미터 간격으로)'와 같이 활용됩니다.

空隙 kòngxì

명 짬, 겨를, 틈   **명** 틈새, 빈틈, 여지
▶ 24시간이 모자랄 정도로 바쁜 와중에도 空隙를 내서 취미 생활을 하다니!

他总是把能利用的每一个空隙都用在学习上。
그는 이용할 수 있는 모든 짬을 항상 공부에 쓴다.

利用 lìyòng 이용하다

高峰 gāofēng

명 절정, 정점, 최고점   **명** 고봉, 높은 산봉우리   **명** 최고위층
▶ 8월 첫째 주는 여름 휴가철의 高峰이야.

上下班高峰时间导致交通严重堵塞。
출퇴근 러시아워는 심각한 교통 체증을 초래한다.

上下班 shàngxiàbān 출퇴근하다 | 高峰时间 gāofēng shíjiān 러시아워 | 导致 dǎozhì 야기하다 | 交通 jiāotōng 교통 | 严重 yánzhòng 매우 심하다 | 堵塞 dǔsè 가로막다

 비유적 표현으로도 쓰이는 高峰

高峰은 본래 '높은 산봉우리'를 뜻하는 말로, 독해 영역에서 자연, 지역과 관련된 설명문에 많이 출제된다. 또한, 비유적으로 어떤 사건이나 시간 등의 절정을 나타내어, 독해 4부분의 시사와 관련된 지문에 자주 출제되므로, 함께 익히고 넘어가자.

예 高峰期 절정기, 극성기 | 高峰时间 러시아워 | 科学高峰 과학의 절정
高峰论坛 정상 포럼 | 达到高峰 최고조에 다다르다

一度 yídù

부 한때, 한동안   **수량** 한 번, 한 차례
▶ 나는 一度 베이징에서 유학 생활을 했었어.

这座古城曾一度繁荣，很多帝王想在此建立都城 。
이 옛 도시는 이전에 한때 번영했었고, 많은 황제가 이곳에 수도를 세우고자 했다.

座 zuò 채(부피가 크거나 고정된 물체를 세는 양사) ┃ **古城** gǔchéng 오래된 도시 ┃ **曾** céng 이전에 ┃ **繁荣** fánróng 번영하다 ┃ **帝王** dìwáng 제왕 ┃ **在此** zàicǐ 이곳에 ┃ **建立** jiànlì 세우다 ┃ **都城** dūchéng 수도

时常 shícháng

부 자주, 항상, 늘
▶ 지리적 특성 때문에 일본에는 时常 지진이 발생해.

最近在新闻上，时常能看到韩剧在中国受欢迎的报道。
최근 뉴스에서, 한국 드라마가 중국에서 인기를 끈다는 보도를 자주 볼 수 있다.

韩剧 Hánjù 한국 드라마 ┃ **受欢迎** shòu huānyíng 환영받다 ┃ **报道** bàodào 보도
유의 **常常** chángcháng 자주, 항상 / **经常** jīngcháng 자주, 언제나, 늘
반의 **偶尔** ǒu'ěr 때때로

时而 shí'ér

부 (중첩 사용하여) 때로는   **부** 때때로, 이따금, 간혹
▶ 환절기에는 날씨가 时而 추웠다가 时而 더웠다가 해.

奶奶晚年病情愈发严重，时而糊涂，时而清醒。
할머니는 노년에 병세가 더욱 악화되어, 때로는 정신이 흐렸다가 때로는 맑았다가 한다.

晚年 wǎnnián 만년 ┃ **病情** bìngqíng 병세 ┃ **愈发** yùfā 더욱 ┃ **严重** yánzhòng (정황 등이) 위급하다, 심각하다 ┃ **糊涂** hútu 흐리멍텅하다 ┃ **清醒** qīngxǐng (정신이) 맑다

不时 bùshí

부 수시로, 자주, 늘   **명** 불시
▶ 떠올리고 싶지 않았던 기억이 不时 떠올라서 나를 힘들게 해.

邻座的一个乘客，不时向窗外看，好像在看什么似的。
옆에 앉은 승객이, 수시로 창밖을 바라보는데, 무언가를 보고 있는 것 같다.

邻座 línzuò 옆자리 ┃ **乘客** chéngkè 승객 ┃ **好像……似的** hǎoxiàng …… shìde 마치 ~과 같다

依旧 yījiù

부 여전히　동 예전대로 하다
▶ 외할머니가 계신 시골집은 지금도 依旧 포근하다.

所有人都看出了他的问题，可是他却依旧我行我素。
모든 사람이 그의 문제를 알았지만, 그는 오히려 여전히 자기가 하던 대로 했다.

所有 suǒyǒu 모든 | **看出** kànchū 알아차리다 | **可是** kěshì 그러나 | **却** què 오히려 |
我行我素 wǒxíng wǒsù (다른 사람이 어떻든) 평소 자기 방식대로 하다
유의 **仍旧** réngjiù 여전히

仍旧 réngjiù

부 여전히, 변함없이　동 예전대로 하다, 옛것을 따르다
▶ 난 십 년째 仍旧 그 동네에 살아.

我发现自己的错误仍旧存在，并因此而感到苦恼。
나는 나의 실수가 아직도 존재한다는 것을 알았고, 그 때문에 괴로웠다.

错误 cuòwù 잘못 | **存在** cúnzài 존재하다 | **并** bìng 그리고 | **因A而B** yīn A ér B A 때문에 B
하다 | **此** cǐ 이것 | **苦恼** kǔnǎo 몹시 괴롭다
유의 **依旧** yījiù 여전히

持久 chíjiǔ

형 오래 유지되다, 지속되다
▶ 독일 속담 중에 '정직함이 가장 持久한다'라는 말이 있대.

哥哥对很多新事物都很好奇，但可惜总是不能持久。
형은 많은 새로운 것에 대해 궁금해하지만, 안타깝게도 항상 오래 가지 못한다.

事物 shìwù 사물 | **好奇** hàoqí 호기심을 갖다 | **可惜** kěxī 유감스럽다
유의 **长久** chángjiǔ 매우 길고 오래다

延续 yánxù

동 연장하다, 지속하다, 계속하다
▶ 미래는 현재에서 延续하는 것이니, 지금 행복하기 위해 살아
　야 해.

医生告诉家属病人现在只能靠镇痛剂来延续生命。
의사는 가족들에게 환자는 현재 진통제로만 생명을 연장할 수 있다고 말했다.

家属 jiāshǔ 가족 | **靠** kào 의지하다 | **镇痛剂** zhèntòngjì 진통제 | **生命** shēngmìng 생명

不止 bùzhǐ

부 (어떤 수량·범위)에 그치지 않고 동 그치지 않다, 멈추지 않다
▶ 못 본 사이에 이렇게 많이 변하다니, 궁금한 점이 한두 가지에 不止해.

金老师不止一次帮我度过难关，我对他感激不尽。
김 선생님은 한 번으로 그치지 않고 내가 어려움을 넘어가도록 도와주셔서, 나는 그에게 헤아릴 수 없이 감격했다.

度过 dùguò 넘기다 | **难关** nánguān 어려움 | **感激不尽** gǎnjībújìn 감격무지하다

日益 rìyì

부 날로, 나날이 더욱
▶ 삶의 질이 日益 높아지니 행복하지 않을 수 없지.

韩中建交以来，两国人民之间的交往也日益密切。
한중 수교 이후, 양국 국민 간의 교류도 나날이 밀접해지고 있다.

建交 jiànjiāo 수교하다 | **以来** yǐlái 이래 | **人民** rénmín 국민 | **之间** zhījiān ~의 사이 | **交往** jiāowǎng 교류하다 | **密切** mìqiè 밀접하다

> **출제 포인트** **日益**의 빈출 짝꿍 표현
>
> 日益는 나날이 정도가 심해짐을 나타내는데, 주로 독해 영역에서 기술이나 현상, 효과 등과 관련된 설명문에 자주 출제된다. 아래 자주 출제되는 어휘로 익혀 보자.
>
> 예 **技术日益成熟** 기술이 갈수록 숙련되다
> **竞争日益激烈** 경쟁이 갈수록 심해지다
> **代步工具日益普及**(pǔjí) 이동 수단이 갈수록 보편화되다
> **作用日益凸显**(tūxiǎn) 효과가 날이 갈수록 부각되다

顿时 dùnshí

부 문득, 갑자기, 바로(과거 일을 서술할 때만 쓰임)
▶ 길을 걷다가 顿时 기발한 생각이 떠올랐어!

火车经过一片麦田时，他顿时记起了这个他曾经熟悉的地方。
기차가 보리밭을 지나갈 때, 그는 문득 그가 예전에 잘 알고 있던 곳이라는 것이 기억났다.

片 piàn 지면·수면 등에 쓰는 양사 | **麦田** màitián 보리밭 | **记** jì 기억하다 | **曾经** céngjīng 일찍이 | **熟悉** shúxī 익숙하다, 잘 알다

急剧 jíjù

▶ 체온이 急剧하게 떨어져서 하마터면 목숨이 위험할 뻔 했어.

液体达到一定温度时会急剧化为气体。
액체는 일정한 온도가 되면 급격하게 기체로 변한다.

液体 yètǐ 액체 | **达到** dádào 이르다 | **温度** wēndù 온도 | **气体** qìtǐ 기체

紧迫 jǐnpò

▶ 이 사안이 얼마나 紧迫한 것인지 모두가 아직 잘 모르는 것 같아.

财政问题或许是这个企业现阶段最为紧迫的问题。
재정 문제는 어쩌면 현재 이 회사의 가장 시급한 문제일 수도 있다.

财政 cáizhèng 재정 | **或许** huòxǔ 어쩌면 | **企业** qǐyè 기업 | **现阶段** xiànjiēduàn 현 단계 |
最为 zuìwéi 가장
유의 **急迫** jípò 긴급하다

仓促 cāngcù

▶ 아들은 지각할까 봐 仓促하게 집에서 뛰어나갔어.

调查人员并没有仔细调查，就仓促地做出了结论。
조사원은 전혀 자세히 조사하지 않고, 바로 황급히 결론을 내렸다.

调查 diàochá 조사하다 | **人员** rényuán 요원, 구성원 | **仔细** zǐxì 세심하다, 자세하다 | **结论**
jiélùn 결론

忙碌 mánglù

▶ 종일 눈코 뜰 새 없이 忙碌했지만 정말 보람찬 하루였어.

婚礼对所有人来说，都应该是忙碌而值得纪念的。
결혼식은 모두에게 있어, 바쁘지만 기념할 만한 가치가 있는 일이다.

婚礼 hūnlǐ 결혼식 | **对……来说** duì …… lái shuō ~에게 있어서 | **所有** suǒyǒu 모든 | **而** ér
~하지만 | **值得** zhídé ~할 만한 가치가 있다 | **纪念** jìniàn 기념하다

演变 yǎnbiàn

동 변천하다, 변화 발전하다
▶ 프랑스어는 라틴어에서 演变해 온 것이라고 해.

脸谱是由面具演变而来的，并在原有的基础上做了改善。
전통극의 얼굴 분장은 가면에서 변천해 왔으며, 게다가 원래 있던 바탕에서 개선하였다.

脸谱 liǎnpǔ 중국 전통극에서 일부 배역들의 얼굴 화장 | 由A而B yóu A ér B A에서(부터) B하다 |
面具 miànjù 가면 | 原有 yuányǒu 원래 있는 | 基础 jīchǔ 기초, 바탕 | 改善 gǎishàn 개선하다

演变은 비교적 긴 시간 동안 변화·발전하는 것을 나타내어, 듣기 1·3부분 설명문에서 자주 출제된다.
우주, 역사, 문화, 기술 등과 관련된 설명문에 주로 나오므로, 아래 기출 표현을 익혀 보자.

예　交通工具的演变 교통수단의 변화 발전 | 中国菜谱(càipǔ)的演变 중국 식단의 변천
宇宙(yǔzhòu)演变的结果 우주 변천의 결과 | 战国(Zhànguó)时期的演变 전국 시기의 변천

变迁 biànqiān

동 (상황·단계가) 변천하다
▶ 이 영화는 조선 시대 복장의 变迁을 반영한 작품이래!

这座古城历经了历史的变迁，却依然保持着原来的样子。
이 오래된 도시는 역사적 변천을 여러 번 겪었지만, 여전히 기존의 모습을 유지하고 있다.

座 zuò 채(부피가 크거나 고정된 물체를 세는 양사) | 古城 gǔchéng 오래된 도시 | 历经 lìjīng 여러
번 겪다 | 依然 yīrán 여전히 | 保持 bǎochí 유지하다 | 原来 yuánlái 원래의 | 样子 yàngzi 모습

迟缓 chíhuǎn

형 느리다, 완만하다
▶ 일의 진전이 이렇게 迟缓하면 대체 언제 끝나?

如果缺少锌这种物质，那么身体发育就会变得迟缓。
만일 아연과 같은 물질이 부족하면 신체 발육이 느려진다.

缺少 quēshǎo 부족하다 | 锌 xīn 아연 | 物质 wùzhì 물질 | 发育 fāyù 발육하다
유의　缓慢 huǎnmàn 느리다, 완만하다　반의　迅速 xùnsù 신속하다, 재빠르다

拖延 tuōyán

동 (시간을) 지연하다, 끌다, 연기하다
▶ 상부에서 벌써 며칠째 허가를 拖延하고 있어.

主办方要求按时结束本次会议，尽量不要拖延时间。
주최 측은 제때에 이번 회의를 끝내고, 최대한 시간이 지연되지 않게 해 달라고 요구했다.

主办方 zhǔbànfāng 주최 측 | 按时 ànshí 제때에 | 尽量 jǐnliàng 최대 한도로

延期 yánqī

동 (시간을) 연장하다, 늘리다
동 (정한 기간을) 뒤로 미루다, 지연시키다
▶ 논문을 완성하지 못해서, 졸업을 延期할 수 밖에 없었어.

由于当地的气候恶劣，原本的出差计划被迫延期了。
현지의 악천후로 기존의 출장 계획이 연장되었다.

由于 yóuyú ~ 때문에 | 当地 dāngdì 현지 | 气候 qìhòu 기후 | 恶劣 èliè 아주 나쁘다 | 原本 yuánběn 원래 | 出差 chūchāi 출장 가다 | 计划 jìhuà 계획 | 被迫 bèipò 어쩔 수 없이 ~하다

预期 yùqī

동 예기하다, 미리 기대하다
▶ 预期한 시간에 맞추려면 이렇게 늦장 부려서는 안 돼.

按计划行事，才有可能在预期的时间内完成任务。
계획에 따라 일을 해야 비로소 예상한 시간 내에 일을 끝낼 수 있다.

按 àn ~에 따라 | 行事 xíngshì 일을 처리하다 | 任务 rènwu 임무

遥远 yáoyuǎn

형 아득히 멀다, 까마득하다
▶ 遥远한 미래에는 내가 꿈꾸던 모습을 하고 행복했으면 좋겠어.

在遥远的古代，地球上只有低等生物。
머나먼 고대에 지구상에는 하등 생물뿐이었다.

古代 gǔdài 고대 | 地球 dìqiú 지구 | 低等生物 dīděng shēngwù 하등 생물

漫长 màncháng

형 길다, 멀다
▶ 漫长한 세월 속에서 우리는 숱한 만남과 이별을 겪어 왔다.

漫长的旅程使很多游客已经疲惫不堪了。
기나긴 여행 일정으로 많은 관광객이 이미 매우 지쳐 있다.

旅程 lǚchéng 여정 | 使 shǐ ~하게 하다 | 游客 yóukè 관광객 | 疲惫 píbèi 대단히 피곤하다 | 不堪 bùkān (부정적인 의미로) 몹시 심하다

출제 포인트 ▶ 漫长의 빈출 짝꿍 표현

漫长은 시간, 길 등이 끝이 보이지 않을 정도로 긴 상태를 나타낸다. 주로 듣기 영역의 시간 관련 논설문이나 역사 관련 설명문에 자주 출제되므로, 아래 기출 표현으로 확인하고 넘어가자.

예 时间漫长 시간이 기나길다 | 漫长的历史时空 기나긴 역사의 시공간
漫长的发展历程 긴 발전 과정 | 漫长的时空之旅 기나긴 시공간 여행

永恒 *yǒnghéng*

형 영원하다, 항구하다

▶ 세상에 永恒한 것은 없다지만, 끝까지 너와 함께 하고 싶어.

这个世界上，无论是人还是事物都没有什么是永恒的。

이 세상에, 인간이든 사물이든 관계없이 영원한 것은 없다.

无论A还是B都C wúlùn A háishi B dōu C A든 B든 관계없이 C하다 | 事物 shìwù 사물

降临 *jiànglín*

동 다가오다, 도래하다

▶ 나는 위기가 서서히 降临하고 있음을 본능적으로 깨달았다.

无论如何我都无法相信好运会降临到我的身上。

어찌 되더라도 나는 행운이 나에게 올 것이라고는 믿지 못하겠다.

无论A都B wúlùn A dōu B A하더라도 B하다 | 如何 rúhé 어떻게 | 无法 wúfǎ ～할 수 없다 | 好运 hǎoyùn 행운

★ 보충단어

아래 단어들의 예문은 WEB 단어장에서 확인할 수 있어요.

成天	chéngtiān 명 온종일, 하루 내내		丙	bǐng 명 병(천간의 셋째), (순서·등급의) 세 번째
岁月	suìyuè 명 세월		丁	dīng 명 정(천간의 넷째), (순서·등급의) 네 번째
正当	zhèngdāng 동 마침 ～한 시기이다 zhèngdàng 형 정당하다 형 (인품이) 바르다		姑且	gūqiě 부 잠시, 잠깐
之际	zhījì 명 (일이 발생한) 즈음, 때		暂且	zànqiě 부 잠시, 잠깐
步伐	bùfá 명 (일의 진행) 속도·순서 명 발걸음 명 (대오의) 보조		及早	jízǎo 부 미리, 일찍이, 서둘러서
			短促	duǎncù 형 (시간이) 촉박하다

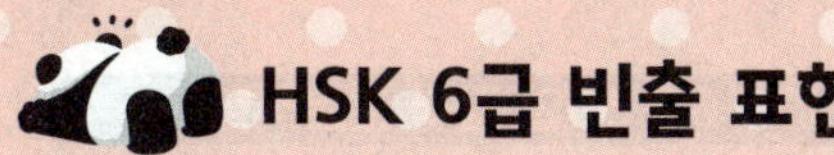 HSK 6급 빈출 표현

风采依旧	fēngcǎi yījiù	풍채가 여전하다
历来如此	lìlái rúcǐ	줄곧 이러하다
以往的经验	yǐwǎng de jīngyàn	과거의 경험
原始版本	yuánshǐ bǎnběn	오리지널 버전
当前的情况	dāngqián de qíngkuàng	현재의 상황
等待时机	děngdài shíjī	때를 기다리다
休息片刻	xiūxi piànkè	잠시 쉬다
昼夜不停	zhòuyè bùtíng	밤낮으로 쉬지 않다
定期检查	dìngqī jiǎnchá	정기 검사
忙碌过度	mánglù guòdù	지나치게 바쁘다
逐年增长	zhúnián zēngzhǎng	해마다 증가하다
日益强大	rìyì qiángdà	날이 갈수록 강대해지다
急剧变化	jíjù biànhuà	급격하게 변화하다
演变为……	yǎnbiàn wéi ……	～로 변하다
遥远的未来	yáoyuǎn de wèilái	아득히 먼 미래
漫长的道路	màncháng de dàolù	끝이 없는 길

데일리 테스트

고생하셨어요!
QR코드를 스캔하면 DAY01~DAY30 전체 데일리 테스트 PDF가 다운로드됩니다.

DAY 17

★ HSK 시험에 이렇게 나와요.
상품의 기획·제조·판매에 대한 설명문이 듣기 3부분과 독해 4부분에서, 상품 개발에 관한 성공담이 쓰기 영역에서 자주 출제됩니다. 옛 물건에서 인터넷 쇼핑까지 다양한 관련 어휘들을 정확하게 익히는 것이 중요합니다.

상품 기획부터 출시까지

#산업 #상공업

음원 듣기

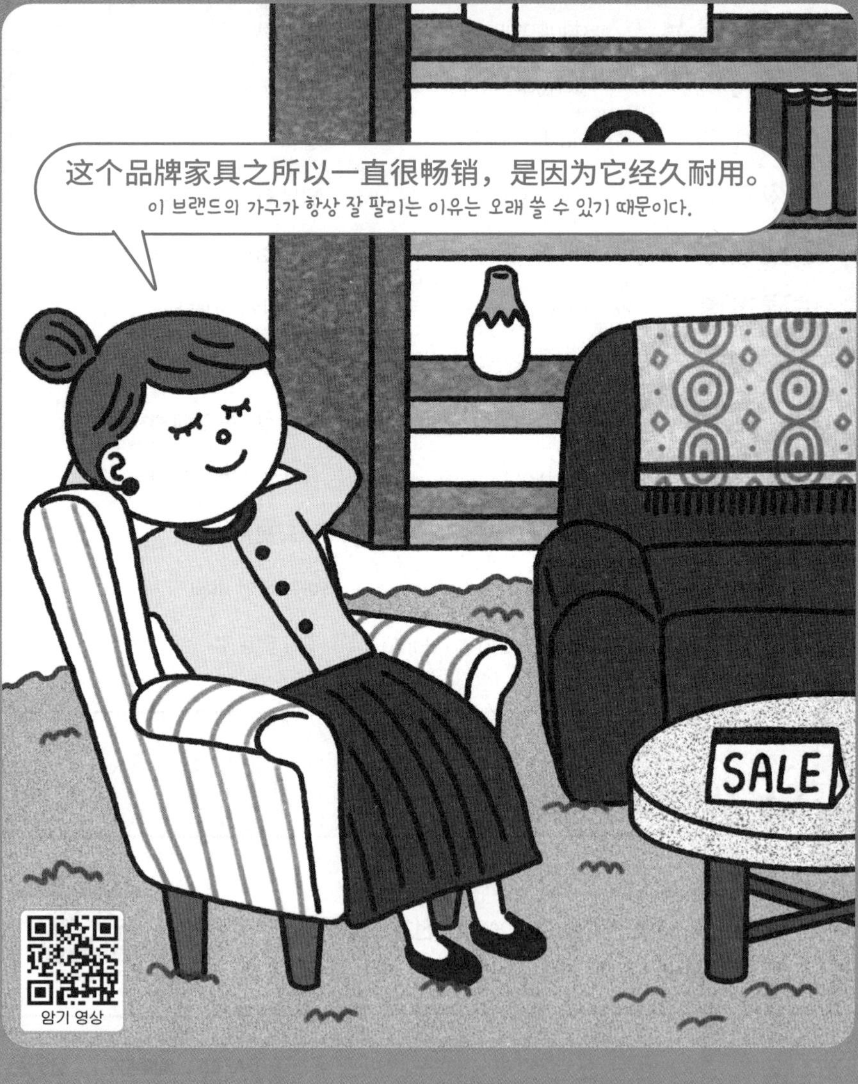

암기 영상

客户 kèhù

명 바이어, 거래처
▶ 저 분은 우리 회사와 오랫동안 거래한 客户셔.

公司决定明晚举行宴会，目的是接见重要客户。
회사에서 내일 저녁에 만찬을 개최하기로 했는데, 목적은 중요한 바이어를 대접하는 것이다.

举行 jǔxíng 거행하다 | **宴会** yànhuì 연회 | **目的** mùdì 목적 | **接见** jiējiàn 접견하다

用户 yònghù

명 사용자, 가입자
▶ 사이트를 이용하는 用户가 계속 줄어들어서 걱정이야.

据统计，使用微信的中老年用户正在逐年增长。
통계에 따르면, 위챗을 사용하는 중·노년 사용자는 현재 매년 증가하고 있다고 한다.

据 jù ~에 따르면 | **统计** tǒngjì 통계 | **使用** shǐyòng 사용하다 | **微信** Wēixìn 위챗(중국의 메신저 프로그램) | **逐年** zhúnián 해마다 | **增长** zēngzhǎng 증가하다

> **출제 포인트** 듣기 영역 빈출 어휘 **用户**
>
> '사용자'를 뜻하는 用户는 보통 인터넷 사이트의 이용자를 뜻한다. 이와 관련하여 듣기 1부분과 3부분에서 설명문으로 자주 출제되므로, 관련 어휘들을 함께 알아 두자.
>
> 예 **用户名** 사용자 명, ID | **潜在**(qiánzài)**用户** 잠재 사용자(잠재 고객)
> **用户反馈**(fǎnkuì) 이용자 피드백 | **挖掘**(wājué)**用户** 사용자(고객)를 찾아내다

登录 dēnglù

동 로그인하다 동 등록하다, 기입하다
▶ 메일에 登录하려고 했는데 비정상적인 접근이라고 자꾸 튕겨!

很多服务器不允许匿名登录，这是为了双方的利益着想。
많은 서버에서 익명으로 로그인하는 것을 금지하는데, 이는 양측의 이익을 고려한 것이다.

服务器 fúwùqì 서버 | **允许** yǔnxǔ 허가하다 | **匿名** nìmíng 이름을 숨기다 | **双方** shuāngfāng 양측 | **利益** lìyì 이익 | **着想** zhuóxiǎng 염두에 두다

商标 shāngbiāo

명 상표
▶ 유명 브랜드의 商标를 도용해서 부당한 이익을 취하다니.

注册专利商标所需的时间比我们想象的长多了。
특허권 상표 등록에 필요한 시간은 우리가 상상한 것보다 훨씬 길었다.

注册 zhùcè 등록하다 | **专利** zhuānlì 특허권 | **所需** suǒxū 필요한 바의 | **想象** xiǎngxiàng 상상하다

标记 biāojì

명 표기　**동** 표기하다
▶ 안내도에 중국어 标记만 있어서 알아볼 수가 없어.

生产者将有问题的产品都做了标记，以免重复作业。
생산자는 작업이 중복되지 않도록, 문제가 있는 상품에 모두 표기를 하였다.

生产者 shēngchǎnzhě 생산자 | **将** jiāng ~을 | **产品** chǎnpǐn 상품 | **以免** yǐmiǎn ~하지 않도록 | **重复** chóngfù 중복되다

유의 记号 jìhao 표기

工艺品 gōngyìpǐn

명 (수)공예품
▶ 전통 工艺品들은 대부분 가내 수공업으로 만들어진대.

保护传统工艺品是对艺术的尊重，对文化的传承。
전통 공예품을 보호하는 것은 예술에 대한 존중이며, 문화에 대한 계승이다.

保护 bǎohù 보호하다 | **传统** chuántǒng 전통 | **艺术** yìshù 예술 | **尊重** zūnzhòng 존중하다 | **传承** chuánchéng 전수하고 계승하다

样品 yàngpǐn

명 샘플, 견본
▶ 테스트를 해 봐야 하는데, 样品을 잘못 가져오면 어떻게 하니?

研究员对采集来的样品做了深入的分析与研究。
연구원은 수집해 온 샘플에 대해 심층적인 분석과 연구를 했다.

研究员 yánjiūyuán 연구원 | **采集** cǎijí 수집하다 | **深入** shēnrù 깊다 | **分析** fēnxī 분석하다

反馈 fǎnkuì

동 (정보·반응이) 되돌아오다, 피드백 오다
▶ 소비자의 反馈는 다음 신제품을 준비하는 데 아주 중요해.

无论用户反馈的信息是正面还是负面，企业都应借鉴。
사용자의 피드백 정보가 긍정적인 것이든 부정적인 것이든, 기업은 모두 참고해야 한다.

用户 yònghù 사용자 | **信息** xìnxī 정보 | **正面** zhèngmiàn 긍정적인 면 | **负面** fùmiàn 부정적인 면 | **企业** qǐyè 기업 | **借鉴** jièjiàn 참고로 하다

출제 포인트　反馈의 빈출 짝꿍 표현

反馈는 전기 공학이나 의학 분야에서도 사용되지만, 인터넷이나 시장 등에서 어떤 것에 대한 반응, 즉 '피드백'의 의미로 많이 사용된다. 비즈니스 이메일에서도 자주 쓰인다.

예　反馈信息 피드백 정보　反馈效应 피드백 효과　给予(jǐyǔ)反馈 피드백을 주다

规格 guīgé

명 표준, 규격　명 규정된 요구나 조건
▶ 크기가 정해진 规格에 맞지 않아서 전부 재생산해야 한대.

对某些产品来说，统一规格并不被全行业所接受。
어떤 상품에 있어서, 통일된 규격이 결코 모든 업계에서 수용되는 것은 아니다.

对……来说 duì …… lái shuō ~에게 있어서 | 某 mǒu 어떤 | 统一 tǒngyī 통일된 | 并 bìng 결코 | 行业 hángyè 업종 | 所 suǒ ~되다(피동을 나타냄) | 接受 jiēshòu 받아들이다

筛选 shāixuǎn

동 선별하다, 골라내다　동 체로 치다
▶ 홍삼의 질이 가장 좋은 것부터 筛选해서 포장했습니다.

我们的商品都是经过了层层筛选的优质产品。
우리 상품은 모두 많은 선별 단계를 거친 우수한 상품이다.

商品 shāngpǐn 상품 | 层层 céngcéng 층층이 | 优质 yōuzhì 우수하다

等级 děngjí

명 등급, 계급
▶ 이곳은 이용한 금액에 따라 고객의 等级가 나누어져.

工人们把不同等级的原材料分门别类，这更有利于生产。
직원들은 등급이 서로 다른 원자재를 분류했고, 이는 생산에 더욱 유리하다.

工人 gōngrén 노동자 | 原材料 yuáncáiliào 원재료 | 分门别类 fēnménbiélèi 부문별로 나누다 | 有利于 yǒulìyú ~에 이롭다 | 生产 shēngchǎn 생산하다

次品 cìpǐn

명 질이 낮은 물건, 등외품
▶ 이쪽에 있는 물건들은 次品이라 가격이 좀 싸요.

如何避免生产过程中次品的出现，是工人们的当务之急。
생산 과정 중에서 어떻게 질이 낮은 물품이 나오지 않게 하는가는, 직원들의 당면 과제이다.

如何 rúhé 어떻게 | 避免 bìmiǎn 방지하다 | 当务之急 dāngwùzhījí 당장 급히 처리해야 하는 일
반의 正品 zhèngpǐn 정품

类似 lèisì

형 유사하다
▶ 요즘엔 类似한 디자인들이 많아서 다 거기서 거기 같아.

市面上的类似商品层出不穷，但是品质却有所不同。
시장에 유사한 상품이 끊임없이 나오지만, 품질은 조금씩 다르다.

市面 shìmiàn (길)거리, 시장 | **商品** shāngpǐn 상품 | **层出不穷** céngchūbùqióng 끊임없이 나타나다 | **品质** pǐnzhì 품질 | **却** què 오히려 | **有所** yǒusuǒ 다소 ~하다

供给 gōngjǐ

동 공급하다, 대다, 제공하다
▶ 거지도 아니면서 왜 자꾸 물건을 공짜로 供给해 달라고 하는 거야?

对方企业要求我们提前出示供给产品的样本。
상대 기업은 우리에게 공급 상품의 샘플을 미리 보여 줄 것을 요구했다.

对方 duìfāng 상대편 | **企业** qǐyè 기업 | **提前** tíqián 앞당기다 | **出示** chūshì 내보이다 | **样本** yàngběn 샘플

유의 **供应** gōngyìng 제공하다
반의 **需求** xūqiú 수요

유의어 비교 供给 vs 供应

두 단어 모두 필요한 물자를 공급함을 나타내지만, 쓰이는 상황이 다르므로 구분하여 익히자.

供给 gōngjǐ | 생활에 필요한 물질, 재산, 자원 등을 필요한 사람에게 전달함을 나타냄
예 **供给氧气**(yǎngqì) 산소를 공급하다 | **无偿**(wúcháng)**供给** 무상으로 공급하다
供给市场 (×)

供应 gōngyìng | 물질적 수요를 만족시킴을 뜻하며, 공업, 농업, 시장 등이 목적어로 올 수 있음
예 **产品供应** 상품 공급 | **供应商** 공급업자 | **供应市场** 시장에 공급하다 (○)

遍布 biànbù

동 널리 분포하다, 널리 퍼지다
▶ 제품 불량으로, 전 세계에 遍布해 있는 제품들을 모두 회수했다.

中国的丝织品已遍布全球各地，并且受到很大欢迎。
중국의 견직물은 이미 세계 각지로 퍼졌고, 게다가 큰 환영을 받았다.

丝织品 sīzhīpǐn 견직물 | **全球各地** quánqiú gèdì 세계 각지 | **并且** bìngqiě 게다가 | **受到** shòudào 받다

陈列 chénliè

▶ 진열장 맨 앞쪽에는 신제품부터 陈列해 주세요.

展品是依照年代陈列的，很多都出自名家之手。
전시품은 연대순으로 진열된 것이고, 상당수가 명인의 손에서 나왔다.

展品 zhǎnpǐn 전시품 ┃ **依照** yīzhào ～에 따라 ┃ **年代** niándài 연대 ┃ **出自** chūzì ～으로부터 나오다 ┃ **名家** míngjiā 명인

批发 pīfā

▶ 물건은 대량으로 批发하는 곳에 가서 사면 훨씬 싸.

原材料的批发价也是有高有低的，并不是毫无区分的。
원자재의 도매가도 높고 낮음이 있고, 결코 아무런 차이가 없는 것은 아니다.

原材料 yuáncáiliào 원재료 ┃ **批发价** pīfājià 도매가격 ┃ **低** dī 낮다 ┃ **并** bìng 결코 ┃ **毫无** háowú 조금도 ～가 없다 ┃ **区分** qūfēn 구분하다

반의 **零售** língshòu 소매하다

推销 tuīxiāo

▶ 포장으로 눈길을 끌면 推销하는 데 효과적이야.

公司的当务之急是想办法推销下一季度的新产品。
회사의 당면 과제는 다음 분기의 신상품을 판촉할 방안을 마련하는 것이다.

当务之急 dāngwùzhījí 당장 급히 처리해야 하는 일 ┃ **季度** jìdù 분기 ┃ **新产品** xīn chǎnpǐn 신상품

반의 **采购** cǎigòu 구입하다

畅销 chàngxiāo

▶ 이 상품은 저희 매장에서 가장 잘 畅销하는 상품이에요.

这个品牌家具之所以一直很畅销，是因为它经久耐用。
이 브랜드의 가구가 항상 잘 팔리는 이유는 오래 쓸 수 있기 때문이다.

品牌 pǐnpái 브랜드 ┃ **家具** jiājù 가구 ┃ **之所以A, 是因为B** zhīsuǒyǐ A, shì yīnwèi B A한 까닭은, B 때문이다 ┃ **经久** jīngjiǔ 오래가다 ┃ **耐用** nàiyòng 오래 쓸 수 있다

반의 **滞销** zhìxiāo 판매가 부진하다

昂贵 ánguì

형 비싸다
▶ 이 가방 정말 사고 싶은데 가격이 너무 **昂贵**해!

引进国外新技术虽然价格**昂贵**，但用途广泛。
해외 신기술을 도입하면 가격은 비록 비싸지만, 용도가 광범위하다.

引进 yǐnjìn 도입하다 | **国外** guówài 외국 | **新技术** xīnjìshù 신기술 | **价格** jiàgé 가격 | **用途** yòngtú 용도 | **广泛** guǎngfàn 광범위하다

奢侈 shēchǐ

형 사치하다, 낭비하다
▶ 돈이 많아도 쓸데없이 **奢侈**하지 말고 검소하게 생활해야지.

奢侈品对于一般消费者来说有一定的经济负担。
사치품은 일반 소비자에게 있어 어느 정도의 경제적 부담이 있다.

奢侈品 shēchǐpǐn 사치품 | **对于……来说** duìyú …… lái shuō ~에게 있어서 | **消费者** xiāofèizhě 소비자 | **经济** jīngjì 경제 | **负担** fùdān 부담
반의 节俭 jiéjiǎn 검소하다

출제 포인트　주요 명품 브랜드의 중국어 명칭

奢侈는 사치스럽고 낭비하는 것을 의미하는 어휘로, 奢侈品은 고가 명품 브랜드의 물건을 의미한다. 듣기의 인터뷰나 독해의 유명 브랜드 회사 관련 지문, 쓰기에서 특정 회사 관련 내용 등으로 출제될 수 있으므로, 자주 쓰이는 아래 몇 가지 브랜드 이름들을 알아 두자.

예 路易威登(Lùyìwēidēng) 루이비통 | 普拉达(Pǔlādá) 프라다 | 迪奥(Dí'ào) 디올

实惠 shíhuì

형 실속 있다, 실용적이다　**명** 실리, 실익
▶ 고객 입장은 생각도 않고, 자기들만 **实惠**하려고 하니 아무도 안 가지.

给顾客提供经济**实惠**的产品是厂家一直努力的目标。
고객에게 경제적이고 실속 있는 상품을 제공하는 것은 업체가 항상 노력해 온 목표이다.

顾客 gùkè 고객 | **提供** tígōng 제공하다 | **产品** chǎnpǐn 상품 | **厂家** chǎngjiā 제조업자 | **目标** mùbiāo 목표

折 zhé

명 할인, 에누리   동 꺾다, 끊다   동 접다, 개다
▶ 제가 사기에 좀 비싼 것 같은데, 조금만 折해 주시면 안 돼요?

我们希望在这次交易中争取更多的折扣。
우리는 이번 거래에서 더 많은 할인을 받고자 한다.

交易 jiāoyì 거래 | 争取 zhēngqǔ ~하려고 힘쓰다 | 折扣 zhékòu 할인

출제 포인트   折의 빈출 짝꿍 표현

折는 打折로 쓰여 '할인한다'는 의미 외에도, 꺾거나 접는 행동을 나타낸다. 쓰기 영역에서 상품 할인, 물체를 접는 행위 등과 관련하여 자주 출제된다. 아래 자주 출제되는 표현들을 익혀 보자.

예 **打折(扣)** 할인하다 | **对折处理** 반값 처리 | **打九折** 10% 할인 | **打对折** 50% 할인하다
折断 절단하다 | **弯折** 구부러져 꺾이다 | **折纸作品** 종이접기 작품 | **折叠**(dié) 접다

赠送 zèngsòng

동 증정하다, 선사하다
▶ 지금 이 제품을 사면 토스트기를 赠送해 준대!

我国代表向来宾们赠送了本国自主研发的新产品。
우리나라의 대표단이 내빈들에게 우리나라에서 자체 개발한 신제품을 선물했다.

代表 dàibiǎo 대표 | 来宾 láibīn 내빈 | 自主 zìzhǔ 자체적으로 하다 | 研发 yánfā 연구 개발하다
| 新产品 xīn chǎnpǐn 신제품

包装 bāozhuāng

명 포장   동 포장하다   동 (사람·사물을) 잘 꾸미다
包装이 너무 예뻐서 샀는데, 뜯어 보니 내용물은 영 별로네!

近些年，产品的过度包装和回收已经成了老大难的问题。
최근 들어, 상품의 과도한 포장과 재활용은 이미 큰 난제가 되었다.

产品 chǎnpǐn 상품 | 过度 guòdù 정도를 넘다 | 回收 huíshōu 재활용하다 | 老大难
lǎodànán 난제

打包 dǎbāo

동 포장하다, 싸다   동 포장을 풀다
▶ 일단 여러 개 시키고, 남으면 打包해서 가져가자!

工人们正有序地将打包好的集装箱送往港口。
직원들이 현재 질서 있게 잘 포장한 컨테이너를 항구로 보내고 있다.

工人 gōngrén 노동자 | 有序 yǒuxù 질서 정연하다 | 将 jiāng ~를 | 集装箱 jízhuāngxiāng
컨테이너 | 港口 gǎngkǒu 항구

密封 mìfēng

동 밀봉하다, 밀폐하다
▶ 개봉 후에는 식품이 상하기 쉬우니 반드시 密封해서 보관하세요.

密封技术可用于食品加工业及医疗器械的包装。
밀봉 기술은 식품 가공업과 의료 기기 포장에 활용할 수 있다.

技术 jìshù 기술 | **用于** yòngyú ~에 쓰다 | **食品** shípǐn 식품 | **加工业** jiāgōngyè 가공업 | **及** jí ~과 | **医疗** yīliáo 의료 | **器械** qìxiè 기계

产业 chǎnyè

명 산업, 공업, 부동산
▶ 이 분야는 전도가 유망한 产业라서 투자가 끊이질 않습니다.

众所周知，农业是人类最古老、最基本的一项产业之一。
모두 알다시피, 농업은 인류의 가장 오래되고, 가장 기본적인 산업 중의 하나이다.

众所周知 zhòngsuǒzhōuzhī 모든 사람이 다 알고 있다 | **农业** nóngyè 농업 | **人类** rénlèi 인류 | **古老** gǔlǎo 오래되다 | **基本** jīběn 기본적인 | **项** xiàng 가지(제도·조항 등을 세는 양사) | **之一** zhī yī ~ 중의 하나

可观 kěguān

형 상당하다, 대단하다, 굉장하다　형 볼만하다, 가관이다
▶ 상반기에 거래량이 많아서 아주 可观한 흑자를 보았다.

面对可观的利润，很多商家都在尽力争取这项合作。
상당한 이윤 앞에서, 많은 업체들이 전력으로 이 협력 프로젝트를 확보하고자 한다.

面对 miànduì 마주하다 | **利润** lìrùn 이윤 | **商家** shāngjiā 상품 판매 측 | **尽力** jìnlì 온 힘을 다하다 | **争取** zhēngqǔ ~하려고 힘쓰다 | **合作** hézuò 협력하다

矿产 kuàngchǎn

명 광산물
▶ 그 지역 지하에는 풍부한 矿产 자원이 매장되어 있어.

中国的矿产资源丰富，但过度开发是不争的事实。
중국의 광산 자원은 풍부하지만, 과도하게 개발하고 있다는 것은 부정할 수 없는 사실이다.

资源 zīyuán 자원 | **丰富** fēngfù 풍부하다 | **过度** guòdù 정도를 넘다 | **开发** kāifā 개발하다 | **不争** bùzhēng 의심할 여지가 없는, 논쟁할 필요 없는 | **事实** shìshí 사실

开辟 kāipì

동 개척하다, 개발하다 동 (도로를) 개통하다
▶ 그 기업은 독자적인 영역을 开辟해서 엄청난 흑자를 기록했어.

这项研究为将要开辟的领域做出了巨大贡献。
이 연구는 앞으로 개척할 분야에 대해 큰 공헌을 했다.

研究 yánjiū 연구하다 | 将要 jiāngyào 장차 ~하려 하다 | 领域 lǐngyù 영역, 분야 | 巨大 jùdà 아주 크다 | 贡献 gòngxiàn 공헌하다 유의 开拓 kāituò 개척하다

开拓 kāituò

동 개척하다, 확장하다, 개간하다
▶ 여태껏 진출하지 않았던 새로운 시장을 开拓해야 합니다.

每个企业都在不断开拓新市场的道路上艰难前行。
모든 기업이 새로운 시장을 끊임없이 개척하는 과정에서 힘겹게 나아가고 있다.

企业 qǐyè 기업 | 不断 búduàn 끊임없이 | 市场 shìchǎng 시장 | 道路 dàolù 길, 과정 | 艰难 jiānnán 힘겹다 | 前行 qiánxíng 앞으로 나아가다 유의 开辟 kāipì 개척하다

유의어 비교 开拓 vs 开辟

开拓는 '소 → 대'로 발전시키고, 开辟는 '무 → 유'로 만들어 낸다는 점을 기억하자.

开拓 kāituò — 규모가 작은 것을 크게 발전시키는 것을 의미하며, 주로 추상적인 목적어에 쓰임
예 **开拓新市场** 새 시장을 열다 | **开拓创新**(chuàngxīn) 창조를 열다

开辟 kāipì — 아무것도 없는 상태에서 무언가를 개통, 개발 혹은 창립하는 것을 의미함
예 **开辟新领域**(lǐngyù) 새 영역을 개척하다 | **开辟航班** 항공편을 개통하다

开采 kāicǎi

동 채굴하다, 발굴하다 동 개발하다
▶ 자원을 무분별하게 开采했다가는 나중에 화를 당할 거야.

过度开采石油资源，令这一地区一度处于"干涸"状态。
과도한 석유 자원의 채굴은, 이 지역을 한동안 '메마른' 상태로 만들었다.

过度 guòdù 정도를 넘다 | 石油 shíyóu 석유 | 资源 zīyuán 자원 | 令 lìng ~하게 하다 | 地区 dìqū 지역 | 一度 yídù 한동안 | 干涸 gānhé 물이 마르다 | 状态 zhuàngtài 상태

挖掘 wājué

동 파(내)다, 캐다
▶ 식수가 부족한 곳에 우물을 挖掘해 주는 활동도 있대.

矿泉水是从地下涌出，或经人工挖掘的地下矿水。
광천수는 땅속에서 뿜어 나오거나, 인공적으로 파낸 지하 광천수이다.

矿泉水 kuàngquánshuǐ 광천수 | 涌出 yǒngchū 솟아 나오다 | 人工 réngōng 인공의 | 矿水 kuàngshuǐ 광물질을 포함한 물 유의 开掘 kāijué 파다

石油 shíyóu

명 석유
▶ 石油값이 떨어질 생각은 않고 오르기만 하니, 자동차 끌고 다니기가 무서워.

石油对于工业的发展起着十分重要的作用。
석유는 공업 발전에 매우 중요한 역할을 한다.

对于 duìyú ~에 대해 | 工业 gōngyè 공업 | 发展 fāzhǎn 발전하다 | 起……作用 qǐ …… zuòyòng ~역할을 하다 | 十分 shífēn 매우

柴油 cháiyóu

명 중유, 디젤유
▶ 柴油를 사용하는 자동차의 배출 가스 규제가 세계적으로 강화되고 있어.

柴油是公认的发动机燃料，柴油发动机可谓经久耐用。
중유는 공인된 엔진 연료로, 중유 엔진은 오래 쓸 수 있다고 할 수 있다.

公认 gōngrèn 공인하다 | 发动机 fādòngjī 엔진 | 燃料 ránliào 연료 | 可谓 kěwèi ~라고 말할 수 있다 | 经久 jīngjiǔ 오래가다 | 耐用 nàiyòng 오래 쓸 수 있다
참고 汽油 qìyóu 휘발유

纺织 fǎngzhī

동 방직하다
▶ 纺织하는 기계가 발명되어 의생활에 큰 변화를 가져왔지.

这一地区的**纺织**业在全国是数一数二的。
이 지역의 방직업은 전국에서 손꼽힌다.

纺织业 fǎngzhīyè 방직업 | 数一数二 shǔyīshǔ'èr 손꼽히다

编织 biānzhī

동 짜다, 엮다
▶ 어머니가 겨울 목도리를 직접 编织해 주셨어.

展览会上，中国的手工**编织**物受到了外国厂商的关注。
전시회에서, 중국의 수공예 편직물이 외국 제조 업체의 주목을 받았다.

展览会 zhǎnlǎnhuì 전람회 | 手工 shǒugōng 수공 | 编织物 biānzhīwù 편직물 | 受到 shòudào 받다 | 厂商 chǎngshāng 제조업자 | 关注 guānzhù 관심을 갖다

加工 jiāgōng

동 가공하다, 다듬다
▶ 다듬어지지 않은 옥돌을 加工해서 옥 반지로 만든 거래.

食品加工业有很大的市场，投资前景也很广阔。
식품 가공업은 시장이 크고, 투자 전망도 매우 밝다.

食品 shípǐn 식품 | **加工业** jiāgōngyè 가공업 | **市场** shìchǎng 시장 | **投资** tóuzī 투자 |
前景 qiánjǐng 앞날 | **广阔** guǎngkuò 광활하다

人工 réngōng

형 인공의, 인위적인　명 수공, 인력　양 한 사람의 하루 작업량
▶ 할아버지는 人工으로 진주를 양식하셔.

人工生产和机械生产在某种程度上还是有很大区别的。
인공 생산과 기계 생산은 아직 어느 정도 큰 차이가 있다.

生产 shēngchǎn 생산하다 | **机械** jīxiè 기계 | **某** mǒu 어떤 | **程度** chéngdù 정도 | **区别**
qūbié 차이
반의　**天然** tiānrán 천연의

출제 포인트　독해 4부분 빈출 어휘 **人工**

人工은 자연적인 것과 반대로, 사람이 만든 것, 사람으로 초래된 것들을 나타낸다. 특히 독해 4부분에서
인공 지능과 관련된 과학 기술 관련 내용으로 자주 출제된다. 그 외에도 아래와 같은 형태로 활용되니 알
아 두자.

예　**人工智能** 인공 지능 | **人工操作**(cāozuò) 인공 조작 | **人工呼吸** 인공 호흡
人工运河(yùnhé) 인공 운하 | **人工养殖**(yǎngzhí) 인공 양식
人工温床(wēnchuáng) 인공 온상(따뜻하게 하여 식물을 기르는 설비)

机动 jīdòng

형 발동기로 움직이는　형 기동적인　형 탄력적인
▶ 机动 선박은 엔진을 사용하여 노를 저을 필요가 없다.

很多国家都在争先恐后地购买我国生产制造的机动车辆。
많은 국가가 모두 앞다투어 우리나라가 생산 및 제조한 자동차를 구입한다.

争先恐后 zhēngxiānkǒnghòu 뒤질세라 앞을 다투다 | **购买** gòumǎi 구입하다 | **制造** zhìzào
제조하다 | **车辆** chēliàng 차량

电源 diànyuán

명 전원
▶ 전기 코드를 电源에 꽂았는데 왜 안 켜지지?

发动机**电源**与散热管上灰尘的多少对电磁辐射有影响。
엔진 전원과 냉각관에 먼지가 얼마나 있는지가 전자기 복사에 영향을 미친다.

发动机 fādòngjī 엔진 | **与** yǔ ~과 | **散热管** sànrèguǎn 냉각관 | **灰尘** huīchén 먼지 |
电磁辐射 diàncí fúshè 전자기 복사

消耗 xiāohào

동 소모하다　동 소모시키다
▶ 전력을 消耗하는 걸 줄여야 전기세가 조금이라도 덜 나오지.

国产器械并不亚于进口的，它在减少**消耗**方面反而更胜一筹。
국산 기계는 결코 수입품에 뒤지지 않으며, 오히려 에너지 소모를 줄이는 측면에서는 더 뛰어나다.

器械 qìxiè 기계 | **不亚于** búyàyú ~에 뒤지지 않다 | **进口** jìnkǒu 수입하다 | **减少** jiǎnshǎo
줄이다 | **更胜一筹** gèngshèng yìchóu (다른 사람보다) 더 뛰어나다

装备 zhuāngbèi

명 장비　동 탑재하다, 장착하다
▶ 装备는 수시로 점검해 줘야 고장이 덜 나고 작업에 문제가 없어.

工厂淘汰了旧**装备**，引进了大批新型机器。
공장은 오래된 장비를 버리고, 대량의 신형 기계를 도입했다.

工厂 gōngchǎng 공장 | **淘汰** táotài 도태하다, 제거하다 | **引进** yǐnjìn 도입하다 | **大批** dàpī
대량의 | **新型** xīnxíng 신형 | **机器** jīqì 기계

设置 shèzhì

동 설치하다, 놓다　동 설립하다, 세우다
▶ 인터넷이 잘 안 돼서, 기사님이 새로운 모뎀을 设置해 주셨어.

工程师在程序里**设置**安全系统，这避免了他人的盗用。
엔지니어는 프로그램에 안전 시스템을 설치했고, 이는 타인의 도용을 막아 주었다.

工程师 gōngchéngshī 엔지니어 | **程序** chéngxù 프로그램 | **安全系统** ānquán xìtǒng
안전 시스템 | **避免** bìmiǎn 방지하다 | **盗用** dàoyòng 도용하다

유의 **设立** shèlì 설립하다

配套 pèitào

동 조립하다, 결합하다
▶ 듣자 하니 配套해서 만든 컴퓨터가 완제품보다 훨씬 싸다더라.

这种零件是配套生产的，现在很难找到备用的零件。
이런 부품은 조립 생산하는 것으로, 현재 예비 부품을 구하기가 매우 힘들다.

零件 língjiàn 부속품 | 备用 bèiyòng 예비하다

操纵 cāozòng

동 (기계를) 제어하다, 다루다
동 (부당한 수단으로) 조종하다, 조작하다
▶ 기계를 操纵하는 법을 아직 몰라서 그냥 보고만 있어.

飞机驾驶员必须会使用种种操纵仪器。
항공기 조종사는 반드시 다양한 조종 기기를 사용할 수 있어야 한다.

驾驶员 jiàshǐyuán 조종사 | 使用 shǐyòng 사용하다 | 仪器 yíqì 측정기

操作 cāozuò

동 (일정한 순서·요구에 따라) 다루다, 조작하다
▶ 전혀 다른 시스템이라서 그런지 기기를 操作하는 게 영 쉽지 않아.

这种大型机器必须由受过专业训练的技术人员来操作。
이러한 대형 기기는 반드시 전문 훈련을 받은 기술자가 다루어야 한다.

大型 dàxíng 대형의 | 机器 jīqì 기계 | 由A来B yóu A lái B A가 B하다 | 专业 zhuānyè 전문의 | 受训练 shòu xùnliàn 훈련받다 | 技术人员 jìshù rényuán 기술자

便于 biànyú

동 ~하기에 쉽다, ~에 편하다
▶ 이 프로그램을 사용하면 계산하기가 굉장히 便于해요.

为了便于理解，有必要对客户做进一步说明。
이해를 돕기 위해, 고객에게 더 설명할 필요가 있다.

理解 lǐjiě 이해하다 | 必要 bìyào 필요로 하다 | 客户 kèhù 고객 | 进一步 jìnyíbù (한 걸음) 더 나아가 | 说明 shuōmíng 설명하다

性能 xìngnéng

▶ 이 컴퓨터가 性能이 좋다고 해서 샀는데 생각보다 별로야!

良好的导电性能，使铜成为电子设备中必不可少的材料。

훌륭한 전도 기능은 구리를 전자 설비에서 없어서는 안 되는 소재로 만들었다.

良好 liánghǎo 훌륭하다 | 导电 dǎodiàn 전도하다 | 使 shǐ ~하게 하다 | 铜 tóng 동, 구리 | 成为 chéngwéi ~가 되다 | 设备 shèbèi 설비 | 必不可少 bìbùkěshǎo 없어서는 안 되다 | 材料 cáiliào 자료

精密 jīngmì

▶ 精密한 과정을 통해서 만들어졌기 때문에 불량이 거의 없어요.

新引进的精密仪器都将用于航天科技的生产。

새로 도입한 정밀 기기가 모두 항공 우주 과학 기술 생산에 활용될 것이다.

引进 yǐnjìn 도입하다 | 仪器 yíqì 기기 | 将 jiāng ~할 것이다 | 用于 yòngyú ~에 쓰다 | 航天 hángtiān 우주 비행의 | 科技 kējì 과학 기술 | 生产 shēngchǎn 생산하다

锋利 fēnglì

▶ 锋利한 칼날에 찔려서 하마터면 큰일 날 뻔 했어.

玻璃厂的工人一般用锋利的"水刀"来切割玻璃。

유리 공장의 직원은 일반적으로 날카로운 '수력 절단기'로 유리를 자른다.

玻璃 bōli 유리 | 厂 chǎng 공장 | 工人 gōngrén 노동자 | 水刀 shuǐdāo 수력 절단기 | 切割 qiēgē 자르다

坚硬 jiānyìng

▶ 이 가구는 재질이 아주 坚硬해서 쉽게 부식되지 않습니다.

蜗牛壳质地坚硬、耐腐蚀，是制作家具的良材。

달팽이 집은 재질이 견고하고 부식되지 않아, 가구 제작에 좋은 재료이다.

蜗牛壳 wōniúké 달팽이 껍데기 | 质地 zhìdì 재질 | 耐 nài 견뎌 내다 | 腐蚀 fǔshí 부식하다 | 制作 zhìzuò 제작하다 | 家具 jiājù 가구 | 良材 liángcái 좋은 재료

반의 柔软 róuruǎn 유연하다

耐用 nàiyòng

형 오래 쓸 수 있다, 쉽게 망가지지 않다
▶ 싼 게 비지떡이라더니, 耐用하지 못하고 금방 망가졌어!

大品牌的产品不但经久耐用，而且质量也有保证。
대기업 브랜드의 상품은 오래 쓸 수 있을 뿐만 아니라, 품질도 보증된다.

品牌 pǐnpái 브랜드 | **产品** chǎnpǐn 상품 | **经久** jīngjiǔ 오래가다 | **质量** zhìliàng 품질 | **保证** bǎozhèng 보증하다

增添 zēngtiān

동 더하다, 늘리다
▶ 보석으로 장식하여 고급스러움을 增添했습니다.

面对质疑，政府的肯定为厂商增添了不少信心。
의구심 속에서, 정부의 인정이 제조 업체에 많은 자신감을 더해 주었다.

面对 miànduì 마주하다 | **质疑** zhìyí 질의하다 | **政府** zhèngfǔ 정부 | **肯定** kěndìng 인정하다 | **厂商** chǎngshāng 제조업자 | **信心** xìnxīn 자신감

完备 wánbèi

형 모두 갖추다, 완전하다
▶ 시스템이 完备되어야 많은 문제점들이 해결될 것 같습니다.

我们的企业在信息并不完备的情况下不断摸索前进。
우리 기업은 정보가 완전히 갖추어지지 않은 상태에서 끊임없이 모색하며 전진한다.

企业 qǐyè 기업 | **信息** xìnxī 정보 | **并** bìng 결코 | **情况** qíngkuàng 상황 | **不断** búduàn 끊임없이 | **摸索** mōsuǒ 모색하다 | **前进** qiánjìn 앞으로 나아가다
유의 **齐全** qíquán 완전히 갖추다

齐全 qíquán

형 완전히 갖추다, 완비하다
▶ 여러 가지 상품들이 齐全하니 취향대로 골라 보세요!

商场里的产品琳琅满目，品种齐全，可以说是应有尽有。
상점 안의 상품은 다양하고, 품종도 완비되어 있어, 있어야 할 것이 다 있다고 할 수 있다.

商场 shāngchǎng 상점 | **琳琅满目** línlángmǎnmù 눈앞에 아름다운 물건이 가득하다 | **品种** pǐnzhǒng 품종 | **应有尽有** yīngyǒujìnyǒu 있어야 할 것이 다 있다
유의 **完备** wánbèi 모두 갖추다 / **齐备** qíbèi 갖추다

更新 gēngxīn

[동] 혁신하다, 경신하다　[동] (산림이) 다시 우거지다

▶ 복잡한 유통 과정을 更新하여 합리적인 가격에 제공하게 되었다.

不少企业在技术**更新**方面，还处于落后状态。

많은 기업이 기술 혁신 측면에서, 여전히 낙후된 상태에 놓여 있다.

企业 qǐyè 기업 ｜ **技术** jìshù 기술 ｜ **方面** fāngmiàn 방면 ｜ **处于** chǔyú 놓이다, 처하다 ｜ **落后** luòhòu 낙후되다 ｜ **状态** zhuàngtài 상태

 更新의 빈출 짝꿍 표현

更新은 독해 영역에서 자주 출제되는데, 특히 독해 4부분에서 세포, 상품, 인터넷 화면, 내용 등이 새롭게 바뀌는 상황으로 출제되었다. 아래 기출 표현으로 함께 익혀 보자.

[예] **内容不断更新** 내용이 끊임없이 새로 바뀌다 ｜ **产品更新换代** 상품을 새롭게 세대교체 하다

整体更新一次 전체적으로 한 번 새롭게 바꾸다 ｜ **更新系统** 시스템을 업데이트하다

改良 gǎiliáng

[동] 개량하다, 개선하다

▶ 사람들의 구미에 맞춰 改良한 농산물이 시중에 많이 나와 있어.

产品的**改良**换代应符合市场需求，绝不可盲目。

상품의 개선과 세대교체는 반드시 시장의 수요와 부합해야 하며, 절대 맹목적이어서는 안 된다.

产品 chǎnpǐn 상품 ｜ **换代** huàndài 세대교체를 하다 ｜ **符合** fúhé 부합하다 ｜ **市场** shìchǎng 시장 ｜ **需求** xūqiú 수요 ｜ **绝** jué 절대로 ｜ **不可** bùkě ～해서는 안 된다 ｜ **盲目** mángmù 맹목적이다

[유의] **改善** gǎishàn 개선하다

 改良 vs **改善**

改良은 단점을 없애 요구에 맞추는 것, 改善은 상황·조건을 좋게 하는 것을 뜻한다.

改良 gǎiliáng　주로 토양, 품종 등에 쓰이며, '개혁, 혁신'이라는 의미로도 쓰임

[예] **改良小麦品种** 밀 품종을 개량하다 ｜ **政治改良** 정치 개혁

改善 gǎishàn　주로 관계, 조건, 환경, 생활 등에 쓰임

[예] **改善水质** 수질을 개선하다 ｜ **改善睡眠质量** 수면의 질을 개선하다

改善居住环境 주거 환경을 개선하다

改善两国邦交(bāngjiāo) 양국 국교를 개선하다

故障 gùzhàng

명 고장
▶ 전산망에 故障이 생겼는데 아무런 조치도 취해 주지 않다니.

车厂召回了3万台刹车有故障的轿车。
자동차 공장은 브레이크가 고장 난 세단 3만 대를 회수했다.

车厂 chēchǎng 자동차 공장 | 召回 zhàohuí 리콜하다 | 台 tái 대(기계·차량·설비 등을 세는 양사)
| 刹车 shāchē 브레이크 | 轿车 jiàochē 세단   **유의** 毛病 máobìng 고장

腐蚀 fǔshí

동 타락시키다, 부패시키다   **동** 부식하다
▶ 이윤에 지나치게 집착하다가 도덕적인 기업을 腐蚀시키고 말았다.

大企业应尽可能帮助中小企业从腐蚀的经济中解脱出来。
대기업은 최대한 중소기업이 타락한 경제에서 빠져나올 수 있도록 도와야 한다.

大企业 dàqǐyè 대기업 | 尽可能 jìnkěnéng 가능한 | 中小企业 zhōngxiǎo qǐyè 중소기업 |
经济 jīngjì 경제 | 解脱 jiětuō 벗어나다   **유의** 侵蚀 qīnshí 침식하다

> **유의어 비교** 腐蚀 vs 侵蚀
>
> 腐蚀는 좋지 않은 사상이나 행동, 환경 등의 요인이 사람을 타락시키거나 사물을 부식시키는 것을 나타낸다. 侵蚀는 물체나 인체를 점차 침식하는 것을 나타내므로, 활용에 차이가 있다.
>
> **예** 腐蚀青少年 청소년을 타락시키다 | 腐蚀玻璃 유리를 부식시키다
> 侵蚀人体 인체를 침식하다 | 侵蚀青少年 (×) | 侵蚀玻璃 (×)

排放 páifàng

동 (폐기·폐수 등을) 배출하다, 방류하다
▶ 신형 자동차에서 排放되는 매연이 심해서 리콜에 들어간대.

工厂对排放出的废水，及时地实施了处理措施。
공장은 배출한 폐수에 대해, 즉시 처리 조치를 실시했다.

工厂 gōngchǎng 공장 | 废水 fèishuǐ 폐수 | 及时 jíshí 즉시 | 实施 shíshī 실행하다 | 处理
chǔlǐ 처리하다 | 措施 cuòshī 조치

清除 qīngchú

동 깨끗이 없애다
▶ 기름 유출로 오염된 바다의 석유층을 하루 빨리 清除해야 해.

与大企业合作，我们可以清除一些发展上的障碍。
대기업과 협력하면, 우리는 발전상의 장애물들을 깨끗이 해결할 수 있다.

与 yǔ ~과 | 合作 hézuò 협력하다 | 发展 fāzhǎn 발전하다 | 障碍 zhàng'ài 장애물

清理 qīnglǐ

동 깨끗이 정리하다, 깨끗이 처리하다
▶ 오랫동안 방치되어 너저분하던 창고를 清理했어.

国家强制一些生产过度包装的企业承担清理的责任。
국가는 과도한 포장을 생산하는 기업들에게 깨끗하게 정리하는 책임을 지도록 강제한다.

强制 qiángzhì 강제하다 | 生产 shēngchǎn 생산하다 | 过度 guòdù 정도를 넘다 | 包装 bāozhuāng 포장하다 | 承担 chéngdān 책임지다 | 责任 zérèn 책임

回收 huíshōu

동 회수하여 이용하다, 재활용하다   동 회수하다
▶ 요즘 오래된 가구를 回收해서 새 제품으로 만들어 주는 행사를 한대.

这家企业收购再生纸，可以进一步地促进回收利用。
이 기업은 재생지를 구입하면, 재활용을 한 걸음 더 촉진할 수 있다.

收购 shōugòu 구입하다 | 再生纸 zàishēngzhǐ 재생지 | 进一步 jìnyíbù (한 걸음) 더 나아가 | 促进 cùjìn 촉진하다 | 利用 lìyòng 이용하다

★보충단어

아래 단어들의 예문은 WEB 단어장에서 확인할 수 있어요.

보충단어 WEB 단어장

档次 dàngcì 명 (품질 등의) 등급, 차등	**健全** jiànquán 형 건전하다
冒充 màochōng 동 가장하다, ~인 체하다	형 완전하다, 완벽하다
	동 완벽하게 하다
垄断 lǒngduàn 동 독점하다, 농단하다	**崭新** zhǎnxīn 형 아주 새롭다, 참신하다
铺 pū 동 (물건을) 깔다, 펴다	**磨合** móhé 동 적응하다, 조화하다
양 온돌을 세는 양사	동 (기계를) 길들이다
铺 pù 명 침대 명 (-儿) 가게, 점포	**将就** jiāngjiu 동 그런대로 ~할 만하다
贩卖 fànmài 동 (사 들였다가) 재판매하다	**腐朽** fǔxiǔ 형 (제도·생활이) 타락하다, 문란하다, (사상이) 진부하다
归还 guīhuán 동 (빌린 것을 주인에게) 돌려주다, 반환하다	동 부패하다
振兴 zhènxīng 동 진흥시키다	**粉碎** fěnsuì 동 박살내다, 분쇄하다
铸造 zhùzào 동 주조하다	형 산산조각 나다
镶嵌 xiāngqiàn 동 끼워 넣다, 박아 넣다	**作废** zuòfèi 동 폐기하다

 # HSK 6급 빈출 표현

음원 듣기

用户名	yònghùmíng	사용자 명, ID
打九折	dǎ jiǔ zhé â0Û	할인하다
无偿供给	wúcháng gōngjǐ	무상 공급
赠送样品	zèngsòng yàngpǐn	샘플을 증정하다
畅销书	chàngxiāoshū	베스트셀러 책
奢侈品	shēchǐpǐn	사치품
推销员	tuīxiāoyuán	세일즈맨
人工智能	réngōng zhìnéng	인공 지능
给予反馈	jǐyǔ fǎnkuì	피드백을 주다
经久耐用	jīngjiǔ nàiyòng	오래 쓸 수 있다
挖掘潜在市场	wājué qiánzài shìchǎng	잠재 시장을 발굴하다
开拓新市场	kāituò xīn shìchǎng	새 시장을 열다
开辟新的领域	kāipì xīn de lǐngyù	새로운 영역을 개척하다
设施齐全	shèshī qíquán	시설이 완비되어 있다
消耗能源	xiāohào néngyuán	에너지를 소비하다
排放污水	páifàng wūshuǐ	오수를 배출하다

데일리 테스트

고생하셨어요!
QR코드를 스캔하면 DAY01~DAY30 전체 데일리 테스트 PDF가
다운로드됩니다.

PDF 다운로드

HSK 6급 30일 합격 프로젝트
★ HSK 시험에 이렇게 나와요.
기업이나 나라에서 관리하는 재무에 관한 내용이 듣기 3부분과 독해 4부분에서 자주 출제되고 있습니다. 특히 빈곤과 빈부 격차에 관한 어휘들은 자주 출제되므로, 반드시 익히고 넘어가야 합니다.

재테크의 귀재

#경제 #금융

음원 듣기

当今各国政府都在遏制通货膨胀，以渡过金融危机。
현재 각국 정부는 금융 위기를 이겨 내기 위해, 인플레이션을 억제하고 있다.
INFLATION

암기 영상

需求 xūqiú

명 수요, 필요
▶ 공급이 需求에 못 미치니 물량이 달릴 수밖에 없지.

任何企业对于资金的 需求 都是没有上限的。
어떤 기업도 자금 수요에 상한선은 없다.

任何 rènhé 어떠한 | **企业** qǐyè 기업 | **对于** duìyú ~에 대해 | **资金** zījīn 자금 | **上限** shàngxiàn 상한선

반의 **供给** gōngjǐ 공급하다, 대다, 제공하다
供应 gōngyìng 제공하다

成本 chéngběn

명 원가, 자본금
▶ 판매가가 상품 成本보다 낮으면 남는 게 없어요!

对于 成本 过高的投资项目，很多人都不敢轻举妄动。
비용이 너무 높은 투자 프로젝트에 대해, 많은 사람들은 감히 함부로 하지 못한다.

过高 guògāo 너무 높다 | **投资** tóuzī 투자 | **项目** xiàngmù 프로젝트 | **不敢** bùgǎn 감히 ~하지 못하다 | **轻举妄动** qīngjǔwàngdòng 경거망동하다

本钱 běnqián

명 자본금, 본전, 원금   명 (믿을 만한) 능력, 조건
▶ 카페를 차릴 건데 本钱이 부족해서 대출을 좀 받으려고요.

想要进军房地产领域，至少要具备一定数额的 本钱 才行。
부동산 분야에 진출하고 싶다면, 최소한 일정한 금액의 자본금이 있어야 한다.

进军 jìnjūn 나아가다 | **房地产** fángdìchǎn 부동산 | **领域** lǐngyù 분야 | **至少** zhìshǎo 최소한 | **具备** jùbèi 갖추다 | **数额** shù'é 액수

资本 zīběn

명 자본   명 자금, 밑천
▶ 이번 계약의 성사로 막대한 资本을 투자받게 되었어.

资本 的输入是一项顺差，我们应对此抱以支持的态度。
자본의 유입은 흑자이기 때문에, 우리는 이에 대해 지지하는 태도를 취해야 한다.

输入 shūrù 들여오다 | **项** xiàng 가지(제도·조항 등을 세는 양사) | **顺差** shùnchā 흑자 | **此** cǐ 이것 | **抱** bào (마음에) 품다 | **以** yǐ ~로 | **支持** zhīchí 지지하다 | **态度** tàidu 태도

资产 zīchǎn

명 자산　명 재산, 산업
▶ 투자의 귀재 워런 버핏은 가지고 있는 资产만 80조가 넘는대!

我们公司的这笔资产已由一个合资公司接收。
우리 회사의 이 자산은 이미 한 합자 회사가 받아들였다.

笔 bǐ 몫(돈과 관련된 것을 세는 양사) ｜ 由 yóu ~가 ｜ 合资 hézī 합자하다, 자본을 한데 모으다

财富 cáifù

명 부, 재산, 자산
▶ 그는 부동산으로 엄청난 财富를 축적했다.

财富的多少并不是衡量一个人或一个企业的唯一标准。
부가 얼마나 되는지는 결코 한 사람 또는 한 기업을 판단하는 유일한 기준이 아니다.

并 bìng 결코 ｜ 衡量 héngliáng 판단하다 ｜ 企业 qǐyè 기업 ｜ 唯一 wéiyī 유일한 ｜ 标准 biāozhǔn 기준

유의 财产 cáichǎn 재산, 자산

遗产 yíchǎn

명 유산
▶ 지금 그 집안은 아버지 遗产 때문에 형제들끼리 난리가 났대.

儿子继承了父亲的遗产后，将它捐给了地震灾区。
아들은 아버지의 유산을 물려받은 후, 그 돈을 지진 피해 지역에 기부했다.

继承 jìchéng 물려받다 ｜ 父亲 fùqīn 아버지 ｜ 将 jiāng ~을 ｜ 捐 juān 기부하다 ｜ 地震 dìzhèn 지진 ｜ 灾区 zāiqū 재해 지역

출제 포인트　독해 설명문 빈출 어휘 **遗产**

遗产은 금전적인 유산 외에도 역사적으로 남겨진 물질적·정신적인 유산을 의미한다..
예 **世界文化遗产** 세계 문화유산 ｜ **非物质文化遗产** 무형 문화재
　继承遗产 유산을 물려받다 ｜ **遗产分配**(fēnpèi) 상속 재산 분할

报酬 bàochou

명 보수, 대가
▶ 일하는 것만큼 报酬를 못 받아서 직장을 옮기고 싶어.

律师和医生基本上已跻身为报酬最高的职业之一。
변호사와 의사는 이미 기본적으로 보수가 가장 높은 직업 중의 하나로 발돋움했다.

律师 lǜshī 변호사 ｜ 基本 jīběn 기본적으로 ｜ 跻身 jīshēn (어떤 대열·위치에) 들어서다

薪水 xīnshui

명 봉급, 급여, 임금
▶ 여기서 1년을 일했더니, 이번 달부터 드디어 薪水가 올랐어!

发薪水的日期也许是所有上班族最期待的一天了。
월급을 받는 날은 어쩌면 모든 직장인이 가장 기대하는 날일 것이다.

日期 rìqī 날짜 ㅣ 也许 yěxǔ 어쩌면 ㅣ 所有 suǒyǒu 모든 ㅣ 上班族 shàngbānzú 직장인 ㅣ
期待 qīdài 기대하다

유의 工资 gōngzī 월급

储蓄 chǔxù

명 저축, 저금, 예금   **동** 저축하다, 비축하다
▶ 버는 족족 다 쓰지 말고 은행에 储蓄를 좀 해.

投资若超过储蓄那就意味着价格的上升，反之则亦然。
투자가 저축보다 많으면 가격이 오른다는 것을 뜻하고, 그 반대도 마찬가지이다.

投资 tóuzī 투자 ㅣ 若 ruò 만약 ㅣ 超过 chāoguò 초과하다 ㅣ 意味着 yìwèizhe 의미하다 ㅣ 价格
jiàgé 가격 ㅣ 上升 shàngshēng 위로 올라가다 ㅣ 反之 fǎnzhī 바꾸어서 한다면 ㅣ 则 zé 바로 ~이다
ㅣ 亦然 yìrán 마찬가지이다

储存 chǔcún

동 저장하여 두다, 저축하여 두다, 모아 두다
▶ 휴대폰에 공인인증서를 储存해 뒀는데 지워졌나 봐!

用计算机储存和提取这些交易数据是最为安全的。
컴퓨터로 이러한 거래 데이터를 저장하고 꺼내는 것이 가장 안전하다.

计算机 jìsuànjī 컴퓨터 ㅣ 提取 tíqǔ 추출하다 ㅣ 交易 jiāoyì 거래 ㅣ 数据 shùjù 데이터 ㅣ 最为
zuìwéi 가장 ㅣ 安全 ānquán 안전하다

유의어 비교   储存 vs 储备

두 단어는 물건을 모아 저장해 두는 것을 의미하는데, 쓰이는 목적어가 다르다.

储存 chǔcún — 돈이나 물건을 모아 두는 것을 의미함
　　예 储存钱 돈을 저축하다
　　　　储存资料(zīliào) 자료를 저장하다

储备 chǔbèi — 물자만을 대상으로 하고, 명사로 쓰여 비축한 물품을 나타낼 수 있음
　　예 外汇(wàihuì)储备 외환 보유액
　　　　粮食(liángshi)储备 비축한 식량

攒 zǎn

동 저축하다, 쌓다, 모으다
▶ 어서 돈을 攒해서 노후에 대비해야지.

对刚进入职场的上班族来说，攒钱是一件力不从心的事。
막 직장 생활을 시작한 직장인에게 있어서, 저축은 하고 싶어도 여력이 되지 않는 일이다.

对……来说 duì …… lái shuō ~에게 있어서 | 刚 gāng 막 | 进入 jìnrù (시기·상태·범위에) 들다 | 职场 zhíchǎng 직장 | 力不从心 lìbùcóngxīn 마음은 있으나 능력이 따르지 못하다

发财 fācái

동 큰 재산을 모으다, 부자가 되다
▶ 그는 发财할 생각으로 사업을 시작했지만, 수억의 빚만 졌다.

吸引大批投资者，确实是发财致富的一个途径。
많은 투자자를 모으는 것은, 확실히 큰 재산을 모으는 하나의 방법이다.

吸引 xīyǐn 매료시키다 | 大批 dàpī 대량의 | 投资者 tóuzīzhě 투자자 | 确实 quèshí 확실히 | 致富 zhìfù 부유해지다 | 途径 tújìng 경로, 방법

贫乏 pínfá

형 부족하다, 결핍하다, 빈궁하다, 가난하다
▶ 지금의 그 贫乏한 재정 상태로는 아무 일도 시작할 수 없어.

资源的贫乏导致这一地区的经济受到严重影响。
자원 부족으로 이 지역의 경제가 심각한 영향을 받았다.

资源 zīyuán 자원 | 导致 dǎozhì 야기하다 | 地区 dìqū 지역 | 经济 jīngjì 경제 | 受到 shòudào 받다 | 严重 yánzhòng 심각하다 **반의** 丰富 fēngfù 풍부하다

贫困 pínkùn

형 (생활이) 빈곤하다, 곤궁하다
▶ 贫困한 집안에서 태어난 그가 수백 억대 자산가가 되었다.

贫困潦倒并没有让他一蹶不振，反而成了他奋斗的动力。
가난하여 의기소침한 것은 결코 그를 주저앉지 못했고, 오히려 그가 노력하는 원동력이 되었다.

潦倒 liáodǎo 의기소침하다 | 并 bìng 결코 | 一蹶不振 yìjuébúzhèn 한 번 넘어져 다시 일어나지 못하다 | 反而 fǎn'ér 오히려 | 成 chéng ~이 되다 | 奋斗 fèndòu 분투하다 | 动力 dònglì 동력 **유의** 贫穷 pínqióng 가난하다, 빈곤하다 **반의** 富裕 fùyù 부유하다

출제 포인트 듣기 영역 빈출 어휘 **贫困**

贫困은 주로 어려운 생활을 이겨 내 성공하거나 생활이 어려운 이웃을 도와주는 내용이 많이 출제된다.

예 生活贫困 생활이 어렵다 | 家里贫困 집안 사정이 어렵다
贫困地区 빈곤 지역 | 贫困人口 빈곤 인구

拥有 yōngyǒu

동 (토지·인구·재산 등을) 보유하다, 소유하다
▶ 그 지역은 풍부한 자원을 拥有하고 있어서, 빠르게 발전할 수 있었대.

他拥有一笔相当可观的财富，这也是他多年努力的结果。
그는 상당히 많은 자산을 보유하고 있는데, 이 역시 그가 수년간 노력한 결과이다.

笔 bǐ 몫(돈과 관련된 것을 세는 양사) | 相当 xiāngdāng 상당히 | 可观 kěguān 대단하다 | 财富 cáifù 자산 | 结果 jiéguǒ 결과

출제 포인트 拥有의 빈출 짝꿍 표현

拥有는 토지, 인구, 재산 등 구체적인 것 외에도 능력이나 특색 등 추상적인 대상을 가지고 있음을 나타낸다. 독해 영역의 설명문에서 많이 나오므로, 아래 기출 표현들로 대비하자.

예 拥有巨大的水能资源 막대한 수력 자원을 보유하다 | 拥有士兵 병사를 보유하다
拥有竞争优势 경쟁 우위를 차지하다 | 拥有自己的特色 자신의 특색을 가지다

耗费 hàofèi

동 들이다, 소비하다
▶ 이 공사는 효율 대비 너무 많은 자본을 耗费합니다.

政府耗费了大笔资金，用于灾后重建工作。
정부는 많은 자금을 들여, 재난 후 재건 작업에 사용하였다.

政府 zhèngfǔ 정부 | 大笔 dàbǐ 거액의 | 资金 zījīn 자금 | 灾后重建 zāihòu chóngjiàn 피해 복구

股份 gǔfèn

명 주식   명 주권
▶ 股份 투자도 경제적인 여유가 좀 있는 사람이 해야 한다더라.

韩国的企业大多是股份制的，这在一定程度上体现了民主。
한국 기업은 대부분 주식회사로, 이는 어느 정도 민주주의를 실현시켰다.

企业 qǐyè 기업 | 大多 dàduō 대부분 | 股份制 gǔfènzhì 주주제 | 程度 chéngdù 정도 | 体现 tǐxiàn 구현하다 | 民主 mínzhǔ 민주

股东 gǔdōng

명 주주, 출자자
▶ 이 회사의 최대 股东이 나인데, 누구 맘대로 회사를 매각한다는 거야?

作为公司的股东，他在很多重要决策中都享有决策权。
회사의 주주로서, 그는 많은 중요한 정책 결정에 있어 결정권을 지닌다.

作为 zuòwéi ~의 신분으로서 | 决策 juécè 정책 등을 결정하다 | 享有 xiǎngyǒu 지니다

成交 chéngjiāo

동 거래가 성립하다, 매매가 성립되다
▶ 양측의 격차가 좀처럼 줄어들지 않아, 결국 이번 거래는 成交되지 못했다.

本次成交额超过了预算，可这并不影响我们投标的决心。
이번 거래액은 예산을 넘어섰지만, 이는 결코 우리의 입찰에 대한 결심에 영향을 주지 못한다.

成交额 chéngjiāo'é 거래액 | 超过 chāoguò 초과하다 | 预算 yùsuàn 예산 | 并 bìng 결코 | 投标 tóubiāo 경쟁 입찰하다 | 决心 juéxīn 결심

权衡 quánhéng

동 따지다, 비교하다, 재다
▶ 저희에게 어떤 이익이 있을지 먼저 权衡해 보겠습니다.

我方在权衡利弊后，决定参与这次拍卖品的交易。
우리 측은 장단점을 따져 본 후, 이번 경매품 거래에 참여하기로 결정했다.

我方 wǒfāng 우리 측 | 利弊 lìbì 좋은 점과 나쁜 점 | 参与 cānyù 참여하다 | 拍卖品 pāimàipǐn 경매품 | 交易 jiāoyì 교역

高涨 gāozhǎng

동 (수위·물가 등이) 급증하다, 급상승하다
형 (정서·사기 등이) 고조되다, 올라가다
▶ 작년에 투자한 주식의 주가가 高涨해서 큰 이익을 봤대!

廉价的石油的确可以促成空前的经济高涨。
값싼 석유는 확실히 전례 없는 경제 성장을 촉진할 수 있다.

廉价 liánjià 싼 값 | 石油 shíyóu 석유 | 的确 díquè 확실히 | 促成 cùchéng 재촉하여 이루어지게 하다 | 空前 kōngqián 전례 없는 | 经济 jīngjì 경제
반의 低落 dīluò 떨어지다

跌 diē

통 (물가가) 내리다　통 낙하하다　통 쓰러지다, 넘어지다
▶ 요즘 달러 환율이 점점 跌하고 있어서 면세품 살 때 아주 좋아.

经济危机令不少公司的股价暴跌。
경제 위기는 적지 않은 회사의 주가를 폭락하게 만든다.

经济危机 jīngjì wēijī 경제 위기 | **令** lìng ~하게 하다 | **股价** gǔjià 주가 | **暴跌** bàodiē
폭락하다
반의 **涨** zhǎng 오르다

效益 xiàoyì

명 효과와 이익
▶ 지난 몇 년간 경제적 效益가 계속해서 감퇴하고 있어.

扩大生产规模后，我们的经济效益也有明显提高。
생산 규모를 확대한 후, 우리의 경제 효과와 이익 역시 명확하게 제고되었다.

扩大 kuòdà 확대하다 | **生产** shēngchǎn 생산하다 | **规模** guīmó 규모 | **明显** míngxiǎn
확연히 드러나다

收益 shōuyì

명 수익, 이득
▶ 이번 판매의 收益는 전부 기부한다는 이야기가 있어.

无人料到，增加劳动投入反而使收益呈迅速递减的趋势。
노동 투입의 증가로 인해 수익이 오히려 빠른 속도로 점차 줄어드는 추세를 보일 것이라고는 아
무도 예상하지 못했다.

无 wú 없다 | **料到** liàodào 예상하다 | **增加** zēngjiā 증가하다 | **劳动** láodòng 노동 | **投入**
tóurù 투입하다 | **反而** fǎn'ér 오히려 | **使** shǐ ~하게 하다 | **呈** chéng 나타내다 | **迅速** xùnsù
재빠르다 | **递减** dìjiǎn 점차 감소하다 | **趋势** qūshì 추세
유의 **利润** lìrùn 이윤

盈利 yínglì

명 (원가를 빼고 얻은) 이윤, 이익 [=赢利]
▶ 장사를 하는데 盈利가 남지 않으면 당연히 손해지.

公司本年度的盈利将与上一年度的亏损相抵。
회사의 이번 해 이익이 지난해 손해와 비슷할 것이다.

本年度 běn niándù 금년도 | **将** jiāng ~할 것이다 | **与** yǔ ~와 | **上一年度** shàng yì niándù
전년도 | **亏损** kuīsǔn 적자 나다 | **相抵** xiāngdǐ 맞먹다
반의 **亏损** kuīsǔn 적자 나다, 결손이 나다

亏损 kuīsǔn

동 적자 나다, 결손이 나다 동 허약해지다, 쇠약해지다
▶ 지난번의 亏损을 만회하려면, 이번에 정말 큰 이익을 남겨야 해.

纵观世界，许多知名企业正遭受着经济上的亏损。
세계를 둘러보면, 많은 유명 기업이 현재 경제적인 손실을 겪고 있다.

纵观 zòngguān 전면적으로 관찰하다 | 许多 xǔduō 매우 많다 | 知名 zhīmíng 잘 알려진 |
企业 qǐyè 기업 | 遭受 zāoshòu 당하다 | 经济 jīngjì 경제
반의 盈余 yíngyú 이윤을 남기다

番 fān

양 회, 번(동작의 과정/마음·감정 등에 쓰임)
양 종, 가지(종류를 나타냄)
▶ 몇 番을 논의해 보아도, 손실을 메울 방안이 나오지 않았다.

经过一番调整，市场经济逐渐恢复了正常。
한 차례의 조정을 거쳐 시장 경제가 점차 정상으로 회복되었다.

调整 tiáozhěng 조정하다 | 市场 shìchǎng 시장 | 逐渐 zhújiàn 점차 | 恢复 huīfù 회복되다 |
正常 zhèngcháng 정상이다

출제 포인트 番의 빈출 짝꿍 표현

番은 次, 遍, 回 등과 같이 동작의 과정을 세며, 研究, 检查, 打扮 등에 쓰인다. 쓰기 영역에서는 힘든
과정을 동반하는 努力, 思考(고려하다), 构思(구상하다) 등과 함께 출제된다. 番은 이 외에도 말이나 마
음을 나타내는 心意(마음), 好意(호의), 心血(심혈) 등과도 자주 쓰이므로, 아래 표현들을 알아 두자.

예 父亲的这番话 아버지의 이 말씀

别人的一番好意 다른 사람의 호의

经过一番慎重(shènzhòng)的思考 신중한 생각을 거쳐

翻了一番 2배가 되었다

物资 wùzī

명 물자
▶ 物资 운송 차량이 아직 오지 않아서 공장이 가동을 못 하고 있어.

来自各地的救灾物资很快发放到了灾区人民手里。
각지에서 온 구호물자가 이재민들의 손에 신속하게 배부되었다.

来自 láizì ~에서 오다 | 各地 gèdì 각지 | 救灾 jiùzāi 이재민을 구제하다 | 发放 fāfàng
돈이나 물자를 방출하다 | 灾区 zāiqū 재해 지역 | 人民 rénmín 국민

额外 éwài

형 정액 외의, 초과한

▶ 예산 범위 额外의 자금은 어디서 끌어올 셈이야?

现阶段我们的企业急需一笔额外资金进行周转。

현 단계에서 우리 기업은 자금 회전을 위한 별도의 자금이 급히 필요하다.

现阶段 xiànjiēduàn 현 단계 | 企业 qǐyè 기업 | 急需 jíxū 급히 필요로 하다 | 笔 bǐ 묶(돈과 관련된 것을 세는 양사) | 资金 zījīn 자금 | 进行 jìnxíng 진행하다 | 周转 zhōuzhuǎn (자금을) 회전시키다

반의 额定 édìng 정액의, 규정된

金融 jīnróng

명 금융

▶ 미국이 金融 위기를 맞으니, 전 세계 경제가 휘청거려.

华尔街金融市场的动向，关系着世界经济的起伏。

월스트리스 금융 시장의 동향은, 세계 경제의 기복과 관련되어 있다.

华尔街 Huá'ěrjiē 월스트리트(미국 뉴욕시의 금융 시장의 중심지) | 市场 shìchǎng 시장 | 动向 dòngxiàng 동향 | 经济 jīngjì 경제 | 起伏 qǐfú 기복을 이루다

货币 huòbì

명 화폐

▶ 우리나라 货币 가치가 계속해서 떨어지고 있어서 걱정이야.

国际通用货币为美元，这也是美元汇率不落的原因。

국제적으로 통용되는 화폐는 미 달러로, 이 역시 미 달러 환율이 떨어지지 않는 이유이다.

通用 tōngyòng 통용되다 | 美元 Měiyuán 미국 달러 | 汇率 huìlǜ 환율 | 落 luò 떨어지다 | 原因 yuányīn 원인

彩票 cǎipiào

명 복권

▶ 彩票에 당첨될 확률은 지극히 낮아.

近几年来，彩票市场也进入了不景气局面。

최근 몇 년 동안, 복권 시장 역시 불경기 국면에 들어섰다.

进入 jìnrù (시기·상태에) 들다 | 不景气 bùjǐngqì 불경기이다 | 局面 júmiàn 국면

发行 fāxíng

 (화폐·출판물 등을) 발행하다, (영화를) 배급하다

▶ 공사 대금은 수표를 发行해서 이번 달 안으로 지급하겠습니다.

小企业无法通过发行债券累积更多的资本。

소기업은 채권 발행을 통해 더 많은 자본을 축적할 방법이 없다.

小企业 xiǎoqǐyè 소기업 | 无法 wúfǎ ~할 방법이 없다 | 通过 tōngguò ~을 통해 | 债券 zhàiquàn 채권 | 累积 lěijī 축적하다 | 资本 zīběn 자본

출제 포인트 **发行**의 빈출 짝꿍 표현

发行은 듣기 영역에서 은행, 우체국 등의 발행 관련 업무에 자주 출제된다. 목적어로는 货币, 债券(채권), 彩票, 邮票(우표), 电影, 杂志 등에 쓰이며, 목적어에 따라 '출간하다', '배급하다' 등으로 해석된다. 아래 기출 표현들을 확인하고 넘어가자.

예 **正式发行** 정식으로 발행하다 | **发行体系** 발행 체제

发行纪念邮票 기념 우표를 발행하다 | **发行量** 발행량

流通 liútōng

 (상품·화폐가) 유통되다   잘 통하다, 잘 소통되다

▶ 위조지폐가 시중에서 무분별하게 流通되고 있대.

在货币出现以前，铁曾作为最初的流通货币使用。

화폐가 출현하기 이전에, 철이 최초의 유통 화폐로 사용되었다.

出现 chūxiàn 출현하다 | 铁 tiě 철 | 曾 céng 이미 | 作为 zuòwéi ~로서 | 最初 zuìchū 최초 | 使用 shǐyòng 사용하다

兑现 duìxiàn

 현금으로 바꾸다   약속을 실행하다

▶ 이 오만 원권을 만 원짜리로 兑现할 수 있을까요?

这种债券以1英镑为单位，需要时可按面值兑现。

이러한 채권은 1파운드를 단위로 하고, 필요할 때 액면 가격에 따라 현금으로 바꿀 수 있다.

以 yǐ ~로 | 英镑 Yīngbàng 파운드 | 单位 dānwèi 단위 | 按 àn ~에 따라 | 面值 miànzhí 액면 가격

通货膨胀
tōnghuò péngzhàng

명 인플레이션
▶ 물가가 계속 오르는 通货膨胀 현상으로 나라 경제가 망가졌어.

当今各国政府都在遏制通货膨胀，以渡过金融危机。
현재 각국 정부는 금융 위기를 이겨 내기 위해 인플레이션을 억제하고 있다.

当今 dāngjīn 현재 | 各国 gèguó 각국 | 政府 zhèngfǔ 정부 |
遏制 èzhì 억제하다 | 以 yǐ ~하기 위해 | 渡过 dùguò 건너가다 |
金融危机 jīnróng wēijī 금융 위기

危机 wēijī

명 위기 명 (잠복하고 있는) 위험
▶ 이번 경제 危机를 돌파하지 못하면 파산하고 말 거야.

政府的帮助使很多企业成功避免了这次危机。
정부의 도움으로 많은 기업이 성공적으로 이번 위기를 모면했다.

使 shǐ ~하게 하다 | 成功 chénggōng 성공적이다 | 避免 bìmiǎn 피하다

출제 포인트 듣기 영역 빈출 어휘 **危机**

危机는 듣기 1부분과 3부분에서 경제, 금융, 사업과 관련한 내용으로 자주 출제된다. 아래 빈출 표현을
익히고, 金融危机(금융 위기)는 金融风暴로도 쓰임을 기억하자.

예 **金融危机** 금융 위기 | **经济危机** 경제 위기 | **危机意识** 위기 의식
面临危机 위기에 직면하다 | **粮食危机的到来** 식량 위기의 도래

风暴 fēngbào

명 위기, 대소동 명 폭풍, 폭풍우
▶ 2008년 글로벌 금융 风暴는 정말 대단했지.

在过往的金融风暴中，新兴市场常常是受害最大的行业。
과거 금융 위기에서, 신흥 시장은 종종 피해가 가장 큰 업종이었다.

过往 guòwǎng 지난날 | 金融风暴 jīnróng fēngbào 금융 위기 | 新兴市场 xīnxīng shìchǎng
신흥 시장 | 受害 shòuhài 피해를 입다 | 行业 hángyè 업종

补偿 *bǔcháng*

동 (손실·결함·차액 등을) 보상하다, 보충하다
▶ 제 손해를 만회할 수 있을 만큼 补偿해 주시면 됩니다.

这位当事人，因保险单失效并未得到任何补偿。

이 당사자는 보험 증서가 효력을 잃어 그 어떤 보상도 받지 못했다.

当事人 dāngshìrén 당사자 | **保险单** bǎoxiǎndān 보험 증서 | **失效** shīxiào 효력을 잃다 | **并未** bìngwèi 결코 ~ 적이 없다 | **得到** dédào 받다 | **任何** rènhé 어떠한

偿还 *chánghuán*

동 (빌린 채무를) 상환하다
▶ 은행에 대출금을 기한 내에 偿还하지 못하면 집이 경매로 넘어간대!

法院判决新上任的领导并没有偿还旧债的义务。

법원은 새로 취임한 대표는 예전의 부채를 상환할 의무가 없다고 판결했다.

法院 fǎyuàn 법원 | **判决** pànjué 판결하다 | **上任** shàngrèn 취임하다 | **领导** lǐngdǎo 대표 | **并** bìng 결코 | **旧债** jiùzhài 묵은 빚 | **义务** yìwù 의무

微观 *wēiguān*

형 미시적
▶ 개별 주체가 벌이는 경제 활동을 분석하는 것을 微观적 경제라고 한대.

分析显示，古典经济学中也有对微观经济的问题的研究。

분석 결과, 고전 경제학에도 미시 경제 문제에 대한 연구가 있었다.

分析 fēnxī 분석하다 | **显示** xiǎnshì 보여 주다 | **古典** gǔdiǎn 고전 | **经济学** jīngjìxué 경제학 | **经济** jīngjì 경제 | **研究** yánjiū 연구하다

반의 宏观 hóngguān 거시적

宏观 *hóngguān*

형 거시적
▶ 성공하려면, 시장을 크고 넓게 宏观적으로 볼 줄 알아야 해.

政府的宏观经济调控是建立在一定经济制度基础上的。

정부의 거시 경제 조정은 일정한 경제 제도의 기초 위에 세운 것이다.

调控 tiáokòng 조정하다 | **建立** jiànlì 세우다 | **制度** zhìdù 제도 | **基础** jīchǔ 기초

반의 微观 wēiguān 미시적

财政 cáizhèng

명 재정

▶ 모든 회사가 지금 财政난에 허덕이고 있대.

这家公司依靠政府的财政援助，获得了一些项目。

이 회사는 정부의 재정 지원을 받아 몇몇 프로젝트를 얻었다.

依靠 yīkào 의존하다, 바라다 ｜ **政府** zhèngfǔ 정부 ｜ **援助** yuánzhù 지원 ｜
获得 huòdé 얻다 ｜ **项目** xiàngmù 프로젝트

财务 cáiwù

명 재무, 재정

▶ 우리 회사는 财务 구조가 아주 건실한 우량 기업이야.

财务问题是导致这次建设计划延误的主要原因。

재정 문제는 이번 건설 계획이 지체된 주요 원인이다.

导致 dǎozhì 야기하다 ｜ **建设** jiànshè 건설하다 ｜ **计划** jìhuà 계획 ｜ **延误** yánwù
(일을) 지체하다 ｜ **原因** yuányīn 원인

预算 yùsuàn

명 예산　**동** 예산하다

▶ 쓸데없는 부분에 预算을 낭비한다고, 올해는 예산을 줄인대.

合理的预算是交易成功的几项基本前提之一。

합리적인 예산은 거래가 성공하는 몇 가지 기본 전제 중의 하나이다.

合理 hélǐ 합리적이다 ｜ **交易** jiāoyì 거래하다 ｜ **成功** chénggōng 성공하다 ｜ **项** xiàng
가지(항목을 세는 양사) ｜ **基本** jīběn 기본적인 ｜ **前提** qiántí 전제 ｜ **之一** zhī yī ～ 중의 하나

基金 jījīn

명 기금, 펀드

▶ 이번에 모은 돈은 전부 장학 基金으로 사용될 거야.

设立"天使"基金的目的就是为了资助一些残障人士。

'천사' 기금을 설립하는 목적은 바로 일부 장애인들을 경제적으로 도와주기 위함이다.

设立 shèlì 설립하다 ｜ **天使** tiānshǐ 천사 ｜ **目的** mùdì 목적 ｜ **资助** zīzhù (재물로) 돕다 ｜ **残障**
cánzhàng 장애 ｜ **人士** rénshì 인사

经费 jīngfèi

公司的活动**经费**有一定的限制，我们需要统筹计划一下。

회사 활동 경비는 어느 정도의 제한이 있어서, 우리는 전면적으로 계획을 세울 필요가 있다.

活动 huódòng 활동 | **限制** xiànzhì 제한 | **统筹** tǒngchóu 전면적인 계획을 세우다

支出 zhīchū

政府的每一笔**支出**，都是要经过审核才能实施的。

정부의 모든 지출은 심사를 거쳐야만 실행될 수 있다.

笔 bǐ 몫(돈과 관련된 것을 세는 양사) | **审核** shěnhé 심사하여 결정하다 | **实施** shíshī 실행하다

반의 **收入** shōurù 수입

유의 **开支** kāizhī 지출, 비용 지출하다

开支 kāizhī

调查显示，这两笔巨额**开支**日期并不属于同一年份。

조사에 따르면, 이 두 거액 지출의 날짜는 결코 같은 해에 속하지 않는다고 한다.

调查 diàochá 조사하다 | **显示** xiǎnshì 보여 주다 | **巨额** jù'é 거액의 | **日期** rìqī 날짜 |
并 bìng 결코 | **属于** shǔyú ~에 속하다 | **年份** niánfèn 해, 연도

유의 **支出** zhīchū 지출하다 지출

赤字 chìzì

国家正着手解决预算**赤字**及其他经济问题。

국가는 예산 적자 및 다른 경제 문제 해결에 착수하고 있다.

着手 zhuóshǒu 착수하다 | **预算** yùsuàn 예산 | **及** jí 및 | **经济** jīngjì 경제

缺口 quēkǒu

명 (경비·물자의) 부족한 부분, 결여   명 (-儿) (물체의) 결함, 흠집
▶ 자금에 아직도 缺口가 있는데, 어디 더 빌릴 만한 곳이 없을까?

政府正在制定决策，为的是补救这一财政缺口。
정부가 현재 정책을 제정하는 것은, 재정상의 부족을 보완하기 위함이다.

政府 zhèngfǔ 정부 | **制定** zhìdìng 제정하다 | **决策** juécè 결정된 정책 | **补救** bǔjiù 보완하다 |
财政 cáizhèng 재정

弥补 míbǔ

동 (부족·결함·손실·실수 등을) 보완하다, 메우다
▶ 그 기업은 경영 방식을 개선한 후, 적자를 모두 弥补하고 우량 기업이 되었다.

我们要学习外国的优点，以此弥补本国经济落后的不足。
우리는 외국의 우수한 점을 배워서, 우리나라 경제 낙후의 부족한 부분을 보완해야 한다.

优点 yōudiǎn 우수한 점, 장점 | **以** yǐ ~로 | **此** cǐ 이(것) | **落后** luòhòu 낙후되다 | **不足** bùzú
부족

统统 tǒngtǒng

부 전부, 모두, 다
▶ 다음 달까지 부채를 统统 상환하지 않으면 가압류에 들어갑니다.

在这次交易中所用的资金将统统换成美元。
이번 거래에서 사용된 자금은 전부 미 달러로 전환될 것이다.

交易 jiāoyì 거래 | **所** suǒ 중심어가 동사의 객체임을 나타냄 | **资金** zījīn 자금 | **将** jiāng
~일 것이다 | **换成** huànchéng ~로 바꾸다
유의 **通通** tōngtōng 모두, 전부

统计 tǒngjì

명 통계   동 통계하다, 합산하다
▶ 상반기 실적의 统计 수치 보고서를 좀 가져다 주세요.

分析经济统计材料是一个十分复杂的过程。
경제 통계 자료를 분석하는 것은 매우 복잡한 과정이다.

分析 fēnxī 분석하다 | **材料** cáiliào 자료 | **十分** shífēn 매우 | **复杂** fùzá 복잡하다 | **过程**
guòchéng 과정

起码 qǐmǎ

형 기본적인, 최소한의, 기초적인
▶ 여기는 목이 좋아서, 평당 起码 5000은 생각하셔야 해요.

如果我们毁约，承担巨额的违约金是最起码的。
우리가 계약을 파기하면, 거액의 위약금을 감당하는 것은 가장 기본적인 것이다.

毁约 huǐyuē 계약을 파기하다 | 承担 chéngdān 감당하다 | 巨额 jù'é 거액의 | 违约金 wéiyuējīn 위약금

유의어 비교	起码 vs 至少
起码 qǐmǎ	최소한의 한도를 요구할 때 最와 자주 함께 쓰이고, 형용사로서 동사나 명사 앞에 쓰일 수 있음 예 起码要一个月才能回来 최소한 한 달 있어야 돌아올 수 있다 最起码的条件 최소한의 조건
至少 zhìshǎo	가장 적은 한도의 수량을 뜻하며, 부사로만 쓰임 예 至少要半个小时 적어도 30분이 걸린다 至少有2000人 최소한 2,000명이 있다

结算 jiésuàn

동 결산하다, 결제하다
▶ 结算은 현금 말고 카드로 할게요.

这次的贸易合同规定余额以人民币结算。
이번 무역 계약은 남은 금액을 위안화로 결산하도록 규정한다.

贸易 màoyì 무역 | 合同 hétong 계약서 | 规定 guīdìng 규정하다 | 余额 yú'é 잔금 | 人民币 Rénmínbì 인민폐

合算 hésuàn

형 수지가 맞다　동 고려하다
▶ 장사가 合算해야 우리도 거래를 하죠.

公司谈成了一笔很合算的买卖，我们即将投入生产。
회사가 매우 합리적인 거래를 성사시켜서, 우리는 곧 생산에 들어간다.

谈 tán 말하다 | 笔 bǐ 묶(돈과 관련된 것을 세는 양사) | 买卖 mǎimai 거래 | 即将 jíjiāng 곧 | 投入 tóurù 들어가다 | 生产 shēngchǎn 생산하다

乘 chéng

▶ 반도체 수출 호황에 乘하여, 사상 최대의 무역 흑자를 기록했다.

国内企业因眼前之利而争斗，这使外资企业乘机而入。
국내 기업이 눈앞의 이익 때문에 경쟁하면서, 외국 기업이 기회를 틈타 들어오게 했다.

企业 qǐyè 기업 ｜ 因 A 而 B yīn A ér B A 때문에 B하다 ｜ 眼前 yǎnqián 눈앞 ｜ 之 zhī ~의 ｜ 利 lì 이익 ｜ 争斗 zhēngdòu 다투다 ｜ 使 shǐ ~하게 하다 ｜ 外资 wàizī 외자 ｜ 乘机而入 chéngjī érrù 기회를 틈타 들어오다

相等 xiāngděng

▶ 상호 간에 득과 실이 相等해야 거래를 할 용의가 생기죠.

经济专家指出，有些货币的交换价值基本上是相等的。
경제 전문가들은 일부 화폐는 교환 가치가 기본적으로 같다고 말한다.

经济 jīngjì 경제 ｜ 专家 zhuānjiā 전문가 ｜ 指出 zhǐchū 밝히다 ｜ 货币 huòbì 화폐 ｜ 交换 jiāohuàn 교환하다 ｜ 价值 jiàzhí 가치 ｜ 基本上 jīběnshang 기본적으로

除 chú

▶ 정경 유착 관계를 除하지 않으면 더는 경제 발전이 어렵다고 봐.

银行已将申请贷款的文件中苛刻的几项删除了。
은행은 이미 대출 신청 문서에서 까다로운 몇 가지를 제거했다.

将 jiāng ~을 ｜ 申请 shēnqǐng 신청하다 ｜ 贷款 dàikuǎn 대출하다 ｜ 文件 wénjiàn 문서 ｜ 苛刻 kēkè (조건·요구 등이) 까다롭다 ｜ 项 xiàng 가지(제도·조항 등을 세는 양사) ｜ 删除 shānchú 삭제하다

偏差 piānchā

▶ 영업 이익을 계산하려면 조금의 偏差도 있어서는 안 돼.

这些计算数据并未查到有任何偏差，可以放心交给上级。
이 계산 데이터에서 어떤 편차도 나오지 않았으니, 안심하고 상사에게 제출해도 된다.

计算 jìsuàn 계산하다 ｜ 数据 shùjù 데이터 ｜ 并未 bìngwèi 결코 ~ 적이 없다 ｜ 任何 rènhé 어떠한 ｜ 交给 jiāogěi ~에게 제출하다 ｜ 上级 shàngjí 상사

误差 wùchā

명 오차
▶ 충분히 분석한 후에 투자해야 그나마 误差의 범위를 줄일 수 있어.

银行按照每日的汇率兑换外币，误差基本为零。
은행은 매일 환율에 따라 외화를 환전하는데, 오차는 거의 없다.

按照 ànzhào ~에 따라 | 汇率 huìlǜ 환율 | 兑换 duìhuàn 환전하다 | 外币 wàibì 외화 | 基本 jīběn 거의

公式 gōngshì

명 공식, 일반 법칙
▶ 경제는 정해진 公式대로 움직이는 것이 아니야.

各国在国际交易中所使用的换算公式基本上是统一的。
각국이 국제 무역에서 사용하는 환산 공식은 기본적으로 일치한다.

各国 gèguó 각국 | 国际 guójì 국제 | 交易 jiāoyì 교역 | 使用 shǐyòng 사용하다 | 换算 huànsuàn 환산하다 | 统一 tǒngyī 통일되다, 일치하다

★ 보충단어

아래 단어들의 예문은 WEB 단어장에서 확인할 수 있어요.

富裕 fùyù 동 부유하게 하다 / 형 부유하다

挥霍 huīhuò 동 돈을 헤프게 쓰다

担保 dānbǎo 동 보증하다, 담보하다

利害 lìhài 명 이익과 손해

幅度 fúdù 명 (사물의) 변동 폭

递增 dìzēng 동 점차 증가하다

分红 fēnhóng 동 (기업에서) 이익을 분배하다, (주식에 따라) 이익을 배당하다

衰退 shuāituì 동 (정치·경제 등이) 쇠퇴하다, 쇠락하다, (신체 등이) 쇠약해지다, 감퇴하다

租赁 zūlìn 동 임대하다, 임차하다

数额 shù'é 명 액수, 일정한 수

钞票 chāopiào 명 지폐

周转 zhōuzhuǎn 동 (자금을) 회전시키다, 융통하다, 돌리다

冻结 dòngjié 동 (자금·인원 등을) 동결하다, (당분간) 중지하다, 얼다, 얼리다

债券 zhàiquàn 명 채권

征收 zhēngshōu 동 징수하다

缴纳 jiǎonà 동 납부하다, 납입하다

运算 yùnsuàn 동 연산하다

共计 gòngjì 동 합계하다, 함께 계획하다

总和 zǒnghé 명 총계, 총수

悬殊 xuánshū 형 차이가 크다

 # HSK 6급 빈출 표현

拥有财富	yōngyǒu cáifù	재산을 보유하다
遗产继承	yíchǎn jìchéng	유산 상속
提高报酬	tígāo bàochou	보수를 높이다
缴纳税款(=缴税)	jiǎonà shuìkuǎn (=jiǎoshuì)	세금을 납부하다
权衡利弊	quánhéng lìbì	이해득실을 따지다
经济效益	jīngjì xiàoyì	경제적 이익
买卖成交	mǎimai chéngjiāo	거래가 이루어지다
获得收益	huòdé shōuyì	수익을 얻다
翻了一番	fānle yì fān	2배가 되었다
耗费人力	hàofèi rénlì	인력을 낭비하다
补偿损失	bǔcháng sǔnshī	손실을 보상하다
经济衰退	jīngjì shuāituì	경기 침체
金融危机(风暴)	jīnróng wēijī (fēngbào)	금융 위기
生活贫困	shēnghuó pínkùn	생활이 빈곤하다
宏观经济	hóngguān jīngjì	거시적 경제
发行货币	fāxíng huòbì	화폐를 발행하다

데일리 테스트

고생하셨어요!
QR코드를 스캔하면 DAY01~DAY30 전체 데일리 테스트 PDF가
다운로드됩니다.

잘 부탁드립니다

#조직 #인사

就职 jiùzhí

동 취임하다, 부임하다
▶ 오늘 회사에 새로운 이사님이 就职하셨대.

父亲在发表就职演说时潸然泪下，很多人被他感动。
아버지는 취임 연설을 하면서 눈물을 하염없이 흘리셨고, 많은 사람들이 감동을 받았다.

父亲 fùqīn 아버지 | **发表** fābiǎo 발표하다 | **演说** yǎnshuō 연설 | **潸然泪下** shānránlèixià
하염없이 눈물을 흘리다 | **感动** gǎndòng 감동하다　**반의** **辞职** cízhí 사직하다, 직장을 그만두다

就业 jiùyè

동 취직하다, 취업하다
▶ 요즘 같이 실업률이 높은 때에, 就业한 걸 축하해!

如今，不少"海归"也面临着"就业难"的处境。
오늘날, 국내로 돌아온 많은 '해외파'도 '취업난'의 처지에 직면해 있다.

如今 rújīn 오늘날 | **海归** hǎiguī 해외에서 유학이나 일을 하다가 돌아온 사람 | **面临** miànlín
직면하다 | **就业难** jiùyènán 취업난 | **处境** chǔjìng 처지
반의 **失业** shīyè 실업하다, 직업을 잃다

提拔 tíbá

동 발탁하다, 등용하다
▶ 그는 새로운 인재를 提拔하는 데 탁월한 능력이 있어.

据公司内部消息，他已被选中为接班人的提拔对象之一。
회사 내부의 소식에 따르면, 그가 이미 후계자 발탁 대상 중 한 사람으로 뽑혔다고 한다.

据 jù ～에 따르면 | **内部** nèibù 내부 | **消息** xiāoxi 소식 | **选中** xuǎnzhòng 뽑히다 | **接班人**
jiēbānrén 후계자 | **对象** duìxiàng 대상 | **之一** zhī yī ～ 중의 하나

来历 láilì

명 내력, 경력, 배경
▶ 자신이 지금껏 살아온 来历에 대해 이야기해 보시겠어요?

面试前我对这家公司的背景和来历做了充分调查。
면접 보기 전에 나는 이 회사의 배경과 내력에 대해 충분한 조사를 했다.

面试 miànshì 면접(시험) 보다 | **背景** bèijǐng 배경 | **充分** chōngfèn 충분하다 | **调查** diàochá
조사하다

출제 포인트　**来历**의 빈출 짝꿍 표현

来历는 듣기 영역에서 유래가 깊은 사물이나 인물을 소개하는 문제에 자주 출제된다. .

예 **公司的背景和来历** 회사의 배경과 내력 | **古城有来历** 고성은 역사가 있다
来历不明的人 정체불명의 사람 | **查明来历** 내력을 캐다

证书 zhèngshū
명 증서, 증명서
▶ 요즘에는 취업하려면, 외국어 证书는 필수야.

我把证书都写入了简历当中，用来证明自己。
나는 스스로를 증명하려고, 증서를 모두 이력서에 적어 넣었다.

简历 jiǎnlì 이력서 | 用来 yònglái ~에 쓰다 | 证明 zhèngmíng 증명하다

等候 děnghòu
동 기다리다
▶ 면접자들이 모두 합격 소식을 간절하게 等候하고 있다.

三位科长候选人都在耐心地等候公司的人事命令。
세 과장 후보 모두 인내심 있게 회사의 인사 명령을 기다리고 있다.

科长 kēzhǎng 과장 | 候选人 hòuxuǎnrén 입후보자 | 耐心 nàixīn 인내심이 있다 | 人事 rénshì 인사 | 命令 mìnglìng 명령하다　**유의** 等待 děngdài 기다리다

体系 tǐxì
명 체계
▶ 직원들의 복지를 보장해 주는 体系를 새로 개편할 생각입니다.

即使是同一时代、同一国家，也会出现很多政党体系。
같은 시대, 같은 국가라고 해도, 많은 정당 체계가 나타날 수 있다.

即使A, 也B jíshǐ A, yě B 설령 A하더라도, B하다 | 时代 shídài 시대 | 政党 zhèngdǎng 정당

유의어 비교　体系 vs 系统

두 단어는 명사로 '체계'라는 뜻을 가지고 있는데, 系统은 형용사로도 쓰인다. 体系는 관계가 있는 사물, 의식 등이 서로 연결되어 구성된 전체를 의미하며, 系统은 같은 종류의 사물이 일정한 관계에 따라 구성된 전체를 의미한다. 体系는 추상적인 것이며, 系统은 추상적·구체적인 것 모두가 될 수 있다.

예 思想体系 사상 체계 | 理论体系 이론 체계 | 营销(yíngxiāo)体系 마케팅 체계
网络系统 네트워크 | 组织系统 조직 체계 | 系统的研究 체계적인 연구

正规 zhèngguī
형 정규의, 표준의
▶ 비正规 직원은 사원 취급도 안 해 주다니.

这家超市发表声明表示，所有商品均由正规渠道买入。
이 슈퍼마켓은 성명을 통해, 모든 상품이 정규 루트를 통해 구입된다고 밝혔다.

发表 fābiǎo 발표하다 | 声明 shēngmíng 성명서 | 表示 biǎoshì 표명하다 | 商品 shāngpǐn 상품 | 均 jūn 모두 | 渠道 qúdào 경로 | 买入 mǎirù 매입하다

优先 yōuxiān

동 우선하다
▶ 그동안 성실히 임무를 다했던 분들을 优先하여 선발합니다.

听说这次人事升迁公司会优先考虑有工作经验的员工。
이번 인사 승진에서 회사는 업무 경험이 있는 직원을 우선적으로 고려한다고 한다.

升迁 shēngqiān 높은 지위로 오르다 | 考虑 kǎolǜ 고려하다 | 经验 jīngyàn 경험 | 员工 yuángōng 직원

雇佣 gùyōng

동 고용하다
▶ 일손이 부족해서, 단기 아르바이트생을 雇佣하려고.

对于在工地上发生的事故，我们已经雇佣了律师去解决。
공사 현장에서 발생한 사고에 대해, 우리는 이미 해결을 위해 변호사를 선임했다.

对于 duìyú ~에 대해 | 工地 gōngdì 공사 현장 | 发生 fāshēng 발생하다 | 事故 shìgù 사고 | 律师 lǜshī 변호사
반의 解雇 jiěgù 해고하다

顾问 gùwèn

명 고문
▶ 그 기업은 顾问 변호사만 무려 열 명이 넘는대.

他以顾问身份，跟随总统出访过数百个国家和地区。
그는 고문의 신분으로, 대통령을 수행하며 수백 개의 국가와 지역에 방문했다.

以 yǐ ~으로 | 身份 shēnfen 신분 | 跟随 gēnsuí 동행하다 | 总统 zǒngtǒng 대통령 | 出访 chūfǎng 외국을 방문하러 가다 | 地区 dìqū 지역

委员 wěiyuán

명 위원
▶ 일단 면접에서 심사 委员들의 마음에 들어야 통과가 되지.

此项提案将于次日交给委员会的委员们进行最后的讨论。
이 제안서는 다음날 최종 토론이 진행되도록 위원회의 위원들에게 제출될 것이다.

此 cǐ 이것 | 项 xiàng 가지(제도·조항 등을 세는 양사) | 提案 tí'àn 제안하다 | 将 jiāng ~일 것이다 | 于 yú ~에 | 次日 cìrì 다음날 | 委员会 wěiyuánhuì 위원회 | 进行 jìnxíng 진행하다 | 讨论 tǎolùn 토론하다

成员 chéngyuán

명 구성원, 성원
▶ 이번 우리 팀 成员은 전부 다 좋은 사람들 같아!

本次志愿者活动的成员是来自不同国家的留学生。
이번 봉사 활동 구성원은 다양한 국가에서 온 유학생들이다.

志愿者 zhìyuànzhě 자원봉사자 | 活动 huódòng 활동 | 来自 láizì ~에서 나오다

书记 shūjì

명 서기(당·단체 등 조직의 주요 책임자)
▶ 너 지금 중국의 총书记가 누구인지 알아?

这位新来的女书记是一位精明强干且诚实的人。
새로온 이 여자 서기는 총명하고 유능하며, 게다가 성실한 사람이다.

精明强干 jīngmíngqiánggàn 총명하고 유능하다 | 且 qiě 게다가 | 诚实 chéngshí 성실하다

배경 지식 　중국에서 **书记**란?

중국에서는 문서 기록 등을 맡아 보는 사람을 书记员이라고 하고, 书记는 당이나 단체에서 가장 중요한 책임을 맡는 직책을 말한다. 각 위원회에 书记가 있고, 중국 공산당중앙위원회의 최고 책임자는 总书记 라고 한다. 书记는 당의 기본 사상, 정책과 방침, 정치 방향, 위원회 구성원들의 단합, 업무 관리 등을 맡 으며, 구성원인 委员과는 동등한 同志 관계로, 중대한 사항의 결정은 위원회의 표결을 거친다.

上级 shàngjí

명 상사, 상부, 상급자
▶ 아무리 上级의 의견이라도 불합리하면 따르지 않아도 돼.

在军队，上级的命令是神圣而不可违抗的。
군대에서 상급자의 명령은 신성하고 절대 거역할 수 없는 것이다.

军队 jūnduì 군대 | 命令 mìnglìng 명령 | 神圣 shénshèng 신성하다 | 而 ér ~하고 | 不可 bùkě ~할 수가 없다 | 违抗 wéikàng 거역하다

유의 上司 shàngsi 상사 　반의 下级 xiàjí 하급자

下属 xiàshǔ

명 부하, 하급 직원
▶ 下属는 함께 일하는 동료이지, 하인이 아니야.

他期待下属对他谦恭有礼，而不期待他们拍马奉承。
그는 부하가 자신에게 공손하고 예의 있게 대하기를 바라지, 아부하기를 바라지 않는다.

期待 qīdài 바라다 | 谦恭 qiāngōng 공손하다 | 有礼 yǒulǐ 예의가 바르다 | 拍马 pāimǎ 아첨하다 | 奉承 fèngcheng 아부하다

유의 下级 xiàjí 하급자 　반의 上级 shàngjí 상급자

主管 zhǔguǎn

동 주관하다　**명** 주관자, 팀장
▶ 올해 연말 행사는 세 부서가 함께 主管하기로 했어.

他受命主管这个部门，所有人都对他充满期待。
그는 이 부서를 주관하도록 명령받아서, 모두들 그에 대해 기대가 크다.

受命 shòumìng 명령을 받다　｜　**部门** bùmén 부서　｜　**所有** suǒyǒu 모든　｜　**充满** chōngmǎn 넘치다　｜　**期待** qīdài 기대하다

董事长 dǒngshìzhǎng

명 회장, 대표이사, 이사장
▶ 새로 부임한 董事长이 능력이 어마어마하시다며?

董事长指出：我们应抱着"顾客至上"的态度去服务。
회장님은 우리가 '손님이 왕이다'라는 태도를 가지고 서비스해야 한다고 말했다.

指出 zhǐchū 밝히다　｜　**抱** bào (마음에) 품다　｜　**顾客至上** gùkè zhìshàng 손님은 왕이다　｜　**态度** tàidu 태도

출제 포인트　주요 직책 어휘

董事长은 이사회에서 가장 높은 직위로, 한국의 기업 회장과 같다. 최고 경영자는 总经理로, 总裁(zǒngcái)와 같다. 책임자를 보조하는 보좌관 등을 助理라고 하며, 각 부서의 최고 감독 및 관리자는 总监(zǒngjiān), 업무 관리를 담당하는 사람은 主管이라고 한다. 회사 업무와 관련된 지문에 종종 출제되므로, 간단히 정리하여 알아 두자.

예　**董事长** 회장　｜　**总经理(总裁)** 최고 경영자　｜　**总监** 총감　｜　**助理** 보좌관　｜　**主管** 팀장

同志 tóngzhì

명 동지(같은 이상·사업으로 힘쓰거나 같은 정당인 사람)
명 관용적으로 서로를 부르는 말
▶ 어제의 同志가 오늘의 적이 되어 버리다니.

同志间的交谈应该是开诚相见、直言不讳的。
동지 간의 대화는 진심 어리고 솔직해야 한다.

交谈 jiāotán 이야기를 나누다　｜　**开诚相见** kāichéngxiāngjiàn 마음을 열고 진심으로 사람을 대하다　｜　**直言不讳** zhíyánbúhuì 거리낌 없이 솔직하게 말하다

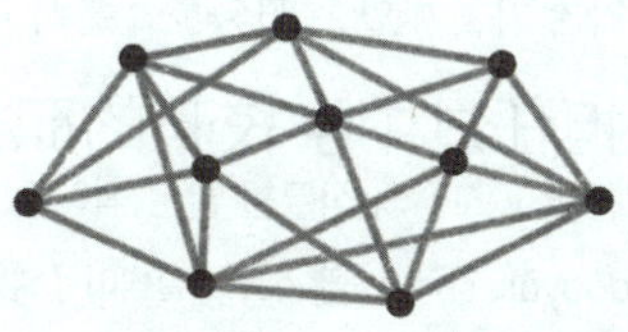

助理 zhùlǐ

명 비서, 보좌관　형 보조적인
▶ 하실 말씀이 있으면, 제 助理를 통해서 해 주세요.

老板在休假期间，全依靠他的助理分配日常工作给下属。
사장님은 휴가 기간 동안, 전적으로 그의 비서를 통해 일상 업무를 부하 직원에게 분배했다.

老板 lǎobǎn 사장 ┃ **休假** xiūjià 휴가를 보내다 ┃ **期间** qījiān 기간 ┃ **依靠** yīkào 의지하다 ┃
分配 fēnpèi 분배하다 ┃ **日常** rìcháng 일상의 ┃ **下属** xiàshǔ 부하

助手 zhùshǒu

명 조수
▶ 능력도 없는 사람 밑에서 助手 노릇을 하려니 죽을 맛이야.

上司曾经委派自己的亲人做自己工作上的助手。
상사는 자신의 친척을 자신의 업무상 조수로 임명한 적이 있다.

上司 shàngsi 상사 ┃ **曾经** céngjīng 일찍이 ┃ **委派** wěipài 임명하여 파견하다 ┃ **亲人** qīnrén
가족, 친척　유의 **副手** fùshǒu 조수

任命 rènmìng

동 임명하다
▶ 웬 낙하산이 이사로 任命된 거야?

如果会议代表有一半以上反对，他就无法执行这个任命。
만일 회의 대표 중 절반 이상이 반대하면, 그는 이 임명을 집행할 수 없게 된다.

代表 dàibiǎo 대표 ┃ **反对** fǎnduì 반대하다 ┃ **无法** wúfǎ ～할 수 없다 ┃ **执行** zhíxíng 집행하다

职位 zhíwèi

명 직위
▶ 큰 문제를 일으킨 공무원이 결국 职位 해제되었대.

谁也无法保证，北大毕业的高材生就能找到高薪的职位。
누구도 베이징대를 졸업한 우수한 학생이 높은 급여의 직위를 구할 수 있다고 보장할 수 없다.

保证 bǎozhèng 보장하다 ┃ **高材生** gāocáishēng 수재 ┃ **高薪** gāoxīn 높은 급여

职务 zhíwù

명 직무
▶ 각자 자기가 맡은 职务를 소홀히 해서는 안 돼.

那位知名导演，曾担任过中学校长的职务。
그 유명한 감독은, 일찍이 중·고등학교 교장의 직무를 맡은 적이 있다.

知名 zhīmíng 저명한 ┃ **导演** dǎoyǎn 감독 ┃ **曾** céng 일찍이 ┃ **担任** dānrèn 맡다

岗位 gǎngwèi

명 직장, 부서
▶ 출산 휴가였던 선배님이 곧 岗位로 복귀하실 거야.

他多年来一直坚守着自己平凡的岗位，这并不容易。
그는 여러 해 동안 계속 자신의 평범한 직장을 지켜왔는데, 이는 결코 쉽지 않다.

坚守 jiānshǒu 꿋꿋이 지키다 | 平凡 píngfán 평범하다 | 并 bìng 결코

事务 shìwù

명 사무, 업무   명 총무
▶ 그녀는 능력이 뛰어나서 복잡한 事务도 금방 처리해.

张秘书是一个在处理公众事务上沉着冷静的人。
장 비서는 대중적 업무를 처리하는 데에 있어서 침착하고 냉정한 사람이다.

秘书 mìshū 비서 | 处理 chǔlǐ 처리하다 | 公众事务 gōngzhòng shìwù 대중적 업무 | 沉着 chénzhuó 침착하다 | 冷静 lěngjìng 냉정하다

职能 zhínéng

명 직능, 기능(사람·사물·기구가 갖는 고유한 기능이나 역할)
▶ 각 분야마다 거기에 따른 职能을 필요로 하지.

不少经济学家认为，企业家的重要职能之一就是革新。
많은 경제학자는, 기업가의 주요 직능 중 하나가 혁신이라고 생각한다.

经济学家 jīngjìxuéjiā 경제학자 | 企业家 qǐyèjiā 기업가 | 革新 géxīn 혁신하다

安置 ānzhì

동 배치하다, 적절한 위치를 찾아 주다
▶ 모두 희망하는 부서로 安置할 테니 걱정하지 마세요.

在办公室安置监控录像会让职员们有紧张感。
사무실에 CCTV를 설치하면 직원들은 긴장감이 생긴다.

监控录像 jiānkòng lùxiàng CCTV | 职员 zhíyuán 직원 | 紧张感 jǐnzhānggǎn 긴장감
유의 安排 ānpái 안배하다

转达 zhuǎndá

동 전하다, 전달하다
▶ 저는 지금 외근 나가니 转达할 일이 생기면 연락해 주세요.

员工们向上级转达了自己的意见，正在等待回应。
직원들은 상사에게 자신의 의견을 전달했고, 현재 대답을 기다리는 중이다.

员工 yuángōng 직원 | 上级 shàngjí 상사 | 意见 yìjiàn 의견 | 等待 děngdài 기다리다 | 回应 huíyìng 대답하다

选拔 xuǎnbá

동 (인재를) 선발하다
▶ 신입사원을 选拔하실 때, 중점적으로 보시는 것이 있나요?

企业选拔人才的标准各有不同，但诚实这一点是必须的。
기업이 인재를 선발하는 기준은 각기 다르지만, 성실함은 필수이다.

企业 qǐyè 기업 | **人才** réncái 인재 | **标准** biāozhǔn 기준 | **各** gè 각기 | **不同** bùtóng 다르다 | **诚实** chéngshí 성실하다

培育 péiyù

동 양성하다, 육성하다, 재배하다, 키우다
▶ 이번에 중소기업을 培育하는 정책을 실시한다던데.

互信、互惠是培育人际之间良好关系的基础。
상호신뢰, 상호이익은 사람 사이의 좋은 관계를 형성하는 밑바탕이다.

互信 hùxìn 서로 믿다 | **互惠** hùhuì 서로 혜택을 주고받다 | **人际** rénjì 사람과 사람 사이 | **之间** zhī jiān ～의 사이 | **良好** liánghǎo 좋다 | **基础** jīchǔ 밑바탕 | 유의 培养 péiyǎng 양성하다

유의어 비교 **培育 vs 培养**

두 동사는 사람 목적어를 취할 때는 같은 의미이지만, 그 외의 경우, 용법에 차이가 있다.

培育 péiyù (주로 동식물을 목적어로 취하여) 어린 상태에서 성장하도록 발육함
예 **培育优良品种** 우량 품종을 배양하다 | **培育儿童** 아동을 양육하다

培养 péiyǎng 감정, 능력(추상명사) 등을 발생·발전시킴, 생물을 적합한 환경에서 배양시킴
예 **培养接班人** 후계자를 양성하다 | **培养细菌**(xìjūn) 세균을 배양시키다
培养兴趣 취미를 기르다 | **培养用户的参与感** 이용자의 참여도를 키우다

评估 pínggū

동 평가하다
▶ 업무 태도를 좋게 评估받지 못하면 정직원이 되기 어려울 거야.

我们的老板习惯反复评估利害关系然后做出决定。
우리 사장님은 반복적으로 이해관계를 따져 본 뒤에 결정을 내리는 습관이 있다.

老板 lǎobǎn 사장 | **反复** fǎnfù 반복하여 | **利害关系** lìhài guānxi 이해관계
유의 评价 píngjià 평가하다

출제 포인트 **评估**의 빈출 짝꿍 표현

评估는 '평가하다'라는 의미를 가지며, 주로 재산, 교학 등 추상적인 것에 쓰인다. 듣기 영역에서는 자산이나 교육, 문학 등에 관한 지문에서 자주 출제된다. 아래 기출 표현으로 익혀 보자.

예 **教学评估** 교학 평가 | **进行资产**(zīchǎn)**评估** 자산을 평가하다
评估画作 회화 작품을 평가하다 | **做风险评估** 위험 평가를 하다

晋升 jìnshēng

(동) 승진하다, 진급하다
▶ 너 이번에 팀장으로 晋升했다면서?

人们努力的目的不完全都只是为了晋升而已。
사람들이 노력하는 목적은 전적으로 승진을 위한 것만은 아니다.

目的 mùdì 목적 | **完全** wánquán 전적으로 | **A 只是B而已** A zhǐshì B éryǐ A는 단지 B일 뿐이다

调动 diàodòng

(동) 이동하다, 교환하다 (동) 동원하다
▶ 대우가 좀 더 좋은 회사로 调动하려고 계획 중이야.

在组织和团体中，人事调动是常有的事，不必过于纠结。
조직과 단체에서, 인사이동은 자주 있는 일이니, 지나치게 혼란스러워 할 필요 없다.

组织 zǔzhī 조직 | **团体** tuántǐ 단체 | **人事** rénshì 인사 | **不必** búbì ~할 필요 없다 | **过于** guòyú 지나치게 | **纠结** jiūjié 혼란스럽다

奖励 jiǎnglì

(동) 장려하다, 표창하다
▶ 공을 세운 사람을 奖励해야 타인의 적극성을 자극할 수 있어.

奖励和惩罚并用的原则会使组织中的成员更积极地工作。
상과 벌을 함께 쓰는 원칙은 조직 구성원들이 더 적극적으로 일하게 만들 것이다.

惩罚 chéngfá 징벌하다 | **并用** bìngyòng 동시에 사용하다 | **原则** yuánzé 원칙 | **使** shǐ ~하게 하다 | **组织** zǔzhī 조직 | **成员** chéngyuán 구성원 | **积极** jījí 적극적이다
(유의) **奖赏** jiǎngshǎng 상을 주다

贬低 biǎndī

(동) 가치를 깎아 내리다, 폄하하다
▶ 듣자 하니 그의 공을 가로채려고, 그를 뒤에서 贬低했다던데.

作为团队领导，绝不会贬低身份去做损人利己的事。
단체의 대표로서, 절대 신분의 가치를 깎아 내리면서 남에게 해가 되고 자신에게 이익이 되는 일을 해서는 안 된다.

作为 zuòwéi ~의 신분으로서 | **团队** tuánduì 단체 | **领导** lǐngdǎo 대표 | **绝** jué 절대로 | **身份** shēnfen 신분 | **损人利己** sǔnrénlìjǐ 남에게 손해를 끼치고 자기 이익만을 차리다

监督 jiāndū

동 감독하다　명 감독
▶ 나이가 몇인데, 아직도 监督하는 사람이 없으면 게으름을 피워?

真正自觉的人即使没有人监督，也可以做好分内的事。
진정으로 자각하는 사람은 감독하는 사람이 없어도, 제 몫을 다할 수 있다.

真正 zhēnzhèng 진정한　|　**自觉** zìjué 자각하다　|　**即使A, 也B** jíshǐ A, yě B 설령 A하더라도, B하다
|　**分内** fènnèi 본분상 당연히 해야 하는 것

裁员 cáiyuán

동 (기관·기업 등에서) 감원하다
▶ 이사장이 바뀌어서 조만간 우리 회사에 裁员하는 피바람이
　불지도 모른대.

严重的财政问题使这家公司不得不做出裁员的决定。
심각한 재정 문제로 이 회사는 어쩔 수 없이 감원 결정을 내렸다.

严重 yánzhòng 심각하다　|　**财政** cáizhèng 재정　|　**不得不** bùdébù 어쩔 수 없이

开除 kāichú

동 제명하다, 제적하다, 해고하다
▶ 계속 모임에 불참석하시면 开除할 수 밖에 없어요.

研究表明，精明的领导从不轻易开除任何一个员工。
연구 결과, 똑똑한 리더는 그 어떤 직원도 쉽게 해고하지 않는다고 한다.

研究 yánjiū 연구하다　|　**表明** biǎomíng 분명하게 밝히다　|　**精明** jīngmíng 영리하다　|　**轻易**
qīngyì 쉽다　|　**任何** rènhé 어떠한　|　**员工** yuángōng 직원

解雇 jiěgù

동 해고하다
▶ 그렇게 맨날 지각하고 실수하더니, 결국 회사에서 解雇당했대.

小李从未想过自己是第一个接到解雇通知的人。
샤오리는 자신이 처음으로 해고 통지를 받은 사람이라고는 전혀 생각지 못했다.

从未 cóngwèi 지금까지 ~한 적이 없다　|　**接到** jiēdào 받다　|　**通知** tōngzhī 통지서
반의 **雇佣** gùyōng 고용하다

例外 lìwài

▶ 잘못을 했으면 벌을 받아야지, 例外는 없어.

由于这次的失误，厂里所有领导无一例外都将受到处罚。
이번 실수로 인해, 공장의 모든 리더가 예외 없이 처벌을 받게 될 것이다.

由于 yóuyú ~ 때문에 ｜ **失误** shīwù 실수 ｜ **厂** chǎng 공장 ｜ **所有** suǒyǒu 모든 ｜ **领导** lǐngdǎo 리더 ｜ **无一例外** wúyílìwài 하나도 예외가 없다 ｜ **将** jiāng ~할 것이다 ｜ **受到** shòudào 받다 ｜ **处罚** chǔfá 처벌

机构 jīgòu

명 기구(기관·단체 등의 업무 단위 또는 내부 조직)
▶ 불필요한 机构는 없애고, 필요한 곳만 남길 예정입니다.

在教育培训机构工作的人更应注意人际关系的处理。
교육 훈련 기구에서 일하는 사람은 대인 관계를 함에 있어서 더 주의해야 한다.

教育 jiàoyù 교육 ｜ **培训** péixùn 훈련하다 ｜ **人际** rénjì 사람과 사람 사이 ｜ **处理** chǔlǐ 처리하다

团体 tuántǐ

명 단체, 집단
▶ 뜻이 맞는 사람들끼리 团体 하나를 조직할 생각인데.

我非常愿意融入教会这个大团体中，体验宗教的魅力。
나는 교회라는 이 큰 단체에 동화되어 들어가, 종교의 매력을 체험하고 싶다.

融入 róngrù 융합되어 들어가다 ｜ **教会** jiàohuì 교회 ｜ **体验** tǐyàn 체험하다 ｜ **宗教** zōngjiào 종교 ｜ **魅力** mèilì 매력

集团 jítuán

명 단체, 집단
▶ 각각 성향이 다른 集团들이 모여 공조하는 연합을 만들었어.

产业工会一般是由许多各种各样的集团组成的。
산업 노조는 일반적으로 많은 각양각색의 단체로 구성된다.

产业 chǎnyè 산업 ｜ **工会** gōnghuì 노조 ｜ **由** yóu ~로 ｜ **许多** xǔduō 매우 많다 ｜ **各种各样** gèzhǒnggèyàng 각양각색 ｜ **组成** zǔchéng 구성하다

继承 jìchéng

동 (사업 등을) 물려받다　동 (유산 등을) 상속받다

동 (문화 등을) 계승하다

▶ 회장님이 장남이 아니라, 차남에게 기업을 继承했다더라고.

成为一家知名企业的继承人并非易事。

유명 기업의 후계자가 되는 것은 결코 쉬운 일이 아니다.

成为 chéngwéi ~가 되다 | 知名 zhīmíng 잘 알려진 | 企业 qǐyè 기업 | 继承人 jìchéngrén
상속인 | 并非 bìngfēi 결코 ~하지 않다

继承은 독해 영역의 이야기 유형 지문에서 재산이나 자리를 물려받는 내용으로 자주 출제된다. 법에 따라 유산을 물려받거나 선대 사람들의 문화, 지식, 사업 등을 이어받는 것을 의미한다.

예　继承遗产(yíchǎn) 유산을 물려받다 | 继承家业 가업을 물려받다

继承传统 전통을 계승하다 | 继承王位 왕위를 계승하다

附属 fùshǔ

형 부속의　동 부속되다, 종속되다

▶ 정부 附属 기관에서 직원을 모집하던데, 한번 지원해 봐.

这家公司决定从这所附属中学中选拔并培养童星。

이 회사는 이 부속 중·고등학교에서 아역 스타를 선발하고 아울러 육성하기로 했다.

所 suǒ 개(학교·병원 등 기관을 세는 양사) | 选拔 xuǎnbá 선발하다 | 并 bìng 아울러 | 培养
péiyǎng 육성하다 | 童星 tóngxīng 아역 배우

局限 júxiàn

동 제한하다, 국한하다

▶ 이번 사건은 몇몇 기업 내에만 局限되는 문제가 아니야.

公司组织这次活动的目的是要打破员工们思想的局限。

회사가 이번 행사를 기획한 목적은 직원들의 생각의 한계를 깨기 위함이다.

组织 zǔzhī 구성하다 | 活动 huódòng 행사 | 目的 mùdì 목적 | 打破 dǎpò 깨다 | 员工
yuángōng 직원 | 思想 sīxiǎng 생각 | 局限 júxiàn 한계

局限은 듣기 3부분에 자주 출제되는 어휘로, 설명문에 자주 나온다. 행동이나 영향력을 어떤 범위 안으로 제한하는 것을 나타내기 때문에, 행동 범위를 벗어나지 못하게 제한한다는 뜻의 限制와는 다소 차이가 있다는 점에 주의하자.

예　不局限于学生 학생에 국한되지 않다 | 有一定的局限性 일정한 한계가 있다

传统媒体的局限性 전통 매체의 한계

规章 guīzhāng

명 규정, 규칙
▶ 각 회사마다 정해진 規章이 다를 테니, 잘 알아보세요.

如果各行各业的人都能按规章办事，社会就会更加安定。
각 업계의 사람들이 모두 규정대로 일한다면, 사회는 더욱 안정될 것이다.

各行各业 gèháng gèyè 각종 직업 | **按** àn ~에 따라 | **办事** bànshì 일을 처리하다 | **社会** shèhuì 사회 | **安定** āndìng 안정되다

公告 gōnggào

명 공고, 알림　동 공고하다
▶ 개인 성적을 공개된 장소에 공告로 내붙이는 게 어디 있어!

超市方在网上发布了公告，通知人们冬季的营业时间。
슈퍼마켓 측은 인터넷에 공고를 내서, 사람들에게 동계 영업시간을 통지했다.

网上 wǎngshàng 인터넷 | **发布** fābù 발포하다 | **通知** tōngzhī 통지하다 | **营业** yíngyè 영업하다

事项 shìxiàng

명 사항
▶ 한번 읽어 보시고, 혹시라도 문의 事項이 있으시면 물어보세요.

维持良好的同事关系，也有很多"注意事项"。
좋은 동료 관계를 유지하는 것에도 많은 '주의 사항'이 있다.

维持 wéichí 유지하다 | **良好** liánghǎo 훌륭하다

档案 dàng'àn

명 문서, 기록, 서류
▶ 공공 档案은 외부로 유출되어서는 안 되니 주의하세요.

海关在出入境记录档案中，并未找到这个人的任何资料。
세관은 출입국 기록 문서에서 이 사람의 어떤 자료도 찾지 못했다.

海关 hǎiguān 세관 | **出入境** chūrùjìng 출입국 | **记录** jìlù 기록 | **并未** bìngwèi 결코 ~ 적이 없다 | **任何** rènhé 어떠한 | **资料** zīliào 자료

草案 cǎo'àn

명 초안
▶ 우리가 작성한 草案은 통과되었으니, 이제 세부 계획을 짜 보자.

全厂的工人们向委员会递交了一份协定草案。
공장의 모든 직원들이 위원회에 협의 초안 하나를 제출했다.

厂 chǎng 공장 | **工人** gōngrén 직원, 노동자 | **委员会** wěiyuánhuì 위원회 | **递交** dìjiāo 직접 건네주다 | **份** fèn 부(신문·잡지·문건 등을 세는 양사) | **协定** xiédìng 협정하다

书面 shūmiàn

형 서면의, 지면의
▶ 구두로 말씀하지 마시고, 书面으로 작성해서 보내 주세요.

工人们坚持要将协议以书面形式写下来。
노동자들은 협의된 내용을 서면 형식으로 써야 한다고 고집했다.

坚持 jiānchí 견지하다 | 将 jiāng ~을 | 以 yǐ ~으로 | 协议 xiéyì 협의된 의견 | 形式 xíngshì 형식

반의 口头 kǒutóu 구두로 표현하다

否决 fǒujué

동 부결하다, 기각하다, 거부하다
▶ 그 안건은 과반수의 찬성을 얻지 못해서 否决되었어요.

上级否决了员工们的提议，但是并未说明原因。
상급자는 직원들의 제안을 부결했지만, 이유는 전혀 설명하지 않았다.

上级 shàngjí 상급자 | 员工 yuángōng 직원 | 提议 tíyì 제의 | 说明 shuōmíng 설명하다 | 原因 yuányīn 원인

반의 通过 tōngguò 통과되다, 가결되다

缺席 quēxí

동 결석하다, 불참하다
▶ 이런 중요한 미팅에 담당자가 缺席하는 게 말이 됩니까?

今天的谈判因为对方代表的缺席而无法顺利进行。
오늘의 협상은 상대측 대표가 오지 않아 순조롭게 진행할 수 없었다.

谈判 tánpàn 협상하다 | 因为A而B yīnwèi A ér B A 때문에 B하다 | 对方 duìfāng 상대편 | 代表 dàibiǎo 대표 | 无法 wúfǎ ~할 수 없다 | 顺利 shùnlì 순조롭다 | 进行 jìnxíng 진행하다

반의 出席 chūxí 참가하다

备忘录 bèiwànglù

명 비망록, 메모, 리마인더　　명 회의록
▶ 잊어버릴 수도 있으니, 중요한 업무는 그때그때 备忘录에 적어 두세요.

他常常会在手机备忘录上记录下自己一天的工作。
그는 자주 휴대폰 리마인더에 자신의 하루 업무를 기록한다.

记录 jìlù 기록하다

典礼 diǎnlǐ

명 (성대한) 식, 의식, 행사
▶ 창립 30주년 기념典礼에서 회장님은 감격의 눈물을 흘리셨다.

开业典礼上，经理激动地表达了对公司未来发展的畅想。
개업식에서 사장님은 흥분하여 회사 미래 발전에 대한 생각을 밝혔다.

开业典礼 kāiyè diǎnlǐ 개업식 | 激动 jīdòng 흥분하다 | 表达 biǎodá 표현하다 | 未来 wèilái 미래 | 发展 fāzhǎn 발전하다 | 畅想 chàngxiǎng 마음껏 생각하다

隆重 lóngzhòng

형 성대하다, 성대하고 장중하다
▶ 신제품 론칭 행사가 아주 隆重하게 열렸어.

今晚，在这个酒店的宴会厅将举办一场隆重的晚会。
오늘 저녁, 이 호텔 연회장에서 성대한 이브닝 파티가 열릴 것이다.

酒店 jiǔdiàn 호텔 | 宴会厅 yànhuìtīng 연회장 | 将 jiāng ～할 것이다 | 举办 jǔbàn 열다 | 场 chǎng 회, 차례(오락·체육 활동·시험 등의 횟수를 세는 양사) | 晚会 wǎnhuì 이브닝 파티

应酬 yìngchou

명 연회, 파티 **동** 응대하다, 접대하다
▶ 회사에서 성대한 应酬를 베풀어, 직원들의 사기를 북돋워 주었다.

公关部的负责人表示会一直负责这次应酬和相关外事活动。
홍보부의 책임자는 이번 연회와 관련 대외 활동을 계속 담당하게 될 것이라고 밝혔다.

公关部 gōngguānbù 홍보부 | 负责人 fùzérén 책임자 | 表示 biǎoshì 밝히다 | 负责 fùzé 책임지다 | 相关 xiāngguān 서로 관련되다 | 外事活动 wàishì huódòng 대외 활동

保管 bǎoguǎn

동 보관하다 **동** 보증하다 **명** 관리인
▶ 법인 카드로 결제하면 영수증은 반드시 잘 保管해 두세요.

放假期间，公司没有保安，所以贵重物品要妥善保管。
휴가 기간 회사에 경비원이 없기 때문에, 귀중품은 잘 보관해야 한다.

保安 bǎo'ān 경비원 | 贵重物品 guìzhòng wùpǐn 귀중품 | 妥善 tuǒshàn 나무랄 데 없다

分裂 fēnliè

동 분열하다, 갈라지다 **동** 분열시키다
▶ 그렇게나 잘 맞던 사람들이 사소한 오해로 分裂되다니.

旅行社内部的管理问题，致使高层分裂为两派。
여행사의 내부 관리 문제는 고위층을 두 개의 파로 분열시켰다.

内部 nèibù 내부 | 致使 zhìshǐ ～을 초래하다 | 高层 gāocéng 고위층 | 派 pài 파

解散 *jiěsàn*

동 해체하다, 해산하다　동 취소하다

▶ 불법 행위를 자행한 그 단체를 解散하라는 명령이 떨어졌다.

这家非法经营的俱乐部解散，可谓大快人心。

정부는 강제적으로 이 불법 운영 중인 클럽을 해산시켰는데, 그야말로 속이 후련하다.

强行 qiángxíng 강행하다　|　**将** jiāng ~을　|　**非法** fēifǎ 불법적인　|　**经营** jīngyíng 운영하다　|　**俱乐部** jùlèbù 동호회, 서클, 클럽　|　**可谓** kěwèi ~라고 말할 수 있다　|　**大快人心** dàkuàirénxīn 사람들의 마음을 후련하게 하다

★보충단어

아래 단어들의 예문은 WEB 단어장에서 확인할 수 있어요.

招收 zhāoshōu 동 모집하다

名额 míng'é 명 인원수, 정원

文凭 wénpíng 명 졸업 증서

上任 shàngrèn 동 취임하다, 부임하다　명 전임자

搭档 dādàng 명 파트너, 협력자　동 협력하다

后勤 hòuqín 명 관리 업무(기관·단체 등의 행정 사무성 업무)

派遣 pàiqiǎn 동 파견하다

表彰 biǎozhāng 동 표창하다, 칭찬하다

奖赏 jiǎngshǎng 동 상을 주다, 포상하다

督促 dūcù 동 독촉하다, 감독하다

面子 miànzi 명 체면, 면목　명 표면

法人 fǎrén 명 법인

章程 zhāngchéng 명 규정

条款 tiáokuǎn 명 조항, 조목

纪要 jìyào 명 기요, 요록

须知 xūzhī 명 주의 사항, 안내 사항, 규정　동 반드시 알아야 한다

布告 bùgào 명 게시문　동 공고하다

栏目 lánmù 명 프로그램, 항목

会晤 huìwù 동 회견하다, 만나다

表决 biǎojué 동 표결하다

剪彩 jiǎncǎi 동 (행사에서) 기념 테이프를 끊다

整顿 zhěngdùn 동 (조직·규율 등을) 정비하다, 바로잡다

解体 jiětǐ 동 와해되다, 해체되다　동 분해되다

瓦解 wǎjiě 동 와해시키다, 해체시키다　동 와해되다, 분열하다

HSK 6급 빈출 표현

领导岗位	lǐngdǎo gǎngwèi	리더의 직책
提拔人才	tíbá réncái	인재를 발탁하다
培育新人	péiyù xīnrén	새로운 사람을 키우다
得力助手	délì zhùshǒu	유능한 조수
评估报告	pínggū bàogào	평가보고서
随意贬低	suíyì biǎndī	함부로 비하하다
工作调动	gōngzuò diàodòng	전임(전근)하다
管理规章	guǎnlǐ guīzhāng	관리 규정
隆重举行	lóngzhòng jǔxíng	성대히 거행하다
否决提议	fǒujué tíyì	제안이 부결되다
局限于……	júxiànyú ……	~에 제한되다
继承遗产	jìchéng yíchǎn	유산을 상속받다
国家机构	guójiā jīgòu	국가 기구
经济体系	jīngjì tǐxì	경제 체제
公共事务	gōnggòng shìwù	(일반 대중에게 영향을 주는) 사회 문제
丢面子/没面子	diū miànzi/méi miànzi	체면을 구기다

데일리 테스트

고생하셨어요!
QR코드를 스캔하면 DAY01~DAY30 전체 데일리 테스트 PDF가
다운로드됩니다.

DAY

20

계약합시다

#경영 #협상

HSK 6급 30일 합격 프로젝트

★ HSK 시험에 이렇게 나와요.

창업, 기업의 발전, 업무 효율, 협상에 관한 내용들이 듣기, 독해, 쓰기 영역 전반에 자주 출제됩니다. 특히 쓰기 영역에서는 사업에 성공한 스토리가 자주 출제되므로, 관련 어휘를 집중적으로 익혀 두세요.

음원 듣기

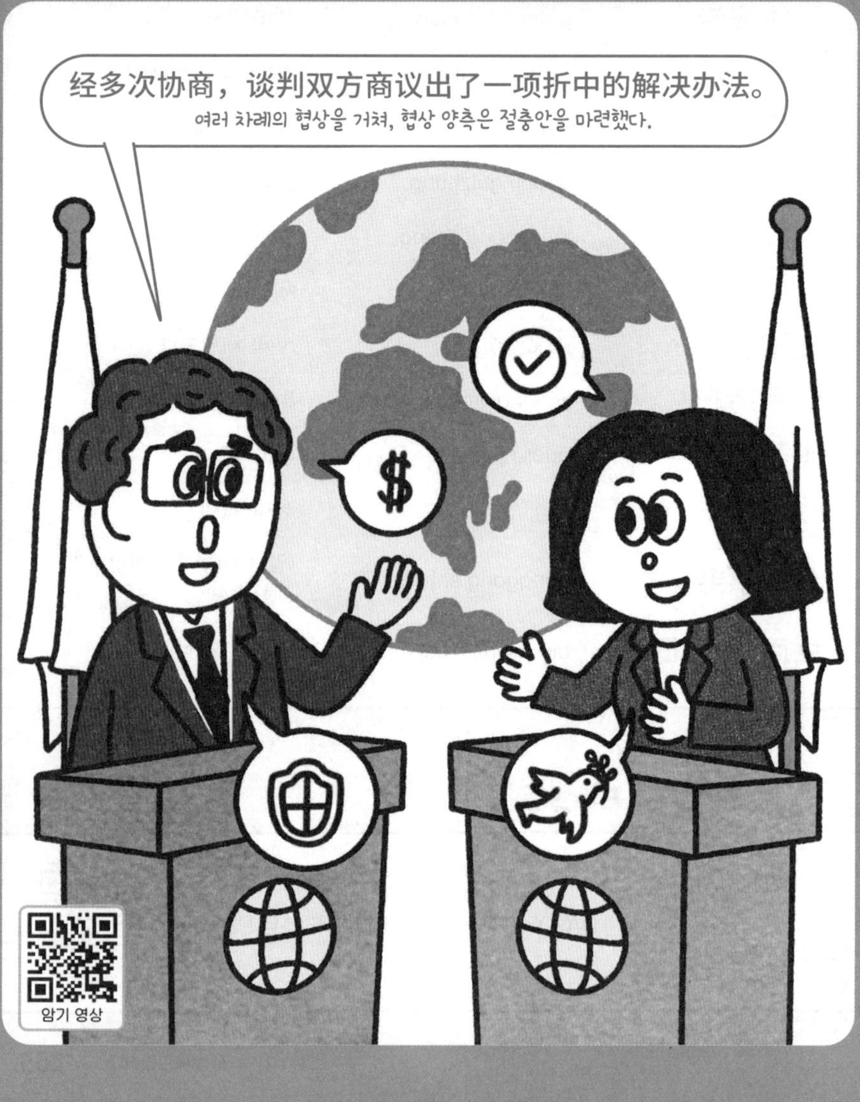

암기 영상

事业 shìyè

명 사업　명 비영리적 사회 활동
▶ 최근 난치병 환자들을 돕는 事业에 관심이 생겼어.

袁隆平把毕生精力都献给了杂交水稻的研究事业。
위안룽핑은 벼 교배 연구 사업에 평생의 에너지를 쏟았다.

袁隆平 Yuán Lóngpíng 위안룽핑(중국의 농업 연구가) | 毕生 bìshēng 일생 | 精力 jīnglì 정신과
체력 | 献给 xiàngěi 바치다 | 杂交 zájiāo 교배하다 | 水稻 shuǐdào 벼 | 研究 yánjiū 연구하다

출제 포인트　듣기 영역 빈출 어휘 **事业**

듣기 2부분에서는 한 분야에서 성공한 유명 인사들의 인터뷰 내용이 출제되는데, 사업에 관한 이야기에서 事业가 자주 출제된다. 성공의 요인 중 하나로 일을 사랑한다거나 성공한 뒤 자선 사업을 하는 등의 내용으로 나온다.

예　慈善(císhàn)事业 자선 사업 | 公益事业 공익사업 | 和平事业 평화 사업
从事……事业 ~사업에 종사하다 | 事业有成 사업이 성공하다
热爱这份(项)事业 이 사업에 애정을 갖다

兴隆 xīnglóng

형 번창하다, 창성하다, 흥성하다
▶ 오랜 시간을 들여서 계획한 사업인데 꼭 兴隆하시기를 바라요!

进口保健品的热销，使相关产业日渐兴隆。
수입 건강 보조 식품의 인기는 관련 산업을 갈수록 번창시켰다.

进口 jìnkǒu 수입하다 | 保健品 bǎojiànpǐn 건강 보조 식품 | 热销 rèxiāo 불티나게 팔리다 |
使 shǐ ~하게 하다 | 相关 xiāngguān 서로 관련되다 | 产业 chǎnyè 산업 | 日渐 rìjiàn 나날이

兴旺 xīngwàng

형 왕성하다, 번창하다
▶ 맛집이라고 소문이 나서, 사업이 갈수록 兴旺하고 있대!

韩国娱乐产业的兴旺发展带动了韩国旅游业的发展。
한국 엔터테인먼트 산업의 왕성한 발전이 한국 관광업의 발전을 이끌었다.

娱乐 yúlè 엔터테인먼트 | 发展 fāzhǎn 발전하다 |
带动 dàidòng (이끌어) 움직이다 | 旅游业 lǚyóuyè 관광업
반의　衰败 shuāibài 쇠락하다

创立 chuànglì

(동) 창립하다, 창건하다
▶ 우리 회사가 创立한 당시에는 모두가 망할 거라고 단언했었지.

公司创立初期，遇到的困难是普通人难以想象的。
회사가 창립한 초기에 직면하게 되는 어려움은 일반인은 상상하기 어렵다.

初期 chūqī 초기 | 困难 kùnnan 어려움 | 普通 pǔtōng 일반적이다 | 难以 nányǐ ~하기 어렵다
| 想象 xiǎngxiàng 상상하다
(유의) 创建 chuàngjiàn 창건하다 / 创办 chuàngbàn 창립하다

创业 chuàngyè

(동) 창업하다
▶ 제가 퇴직 후 创业하고 싶은데, 투자받을 만한 곳이 있을까요?

这位企业家一提起艰苦创业的日子，就有说不完的话。
이 기업가는 힘들게 창업했던 날을 언급하기만 하면, 이야기가 끝이 없다.

企业家 qǐyèjiā 기업가 | 一 A, 就 B yī A, jiù B A하기만 하면, B하다 | 提起 tíqǐ 언급하다 | 艰苦
jiānkǔ 어렵고 고달프다 | 日子 rìzi 날

듣기 2부분에서 창업으로 성공한 유명인의 인터뷰가 자주 출제된다. 이때 창업의 과정에서 겪은 일, 성공 비결 등으로 创业가 자주 출제되므로, 잘 알아 두어야 한다.

(예) 创业者 창업자 | 创业热潮(rècháo) 창업 열풍
创业之路 창업의 길 | 创业项目 창업 아이템

设立 shèlì

(동) 설립하다, 건립하다
▶ 회사에서 장학 재단을 设立할까 하는데 어떻게 생각하십니까?

政府通过会议决定为亚运会设立一个宣传机构。
정부는 회의를 통해 아시안 게임을 위한 홍보 기관를 설립하기로 결정했다.

政府 zhèngfǔ 정부 | 通过 tōngguò ~를 통해 | 亚运会 Yàyùnhuì 아시안 게임 | 宣传
xuānchuán 홍보하다 | 机构 jīgòu 기구

连锁 liánsuǒ

형 연쇄적이다, 연속되다
▶ 카페가 너무 잘 돼서 자꾸 连锁점을 내라는 제안이 들어왔어.

消费者的需求改变，会引起工厂生产的连锁反应。
소비자의 수요 변화는 공장 생산의 연쇄 반응을 야기시킬 수 있다.

消费者 xiāofèizhě 소비자 | 需求 xūqiú 수요 | 改变 gǎibiàn 바뀌다 | 引起 yǐnqǐ 야기시키다 |
工厂 gōngchǎng 공장 | 生产 shēngchǎn 생산하다 | 反应 fǎnyìng 반응

联盟 liánméng

명 연맹, 동맹
▶ 각 기업들의 노조가 联盟을 맺어서 단체로 파업에 돌입한대.

各团体结成联盟的目的往往是为了防御共同的敌人。
각 단체가 연맹을 결성하는 목적은 흔히 공동의 적을 방어하기 위함이다.

团体 tuántǐ 단체 | 结成 jiéchéng 결성하다 | 目的 mùdì 목적 | 往往 wǎngwǎng 종종 |
防御 fángyù 방어하다 | 共同 gòngtóng 공동의 | 敌人 dírén 적

宗旨 zōngzhǐ

명 취지, 목적, 종지
▶ 설립 宗旨는 참 좋은데, 현실과 좀 동떨어지는 것 같아.

本次协商的宗旨是建立在互利互惠的基础之上。
이번 협상의 취지는 호혜 상생을 바탕으로 이루어진다.

协商 xiéshāng 협상하다 | 建立 jiànlì 세우다 | 互利互惠 hùlì hùhuì 상호 이익과 혜택을 주다 |
基础 jīchǔ 바탕 | 之 zhī ~의

方针 fāngzhēn

명 방침
▶ 너무 주먹구구식인데, 회사에 경영 方针이 있긴 한 거야?

公司的主要政策方针都将取决于市场的实际需求。
회사의 주요 정책 방침은 시장의 실제 수요에 따라 결정될 것이다.

政策 zhèngcè 정책 | 将 jiāng ~할 것이다 | 取决于 qǔjuéyú ~에 달려 있다 | 市场 shìchǎng
시장 | 实际 shíjì 실제적이다

奠定 dìandìng

(동) (기초 등을) 다지다, 닦다, 안정시키다
▶ 건강한 기업을 만들려면 그 기초를 단단하게 奠定해야 합니다.

不断进步的技术为工业的发展奠定了坚实的基础。
끊임없이 발전하는 기술은 공업의 발전에 견고한 기초를 다져 주었다.

不断 búduàn 끊임없이 | **进步** jìnbù 진보하다 | **技术** jìshù 기술 | **工业** gōngyè 공업 | **发展** fāzhǎn 발전하다 | **坚实** jiānshí 견고하다

摸索 mōsuǒ

(동) 모색하다　(동) 탐색해 보다
▶ 더 좋은 방향으로 발전할 수 있는 방법을 摸索해 봅시다.

企业都是在未知的道路上，不断地摸索前进的。
기업은 모두 미지의 길에서, 끊임없이 모색하며 앞으로 나아가는 것이다.

企业 qǐyè 기업 | **未知** wèizhī 미지의 | **道路** dàolù 길 | **前进** qiánjìn 앞으로 나아가다

谋求 móuqiú

(동) 꾀하다, 강구하다, 모색하다
▶ 개인의 사리사욕만 谋求해서는 좋은 경영자가 될 수 없어.

谋求利益时要注重合理分配，唯有这样才能取得成功。
이익을 모색할 때 합리적 분배를 중시해야 비로소 성공을 거둘 수 있다.

利益 lìyì 이익 | **注重** zhùzhòng 중시하다 | **合理** hélǐ 합리적이다 | **分配** fēnpèi 분배하다 | **唯有A才能B** wéiyǒu A cái néng B 오직 A해야 비로소 B할 수 있다 | **取得** qǔdé 얻다

策略 cèlüè

(명) 전략, 책략, 전술　(형) 전략적이다, 전술적이다
▶ 영업 策略를 잘 짜야 실적이 잘 나오지.

双方在管理上的策略大体一致，这使他们很快达成共识。
양측의 관리 전략은 대체적으로 일치하여, 그들에게 빠르게 공감대를 형성시켰다.

双方 shuāngfāng 양측 | **管理** guǎnlǐ 관리하다 | **大体** dàtǐ 대체로 | **一致** yízhì 일치하다 | **使** shǐ ~하게 하다 | **达成** dáchéng 달성하다 | **共识** gòngshí 공통된 인식

(유의) **战略** zhànlüè 전략

策划 cèhuà

동 기획하다, 일을 꾸미다

▶ 대체 누가 이런 말도 안 되는 음모를 策划한 거야!

本次拍卖活动由我方全权策划，并参与其中。

이번 경매는 저희가 전적으로 기획하고, 참여합니다.

拍卖 pāimài 경매하다 | **活动** huódòng 활동 | **由** yóu ~가 | **我方** wǒfāng 우리 측 | **全权** quánquán 전권 | **并** bìng 그리고 | **参与** cānyù 참여하다

规划 guīhuà

명 계획, 기획　**동** 기획하다, 계획하다

▶ 현 시장과 맞지 않는 규획는 바꿔야 할 필요가 있어.

与哪个企业合作，都是我们经过规划，慎重考虑后才决定的。　어떤 기업과 협력할지는, 매번 우리가 계획을 거쳐 신중하게 고려한 후 결정한다.

与 yǔ ~과 | **慎重** shènzhòng 신중하다 | **考虑** kǎolǜ 고려하다

유의 **计划** jìhuà 계획

> **출제 포인트** **规划**의 빈출 짝꿍 표현
>
> 规划는 비교적 종합적이고 장기적인 발전 계획을 뜻하는 점에서 다른 단어와 차이가 있다. 시험에는 인생 계획, 회사의 발전 계획 등의 내용으로 듣기 3부분에 자주 출제된다. 아래 관련된 표현을 익혀 보자.
>
> **예** **人生规划** 인생 계획 | **发展规划** 발전 계획 | **做规划** 계획을 짜다
> **企业未来的规划** 기업의 미래 계획 | **生活要有规划** 인생은 계획이 있어야 한다

对策 duìcè

명 대책, 대응책

▶ 이번 고비를 넘길 수 있는 뚜렷한 对策라도 있습니까?

当经济方面出现问题时，应立刻及时地采取对策。

경제적으로 문제가 나타났을 때, 반드시 즉시 대책을 취해야 한다.

当……时 dāng ⋯⋯ shí ~할 때 | **经济** jīngjì 경제 | **方面** fāngmiàn 방면 | **出现** chūxiàn 나타나다 | **立刻** lìkè 바로 | **及时** jíshí 즉시, 곧바로 | **采取** cǎiqǔ 취하다

对应 duìyìng

동 대응하다　**형** 대응하는, 상응하는

▶ 그런 말도 안 되는 유언비어에는 대응하지 않는 게 상책이야.

对于不同的企业，我们采取的对应方式也是不同的。

서로 다른 기업에는, 우리가 취하는 대응 방식 또한 서로 다르다.

对于 duìyú ~에 대해 | **方式** fāngshì 방식

可行 *kěxíng*

 실행할 만하다, 가능하다
▶ 그가 제안한 방안 중에 可行한 것이 있습니까?

会议上，对于这项建议的可行性没有人提出任何质疑。
회의에서 이 제안의 실현 가능성에 대해 이의를 제기하는 사람이 없었다.

项 xiàng 가지(제도·조항 등을 세는 양사) | 建议 jiànyì 제안 | 可行性 kěxíngxìng 실행 가능성 |
提出 tíchū 제기하다 | 任何 rènhé 어떠한 | 质疑 zhìyí 질의하다

履行 *lǚxíng*

동 이행하다, 실행하다
▶ 계약 사항은 당연히 履行해야 하죠.

各界都在尽力履行各自的职责，协力解决这次危机。
각계에서 각자의 직무를 최선으로 이행하고, 협력하여 이번 위기를 해결하고 있다.

各界 gèjiè 각계 | 尽力 jìnlì 온 힘을 다하다 | 各自 gèzì 각자 |
职责 zhízé 직책 | 协力 xiélì 협력하다 | 危机 wēijī 위기
유의 实行 shíxíng 실행하다
执行 zhíxíng 실행하다

途径 *tújìng*

명 경로, 과정, 방법, 수단(주로 비유적으로 쓰임)
▶ 여러 가지 途径을 통해서 정보를 수집해 봤습니다.

合作双方都必须通过正当途径解决企业间的矛盾。
협력 당사자 양측은 모두 정당한 경로를 통해 기업 간의 갈등을 해결해야 한다.

合作 hézuò 협력하다 | 通过 tōngguò ~을 통해 | 正当 zhèngdàng 정당하다 | 矛盾 máodùn
갈등

窍门 *qiàomén*

명 (-儿) 요령, 비결, 방법
▶ 성실하게 해야지, 그렇게 窍门만 부리다가는 도태되기 십상이야.

成功人士告诫我们：成功没有窍门，只有努力和机遇。
성공한 사람들은, 성공에는 요령이 없고, 오직 노력과 기회만 있을 뿐이라고 우리에게 충고한다.

成功 chénggōng 성공하다 | 人士 rénshì 인사 | 告诫 gàojiè 훈계하다 | 机遇 jīyù 기회

实施 shíshī

동 (법령·정책 등을) 실시하다, 실행하다
▶ 정해진 계획은 일단 实施해 봐야 고쳐야 할 부분을 찾을 수 있죠.

各企业全面实施了政府下达的新的制度，并已初见成效。

각 기업은 정부가 하달한 새로운 제도를 전면적으로 실시했고, 이미 초기 성과를 거두었다.

各 gè 각 | 企业 qǐyè 기업 | 全面 quánmiàn 전면적이다 | 政府 zhèngfǔ 정부 | 下达
xiàdá 하달하다 | 制度 zhìdù 제도 | 并 bìng 그리고 | 初见 chūjiàn 처음으로 나타나다 | 成效
chéngxiào 성과

周密 zhōumì

형 주도면밀하다, 치밀하다
▶ 프로젝트를 완벽하게 성공시키려면, 周密한 계획이 우선되어야 합니다.

想要进军国外市场，做周密的部署格外重要。

해외 시장에 진출하려면, 주도면밀한 인력 및 임무의 배치가 특히 중요하다.

进军 jìnjūn 나아가다 | 市场 shìchǎng 시장 | 部署 bùshǔ (인력·임무를) 배치하다, 안배하다 |
格外 géwài 특별히

扩张 kuòzhāng

동 확장하다, 넓히다
▶ 사업을 무리하게 扩张하다가 잘못하면 부도날 수 있어.

考虑到现在的环境，还不适宜向海外扩张市场。

현재의 환경을 고려하면, 해외로 시장을 확대하는 것은 아직 적합하지 않다.

考虑 kǎolǜ 고려하다 | 适宜 shìyí 적합하다

合并 hébìng

동 합병하다, 합치다   동 합병증을 일으키다
▶ 듣자 하니 실적이 좋은 기업 몇 군데를 合并한다고 하더라고.

几家信贷业务良好的机构集体商议后，决定将企业合并。

신용도가 좋은 기관 몇 곳이 협의 후, 기업을 합병하기로 결정했다.

信贷 xìndài 신용 | 业务 yèwù 업무 | 良好 liánghǎo 훌륭하다 | 机构 jīgòu 기구 | 集体 jítǐ
단체 | 商议 shāngyì 협의하다 | 将 jiāng ~을 | 企业 qǐyè 기업

过渡 guòdù

동 (다음 단계로) 넘어가다, 과도하다 동 (강을) 건너다
▶ 우리 회사는 글로벌 기업으로 향해 가는 过渡期에 있습니다.

企业在发展时总是会碰到波折，这只是一个过渡而已。
기업은 발전하면서 항상 우여곡절을 겪게 되지만, 이는 단지 과도기일 뿐이다.

发展 fāzhǎn 발전하다 | 碰 pèng 부딪치다 | 波折 bōzhé 풍파, 곡절 | A 只是B而已
A zhǐshì B éryǐ A는 단지 B일 뿐이다

倒闭 dǎobì

동 도산하다
▶ 경기 침체로 중소기업들이 줄줄이 倒闭하였다.

非法集资是导致很多企业走向倒闭的最终原因之一。
불법으로 자금을 모은 것은 많은 기업이 도산하게 만드는 최종 원인 중 하나이다.

非法 fēifǎ 불법적인 | 集资 jízī 자금을 모으다 | 导致 dǎozhì 야기하다 | 最终 zuìzhōng 최종의
| 原因 yuányīn 원인 | 之一 zhī yī ~ 중의 하나

福利 fúlì

명 복지 동 복리를 증진시키다
▶ 우리 회사는 비록 작지만 직원들의 福利가 정말 좋아!

企业的福利和待遇在某种程度上体现了其经济实力。
기업의 복지와 대우는 어느 정도 그 기업의 경제력을 구현했다.

待遇 dàiyù 대우 | 某 mǒu 어느 | 程度 chéngdù 정도 | 体现 tǐxiàn 구현하다 | 经济 jīngjì
경제 | 实力 shílì 실력

赞助 zànzhù

동 (물질적 도움으로) 찬조하다, 지원하다, 협찬하다
▶ 재능은 있지만 경제적인 문제로 배우지 못하는 아이들을 赞助
해 주려고 합니다.

我们正与几家国有企业商议赞助几所灾后希望小学的事。
우리는 공기업 몇 곳과 재해를 입은 몇몇 희망 초등학교에 물자를 지원하는 일을 논의 중이다.

与 yǔ ~과 | 国有企业 guóyǒu qǐyè 국유 기업 | 所 suǒ 개(학교·병원 등 기관을 세는 양사) |
灾后 zāihòu 재난 후 | 希望小学 xīwàng xiǎoxué 희망 초등학교('희망 사업'으로 빈곤 지역에 세워
진 초등학교)

指标 zhǐbiāo

명 목표, 지표
▶ 초기에 정해 놓은 지표를 초과 달성하는 쾌거를 이루었습니다!

为了完成预想的指标，全体员工不遗余力、艰苦奋战。
예상한 목표를 달성하기 위해, 전 직원이 있는 힘을 다해 힘들게 분투하고 있다.

预想 yùxiǎng 예상하다 | **全体** quántǐ 전체 | **员工** yuángōng 직원 | **不遗余力** bùyíyúlì 있는 힘을 다하다 | **艰苦** jiānkǔ 어렵고 고달프다 | **奋战** fènzhàn 분투하다

 指标의 빈출 짝꿍 표현

指标는 목표를 이루기 위한 지표를 나타내어, 쓰기 영역에서 성공과 관련된 이야기에 자주 출제된다. 듣기와 독해에서도 종종 출제되므로, 자주 쓰이는 표현을 익혀 고득점을 노려 보자.

예 **评价指标** 평가 지표 | **生产指标** 생산 지표 | **达到指标** 목표에 도달하다
衡量(héngliáng)**孩子优秀与否的指标** 아이가 우수한지 여부를 가늠하는 지표

公关 gōngguān

명 공공관계(公共关系) (기업의 경영 관리 수단의 하나, 홍보·공보 등을 의미)
▶ 公关 부서가 제대로 역할을 해야 회사가 잘 돌아가지.

"危机公关"，是专门为企业解决一切危机事务的部门。
'위기 공공관계'는 전문적으로 기업의 모든 위기를 해결하는 부처이다.

危机 wēijī 위기 | **专门** zhuānmén 전문적으로 | **一切** yíqiè 모든 | **事务** shìwù 일, 업무

行列 hángliè

명 대열, 행렬
▶ 세계적인 글로벌 기업의 行列에 들어설 수 있기를 바랍니다.

想要跻身于全国优秀企业的行列，就要懂得经营。
전국에서 우수한 기업의 대열에 들어서기 위해서는, 경영을 잘 알아야 한다.

跻身于 jīshēnyú (어떤 대열·위치)에 들어서다 | **优秀** yōuxiù 우수하다 | **经营** jīngyíng 경영하다

领先 lǐngxiān

동 (수준·성적 등이) 앞서다, 리드하다　동 선두에 서다
▶ 모든 기업이 각 분야를 领先하기 위해 고군분투하고 있어.

生产技术处于领先地位的企业应带领中小企业共同发展。
생산 기술이 우위에 있는 기업은 중소기업의 공동 발전을 이끌어야 한다.

生产 shēngchǎn 생산하다 | **技术** jìshù 기술 | **处于** chǔyú 처하다 | **地位** dìwèi 위치 | **企业** qǐyè 기업 | **带领** dàilǐng 이끌다 | **中小企业** zhōngxiǎo qǐyè 중소기업 | **共同** gòngtóng 공동의 | **发展** fāzhǎn 발전하다

庞大 *pángdà*

(형) 방대하다, 거대하다

▶ 이번 건은 정말 스케일이 庞大해서 모두가 기대를 걸고 있어.

这次的国际贷款是近期我方贷款中数额最为庞大的一次。

이번 국제 차관은 최근 우리 측이 받은 것 중에서 금액이 가장 큰 건이다.

国际 guójì 국제 | **贷款** dàikuǎn 차관 | **近期** jìnqī 가까운 시기 | **数额** shù'é 액수 | **最为** zuìwéi 가장

(유의) **巨大** jùdà 아주 크다

출제 포인트 독해 영역 설명문 유형 빈출 어휘 **庞大**

庞大는 형체나 조직, 수량 등이 지나치게 크거나 많은 것을 형용하는 어휘로, 독해 3·4부분의 설명문에 자주 출제된다. 아래 자주 출제된 어휘를 함께 익혀 보자.

(예) **庞大的规模** 방대한 규모 | **庞大的开支** 방대한 지출 | **机构庞大** 기구가 방대하다

体型庞大 체형이 거대하다 | **体积庞大** 부피가 방대하다 | **数量庞大** 수량이 방대하다

辉煌 *huīhuáng*

(형) 눈부시다, 출중하다　(형) 휘황찬란하다

▶ 내가 그 기업의 약력을 봤는데, 여태껏 쌓아온 업적이 아주 辉煌하더라고.

业界一致认为，本次的海外投资赢得了辉煌的胜利。

업계에서는 입을 모아 이번 해외 투자가 눈부신 성과를 거두었다고 생각한다.

业界 yèjiè 업계 | **一致** yízhì 함께 | **投资** tóuzī 투자 |
赢得 yíngdé 얻다 | **胜利** shènglì 성과를 거두다

(유의) **灿烂** cànlàn 찬란하다, 눈부시다

　　　光辉 guānghuī 찬란하다

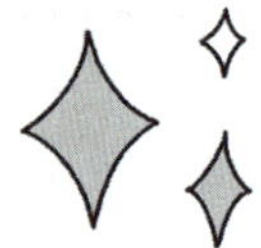

유의어 비교 **辉煌** vs **灿烂** vs **光辉**

세 단어 모두 '눈부시게 빛나다'라는 뜻이지만, 활용에 차이가 있으므로, 구분해서 익혀 두자.

辉煌 huīhuáng	일의 성과, 성적 등 추상명사나 등불, 건축물 등의 구체적인 명사를 형용함 (예) **辉煌的成果** 눈부신 성과	**灯火辉煌** 불빛이 밝게 빛나다
灿烂 cànlàn	빛이 눈부시게 빛남을 형용하며, 비유적으로 웃는 얼굴 등도 형용함 (예) **星光灿烂** 별빛이 찬란하다	**笑容灿烂** 웃는 얼굴이 찬란하다
光辉 guānghuī	추상적인 사상, 형상, 모범 등이 훌륭함을 뜻하며, 명사로 '눈부신 빛'을 나타냄 (예) **光辉岁月** 눈부신 세월	**太阳的光辉** 태양의 눈부신 빛

专利 zhuānlì

명 특허
▶ 우리가 专利를 낸 기술이니, 다른 기업들은 함부로 사용할 수 없지.

持专利权的个人或企业，享有实施这项专利的绝对权力。
특허권을 가진 개인이나 기업이, 그 특허를 시행할 절대적 권리를 지닌다.

持 chí 가지다 | **享有** xiǎngyǒu 지니다 | **实施** shíshī 실행하다 | **项** xiàng 가지(제도·조항 등을 세는 양사) | **绝对** juéduì 절대적인 | **权力** quánlì 권력

许可 xǔkě

동 허가하다, 승낙하다
▶ 정부가 许可하지 않으면 가공품을 대량으로 들여올 수 없어.

一些不法商家未经我方许可，就生产了大量同类产品。
몇몇 불법 업체가 우리 측의 허가 없이, 대량의 동종 제품을 생산했다.

不法 bùfǎ 불법의 | **商家** shāngjiā 가게 | **未经** wèijīng (어떤 과정을) 거치지 않다 | **同类** tónglèi 동류 | **产品** chǎnpǐn 제품
유의 **允许** yǔnxǔ 허락하다, 허가하다

认可 rènkě

동 인정하다　동 승낙하다, 인가하다
▶ 그는 회사에 세운 공로를 认可받아 표창장을 받았다.

销售部提出的新建议得到了管理部门的高度认可。
영업부가 낸 새로운 제안은 경영 부문의 높은 인정을 받았다.

销售部 xiāoshòubù 판매부 | **提出** tíchū 제안하다 | **建议** jiànyì 제안 | **得到** dédào 얻다 | **管理部门** guǎnlǐ bùmén 관리 부문 | **高度** gāodù (정도가) 높은
유의 **承认** chéngrèn 인정하다, 승인하다

转让 zhuǎnràng

동 양도하다, 넘겨주다
▶ 특허 기술은 누구에게도 절대 转让할 수 없습니다.

我们把公司的一部分海外市场销售权转让给了合作伙伴。
우리는 회사의 일부 해외 시장 판매권을 협력 파트너에게 양도했다.

一部分 yíbùfen 일부 | **市场** shìchǎng 시장 | **销售权** xiāoshòuquán 판매권 | **合作** hézuò 협력하다 | **伙伴** huǒbàn 동료

试图 shìtú

동 시도하다
▶ 변화를 试图해 보는 것까지는 좋았는데, 결과가 영 좋질 못하네.

高层试图化解合同双方的矛盾，但最终毫无效果。
고위층은 계약서의 양측 갈등을 없애려 시도했지만, 결국 아무 효과도 거두지 못했다.

高层 gāocéng 고위층의 | **化解** huàjiě 없애다 | **合同** hétong 계약서 | **矛盾** máodùn 갈등 | **最终** zuìzhōng 최종의 | **毫无** háowú 조금도 ~가 없다 | **效果** xiàoguǒ 효과

私自 sīzì

부 비밀리에, 불법적으로
▶ 이런 중요한 사항을 왜 몇 명이서만 私自 결정하세요?

我方无权私自篡改条约中的任何一项内容，对方也是。
우리 측은 비밀리에 조약의 어떤 내용도 바꿀 권리가 없으며, 상대측도 마찬가지이다.

无权 wúquán 권력이 없다 | **篡改** cuàngǎi 의도적으로 고치다 | **条约** tiáoyuē 조약 | **任何** rènhé 어떠한 | **项** xiàng 가지(제도·조항 등을 세는 양사) | **内容** nèiróng 내용 | **对方** duìfāng 상대편

机密 jīmì

형 기밀이다, 극비이다　명 기밀, 극비
▶ 회사의 机密문서는 도난당하지 않도록 주의하고 또 주의하세요.

机密文件被盗令合作双方的业务进入停滞不前的状态。
기밀문서가 도난당하여 합작한 양측의 업무가 지지부진하는 상태에 빠지게 되었다.

文件 wénjiàn 문서 | **盗** dào 훔치다 | **令** lìng ~하게 하다 | **业务** yèwù 업무 | **进入** jìnrù 들다 | **停滞不前** tíngzhìbùqián 정체되어 앞으로 나가지 못하다 | **状态** zhuàngtài 상태

保密 bǎomì

동 비밀을 지키다, 기밀로 하다
▶ 이 회의실 안에서 이야기된 모든 내용들은 保密하셔야 합니다.

商业机密禁止外传，业者有义务严格保密这些内部机密。
상업 기밀은 외부로 유출하는 것을 금하며, 관계자는 엄격하게 이러한 내부 기밀을 지킬 의무가 있다.

商业 shāngyè 상업 | **禁止** jìnzhǐ 금지하다 | **外传** wàichuán 외부에 퍼뜨리다 | **业者** yèzhě 관계자 | **义务** yìwù 의무 | **严格** yángé 엄격히 하다 | **内部** nèibù 내부
반의 **泄露** xièlòu 누설하다, 폭로하다

泄露 xièlòu

(동) (비밀·기밀 등을) 누설하다, 폭로하다
▶ 중앙 정보 시스템이 해킹을 당해서 기밀문서가 전부 泄露되었대!

合作的任何一方泄露合作机密，都是要承担法律责任的。
협력 당사자 그 어느 쪽이라도 협력 기밀을 유출하면, 모두 법적인 책임을 져야 한다.

承担 chéngdān 책임지다 ｜ **法律责任** fǎlǜ zérèn 법적 책임
(유의) **透露** tòulù 누설하다 ／ **走漏** zǒulòu (정보를) 누설하다
(반의) **保密** bǎomì 비밀을 지키다, 기밀로 하다

透露 tòulù

(동) 누설하다, 흘리다 　**(동)** 드러내다
▶ 그건 우리 회사의 기밀인데 다른 기업에 透露하면 어떡해!

知情人士向警方透露了消息，使很多造假厂商惶惶不安。
관계자가 경찰에 정보를 누설하여, 가짜 상품을 만드는 많은 제조업자들을 불안에 떨게 했다.

知情人士 zhīqíng rénshì (사건을 알고 있는) 관계자 ｜ **警方** jǐngfāng 경찰 측 ｜ **消息** xiāoxi 정보
｜ **使** shǐ ~하게 하다 ｜ **造假** zàojiǎ 가짜 상품을 만들다 ｜ **厂商** chǎngshāng 제조업자 ｜ **惶惶不安** huánghuángbù'ān 걱정되고 불안하다
(유의) **泄露** xièlòu 누설하다, 폭로하다
(반의) **保密** bǎomì 비밀을 지키다, 기밀로 하다

暴露 bàolù

(동) 드러내다, 폭로하다
▶ 진실은 언제든 暴露되게 마련이니, 허튼 수작 부리지 마세요.

他在反方面前暴露了自己的缺点，使他丧失了主动权。
그는 상대방 앞에서 자신의 단점을 드러내어, 주도권을 잃었다.

反方 fǎnfāng 반대 측 ｜ **缺点** quēdiǎn 단점 ｜ **使** shǐ ~하게 하다 ｜ **丧失** sàngshī 잃어버리다 ｜ **主动权** zhǔdòngquán 주도권
(유의) **泄露** xièlòu 누설하다, 폭로하다
(반의) **隐藏** yǐncáng 숨기다, 감추다

출제 포인트 　露의 두 가지 발음과 의미

露는 단어에 따라 다르게 발음되므로 주의해야 한다. 아래의 빈출 표현을 익혀 보자.

露 lòu 　'누설하다'라는 의미로, 비밀, 유언비어 등에 쓰임
예 **泄露秘密** 비밀을 누설하다 ｜ **走漏风声** 유언비어를 흘리다

露 lù 　'드러내다'라는 의미로, 감추어졌던 것들, 표정 등에 쓰임
예 **透露消息** 소식을 퍼트리다 ｜ **暴露身份** 신분을 노출하다
揭露矛盾 모순을 꺼내다 ｜ **流露**(liúlù)**热爱** 애정을 드러내다

揭露 *jiēlù*

 폭로하다, 까발리다
▶ 이번 주가 조작의 진상을 제가 낱낱이 揭露하겠습니다.

揭露不法经营者的真面目，是每个人都应该尽到的义务。
불법 경영자의 진면목을 폭로하는 것은 모두가 마땅히 해야 하는 의무이다.

不法 bùfǎ 불법의 | **经营者** jīngyíngzhě 경영자 | **真面目** zhēnmiànmù 진면목 | **尽** jìn
(온 힘을 다해) 해내다 | **义务** yìwù 의무
반의 **掩盖** yǎngài 감추다 / **掩饰** yǎnshì 덮어 숨기다, 감추다

圈套 *quāntào*

명 계략, 올가미
▶ 경쟁 기업의 圈套에 걸려 들어서 하마터면 큰 손해를 입을
뻔했다.

识破交易市场上常见的赚钱**圈套**是经营者必备的知识。
교역 시장의 흔한 돈벌이 계략을 간파하는 것은 경영자가 반드시 갖추어야 하는 지식이다.

识破 shípò 간파하다 | **交易** jiāoyì 거래 | **市场** shìchǎng 시장 | **赚钱** zhuànqián 이윤을 남기다
| **必备** bìbèi 반드시 갖추다 | **知识** zhīshi 지식

曝光 *bàoguāng*

동 폭로하다, 노출되다　동 (사진에서 빛이) 노출되다
▶ 회장의 추잡한 사생활이 曝光되어 회사의 주가가 폭락했다.

那家企业的不良行为一经媒体**曝光**，就引来无数关注。
그 기업의 잘못된 행동이 매체를 통해 폭로되자마자, 수많은 관심을 받게 되었다.

企业 qǐyè 기업 | **不良** bùliáng 불량하다 | **行为** xíngwéi 행동 | **一经** yìjīng ~하자마자 |
媒体 méitǐ 대중 매체 | **引** yǐn 야기하다 | **无数** wúshù 무수하다 | **关注** guānzhù 관심, 주목

交易 *jiāoyì*

동 거래하다, 교역하다, 매매하다　명 거래, 장사
▶ 우리는 거래처와 수십 번 交易한 끝에 신용을 쌓았다.

据报道，出口商品**交易**会已于昨天上午拉开帷幕。
보도에 따르면, 수출 상품 박람회가 어제 오전에 이미 막을 올렸다.

据 jù ~에 따르면 | **报道** bàodào 보도 | **出口** chūkǒu 수출하다 | **商品** shāngpǐn 상품 |
交易会 jiāoyìhuì 박람회 | **于** yú ~에 | **拉开** lākāi (힘껏) 당겨서 열다 | **帷幕** wéimù 막
유의 **买卖** mǎimai 장사, 거래

交涉 jiāoshè
동 협상하다, 교섭하다
▶ 아무런 성과도 내지 못했으니, 이번에 交涉한 것은 완전히 실패야.

我们站在工会的立场与其进行交涉后，问题迎刃而解了。
우리가 노조의 입장에서 그들과 교섭을 진행한 후, 문제가 바로 쉽게 풀렸다.

工会 gōnghuì 노조 | **立场** lìchǎng 입장 | **与** yǔ ~과 | **进行** jìnxíng 진행하다 | **迎刃而解** yíngrèn'érjiě 핵심적인 문제만 해결하면 다른 것들은 잇따라 풀린다

洽谈 qiàtán
동 협의하다, 상담하다
▶ 오늘 오후에 외국 바이어와 가격을 洽谈하기로 했습니다.

公司多次委托我和中国企业进行具体洽谈业务。
회사는 내가 중국 기업과 구체적인 협상 업무를 진행하도록 여러 차례 위임했다.

委托 wěituō 위탁하다 | **具体** jùtǐ 구체적이다 | **业务** yèwù 업무

协商 xiéshāng
동 협상하다, 협의하다
▶ 비교적 우호적인 분위기에서 사안을 协商하였다.

经多次协商，谈判双方商议出了一项折中的解决办法。
여러 차례의 협상을 거쳐, 협상 양측은 절충안을 마련했다.

经 jīng 거치다 | **谈判** tánpàn 협상하다 | **商议** shāngyì 상의하다 | **项** xiàng 가지(제도·조항 등을 세는 양사) | **折中** zhézhōng 절충하다

协调 xiétiáo
동 조화롭게 하다, 어울리게 하다　형 어울리다, 조화롭다
▶ 자연과 协调하는 친환경 제품이 이번 콘셉트입니다.

这家公司为协调市场专门成立一个部门。
이 기업은 시장을 조화롭게 만들기 위해 특별히 부서 하나를 설립했다.

市场 shìchǎng 시장 | **专门** zhuānmén 특별히 | **成立** chénglì 설립하다 | **部门** bùmén 부서

达成 dáchéng

동 도달하다, 달성하다, 얻다
▶ 이번 협업을 통해 양측 모두 원하는 목표에 달성할 수 있기를 기원합니다.

两家公司在十分融洽的气氛中达成了此项协议。
두 회사는 매우 조화로운 분위기 속에서 이번 합의에 도달했다.

十分 shífēn 매우 | **融洽** róngqià 조화롭다 | **气氛** qìfēn 분위기 | **此** cǐ 이것

协议 xiéyì

명 협의, 합의　**동** 협의하다, 합의하다
▶ 며칠을 토론하였으나 결국 원하는 협의에 이르지 못했다.

按照协议行事是合作双方应该遵守的最基本的原则。
협의에 따라 일을 처리하는 것은 협력 당사자 양측이 마땅히 지켜야 하는 가장 기본적인 원칙이다.

按照 ànzhào ~에 따라 | **行事** xíngshì 일을 처리하다 | **合作** hézuò 협력하다 | **遵守** zūnshǒu 준수하다 | **基本** jīběn 기본적인 | **原则** yuánzé 원칙

妥协 tuǒxié

동 타협하다, 타결하다
▶ 왜 뜬금없이 제3자가 나서서 妥协하라고 종용하는 거야?

从双方激烈的反应来看，谁也不想在这次谈判中妥协。
양측의 격렬한 반응으로 보아, 누구도 이번 협상에서 타협하고 싶지 않아 한다.

激烈 jīliè 격렬하다 | **反应** fǎnyìng 반응

制约 zhìyuē

동 제약하다
▶ 보호 무역 제도 때문에 수출에 制约되는 부분이 너무 많아.

无论是私营企业还是国有企业，都受国家政策的制约。
사기업이든 공기업이든, 모두 국가 정책의 제약을 받는다.

无论A还是B, 都C wúlùn A háishi B, dōu C A든 B든 관계없이, 모두 C하다 | **私营企业** sīyíng qǐyè 개인 기업 | **国有企业** guóyǒu qǐyè 국유 기업 | **政策** zhèngcè 정책

前提 qiántí

명 전제, 전제 조건
▶ 누구에게도 불리한 조항은 없는 것을 前提로 협상을 시작하죠.

团结、进取是企业稳步发展应该具备的基本前提。
협동과 진취는 기업이 안정적으로 발전하는 데 반드시 갖추어야 하는 기본 전제이다.

团结 tuánjié 단결하다 | **进取** jìnqǔ 진취하다 | **企业** qǐyè 기업 | **稳步** wěnbù 안정적인 발걸음 | **发展** fāzhǎn 발전하다 | **具备** jùbèi 갖추다

 前提의 빈출 짝꿍 표현

前提는 듣기 3부분 논설문에서 성공, 안전, 업무를 잘 처리하는 전제 등과 관련된 내용으로 자주 출제되며, '〜의 전제 하에'라는 뜻으로 [在……前提下]가 자주 쓰인다.

예 **前提条件** 전제 조건 | **必要的前提** 필요 전제 | **在这个前提下** 이 전제 하에
努力是成功的前提。 노력은 성공의 전제이다.

成效 chéngxiào

명 효과, 효능
▶ 방금 제안한 방안이 成效가 있을 거라고 생각하십니까?

面对混乱的市场环境，专家们应及时提出有成效的建议。
혼란한 시장 환경에 직면하면, 전문가들은 즉시 효과적인 제안을 내놓아야 한다.

面对 miànduì 직면하다 | **混乱** hùnluàn 혼란하다 | **市场** shìchǎng 시장 | **专家** zhuānjiā 전문가 | **及时** jíshí 즉시 | **提出** tíchū 제기하다 | **建议** jiànyì 제안

警告 jǐnggào

동 경고하다
▶ 한 번만 더 멋대로 결재했다가는 좌천당할 거라고 警告했습니다.

上级提出的警告并没有引起下属们的注意。
상사가 제기한 경고는 부하 직원들의 관심을 전혀 끌지 못했다.

上级 shàngjí 상사 | **并** bìng 전혀 | **引起** yǐnqǐ 야기하다 | **下属** xiàshǔ 부하

解除 jiěchú

동 없애다, 제거하다, 청산하다
▶ 여태껏 월권하며 회사를 어지럽히더니 결국 직무를 解除당했대.

我方被迫在此次谈判中无条件地解除合约中的两项条款。
우리 측은 어쩔 수 없이 이번 협상에서 무조건적으로 계약서상의 두 가지 조항을 삭제했다.

被迫 bèipò 어쩔 수 없이 〜하다 | **此次** cǐcì 이번 | **谈判** tánpàn 협상하다 | **无条件** wútiáojiàn 아무런 조건이 없다 | **合约** héyuē 계약 | **项** xiàng 가지(제도·조항 등을 세는 양사) | **条款** tiáokuǎn 조항

中断 zhōngduàn

 중단하다, 끊다
▶ 사전에 보고도 없이 마음대로 공사를 中断해도 되는 겁니까?

交易双方在达成协议后，立即恢复了已经中断的业务。

거래 양측이 협의를 이뤄 낸 후, 바로 이미 중단된 업무를 회복시켰다.

交易 jiāoyì 거래 | 达成 dáchéng 도달하다 | 协议 xiéyì 협의 | 恢复 huīfù 회복시키다 | 业务 yèwù 업무

★ **보충단어** 아래 단어들의 예문은 WEB 단어장에서 확인할 수 있어요.

보충단어
WEB 단어장

抵制 dǐzhì 동 보이콧하다, 배척·억제하다

罢工 bàgōng 동 동맹 파업하다

拟定 nǐdìng 동 입안하다, 초안을 세우다
동 추측하여 단정하다

导向 dǎoxiàng
동 (어느 방향으로) 이끌어 주다, 발전시키다
명 인도하는 방향

贯彻 guànchè
동 (방침·정책 등을) 철저하게 실현·관철시키다

切实 qièshí 형 실질적이다

扩充 kuòchōng 동 확충하다, 늘리다

招标 zhāobiāo 동 입찰 공고하다

飞跃 fēiyuè 동 비약하다
동 비약적으로 발전하다

雄厚 xiónghòu 형 풍부하다, 충분하다

里程碑 lǐchéngbēi 명 기념비적 사건
명 이정표

索取 suǒqǔ 동 (돈·물건을) 받아 내다

走漏 zǒulòu 동 (정보를) 누설하다
동 밀수로 탈세하다
동 (대량의 물건을) 도난당하다

埋没 máimò 동 묻히다, 매몰되다
동 (인재 등을) 묻다, 감추다, 가리다

磋商 cuōshāng 동 (반복해서) 협의하다, (자세히) 논의하다

签署 qiānshǔ 동 정식 서명하다

条约 tiáoyuē 명 조약

生效 shēngxiào 동 효력이 발생하다, 효과가 나타나다

撤销 chèxiāo 동 취소하다, 없애다

终止 zhōngzhǐ 동 끝내다, 중지하다, 정지하다

扭转 niǔzhuǎn
동 전환하다, 되돌리다, 시정하다
동 (반대 방향으로) 돌리다

HSK 6급 빈출 표현

奠定基础	diàndìng jīchǔ	기초를 다지다
拟定计划	nǐdìng jìhuà	계획 초안을 잡다
策划活动	cèhuà huódòng	행사를 계획하다
生意兴隆	shēngyì xīnglóng	사업이 번창하다
公司扩张	gōngsī kuòzhāng	회사 확장
规模庞大	guīmó pángdà	규모가 방대하다
成果辉煌	chéngguǒ huīhuáng	성과가 눈부시다
设立奖项	shèlì jiǎngxiàng	상을 신설하다
泄露秘密	xièlòu mìmì	비밀을 누설하다
舆论导向	yúlùn dǎoxiàng	여론의 방향
连锁反应	liánsuǒ fǎnyìng	연쇄적인 반응
政治交易	zhèngzhì jiāoyì	정치적 거래
外交途径	wàijiāo tújìng	외교 수단
在……前提下	zài …… qiántí xià	~의 전제 조건하에
达成协议	dáchéng xiéyì	협의를 이루어 내다
立即生效	lìjí shēngxiào	즉시 효력이 발생하다

데일리 테스트

고생하셨어요!
QR코드를 스캔하면 DAY01~DAY30 전체 데일리 테스트 PDF가
다운로드됩니다.

★ HSK 시험에 이렇게 나와요.
어떤 사람의 업무 성과나 회사에서 효율적으로 업무를 처리한 사례 등의 내용이 듣기 1·3부분에서 출제됩니다. 특히 쓰기에서는 주인공이 어려운 상황을 극복하여 성공하는 이야기로도 많이 출제되므로, 관련 어휘들을 잘 익혀 둡니다.

나만 믿어요

#행정 #사무

음원 듣기

암기 영상

汇报 huìbào

동 (상급·대중에게) 종합 보고하다
▶ 지금까지의 업무 진행 상황을 汇报해 주시겠습니까?

我将定期向总公司汇报分公司的一切运营状况。
나는 정기적으로 본사에 지사의 모든 운영 상황을 보고할 것이다.

将 jiāng ~할 것이다 | **定期** dìngqī 정기의 | **总公司** zǒnggōngsī 본사 | **分公司** fēngōngsī 지사 | **一切** yíqiè 모든 | **运营** yùnyíng 운영하다 | **状况** zhuàngkuàng 상황
유의 **报告** bàogào 보고하다

申报 shēnbào

동 (서면으로) 보고하다
▶ 소득세를 申报하려고 하는데, 어떻게 해야 되나요?

机场海关有权对一些乘客购买的物品提出书面申报要求。
공항 세관은 일부 승객이 구입한 물품에 대해 서면 신고하도록 요구할 권한이 있다.

海关 hǎiguān 세관 | **权** quán 권력 | **乘客** chéngkè 승객 | **购买** gòumǎi 구입하다 | **物品** wùpǐn 물품 | **提出** tíchū 제기하다 | **书面** shūmiàn 서면

吩咐 fēnfù

동 명령하다, 분부하다
▶ 이번 주에는 일요일에도 출근하라고 吩咐하지 뭐야!

护士按照医生的吩咐按时为病人打针，并且观察病情。
간호사는 의사의 명령에 따라 시간에 맞춰 환자에게 주사를 놔 주고, 병의 상태를 관찰했다.

护士 hùshi 간호사 | **按照** ànzhào ~에 따라 | **按时** ànshí 제때에 | **病人** bìngrén 환자 | **打针** dǎzhēn 주사를 놓다 | **并且** bìngqiě 그리고 | **观察** guānchá 관찰하다 | **病情** bìngqíng 병세
유의 **嘱咐** zhǔfù 분부하다, 당부하다

유의어 비교 **吩咐** vs **嘱咐**

두 단어 모두 상대방에게 분부한다는 뜻이지만, 쓰이는 상황이 다르므로 주의하자.

吩咐 fēnfù | 일반적으로 상급자가 하급자에게 명령하는 상황에 쓰임
예 **我应该干什么，请您吩咐。** 제가 무엇을 해야 하는지, 분부하여 주십시오.

嘱咐 zhǔfù | 상하 관계 이외에도 동년배, 동료 사이에서 당부하는 상황에 쓰임
예 **我不会忘记父母对我的嘱咐。** 나는 부모님이 나에게 당부한 것을 잊을 수 없어.

请示 qǐngshì

동 (상부에) 지시를 바라다
▶ 상부에 请示한 지 벌써 한 달이 지났는데도 묵묵부답이야.

助理未请示上级，就擅自把所有请柬都发了出去。
보좌관은 상사의 지시를 아직 요청하지 않고, 모든 초대장을 자기 멋대로 보냈다.

助理 zhùlǐ 보좌관 | **未** wèi 아직 ~하지 않다 | **上级** shàngjí 상급자 | **擅自** shànzì (월권하여)
자기 멋대로 하다 | **所有** suǒyǒu 모든 | **请柬** qǐngjiǎn 초대장

采纳 cǎinà

동 (의견·건의 등을) 받아들이다, 수락하다, 채택하다
▶ 가장 좋은 의견을 采纳할 테니 많이들 이야기해 주세요.

经理希望能说服投资方采纳他的提案，并争取获得投资。
사장님은 투자 측이 그의 제안을 받아들이도록 설득하여, 투자를 확보할 수 있기를 희망한다.

说服 shuōfú 설득하다 | **投资方** tóuzīfāng 투자자 | **提案** tí'àn 제안하다 | **并** bìng 그리고 |
争取 zhēngqǔ 따내다 | **获得** huòdé 얻다 | **投资** tóuzī 투자

采纳는 意见, 建议, 提议 등과 같은 추상적인 단어와 함께 쓰이며, 피동의 표현으로 被와도 자주 함께
쓰인다.

예　**采纳意见** 의견을 받아들이다 | **采纳建议** 제안을 받아들이다
采纳提议(tíyì) 제의를 받아들이다 | **建议没有被采纳** 제안이 받아들여지지 않았다

筹备 chóubèi

동 기획하고 준비하다
▶ 이렇게 큰 행사를 어떻게 나 혼자서 筹备하라는 건지 모르겠어!

李秘书负责这场盛大宴会的全部筹备与管理工作。
이 비서는 이번 대규모 연회의 모든 준비와 관리 업무를 담당한다.

秘书 mìshū 비서 | **负责** fùzé 책임지다 | **场** chǎng 회, 차례(오락·체육 활동·시험 등의 횟수를 세는
양사) | **盛大** shèngdà 성대하다 | **宴会** yànhuì 연회 | **全部** quánbù 전부 | **管理** guǎnlǐ 관리
하다

盖章 gài zhāng

도장을 찍다
▶ 난 이 계약서에 盖章한 적이 없는데요?

申请书应由申请人本人签名盖章，并填写相应的信息。
신청서는 신청인 본인이 서명하거나 도장을 찍어야 하고, 상응하는 정보를 기입해야 한다.

申请书 shēnqǐngshū 신청서 | **申请人** shēnqǐngrén 신청자 | **本人** běnrén 본인 | **签名**
qiānmíng 서명하다 | **填写** tiánxiě 기입하다 | **相应** xiāngyìng 상응하다 | **信息** xìnxī 정보

动手 dòngshǒu

동 시작하다, 착수하다　동 때리다　동 만지다
▶ 우리 하루라도 빨리 动手해서 좋은 성과를 내 봅시다!

会议一结束，经理就开始动手起草了市场调查的方案。
회의가 끝나자마자, 사장님은 바로 시장 조사(하는) 방안을 작성하기 시작하셨다.

一A, 就B yī A, jiù B A하자마자, B하다　|　起草 qǐcǎo (글의) 초안을 작성하다　|　市场 shìchǎng 시장　|　调查 diàochá 조사하다　|　方案 fāng'àn 방안

유의　着手 zhuóshǒu 착수하다, 시작하다

着手 zhuóshǒu

동 착수하다, 시작하다
▶ 아직 기한이 좀 남았으니 지금 자료 조사를 着手해도 늦지 않아.

接到老板的指示后，人事部主管立刻着手开始招聘工作。
사장의 지시를 받은 후, 인사부 팀장은 바로 채용 업무를 시작했다.

接到 jiēdào 받다　|　老板 lǎobǎn 사장　|　指示 zhǐshì 지시　|　人事部 rénshìbù 인사부　|　主管 zhǔguǎn 팀장　|　立刻 lìkè 바로　|　招聘 zhāopìn 채용하다

유의　动手 dòngshǒu 시작하다, 착수하다

首要 shǒuyào

형 가장 중요하다　명 수뇌, 우두머리
▶ 더 발전하기 위해 首要한 일은 뭘까요?

当前，我们的首要任务是控制市场，以减少更大的损失。
현재 우리의 최우선 업무는 더 큰 손실을 줄이기 위해 시장을 통제하는 것이다.

当前 dāngqián 현재　|　任务 rènwu 임무　|　控制 kòngzhì 통제하다　|　以 yǐ ~하기 위하여　|　减少 jiǎnshǎo 줄이다　|　损失 sǔnshī 손실

进展 jìnzhǎn

동 진전하다, 발달하다　명 진전
▶ 시작한 지 벌써 두 달이 지났는데 어째서 일이 进展되지 않습니까?

科长在时刻向领导汇报新部门的工作进展情况。
과장은 시시각각 상사에게 새로운 부서의 업무 진전 상황을 보고하고 있다.

科长 kēzhǎng 과장　|　时刻 shíkè 시시각각　|　领导 lǐngdǎo 리더　|　汇报 huìbào 보고하다　|　部门 bùmén 부서　|　情况 qíngkuàng 상황

截至 jiézhì

동 ~까지 마감이다, ~에 이르다
▶ 이번 거래의 초도 물량은 100만 톤에서 截至한대.

截至昨天，共有5名求职者进入了最后的面试阶段。
어제까지 총 5명의 지원자가 최후 면접 단계에 들어섰다.

求职者 qiúzhízhě 구직자 ┃ 进入 jìnrù 들다 ┃ 面试 miànshì 면접시험 ┃ 阶段 jiēduàn 단계
유의 截止 jiézhǐ 마감하다

截止 jiézhǐ

동 마감하다, 일단락 짓다
▶ 截止하는 날짜가 지나고 나서 접수된 서류들은 어떻게 할까요?

供应商希望我们能在**截止**日期以前完成所有的生产任务。
공급 업체는 우리가 마감일 전에 모든 생산 업무를 끝내기를 바란다.

供应商 gōngyìngshāng 공급 업체 ┃ 日期 rìqī 날짜 ┃ 所有 suǒyǒu 모든 ┃ 生产 shēngchǎn
생산하다 ┃ 任务 rènwu 임무
유의 截至 jiézhì ~까지 마감이다

配备 pèibèi

동 배치하다, 분배하다 명 (한 세트의) 설비
▶ 건물의 각 층마다 안내원이 配备되어 있으니 그분들께 여쭤
보시면 됩니다.

如果他们都去出差，公司里的人员**配备**就会出现问题。
만약 그들이 출장을 간다면, 회사 내부의 인원 배치에 문제가 생길 것이다.

出差 chūchāi 출장 가다 ┃ 人员 rényuán 인원 ┃ 出现 chūxiàn 나타나다

支配 zhīpèi

동 안배하다, 분배하다 동 지배하다, 통제하다
▶ 업무 시간을 효율적으로 支配해야 업무 능률도 높아지겠죠?

公司的流动资金全部由财务部**支配**，谁也无法擅自动用。
회사의 유동 자금은 전부 재무부가 안배하고, 누구도 마음대로 가져다 쓸 수 없다.

流动 liúdòng 유동하다 ┃ 资金 zījīn 자금 ┃ 全部 quánbù 전부 ┃ 由 yóu ~가 ┃ 财务部
cáiwùbù 재무부 ┃ 无法 wúfǎ ~할 수 없다 ┃ 擅自 shànzì (월권하여) 자기 멋대로 하다 ┃ 动用
dòngyòng 가져다 쓰다
유의 安排 ānpái 안배하다

布置 bùzhì

⟨동⟩ (물건을) 배치하다, 진열하다   ⟨동⟩ (활동을) 계획하다, 안배하다
▶ VIP가 오실 거니까, 객실을 좀 고급스럽게 布置해 보세요.

主办方重新布置了宴会厅，以便活动顺利开展。
주최 측은 행사가 순조롭게 열리도록 연회장을 새롭게 배치했다.

主办方 zhǔbànfāng 주최자 | **重新** chóngxīn 새롭게 | **宴会厅** yànhuìtīng 연회장 | **以便** yǐbiàn ~하도록 | **顺利** shùnlì 순조롭다 | **开展** kāizhǎn 열리다   〔유의〕 **部署** bùshǔ 배치하다

请教 qǐngjiào

⟨동⟩ 가르침을 청하다
▶ 일하다가 모르는 부분이 있으면 다시 请教해도 될까요?

只要有问题我就会向前辈请教，他也十分乐意帮我。
나는 문제가 있으면 선배에게 조언을 청하고, 그도 기꺼이 나를 도와준다.

前辈 qiánbèi 선배 | **十分** shífēn 매우 | **乐意** lèyì 기꺼이 ~하다

〔출제 포인트〕 **请教**의 빈출 활용 형식

가르침을 청하는 대상은 [请教+대상+일]이나 [向+대상+请教]의 형태로 쓰인다.

예 **虚心向别人请教** 겸손하게 다른 사람에게 가르침을 청하다
我想请教您一件事。 당신에게 가르침을 하나 청하고 싶습니다.

师范 shīfàn

⟨명⟩ '사범 학교'의 약칭   ⟨명⟩ 모범, 본보기
师范 대학교를 나왔는데 가르치는 일에는 뜻이 없나요?

学校招聘教师时，会更青睐师范院校毕业的学生。
학교는 교사를 모집할 때, 사범 대학을 졸업한 학생을 더 선호한다.

招聘 zhāopìn 채용하다 | **青睐** qīnglài 선호하다 | **院校** yuànxiào 단과 대학·대학교의 통칭

榜样 bǎngyàng

⟨명⟩ 본보기, 모범, 귀감
▶ 그녀는 업무 능력이 뛰어나서 모두의 榜样이 된다.

在学习和工作中，树立学习的榜样是一件必不可少的事。
공부와 일을 하는 과정에서, 학습의 롤 모델을 설정하는 것은 꼭 필요한 일이다.

树立 shùlì 세우다 | **必不可少** bìbùkěshǎo 꼭 필요하다   〔유의〕 **模范** mófàn 모범

〔출제 포인트〕 **榜样**의 빈출 짝꿍 표현

榜样은 부모가 아이의 모범이 되야 한다는 내용, 타인을 본보기로 삼아야 한다는 내용 등으로 출제된다.

예 **好榜样** 좋은 모범 | **父亲是儿子的榜样** 아버지는 아들의 모범이다
做个榜样 모범이 되다 | **要以他人为榜样** 타인을 본보기로 삼다

交代 jiāodài

（동）인계하다　（동）당부하다　（동）(의도를) 설명하다
▶ 어떤 일을 해야 하는지 정확히 交代해 주지도 않고 화만 내잖아.

老板出差前并没有交代秘书怎样处理这些私人信件。
사장은 출장 전 비서에게 개인 우편물을 어떻게 처리하는지에 대해 설명하지 않았다.

老板 lǎobǎn 사장 ｜ **出差** chūchāi 출장 가다 ｜ **并** bìng 결코 ｜ **秘书** mìshū 비서 ｜ **处理** chǔlǐ 처리하다 ｜ **私人** sīrén 개인의 ｜ **信件** xìnjiàn 우편물

传授 chuánshòu

（동）전수하다, 가르치다
▶ 제가 가지고 있던 저만의 비법은 모두 传授해 드렸어요.

老一辈的科学家把技术和知识毫无保留地传授给了我们。
기존의 과학자들이 기술과 지식을 남김없이 우리에게 전수해 주었다.

老一辈 lǎoyíbèi 전 세대 ｜ **科学家** kēxuéjiā 과학자 ｜ **技术** jìshù 기술 ｜ **知识** zhīshi 지식 ｜ **毫无** háowú 조금도 ~이 없다 ｜ **保留** bǎoliú 남겨 두다

参照 cānzhào

（동）참고하다, 참조하다
▶ 자세한 사항은 홈페이지를 参照해 주세요.

上级们在决策的过程中，参照了技术员们给出的数据。
상급자들은 방침을 결정하는 과정에서, 기술자들이 제출한 데이터를 참고했다.

上级 shàngjí 상급자 ｜ **决策** juécè 방침을 결정하다 ｜ **过程** guòchéng 과정 ｜ **技术员** jìshùyuán 기술자 ｜ **数据** shùjù 데이터

依靠 yīkào

（동）기대다, 의존하다, 의지하다　（명）지지자, 지지대
▶ 부모님께 더는 依靠하지 말고 이제 독립해!

仅仅依靠一两个人的力量是无法使整个公司运转起来的。
한두 사람의 힘만으로는 회사 전체를 움직이게 할 수 없다.

仅仅 jǐnjǐn 단지 ｜ **力量** lìliang 힘 ｜ **整个** zhěnggè 온, 전체 ｜ **运转** yùnzhuǎn 운행하다

출제 포인트　**依靠의 빈출 짝꿍 표현**

依靠는 아래와 같이 자주 쓰인다.

예　**依靠父母** 부모에게 의지하다 ｜ **依靠的对象** 의지하는 대상
　依靠不了了 의지할 수 없게 되었다 ｜ **有了依靠** 의지가 생겼다
　寻找依靠 의지를 찾다 ｜ **成了唯一的依靠** 유일한 의지가 되었다

纠正 jiūzhèng

(동) 바로잡다, 고치다, 교정하다

▶ 잘못된 것은 纠正하면 되는 거야, 기죽을 필요 없어.

工作中发现失误，就应立即纠正。

업무 과정에서 실수가 발견되면 즉시 바로잡아야 한다.

失误 shīwù 실수 | 立即 lìjí 즉시 (유의) 改正 gǎizhèng 고치다

유의어 비교 纠正 vs 改正

두 단어는 잘못된 것을 고치고 바로잡는 것을 의미하는데, 고치는 주체가 다를 수 있다.

纠正 jiūzhèng — 일반적으로 타인의 도움으로 고치는 상황으로, 발음, 자세 교정 등에 쓰임

예 纠正发音 발음을 교정하다 | 纠正姿势 자세를 교정하다

改正 gǎizhèng — 타인의 힘을 빌릴 수도, 스스로 행동해서 고칠 수도 있음

예 改正错误 잘못을 바로잡다 | 改正错字 오타를 고치다 | 改正姿势 (×)

更正 gēngzhèng

(동) 정정하다, 개정하다, 잘못을 고치다

▶ 제품명이 잘못 등록되었으니 어서 更正해 달라고 요청하세요.

作为领导，他能心甘情愿地更正自己的错误，这实属难得。

리더로서, 그가 자신의 잘못을 달갑게 정정할 수 있다면, 그것은 정말 드문 일이다.

领导 lǐngdǎo 리더 | 心甘情愿 xīngānqíngyuàn 내심 만족해하며 달가워하다 | 错误 cuòwù 잘못 | 实属 shíshǔ 확실히 ～이다 | 难得 nándé 드물다 (유의) 改正 gǎizhèng 고치다

跟随 gēnsuí

(동) 따르다, 동행하다

▶ 저희는 어떤 상황에서도 팀장님만 믿고 跟随하겠습니다.

听说，他父亲的领导才能出众，所有人都愿意跟随他。

듣자 하니, 그의 아버지는 리더십이 출중하여 모든 사람이 그를 따르길 원한다고 한다.

才能 cáinéng 재능 | 出众 chūzhòng 출중하다 | 所有 suǒyǒu 모든
(유의) 尾随 wěisuí 따르다

合伙 héhuǒ

(동) 동업하다, 동료가 되다

▶ 성격도 사상도 안 맞는 사람들끼리 어떻게 合伙하겠다는 건지.

朋友买下了合伙人的全部股份，现在整个公司是他的了。

친구는 파트너의 모든 주식을 매입했고, 이제 회사 전체가 그의 것이 되었다.

全部 quánbù 모두 | 股份 gǔfèn 주식 | 整个 zhěnggè 온, 모든

承办 chéngbàn

[동] 맡아 처리하다
▶ 이번 국제 학술 세미나 업무는 누가 承办하기로 결정됐나요?

事实上，保险公司通常愿意承办各种保险业务。
사실상, 보험 회사는 보통 각종 보험 업무를 맡아 처리하기를 원한다.

事实上 shìshíshang 사실상 | **保险** bǎoxiǎn 보험 | **通常** tōngcháng 보통 | **各种** gèzhǒng 각종의

유의어 비교	承办 vs 承包

둘 다 '맡아서 처리한다'는 뜻이지만, 쓰이는 대상이 달라 바꾸어 쓸 수 없다.

承办 chéngbàn — 담당하여 처리함을 의미하며, 회의, 경기 등을 대상으로 취함
예 **承办晚会** 이브닝 파티를 담당하다 | **承办展览会** 전람회를 담당하다

承包 chéngbāo — 일, 주문 등을 도맡아 처리함을 의미하며, 공사, 생산 등을 대상으로 취함
예 **承包工程** 공사를 맡다 | **承包生产** 생산을 도급하다

代理 dàilǐ

[동] 대신하다, 대리하다
▶ 담당자가 갑자기 병원에 입원해서 제가 代理하게 되었어요.

厂长休假期间，厂里一切大小事宜都由副厂长代理执行。
공장장 휴가 기간에, 공장의 모든 크고 작은 일은 부공장장이 대신하여 집행한다.

厂长 chǎngzhǎng 공장장 | **休假** xiūjià 휴가 | **期间** qījiān 기간 | **厂** chǎng 공장 | **一切** yíqiè 모든 | **事宜** shìyí (관련된) 일, 사항 | **由** yóu ~이 | **副** fù 부, 제2의, 보조의 | **执行** zhíxíng 집행하다

委托 wěituō

[동] 위탁하다, 의뢰하다
▶ 직접 처리하려면 번거로우니 그냥 회계사한테 委托하자.

我们将委托经验丰富的律师，替我们解决全部事务。
우리는 경험이 풍부한 변호사에게 위탁하여, 우리 대신 모든 사무를 해결하도록 할 것이다.

将 jiāng ~할 것이다 | **经验** jīngyàn 경험 | **丰富** fēngfù 풍부하다 | **律师** lǜshī 변호사 | **替** tì 대신하다 | **事务** shìwù 사무

[유] **托付** tuōfù 위탁하다

托运 tuōyùn

(동) 운송을 위탁하다
▶ 상하이로 보낼 물건이 있어서 托运했어.

这批货物的包裹顶部贴着托运标签，上面写着货物信息。
이 화물의 소포 윗부분에 운송 위탁 표시가 붙어 있고, 그 위에는 화물 정보가 적혀 있었다.

批 pī 무리(무리를 세는 양사) | 货物 huòwù 화물 | 包裹 bāoguǒ 소포 | 顶部 dǐngbù (물체의) 맨 꼭대기 | 贴 tiē 붙이다 | 标签 biāoqiān 태그 | 信息 xìnxī 정보

充当 chōngdāng

(동) 맡다, 담당하다
▶ 혹시 오늘 하루만 가이드 업무를 充当해 줄 수 있나요?

现场没有翻译人员，于是我不得不暂时充当了口译。
현장에 통역사가 없어서, 내가 어쩔 수 없이 잠시 통역을 맡았다.

现场 xiànchǎng 현장 | 翻译人员 fānyì rényuán 통역사 | 于是 yúshì 그래서 | 不得不 bùdébù 어쩔 수 없이 | 暂时 zànshí 잠시 | 口译 kǒuyì 통역

(유의) 充任 chōngrèn 담당하다

采购 cǎigòu

(명) 구매 담당 직원　(동) 구입하다, 구매하다
▶ 총무부의 采购와 상의 없이 사내 물품을 함부로 구입할 수 없어요.

采购员整日整夜都在为选购备料费尽心力、东奔西走。
구매 담당 직원이 밤낮으로 자재 구매에 심혈을 기울이고, 동분서주하고 있다.

采购员 cǎigòuyuán 구매 담당 직원 | 整日 zhěngrì 종일 | 整夜 zhěngyè 철야 | 选购 xuǎngòu 골라서 사다 | 备料 bèiliào 자재, 재료 | 费尽 fèijìn 힘을 들이다 | 心力 xīnlì 심력 | 东奔西走 dōngbēnxīzǒu 동분서주하다

简化 jiǎnhuà

(동) 간소화하다, 단순화하다
▶ 절차가 너무 복잡해서 효율이 떨어지니, 简化하도록 합시다.

制作方有意简化了开幕仪式上几个不必要的环节。
제작진은 개막식의 몇 가지 불필요한 부분을 일부러 간소화했다.

制作方 zhìzuòfāng 제작진 | 有意 yǒuyì 일부러 | 开幕 kāimù 개막하다 | 仪式 yíshì 의식 | 必要 bìyào 필요로 하다 | 环节 huánjié 부분, 일환

附件 fùjiàn

명 관련 문서/물건   명 부속 문건   명 부품
▶ 메일로 도움이 될 만한 附件도 함께 보냈으니 참고해 주세요.

合约中除了正文，还常常附有附件，签约时要留意。
계약 시 본문 외에도, 종종 관련 문서가 첨부되어 있어서, 계약 시 주의해야 한다.

合约 héyuē 계약 **｜ 正文** zhèngwén 본문 **｜ 附有** fùyǒu 부가적으로 덧붙이다 **｜ 签约** qiānyuē
(조약·계약서 등에) 서명하다 **｜ 留意** liúyì 주의를 기울이다

环节 huánjié

명 부분, 일환   명 (환형·절지동물 몸의) 마디
▶ 저희 부서가 가장 취약한 环节는 무엇이라고 생각합니까?

双方为了节省时间，省去了谈判中额外的和多余的环节。
양측은 시간을 절약하기 위해, 협상 중 별도의 불필요한 부분은 생략했다.

双方 shuāngfāng 양측 **｜ 节省** jiéshěng 절약하다 **｜ 省去** shěngqù 생략하다 **｜ 谈判** tánpàn
협상하다 **｜ 额外** éwài 별도의 **｜ 多余** duōyú 불필요한

> **출제 포인트**　독해 영역 빈출 어휘 **环节**
>
> 环节는 비유적으로 서로 관련이 있는 여러 것 가운데 한 부분을 의미한다. 독해 4부분에서 연구나 업무 과정, 주변 환경, 자연 현상 등에서 중요하거나 약한 부분을 나타낼 때 많이 출제된다.
>
> 예　**主要环节** 주요 부분 **｜ 重要环节** 중요한 일환 **｜ 薄弱**(bóruò)**环节** 약한 부분

传单 chuándān

명 전단지
▶ 홍보 传单 디자인이 너무 눈에 안 들어오는데요?

为了宣传产品，员工们在城市里到处发放公司的传单。
상품을 홍보하기 위해, 직원들은 도시 곳곳에서 회사 전단지를 나눠 주었다.

宣传 xuānchuán 홍보하다 **｜ 产品** chǎnpǐn 상품 **｜ 员工** yuángōng 직원 **｜ 到处** dàochù
곳곳 **｜ 发放** fāfàng 나누어 주다

课题 kètí

명 프로젝트, 과제
▶ 이 문제는 저희가 앞으로 계속 연구해야 할 课题이기도 합니다.

我们利用业余时间讨论了一些研究课题，并做了记录。
우리는 여가 시간을 이용하여 몇몇 연구 과제에 대해 토론했고, 기록을 남겼다.

利用 lìyòng 이용하다 **｜ 业余** yèyú 여가 **｜ 讨论** tǎolùn 토론하다 **｜ 研究** yánjiū 연구하다 **｜ 并**
bìng 그리고 **｜ 记录** jìlù 기록

科目 kēmù

명 항목, 과목
▶ 이 많은 것들 중에 저희가 중점적으로 다뤄야 할 科目가 뭐죠?

研究这一科目的主题是我这次工作的主要内容。
이 항목의 주제를 연구하는 것은 내가 하는 이번 일의 주요 내용이다.

研究 yánjiū 연구하다 | **主题** zhǔtí 주제 | **内容** nèiróng 내용

作息 zuòxī

동 일하고 휴식하다
▶ 일만 하지 말고 번갈아 가며 作息해야지 컨디션을 회복할 수 있어.

从外地研究回来后，我们恢复了原来的作息时间。
타지에서 연구를 하고 돌아온 후, 우리는 원래의 업무 및 휴식 시간을 회복했다.

外地 wàidì 외지 | **恢复** huīfù 회복되다 | **原来** yuánlái 원래의

勇于 yǒngyú

동 용감·과감하게 ~하다
▶ 그는 자기의 잘못을 勇于 인정하고 모든 책임을 지겠다고 말했다.

勇于创新，是当今的年轻人应该具备的基本素质。
용감하게 혁신하는 것은 오늘날 청년들이 반드시 갖추어야 하는 기본 소양이다.

创新 chuàngxīn 새것을 창조하다 | **当今** dāngjīn 오늘날 | **具备** jùbèi 갖추다 | **基本** jīběn 기본적인 | **素质** sùzhì 소질, 소양

출제 포인트　　勇于+동사(구)

勇于는 어려움을 맞닥뜨려도 물러서지 않고 대담하게 하는 것을 의미하여, 듣기 영역에서 어려운 일을 대담하게 해내는 이야기나 서술문에 자주 출제된다.

예　**勇于创新** 과감히 혁신하다 | **勇于接受批评** 과감하게 비평을 받아들이다
　　勇于承担责任 용감하게 책임을 지다 | **勇于开拓**(kāituò) 과감하게 개척하다

值班 zhíbān

동 당직·당번이 되다
▶ 오늘 值班하는 사람은 숙직실에서 자면 되는 거죠?

正在值班的主任意识到了情况危急，立刻找了人来处理。
현재 당직인 주임은 상황이 위급함을 깨닫고, 바로 사람을 불러 처리했다.

主任 zhǔrèn 주임 | **意识** yìshí 깨닫다 | **情况** qíngkuàng 상황 | **危急** wēijí 위급하다 | **立刻** lìkè 바로 | **处理** chǔlǐ 처리하다

敬业 jìngyè

(동) (학업·일에) 전심전력을 다하다, 자기의 일에 최선을 다하다
▶ 그 사람은 업무상 敬业 의식이라고는 조금도 없어서 무책임하기 그지 없어.

良好的敬业精神和团队协作能力是选拔人才的重要标准。
훌륭한 프로 정신과 단체 협동 능력은 인재를 선발하는 중요한 기준이다.

良好 liánghǎo 훌륭하다 | 精神 jīngshén 정신 | 团队 tuánduì 단체 | 协作 xiézuò 협동하다 | 能力 nénglì 능력 | 选拔 xuǎnbá 선발하다 | 人才 réncái 인재 | 标准 biāozhǔn 기준

奔波 bēnbō

(동) 분주히 뛰어다니다, 바쁘게 이리저리 다니다
▶ 나는 거래 때문에, 거의 일 년 내내 밖에서 奔波하는 것 같아.

在交易所里，每天都能看到为日常事务而奔波的人。
거래소에서, 일상 업무를 위해 분주히 뛰어다니는 사람을 매일 볼 수 있다.

交易所 jiāoyìsuǒ 거래소 | 为 A而 B wèi A ér B A를 위해 B하다 | 日常事务 rìcháng shìwù 일상적인 사무

辛勤 xīnqín

(형) 매우 부지런하다, 근면하다
▶ 이렇게 빨리 승진하다니, 매일 새벽부터 일어나 辛勤하게 일한 보람이 있구나.

经过大家多年的辛勤工作，我们终于得到了社会的认可。
모두가 수년 동안 부지런히 일한 결과, 우리는 드디어 사회의 인정을 받았다.

得到 dédào 얻다 | 社会 shèhuì 사회 | 认可 rènkě 인가하다
(유의) 勤劳 qínláo 부지런하다
(반의) 懒惰 lǎnduò 게으르다, 나태하다

勤劳 qínláo

(형) 부지런하다
▶ 젊어서 勤劳해야 늙어서 돈 때문에 고생을 안 하지.

勤劳、忠诚使这位主管成为这个行业里最抢手的人才。
부지런함과 성실함으로 이 팀장은 이 업계에서 가장 인기 있는 인재가 되었다.

忠诚 zhōngchéng 성실하다 | 使 shǐ ~하게 하다 | 主管 zhǔguǎn 팀장 | 成为 chéngwéi ~가 되다 | 行业 hángyè 업종 | 抢手 qiǎngshǒu 인기 있다 | 人才 réncái 인재
(유의) 辛勤 xīnqín 매우 부지런하다
(반의) 懒惰 lǎnduò 게으르다, 나태하다

功劳 gōngláo

명 공로
▶ 이 일이 순조롭게 해결된 것은 너의 功劳가 매우 커!

这次计划之所以成功，一切功劳都在于上级的英明指示。
이번 계획이 성공한 것은, 모든 공로가 상급자의 현명한 지시에 있다.

计划 jìhuà 계획 | 之所以 zhīsuǒyǐ ~한 까닭 | 成功 chénggōng 성공하다 | 一切 yíqiè 모든 | 在于 zàiyú ~에 있다 | 上级 shàngjí 상급자 | 英明 yīngmíng 영명하다 | 指示 zhǐshì 지시

妥善 tuǒshàn

형 타당하다, 나무랄 데 없다
▶ 누구에게서도 불만이 생기지 않도록 妥善하게 처리되기를 바랍니다.

双方都希望会议结束时，一切问题均得到妥善解决。
양측 모두 회의가 끝날 때, 모든 문제가 탈 없이 해결되기를 바란다.

双方 shuāngfāng 양측 | 均 jūn 모두 | 得到 dédào 받다
유의 妥当 tuǒdàng 알맞다, 적절하다, 타당하다

妥当 tuǒdàng

형 알맞다, 적절하다, 타당하다
▶ 지금 이 상황에 그 해결 방안이 妥当하다고 생각하십니까?

我将后续工作安排妥当后，才申请调到其他部门工作。
나는 후속 작업을 적절히 안배한 뒤에, 다른 부서로 옮겨 일하기를 신청했다.

将 jiāng ~을 | 后续 hòuxù 후속의 | 安排 ānpái 안배하다 | 申请 shēnqǐng 신청하다 | 调 diào 옮기다 | 部门 bùmén 부서
유의 妥善 tuǒshàn 타당하다, 나무랄 데 없다

圆满 yuánmǎn

형 원만하다, 완벽하다, 훌륭하다
▶ 이번 프로젝트가 제발 아무 탈 없이 圆满하게 마무리되었으면 좋겠어.

举办这场酒会的意义在于预祝两家企业合作圆满成功。
이번 연회 개최의 의의는 두 기업의 협력이 원만한 성공을 거두기를 미리 축원하는 것에 있다.

举办 jǔbàn 거행하다 | 场 chǎng 회, 차례(오락·체육 활동·시험 등의 횟수를 세는 양사) | 酒会 jiǔhuì 간단한 연회 | 意义 yìyì 의의 | 预祝 yùzhù 미리 축원하다 | 企业 qǐyè 기업 | 合作 hézuò 협력하다

踏实 tāshi

- 형 편안하다, 마음이 놓이다, 안정되다
- 형 (태도가) 착실하다, 성실하다
- ▶ 일을 잘하는 것도 중요하지만, 저희는 踏实하게 하는 것을 더 높이 평가합니다.

大家听到经理的话总算安心了，可以踏实工作了。

모두들 사장의 말을 듣고 나서야 마침내 마음을 놓고, 편안하게 일을 할 수 있었다.

总算 zǒngsuàn 마침내 | **安心** ānxīn 마음 놓다

유의 **扎实** zhāshi 착실하다　반의 **浮躁** fúzào 경솔하다

扎实 zhāshi

- 형 착실하다, 견실하다　형 견고하다
- ▶ 그녀의 업무 태도는 扎实해서 누구에게나 믿음을 줍니다.

科长是一个扎实做事的好干部，升职是理所当然的。

과장은 성실하게 일하는 좋은 임원이기에, 승진은 당연한 것이다.

科长 kēzhǎng 과장 | **干部** gànbù 간부 | **升职** shēngzhí 승진하다 | **理所当然** lǐsuǒdāngrán 도리로 보아 당연하다

유의 **踏实** tāshi 착실하다　반의 **浮躁** fúzào 경솔하다

细致 xìzhì

- 형 꼼꼼하다, 치밀하다　형 정교하다, 섬세하다
- ▶ 부장님은 작은 것 하나도 놓치지 않고 하나하나 细致하게 따져 보셔.

小李对情况了解得全面而细致，令参会人员十分佩服。

샤오리는 상황을 완벽하고 자세하게 이해하여, 참석자들을 매우 감탄시켰다.

情况 qíngkuàng 상황 | **全面** quánmiàn 전면적이다 | **而** ér ～하고 | **令** lìng ～하게 하다 | **参会人员** cānhuì rényuán 회의 참석자 | **十分** shífēn 매우 | **佩服** pèifú 감탄하다

유의 **仔细** zǐxì 꼼꼼하다, 세심하다　반의 **马虎** mǎhu 건성으로 하다, 세심하지 못하다

信赖 xìnlài

- 동 신임하다, 신뢰하다
- ▶ 그는 信赖할 만한 사람이니 믿고 맡겨도 돼.

为了赢得对方的信赖，我们尽可能地表示了我们的诚意。

상대방의 신뢰를 얻기 위해, 우리는 최선을 다해 우리의 성의를 보였다.

赢得 yíngdé 얻다 | **对方** duìfāng 상대편 | **尽可能** jìnkěnéng 될 수 있는 한 | **表示** biǎoshì 표시하다 | **诚意** chéngyì 성의

유의 **信任** xìnrèn 신임하다

严厉 yánlì

형 호되다, 매섭다
▶ 그런 작은 잘못을 그렇게까지 严厉하게 문책할 필요가 있어?

他受到老板严厉地批评后递交了辞呈。
그는 사장에게 호되게 질책을 받고 나서 사직서를 냈다.

受到 shòudào 받다 | **老板** lǎobǎn 사장 | **批评** pīpíng 질책하다 | **递交** dìjiāo 직접 내다 |
辞呈 cíchéng 사직서

유의 **严格** yángé 엄격하다, 엄하다 / **严肃** yánsù 엄숙하다, 근엄하다

负担 fùdān

명 부담, 책임 동 부담하다, 책임지다
▶ 한번에 너무 많은 일을 하니까 负担이 너무 커.

不分昼夜的赶工，已经成了工人们有苦难言的负担。
밤낮을 가리지 않고 일하는 것이, 이미 직원들의 말 못할 부담이 되었다.

不分昼夜 bùfēn zhòuyè 밤낮을 가리지 않다 | **赶工** gǎngōng 바쁘게 일하다 | **成** chéng
~이 되다 | **工人** gōngrén 노동자 | **有苦难言** yǒukǔ nányán 마음속에 고충이 있으나 이루 말하기
어렵다

回避 huíbì

동 회피하다, 피하다
▶ 네가 저지른 잘못은 네가 책임져야지 언제까지 回避할 수는
없어.

公司代表在接受记者采访时，回避了记者们想问的问题。
회사 대표는 기자와의 인터뷰에서, 기자들이 묻고자 하는 질문을 회피했다.

代表 dàibiǎo 대표 | **接受** jiēshòu 받아들이다 | **记者** jìzhě 기자 | **采访** cǎifǎng 인터뷰하다

混乱 hùnluàn

형 (질서 없이) 혼란하다, 어지럽다
▶ 제 부주의로 混乱스럽게 해 드려서 죄송합니다.

因为他操作不慎导致工厂突然断电，场面一片混乱。
그의 조작 실수로 공장이 갑자기 정전되어 현장은 혼란 그 자체였다.

操作 cāozuò 조작하다 | **不慎** búshèn 부주의하다 | **导致** dǎozhì 야기하다 | **工厂** gōngchǎng
공장 | **断电** duàndiàn 정전되다 | **场面** chǎngmiàn 정경, 광경

忽略 hūlüè

동 (주의하지 않고) 소홀히 하다, 등한시하다
▶ 소수점 뒤의 숫자 하나도 忽略해서는 안 돼요.

分析数据是一项精准的工作，不能忽略任何一个数字。
데이터 분석은 정밀한 업무여서, 어떤 수치도 간과해서는 안 된다.

分析 fēnxī 분석하다 | **数据** shùjù 데이터 | **项** xiàng 가지(항목을 세는 양사) | **精准** jīngzhǔn
아주 정확하다 | **任何** rènhé 어떠한 | **数字** shùzì 수

유의 忽视 hūshì 소홀히 하다, 등한시하다
疏忽 shūhu 소홀히 하다, 등한히 하다

疏忽 shūhu

동 (조심하지 않고) 소홀히 하다, 등한히 하다
▶ 보니까 관리를 疏忽해서 생긴 문제네요.

不要让我们一时的疏忽影响所有同僚的研究成果。
우리의 한순간의 소홀함이 모든 동료의 연구 성과에 영향을 미치지 않도록 해야 한다.

一时 yìshí 짧은 시간 | **所有** suǒyǒu 모든 | **同僚** tóngliáo 동료 | **研究** yánjiū 연구하다 |
成果 chéngguǒ 성과

유의 忽视 hūshì 소홀히 하다, 등한시하다
忽略 hūlüè 소홀히 하다, 등한시하다

过失 guòshī

명 잘못, 실수, 과실
▶ 이건 양쪽 모두의 过失이니까 서로 원망하지 맙시다.

他为自己犯下的过失负起了责任，并完成了新的任务。
그는 자신이 저지른 잘못에 대해 책임을 졌으며, 아울러 새로운 임무를 완수했다.

犯 fàn 저지르다 | **负** fù 책임지다 | **责任** zérèn 책임 | **并** bìng 아울러 | **任务** rènwu 임무

失误 shīwù

명 실수, 실책　동 실수를 하다, 잘못하다
▶ 한 번의 失误는 괜찮지만, 그게 반복되면 안 돼요.

老板不会因为员工的一次失误就对他进行处分的。
사장은 직원의 한 번의 실수 때문에 그에게 처벌을 내리지는 않을 것이다.

老板 lǎobǎn 사장 | **员工** yuángōng 직원 | **进行** jìnxíng 진행하다 | **处分** chǔfèn 처벌하다

吹捧 chuīpěng

동 (지나치게) 치켜세우다
▶ 앞에서는 그렇게 吹捧하며 아부를 떨고, 뒤에서는 험담하기 바빠.

李代理总是吹捧自己公司的新产品，这让人十分好奇。
이 대리는 항상 자기 회사의 신제품을 치켜세우는데, 이는 사람들의 호기심을 매우 자아낸다.

代理 dàilǐ 대리 | **产品** chǎnpǐn 상품 | **十分** shífēn 매우 | **好奇** hàoqí 호기심을 갖다

巴结 bājie

동 (권력에) 아첨하다, 아부하다
▶ 박쥐처럼 이 사람 저 사람 왔다 갔다 하면서 巴结하기 바쁘네.

他不择手段地巴结上级，无非就是想获得升级机会而已。
그가 수단과 방법을 가리지 않고 상사에게 아첨하는 것은, 단지 승진의 기회를 얻고 싶을 뿐이다.

不择手段 bùzéshǒuduàn (목적을 달성하기 위해) 수단 방법을 가리지 않다 | **上级** shàngjí 상사 |
无非……而已 wúfēi …… éryǐ 단지 ~일 뿐이다 | **获得** huòdé 얻다 | **升级** shēngjí 승진하다

埋怨 mányuàn

동 탓하다, 원망하다, 불평하다
▶ 생각만큼 잘 되지 않으니까 내 자신이 너무 埋怨스러운 거야.

在团队合作中，最忌讳的一项就是出了问题后互相埋怨。
팀플레이에서, 가장 금해야 하는 한 가지는 바로 문제가 생긴 후 서로를 탓하는 것이다.

团队 tuánduì 단체 | **合作** hézuò 협력하다 | **忌讳** jìhuì 금기하다 | **项** xiàng 가지(항목을 세는
양사) | **互相** hùxiāng 서로

유의 抱怨 bàoyuàn (불만을 품고) 원망하다

유의어 비교 **埋怨 vs 抱怨**

두 단어 모두 '원망한다'라는 뜻이지만, 의미의 중점에 차이가 있다.

埋怨
mányuàn
일이 마음대로 되지 않아 원망함, 불만을 갖는 것을 나타냄
예 **他埋怨自己，本来就不该来。**
그는 원래 오지 말았어야 했다면서 자신을 원망했다.

抱怨
bàoyuàn
마음속으로 불만이 있어, 다른 사람을 탓하는 것을 나타냄
예 **做错事只能怪自己，不能抱怨别人。**
일이 잘못되면 단지 자신을 탓해야지, 남을 원망해서는 안 된다.

指责 zhǐzé

对犯错误的员工无休止地大声指责是无济于事的。

잘못을 저지른 직원에게 끊임없이 큰 소리로 질책하는 것은 아무 쓸모없는 것이다.

犯 fàn 저지르다 | 员工 yuángōng 직원 | 无休止 wúxiūzhǐ 계속 끊임없이 이어지다 | 无济于事 wújìyúshì 아무 쓸모없다

유의 责备 zébèi 책망하다, 꾸짖다　반의 表扬 biǎoyáng 칭찬하다, 표창하다

 **★ 보충단어**　아래 단어들의 예문은 WEB 단어장에서 확인할 수 있어요.

行政 xíngzhèng 명 행정, 사무 / 동 국가 권력을 행사하다

指令 zhǐlìng 명 지시, 명령 / 동 지시하다, 명령하다

完毕 wánbì 동 끝내다, 완결하다

生疏 shēngshū 형 생소하다, 낯설다 / 형 서툴다 / 형 친하지 않다

验收 yànshōu 동 검수하다

补救 bǔjiù 동 바로잡다, 보완하다

承包 chéngbāo 동 하청을 받다, 도급을 맡다

报销 bàoxiāo 동 결산하다, 청구하다 / 동 (사람·사물을) 제거하다

附件 fùjiàn 명 관련 문서(물건) / 명 부속 문건 / 명 부품

备份 bèifèn 동 (문건·프로그램 등을) 복제하여 예비하다 / 명 예비(분)

操劳 cāoláo 동 애써 일하다, 수고하다

得力 délì 형 유능하다 / 형 다부지다 / 동 도움을 받다, 이익을 얻다

僵硬 jiāngyìng 형 융통성이 없다 / 명 (사지가) 뻣뻣하다, 경직되다

把关 bǎguān 동 (기준에 따라) 엄격히 심사하다 / 동 관문을 지키다, 책임을 지다

草率 cǎoshuài 형 건성으로 하다, 대충 하다, 적당히 하다

大意 dàyi 형 부주의하다, 소홀하다

附和 fùhè 동 남의 언행을 따르다(부정적으로 쓰임)

迁就 qiānjiù 동 (마지못해) 끌려가다, 아쉬운 대로 참고 견디다

讨好 tǎohǎo 동 (–儿) 비위를 맞추다, 잘 보이다 / 동 좋은 결과를 얻다(주로 부정형으로 쓰임)

HSK 6급 빈출 표현

行政部门	xíngzhèng bùmén	행정 부서
汇报情况	huìbào qíngkuàng	상황을 종합 보고하다
办事妥当	bànshì tuǒdàng	일 처리가 적절하다
采纳建议	cǎinà jiànyì	제안을 받아들이다
基础扎实	jīchǔ zhāshi	기초가 튼튼하다
进展顺利	jìnzhǎn shùnlì	진행이 순조롭다
资金支配	zījīn zhīpèi	자금을 안배하다
关键环节	guānjiàn huánjié	중요한 부분
向……请教	xiàng …… qǐngjiào	～에게 가르침을 청하다
对……信赖	duì …… xìnlài	～를 신뢰하다
寻找依靠	xúnzhǎo yīkào	의지할 곳을 찾다
传授本领	chuánshòu běnlǐng	재능을 전수하다
粗心大意	cūxīndàyì	부주의하다
忽略不计	hūlüè bújì	주의하지 않고 그냥 넘어가다
纠正错误	jiūzhèng cuòwù	잘못을 바로잡다
补救措施	bǔjiù cuòshī	보완 조치

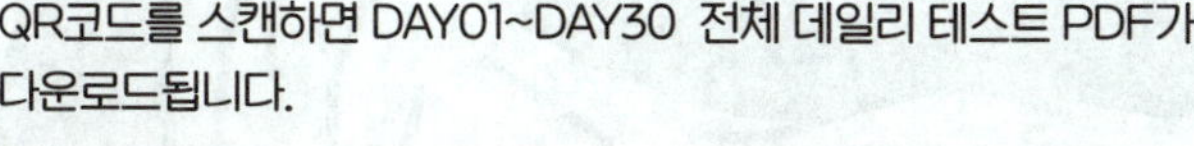

데일리 테스트

고생하셨어요!
QR코드를 스캔하면 DAY01~DAY30 전체 데일리 테스트 PDF가
다운로드됩니다.

★ HSK 시험에 이렇게 나와요.
작가, 배우, 디자이너 등 직군의 사람들과의 인터뷰나 예술 작품에 대한 설명문 등이 듣기 영역에서 출제됩니다. 쓰기에서는 예술가의 작품 창작 과정에 대한 지문으로 출제되는 등, 시험에 자주 출제되는 테마이므로, 주요 어휘들을 반드시 잘 익혀 두세요.

이건 어떻게 만들었을까?

#예술 #문학

음원 듣기

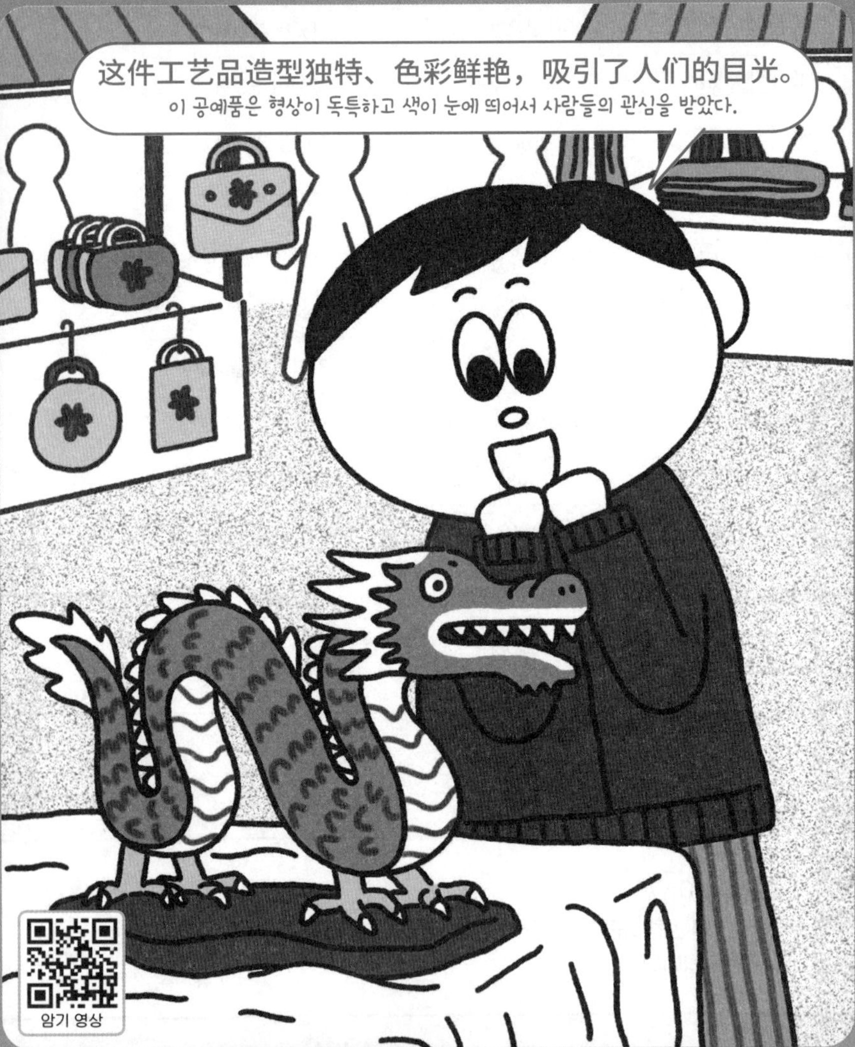

암기 영상

著作 zhùzuò

명 저서, 저작　**동** 저작하다
▶ 그는 著作를 집필할 때, 아무것도 먹지 않고 커피만 마신대.

他将自己的主要观点充分地体现在了这次的著作中。
그는 자신의 주요 관점을 이번 저서에 충분히 구현했다.

将 jiāng ~을　|　**观点** guāndiǎn 관점　|　**充分** chōngfèn 충분하다　|　**体现** tǐxiàn 구현하다

散文 sǎnwén

명 산문
▶ 散文은 형식이 자유로워서 읽을 때도 어려움 없이 술술 읽혀.

教授称我写的散文日渐精炼，语言生动且富有想象力。
교수님께서는 내가 쓴 산문이 갈수록 정제되고, 언어에 생동감이 넘치며 상상력이 풍부해진다고 칭찬하셨다.

教授 jiàoshòu 교수　|　**称** chēng 칭찬하다　|　**日渐** rìjiàn 나날이　|　**精炼** jīngliàn 정제하다　|　**语言** yǔyán 언어　|　**生动** shēngdòng 생동감 있다　|　**富有** fùyǒu 풍부하다　|　**且** qiě 게다가　|　**想象力** xiǎngxiànglì 상상력

造型 zàoxíng

명 형상, 이미지　**동** 조형하다, 형상화하다
▶ 정원에 있는 조각상은 사자의 造型을 하고 있다.

这件工艺品造型独特、色彩鲜艳，吸引了人们的目光。
이 공예품은 형상이 독특하고, 색이 눈에 띄어서, 사람들의 관심을 받았다.

工艺品 gōngyìpǐn 공예품　|　**独特** dútè 독특하다　|　**色彩** sècǎi 색깔　|　**鲜艳** xiānyàn 산뜻하고 아름답다　|　**吸引** xīyǐn 끌어당기다　|　**目光** mùguāng 시선

描绘 miáohuì

동 묘사하다, 그리다, 베끼다
▶ 그 작가는 인물의 내면 심리를 섬세하게 描绘해.

作者对这一章节的环境以及心情的描绘令读者赞叹。
작가가 이 장(章)에서 환경과 심경에 대해 묘사한 것이 독자의 감탄을 자아낸다.

作者 zuòzhě 작가　|　**章节** zhāngjié 장과 절　|　**以及** yǐjí 및　|　**心情** xīnqíng 심정　|　**读者** dúzhě 독자　|　**赞叹** zàntàn 감탄하며 찬미하다
유의 描画 miáohuà 베끼다, 그리다, 묘사하다

塑造 sùzào

동 묘사하다, 형상화하다　동 빚어서 만들다, 조소하다
▶ 그녀는 소설 속에서 여자 주인공을 아주 매력적으로 塑造했다.

那部电影故事情节不错，但是人物塑造却令观众失望。
그 영화의 줄거리는 좋았지만, 인물 묘사는 도리어 관객들을 실망시켰다.

部 bù 부(서적·영화를 세는 양사)ㅣ情节 qíngjié 줄거리ㅣ人物 rénwù 인물ㅣ却 què 오히려ㅣ
令 lìng ~하게 하다ㅣ观众 guānzhòng 관중ㅣ失望 shīwàng 실망하다

 塑造+점토/이미지/캐릭터

塑造는 듣기 1·3부분에서 건축이나 예술 작품과 관련된 설명문에 자주 출제된다. 塑造는 점토 등의 재료나 어떤 예술 방식으로 인물의 형상을 만드는 것을 나타낸다. 목적어로 점토뿐 아니라 이미지, 캐릭터 등이 자주 쓰인다.

예　塑造泥菩萨(nípúsà) 점토 보살을 만들다
　　用粘土(niántǔ)塑造塑像(sùxiàng) 점토로 조각상을 만들다
　　塑造形象 이미지를 만들다
　　塑造角色(juésè) 캐릭터를 만들다

雕塑 diāosù

명 조소품　동 조소하다
▶ 중국 경매에서 명나라 때의 금동불 좌상이 雕塑로서는 사상 최고가를 찍었대!

她对雕塑有敏锐的鉴赏力，能轻易看出作品年代及内涵。
그녀는 조소품에 대해 날카로운 감상력을 지니고 있어서, 작품의 연대와 함축된 의미를 쉽게 알아낼 수 있다.

敏锐 mǐnruì 날카롭다ㅣ鉴赏力 jiànshǎnglì 감상력ㅣ轻易 qīngyì 쉽다ㅣ看出 kànchū 알아차리다ㅣ作品 zuòpǐn 작품ㅣ年代 niándài 연대ㅣ及 jí ~와ㅣ内涵 nèihán 내포된 의미

雕刻 diāokè

동 조각하다　명 조각품
▶ 동생이 나무를 강아지 모양으로 雕刻해서 선물로 줬어.

近年来，绘画和雕刻艺术在室内设计的领域得以发展。
최근 들어, 회화 및 조각 예술이 실내 디자인 분야에서 발전하게 되었다.

绘画 huìhuà 회화ㅣ艺术 yìshù 예술ㅣ室内 shìnèi 실내ㅣ
设计 shèjì 디자인ㅣ领域 lǐngyù 분야ㅣ得以 déyǐ ~하게 되다ㅣ
发展 fāzhǎn 발전하다
유의　雕琢 diāozhuó 조각하다

源泉 yuánquán

▶ 이렇게 아름다운 작품을 잘 쓸 수 있게 하는 源泉이 무엇입니까?

生活为艺术家们提供了取之不尽的创作源泉。

인생은 예술가들에게 무궁무진한 창작의 원천을 제공했다.

生活 shēnghuó 생활 | **艺术家** yìshùjiā 예술가 | **提供** tígōng 제공하다 | **取之不尽** qǔzhībújìn 무궁무진하다

创作 chuàngzuò

명 문예 창작품　동 창작하다

▶ 그가 내놓은 创作는 베껴 낸 것에 불과해.

每个时代都有属于它的创作，不能片面地用好坏区分。

모든 시대에는 그 시대만의 창작 작품이 있어서, 단편적으로 좋고 나쁨으로 구분할 수 없다.

时代 shídài 시대 | **属于** shǔyú ~에 속하다 | **片面** piànmiàn 단편적이다 | **区分** qūfēn 구분하다

> **출제 포인트** 　**创作**의 빈출 짝꿍 표현
>
> 创作는 주로 예술 작품, 소설, 회화 등이 그 대상이 되어, 독해 4부분에서 예술과 관련된 내용으로 자주 출제된다. 아래 어휘는 자주 출제되는 짝꿍 어휘이므로 꼭 알아 두고 넘어가자.
>
> 예　**创作者** 창작자 | **文学创作** 문학 창작 | **创作小说** 소설을 창작하다
> **共同创作** 공동으로 창작하다 | **创作于1975年** 1975년에 창작되었다

灵感 línggǎn

명 영감

▶ 저는 글을 쓸 때 灵感을 얻기 위해 전국을 돌아다니곤 합니다.

作家的创作灵感通常来源于对生活细致入微地观察。

작가의 창작 영감은 보통 생활을 매우 세밀하게 관찰한 것에서 비롯된다.

作家 zuòjiā 작가 | **通常** tōngcháng 보통 | **来源于** láiyuányú ~에서 기원하다 | **细致** xìzhì 세밀하다 | **入微** rùwēi 매우 세밀하거나 깊은 경지에 이르다 | **观察** guānchá 관찰하다

> **출제 포인트** 　전 영역 빈출 어휘 **灵感**
>
> 灵感은 창작을 하는 중요한 요소로, 듣기와 독해뿐 아니라 쓰기에도 창작과 관련한 내용으로 출제된다. 보통 '영감이 생기다', '영감이 ~에서 오다' 등의 형태로 자주 쓰인다.
>
> 예　**突然来了灵感** 갑자기 영감이 왔다 | **激发创作灵感** 창작 영감을 불러일으키다
> **灵感的来源** 영감의 근원 | **灵感来源于童话** 영감은 동화에서 나온다

激发 jīfā

동 불러일으키다, 끓어오르게 하다

▶ 스승님은 내가 더 좋은 작품을 쓸 수 있게 투지를 激发해 주셔.

冒险小说激发了他的想像力，让他开始尝试写一些文章。

모험 소설은 그의 상상력을 자극하여, 그가 글을 좀 써 보기 시작하게 만들었다.

冒险 màoxiǎn 모험하다 | **小说** xiǎoshuō 소설 | **想像力** xiǎngxiànglì 상상력 | **尝试** chángshì 시도해 보다 | **文章** wénzhāng 글

激发는 자극시켜 분발하게 만든다는 의미의 단어로, 영감, 적극성, 동정심, 활력, 흥미 등에 자주 쓰인다. 듣기 영역에서 영감을 일으키는 방법, 적극성을 자극하는 요소, 공부의 흥미를 깨우는 교육 등에 대한 내용으로 자주 출제된다.

예　**激发想象力** 상상력을 자극하다

　　激发热情 열정을 불러일으키다

　　激发创作灵感 창작 영감을 불러일으키다

　　激发人的学习兴趣 사람의 학습 흥미를 불러일으키다

　　激发员工的活力 직원의 활력을 불러일으키다

　　激发同情心 동정심을 불러일으키다

构思 gòusī

동 구상하다

▶ 어떤 작품을 그려 낼 건지 대충 构思해 봤어.

这部文学作品的创作构思是作者一人独立完成的。

이 문학 작품의 창작 구상은 작가 혼자서 독립적으로 완성한 것이다.

部 bù 부(서적·영화를 세는 양사) | **文学** wénxué 문학 | **作品** zuòpǐn 작품 | **创作** chuàngzuò 창작하다 | **作者** zuòzhě 작가 | **独立** dúlì 독립하다

유의 **构想** gòuxiǎng 구상, 구상하다

构思는 주로 예술 혹은 문학 창작에서의 사고 활동을 말한다. 주로 예술과 관련되거나 방법을 구상하는 내용으로 독해 4부분에 자주 출제된다.

예　**构思作品** 작품을 구상하다 | **巧妙**(qiǎomiào)**的构思** 교묘한 구상

　　构思精巧 구상이 정교하다 | **需要新的构思** 새로운 구상이 필요하다

　　经过一番构思 구상을 거쳐

企图 qǐtú

동 도모하다, 계획하다, 의도하다 **명** (안 좋은 의미의) 의도
▶ 늘 추리물만 쓰던 작가가 이번에는 로맨스물로 변신을 企图했다.

一些不良买家企图利用购买来的知名作品搞不良交易。
일부 불량 구매자는 구입해 온 유명 작품으로 불건전한 거래를 하려고 한다.

不良 bùliáng 불량하다 | **买家** mǎijiā 사는 쪽 | **利用** lìyòng 이용하다 | **购买** gòumǎi 구입하다
| **知名** zhīmíng 잘 알려진 | **搞** gǎo 하다 | **交易** jiāoyì 거래
유의 **意图** yìtú 의도

体裁 tǐcái

명 장르, 체재, 표현 양식
▶ 이번 글짓기 대회의 작품 표현 体裁에는 제한이 없습니다.

古典音乐在不同的时期，涌现出了不同的体裁和类型。
고전 음악은 서로 다른 시기에, 서로 다른 양식과 유형이 대거 등장했다.

古典 gǔdiǎn 고전 | **时期** shíqī 시기 | **涌现** yǒngxiàn 한꺼번에 나타나다 | **类型** lèixíng 유형

派别 pàibié

명 유파, 파벌, 파
▶ 派别를 나눠서 괜한 싸움을 조장하지마.

芭蕾舞在自身发展的同时，也派生出许多不同的派别。
발레는 자체적으로 발전하는 동시에, 많은 다른 유파를 파생시켰다.

芭蕾舞 bālěiwǔ 발레 | **自身** zìshēn 자신 | **发展** fāzhǎn 발전하다 | **同时** tóngshí 동시에 |
派生 pàishēng 파생하다 | **许多** xǔduō 매우 많다

作风 zuòfēng

명 (일·생활 등의) 기풍, 태도 **명** 작풍, 풍격
▶ 작가님의 상상력과 作风을 따라가려면 난 아직 한참 멀었어.

长期以来，人们都认为艺术家的行事作风异于常人。
오랜 기간 동안, 사람들은 예술가의 품행이 일반인과 다르다고 생각했다.

长期以来 chángqī yǐlái 오랫동안 | **行事** xíngshì 행동 | **异于** yìyú ～과 다르다 | **常人**
chángrén 일반 사람

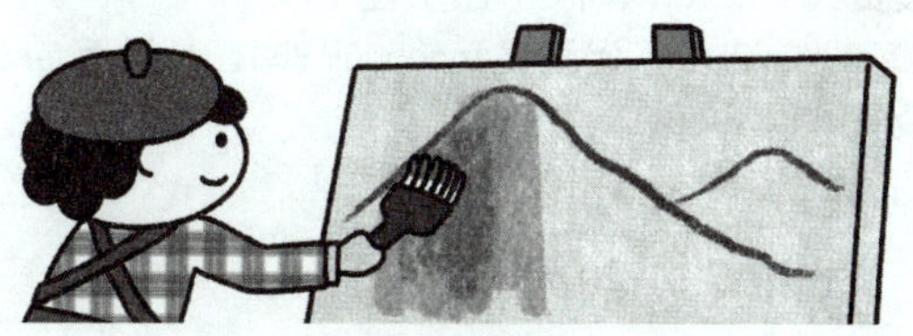

格式 géshi

▶ 반드시 원고지 작성 格式에 맞춰 글을 써 주십시오.

散文与诗歌的写作**格式**有区别，专业人士绝不能混淆。

산문과 시는 쓰는 격식이 다르므로, 전문가는 절대 혼동해서는 안 된다.

散文 sǎnwén 산문 | 与 yǔ ~과 | 诗歌 shīgē 시 | 写作 xiězuò 글을 짓다 | 区别 qūbié 차이 |
专业人士 zhuānyè rénshì 전문가 | 绝 jué 절대 | 混淆 hùnxiáo 혼동하다

布局 bùjú

▶ 제가 봤을 때, 이 글은 줄거리의 布局가 짜임새도 없고 엉망입니다.

她画风强劲有力，但我认为她的一部分作品**布局**欠佳。

그녀의 화풍은 힘이 넘치지만, 나는 그녀의 일부 작품은 구성이 좋지 않다고 생각한다.

画风 huàfēng 화풍 | 强劲 qiángjìng 세다 | 有力 yǒulì 힘이 있다 | 一部分 yíbùfen 일부 |
作品 zuòpǐn 작품 | 欠佳 qiànjiā 좋지 않다

格局 géjú

▶ 그림의 전체적인 格局가 독특하고 새롭네요.

影片中再现了毛主席故所的**格局**和房间里的一切陈设。

영화 속에서 마오 주석 옛 거처의 구조와 방 안의 모든 진열품이 재현되었다.

影片 yǐngpiàn 영화 | 再现 zàixiàn 재현하다 | 主席 zhǔxí 주석 | 故所 gùsuǒ 옛 장소 | 一切
yíqiè 모든 | 陈设 chénshè 진열품

标题 biāotí

▶ 나는 작품의 标题부터 독자를 끌어들여야 한다고 생각해.

投资人要求出版社修改这部漫画集的封面外观及**标题**。

투자자는 출판사에 이 만화집의 표지와 제목을 수정할 것을 요구했다.

投资人 tóuzīrén 투자자 | 出版社 chūbǎnshè 출판사 | 修改 xiūgǎi 수정하다 | 部 bù 부(서적·
영화를 세는 양사) | 漫画集 mànhuàjí 만화집 | 封面 fēngmiàn 겉표지 | 外观 wàiguān 외관 |
及 jí ~과

题材 tícái

▶ 그분은 늘 꽃을 题材로 시를 쓰시더라고.

记者发现，畅销书作家一般会以日常生活作为写作题材。
기자는 베스트셀러 작가는 보통 일상생활을 창작의 소재로 쓴다는 점을 발견했다.

记者 jìzhě 기자 | 畅销书 chàngxiāoshū 베스트셀러 | 作家 zuòjiā 작가 | 以 yǐ ~을 | 日常 rìcháng 일상의 | 生活 shēnghuó 생활 | 作为 zuòwéi ~로 삼다

专题 zhuāntí

명 전문적인 테마, 특정한 제목

▶ 내가 좋아하는 소재를 专题로 하는 드라마가 곧 방영한다더라.

在学校的校刊上刊登着几篇优秀的专题论文。
학교 학보에 우수한 전문 주제 논문 몇 편이 등재되어 있다.

校刊 xiàokān 학교의 간행물 | 刊登 kāndēng 등재하다 | 篇 piān 편(문장·종이 등을 세는 양사) | 优秀 yōuxiù 우수하다 | 论文 lùnwén 논문

情节 qíngjié

명 줄거리, 경과, 경위

▶ 이 드라마의 원작은 원래 소설인데, 참신한 情节로 많은 사랑을 받았어.

童话的内容充满想象力、情节通俗易懂，深受儿童喜爱。
동화의 내용은 상상력이 풍부하고 스토리가 이해하기 쉬워서, 아이들의 큰 사랑을 받는다.

童话 tónghuà 동화 | 内容 nèiróng 내용 | 充满 chōngmǎn 넘치다 | 想象力 xiǎngxiànglì 상상력 | 通俗 tōngsú 통속적이다 | 易懂 yìdǒng 알기 쉽다 | 深受 shēnshòu 깊이 ~을 받다 | 儿童 értóng 어린이 | 喜爱 xǐ'ài 좋아하다

武侠 wǔxiá

명 무협, 협객

▶ 중국은 武侠 장르의 작품들이 유명한 나라야.

著名作家金庸先生是名副其实的"武侠小说之父"。
유명 작가 진용 선생은 명실상부한 '무협 소설의 아버지'이다.

著名 zhùmíng 유명하다 | 金庸 Jīn Yōng 진용(중국의 무협 소설 작가, 언론인) | 名副其实 míngfùqíshí 명실상부하다 | 小说 xiǎoshuō 소설 | 之 zhī ~의 | 父 fù 아버지

片断 piànduàn

명 부분, 토막, 단편 **형** 단편적인

▶ 그 영화는 일부 片断만 좀 무섭고 나머지는 그냥 볼 만해.

专业影评人都认为那个**片断**是影片中的亮点。

전문 영화평론가는 모두 그 부분이 영화 속의 하이라이트라고 생각한다.

专业 zhuānyè 전문의 | **影评人** yǐngpíngrén 영화평론가 | **影片** yǐngpiàn 영화 | **亮点** liàngdiǎn 하이라이트

版本 bǎnběn

명 판본, 버전

▶ 이 소설책은 여러 가지 版本이 있습니다.

近日，出版社应读者需求发行了最新**版本**的《红楼梦》。

최근 출판사는 독자의 요구에 따라 최신판『홍루몽』을 출판했다.

近日 jìnrì 최근 | **出版社** chūbǎnshè 출판사 | **读者** dúzhě 독자 | **需求** xūqiú 필요 | **发行** fāxíng 발매하다 | **《红楼梦》** Hónglóumèng 홍루몽(중국 4대 기서 중 하나)

墨水儿 mòshuǐr

명 글공부, 지식, 학문 **명** 먹물, 잉크

▶ 뮤지컬의 본고장 영국에서 공부한 墨水儿 좀 있다고 바로 연출가가 되는 건 아니야.

如今有不少人认为喝了几年"洋**墨水儿**"就能当作家了。

오늘날 많은 사람들이 해외에서 몇 년을 공부하면 작가가 될 수 있다고 생각한다.

如今 rújīn 오늘날 | **不少** bùshǎo 많다 | **当** dāng ～가 되다 | **作家** zuòjiā 작가

阐述 chǎnshù

동 상세히 논술하다, 명백하게 논술하다

▶ 70년대 문학 작품을 보고 느낀 점을 1000자로 阐述해 주세요.

老师在课上对一些中世纪的文学作品**阐述**得很透彻。

선생님은 수업에서 일부 중세 문학 작품에 대해 상세하게 설명해 주셨다.

中世纪 zhōngshìjì 중세 | **文学** wénxué 문학 | **作品** zuòpǐn 작품 | **透彻** tòuchè 분명하다

并列 bìngliè

동 병렬하다
▶ 난 네가 당연히 압도적인 1위일 줄 알았는데 并列 1위라니?

在本次大赛中，有两位年轻画家**并列**获得了第一名。
이번 대회에서, 두 젊은 화가가 나란히 1등을 했다.

大赛 dàsài 대형 경기 | **画家** huàjiā 화가 | **获得** huòdé 얻다 | **第一名** dìyīmíng 일등

重叠 chóngdié

동 중첩되다, 중복되다　명 중첩, 중복
▶ 같은 문장을 계속 重叠하면, 전문성이 떨어져 보일 수도 있어.

汉语中有些形容词**重叠**使用一般能起到强调的作用。
중국어에서 몇몇 형용사를 중첩해서 사용하는 것은 일반적으로 강조하는 역할을 할 수 있다.

形容词 xíngróngcí 형용사 | **使用** shǐyòng 사용하다 | **起** qǐ 일으키다 | **强调** qiángdiào 강조하다 | **作用** zuòyòng 역할

比喻 bǐyù

동 비유하다　명 비유
▶ 시를 쓸 때는 직접적인 표현보다, 比喻하는 표현을 주로 사용하죠.

我们常用成语或俗话来**比喻**现实生活中的一些人或现象。
우리는 자주 성어나 속담으로 현실 생활의 어떤 사람이나 현상을 비유한다.

成语 chéngyǔ 성어 | **俗话** súhuà 속담 | **现实** xiànshí 현실 | **生活** shēnghuó 생활 | **现象** xiànxiàng 현상

引用 yǐnyòng

동 인용하다　동 임용하다
▶ 시 한 구절이 너무 좋아서 내 작품에 쓰고 싶은데, 문장이 길어서 引用할 수가 없네.

我喜欢在写作时**引用**古人的诗句，这使文章显得更有深度。
나는 글을 쓸 때 선인들의 시구를 인용하기를 좋아하는데, 이는 글이 더 깊이 있게 보이도록 한다.

写作 xiězuò 글을 짓다 | **古人** gǔrén 옛사람 | **诗句** shījù 시구 | **使** shǐ ~하게 하다 | **文章** wénzhāng 글 | **显得** xiǎnde ~인 것처럼 보이다 | **深度** shēndù 심도

对照 duìzhào

(동) 대조하다 (동) 대비하다, 비교하다
▶ 밝음과 어두움이 뚜렷하게 对照되는 캐릭터들이 참 매력적이었어.

这款服装以四季为主题，四种色调形成了鲜明的对照。
이 옷은 사계절을 주제로 하고, 네 가지 색이 분명한 대조를 이룬다.

款 kuǎn 스타일(종류를 세는 양사) | 服装 fúzhuāng 의류 | 以 yǐ ~을 | 四季 sìjì 사계절 | 主题 zhǔtí 주제 | 色调 sèdiào 색조 | 形成 xíngchéng 이루어지다 | 鲜明 xiānmíng 선명하다

相应 xiāngyìng

(동) 상응하다, 어울리다, 호응하다
▶ 문장의 앞뒤가 相应해야지, 이렇게 따로 놀아서는 의미를 알 수 없어.

展会按照买家的意愿，相应地增加了一些人物肖像画。
전시회는 구매자의 바람에 따라, 그에 맞추어 몇몇 인물화를 추가했다.

展会 zhǎnhuì 전시회 | 按照 ànzhào ~에 따라 | 买家 mǎijiā 사는 쪽 | 意愿 yìyuàn 바람 | 增加 zēngjiā 증가하다 | 人物 rénwù 인물 | 肖像画 xiàoxiànghuà 초상화

转折 zhuǎnzhé

(동) 방향이 바뀌다, 전환하다
▶ 그 작가는 스토리를 转折하려고 했지만 결국 실패하고 말았어.

谁都无法预料，剧情发展到最后居然出现了一个转折。
스토리 마지막에 갑자기 반전이 나오리라고는 누구도 예상할 수 없었다.

无法 wúfǎ ~할 수 없다 | 预料 yùliào 예측하다 | 剧情 jùqíng 연극 줄거리 | 发展 fāzhǎn 발전하다 | 居然 jūrán 뜻밖에 | 出现 chūxiàn 나타나다

停顿 tíngdùn

(동) 잠시 멈추다, 중지하다
▶ 시를 낭독할 때는, 구절마다 어울리게 停顿하며 읽는 것이 중요하지.

为了方便朗读，播音员一般会在需要停顿的地方作标记。
낭독을 수월하게 하기 위해, 아나운서는 일반적으로 잠시 멈추어야 하는 부분에 표시를 한다.

朗读 lǎngdú 낭독하다 | 播音员 bōyīnyuán 아나운서 | 作标记 zuò biāojì 표시를 하다

符号 fúhào

명 기호, 표기
▶ 문장 符号를 알맞게 사용해서 글을 써 주세요.

如今，很多符号也可以用来表达人们的内心情感。
오늘날, 많은 기호는 사람들의 마음속 감정을 표현하는 데 쓸 수도 있다.

如今 rújīn 오늘날 | **表达** biǎodá 표현하다 | **内心** nèixīn 마음속 | **情感** qínggǎn 감정

。句号(마침표) | ，逗号(쉼표) | ！叹号(느낌표) | ？问号(물음표)
" " ' ' 引号(따옴표) | …… 省略号 (말줄임표) | ：冒号(콜론)
( ) [ ] 括号(괄호) | 《》书名号(책이름표) | 、顿号(모점: 단어를 나열할 때 쓰임)
；分号(세미콜론: 병렬 문장 사이에 쓰임) | ― 破折号(줄표, 대시: 화제 전환·부연 설명에 쓰임)

演绎 yǎnyì

동 전개하다, 벌이다　동 연역하다
▶ 그는 완벽한 영상미를 演绎하고 있어.

歌手们在台上真情演绎着每一首歌，打动了全场观众。
가수들이 무대에서 진심으로 모든 곡을 공연하고 있어, 모든 관객을 감동시켰다.

台 tái 무대 | **真情** zhēnqíng 진정, 진심 | **首** shǒu 수(시·노래 등을 세는 양사) | **打动** dǎdòng 감동시키다 | **全场** quánchǎng 전체 | **观众** guānzhòng 관중

手法 shǒufǎ

명 수법, 기교, 솜씨
▶ 그분의 작품은 다양한 手法로 연출되어, 정말 다이내믹해 보여!

为了表现出强烈的反差效果，她采用了色彩结合的手法。
강렬한 대비 효과를 표현하기 위해, 그녀는 색을 결합하는 방법을 썼다.

表现 biǎoxiàn 표현하다 | **强烈** qiángliè 강렬하다 | **反差** fǎnchā 대비 | **效果** xiàoguǒ 효과 | **采用** cǎiyòng 채택하다 | **色彩** sècǎi 색깔 | **结合** jiéhé 결합하다

斯文 sīwen

형 점잖다, 고상하다, 우아하다
▶ 넌 굉장히 斯文해 보이는데, 록 음악을 듣는 것을 즐기는구나?

屏幕上他塑造的是强悍的形象，而台下却是一个斯文的人。
스크린에 그가 만들어 낸 것은 강한 이미지였지만, 무대 아래에서는 오히려 매우 점잖은 사람이다.

屏幕 píngmù 스크린 | **塑造** sùzào (인물을) 형상화하다 | **强悍** qiánghàn 강하고 용맹스럽다 | **形象** xíngxiàng 이미지 | **而** ér ~지만 | **台** tái 무대 | **却** què 오히려

清晰 qīngxī

형 분명하다, 또렷하다
▶ 사진이 빛을 너무 많이 받았는지 清晰하지가 않고 잘 안 보여.

科学家在甲骨文中发现了清晰的古代人栽桑养蚕的图形。
과학자는 갑골문에서 고대 사람들이 뽕나무를 심고 누에를 치는 또렷한 그림을 발견했다.

科学家 kēxuéjiā 과학자 | 甲骨文 jiǎgǔwén 갑골문 | 古代 gǔdài 고대 | 栽 zāi 심다 | 桑 sāng 뽕나무 | 养蚕 yǎngcán 양잠하다 | 图形 túxíng 도형

출제 포인트 ┃ 清晰의 빈출 짝꿍 표현

清晰는 그림·소리가 또렷하게 보이거나 들리는 것을 나타낸다. 듣기 영역에서 화면에 보이는 글자나 소리가 분명함을 이야기할 때 자주 나오며, 화면이나 소리의 선명도를 清晰度라고 표현한다.

예 验证码清晰度 인증 코드의 선명도 | 视野清晰 시야가 뚜렷하다
清晰地看到 분명하게 보다 | 清晰地回忆 뚜렷하게 회상하다

精致 jīngzhì

형 정교하고 섬세하다
▶ 이 그림은 묘사가 굉장히 精致해서 난 이게 사진인 줄 알았어!

这件存世量极少的瓷器做工精致，花纹也极为清晰。
전 세계에서 몇 안 되는 이 도자기는 가공 기법이 정교하고, 무늬 역시 매우 또렷하다.

存世 cúnshì 세상에 남기다 | 瓷器 cíqì 자기 | 花纹 huāwén 무늬와 도안 | 极为 jíwéi 매우

简要 jiǎnyào

형 간결하고 핵심을 찌르다
▶ 그 추리 소설의 줄거리만 简要하게 설명해 줄 수 있어?

所有的作品下方都写了一段简要的说明，供观赏者参考。
모든 작품의 아래에는 간단명료한 설명을 적어, 감상하는 사람들이 참고하도록 제공했다.

所有 suǒyǒu 모든 | 作品 zuòpǐn 작품 | 说明 shuōmíng 설명하다 | 供 gōng 제공하다 | 观赏者 guānshǎngzhě 감상자 | 参考 cānkǎo 참고하다

恰当 qiàdàng

형 알맞다, 타당하다, 적당하다
▶ 이 안에 들어갈 만한 가장 恰当한 구절이 뭐가 있을까?

小说的作者用了一句绝妙的引文恰当地开始了第一章节。
소설의 저자는 절묘한 인용문으로 적절하게 첫 장을 시작했다.

作者 zuòzhě 저자 | 绝妙 juémiào 절묘하다 | 引文 yǐnwén 인용문 | 章节 zhāngjié 장과 절

充实 chōngshí

형 풍부하다, 충분하다, 넘치다 **동** 충족시키다
▶ 몇 달을 썼는데도 내용이 充实하지 못하고 왜 이렇게 빈약해?

这部热播剧的故事情节曲折离奇，内容也十分充实。
이 인기 드라마의 스토리는 복잡하고 색다르며, 내용도 매우 풍부하다.

部 bù 부(서적·영화를 세는 양사) ∣ **热播剧** rèbōjù 인기 드라마 ∣ **情节** qíngjié 줄거리 ∣ **曲折** qūzhé 복잡하다 ∣ **离奇** líqí 예사롭지 않다 ∣ **内容** nèiróng 내용

问世 wènshì

동 (저작물·신상품 등이) 발표되다, 출품되다
▶ 내가 좋아하는 작가의 신작이 곧 问世한대!

暑假期间，侦探小说很受欢迎，一经问世便被抢购一空。
여름방학 동안, 탐정 소설은 인기가 많아서, 출간되자마자 바로 다 팔린다.

暑假 shǔjià 여름방학 ∣ **期间** qījiān 기간 ∣ **侦探** zhēntàn 탐정 ∣ **小说** xiǎoshuō 소설 ∣ **受欢迎** shòu huānyíng 환영받다 ∣ **一经** yìjīng ~하자마자 ∣ **便** biàn 바로(=就) ∣ **抢购** qiǎnggòu 다투어 구매하다 ∣ **一空** yìkōng 아무것도 없다

震撼 zhènhàn

동 뒤흔들다, 흥분시키다, 진동시키다
▶ 그녀의 바이올린 연주는 음악에 조예가 없는 나의 마음마저 震撼시켰어.

在欣赏敦煌壁画的同时，我的心灵也受到了极大的震撼。
둔황 벽화를 감상하면서, 내 마음도 크게 뒤흔들렸다.

欣赏 xīnshǎng 감상하다 ∣ **敦煌** Dūnhuáng 둔황 ∣ **壁画** bìhuà 벽화 ∣ **同时** tóngshí 동시에 ∣ **心灵** xīnlíng 마음 ∣ **受到** shòudào 받다

涌现 yǒngxiàn

동 한꺼번에 나타나다
▶ 영화가 인기를 끌자, 온갖 관련 상품들이 涌现하네.

在唐宋时期，各地都涌现出了不少才华横溢的诗人。
당·송나라 시기에, 각지에서 재능이 뛰어난 많은 시인들이 한꺼번에 나타났다.

唐 Táng 당나라 ∣ **宋** Sòng 송나라 ∣ **时期** shíqī 시기 ∣ **各地** gèdì 각지, 여러 곳 ∣ **不少** bùshǎo 많다 ∣ **才华横溢** cáihuáhéngyì 재능이 넘쳐나다 ∣ **诗人** shīrén 시인

创新 chuàngxīn

동 창조하다　**명** 창의성, 창조성
▶ 새로운 것을 계속해서 创新해 내지 않으면, 작가로서의 생명은 끝나는 거야.

他虽然在文学方面有很深的造诣，但依然保持创新精神。
그는 문학 분야에 매우 깊은 조예가 있지만, 여전히 창조적인 정신을 유지한다.

文学 wénxué 문학 | **方面** fāngmiàn 분야 | **深** shēn 깊다 | **造诣** zàoyì 조예 | **依然** yīrán 여전히 | **保持** bǎochí 유지하다 | **精神** jīngshén 정신

新颖 xīnyǐng

형 참신하다, 신선하다
▶ 그 작곡가는 늘 新颖한 멜로디로 누구도 예상하지 못한 음악을 만들어 낸다.

这篇小说的体裁十分新颖独特，内容引人入胜。
이 소설은 장르가 매우 참신하고 독특하며, 내용이 사람을 매료시킨다.

篇 piān 편(문장·종이 등을 세는 양사) | **体裁** tǐcái 장르 | **十分** shífēn 매우 | **独特** dútè 독특하다 | **内容** nèiróng 내용 | **引人入胜** yǐnrénrùshèng 빼어난 글이 사람을 매료시키다

杰出 jiéchū

형 걸출한, 빼어난, 출중한
▶ 우리 학교에서 이름만 들어도 아는 杰出한 음악가들이 많이 나왔대!

所有人都认为他是个具有杰出音乐天赋的演奏者。
모든 사람들이 그가 출중한 음악적 재능을 갖춘 연주가라고 생각한다.

所有 suǒyǒu 모든 | **具有** jùyǒu 가지다 | **天赋** tiānfù 타고난 자질 | **演奏者** yǎnzòuzhě 연주자
유의 **卓越** zhuóyuè 탁월하다, 출중하다

规范 guīfàn

명 규범, 표준　**형** 규범에 맞는　**동** 규범에 맞게 하다
▶ 정해 놓은 规范에 맞지 않는 말들은 다 편집되니까 조심해서 얘기해.

艺术虽然讲究自由个性，但同样应该遵守行业的规范。
예술은 비록 자유로운 개성을 중요시하지만, 마찬가지로 업계의 규범을 준수해야 한다.

艺术 yìshù 예술 | **讲究** jiǎngjiu 중요시하다 | **自由** zìyóu 자유롭다 | **个性** gèxìng 개성 | **同样** tóngyàng 마찬가지이다 | **遵守** zūnshǒu 준수하다 | **行业** hángyè 업종

典型 diǎnxíng

형 전형적인   명 전형, 대표적인 인물·일
▶ 내가 오늘 본 영화는 완전히 典型한 신데렐라 스토리였어.

他的作品注重人物的描写，是那个时期较为典型的作品。
그의 작품은 인물의 묘사를 중시하며, 그 당시의 비교적 전형적인 작품이다.

注重 zhùzhòng 중시하다 | 人物 rénwù 인물 | 描写 miáoxiě 묘사하다 | 较为 jiàowéi 비교적

출제 포인트   典型의 빈출 짝꿍 표현

典型은 대표성을 지니거나 사회적 특징을 가진 사람이나 사물에 쓰인다. 예술을 비롯해 질병의 증상, 예시, 자연 풍경 등과도 자주 쓰인다.

예   典型人物 전형적인 인물 | 典型症状 전형적인 증상 | 典型的方式 전형적인 방식
典型的地貌风景 전형적인 지형 풍경 | 典型例子 전형적인 예 | 典型示范 전형적인 시범

权威 quánwēi

명 권위자   명 권위   형 권위 있다
▶ 그분은 명실상부한 패션 디자인계의 权威야.

这几位导演一向以艺术权威自居，然而事实却并非如此。
이 감독은 항상 예술 권위자를 자처했지만, 사실상 결코 그렇지 않다.

导演 dǎoyǎn 감독 | 一向 yíxiàng 줄곧 | 以 yǐ ~로 | 自居 zìjū 자처하다 | 然而 rán'ér 그러나
| 事实 shìshí 사실 | 却 què 오히려 | 并非 bìngfēi 결코 ~하지 않다 | 如此 rúcǐ 이와 같다

威望 wēiwàng

명 명망
▶ 듣자 하니 우리 할아버지는 생전에 소설가로서 威望을 누리셨대.

许多文学家在去世后威望与日俱增，巴金就是其中之一。
수많은 문학가가 세상을 떠난 후 명성이 갈수록 높아졌는데, 바진이 바로 그중 한 명이다.

许多 xǔduō 매우 많다 | 文学家 wénxuéjiā 문학가 | 去世 qùshì 세상을 뜨다 | 与日俱增
yǔrìjùzēng 날이 갈수록 더해지다 | 巴金 Bā Jīn 바진(중국 현대 문학가) | 其中 qízhōng 그중에

一流 yīliú

형 일류의   명 한 부류
▶ 그 배우는 국내 一流 배우라서, 캐스팅하기도 힘들다고 하더라고.

在这次画展中，参展的作品都出自国内外一流画家之手。
이번 전시회에서 전시된 작품은 모두 국내외 일류 화가의 손에서 나온 것이다.

画展 huàzhǎn 회화 전람회 | 参展 cānzhǎn 전시회에 참가하다 | 作品 zuòpǐn 작품 | 出自
chūzì ~에서부터 나오다 | 画家 huàjiā 화가 | 之 zhī ~의

爱戴 àidài

동 추대하다, 우러러 섬기다
▶ 저분은 디자이너라면 누구나 爱戴하는 거장이셔.

他是一位受人爱戴的诗人，他的诗充满了对生活的向往。
그는 사람들의 추대를 받는 시인으로, 그의 시는 삶에 대한 동경이 가득하다.

受 shòu 받다 | 诗人 shīrén 시인 | 诗 shī 시 | 充满 chōngmǎn 가득 차다 | 生活 shēnghuó 삶, 생활 | 向往 xiàngwǎng 동경하다

背诵 bèisòng

동 암송하다, 외우다
▶ 나는 내가 좋아하는 시를 외워서 背诵하는 걸 좋아해.

我把这段莎士比亚的作品背诵得很熟练，得到了表扬。
나는 이 셰익스피어의 작품을 매우 유창하게 암송하여, 칭찬을 받았다.

莎士比亚 Shāshìbǐyà 셰익스피어 | 熟练 shúliàn 능란하다 | 得到 dédào 얻다 | 表扬 biǎoyáng 칭찬하다

珍贵 zhēnguì

형 귀중하다, 진귀하다
▶ 이번 작품은 기나긴 슬럼프를 이겨 내고 쓴 작품이라 더 珍贵합니다.

艺术品和珍贵史料被博物馆的工作人员完好地保存下来。
예술품과 귀중한 역사 자료는 박물관의 직원이 완벽하게 보존해 오고 있다.

艺术品 yìshùpǐn 예술품 | 史料 shǐliào 역사 자료 | 博物馆 bówùguǎn 박물관 | 工作人员 gōngzuò rényuán 직원 | 完好 wánhǎo 완벽하다 | 保存 bǎocún 보존하다

유의 宝贵 bǎoguì 소중히 여기다

유의어 비교 **珍贵** vs **宝贵**

珍贵와 宝贵 둘 다 가치가 높고, 쉽게 얻을 수 없는 것을 뜻하는데, 꾸미는 대상이 다르다.

珍贵 zhēnguì 추상적인 사물 외에도, 선물, 자료, 문물, 기념품 등 희소 가치가 있는 구체적인 사물에 쓰이며, 주관적인 평가의 색채를 지님

예 **珍贵的文物** 귀중한 문화재 | **珍贵的礼物** 귀한 선물

宝贵 bǎoguì 경험, 시간, 생명 등 추상적인 사물에 자주 쓰이며, 주로 객관적인 묘사에 쓰임

예 **宝贵的时间** 귀중한 시간 | **宝贵的生命** 고귀한 목숨

赞叹 zàntàn

동 감탄하다, 찬탄하다
▶ 연기력이 저렇게 엉망인데, 赞叹은커녕 비난만 받게 생겼네.

台下的观众对舞台上演员们精湛的演技表示赞叹。
무대 아래의 관객들은 무대 위 배우들의 뛰어난 연기에 감탄을 표했다.

台 tái 무대 | 观众 guānzhòng 관중 | 舞台 wǔtái 무대 | 演员 yǎnyuán 배우 | 精湛 jīngzhàn 뛰어나다 | 演技 yǎnjì 연기 | 表示 biǎoshì 표시하다

崇拜 chóngbài

동 숭배하다
▶ 나는 귀가 안 들리는 상황에서도 음악에 열정을 쏟았던 베토벤을 崇拜해.

达芬奇是全世界人崇拜的偶像，他的画作也被世人敬仰。
다빈치는 전 세계인이 숭배하는 인물로, 그의 작품 역시 세상 사람들에게 존경받는다.

达芬奇 Dá Fēnqí 다빈치 | 全世界 quánshìjiè 전 세계 | 偶像 ǒuxiàng 우상 | 画作 huàzuò 회화 작품 | 世人 shìrén 세상 사람 | 敬仰 jìngyǎng 공경하고 우러러보다

崇高 chónggāo

형 숭고하다, 고상하다
▶ 그의 작품은 그의 인격만큼이나 崇高해서 존경심이 절로 생긴다.

从这些作品中仿佛看到了画家想要表达的崇高境界。
이 작품들 속에서 화가가 표현하고자 하는 숭고한 경지를 본 것만 같다.

作品 zuòpǐn 작품 | 仿佛 fǎngfú 마치 ~인 것 같다 | 画家 huàjiā 화가 | 表达 biǎodá 표현하다 | 境界 jìngjiè 경지
유의 高尚 gāoshàng 고상하다
반의 卑鄙 bēibǐ 비열하다

高潮 gāocháo

명 클라이맥스, 절정, 최고조 명 만조
▶ 나는 노래를 들을 때 高潮만 들어 보고 별로면 그냥 꺼 버려.

该乐曲的作者选择了欢快的节奏作为乐曲的高潮。
이 노래의 작곡가는 즐겁고 경쾌한 리듬을 곡의 클라이맥스로 선택했다.

该 gāi 이 | 乐曲 yuèqǔ 악곡 | 作者 zuòzhě 저자 | 欢快 huānkuài 즐겁고 경쾌하다 | 节奏 jiézòu 리듬 | 作为 zuòwéi ~로 삼다

复兴 fùxīng

(동) 부흥하다　(동) 부흥시키다
▶ 한 시대를 주름잡았던 그의 작풍이 다시 复兴할 수 있기를 기원한다.

芭蕾舞起源于文艺复兴初期的意大利宫廷中。

발레는 문예 부흥 초기의 이탈리아 궁궐에서 기원했다.

芭蕾舞 bālěiwǔ 발레 | 起源于 qǐyuányú ~에서 기원하다 | 文艺复兴 Wényì Fùxīng 문예 부흥, 르네상스 | 初期 chūqī 초기 | 意大利 Yìdàlì 이탈리아 | 宫廷 gōngtíng 궁궐

不愧 búkuì

(부) ~라고 할 만하다, ~에 부끄럽지 않다, 손색이 없다
▶ 윤 작가의 작품에는 不愧 신인상 수상 작가다운 특별한 뭔가가 있어.

他获得了诺贝尔文学奖，真不愧是一位才华出众的人物。

그는 노벨 문학상을 받았는데, 역시 재능이 출중한 인물이다.

获得 huòdé 얻다 | 诺贝尔文学奖 Nuòbèi'ěr wénxuéjiǎng 노벨 문학상 | 才华 cáihuá 재능 | 出众 chūzhòng 출중하다 | 人物 rénwù 인물

★ 보충단어 아래 단어들의 예문은 WEB 단어장에서 확인할 수 있어요.

文艺 wényì (명) 문예(문학예술)

肖像 xiàoxiàng (명) 초상, 화상, 사진

序言 xùyán (명) 머리말, 전문

摘要 zhāiyào (명) 개요, 적요 (동) 요점만 따서 적다

稿件 gǎojiàn (명) 원고, 작품

注释 zhùshì (명) 주석, 주해 (동) 주석하다, 주해하다

列举 lièjǔ (동) 열거하다

衔接 xiánjiē (동) 연결하다, 이어지다

譬如 pìrú (동) 예를 들다

斟酌 zhēnzhuó (동) 심사숙고하다, 고려하다, 헤아리다

精简 jīngjiǎn (동) 정선하다, 정간하다

泰斗 tàidǒu (명) 권위자, 대가

空洞 kōngdòng (형) 내용이 없다, 요지가 없다, 공허하다

钦佩 qīnpèi (동) 탄복하다, 경복하다

瞻仰 zhānyǎng (동) 참배하다, 우러러보다

歌颂 gēsòng (동) 찬양하다, 칭송하다

激发灵感	jīfā línggǎn	영감을 불러일으키다
构思新颖	gòusī xīnyǐng	구상이 참신하다
描绘蓝图	miáohuì lántú	청사진을 그리다
造型美观	zàoxíng měiguān	형상이 아름답다
精心雕刻	jīngxīn diāokè	정성을 들여 조각하다
布局合理	bùjú hélǐ	합리적으로 배치해 놓다
历史片断	lìshǐ piànduàn	역사의 한 부분
反复斟酌	fǎnfù zhēnzhuó	거듭 숙고하다
标点符号	biāodiǎn fúhào	문장 부호
发音清晰	fāyīn qīngxī	발음이 분명하다
用词恰当	yòngcí qiàdàng	적절한 단어를 사용하다
阐述理论	chǎnshù lǐlùn	이론을 상세히 논술하다
打比喻	dǎ bǐyù	비유를 들다
尽情演绎	jìnqíng yǎnyì	마음껏 발휘하다
手法高明	shǒufǎ gāomíng	기법이 뛰어나다
赞叹不已	zàntàn bùyǐ	찬탄을 금치 못하다

데일리 테스트

고생하셨어요!
QR코드를 스캔하면 DAY01~DAY30 전체 데일리 테스트 PDF가 다운로드됩니다.

DAY

23

HSK 6급 30일 합격 프로젝트

★ HSK 시험에 이렇게 나와요.

중국의 유명한 다리나 건축물 등을 소개하는 내용이 듣기 1부분에 자주 출제됩니다. 대부분 객관적인 정보와 건물을 건축하게 된 계기, 건축가 등이 부가적으로 소개됩니다. 예술적·기술적 효과에 관한 어휘를 주의하여 익히면 좋습니다.

건축학 개론

#건축 #기하학

음원 듣기

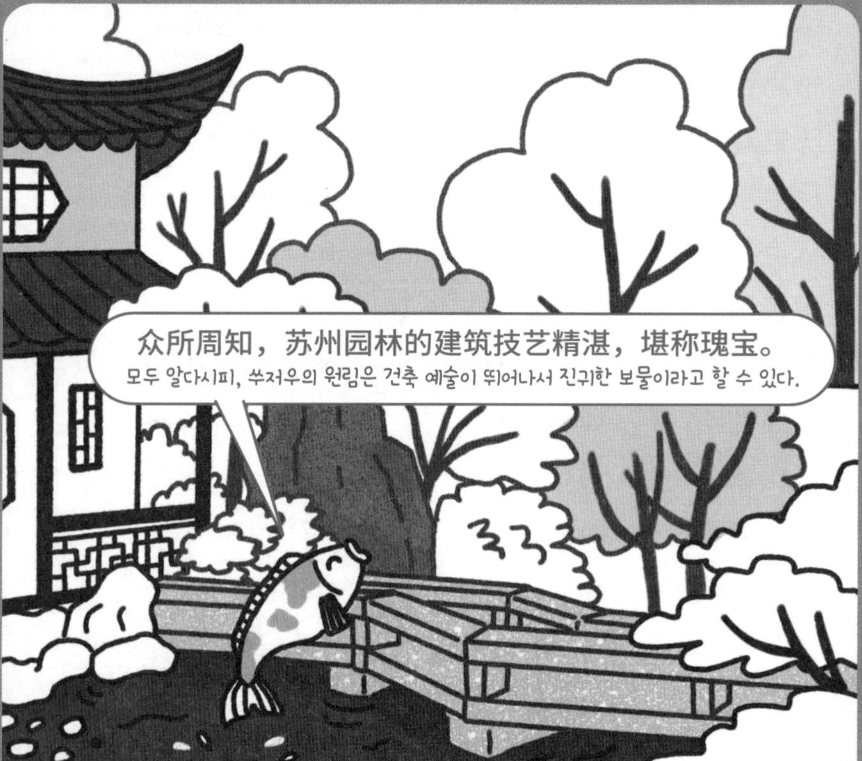

宫殿 gōngdiàn

명 궁전

▶ 경복궁은 비록 규모는 작지만, 아름다운 宫殿이야.

城郊的那座别墅是效仿了古代宫殿外观而建的。

교외의 그 별장은 고대 궁전의 외관을 본떠 만든 것이다.

城郊 chéngjiāo 교외 **|** **别墅** biéshù 별장 **|** **效仿** xiàofǎng 모방하다 **|** **古代** gǔdài 고대 **|** **外观** wàiguān 외관 **|** **而** ér ~하고 **|** **建** jiàn 건설하다

园林 yuánlín

명 원림, 정원

▶ 그 집은 정원사가 잘 가꿔서 그런지 园林이 참 아름다워!

众所周知，苏州园林的建筑技艺精湛，堪称瑰宝。

모두 알다시피, 쑤저우의 원림은 건축 예술이 뛰어나서, 진귀한 보물이라고 할 수 있다.

众所周知 zhòngsuǒzhōuzhī 모든 사람이 다 알고 있다 **|** **苏州** Sūzhōu 쑤저우 **|** **建筑** jiànzhù 건축물 **|** **技艺** jìyì 기예 **|** **精湛** jīngzhàn 뛰어나다 **|** **堪称** kānchēng ~이라고 할 만하다 **|** **瑰宝** guībǎo 진귀한 보물

寺庙 sìmiào

명 사원, 절, 사찰

▶ 해인사는 팔만대장경이 소장되어 있는 우리나라 주요 寺庙 중 하나야.

走进寺庙我们可以看到，四面墙壁都刻有文人的题字。

사원을 들어가면 우리는, 사면의 담장에 문인의 기념사가 새겨져 있는 것을 볼 수 있다.

墙壁 qiángbì 담장 **|** **文人** wénrén 문인 **|** **题字** tízì 기념 글

亭子 tíngzi

명 정자

▶ 산 중턱에 亭子가 하나 있는데, 늘 등산객들의 쉼터가 되어 주지.

廊桥是有屋檐的桥，最开始是供人们暂时休息的亭子。

랑차오는 처마가 있는 다리로, 최초의 시작은 사람들에게 잠시 쉬는 정자를 제공하는 것이었다.

廊桥 lángqiáo 랑차오(지붕 있는 다리) **|** **屋檐** wūyán 처마 **|** **桥** qiáo 다리 **|** **供** gōng 제공하다 **|** **暂时** zànshí 잠시

巷 xiàng

▶ 난 여행을 가면, 그 지역의 작은 巷들을 찾아다니곤 해.

沿着铁路走到尽头，我发现了一条条纵横交错的小巷。
철도를 따라 끝까지 걸으니, 가로 세로로 교차되는 골목들을 발견하게 되었다.

沿着 yánzhe (일정한 노선을) 따라서 | 铁路 tiělù 철도 | 尽头 jìntóu 끝 | 纵横 zònghéng 가로 세로 | 交错 jiāocuò 엇갈리다

别墅 biéshù

▶ 호숫가에 작은 别墅가 한 채 있는데, 주변이 고요하고 또 아름다워.

幽静的山间坐落着几座设计独特的别墅，十分引人注意。
고요한 산속에 설계가 독특한 별장 몇 채가 자리해 있어, 매우 눈길을 끈다.

幽静 yōujìng 그윽하고 고요하다 | 山间 shānjiān 산간 | 坐落 zuòluò ~에 위치하다 | 设计 shèjì 설계 | 独特 dútè 독특하다 | 十分 shífēn 매우 | 引 yǐn 야기하다, 초래하다

住宅 zhùzhái

▶ 작은 부지를 매입해서 우리 가족이 살 단독 住宅를 하나 지으려고 해.

听说，老板买的这套公寓是该街区最大的住宅。
듣자 하니, 사장님이 구입한 이 아파트는 이 지역에서 가장 큰 주택이라고 한다.

老板 lǎobǎn 사장 | 套 tào 세트 | 公寓 gōngyù 아파트 | 该 gāi 이 | 街区 jiēqū 구역

仓库 cāngkù

▶ 仓库에 잡동사니들이 널브러져 있어서 정리를 좀 해야겠어.

由于仓库里潮气太重，所以设计师决定对其进行改良。
창고 안에 습기가 너무 많아서 설계사는 이를 개량하기로 했다.

由于A, 所以B yóuyú A, suǒyǐ B A 때문에, 그래서 B하다 | 潮气 cháoqì 습기 | 重 zhòng 심하다 | 设计师 shèjìshī 설계사 | 进行 jìnxíng 진행하다 | 改良 gǎiliáng 개량하다

井 jǐng

명 우물
▶ 마을 어귀에 井이 있으니 거기서 물을 길어 오너라.

庭院前的那口井已经干涸，一眼就能看见井底了。
정원 앞의 그 우물은 이미 말라서 한눈에 봐도 바닥이 보인다.

庭院 tíngyuàn 정원 | **干涸** gānhé 물이 마르다 | **井底** jǐngdǐ 우물의 바닥

幢 zhuàng

양 동, 채(건물을 세는 데 쓰임)
▶ 계곡 근처에 좋은 펜션 한 幢을 지어 볼 생각이야.

这幢写字楼的设计十分独特，因为设计者选用了罕见的玻璃墙。
이 오피스텔의 설계는 매우 독특한데, 설계자가 보기 드문 유리 벽을 사용했기 때문이다.

写字楼 xiězìlóu 오피스 빌딩 | **选用** xuǎnyòng 골라 쓰다 | **罕见** hǎnjiàn 보기 드물다 | **玻璃** bōli 유리 | **墙** qiáng 벽

 건물을 세는 양사 **幢**

幢은 주거 형태의 건물을 셀 때 자주 쓰인다.

예 **一幢房子** 집 한 채 | **一幢新楼房** 새 건물 한 채 | **一幢公寓** 아파트 한 동

栋 dòng

양 동, 채 **명** 마룻대, 기둥
▶ 그 친구는 나이도 어린데 벌써 건물이 다섯 栋이나 있다더라고.

这座住宅区内共有10栋居民楼，每栋的外墙颜色都不同。
이 주택 단지 안에는 총 10동의 주택이 있는데, 건물마다 외벽의 색이 모두 다르다.

座 zuò 채(부피가 크거나 고정된 물체를 세는 양사) | **住宅区** zhùzháiqū 주택 단지 | **居民楼** jūmínlóu 거주 주택

桥梁 qiáoliáng

명 다리, 교량 **명** 중개자
▶ 큰 태풍으로 인해 육지와 섬을 잇던 桥梁 하나가 붕괴되었다.

在土木工程中，桥梁设计或许是最为艰苦的脑力劳动了。
토목 공정에서, 다리 설계는 어쩌면 가장 힘든 정신노동일 것이다.

土木 tǔmù 토목 | **工程** gōngchéng 공정 | **设计** shèjì 설계 | **或许** huòxǔ 어쩌면 | **最为** zuìwéi 가장 | **艰苦** jiānkǔ 어렵고 고달프다 | **脑力劳动** nǎolì láodòng 정신노동

水利 shuǐlì

명 수리

▶ 이 지역은 이미 水利 공사를 다 해 놓아서, 홍수나 가뭄 걱정이 없대.

世界上许多国家的政府都在水利化方面花费了大量资金。
전 세계 수많은 국가의 정부가 수리화 방면에 많은 자금을 썼다.

许多 xǔduō 매우 많다 | 政府 zhèngfǔ 정부 | 水利化 shuǐlìhuà 수리화(배수 체계를 확립하는 일) | 方面 fāngmiàn 방면 | 花费 huāfèi 쓰다 | 大量 dàliàng 대량의 | 资金 zījīn 자금

渠道 qúdào

명 관개 수로 명 경로, 방법

▶ 논밭에 渠道가 잘 되어 있지 않으면 농사 짓기가 힘들지.

开掘渠道把水引进沙漠，是一项任重道远的建设。
관개 수로를 파내어 사막에 물을 들여오는 것은, 임무가 막중한 건설이다.

开掘 kāijué 파내다 | 引进 yǐnjìn 끌어들이다 | 沙漠 shāmò 사막 | 项 xiàng 가지(항목을 세는 양사) | 任重道远 rènzhòngdàoyuǎn 책임이 무겁다 | 建设 jiànshè 건설하다

陈旧 chénjiù

형 낡다, 오래되다

▶ 집의 보일러가 너무 陈旧해서 난방이 잘 안 되더라고.

教授家客厅的墙上挂的陈旧的山水画，价值都不菲。
교수님 댁 거실 벽에 걸려 있는 오래된 산수화는 가격도 상당하다.

教授 jiàoshòu 교수 | 客厅 kètīng 거실 | 墙 qiáng 벽 | 挂 guà 걸리다 | 山水画 shānshuǐhuà 산수화 | 价值 jiàzhí 가격 | 不菲 bùfěi 싸지 않다
반의 崭新 zhǎnxīn 아주 새롭다

牢固 láogù

형 견고하다, 든든하다, 탄탄하다

▶ 기초가 牢固해야 큰 재해가 일어났을 때 견딜 수 있지.

这座房子已经有百年的历史了，可见它的地基十分牢固。
이 집은 이미 100년의 역사가 있는 것으로 보아, 이 건물의 토대가 매우 견고하다는 것을 알 수 있다.

可见 kějiàn ~라는 것을 알 수 있다 | 地基 dìjī 토대 | 十分 shífēn 매우
유의 坚固 jiāngù 견고하다, 튼튼하다

坚固 jiāngù

형 견고하다, 튼튼하다
▶ 이 성벽은 아주 坚固해서 적의 어떠한 공격에도 부서지지 않았대.

施工中的水坝还不够坚固，无法抵挡洪水。
공사 중인 댐은 아직 견고하지 않아, 홍수를 막을 수 없다.

施工 shīgōng 공사하다 ｜ **水坝** shuǐbà 댐 ｜ **不够** búgòu 미치지 못하다 ｜ **无法** wúfǎ ~할 수 없다 ｜ **抵挡** dǐdǎng 막다
유의 **牢固** láogù 견고하다, 든든하다

别致 biézhì

형 독특하다, 색다르다, 특이하다
▶ 어제 본 그 집은 방의 구조가 다른 집들과는 다르게 别致하더라고.

学校广场上花坛造型别致，很有传统建筑的色彩。
학교 광장의 화단은 조형이 독특하고, 전통 건축물의 색채가 있다.

广场 guǎngchǎng 광장 ｜ **花坛** huātán 화단 ｜ **造型** zàoxíng 조형 ｜ **传统** chuántǒng 전통 ｜ **建筑** jiànzhù 건축물 ｜ **色彩** sècǎi 색채

分明 fēnmíng

형 뚜렷하다, 명확하다　부 명백히, 분명히
▶ 두 건축가는 각자 스타일이 分明해서 선호 계층도 달라.

这座隔河而建的办公楼，轮廓分明，立体感十足。
강을 사이에 두고 세워진 이 오피스텔은 윤곽이 분명하고, 입체감이 넘친다.

隔 gé 사이를 두다 ｜ **建** jiàn 세우다 ｜ **办公楼** bàngōnglóu 사무동 ｜ **轮廓** lúnkuò 윤곽 ｜ **立体感** lìtǐgǎn 입체감 ｜ **十足** shízú 넘쳐흐르다

严密 yánmì

형 빈틈없다　형 주도면밀하다　동 엄밀하게 하다
▶ 건축을 할 때에는 수치가 어긋나지 않도록 하나부터 열까지 严密하게 측정해야 해.

这座大厦中有着严密的监控录像和保安系统，十分安全。
이 건물에는 빈틈없는 감시 카메라와 보안 시스템이 있어서, 매우 안전하다.

大厦 dàshà (고층) 건물 ｜ **监控录像** jiānkòng lùxiàng CCTV ｜ **保安** bǎo'ān 보안 ｜ **系统** xìtǒng 시스템 ｜ **十分** shífēn 매우 ｜ **安全** ānquán 안전하다

修建 xiūjiàn

동 건설하다, 건축하다
▶ 올해 안에 집 근처에 지하철을 修建하려고 계획 중이래!

国家已经决定，会在年底修建一座巨大的码头。
국가는 이미 연말에 거대한 부두를 건설하기로 결정했다.

年底 niándǐ 연말 | **巨大** jùdà 아주 크다 | **码头** mǎtou 부두
반의 拆除 chāichú 철거하다

출제 포인트 修建+공장·학교·병원·공항·도로

修建은 건물과 도로 등의 건설을 나타내어, 독해 4부분에서 자주 출제된다.

예 修建街道 도로를 짓다 | 修建桥梁(qiáoliáng) 다리를 만들다
修建皇家(huángjiā)园林 황실 정원을 건설하다 | 修建宫殿(gōngdiàn) 궁전을 건설하다

修复 xiūfù

동 (건축물을) 복원하다, (관계를) 회복하다
▶ 훼손된 명승고적을 修复하는 건 당연한 일이죠.

修复这座桥梁在人力、财力上都是一笔不小的开支。
이 다리를 복원하는 것은 인력과 자금에 있어 모두 적지 않은 비용이 든다.

桥梁 qiáoliáng 다리 | **财力** cáilì 재력 | **笔** bǐ 몫(돈과 관련된 것을 세는 양사) | **开支** kāizhī 비용

保养 bǎoyǎng

동 보수하다, 수리하다   **동** 보양하다
▶ 아파트 벽에 실금이 너무 많이 가서 保养해야 할 것 같아요.

近日，市面上出现了很多用于保养木材的油漆。
최근 시장에 목재 보호에 쓰이는 도료가 많이 등장했다.

市面 shìmiàn 시장 | **用于** yòngyú ~에 쓰다 | **木材** mùcái 목재 | **油漆** yóuqī 도료

消防 xiāofáng

명 소방(화재를 진압하거나 예방함)
▶ 이렇게 큰 호텔에 消防 설비가 부실해서야 되겠습니까?

酒店楼层内的消防设施已经检查完毕，没有任何问题。
호텔 층 내의 소방 시설은 이미 검사가 끝났고, 아무 문제가 없다.

楼层 lóucéng (건물의) 층 | **设施** shèshī 시설 | **完毕** wánbì 끝내다 | **任何** rènhé 어떠한

防止 fángzhǐ

동 방지하다

▶ 침수 피해를 防止하는 시설은 잘 되어 있나요?

这些门窗的设计，有效地防止了日晒和暴风雨的袭击。

이 창문의 설계는, 햇빛과 폭풍우의 습격을 효과적으로 방지했다.

门窗 ménchuāng 창문 | 设计 shèjì 설계 | 有效 yǒuxiào 효과가 있다 | 日晒 rìshài 햇빛이 비치다 | 暴风雨 bàofēngyǔ 폭풍우 | 袭击 xíjī 기습하다

출제 포인트 防止+안 좋은 일

防止는 안 좋은 일이 일어나기 전에 준비하여 그 일의 발생을 막는 것을 의미한다. 주로 듣기 3부분에 사고를 막는 내용으로 출제된다. 防止는 명사와 동사구를 모두 목적어로 취할 수 있다.

예 防止污染 오염을 방지하다 | 防止交通事故 교통사고를 방지하다
防止烫伤(tàngshāng) 화상을 방지하다 | 防止出现减压病 잠수병의 발생을 방지하다
防止皮肤瘙痒(sàoyǎng) 피부 가려움을 방지하다 | 防止过度消费 과소비를 방지하다

水泥 shuǐní

명 시멘트

▶ 水泥가 아직 마르지 않았으니 절대로 밟으시면 안 됩니다.

建筑工人浇注了坚实的水泥地基，这也是最基本的一步。

건축 인부는 견실한 시멘트 지반을 부었고, 이 역시 가장 기본적인 단계이다.

建筑 jiànzhù 건축하다 | 工人 gōngrén 노동자 | 浇注 jiāozhù (쇳물·콘크리트 따위를 거푸집에) 주입하다 | 坚实 jiānshí 견실하다 | 地基 dìjī 지반 | 基本 jīběn 기본적인

油漆 yóuqī

명 염료, 도료, 페인트 동 (페인트 등을) 칠하다

▶ 油漆가 군데군데 벗겨져서 지저분하니, 다시 칠합시다.

这种油漆是专门涂抹在金属上的，具有极好的防腐功能。

이러한 도료는 금속에 전용으로 바르는 것으로, 매우 좋은 부식 방지 기능이 있다.

专门 zhuānmén 전문적으로 | 涂抹 túmǒ 바르다 | 金属 jīnshǔ 금속 | 具有 jùyǒu 가지다 | 防腐 fángfǔ 부패를 방지하다 | 功能 gōngnéng 기능

涂抹 túmǒ

(동) 칠하다, 바르다　(동) 마음대로 갈겨쓰다/그리다
▶ 건물 외벽을 무슨 색으로 涂抹해야 좀 더 세련돼 보일까요?

我们将油漆涂抹在墙壁上后，墙壁顿时显得生机勃勃。
우리가 페인트를 벽에 칠하고 나니, 벽이 바로 생기가 넘쳐 보였다.

将 jiāng ~를 | 墙壁 qiángbì 벽 | 顿时 dùnshí 바로 | 显得 xiǎnde ~인 것처럼 보이다 | 生机勃勃 shēngjībóbó 생기발랄하다

点缀 diǎnzhuì

(동) 장식하다, 단장하다　(동) 겉치레하다, 구색을 맞추다
▶ 집 대문을 꽃으로 좀 点缀하고 싶은데, 어떻게 생각해?

如今庭院前的石狮子多起点缀的作用。
오늘날 정원 앞의 돌사자는 대부분 장식 역할을 한다.

如今 rújīn 오늘날 | 庭院 tíngyuàn 정원 | 狮子 shīzi 사자 | 起 qǐ 일으키다 | 作用 zuòyòng 역할

支柱 zhīzhù

(명) 기둥, 지주, 받침대
▶ 어떤 건물을 세우더라도 支柱를 튼튼하게 잘 세워야 하지.

无论是古代还是现代，建房子最重要的就是要有支柱。
고대와 현대를 막론하고, 건축에서 가장 중요한 것은 기둥이 있어야 한다는 점이다.

无论 wúlùn ~를 막론하고 | 古代 gǔdài 고대 | 现代 xiàndài 현대 | 建 jiàn 건축하다

支撑 zhīchēng

(동) 버티다, 지탱하다
▶ 그런 얇은 판은 이렇게 무거운 하중을 支撑할 수가 없어요.

这座建筑无需一个钉子和螺丝，全靠这四根栋梁支撑。
이 건물은 못이나 나사가 하나도 필요 없이, 모두 4개의 기둥으로만 지탱한다.

建筑 jiànzhù 건축물 | 无需 wúxū ~할 필요가 없다 | 钉子 dīngzi 못 |
螺丝 luósī 나사못 | 全靠 quánkào 완전히 의지하다 |
根 gēn 개(가늘고 긴 것을 세는 양사) | 栋梁 dòngliáng 마룻대와 들보
(유의) 支持 zhīchí 견디다, 지탱하다

延伸 yánshēn

동 뻗어 나가다, 늘이다, 확장하다
▶ 이 정원의 길은 근처에 있는 호수까지 쭉 延伸해 나간다.

扩建后，这条铁路将向西一直延伸到西藏。
확장 후, 이 철로는 서쪽으로 티베트까지 쭉 뻗어 나갈 것이다.

扩建 kuòjiàn 확장하다 | 铁路 tiělù 철도 | 将 jiāng ~할 것이다 | 西藏 Xīzàng 티베트

图案 tú'àn

명 도안
▶ 자네가 설계한 건축 图案은 현실성이 없으니 다시 수정해 오게.

天花板上的图案是手工一笔一笔画出来的。
천장의 도안은 수공예로 한 획 한 획 그려 낸 것이다.

天花板 tiānhuābǎn 천장판 | 手工 shǒugōng 수공예 | 笔 bǐ 한자의 필획

孔 kǒng

명 구멍
▶ 벽에 드릴로 孔을 몇 개 뚫어서 그림을 좀 걸려고요.

想在这道铁门上打孔，一定要有专门的机器。
이 철문에 구멍을 내려면, 반드시 전용 기계가 있어야 한다.

道 dào 개(문·벽 등을 세는 양사) | 铁门 tiěmén 철문 | 打孔 dǎ kǒng 구멍을 뚫다 | 专门 zhuānmén 전문적이다 | 机器 jīqì 기계

출제 포인트　　孔이 쓰인 단어

孔은 새나 사람의 이름에도 많이 쓰이는데, 회화와 시험에서 활용도가 높으로, 잘 알아 두자.

예　挖(wā)个小孔 작은 구멍을 하나 파다 | 鼻孔 콧구멍 | 孔雀 kǒngquè 공작(새)
孔子 Kǒngzǐ 공자 | 孔庙 Kǒngmiào 공자 사당 | 孔府 kǒngfǔ 공부(공자의 저택)
孔林 Kǒnglín 공자의 묘지 | 三孔 삼공(孔庙·孔府·孔林 모두를 일컫는 말)

框架 kuàngjià

명 뼈대, 틀, 골격(비유적 의미로도 쓰임)
▶ 그 큰 건물이 전부 불에 타서 框架만 남았더라.

先确定大概的框架内容，然后再进行实际操作。
대략적인 뼈대 내용을 정하고, 그 다음 실질적인 작업을 진행해야 한다.

确定 quèdìng 확정하다 | 大概 dàgài 대략적인 | 内容 nèiróng 내용 | 进行 jìnxíng 진행하다 | 实际 shíjì 실제적이다 | 操作 cāozuò 일하다

模式 móshì

명 모델, 표준 양식, 패턴
▶ 이 설계 模式는 너무 오래된 것이라 요즘은 인기가 없어.

这家装修公司的设计模式很新颖，很令人期待。
이 인테리어 회사의 설계 모델은 매우 참신해서, 사람을 기대하게 만든다.

装修 zhuāngxiū 인테리어하다 | 设计 shèjì 설계 | 新颖 xīnyǐng 신선하다 | 令 lìng ~하게 하다

출제 포인트 ▶ 듣기 영역 빈출 어휘 **模式**

模式는 건축, 예술, 상업 등 여러 방면의 내용으로 듣기 1·3부분에서 자주 출제된다.
예 固定模式 고정 패턴 | 消费模式 소비 패턴 | 商业模式 비즈니스 모델
管理模式 관리 방식 | 经济发展模式 경제 발전 모델 | 模式单一 모델이 단일하다

重心 zhòngxīn

명 중심, 무게 중심   명 (일의) 중점, 핵심
▶ 무게 重心이 맞지 않으면 건물은 바로 기울어지게 되어 있어.

工人们与设计师商议后决定把这个门的重心前移一些。
인부들은 설계사와 상의한 후 이 문의 중심을 약간 앞으로 옮기기로 결정했다.

工人 gōngrén 노동자 | 设计师 shèjìshī 설계사 | 商议 shāngyì 상의하다 | 移 yí 옮기다

视线 shìxiàn

명 시선, 눈길   명 주의력
▶ 산수화에 视线을 빼앗겨 한동안 그 자리에 멈춰 서 있었어.

眼前这座巴洛克式建筑深深地吸引住了她的视线。
눈앞의 이 바로크 양식 건축물이 그녀의 시선을 깊이 사로잡았다.

座 zuò 채(부피가 크거나 고정된 물체를 세는 양사) | 巴洛克式 Bāluòkè shì 바로크 양식 | 建筑 jiànzhù 건축물 | 吸引 xīyǐn 끌어당기다

横 héng

형 가로의
▶ 세로가 아니라 横으로 배치하면 더 많은 그림을 걸 수 있습니다.

为了美观，人们都把家中的横梁做了装饰处理。
미관을 위해, 사람들은 집 안의 대들보를 장식 처리하였다.

横梁 héngliáng 대들보 | 装饰 zhuāngshì 장식 | 处理 chǔlǐ 처리하다

纵横 zònghéng

명 종횡 형 자유분방하다 동 종횡무진이다

▶ 여러 노선이 거치는 역이라, 纵横으로 교차하는 철로가 마치 거미줄 같아 보여.

山间小路纵横交错，想在这里建加油站有些困难。

산속의 오솔길이 종횡으로 교차되어 있어서, 이곳에 주유소를 짓기는 다소 어렵다.

山间 shānjiān 산간 | 交错 jiāocuò 엇갈리다 | 建 jiàn 짓다 | 加油站 jiāyóuzhàn 주유소 | 困难 kùnnan 어렵다

对称 duìchèn

형 대칭이다

▶ 비대칭을 이루는 건축물들이 주는 극적인 효과가 매력적이야.

对称给人一种平稳的感觉，这在建筑业也是极其重要的。

대칭은 사람에게 일종의 안정된 느낌을 주는데, 이는 건축업에서도 매우 중요한 것이다.

平稳 píngwěn 안정되다 | 感觉 gǎnjué 느낌 | 建筑业 jiànzhùyè 건축업 | 极其 jíqí 매우

平行 píngxíng

동 평행하다 형 동시의, 동급의

▶ 울타리는 집과 평행하게 지어져 있었다.

在实验中，我们发现有一组平行线与圆锥曲线相交。

실험에서 우리는 일부 평행선들이 원뿔 곡선과 서로 교차하는 것을 발견했다.

实验 shíyàn 실험 | 组 zǔ 조 | 平行线 píngxíngxiàn 평행선 | 圆锥 yuánzhuī 원뿔 | 曲线 qūxiàn 곡선 | 相交 xiāngjiāo 교차하다

垂直 chuízhí

동 수직이다

▶ 이 놀이 기구는 거의 垂直해서 떨어져서 아주 스릴이 넘쳐.

当表面与射线垂直时，射线的强度最大。

표면과 사선이 수직일 때, 사선의 강도가 가장 크다.

当……时 dāng …… shí ~할 때 | 表面 biǎomiàn 표면 | 射线 shèxiàn 사선 | 强度 qiángdù 강도

倾斜 qīngxié

형 기울다, 경사지다   형 편향되다
▶ 이탈리아에 있는 피사의 사탑은 倾斜되어 있는 탑으로 유명하지.

这面墙稍微有点**倾斜**，然而这是设计师特意设计的。

이 벽은 조금 기울어져 있지만, 이는 설계사가 특별히 설계한 것이다.

面 miàn 개(편평한 물건을 세는 양사) | **墙** qiáng 벽 | **然而** rán'ér 그러나 | **特意** tèyì 특별히

方圆 fāngyuán

명 주변의 길이   명 주위   명 면적   명 사각형과 원형
▶ 대규모 지진이 일어나, 方圆 수백 킬로미터 내의 건물들이 모조리 붕괴되었다.

方圆数百里之内，这是唯一的一座现代化建筑。

주변의 수백 리 내에서, 이것은 유일한 현대화 건물이다.

唯一 wéiyī 유일한 | **现代化** xiàndàihuà 현대화

直径 zhíjìng

명 직경
▶ 달의 直径은 지구의 약 4분의 1정도밖에 안 된대.

他告诉我们，他需要的是一根**直径**约2厘米的不锈钢管。

그는 우리에게, 그가 필요한 것은 직경 약 2센티미터 정도의 스테인리스 관이라고 알려 주었다.

根 gēn 개(가늘고 긴 것을 세는 양사) | **约** yuē 대략 | **厘米** límǐ 센티미터 | **不锈钢** búxiùgāng 스테인리스강 | **管** guǎn 관, 호스

测量 cèliáng

동 측량하다
▶ 마당에 있는 연못의 길이를 좀 测量해 주시겠어요?

我们需要用专门的探测器来**测量**，以了解地下的情况。

우리는 전문적인 탐지기로 측정하여, 지하의 상황을 파악해야 한다.

探测器 tàncèqì 탐지기 | **以** yǐ ~하기 위하여 | **情况** qíngkuàng 상황

출제 포인트   **量**의 두 가지 발음

量은 명사로 '양, 수량'을 나타낼 때에는 'liàng'으로 발음하고, 동사로 '재다, 측정하다'라는 뜻일 때는 'liáng'으로 발음한다.

예   **能量**(néngliàng) 역량 | **分量**(fènliàng) 무게
量(liáng)**体温** 체온을 재다 | **估量**(gūliáng) 어림잡다 | **测量面积** 면적을 측정하다

将近 jiāngjìn

부 (시간·수량 등이) 거의 ~에 이르다
▶ 공사를 시작한 지 将近 3년이 다 되어 가는데, 아직 반도 안 지어졌단 말이야?

领导告诉大家，完成这项工程可能需要将近1年的时间。
대표는 이 사업을 끝내려면 거의 1년에 가까운 시간이 필요할 것이라고 모두에게 말했다.

领导 lǐngdǎo 리더 | 项 xiàng 가지(항목을 세는 양사) | 工程 gōngchéng 사업

方位 fāngwèi

명 방위, 방향과 위치
▶ 우리가 보는 모든 지도에는 축척과 方位가 표시되어 있어.

按照地理环境的不同，选择施工的方位也应该重新计算。
지리 환경의 차이에 따라, 공사의 방위 선택 역시 반드시 다시 계산해야 한다.

按照 ànzhào ~에 따라 | 地理 dìlǐ 지리 | 施工 shīgōng 공사하다 | 重新 chóngxīn 다시 | 计算 jìsuàn 계산하다

侧面 cèmiàn

명 측면
▶ 이 성당은 정면에서 볼 때와 侧面에서 볼 때 느낌이 확 달라.

那座建筑的形状从侧面看就像是一个巨大的鸟巢。
그 건물의 모양은 측면에서 보면 마치 하나의 거대한 새 둥지 같다.

座 zuò 채(부피가 크거나 고정된 물체를 세는 양사) | 建筑 jiànzhù 건축물 | 形状 xíngzhuàng 모양 | 巨大 jùdà 아주 크다 | 鸟巢 niǎocháo 새 둥지

平面 píngmiàn

명 평면
▶ 예전에는 TV 화면이 전부 볼록했는데, 요즘 모델은 전부 다 平面이야.

老师让我们讨论并证明这两个平面内的焦距不同。
선생님은 우리에게 이 두 평면 내의 초점 거리가 다른 것에 대해 토론하고 증명하라고 하셨다.

讨论 tǎolùn 토론하다 | 并 bìng 그리고 | 证明 zhèngmíng 증명하다 | 焦距 jiāojù 초점 거리
반의 立体 lìtǐ 입체

局部 júbù

명 일부분, 국부

▶ 철로가 고장이 나서 局部 구간은 지금 공사 중이더라고.

我们所研究的几何学问题在微小局部上是很复杂的。

우리가 연구한 기하학 문제는 극히 일부분에 있어서 매우 복잡하다.

所 suǒ 중심어가 동사의 객체임을 나타냄 | **研究** yánjiū 연구하다 | **几何学** jǐhéxué 기하학 | **微小** wēixiǎo 극소하다 | **复杂** fùzá 복잡하다

유의 **部分** bùfen (전체 중의) 부분, 일부

반의 **整体** zhěngtǐ 전체, 전부

유의어 비교 局部 vs 部分

두 단어는 의미 중점에 차이가 있어, 활용이 다르므로 주의하여 알아 두자.

局部 조직 구조의 일부분을 뜻함. 수량사, 大, 小의 수식을 받지 않고, 사물에만 쓰임

예 **局部地区** 일부 지역 | **只顾局部** 일부만 고려하다

局部战争 국부 전쟁 | **一局部** (×)

部分 수량의 일부를 뜻함. 수량사, 大, 小의 수식을 받으며, 사람·사물에 모두 쓰임

예 **一部分** 일부분 | **大部分** 대부분 | **各部分** 각 부분

主要部分 주요 부분 | **部分战争** (×)

体积 tǐjī

명 체적, 부피

▶ 이 좁은 공간에 넣기에는 体积가 너무 커!

测量仪器体积越小，测量结果就越准确。

측량기는 크기가 작을수록, 측량 결과가 정확하다.

测量仪器 cèliáng yíqì 측량기 | **测量** cèliáng 측량 | **结果** jiéguǒ 결과 | **准确** zhǔnquè 정확하다

比重 bǐzhòng

명 비중

▶ 건축 생산의 능률을 높이기 위해서는 조립화의 比重을 높여야 한대.

在这个设计中，金属的使用比重远远大于木材。

이 설계에서, 금속의 사용 비중이 목재보다 훨씬 크다.

设计 shèjì 설계 | **金属** jīnshǔ 금속 | **使用** shǐyòng 사용하다 | **远远** yuǎnyuǎn 몹시 | **大于** dàyú ~보다 크다

立体 lìtǐ

명 입체　형 입체의
▶ 평면도를 봐서는 잘 모르겠고, 立体 모형을 봐야 확실히 알 것 같아요.

这本书概述了横剖面和立体图的制作法及其它相关知识。

이 책은 횡단면과 입체도의 제작법 및 다른 관련 지식에 대해 대략적으로 설명했다.

概述 gàishù 개괄적으로 서술하다 | **横剖面** héngpōumiàn 횡단면 | **制作** zhìzuò 제작하다 |
及 jí 및 | **相关** xiāngguān 서로 관련 되다 | **知识** zhīshi 지식
반의 **平面** píngmiàn 평면

출제 포인트　건축·과학 관련 빈출 어휘 **立体**

立体는 '입체'라는 뜻으로, 건축이나 과학과 관련된 내용에 자주 출제된다. 특히 입체감이나 입체 효과 등이 많이 출제되므로, 확실히 익히고 넘어가자.

예 **立体感** 입체감 | **立体效果** 입체 효과
产生立体的视觉效果 입체적인 시각 효과가 생기다
具备立体效果 입체 효과를 지니다

立方 lìfāng

양 입방(세제곱)미터　명 세제곱
▶ 부피의 단위인 立方은 ㎥라고 표기해.

报道称，这座水库的贮水量约为3000万立方米。

보도에 따르면, 이 저수지의 물 저장량은 약 3천만 세제곱미터라고 한다.

报道 bàodào 보도 | **称** chēng 말하다 | **座** zuò 채(부피가 크거나 고정된 물체를 세는 양사) |
水库 shuǐkù 저수지 | **贮** zhù 저장하다 | **约** yuē 대략 | **立方米** lìfāngmǐ 입방미터

毫米 háomǐ

양 밀리미터(mm)
▶ 이건 매우 정교한 작업이라, 1毫米의 오차도 용납할 수 없어.

设计师故意在这道门的旁边留下一个一毫米宽的缝隙。

설계사는 일부러 이 문 옆에 1밀리미터 너비의 간격을 남겨 두었다.

设计师 shèjìshī 설계사 | **故意** gùyì 일부러 | **道** dào 개(문·벽 등을 세는 양사) | **留下** liúxià
남기다 | **宽** kuān 너비 | **缝隙** fèngxì 틈새
참고 **米** mǐ 미터 | **厘米** límǐ 센티미터

把手 bǎshou

명 손잡이, 핸들
▶ 우리 현관문 把手를 좀 특이한 모양으로 만들어 볼까?

他将厨房的把手都改成了木质材料，主要是为了隔热。
그는 주방의 손잡이를 목재로 바꾸었는데, 주로 단열을 위해서였다.

将 jiāng ～를 | **厨房** chúfáng 주방 | **木质** mùzhì 나무 재질 | **材料** cáiliào 재료 | **隔热** gérè 단열하다

插座 chāzuò

명 콘센트
▶ 물에 젖은 손으로 절대 插座를 만져서는 안 돼.

专家提醒大家，不要将其他电器与冰箱公用一个插座。
전문가는 모두에게 다른 전자 제품을 냉장고와 같은 콘센트에 쓰지 말라고 경고한다.

专家 zhuānjiā 전문가 | **提醒** tíxǐng 일깨우다 | **电器** diànqì 가전제품 | **与** yǔ ～와 | **公用** gōngyòng 공동으로 사용하다

水龙头 shuǐlóngtóu

명 수도꼭지
▶ 화장실 세면대의 水龙头가 고장 나서 새것으로 교체해야 해.

这位室内设计师将水龙头的开关设计成了星星的模样。
이 인테리어 디자이너는 수도꼭지의 밸브를 별 모양으로 설계했다.

室内 shìnèi 실내 | **设计师** shèjìshī 디자이너 | **开关** kāiguān 밸브 | **设计** shèjì 설계하다 | **星星** xīngxing 별 | **模样** múyàng 모양

炉灶 lúzào

명 부뚜막
▶ 화로와 함께 취사용으로 사용되던 炉灶는 현대 부엌 시설에서는 볼 수 없지.

在乡下，我们或许还能看到用炉灶生火做饭的村民。
시골에서 우리는 어쩌면 부뚜막에 불을 피워 밥을 짓는 마을 주민을 볼 수 있을지도 모른다.

乡下 xiāngxia 시골 | **或许** huòxǔ 어쩌면 | **生火** shēnghuǒ 불을 피우다 | **村民** cūnmín 마을 주민 | **种类** zhǒnglèi 종류 | **不断** búduàn 계속해서 | **翻新** fānxīn 낡은 것이 새롭게 변화되다

漂浮 piāofú

동 뜨다, 표류하다　**형** 성실하지 않다, 겉으로만 하다
▶ 반포에 있는 세빛둥둥섬은 강에 인공으로 漂浮하고 있는 섬이지.

这座办公楼的玻璃地板，给人一种漂浮在空中的感觉。
이 사무동의 유리 바닥은, 공중에 떠 있는 느낌을 준다.

座 zuò 채(부피가 크거나 고정된 물체를 세는 양사)　|　**办公楼** bàngōnglóu 사무동　|　**玻璃** bōli 유리
|　**地板** dìbǎn 바닥　|　**空中** kōngzhōng 공중　|　**感觉** gǎnjué 느낌

堤坝 dībà

명 댐과 둑
▶ 홍수로 堤坝가 무너져서, 다시 보수하는 중이던데?

堤坝的最大功能就是防洪，它是抵御洪水的保障。
댐과 둑의 가장 큰 기능은 바로 홍수를 대비하는 것으로, 그것은 홍수를 막는 보증 수표이다.

功能 gōngnéng 기능　|　**防洪** fánghóng 홍수를 방지하다　|　**抵御** dǐyù 막아 내다　|　**洪水**
hóngshuǐ 홍수　|　**保障** bǎozhàng 보증

出路 chūlù

명 출구, 출로, 통로　**명** 판로　**명** 활로
▶ 이 건물은 너무 복잡해서 出路가 어디인지 못 찾겠어!

孩子们在迷宫里兜兜转转，兴致勃勃地寻找着出路。
아이들은 미궁 속을 뱅뱅 돌아다니면서, 신나게 출구를 찾고 있다.

迷宫 mígōng 미궁　|　**兜** dōu 빙 돌다　|　**转** zhuàn 한가하게 돌아다니다　|　**兴致勃勃** xìngzhìbóbó
흥미진진하다　|　**寻找** xúnzhǎo 찾다

角落 jiǎoluò

명 구석, 모퉁이　**명** 외딴곳
▶ 角落을 작은 전구들로 밝혀 놓으니 환해서 좋아.

房间的每个角落都摆放着一个设计独特的装饰品。
방의 구석마다 디자인이 독특한 장식품이 놓여 있다.

摆放 bǎifàng 진열하다　|　**设计** shèjì 디자인　|　**独特** dútè 독특하다　|　**装饰品** zhuāngshìpǐn
장식품

容纳 róngnà

동 수용하다 동 포용하다

▶ 이 항구는 총 몇 척의 선박을 容纳할 수 있나요?

这个剧院可容纳5万名观众，是真正的国家级大剧院。

이 극장은 5만 명의 관중을 수용할 수 있는, 진정한 국가급 대극장이다.

剧院 jùyuàn 극장 | **观众** guānzhòng 관중 | **真正** zhēnzhèng 진정한

보충단어
WEB 단어장

城堡 chéngbǎo 명 작은 성, 성보

塔 tǎ 명 탑

走廊 zǒuláng 명 회랑, 복도

隧道 suìdào 명 터널, 굴

庄严 zhuāngyán 형 장엄하다

庄重 zhuāngzhòng 형 장중하다, 위엄이 있다

落成 luòchéng 동 준공되다, 완공되다

衬托 chèntuō 동 부각시키다, 돋보이게 하다

交叉 jiāochā 동 교차하다 동 겹치다 동 번갈아 하다

轮廓 lúnkuò 명 윤곽, 테두리 명 개요

椭圆 tuǒyuán 명 타원형, 타원

迎面 yíngmiàn 부 (-儿) 얼굴을 향하다, 정면을 향하다

磅 bàng 양 파운드(pound)(약 0.453kg) 동 무게를 달다

砖 zhuān 명 벽돌 명 벽돌 모양으로 생긴 것

锤 chuí 명 (-儿) 쇠망치 동 쇠망치로 치다

杠杆 gànggǎn 명 지렛대, 지레

帐篷 zhàngpeng 명 텐트, 천막, 장막

HSK 6급 빈출 표현

修建宫殿	xiūjiàn gōngdiàn	궁전을 건설하다
牢固的城墙	láogù de chéngqiáng	단단한 성벽
样式陈旧	yàngshì chénjiù	양식이 오래되다
造型别致	zàoxíng biézhì	조형이 특이하다
装饰图案	zhuāngshì tú'àn	도안을 장식하다
挡住视线	dǎngzhù shìxiàn	시선을 가리다
防止传染	fángzhǐ chuánrǎn	전염을 방지하다
修复系统	xiūfù xìtǒng	시스템을 복원하다
容纳意见	róngnà yìjiàn	의견을 수용하다
对称的布局	duìchèn de bùjú	대칭 구도
立体模型	lìtǐ móxíng	입체 모형
严密纪律	yánmì jìlǜ	엄밀한 기율
测量误差	cèliáng wùchā	측량 오차
消防演习	xiāofáng yǎnxí	소방 훈련
铁路隧道	tiělù suìdào	철도 터널
精神支柱	jīngshén zhīzhù	정신적 지주

데일리 테스트

고생하셨어요!
QR코드를 스캔하면 DAY01~DAY30 전체 데일리 테스트 PDF가
다운로드됩니다.

★ HSK 시험에 이렇게 나와요.

과학·기술은 HSK 6급의 단골 출제 테마로, 듣기 1·3부분과 독해 4부분, 쓰기 영역에 많이 출제되고 있습니다. 화학 실험, 우주 과학, 제조 기술 등의 주제로 출제되며, 특정 원소나 기술 등이 등장하기도 합니다. 어휘들을 듣고 이해할 수 있도록 연습해야 합니다.

차기 노벨 과학상은?

#과학 #기술

음원 듣기

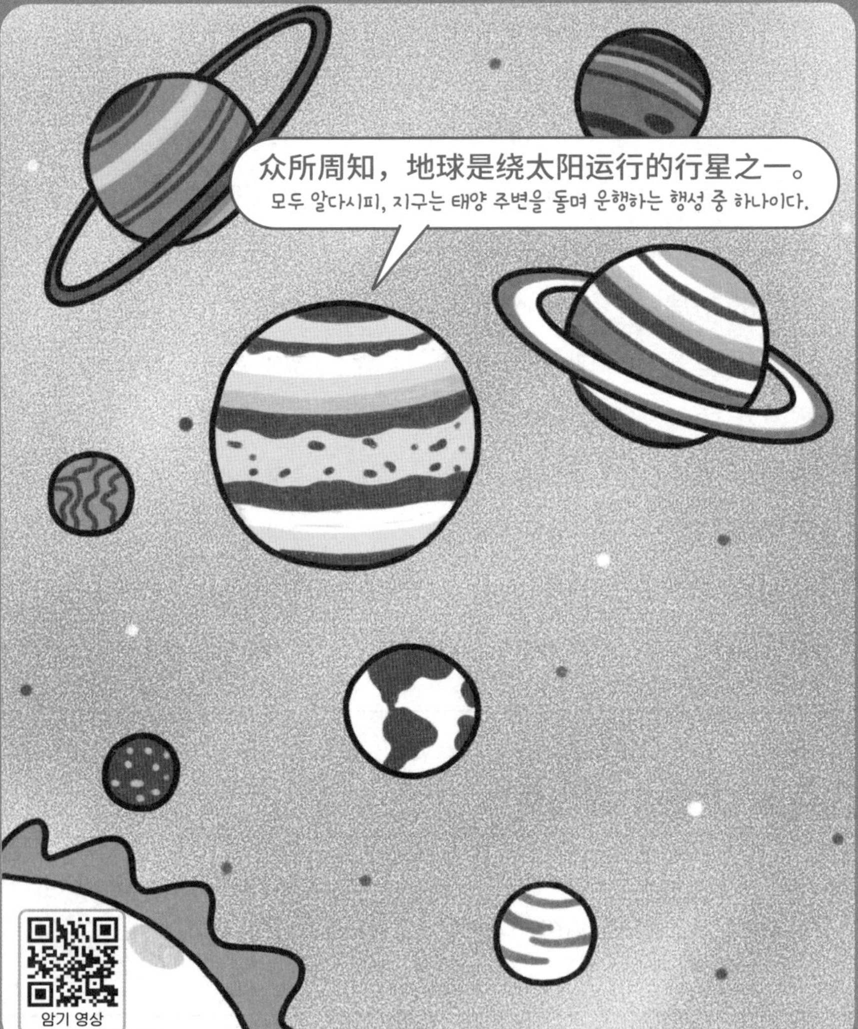

암기 영상

天文 tiānwén

(명) 천문
▶ 동생은 우주에 관심이 많아서, 天文학자가 되는 게 꿈이래.

古代天文学家张衡被誉为天文学的奠基人。
고대 천문학자 장형은 천문학의 창시자라고 불린다.

古代 gǔdài 고대 | **天文学家** tiānwénxuéjiā 천문학자 | **张衡** Zhāng Héng 장형(후한 시대의 학자) | **誉为** yùwéi ～라고 불리다 | **天文学** tiānwénxué 천문학 | **奠基人** diànjīrén 창시자

宇宙 yǔzhòu

(명) 우주
▶ 宇宙선이 정상 궤도에 진입했다는 기쁜 소식이 들려왔다.

地球是宇宙中目前人类所知唯一一颗有生命存在的星球。
지구는 우주에서 현재 인류가 알기로 유일하게 생명이 존재하는 별이다.

地球 dìqiú 지구 | **目前** mùqián 현재 | **人类** rénlèi 인류 | **所知** suǒzhī 아는 바 | **唯一** wéiyī 유일한 | **颗** kē 알(둥글고 작은 알맹이를 세는 양사) | **生命** shēngmìng 생명 | **存在** cúnzài 존재하다 | **星球** xīngqiú 천체

太空 tàikōng

(명) (대기권과 구분하여) 우주
▶ 太空에서는 누구나 다 무중력 상태가 되지.

太空已成为高寒地带，平均气温为零下270.3度。
우주는 이미 고냉 지대가 되었고, 평균 온도는 영하 270.3도이다.

成为 chéngwéi ～가 되다 | **高寒** gāohán 고냉의 | **地带** dìdài 지대 | **平均** píngjūn 평균의 | **气温** qìwēn 기온 | **零下** língxià 영하 | **度** dù 도

太空은 宇宙와 다르게, 지구 대기권 밖의 우주 공간을 나타낸다. 같은 우주 공간이라도, 단어의 개념에 따라 활용이 다르니, 자주 쓰이는 표현으로 구분하여 익히자.

예 **外太空** 우주 밖 | **太空环境** 우주 환경 | **太空行走** 우주 유영
宇宙飞行器 우주선 | **宇宙航行员** 우주 비행사 | **宇宙星系** 우주 은하계

航天 hángtiān

(명) 우주 비행 (동) 우주 비행하다
▶ 인류 최초의 航天사는 러시아 사람이래.

如今，航天科技的意义已远远超出了科学的领域。
오늘날, 항공 과학 기술의 의의는 이미 과학의 영역을 훨씬 넘어섰다.

如今 rújīn 오늘날 | **科技** kējì 과학 기술 | **意义** yìyì 의미 | **远远** yuǎnyuǎn 몹시 | **超出** chāochū 넘다 | **科学** kēxué 과학 | **领域** lǐngyù 영역

卫星 wèixīng

명 위성　명 인공위성
▶ 우리나라 최초의 인공卫星은 우리별 1호야.

卫星是环绕一颗行星按轨道做周期性运行的天体。
위성은 한 행성을 둘러싸고 궤도를 따라 주기적으로 운행하는 천체이다.

环绕 huánrào 둘러싸다 ｜ **颗** kē 알(둥글고 작은 알맹를 세는 양사) ｜ **行星** xíngxīng 행성 ｜ **按** àn ~에 따라 ｜ **轨道** guǐdào 궤도 ｜ **周期性** zhōuqīxìng 주기성 ｜ **运行** yùnxíng 운행하다 ｜ **天体** tiāntǐ 천체

雷达 léidá

명 레이더, 전파 탐지기
▶ 스텔스는 적의 雷达와 적외선 탐지 등을 피할 수 있는 기술이래.

一般来说，所有现代化船只都会设有**雷达**装置。
일반적으로, 모든 현대화 선박은 레이더 장치가 설치되어 있다.

所有 suǒyǒu 모든 ｜ **现代化** xiàndàihuà 현대화 ｜ **装置** zhuāngzhì 장치

机械 jīxiè

명 기계　형 융통성이 없다, 고지식하다
▶ 요즘에는 机械가 인력을 대체하는데, 아마 갈수록 더 심해질 거야.

机械是现代社会进行生产和服务的基本要素。
기계는 현대 사회에서 생산과 서비스를 진행하는 기본적인 요소이다.

现代 xiàndài 현대 ｜ **社会** shèhuì 사회 ｜ **进行** jìnxíng 진행하다 ｜ **生产** shēngchǎn 생산하다 ｜ **服务** fúwù 서비스하다 ｜ **基本** jīběn 기본적인 ｜ **要素** yàosù 요소

运行 yùnxíng

동 운행하다
▶ 인공위성이 궤도를 따라 정상적으로 运行되고 있습니다.

众所周知，地球是绕太阳**运行**的行星之一。
모두 알다시피, 지구는 태양 주변을 돌며 운행하는 행성 중 하나이다.

众所周知 zhòngsuǒzhōuzhī 모든 사람이 다 알고 있다 ｜ **地球** dìqiú 지구 ｜ **绕** rào 돌다 ｜ **之一** zhī yī ~ 중의 하나

遥控 yáokòng

동 원격 조종하다
▶ 컴퓨터에 이상이 좀 생겼는데, 친구가 遥控해서 한번 봐 주겠대.

遥控广泛应用在飞行器和自动化生产等方面。
원격 조종은 비행체와 자동화 생산 등의 분야에서 광범위하게 응용된다.

广泛 guǎngfàn 광범위하다 | 应用 yìngyòng 응용하다 | 飞行器 fēixíngqì 공중을 비행하는 기계 장치 | 自动化 zìdònghuà 자동화 | 等 děng 등 | 方面 fāngmiàn 분야

频率 pínlǜ

명 주파수　명 빈도수
▶ 세상에서 가장 높은 频率를 감지할 수 있는 동물은 나방이래!

日常生活中的交流电的**频率**一般为50赫兹或60赫兹。
일상생활에서 교류 전류의 주파수는 보통 50헤르츠 혹은 60헤르츠이다.

日常 rìcháng 일상의 | 生活 shēnghuó 생활 | 交流电 jiāoliúdiàn 교류 전류 | 赫兹 hèzī 헤르츠(Hz.)

光芒 guāngmáng

명 빛
▶ 태양이 발하는 光芒이 너무 눈부셔서 눈을 제대로 못 뜨겠어.

海上灯塔发射出的**光芒**，主要是用来指引船只方向的。
바다의 등대가 발산하는 빛은, 주로 선박의 방향을 안내하는 것에 쓰인다.

灯塔 dēngtǎ 등대 | 发射 fāshè 발사하다 | 用来 yònglái ～에 쓰다 | 指引 zhǐyǐn 안내하다 | 方向 fāngxiàng 방향

火焰 huǒyàn

명 불꽃
▶ 폭죽의 火焰이 하늘 높이 솟구치며, 아름다운 광경을 만들었다.

火焰可以给人带来益处，但使用不慎却会害人至深。
불꽃은 인간에게 이점을 가져다 줄 수 있지만, 조심해서 사용하지 않으면 오히려 인간에게 심각한 해가 된다.

益处 yìchu 이점 | 使用 shǐyòng 사용하다 | 不慎 búshèn 조심하지 않다 | 却 què 오히려 | 害人 hàirén 남을 해치다 | 至深 zhìshēn 매우 깊다

火药 huǒyào

▶ 최무선은 한국 역사상 최초로 火药를 발명한 위인이야.

在外界能量作用下，火药能进行迅速而规律的燃烧。
외부 에너지의 작용으로, 화약은 빠르고 규칙적인 연소가 가능하다.

外界 wàijiè 외부 | **能量** néngliàng 에너지 | **作用** zuòyòng 작용 | **进行** jìnxíng 진행하다 |
迅速 xùnsù 재빠르다 | **而** ér ~하고 | **规律** guīlǜ 규칙적이다 | **燃烧** ránshāo 연소하다

辐射 fúshè

▶ 전자파 辐射는 암을 유발할 수 있다고 해.

众所周知，空中的云层能吸收地面反射的太阳辐射。
모두 알다시피, 하늘에 있는 구름층은 지표면에서 반사하는 태양 복사 에너지를 흡수한다.

众所周知 zhòngsuǒzhōuzhī 모든 사람이 다 알고 있다 | **空中** kōngzhōng 하늘 | **云层**
yúncéng 구름층 | **吸收** xīshōu 흡수하다 | **地面** dìmiàn 지표 | **反射** fǎnshè 반사하다

放射 fàngshè

▶ 2011년에 이곳에서 원전 사고로 放射능이 누출되는 큰 사건이
　있었지.

这位患者的症状会在放射治疗后完全消失。
이 환자의 증상은 방사선 치료 후 완전히 사라질 것이다.

患者 huànzhě 환자 | **症状** zhèngzhuàng 증상 | **治疗** zhìliáo 치료하다 | **完全** wánquán
완전히 | **消失** xiāoshī 사라지다

反射 fǎnshè

▶ 드넓은 바다가 쉴 새 없이 일렁이며 햇빛을 反射하고 있었다.

研究表明，陆地对太阳辐射的反射率远远高于海洋。
연구 결과, 태양 복사에 대한 땅의 반사율은 바다를 훨씬 뛰어 넘는다.

研究 yánjiū 연구하다 | **表明** biǎomíng 분명하게 밝히다 | **陆地** lùdì 땅 | **太阳辐射** tàiyáng
fúshè 태양 복사 | **反射率** fǎnshèlǜ 반사율 | **远远** yuǎnyuǎn 크게 | **高于** gāoyú ~보다 높다 |
海洋 hǎiyáng 바다

采集 *cǎijí*

동 수집하다, 채집하다
▶ 어렸을 때는 방학에 곤충을 采集하는 숙제가 꼭 있었어.

数据采集技术广泛应用于生活中的很多领域。
데이터 수집 기술은 생활 속의 많은 분야에서 광범위하게 응용된다.

数据 shùjù 데이터 | **技术** jìshù 기술 | **广泛** guǎngfàn 광범위하다 | **应用于** yìngyòngyú ~에 응용하다 | **生活** shēnghuó 생활 | **领域** lǐngyù 분야

还原 *huányuán*

동 환원하다 동 원상회복하다
▶ 나는 원소의 还原 반응에 대해 이해하지 못하겠어.

铁矿石的还原是通过燃烧焦炭产生一氧化碳而实现的。
철광석의 환원은 코크스를 연소하여 생긴 일산화탄소를 통해 이루어진 것이다.

铁矿石 tiěkuàngshí 철광석 | **通过** tōngguò ~를 통해 | **焦炭** jiāotàn 코크스 | **产生** chǎnshēng 생기다 | **一氧化碳** yìyǎnghuàtàn 일산화탄소 | **而** ér 목적·원인을 나타내는 성분을 연결시킴 | **实现** shíxiàn 실현하다

元素 *yuánsù*

명 원소, 요소
▶ 너 화학 元素 기호 다 외웠어?

碳可以说是人类接触到的最早元素之一。
탄소는 인류가 접촉하게 된 최초의 원소 중 하나라고 할 수 있다.

碳 tàn 탄소 | **人类** rénlèi 인류 | **接触** jiēchù 접촉하다 | **之一** zhī yī ~ 중의 하나

二氧化碳 *èryǎnghuàtàn*

명 이산화탄소
▶ 지구 온난화의 주범은 각종 연료 사용시 배출되는 二氧化碳이라고 할 수 있어.

自然界中，二氧化碳含量丰富，是大气的重要组成部分。
자연계에서 이산화탄소는 함량이 풍부하며, 대기의 중요한 구성 부분이다.

自然界 zìránjiè 자연계 | **含量** hánliàng 함량 | **丰富** fēngfù 풍부하다 | **大气** dàqì 대기 | **组成** zǔchéng 구성 | **部分** bùfen 부분

氧气 yǎngqì

명 산소
▶ 하품을 하는 것은 뇌에 氧气가 부족하다는 신호래.

氧气约占空气的21%，一切氧化过程都要消耗氧气。
산소는 공기의 약 21%를 차지하고, 모든 산화 과정은 산소를 소모한다.

约 yuē 대략 | 占 zhàn 차지하다 | 空气 kōngqì 공기 | 一切 yíqiè 모든 | 氧化 yǎnghuà 산화하다 | 过程 guòchéng 과정 | 消耗 xiāohào 소모하다

天然气 tiānránqì

명 천연가스
▶ 경유가 아닌 天然气를 사용하는 차량이 점점 늘어나는 추세야.

由于人类的过度开采，用于发电的天然气现已短缺。
인류의 과도한 채굴 때문에, 전력 생산에 쓰이는 천연가스는 이미 부족하다.

由于 yóuyú ～때문에 | 人类 rénlèi 인류 | 过度 guòdù 과도하다 | 开采 kāicǎi 채굴하다 | 发电 fādiàn 발전하다 | 短缺 duǎnquē 부족하다

酒精 jiǔjīng

명 알코올
▶ 상처 난 곳은 酒精을 묻힌 솜으로 소독하는 게 좋겠어.

酒精是乙醇的俗称，具有低毒性、易燃的特点。
알코올은 에탄올의 속칭으로, 독성이 낮고 연소가 잘 되는 특징을 가지고 있다.

乙醇 yǐchún 에탄올 | 俗称 súchēng 속칭 | 具有 jùyǒu 가지다 | 低 dī 낮다 | 毒性 dúxìng 독성 | 易燃 yìrán 타기 쉬운 | 特点 tèdiǎn 특징

液体 yètǐ

명 액체
▶ 液体는 열을 가해서 끓는점에 도달하면 끓기 시작해요.

液体的体积在压力及温度不变的环境下，是固定不变的。
액체의 부피는 압력과 온도가 변하지 않는 환경에서, 고정되어 변하지 않는다.

体积 tǐjī 체적, 부피 | 压力 yālì 압력 | 及 jí ～과 | 温度 wēndù 온도 | 不变 búbiàn 변하지 않다 | 固定 gùdìng 고정되다
참고 固体 gùtǐ 고체

固体 gùtǐ

명 고체
▶ 이 액체를 응고시켜서 固体로 만들면 비누가 되는 거야.

浮力决定着固体物体的沉浮。
부력이 고체 물체의 뜨고 가라앉음을 결정한다.

浮力 fúlì 부력 | **物体** wùtǐ 물체 | **沉浮** chénfú 뜨고 가라앉다
참고 **液体** yètǐ 액체

纤维 xiānwéi

명 섬유
▶ 옷을 빨고 난 뒤에는 纤维 유연제를 사용해야 정전기도 안 일어나고 좋아.

纤维用途广泛，除纺织以外，还可制造其他物料。
섬유는 용도가 광범위해서, 방직 이외에 다른 물질도 만들 수 있다.

用途 yòngtú 용도 | **除 A 以外, 还 B** chú A yǐwài, hái B A 외에도, B하다 | **纺织** fǎngzhī 방직하다 | **制造** zhìzào 만들다 | **物料** wùliào 자재

粉末 fěnmò

명 (-儿) 가루, 분말
▶ 저는 알약은 못 먹으니, 粉末약으로 주세요.

树叶会变成粉末，所以古埃及的文件被保存下来的很少。
나뭇잎은 가루로 변하기 때문에, 고대 이집트의 문서는 보존된 것이 매우 적다.

树叶 shùyè 나뭇잎 | **变成** biànchéng ～로 변하다 | **古埃及** gǔ Āijí 고대 이집트 | **文件** wénjiàn 문서 | **保存** bǎocún 보존하다

结晶 jiéjīng

명 결정체(귀중한 성과) 명 결정 동 결정을 이루다
▶ 눈은 구름에 있는 물방울이 얼어서 结晶이 되어 내리는 거야.

人类能够登上外太空，是科学家们智慧的结晶。
인류가 우주 공간으로 오를 수 있는 것은 과학자들의 지혜의 결정체이다.

能够 nénggòu ～할 수 있다 | **外太空** wàitàikōng 대기권 밖의 우주 | **科学家** kēxuéjiā 과학자 | **智慧** zhìhuì 지혜

原理 yuánlǐ

(명) 원리
▶ 지렛대의 原理를 발견한 아르키메데스는 진짜 천재야!

科学的原理由实践确定其正确性，是其他规律的基础。
과학의 원리는 실행을 통해 그 정확성을 확보하고, 다른 법칙의 기초가 된다.

科学 kēxué 과학 | **由** yóu ~으로 | **实践** shíjiàn 실천, 실행 | **确定** quèdìng 확정하다 |
正确性 zhèngquèxìng 정확성 | **规律** guīlǜ 규칙 | **基础** jīchǔ 기초

秤 chèng

(명) 저울
▶ 무게가 얼마나 되는지 秤에 한번 달아보자.

秤的类型有杆秤、台秤、电子秤、装载机电子秤等。
저울의 종류는 대저울, 탁상 저울, 전자 저울, 화물 적재기 전자 저울 등이 있다.

类型 lèixíng 유형 | **杆秤** gǎnchèng 대저울 | **台秤** táichèng 탁상 저울 | **电子秤** diànzǐchèng
전자 저울 | **装载机** zhuāngzàijī 화물 적재기 | **等** děng 등

器材 qìcái

(명) 기구, 기자재
▶ 이런 의료器材는 값이 비싸서 검사 비용도 굉장히 비싸더라고.

教授提醒我们，被污染的器材和地面要用化学药物消毒。
교수님은 우리에게, 오염된 기구와 바닥은 화학 약물로 소독해야 한다고 일러 주셨다.

教授 jiàoshòu 교수 | **提醒** tíxǐng 일깨우다 | **污染** wūrǎn 오염시키다 | **地面** dìmiàn 바닥 |
化学 huàxué 화학 | **药物** yàowù 약물 | **消毒** xiāodú 소독하다

仪器 yíqì

(명) 측정기
▶ 이렇게 민감한 仪器는 조작법을 모르는 사람이 함부로 만져서
는 안 돼.

这些仪器构造复杂，检测结果能达到很高的精密度。
이 기기들은 구조가 복잡하고, 검측 결과가 매우 높은 정밀도를 보인다.

构造 gòuzào 구조 | **复杂** fùzá 복잡하다 | **检测** jiǎncè 검측하다 | **结果** jiéguǒ 결과 | **达到**
dádào 이르다 | **精密度** jīngmìdù 정밀도

屏幕 píngmù

명 스크린, 영사막
▶ 요즘에는 터치屏幕를 장착한 전자기기가 주를 이루지.

我们可通过截图将计算机屏幕画面以图片的形式存下来。
우리는 화면 캡처를 통해 컴퓨터 화면을 사진의 형식으로 저장할 수 있다.

通过 tōngguò ~를 통해 | **截图** jiétú 화면 캡처 | **将** jiāng ~을 | **计算机** jìsuànjī 컴퓨터 | **画面** huàmiàn 화면 | **以** yǐ ~으로 | **图片** túpiàn 사진, 그림 | **形式** xíngshì 형식 | **存** cún 보존하다

试验 shìyàn

동 실험하다, 테스트하다
▶ 성능을 한번 试验해 봐야 할 것 같습니다.

物质的耐磨试验通常会在常压条件下进行。
물질의 내마모성 실험은 보통 상압의 조건에서 진행된다.

物质 wùzhì 물질 | **耐磨** nàimó 내마모성이 있다 | **通常** tōngcháng 보통 | **常压** chángyā 상압(보통의 대기압) | **条件** tiáojiàn 조건 | **进行** jìnxíng 진행하다　**유의** **实验** shíyàn 실험하다

化验 huàyàn

동 화학 실험을 하다
▶ 化验할 때 용액을 정해진 양에 맞춰서 넣어야 해.

研究人员在这次化验中发现了一种新物质。
연구원은 이번 화학 실험에서 새로운 물질을 하나 발견했다.

研究人员 yánjiū rényuán 연구원 | **物质** wùzhì 물질

调节 tiáojié

동 조절하다
▶ 최근에 사람의 체온을 调节해 주는 시계가 나왔대!

体液调节的特点是反应速度较慢，但作用广泛而持久。
체액 조절의 특징은 반응 속도가 비교적 느리지만, 효과가 광범위하고 오래간다는 것이다.

体液 tǐyè 체액 | **特点** tèdiǎn 특징 | **反应** fǎnyìng 반응 | **速度** sùdù 속도 | **作用** zuòyòng 작용 | **广泛** guǎngfàn 광범위하다 | **而** ér ~하고 | **持久** chíjiǔ 오래 유지되다
유의 **调整** tiáozhěng 조정하다, 조절하다

출제 포인트　**调节+온도·평행·기분 등**

调节는 독해 2부분에 자주 출제되는 어휘로, 함께 쓰이는 목적어에 주의해야 한다. 调节는 적절한 상태로 조절한다는 뜻으로, 주로 온도·평행·기분 등에 대해 자주 쓰인다. 아래 자주 출제된 목적어를 익혀 보자.

예 **调节体温** 체온을 조절하다 | **调节平衡** 균형을 맞추다 | **调节心情** 기분을 조절하다

混合 hùnhé

(동) 혼합하다
▶ 물과 기름은 아무리 흔들어도 절대 混合되지 않지.

他把不同颜色混合在一起后，竟达到了意想不到的效果。
그는 다른 색을 함께 섞은 후, 뜻밖에도 예상치 못한 효과를 얻었다.

竟 jìng 뜻밖에 | **达到** dádào 이르다 | **意想** yìxiǎng 예상하다 | **效果** xiàoguǒ 효과

合成 héchéng

(동) 합성하다 (동) 합쳐 ~가 되다
▶ 合成된 피혁은 천연 가죽보다 관리하기가 쉬워.

大多数合成聚合物都是有机材料，比如说：塑料。
대부분의 합성 결합물은 모두 유기재인데, 예를 들면 플라스틱이 있다.

大多数 dàduōshù 대부분의 | **聚合物** jùhéwù 중합체 | **有机材料** yǒujī cáiliào 유기재 | **比如** bǐrú 예를 들면 | **塑料** sùliào 플라스틱

融化 rónghuà

(동) 녹다, 융해되다
▶ 꽁꽁 얼었던 눈이 따뜻한 햇볕에 모두 融化되었어.

很多科学家都已证实，喜马拉雅山的冰川正在融化。
많은 과학자들이 이미 히말라야 산의 빙하가 녹고 있다는 것을 증명했다.

科学家 kēxuéjiā 과학자 | **证实** zhèngshí 사실을 증명하다 | **喜马拉雅山** Xǐmǎlāyǎ Shān 히말라야 산 | **冰川** bīngchuān 빙하
(유의) **溶解** róngjiě 용해하다

溶解 róngjiě

(동) 용해하다
▶ 소금은 물에 아주 잘 溶解되지.

氨在高温条件下燃烧，会溶解成为氮和水。
암모니아가 고온의 조건에서 연소되면, 용해되어 질소와 물이 된다.

氨 ān 암모니아 | **高温** gāowēn 고온 | **条件** tiáojiàn 조건 | **燃烧** ránshāo 연소하다 | **成为** chéngwéi ~이 되다 | **氮** dàn 질소
(유의) **融化** rónghuà 녹다, 융해되다

分解 fēnjiě

동 분해하다　동 와해되다　동 중재하다

▶ 물은 산소와 수소로 分解할 수 있어요.

人体肾脏的主要功能是将多余的蛋白质分解。

인체 신장의 주요 기능은 여분의 단백질을 분해하는 것이다.

人体 réntǐ 인체 | **肾脏** shènzàng 신장 | **功能** gōngnéng 기능 | **将** jiāng ~을 | **多余** duōyú 여분의 | **蛋白质** dànbáizhì 단백질

夹杂 jiāzá

동 혼합하다, 뒤섞다

▶ 이 용액에 다른 물질이 절대 夹杂되면 안 됩니다.

为保证复合材料的质量，必须严格避免夹杂现象的发生。

복합 재료의 품질을 보증하기 위해서는 반드시 혼합 현상의 발생을 철저하게 피해야 한다.

保证 bǎozhèng 보증하다 | **复合** fùhé 복합하다 | **材料** cáiliào 재료 | **质量** zhìliàng 품질 | **严格** yángé 엄격하다 | **避免** bìmiǎn 피하다 | **现象** xiànxiàng 현상 | **发生** fāshēng 발생하다

过滤 guòlǜ

동 거르다, 여과하다

▶ 먼저 물을 过滤해서 불순물을 없애야지.

这项实验可能有毒气逸出，过滤应在通风橱中进行。

이 실험은 독가스가 새어 나올 수 있기 때문에, 여과 작업은 반드시 퓸후드에서 진행해야 한다.

项 xiàng 가지(항목을 세는 양사) | **实验** shíyàn 실험 | **毒气** dúqì 독가스 | **逸** yì 흩어져 나오다 | **通风橱** tōngfēngchú 퓸후드(실험실 가스 배출 기구) | **进行** jìnxíng 진행하다

沸腾 fèiténg

동 비등하다(액체가 끓어 오르다)　동 들끓다　동 고취되다

▶ 물이 沸腾하면 수증기로 변하는 거야.

各种液体沸腾时都会有沸点，不同液体的沸点不同。

각종 액체는 끓을 때 모두 끓는점이 있고, 액체마다 끓는점이 다르다.

各种 gèzhǒng 각종 | **液体** yètǐ 액체 | **沸点** fèidiǎn 비등점

蒸发 zhēngfā

(동) 증발하다
▶ 뜨거운 열기에 수분이 모두 蒸发해서 나뭇잎이 죄다 말라 비틀어졌어.

大气中的水汽绝大部分是来自海水的蒸发。
대기 중의 수증기는 대부분 바닷물이 증발한 것이다.

大气 dàqì 대기 | **水汽** shuǐqì 수증기 | **绝** jué 아주 | **大部分** dàbùfen 대부분 | **来自** láizì ~에서 나오다 | **海水** hǎishuǐ 바닷물

饱和 bǎohé

(동) 포화하다　(동) 포화 상태가 되다
▶ 이 용액 속에 칼륨은 이미 饱和 상태야.

人造石是厨柜的主要原料，不饱和树脂为主要制材。
인조석은 찬장의 주요 원료로, 불포화 수지가 주요 소재이다.

人造石 rénzàoshí 인조석 | **厨柜** chúguì 찬장 | **原料** yuánliào 원료 | **树脂** shùzhī 수지 | **制** zhì 만들다 | **材** cái 재료

收缩 shōusuō

(동) 수축하다　(동) 긴축하다
▶ 요즘 들어 다리 근육이 자주 收缩되어서 너무 뻐근해.

血管的收缩和扩张分别具有不同的机理。
혈관의 수축과 확장은 각각 서로 다른 규칙을 가지고 있다.

血管 xuèguǎn 혈관 | **扩张** kuòzhāng 확장하다 | **分别** fēnbié 구별하다 | **具有** jùyǒu 가지다 | **机理** jīlǐ (자연 현상의 물리·화학적) 규칙
(반의) **膨胀** péngzhàng 팽창하다

凝固 nínggù

(동) 응고하다, 굳어지다　(동) 정체되다
▶ 시럽이 덩어리처럼 凝固되어 버렸어.

物体中存在的杂质对凝固速率有很大影响。
물체에 존재하는 불순물이 응고 속도에 큰 영향을 미친다.

物体 wùtǐ 물체 | **存在** cúnzài 존재하다 | **杂质** zázhì 불순물 | **速率** sùlǜ 속도

冷却 lěngquè

동 냉각하다, 냉각되다
▶ 물을 급속으로 冷却해서 시원하게 만드는 냉각기를 사고 싶어!

气体在膨胀时会冷却，反之，压缩时会变热。
기체는 팽창할 때 냉각되고, 반대로 수축될 때는 뜨거워진다.

气体 qìtǐ 기체 | **膨胀** péngzhàng 팽창하다 | **反之** fǎnzhī 바꾸어서 말하면 | **压缩** yāsuō 압축하다

弹性 tánxìng

명 탄성, 탄력성　명 유연성, 신축성
▶ 이 고무줄은 弹性이 뛰어나서 아무리 늘려도 다시 원 상태로 돌아가.

胶体的弹性性质可能随着它的寿命而变化。
콜로이드의 탄성 성질은 그 수명에 따라 변할 수 있다.

胶体 jiāotǐ 콜로이드 | **性质** xìngzhì 성질 | **随着** suízhe ~에 따라 | **寿命** shòumìng 수명 | **而** ér 목적·원인을 나타내는 성분을 연결시킴

密度 mìdù

명 밀도
▶ 고체, 액체, 기체 중 액체의 密度가 가장 높지.

汽油的密度比水小，所以它遇水时会浮在水面上。
휘발유의 밀도는 낮은 편이어서 물을 만나면 수면에 뜬다.

汽油 qìyóu 휘발유 | **遇** yù 만나다 | **浮** fú 뜨다 | **水面** shuǐmiàn 수면

摩擦 mócā

동 비비다, 마찰하다　명 마찰
▶ 물체들이 잘못해서 摩擦하게 되면 불꽃이 튈 가능성이 높아.

众所周知，用丝绸摩擦玻璃棒，棒上就带电。
모두 알다시피, 비단으로 유리 막대를 비비면, 막대에 전류가 통한다.

众所周知 zhòngsuǒzhōuzhī 모든 사람이 다 알고 있다 | **丝绸** sīchóu 비단 | **玻璃** bōli 유리 | **棒** bàng 막대기 | **带电** dàidiàn 전류가 통하다

生锈 shēngxiù

(동) 녹이 슬다
▶ 칼이 生锈해서 새것으로 하나 사야 할 것 같아.

保持铁制品表面洁净和干燥是防止其生锈的一种好方法。
철제품 표면을 깨끗하고 건조하게 유지하는 것은 녹이 스는 것을 방지하는 좋은 방법이다.

保持 bǎochí 유지하다 | **铁** tiě 철 | **制品** zhìpǐn 제품 | **表面** biǎomiàn 표면 | **洁净** jiéjìng 깨끗하다 | **干燥** gānzào 건조하다 | **防止** fángzhǐ 방지하다 | **方法** fāngfǎ 방법

起源 qǐyuán

(명) 기원 (동) 기원하다
▶ 너는 인류의 起源이 뭐라고 생각해?

描绘宇宙起源最恰当的是大爆炸理论。
우주의 기원을 묘사하기에 가장 적절한 것은 빅뱅 이론이다.

描绘 miáohuì 묘사하다 | **宇宙** yǔzhòu 우주 | **恰当** qiàdàng 적당하다 | **大爆炸理论** dàbàozhà lǐlùn 빅뱅 이론(대폭발 우주론)
(유의) **来源** láiyuán 근원, 출처 | 유래하다

探讨 tàntǎo

(동) 연구 토론하다, 탐구하다, 연구하다
▶ 연구가 실패한 원인이 무엇인지 좀 더 探讨할 예정입니다.

我们将对地震灾后的重建工作进行深入地探讨。
우리는 지진 후 재건 작업에 대해 심도 있는 연구 토론을 진행할 것이다.

将 jiāng ~할 것이다 | **地震** dìzhèn 지진 | **灾** zāi 재해 | **重建** chóngjiàn 재건하다 | **进行** jìnxíng 진행하다 | **深入** shēnrù 깊다

自发 zìfā

(형) 자연적인, 자발적인
▶ 근처에 있는 절벽은 인공이 아니라 自发로 형성된 거야.

生物进化是从简单到复杂、从低等到高等自发的过程。
생물의 진화는 단순한 것에서 복잡한 것으로, 저등에서 고등으로의 자연 발생적 과정이다.

进化 jìnhuà 진화하다 | **复杂** fùzá 복잡하다 | **低等** dīděng 하등의 | **高等** gāoděng 고등의 | **过程** guòchéng 과정

遗传 yíchuán

동 유전하다
▶ 그 병은 遗传하는 것이 아니니 걱정하지 마.

奥地利学者孟德尔奠定了遗传学的基础。
오스트리아 학자 멘델은 유전학의 기반을 다졌다.

奥地利 Àodìlì 오스트리아 | 学者 xuézhě 학자 | 孟德尔 Mèngdé'ěr 멘델 | 奠定 diàndìng 다지다 | 遗传学 yíchuánxué 유전학 | 基础 jīchǔ 기초

进化 jìnhuà

동 진화하다, 발전하다
▶ 영국의 생물학자 다윈은 인간의 进化론을 주장하였다.

人类获取的食物愈来愈显著地影响到人类的进化。
인류가 취하는 음식물이 갈수록 인류의 진화에 현저하게 영향을 미쳤다.

人类 rénlèi 인류 | 获取 huòqǔ 취득하다 | 食物 shíwù 음식물 | 愈 yù ~하면 할수록 ~하다 | 显著 xiǎnzhù 현저하다

生存 shēngcún

동 생존하다
▶ 모든 생명체는 공기가 없다면 절대로 生存할 수 없어.

如果环境继续恶化，人类将无法在这个世界上生存。
만약 환경이 계속 악화된다면, 인류는 이 세상에서 생존하지 못할 것이다.

继续 jìxù 계속 | 恶化 èhuà 악화되다 | 将 jiāng ~할 것이다 | 无法 wúfǎ ~할 수 없다

标本 biāoběn

명 표본 명 시료
▶ 그는 잠자리를 채집해서 핀으로 고정시켜 标本을 만들었다.

昆虫爱好者们把昆虫制成标本，是为了长期收藏。
곤충 애호가들이 곤충을 표본으로 만드는 것은, 장기간 소장하기 위함이다.

昆虫 kūnchóng 곤충 | 爱好者 àihàozhě 애호가 | 制 zhì 만들다 | 收藏 shōucáng 소장하다

形态 xíngtài

명 형태
▶ 경극은 중국 고유의 예술 形态이다.

含碳酸钙的水长时间往下滴会形成形态各异的钟乳石。
탄산칼륨이 함유된 물이 장시간 아래로 떨어지면 형태가 각기 다른 종유석이 형성된다.

含 hán 함유하다 | 碳酸钙 tànsuāngài 탄산칼륨 | 滴 dī 떨어뜨리다 | 形成 xíngchéng 형성되다 | 各异 gèyì 제각기 다르다 | 钟乳石 zhōngrǔshí 종유석 유의 形状 xíngzhuàng 생김새, 형상

化石 huàshí

▶ 이번에 어느 지방에서 공룡의 化石가 발견되었대!

科学家可以通过研究化石，推测出亿万年来生物的起源。
과학자는 화석 연구를 통해, 억만 년간의 생물의 기원을 추측할 수 있다.

科学家 kēxuéjiā 과학자 | **通过** tōngguò ~을 통해 | **推测** tuīcè 추측하다 | **亿** yì 억 | **生物** shēngwù 생물 | **起源** qǐyuán 기원

尖端 jiānduān

형 첨단의   명 물체의 뾰족한 끝
▶ 지금은 과학 기술로 안 되는 게 없는 尖端 과학 시대죠.

大部分水下勘察工作需要利用极其尖端的仪器才能办到。
대부분의 수중 탐사 작업은 매우 첨단화된 기기를 이용해야만 비로소 해낼 수 있다.

大部分 dàbùfen 대부분 | **勘察** kānchá 탐사하다 | **利用** lìyòng 이용하다 | **极其** jíqí 매우 | **仪器** yíqì 측정기

先进 xiānjìn

형 선진의   명 앞선 사람
▶ 우리는 지금보다 더 나은 先进 전자 기술을 들여올 생각입니다.

我国利用世界上最先进的技术来加强我们的国防建设。
우리나라는 세계에서 가장 선진화된 기술을 이용하여 국방 건설을 강화한다.

技术 jìshù 기술 | **加强** jiāqiáng 강화하다 | **国防** guófáng 국방 | **建设** jiànshè 건설하다

显著 xiǎnzhù

형 뚜렷하다, 현저하다
▶ 피부가 显著하게 좋아진다더니, 비싸기만 하고 효과도 없어!

这种新药对低血糖病症有显著的疗效。
이러한 신약은 저혈당 질환에 뚜렷한 효과가 있다.

新药 xīnyào 신약 | **低血糖** dīxuètáng 저혈당증 | **病症** bìngzhèng 질병 | **疗效** liáoxiào 치료 효과

유의 **明显** míngxiǎn 뚜렷하다, 분명하다

惊动 jīngdòng

동 놀라게 하다, 떠들썩하게 하다
▶ 화학 약품을 이용해 사람을 해하려 했던 사건은 많은 사람들을 惊动하게 했다.

火警铃声发出的阵阵巨响，惊动了整座大厦的人。

화재 경보음이 이따금씩 큰 소리를 내어서, 온 건물의 사람들을 놀라게 했다.

火警 huǒjǐng 화재 | **铃声** língshēng 방울 소리 | **阵阵** zhènzhèn 이따금씩 | **巨响** jùxiǎng 큰 소리 | **整** zhěng 온전하다 | **座** zuò 채(부피가 크거나 고정된 물체를 세는 양사) | **大厦** dàshà 빌딩

探测 tàncè

동 탐측하다, 탐구하다
▶ 연구실 입구에 금속 探测기를 설치하여, 기술의 유출을 방지하기로 결정했다.

专家们利用最新的探测技术，发现了沉船的部分残骸。

전문가들은 최신 탐측 기술을 이용하여, 침몰 선박의 일부 잔해를 발견했다.

专家 zhuānjiā 전문가 | **利用** lìyòng 이용하다 | **技术** jìshù 기술 | **沉船** chénchuán 침몰한 배 | **部分** bùfen 일부 | **残骸** cánhái 잔해

探索 tànsuǒ

동 탐색하다, 찾다
▶ 나는 우주의 신비를 探索해 보고 싶어.

人类几百年来，从未停止过对大自然的探索。

인류는 수백 년 동안, 대자연에 대한 탐색을 멈춘 적이 없다.

人类 rénlèi 인류 | **从未** cóngwèi 지금까지 ~한 적이 없다 | **停止** tíngzhǐ 멈추다 | **大自然** dàzìrán 대자연

考察 kǎochá

동 시찰하다 동 고찰하다
▶ 그 식물학자는 때마다 열대 우림을 考察하러 가더라고.

探险队在本次南极考察工作中，遇到了前所未有的困难。

탐험대는 이번 남극 시찰 작업 중, 전례 없는 어려움에 부딪치게 되었다.

探险队 tànxiǎnduì 탐험대 | **南极** nánjí 남극 | **前所未有** qiánsuǒwèiyǒu 역사상 유례가 없다 | **困难** kùnnan 어려움

钻研 zuānyán

▶ 이 특이한 생물체에 대해서는 더 钻研할 가치가 있다고 봅니다.

这位科学家渊博的学问来自他长年累月的钻研。

이 과학자의 박학다식한 학문은 그가 오랜 세월 쌓아 온 깊은 연구에서 나온 것이다.

科学家 kēxuéjiā 과학자 | 渊博 yuānbó 박학다식하다 | 学问 xuéwen 학문 | 来自 láizì ~에서 나오다 | 长年累月 chángniánlěiyuè 오랜 세월

生物 shēngwù

▶ 멸종 위기의 生物가 어떻게 이 작은 산에 있을 수 있지?

如今，地球上的现存生物已减少至原来的十分之一。

오늘날, 지구상에 현존하는 생물은 이미 원래의 10분의 1로 줄어들었다.

如今 rújīn 오늘날 | 地球 dìqiú 지구 | 现存 xiàncún 현존하다 | 减少 jiǎnshǎo 줄다 | 至 zhì ~에 이르다 | 原来 yuánlái 원래의 | A分之B A fēnzhī B A분의 B

生理 shēnglǐ

▶ 이건 사람이라면 누구나 가지고 있는 生理 현상일 뿐이야.

一般来说，人体的免疫程度取决于其生理状况。

일반적으로, 인체의 면역 정도는 그 생리적 상황에 달려 있다.

人体 réntǐ 인체 | 免疫 miǎnyì 면역 | 程度 chéngdù 정도 | 取决于 qǔjuéyú ~에 달려 있다 | 状况 zhuàngkuàng 상황

★ 보충단어   아래 단어들의 예문은 WEB 단어장에서 확인할 수 있어요.

보충단어 WEB 단어장

火箭 huǒjiàn 명 로켓	凝聚 níngjù 동 응집하다 동 맺히다
铜 tóng 명 구리, 동	分量 fènliàng 명 중량, 분량
膜 mó 명 얇은 막	解剖 jiěpōu 동 해부하다 동 분석하다
正负 zhèngfù 형 양전자와 음전자의	刊登 kāndēng 동 게재하다, 등재하다
提炼 tíliàn 동 추출하다, 정련하다	勘探 kāntàn 동 탐사하다, 조사하다

HSK 6급 빈출 표현

太空飞船	tàikōng fēichuán	우주선
人造卫星	rénzào wèixīng	인공위성
雷达跟踪	léidá gēnzōng	레이더 추적
防辐射	fáng fúshè	방사선을 막다
采集数据	cǎijí shùjù	데이터를 수집하다
安装仪器	ānzhuāng yíqì	기구를 설치하다
探测资源	tàncè zīyuán	자원을 탐측하다
提炼石油	tíliàn shíyóu	석유를 정련하다
排放二氧化碳	páifàng èryǎnghuàtàn	이산화탄소를 배출하다
液体蒸发	yètǐ zhēngfā	액체가 증발하다
收缩变形	shōusuō biànxíng	수축 변형되다
化学元素	huàxué yuánsù	화학 원소
植物纤维	zhíwù xiānwéi	식물 섬유
反复试验	fǎnfù shìyàn	시행착오
起源于~	qǐyuányú ~	~에서 기원하다
遗传病	yíchuánbìng	유전병

데일리 테스트

고생하셨어요!
QR코드를 스캔하면 DAY01~DAY30 전체 데일리 테스트 PDF가
다운로드됩니다.

DAY 25

★ HSK 시험에 이렇게 나와요.

중국은 역사가 길고 우수한 문화가 많아 과거 황제와 나라에 대한 내용들이 듣기와 독해에 많이 출제됩니다. 특히 삼국 시대와 진(秦)나라에 관련된 내용이 자주 출제되므로, 중국 역사 상식을 알아 두면 문제를 풀 때 도움이 됩니다.

국가는 국민으로부터

#국가 #통치

음원 듣기

祖国 zǔguó

명 조국
▶ 전쟁 후 祖国로 돌아오지 못하고 타국에서 생을 마치신 분들이 많대.

每个人都在不同领域为祖国的发展做出贡献。
모든 사람이 서로 다른 분야에서 조국의 발전을 위해 공헌한다.

领域 lǐngyù 분야 | **发展** fāzhǎn 발전하다 | **贡献** gòngxiàn 공헌하다

公民 gōngmín

명 국민
▶ 우리나라 헌법에 모든 권력은 公民으로부터 나온다는 조항이 있어.

公民在享有基本权利的同时，也应该履行应尽的义务。
국민은 기본 권리를 누리는 동시에, 반드시 해야 할 의무를 다해야 한다.

享有 xiǎngyǒu 누리다 | **基本** jīběn 기본적인 | **权利** quánlì 권리 | **同时** tóngshí 동시에 | **履行** lǚxíng 이행하다 | **尽** jìn 다하다 | **义务** yìwù 의무

主权 zhǔquán

명 주권
▶ 主权은 국민, 영토와 함께 국가를 구성하는 3요소 중 하나야.

国家主权是神圣不可侵犯的，它具有至高无上的排他性。
국가 주권은 신성불가침한 것으로, 가장 높은 배타성을 지닌다.

神圣 shénshèng 신성하다 | **不可** bùkě ～해서는 안 된다 | **侵犯** qīnfàn 침범하다 | **具有** jùyǒu 가지다 | **至高无上** zhìgāowúshàng 최고로 높다 | **排他性** páitāxìng 배타성

领土 lǐngtǔ

명 영토, 국토
▶ 국가 간의 领土 분쟁은 지금도 끊임없이 일어나고 있지.

自古以来，历届帝王都在为扩张本国领土而浴血奋战。
예로부터, 역대 황제들 모두 자국의 영토를 확장하기 위해 처절하게 싸웠다.

自古以来 zìgǔ yǐlái 예로부터 | **历届** lìjiè 지나간 매회 | **帝王** dìwáng 제왕 | **为A而B** wèi A ér B A를 위해 B하다 | **扩张** kuòzhāng 확장하다 | **浴血奋战** yùxuèfènzhàn 처절하게 싸우다

民主 mínzhǔ

명 민주　형 민주적이다
▶ 대한민국은 民主주의 체제의 국가야.

我们要努力把祖国建设成为富强民主的国家。
우리는 조국을 부강한 민주 국가로 건설하기 위해 노력해야 한다.

祖国 zǔguó 조국 | **建设** jiànshè 건설하다 | **成为** chéngwéi ~가 되다 | **富强** fùqiáng
부강하다

반의 **独裁** dúcái 독재하다

投票 tóupiào

동 투표하다
▶ 너 이번 대통령 선거일에 가서 投票했어?

有些国家投票的法定年龄为18岁。
일부 국가는 투표하는 법정 연령이 18세이다.

法定 fǎdìng 법으로 정한 | **年龄** niánlíng 연령

竞选 jìngxuǎn

동 경선 활동을 하다, 선거 운동을 하다
▶ 저희 역시 竞选을 통하여 당 대표를 선출할 예정입니다.

竞选人利用各种方式向选民发表自己的主张并获得选票。
출마자는 각종 방식을 이용하여 유권자에게 자신의 주장을 발표하고 표를 얻는다.

利用 lìyòng 이용하다 | **各种** gèzhǒng 각종 | **方式** fāngshì 방식 | **选民** xuǎnmín 선거 유권자
| **发表** fābiǎo 발표하다 | **主张** zhǔzhāng 주장 | **并** bìng 그리고 | **获得** huòdé 얻다 | **选票**
xuǎnpiào 투표(한) 용지

候选 hòuxuǎn

동 입후보하다　동 임용을 기다리다
▶ 듣자 하니 교수님이 지역구 의원 선거에 候选하신다고 하더라고.

几位强有力的候选人在电视上进行了激烈的争论。
강력한 후보자 몇 명이 TV에서 격렬한 토론을 벌였다.

强有力 qiángyǒulì 강력하다 | **候选人** hòuxuǎnrén 입후보자 | **进行** jìnxíng 진행하다 | **激烈**
jīliè 격렬하다 | **争论** zhēnglùn 논쟁하다

选举 xuǎnjǔ

동 선거하다, 선출하다
▶ 부정 투표가 밝혀졌으니, 당연히 다시 选举해야 하는 거 아니에요?

选举其实是一个冗长而且耗资巨大的过程。
선거하는 것은 사실 길고도 어마어마한 자금이 소모되는 과정이다.

冗长 rǒngcháng 지루하다, 장황하다 | 耗资 hàozī 자금을 소모하다 | 巨大 jùdà 아주 크다 |
过程 guòchéng 과정

当选 dāngxuǎn

동 당선되다
▶ 내가 투표한 후보가 当选되어서 정말 기뻐!

很多美国总统在他们**当选**之前都在国会任过职。
미국의 많은 대통령은 당선되기 전에 국회에서 직무를 맡은 적이 있다.

总统 zǒngtǒng 대통령 | 之前 zhīqián 이전 | 国会 guóhuì 국회 | 任职 rènzhí 직무를 맡다

领袖 lǐngxiù

명 지도자, 영수
▶ 이번에 선출된 그 领袖는 당을 카리스마 있게 잘 이끄는 것 같아.

两国的**领袖**通过多次交涉后，决定停止战争。
양국의 지도자는 여러 차례의 교섭 후, 전쟁을 중단하기로 했다.

通过 tōngguò ～을 통해 | 交涉 jiāoshè 교섭하다 | 停止 tíngzhǐ 중지하다 | 战争 zhànzhēng
전쟁

诞生 dànshēng

동 탄생하다, 태어나다
▶ 1919년 상하이에서 우리나라의 임시 정부가 诞生되었어.

新中国的**诞生**让劳动人民过上了幸福的生活。
신중국의 탄생은 노동자들이 행복한 삶을 살 수 있게 했다.

劳动人民 láodòng rénmín 노동자 | 幸福 xìngfú 행복하다 | 生活 shēnghuó 생활
유의 出生 chūshēng 출생하다, 태어나다

政权 zhèngquán

명 정권　명 행정 기관
▶ 독재 政权은 지탄받아 마땅한 거야!

百姓们曾经受到过凶恶而专制的军政权的压迫。
백성들은 일찍이 악랄하고 독재적인 군정권의 핍박을 받은 적이 있다.

百姓 bǎixìng 백성 | **曾经** céngjīng 일찍이 | **受到** shòudào 받다 | **凶恶** xiōng'è 흉악하다 |
而 ér ~하고 | **专制** zhuānzhì 전제적인, 독단적인 | **军** jūn 군(대) | **压迫** yāpò 억압하다

党 dǎng

명 당, 정당
▶ 그 중국인 친구가 알고 보니 공산党 당원이더라고.

优秀的党员不仅要服从党的命令，还要维护党的利益。
우수한 당원은 당의 명령에 복종해야 할 뿐만 아니라, 당의 이익 역시 보호해야 한다.

优秀 yōuxiù 우수하다 | **党员** dǎngyuán 당원 | **不仅A, 还B** bùjǐn A, hái B A뿐만 아니라, B하다
| **服从** fúcóng 복종하다 | **命令** mìnglìng 명령 | **维护** wéihù 유지하고 보호하다 | **利益** lìyì
이익

中央 zhōngyāng

명 정부의 최고 기관　명 중앙
▶ 조선 시대에는 고려 시대에 비해 中央 집권이 한층 강화되었대.

依靠中央银行的调控作用，可以有效控制这一状况。
중앙은행의 조절 작용에 의지하면, 효과적으로 이 상황을 통제할 수 있다.

依靠 yīkào 의지하다 | **中央银行** zhōngyāng yínháng 중앙은행 | **调控** tiáokòng 조정하다 |
作用 zuòyòng 작용 | **有效** yǒuxiào 효과가 있다 | **控制** kòngzhì 통제하다 | **状况**
zhuàngkuàng 상황

官方 guānfāng

명 정부 당국, 정부 측
▶ 官方은 이번 사태에 대한 대국민 사과문을 발표했다.

官方尚未对弹劾总统一事发表任何意见。
정부 당국은 아직 대통령 탄핵 문제에 대해 어떠한 의견도 발표하지 않았다.

尚未 shàngwèi 아직 ~하지 않다 | **弹劾** tánhé 탄핵하다 | **总统** zǒngtǒng 대통령 | **发表**
fābiǎo 발표하다 | **任何** rènhé 어떠한 | **意见** yìjiàn 의견

国务院
guówùyuàn

명 국무원(중국의 최고 국가 행정 기관)
▶ 중국의 国务院은 전국인민대표대회의 집행 기관이래.

国务院近期发表了一项关于黄金保护的声明。
국무원은 최근 금 보호에 대한 성명서를 발표했다.

近期 jìnqī 가까운 시기 | **项** xiàng 가지(제도·조항 등을 세는 양사) | **黄金** huángjīn 황금 | **保护** bǎohù 보호하다 | **声明** shēngmíng 성명서

省会 shěnghuì

명 성도, 성 행정부 소재지
▶ 난징은 장쑤성의 중심이 되는 省会야.

黑龙江的**省会**哈尔滨有 "东方小巴黎" 的美誉。
헤이룽장성의 성도 하얼빈은 '동양의 작은 파리'라는 명성이 있다.

黑龙江 Hēilóngjiāng 헤이룽장성 | **哈尔滨** Hā'ěrbīn 하얼빈 | **东方** dōngfāng 동양 | **巴黎** Bālí 파리 | **美誉** měiyù 명예
유의 **省城** shěngchéng 성도

州 zhōu

명 주(행정 구역), 자치주
▶ 미국에는 총 50개의 州가 있어.

这个国家的每个**州**都有一个州长和州议会。
이 국가의 모든 주 마다 주지사와 주 의회가 있다.

州长 zhōuzhǎng 주지사 | **议会** yìhuì 의회

协会 xiéhuì

명 협회
▶ 국가에서 인정해 주는 协会에서 받은 자격증이 아니면 소용이 없어.

这项计划受到国际联盟**协会**的赞许。
이 계획은 국제연맹협회의 승인을 받았다.

计划 jìhuà 계획 | **受到** shòudào 받다 | **国际** guójì 국제 | **联盟** liánméng 연맹 | **赞许** zànxǔ 칭찬하며 허락하다

统治 *tǒngzhì*

동 통치하다, 다스리다, 지배하다
▶ 너는 고대에 나라를 가장 잘 统治했던 왕이 누구라고 생각해?

在古代，皇帝享有至高无上的统治权。
고대에 황제는 가장 높은 통치권을 누렸다.

古代 gǔdài 고대 | **皇帝** huángdì 황제 | **享有** xiǎngyǒu 누리다 | **至高无上** zhìgāowúshàng 최고로 높다 | **统治权** tǒngzhìquán 통치권

治理 *zhìlǐ*

동 정비하다, 수리하다 동 통치하다, 다스리다
▶ 우리 지역의 도로가 엉망이라, 시에서 곧 治理한다고 하더라.

据报道，这座城市即将实施环境治理的新模式。
보도에 따르면, 이 도시는 곧 환경 정비의 새로운 모델을 실시할 것이라고 한다.

据 jù ~에 따르면 | **报道** bàodào 보도 | **座** zuò 채(부피가 크거나 고정된 물체를 세는 양사) | **即将** jíjiāng 곧 | **实施** shíshī 실시하다 | **模式** móshì 모델

출제 포인트 | 治理의 다양한 쓰임

治理는 나라의 후계자를 선정하고 나라를 다스리는 것과 관련된 내용에 출제된다. 또한 통치·관리하는 것 외에도, 강이나 자연 등을 원 상태로 회복시키는 것을 나타내기도 한다. 관련 표현들을 미리 익혀 두자.

예 **治理国家** 국가를 다스리다 | **治理整顿**(zhěngdùn) 정치를 정비하고 경제 질서를 바로잡다
综合治理 종합 통치(사회 치안 종합 정책) | **治理环境污染** 환경 오염을 처리하다
把国家治理得井井有条 국가를 정연하게 통치하다

实行 *shíxíng*

동 (강령·정책·계획 등을) 실행하다
▶ 국민들에게 하겠다고 약속한 정책이 있으면 당연히 实行해야 하는 거 아니야?

国家机关有权对一些集团实行监护。
국가 기관은 일부 단체에 대해 감독 및 보호를 실행할 권한이 있다.

机关 jīguān 기관 | **有权** yǒuquán 권력을 지니다 | **集团** jítuán 단체 | **监护** jiānhù 감독하고 보호하다

유의 **执行** zhíxíng 이행하다, 수행하다, 집행하다 / **实施** shíshī 실행하다, 실시하다

执行 zhíxíng

동 이행하다, 수행하다, 집행하다

▶ 저희는 법에 따라 执行하는 것뿐, 사사로운 감정은 없습니다.

在军队中，对于执行上级命令这件事是不容有异议的。

군대에서 상급자의 명령을 이행하는 것에는 이견이 용납되지 않는다.

军队 jūnduì 군대 | **对于** duìyú ~에게 | **上级** shàngjí 상급자 | **命令** mìnglìng 명령 | **不容** bùróng 용납하지 않다 | **异议** yìyì 이견

유의 实行 shíxíng (강령·정책·계획 등을) 실행하다 / 实施 shíshī 실행하다, 실시하다

출제 포인트 执行+임무·계획·법률 등

执行은 정책·법령·명령·판결 중 규정한 사항 등을 실행함을 나타내어, 듣기 4부분에서 정책과 관련된 내용으로 자주 출제된다. 목적어로는 임무, 계획, 법률 등이 자주 함께 나오며, 회사 직함이나 컴퓨터 프로그램 등에도 쓰이므로, 함께 알아 두자.

예 **执行任务** 임무를 실행하다 | **执行计划** 계획을 실행하다

执行程序 실행 프로그램 | **生产执行系统** 생산 관리 시스템

执行董事 상무 이사 | **执行力** 집행력

政策 zhèngcè

명 정책

▶ 교육은 '백년지대계'라는데 정부가 바뀔 때마다 政策가 바뀌어서야 되겠어?

人们认为国家的经济政策应该以百姓利益为中心。

사람들은 국가의 경제 정책이 백성의 이익을 중심으로 해야 한다고 생각한다.

经济 jīngjì 경제 | **以** yǐ ~으로 | **百姓** bǎixìng 백성 | **利益** lìyì 이익 | **中心** zhōngxīn 중심

决策 juécè

명 결정된 정책, 책략 **동** (정책 등을) 결정하다

▶ 국민을 위한 决策를 펼치겠다더니, 아무것도 하는 게 없어!

任何一个有效的决策，都要合理地选择行动方案。

어떠한 효과적인 정책이라도, 합리적으로 행동 방안을 선택해야 한다.

任何 rènhé 어떠한 | **有效** yǒuxiào 효과가 있다 | **合理** hélǐ 합리적이다 | **行动** xíngdòng 행동 | **方案** fāng'àn 방안

纲领 gānglǐng

명 강령, 대강
▶ 당원이라면 당연히 그 정당의 정해진 纲领을 따라야지.

每个政党的政治纲领都各不相同，不可妄加评论。
모든 정당의 정책 강령은 각기 달라서, 멋대로 논해서는 안 된다.

政党 zhèngdǎng 정당 | **政治** zhèngzhì 정치 | **各不相同** gè bù xiāngtóng 제각기 다르다 |
不可 bùkě ~해서는 안 된다 | **妄加** wàngjiā 멋대로 가하다 | **评论** pínglùn 논하다

起草 qǐcǎo

동 (글의) 초안을 작성하다
▶ 양국은 무역 협정을 맺기 위해 관련 계약서를 起草하기 시작했다.

当地政府起草了一份声明，是关于环境保护的内容。
현지 정부는 성명서의 초안을 하나 작성했고, 이는 환경 보호와 관련된 내용이었다.

当地 dāngdì 현지 | **政府** zhèngfǔ 정부 | **份** fèn 부(신문·잡지·문건 등을 세는 양사) | **声明**
shēngmíng 성명서 | **保护** bǎohù 보호하다 | **内容** nèiróng 내용

颁布 bānbù

동 공포하다, 반포하다
▶ 국가는 새로 개정한 법 조항을 국민들에게 颁布하였다.

自从颁布了新法规之后，人们的违章行为明显减少了。
새로운 법규를 공포한 후, 사람들의 위반 행위가 확연하게 줄어들었다.

自从 zìcóng ~한 후 | **法规** fǎguī 법규 | **违章** wéizhāng 규정을 위반하다 | **行为** xíngwéi 행위
| **明显** míngxiǎn 뚜렷하다 | **减少** jiǎnshǎo 감소하다

'颁布'는 주로 정부 기관이나 통치자가 법률, 규정, 명령 등을 공식적으로 발표할 때 사용합니다. 뉴스, 정책 관련 내용에 자주 등장합니다.

예 **颁布法令** 법령을 공포하다 | **颁布条例** 조례를 공포하다
颁布规定 규정을 공포하다 | **颁布章程** 규약을 공포하다

颁发 bānfā

동 수여하다　동 공포하다
▶ 평생 나라를 위해 일하신 할아버지는 국가 훈장을 颁发받으셨어.

这位军人得到了国家颁发的军人津贴。
이 군인은 국가가 수여하는 군인 수당을 받았다.

军人 jūnrén 군인 | **得到** dédào 받다 | **津贴** jīntiē 수당

声明 shēngmíng

명 성명서 **동** 성명하다
▶ 정부는 국가의 안보를 위협하는 행위를 좌시하지 않겠다는 声明을 발표하였다.

新总统在就任演说中发表的 声明，引起了空前的轰动。
새로운 대통령이 취임 연설에서 발표한 성명서는, 전례 없는 반향을 일으켰다.

总统 zǒngtǒng 대통령 | **就任** jiùrèn 취임하다 | **演说** yǎnshuō 연설하다 | **发表** fābiǎo 발표하다 | **引起** yǐnqǐ 야기하다 | **空前** kōngqián 전례 없는 | **轰动** hōngdòng 센세이션을 불러일으키다

边界 biānjiè

명 경계선
▶ 양국의 국경은 그 사이로 흐르는 큰 강줄기를 边界로 삼고 있다.

两国对于边界线的划分发起了激烈的争论。
두 국가는 국경선 구분에 대해 격렬한 논쟁을 벌였다.

对于 duìyú ~에 대해 | **边界线** biānjièxiàn 국경선 | **划分** huàfēn 구분하다 | **发起** fāqǐ 앞장서서 제창하다 | **激烈** jīliè 격렬하다 | **争论** zhēnglùn 논쟁하다

边境 biānjìng

명 국경 지대, 변방
▶ 边境은 적군의 침입이 끊이지 않는 곳이라 늘 삼엄한 분위기가 감돈다.

边境地区一般多设有出入限制，甚至被列为禁区。
국경 지대는 일반적으로 출입 제한이 많이 설치되어 있으며, 심지어 출입금지 구역이 되기도 한다.

地区 dìqū 지역 | **设有** shèyǒu 설치되어 있다 | **限制** xiànzhì 제한하다 | **甚至** shènzhì 심지어 | **列为** lièwéi 속하여 ~이 되다 | **禁区** jìnqū 금지 구역

边疆 biānjiāng

명 국경 지대
▶ 세 나라가 맞닿아 있는 边疆에서는 긴장감이 맴돈다.

边防战士日夜坚守、历经风霜雨雪，保卫着祖国的边疆。
국경 수비하는 전사들은 밤낮없이 지키고 온갖 고난을 겪으며, 조국의 변방을 지키고 있다.

边防 biānfáng 국경 수비 | **战士** zhànshì 전사 | **日夜** rìyè 밤낮 | **坚守** jiānshǒu 꿋꿋이 지키다 | **历经** lìjīng 여러 번 겪다 | **风霜雨雪** fēngshuāngyǔxuě 갖은 고난을 다 겪다 | **保卫** bǎowèi 보위하다 | **祖国** zǔguó 조국

유의 边境 biānjìng 국경 지대

局势 júshì

명 정세, 국면, 시국
▶ 국내 局势가 불안해지니 사회 분위기 역시 불안정해졌다.

面临当前紧张的国际局势，各国必须表态。
현재 긴장된 국제 정세 앞에서, 각국은 반드시 입장을 표명해야 한다.

面临 miànlín 직면하다 | 当前 dāngqián 현재 | 紧张 jǐnzhāng 긴장하다 | 国际 guójì 국제 |
各国 gèguó 각국 | 表态 biǎotài 입장을 밝히다
유의 形势 xíngshì 정세, 형편 / 局面 júmiàn 국면, 형세, 양상

유의어 비교 局势 vs 形势

局势는 정치·군사 등의 한 시기 내 발전 상황을 의미하며, 形势는 사물의 발전 상황을 의미한다. 形势의 활용 범위가 더 포괄적이라 局势를 사용하는 곳에도 쓸 수 있다. 아래 자주 쓰이는 표현을 익혀 보자.

예 战争局势 전쟁 상황 | 局势平稳 정세가 안정되다
局势严重 시국이 심각하다 | 国际形势 국제 정세
形势好转 형세가 호전되다 | 形势逼(bī)人 형세가 압박하다

局面 júmiàn

명 국면, 형세, 양상
▶ 우리나라는 정권이 바뀌며, 새로운 경제 局面을 맞이하였다.

外交部长发表讲话后，原本僵持的局面得到了缓解。
외교부 장관이 연설을 한 후, 원래 긴장되어 있던 국면이 풀렸다.

外交 wàijiāo 외교 | 部长 bùzhǎng 장관 | 发表 fābiǎo 발표하다 | 讲话 jiǎnghuà 연설 |
原本 yuánběn 원래 | 僵持 jiāngchí (쌍방이) 서로 양보 없이 맞서다 | 得到 dédào 얻다 | 缓解
huǎnjiě 완화되다
유의 局势 júshì 정세, 국면, 시국

拥护 yōnghù

동 지지하다, 옹호하다
▶ 아직도 그 후보자를 拥护하는 사람들이 있단 말이야?

政府的新政策得到了平民百姓的普遍拥护。
정부의 새로운 정책은 평민 백성들에게 보편적인 지지를 받았다.

政府 zhèngfǔ 정부 | 政策 zhèngcè 정책 | 平民 píngmín 평민 | 百姓 bǎixìng 백성 | 普遍
pǔbiàn 보편적인

巩固 gǒnggù

동 견고히 하다, 튼튼히 다지다　형 견고하다, 튼튼하다
▶ 권력을 자신의 사사로운 이익을 巩固하기 위해 사용하면 안 돼.

韩中日合作已经成为了巩固睦邻友好的重要平台。

한중일 협력은 이미 화목하고 우호적인 관계를 공고히 하는 중요한 플랫폼이 되었다.

合作 hézuò 협력하다 | **成为** chéngwéi ~이 되다 | **睦邻** mùlín 화목하게 지내다 | **友好** yǒuhǎo 우호적이다 | **平台** píngtái 플랫폼

保障 bǎozhàng

명 보장　동 보장하다
▶ 언론은 정부로부터 자유를 保障받아야 한다고 봐.

国家为每一位退休老人都提供了生活保障。

국가는 퇴직 노인 모두를 위해 생활 보장을 제공했다.

退休 tuìxiū 퇴직하다 | **提供** tígōng 제공하다 | **生活** shēnghuó 생활

출제 포인트　保障의 빈출 짝꿍 표현

保障은 권리·생명·재산 등이 침해당하지 않도록 보호해 주는 것을 의미하여, 독해 4부분의 안전이나 권리의 보장에 관한 지문에서 출제된다. 또한 독해 2부분에도 자주 출제되므로, 함께 쓰이는 목적어도 주의하여 익히자.

예　**保障质量** 질을 보장하다 | **保障人身安全** 신변 안전을 보장하다
　　保障公民权利 국민 권리를 보장하다 | **后勤**(hòuqín)**保障** 군수 지원
　　提供保障 보장을 제공하다 | **获得保障** 보장을 얻다

奉献 fèngxiàn

동 바치다, 공헌하다
▶ 그는 일평생을 조국의 독립을 위해 奉献한 위인이야.

教育部长把自己的一生都奉献给了祖国的教育事业。

교육부 장관은 자신의 일생을 조국의 교육 사업에 바쳤다.

教育 jiàoyù 교육 | **一生** yìshēng 일생 | **事业** shìyè 사업
유의　**贡献** gòngxiàn 공헌하다, 기여하다, 이바지하다

유의어 비교　奉献 vs 贡献

두 단어는 힘·물자·경험 등을 내어 국가나 대중에게 '공헌하다, 바치다'라는 의미를 가지고 있는데, 奉献은 목적어로는 잘 쓰이지 않지만, 贡献은 술어와 목적어로 모두 쓰일 수 있다.

예　**奉献给社会** 사회에 바치다 | **奉献给祖国** 조국에 바치다
　　贡献给祖国 조국에 공헌하다 | **做出贡献** 공헌을 하다

昌盛
chāngshèng

형 흥성하다, 창성하다
▶ 우리 민족의 昌盛을 위해서 헌신한 영웅들을 기억해야 해.

只有祖国繁荣昌盛，人们的生活才能幸福。
조국이 번영하고 흥성해야, 우리의 생활이 비로소 행복해진다.

祖国 zǔguó 조국 ｜ 繁荣 fánróng 번영하다 ｜ 幸福 xìngfú 행복하다

声誉 shēngyù

명 명예, 명성
▶ 외교 업무는 국가의 声誉와 밀접한 관련이 있어.

负责外事工作的人一举一动都关系着祖国的声誉。
외교 업무를 맡은 사람의 일거수일투족은 조국의 명예와 관계되어 있다.

负责 fùzé 맡다 ｜ 外事 wàishì 외교 사무 ｜ 一举一动 yìjǔyídòng 일거수일투족 ｜ 关系 guānxì 관계되다

유의 名誉 míngyù 명예, 영예

使命 shǐmìng

명 사명, 명령, 중대한 책임
▶ 그들은 자신에게 맡겨진 使命을 다하기 위해 목숨도 아끼지 않았대.

战士们在战争中英勇地完成了他们的使命。
전사들은 전쟁에서 용감하게 그들의 사명을 완수했다.

战士 zhànshì 전사 ｜ 战争 zhànzhēng 전쟁 ｜ 英勇 yīngyǒng 매우 용감하다

忠诚
zhōngchéng

형 충성하다, 충실하다, 성실하다
▶ 그 집안 사람들은 대대로 국가에 忠诚한 관료였더라고.

作为一名军人，他一向忠诚于自己的国家。
군인으로서, 그는 항상 자신의 국가에 충성한다.

作为 zuòwéi ～으로서 ｜ 军人 jūnrén 군인 ｜ 一向 yíxiàng 줄곧

公务 gōngwù

명 공무
▶ 자꾸 그러시면 公务 집행 방해로 처벌받을 수 있습니다.

政府授权那家机构去执行公务。
정부는 그 기관이 공무를 집행하도록 권한을 주었다.

授权 shòuquán 권한을 부여하다 | 机构 jīgòu 기구 | 执行 zhíxíng 집행하다

干涉 gānshè

동 간섭하다, 참견하다
▶ 우리나라 일인데 왜 자꾸 다른 나라에서 干涉하는 거야?

自古以来，总是有个别国家喜欢蓄意干涉别国内政。
예로부터, 고의로 타국의 내정에 간섭하길 좋아하는 일부 국가가 항상 있었다.

自古以来 zìgǔ yǐlái 예로부터 | 个别 gèbié 일부, 소수의 | 蓄意 xùyì 고의로 하다 | 内政 nèizhèng 내정
유의 干预 gānyù 관여하다, 간섭하다

干预 gānyù

동 관여하다, 개입하다
▶ 저는 정계를 떠났으니, 더는 나랏일에 干预하지 않겠습니다.

即使是小国，也反对任何外来势力插手干预本国政治。
설령 작은 나라라고 해도, 그 어떤 외부 세력이 자국의 정치에 관여하는 것에 반대한다.

即使A, 也B jíshǐ A, yě B 설령 A하더라도, B하다 | 反对 fǎnduì 반대하다 | 势力 shìlì 세력 |
插手 chāshǒu 개입하다 | 政治 zhèngzhì 정치
유의 干涉 gānshè 간섭하다

유의어 비교	干预 vs 干涉

두 단어 모두 다른 사람의 일에 관여하는 것을 나타내지만, 어감과 활용에 차이가 있다.

干预 다른 사람의 일에 관여하고 개입하여, 영향을 주는 것을 뜻하며, 종종 중립적으로 쓰임
예 政府干预 정부가 개입하다 | 干预市场 시장에 개입하다

干涉 간섭하면 안 되는 일에 억지로 간섭함을 뜻하며, 보통 부정적으로 쓰임
예 干涉内政 내정에 간섭하다 | 干涉别人 다른 사람을 참견하다

腐败 fǔbài

형 부패하다, 문란하다　형 진부하다　동 썩다
▶ 깨끗하지 못하고 腐败한 정권은 국민들의 심판을 받아야 해.

贪污腐败的官员是国家的耻辱，一经发现，应立即处置。
부패한 관료는 국가의 치욕이니, 발견 즉시 처벌해야 한다.

贪污 tānwū 탐오하다　| 官员 guānyuán 관리　| 耻辱 chǐrǔ 치욕　| 一经 yìjīng ~하자마자 |
立即 lìjí 바로　| 处置 chǔzhì 처벌하다

封闭 fēngbì

동 폐쇄하다, 봉하다, 봉인하다
▶ 간첩들의 통로가 되던 그 길목은 封闭된 지 오래야.

有关部门对举行国际会议的酒店进行了封闭调查。
관련 부처는 국제회의를 개최한 호텔에 대해 폐쇄 조사를 진행했다.

部门 bùmén 부서　| 举行 jǔxíng 거행하다　| 国际会议 guójì huìyì 국제회의　| 酒店 jiǔdiàn
호텔　| 进行 jìnxíng 진행하다　| 调查 diàochá 조사하다
반의 开放 kāifàng 개방하다

封锁 fēngsuǒ

동 봉쇄하다, 폐쇄하다
▶ 그들은 주요 항로를 封锁하여 우리가 타국과 무역을 하지 못하게 만들었다.

警方为了拦住罪犯的出路，封锁了建筑物的所有出口。
경찰 측은 범죄자의 도주로를 막기 위해, 건물의 모든 출구를 봉쇄했다.

警方 jǐngfāng 경찰 측　| 拦住 lánzhù 꽉 막다　| 罪犯 zuìfàn 범인　| 出路 chūlù 출구　| 建筑
物 jiànzhùwù 건축물　| 所有 suǒyǒu 모든　| 出口 chūkǒu 출구

弊端 bìduān

명 폐단, 폐해
▶ 사회 전반에 자리잡고 있는 弊端을 반드시 뿌리 뽑아야 한다.

社会弊端如不及时纠正，国家走向灭亡就是迟早的事。
사회 폐단을 즉시 고치지 않으면, 국가가 멸망의 길을 걷는 것은 시간 문제이다.

及时 jíshí 곧바로　| 纠正 jiūzhèng 고치다　| 灭亡 mièwáng 멸망하다　| 迟早 chízǎo 머지않아
유의 弊病 bìbìng 폐단, 문제점

弊病 bìbìng

명 폐단, 문제점
▶ 나라의 발전을 가로막는 弊病이 뭐라고 생각합니까?

未成年暴力犯罪是危害现代社会的弊病之一。
미성년자 폭력 범죄는 현대 사회를 해치는 폐단 중의 하나이다.

未成年 wèichéngnián 미성년의 | 暴力 bàolì 폭력 | 犯罪 fànzuì 죄를 저지르다 | 危害 wēihài 해치다 | 现代 xiàndài 현대 | 之一 zhī yī ~ 중의 하나
유의 弊端 bìduān 폐단, 폐해

启蒙 qǐméng

동 계몽하다   동 기초 지식을 전수하다
▶ 지식인들이 启蒙 운동을 하여 백성들을 깨워야 합니다!

伏尔泰是众多启蒙思想家中的杰出代表。
볼테르는 많은 계몽사상가 중에서 훌륭한 대표이다.

伏尔泰 Fú'ěrtài 볼테르(프랑스의 사상가) | 众多 zhòngduō 아주 많다 | 思想家 sīxiǎngjiā 사상가 | 杰出 jiéchū 남보다 뛰어난 | 代表 dàibiǎo 대표

示威 shìwēi

동 시위하다   동 위세를 떨쳐 보이다
▶ 示威하는 군중들은 흥분하지 않고 질서 있게 전진하고 있었다.

社会各界都在举行示威活动，目的是反对外来侵略。
사회 각계가 시위를 벌이고 있는 목적은 외부의 침략에 반대하기 위함이다.

社会 shèhuì 사회 | 各界 gèjiè 각계 | 举行 jǔxíng 거행하다 | 活动 huódòng 활동 | 目的 mùdì 목적 | 反对 fǎnduì 반대하다 | 侵略 qīnlüè 침략하다

抵抗 dǐkàng

동 저항하다, 대항하다
▶ 그는 이런 폭력적인 처사는 받아들일 수 없다며 抵抗하였다.

一项新的政策出台，总会遭到反对派的抵抗。
새로운 정책이 나오면 항상 반대파의 저항에 부딪히게 된다.

项 xiàng 가지(제도·조항 등을 세는 양사) | 政策 zhèngcè 정책 | 出台 chūtái 정식으로 시행하다 | 遭到 zāodào 당하다 | 反对 fǎnduì 반대하다 | 派 pài 파
유의 反抗 fǎnkàng 저항하다, 반항하다, 반대하다

反抗 *fǎnkàng*

동 저항하다, 반항하다, 반대하다
▶ 이유 없는 탄압에는 누구든 反抗하게 마련이다.

政府虽出面镇压了一部分反抗势力，但效果不尽人意。

정부는 나서서 일부 저항 세력을 진압했지만, 효과는 기대에 미치지 못했다.

政府 zhèngfǔ 정부 | **出面** chūmiàn 나서다 | **镇压** zhènyā 진압하다 | **势力** shìlì 세력 |
效果 xiàoguǒ 효과 | **不尽人意** bújìn rényì 기대에 미치지 못하다

유의 **抵抗** dǐkàng 저항하다, 대항하다

유의어 비교 反抗 vs 抵抗

두 단어 모두 '저항하다'라는 뜻이지만, 내포된 의미와 대상이 다소 다르다.

反抗
fǎnkàng
행동으로 반대하는 것이며, 적·침략·다른 사람이 그 대상이 됨
예 **反抗压迫**(yāpò) 억압에 반항하다 | **反抗精神** 저항 정신

抵抗
dǐkàng
힘으로 상대방의 공격을 저지하는 것이며, 적·침략자·병균이 그 대상이 됨
예 **抵抗侵略**(qīnlüè) 침략에 맞서다 | **抵抗力** (병에 대한) 저항력

革命 *gémìng*

동 혁명하다 형 혁명적이다
▶ 폭력으로 革命하는 것은 정당하지 못한 행위야.

工业革命是资本主义发展史上的一个重要阶段。

산업 혁명은 자본주의 발전사의 중요한 단계이다.

工业革命 gōngyè gémìng 산업 혁명 | **资本主义** zīběn zhǔyì 자본주의 | **发展** fāzhǎn
발전하다 | **史** shǐ 역사 | **阶段** jiēduàn 단계

解放 *jiěfàng*

동 해방하다, 속박에서 벗어나다
▶ 우리나라는 1945년 8월 15일에 일본의 식민지 지배에서 解放
되었어.

保卫祖国领土完整是中国人民解放军的神圣使命。

조국의 영토 완전성을 보호하는 것은 중국인민해방군의 신성한 사명이다.

保卫 bǎowèi 보위하다 | **祖国** zǔguó 조국 | **领土** lǐngtǔ 영토 | **完整** wánzhěng 완정하다 |
中国人民解放军 Zhōngguó Rénmín Jiěfàngjūn 중국인민해방군 | **神圣** shénshèng 신성하다
| **使命** shǐmìng 사명

考古 kǎogǔ

명 고고학　동 고고학을 연구하다
▶ 나는 考古 연구를 해서 우리나라의 오래전 역사들을 직접 알아 보고 싶었어.

许多专业技术为考古的研究工作做出了巨大贡献。

많은 전문 기술이 고고학 연구 작업에 큰 공헌을 했다.

许多 xǔduō 매우 많다 | 专业 zhuānyè 전문 | 技术 jìshù 기술 | 研究 yánjiū 연구하다 | 巨大 jùdà 아주 크다 | 贡献 gòngxiàn 공헌하다

文献 wénxiàn

명 문헌
▶ 어째서 그 나라의 문화와 관련된 文献만 찾을 수가 없지?

该文献中记载了人类的文明和发展过程。

이 문헌은 인류의 문명과 발전 과정을 기록했다.

该 gāi 이 | 记载 jìzǎi 기록하다 | 人类 rénlèi 인류 | 文明 wénmíng 문명 | 过程 guòchéng 과정

文物 wénwù

명 문물
▶ 이런 역사적 文物는 반드시 보존해야 할 가치가 있어.

各朝各代的文物都是人类宝贵的历史文化遗产。

각 왕조와 각 시대의 문화재는 모두 인류의 귀중한 역사 문화유산이다.

各 gè 각 | 朝 cháo 왕조 | 代 dài 시대 | 宝贵 bǎoguì 귀중한 | 遗产 yíchǎn 유산

遗留 yíliú

동 남기다, 남겨 놓다
▶ 역사적으로 遗留된 문제는 지금도 여전히 해결되지 않고 있다.

前政府遗留下来的问题对当前政策有很大影响。

전 정부가 남긴 문제가 현재의 정책에 큰 영향을 미친다.

政府 zhèngfǔ 정부 | 当前 dāngqián 현재 | 政策 zhèngcè 정책

记载 jìzǎi

동 기록하다, 기재하다
▶ 난중일기는 이순신 장군이 전쟁 중에 기재한 일기래.

很多著作都对那次战争做了详细的记载。

많은 작품이 그때의 전쟁에 대해 상세하게 기록하였다.

著作 zhùzuò 작품, 저서 | **战争** zhànzhēng 전쟁 | **详细** xiángxì 상세하다

记载는 글로 사건을 기록한다는 뜻으로, 독해 3·4부분에서 역사적 사건이나 기록과 관련된 지문에 자주 출제된다. 명사와 결합해 명사구를 형성하므로, 관련 표현들을 익혀 두자.

예　**历史记载** 역사 기록 | **文献记载** 문헌 기록 | **据记载** 기록에 따르면
　　有文字记载 문헌상의 기록이 있다 | **记载当年的战斗历程** 그해의 전투 과정을 기록하다

封建 fēngjiàn

형 봉건적인　**명** 봉건 사회　**명** 봉건 제도
▶ 오랜 세월 고착되어 온 낡은 封建 의식은 반드시 바꿔야 한다고 봐.

封建思想并不会随着社会的发展而完全消失。

봉건사상은 결코 사회의 발전에 따라 완전히 사라지지 않을 것이다.

封建思想 fēngjiàn sīxiǎng 봉건사상 | **并** bìng 결코 | **随着** suízhe ～에 따라 | **社会** shèhuì 사회 | **发展** fāzhǎn 발전하다 | **而** ér 목적·원인을 나타내는 성분을 연결시킴 | **完全** wánquán 완전히 | **消失** xiāoshī 사라지다

朝代 cháodài

명 왕조의 연대
▶ 몇천 년 동안 여러 나라가 생겼다가 멸망해서 그 많은 朝代를 다 외우는 건 무리야!

中国古代的诗歌、绘画，都极强地体现了其朝代的特点。

중국 고대의 시가와 회화는, 모두 당시 왕조의 특징을 매우 강하게 구현했다.

古代 gǔdài 고대 | **诗歌** shīgē 시가 | **绘画** huìhuà 회화 | **强** qiáng 강하다 | **体现** tǐxiàn 구현하다 | **特点** tèdiǎn 특징

朝代는 '왕조'라는 뜻을 가지고 있는데, 중국의 역대 왕조 이름이 독해 3·4부분 역사 관련 지문에 자주 출제된다. 왕조 이름이 나오면 어렵게 느껴지게 마련이니, 익혀 두도록 하자.

예　**秦朝**(Qíncháo) 진나라 | **清朝**(Qīngcháo) 청나라 | **宋朝**(Sòngcháo) 송나라
　　明朝(Míngcháo) 명나라 | **魏晋南北朝**(Wèi Jìn Nán Běicháo) 위진남북조

皇后 huánghòu

▶ 황제의 정실 부인만이 皇后라는 칭호로 불릴 수 있어.

皇后一般掌管着后宫的大小事务，具有一定的权利。

황후는 일반적으로 후궁의 크고 작은 일을 관리하고, 일정한 권리를 지닌다.

掌管 zhǎngguǎn 맡아서 관리하다 | **后宫** hòugōng 후궁 | **事务** shìwù 일 | **具有** jùyǒu 가지다 | **权利** quánlì 권리

皇帝 huángdì

▶ 고종 皇帝는 조선 시대의 마지막 왕이야.

秦始皇嬴政是中国的首位**皇帝**，他称自己为"始皇帝"。

진시황 영정은 중국의 첫 번째 황제로, 그는 스스로를 '시황제'라고 불렀다.

秦始皇 Qínshǐhuáng 진시황 | **嬴政** Yíng Zhèng 영정(진시황의 본명) | **首位** shǒuwèi 첫 자리 | **称为** chēngwéi ～라고 부르다 | **始皇帝** Shǐhuángdì 시황제

출제 포인트　중국의 주요 황제 **皇帝**

皇帝는 과거 군주제에서 가장 높은 통치자의 호칭으로, 중국에서 '황제'라는 칭호를 쓰기 시작한 것은 진나라(秦朝) 때부터이다. 중국의 고사, 역사 관련 지문에 종종 출제되므로, 최초의 황제 진시황과 황제에 관한 어휘를 알아 두자.

예　**秦始皇** 진시황 | **秦始皇陵**(líng) 진시황릉 | **兵马俑**(bīngmǎyǒng) (진시황) 병마용

康熙(Kāngxī)**皇帝** 강희 황제 | **乾隆**(Qiánlóng)**皇帝** 건륭 황제

贵族 guìzú

▶ 고려 시대에는 贵族, 중민, 평민, 노비로 나뉘는 신분제가 있었대.

与平民阶级相比，**贵族**阶级享有更多特权和政治权利。

평민 계급과 비교했을 때, 귀족 계급은 더 많은 특권과 정치 권리를 누린다.

与……相比 yǔ …… xiāngbǐ ～과 비교하다 | **平民** píngmín 평민 | **阶级** jiējí 계급 | **享有** xiǎngyǒu 누리다 | **特权** tèquán 특권 | **政治** zhèngzhì 정치 | **权利** quánlì 권리

大臣 dàchén

명 대신, 중신, 장관

▶ 大臣들은 잘못된 정책을 바로잡아야 한다며, 임금에게 상소를 올렸다.

各国外交**大臣**围绕着最近的国际形势展开了讨论。

각국의 외교 대신은 최근의 국제 정세에 대해 토론을 벌였다.

各国 gèguó 각국 | **外交** wàijiāo 외교 | **围绕** wéirào (문제나 일을) 둘러싸다 | **国际** guójì 국제 | **形势** xíngshì 형편 | **展开** zhǎnkāi 벌이다 | **讨论** tǎolùn 토론하다

元首 yuánshǒu

명 국가 원수   명 군주, 임금

▶ 한 국가를 대표하는 元首라면 마땅히 그에 맞는 품격을 갖춰야지.

国家主席陪各国国家**元首**检阅三军仪仗队。

국가 주석은 각국의 국가 원수와 함께 육해군 삼군 의장대를 시찰했다.

主席 zhǔxí 주석 | **陪** péi 동반하다 | **各国** gèguó 각국 | **检阅** jiǎnyuè 시찰하다 | **三军** sānjūn 육군·해공·공군 | **仪仗队** yízhàngduì 의장대

★보충단어 아래 단어들의 예문은 WEB 단어장에서 확인할 수 있어요.

보충단어
WEB 단어장

共和国 gònghéguó 명 공화국

领事馆 lǐngshìguǎn 명 영사관

管辖 guǎnxiá 동 관할하다

落实 luòshí 동 실현시키다, 구체화하다 동 실현되다, 구체화되다

国防 guófáng 명 국방

司令 sīlìng 명 사령, 사령관

廉洁 liánjié 형 청렴결백하다

杜绝 dùjué 동 근절하다, 제지하다

独裁 dúcái 동 독재하다

勾结 gōujié 동 결탁하다, 내통하다, 공모하다

贿赂 huìlù 명 뇌물 동 뇌물을 주다

取缔 qǔdì 동 금지를 명하다

传记 zhuànjì 명 (사람의 일생을 적은) 전기

奴隶 núlì 명 노예

殖民地 zhímíndì 명 식민지

HSK 6급 빈출 표현

当选总统	dāngxuǎn zǒngtǒng	대통령에 당선되다
治理国家	hìlǐ guójiā	국가를 다스리다
执行公务	zhíxíng gōngwù	공무를 집행하다
颁布法令	bānbù fǎlìng	법령을 공포하다
杜绝赌博	dùjué dǔbó	도박을 근절하다
繁荣昌盛	fánróng chāngshèng	왕성하게 번영하다
管辖领域	guǎnxiá lǐngyù	관할 영역
战略决策	zhànlüè juécè	전략(적) 결정
全新的局面	quánxīn de júmiàn	새로운 국면
贪污腐败	tānwū fǔbài	부정부패하다
奋起反抗	fènqǐ fǎnkàng	(반대·항의하여) 들고일어나다
示威游行	shìwēi yóuxíng	시위 행진
封锁边境	fēngsuǒ biānjìng	국경을 봉쇄하다
出土文物	chūtǔ wénwù	출토된 문물
贵族阶级	guìzú jiējí	귀족 계급
如实记载	rúshí jìzǎi	사실대로 기록하다

데일리 테스트

고생하셨어요!
QR코드를 스캔하면 DAY01~DAY30 전체 데일리 테스트 PDF가
다운로드됩니다.

DAY
26

HSK 6급 30일 합격 프로젝트

★ HSK 시험에 이렇게 나와요.
사회 전반에 관한 어휘들은 듣기 1·3부분과 독해 3·4부분에서 사회 현상, 사회 문제 등과 관련된 주제로 자주 출제되고 있습니다. 예문을 통해 어떻게 활용되는지 익히면 더 효과적입니다.

더불어 사는 우리

#사회

음원 듣기

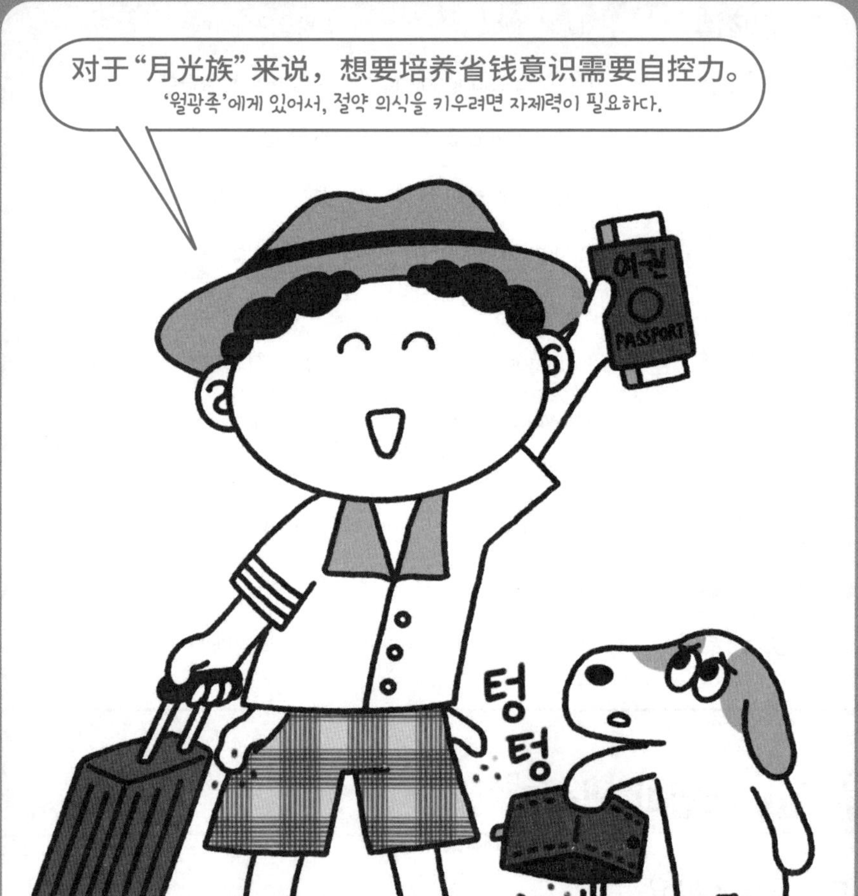

암기 영상

个体 gètǐ

명 자영업(자) 명 개인, 개체
▶ 个体는 사회를 떠나서는 살아갈 수 없어요.

绝大多数个体经营都是属于小型企业。

대다수 자영업은 모두 소형 기업에 속한다.

绝大多数 juédà duōshù 대다수 | **个体经营** gètǐ jīngyíng 자영업 | **属于** shǔyú ~에 속하다 |
小型企业 xiǎoxíng qǐyè 소형 기업
반의 **群体** qúntǐ 단체

群众 qúnzhòng

명 민중, 대중
▶ 자기 주관도 없이 群众의 뜻에만 따라가는 건 옳지 못해.

国家的方针政策每时每刻都离不开群众的监督。

국가의 방침과 정책은 언제나 민중의 감독을 떠나지 못한다.

方针 fāngzhēn 방침 | **政策** zhèngcè 정책 | **每时每刻** měishíměikè 언제나, 늘 | **离不开**
lí bu kāi 떠날 수가 없다 | **监督** jiāndū 감독하다

社区 shèqū

명 지역 사회
▶ 이 社区는 폐쇄적인 성향이 너무 강해서 타지 사람들이 와서 잘
적응하지 못해.

这个社区增添了很多娱乐设施，供居民休闲娱乐。

이 지역 사회에는 많은 오락시설이 더해져, 주민들에게 휴식과 여가를 제공한다.

增添 zēngtiān 더하다 | **娱乐** yúlè 오락 | **设施** shèshī 시설 | **供** gōng 제공하다 | **居民** jūmín
주민 | **休闲** xiūxián 한가하게 지내다

居民 jūmín

명 주민
▶ 우리 동네는 居民들이 마치 한 가족처럼 친해!

当地居民遭受了洪水的袭击，十分令人担忧。

현지 주민들은 홍수의 타격을 받아, 사람들의 많은 우려를 낳았다.

当地 dāngdì 현지 | **遭受** zāoshòu (불행·손해를) 당하다 | **洪水** hóngshuǐ 홍수 | **袭击** xíjī
타격하다 | **十分** shífēn 매우 | **令** lìng ~하게 하다 | **担忧** dānyōu 우려하다

阶层 jiēcéng

명 (사회의) 계층, 층, 집단
▶ 사회의 각 阶层을 통합할 수 있는 획기적인 방안이 필요합니다.

多年来，《读者》杂志吸引了社会各阶层的读者。
여러 해 동안 잡지 〈독자〉는 사회 각 계층의 독자를 매료시켰다.

读者 dúzhě 독자 | **杂志** zázhì 잡지 | **吸引** xīyǐn 매료시키다 | **社会** shèhuì 사회

级别 jíbié

명 등급, 계급, 단계
▶ 능력에 따라 임금에 级别를 두어야 한다.

鉴于级别之分，他不太适合参与这次的讨论。
등급 차를 고려하면, 그는 이번 토론에 참여하기에 그다지 적합하지 않다.

鉴于 jiànyú ~을 고려하면 | **之** zhī ~의 | **适合** shìhé 적합하다 | **参与** cānyù 참여하다 | **讨论** tǎolùn 토론하다

出身 chūshēn

명 출신, 신분   **동** (어떤 신분) 출신이다
▶ 지금이 어느 시대인데 아직도 사람의 出身 성분을 따져?

她因出身贫穷而受到欺负，但这也是她不断进取的动力。
그녀는 출신이 가난하다는 이유로 괴롭힘을 받았지만, 이 역시 그녀를 계속 진취적으로 만드는 동력이다.

因A而B yīn A ér B A 때문에 B하다 | **贫穷** pínqióng 가난하다 | **受到** shòudào 받다 | **欺负** qīfu 괴롭히다 | **不断** búduàn 계속해서 | **进取** jìnqǔ 진취하다 | **动力** dònglì 동력

出身은 '출신'을 나타내는 어휘로, 듣기 영역에서 이야기의 주인공을 설명할 때 자주 나온다. 아래의 빈출 표현들은 꼭 확인하고 넘어가자.

예 **出身书香世家** 선비 집안 출신 | **出身医药世家** 의과 집안 출신

渔民 yúmín

명 어민
▶ 드넓은 바다는 渔民들의 생활 터전입니다.

岛上的居民大多进城打工，留下的都是渔民。
섬에 있는 주민은 대부분 도시로 일하러 가서, 남아 있는 사람은 모두 어민이다.

岛 dǎo 섬 | **居民** jūmín 주민 | **打工** dǎgōng 일하다

人士 rénshì

명 인사
▶ 사회에서 성공한 人士들의 공통점이 뭐라고 생각해?

福利社为残疾人士提供了专门的活动场所。
복지 센터는 장애 인사들을 위해 특별한 활동 장소를 제공했다.

福利社 fúlìshè 복지 센터 | **残疾** cánjí 불구, 장애 | **提供** tígōng 제공하다 | **专门** zhuānmén 특별한 | **活动** huódòng 활동 | **场所** chǎngsuǒ 장소

출제 포인트 **人士**의 빈출 짝꿍 표현

人士는 사회적인 영향력이 있는 사람을 뜻하지만, 오늘날에는 정중한 표현이나 서면어로 많이 쓰인다. 아래 자주 쓰이는 표현을 확인해 보자.

예 **知名人士** 유명 인사 | **专业人士** 전문 인사
成功人士 성공 인사 | **爱美人士** 패셔니스타

华侨 huáqiáo

명 화교
▶ 인천의 차이나타운은 중국에서 온 华侨 문화의 중심지야.

当地华侨及政府对总理的来访表示前所未有的欢迎。
현지의 화교 및 정부는 총리의 방문에 전례 없는 환영을 표했다.

当地 dāngdì 현지 | **及** jí 및 | **政府** zhèngfǔ 정부 | **总理** zǒnglǐ 총리 | **来访** láifǎng 방문하다 | **表示** biǎoshì 표시하다 | **前所未有** qiánsuǒwèiyǒu 역사상 유례가 없다

后代 hòudài

명 후손, 자손, 후대
▶ 우리들의 后代에게 더 좋은 세상을 물려주기 위해 노력해야 해.

如果再不提高环保意识，那我们的后代将无法生存。
만약 환경 보호 의식을 높이지 않는다면, 우리의 후손은 생존할 수 없을 것이다.

再不 zàibù 안 그러면 | **环保** huánbǎo 환경 보호 | **意识** yìshí 의식 | **将** jiāng ~일 것이다 | **无法** wúfǎ ~할 수 없다 | **生存** shēngcún 생존하다

迁徙 qiānxǐ

동 옮겨 가다
▶ 할아버지는 6.25 전쟁 때 남쪽으로 迁移해 오셨대.

很多难民在饥荒期间迁徙到了这里。
많은 난민들이 기근 시기에 이곳으로 옮겨 왔다.

难民 nànmín 난민 | **饥荒** jīhuang 기근 | **期间** qījiān 기간

伴随 bànsuí

동 따라가다, 동행하다
▶ 권리에는 항상 책임과 의무가 伴随하는 법이죠.

广场上的人伴随着欢快的音乐跳起舞来。
광장의 사람들이 즐거운 음악에 맞추어 춤을 추기 시작했다.

广场 guǎngchǎng 광장 ｜ **欢快** huānkuài 즐겁고 경쾌하다

多元化 duōyuánhuà

형 다원화의, 다양한　**동** 다원화하다
▶ 우리 사회는 이제 획일적이지 않은 多元化의 길로 들어섰다.

桂林是一个适合人类居住的、多元化的旅游城市。
구이린은 사람이 살기 좋은, 다원화된 관광 도시이다.

桂林 Guìlín 구이린(중국의 유명한 명승지) ｜ **适合** shìhé 적합하다 ｜ **人类** rénlèi 인류 ｜ **居住** jūzhù 거주하다

动态 dòngtài

형 동태적인　**명** 동태, 동향
▶ 요즘에는 휴대폰으로 动态하는 사진도 만들 수 있더라고!

人们在聊天时，越来越喜欢使用动态图片了。
사람들은 채팅할 때, 움직이는 이모티콘을 쓰는 것을 점점 더 좋아하게 되었다.

使用 shǐyòng 사용하다 ｜ **图片** túpiàn 사진
반의 **静态** jìngtài 정태(정지 상태)

潮流 cháoliú

명 (사회적) 추세, 풍조　**명** 조류
▶ 당시의 潮流를 읽는 능력이 필요하다.

人们没有必要在任何时候都迎合潮流。
사람들은 언제나 추세를 따를 필요는 없다.

必要 bìyào 필요로 하다 ｜ **任何** rènhé 어떠한 ｜ **迎合** yínghé 영합하다

倾向 qīngxiàng

동 기울다, 치우치다　명 경향, 추세
▶ 요즘 청년들은 인생을 즐기자는 주의로 倾向하고 있는 것 같아.

据报道，成年人阅读越来越倾向于儿童化。

보도에 따르면, 성인의 독서가 점차 아동화되어 가고 있다고 한다.

据 jù ~에 따르면　|　报道 bàodào 보도　|　成年人 chéngniánrén 성년　|　阅读 yuèdú
(책·신문을) 보다　|　儿童 értóng 어린이, 아동

倾向은 듣기 3부분에서 사회 현상이나 정치와 관련된 설명문이나 논설문에 출제된다. 倾向은 대립하는
사물 중에서 한쪽으로 쏠리는 것을 나타내어, 호감을 갖거나 찬성함을 의미한다. 또한 자주 [倾向+于+
대상]의 형태로 쓰이니 알아 두자.

예　倾向于自由式 프리스타일에 치우치다　|　纠正(jiūzhèng)不良倾向 좋지 않은 경향을 바로잡다

风气 fēngqì

명 풍조, 기풍
▶ 갈수록 사람보다 물질을 더 중시하는 风气가 만연하는 것 같아.

不正风气一经发现，就应立即采取解决措施。

불량한 풍조는 발견이 되면, 즉시 해결 조치를 취해야 한다.

一经 yìjīng ~하자마자　|　立即 lìjí 바로　|　采取 cǎiqǔ 취하다　|　措施 cuòshī 조치

场合 chǎnghé

명 (특정한 시간·지점·상황의) 장소
▶ 공식 场合에서는 거기에 맞는 품격을 갖춰 주세요.

那位官员由于身份的原因很少在公开场合露面。

그 관리는 신분의 이유 때문에 공개 석상에 얼굴을 비추는 경우가 매우 적다.

官员 guānyuán 관리　|　由于 yóuyú ~ 때문에　|　身份 shēnfèn 신분　|　原因 yuányīn 이유　|
公开 gōngkāi 공개적인　|　露面 lòumiàn (공개 장소에서) 얼굴을 내비치다
유의　场所 chǎngsuǒ 장소

场合는 추상명사로, 사람이 모여서 어떠한 활동을 하게 되는 경우에 쓰고, 场所는 구체적인 명사로, 사
람이 있든 없든 객관적으로 존재하는 장소를 의미한다.

예　外交场合 외교 석상　|　公众场合 공식 석상　|　公共场合 공공장소　|　活动场合 (×)
　　活动场所 활동 장소(행사장)　|　公共场所 공공장소　|　娱乐场所 오락 장소　|
　　外交场所 (×)

现状 xiànzhuàng

▶ 자신의 지금 现状에 만족할 줄 알아야 행복할 수 있는 것 같아.

即使他的生活已经十分富足，他也不会满足于现状。
비록 그의 생활은 이미 매우 풍족하지만, 그는 그래도 현재의 상황에 만족하지 않는다.

即使A, 也B jíshǐ A, yě B 설령 A하더라도, B하다 | **生活** shēnghuó 생활 | **十分** shífēn 매우 | **富足** fùzú 풍족하다 | **满足于** mǎnzúyú ~에 만족하다

全局 quánjú

▶ 부분이 아니라 全局를 볼 줄 아는 사람이 사회를 이끌 수 있어.

想在社会立足，一定要目光长远考虑全局得失。
사회에서 자리를 잡고 싶다면, 반드시 장기적인 안목에서 전반적인 득과 실을 따져야 한다.

社会 shèhuì 사회 | **立足** lìzú 발붙이고 살다 | **目光** mùguāng 식견 | **长远** chángyuǎn 장구하다 | **考虑** kǎolǜ 고려하다 | **得失** déshī (이해)득실
반의 **局部** júbù (일)부분

时事 shíshì

▶ 뉴스나 신문을 보면서 时事에 대해서도 좀 알아 두는 게 좋다.

时事报道的即时性使电视媒体受到大众欢迎。
시사 보도의 즉시성으로 TV 매체가 대중의 환영을 받는다.

报道 bàodào 보도 | **即时** jíshí 즉각 | **使** shǐ ~하게 하다 | **媒体** méitǐ 대중 매체 | **受到** shòudào 받다 | **大众** dàzhòng 대중

媒介 méijiè

▶ 인간은 언어를 媒介로 하여 서로 소통을 하지.

书本是传播知识的媒介，没有它知识的传播将受到限制。
책은 지식을 전파하는 매개체로, 책이 없으면 지식의 전파가 제약을 받을 것이다.

传播 chuánbō 전파하다 | **知识** zhīshi 지식 | **将** jiāng ~일 것이다 | **限制** xiànzhì 제약하다

通讯 tōngxùn

동 통신하다　명 통신, 뉴스
▶ 지금은 通讯하는 기술이 발달해서 전 세계 어디에서도 서로 연락하며 지낼 수 있지!

日益发展的通讯技术缩短了人与人之间的距离。
갈수록 발전하는 통신 기술이 사람과 사람 사이의 거리를 좁혔다.

日益 rìyì 날로 ｜ 发展 fāzhǎn 발전하다 ｜ 技术 jìshù 기술 ｜ 缩短 suōduǎn 줄이다 ｜ 与 yǔ ~과 ｜ 之间 zhī jiān ~의 사이 ｜ 距离 jùlí 거리

启事 qǐshì

명 공고, 광고
▶ 신문에 启事를 내면 잃어버린 아이를 찾을 수 있을까요?

早期的报纸杂志上，会刊登一些招聘启事。
초기의 신문과 잡지에는, 채용 공고가 게재되었다.

早期 zǎoqī 초기 ｜ 杂志 zázhì 잡지 ｜ 刊登 kāndēng (신문·잡지 따위에) 게재하다 ｜ 招聘 zhāopìn 채용하다

发布 fābù

동 (명령·지시·뉴스 등을) 공포하다, 발표하다
▶ 그는 반대하는 의견을 인터넷에 공개적으로 发布하였다.

她总是通过发布短视频来表达自己的想法和观点。
그녀는 항상 짧은 영상을 발표하여 자기의 생각과 관점을 표현한다.

通过 tōngguò ~을 통해 ｜ 视频 shìpín 동영상 ｜ 表达 biǎodá 표현하다 ｜ 想法 xiǎngfǎ 생각 ｜ 观点 guāndiǎn 관점
유의 公布 gōngbù 공포하다 / 颁布 bānbù 공포하다

传达 chuándá

동 전하다　동 내빈을 안내하다　명 접수원
▶ 요즘 매체에서 传达되는 뉴스들은 가끔 객관성이 없는 같기도 해.

大众媒体有义务向人们传达客观的、真实的报道。
대중 매체는 사람들에게 객관적이고 진실한 보도를 전할 의무가 있다.

义务 yìwù 의무 ｜ 客观 kèguān 객관적이다 ｜ 真实 zhēnshí 진실하다

普及 pǔjí

동 보급되다, 확산되다　동 대중화하다
▶ 이런 좋은 기술은 모든 사람에게 普及되어 다들 누려야 마땅해!

如今，网上购物已经逐渐普及到了人们日常生活中。
오늘날, 인터넷 쇼핑이 이미 점차 사람들의 일상생활 속으로 보급되었다.

如今 rújīn 오늘날　|　**网上购物** wǎngshàng gòuwù 온라인 쇼핑　|　**逐渐** zhújiàn 점차　|　**日常** rìcháng 일상의

渗透 shèntòu

동 스며들다, 침투하다　동 (액체가) 투과하다
▶ 사회 깊숙이 渗透한 악습은 반드시 뿌리 뽑아야 합니다.

日渐萧条的社会影响渗透到生活的各个方面。
나날이 적막해지는 사회의 영향이 생활의 여러 측면에 스며든다.

日渐 rìjiàn 나날이　|　**萧条** xiāotiáo 적막하다　|　**社会** shèhuì 사회　|　**生活** shēnghuó 생활　|　**方面** fāngmiàn 측면

意识 yìshí

명 의식　동 의식하다, 알아차리다
▶ 목적意识 없이 살아가는 건 방향을 잃은 것과도 같아.

对于"月光族"来说，想要培养省钱意识需要自控力。
'월광족'에게 있어서, 절약 의식을 키우려면 자제력이 필요하다.

对于~来说 duìyú ~ lái shuō ～에게 있어서　|　**月光族** yuèguāngzú 월광족(한 달 월급을 모두 소비해 버리는 중국의 새로운 소비 계층)　|　**培养** péiyǎng 키우다　|　**省钱** shěngqián 돈을 절약하다　|　**自控力** zìkònglì 자제력

意识는 의식하고 인지하는 것을 나타내어, 설명문이나 논설문으로 시험 전 영역에서 많이 출제된다. 쓰기 영역에서는 주인공이 갖고 있는 의식, 사회 의식, 갖추어야 하는 의식 등으로 출제된다. 술어로 쓰일 경우에는 [意识到……]의 형태로 '～을 의식하다, 깨닫다'라는 뜻이 된다.

예　**服务意识** 서비스 정신　|　**品牌意识** 브랜드 인식(인지도)

　　下意识 잠재의식　|　**无意识地** 무의식적으로

　　在无意识状态下 무의식 상태에서

　　意识到他的危险处境 그의 위기 상황을 인지하다

预言 yùyán

명 예언　동 예언하다
▶ 20년 후에 지구가 멸망할 것이라는 语言은 틀렸어.

预言并不可作为人类生产研究的依据。
예언은 결코 인류의 생산과 연구의 근거가 될 수 없다.

并 bìng 결코 ｜ 不可 bùkě ～할 수가 없다 ｜ 作为 zuòwéi ～로서 ｜ 人类 rénlèi 인류 ｜ 生产 shēngchǎn 생산하다 ｜ 研究 yánjiū 연구하다 ｜ 依据 yījù 근거

偏见 piānjiàn

명 편견, 선입견
▶ 그는 偏见에 사로잡혀서 자꾸 안 좋은 이야기만 늘어놓아.

很多不实报道大部分都是从人们的**偏见**开始的。
많은 허위 보도가 대부분 사람들의 편견에서 시작된 것이다.

不实报道 bùshí bàodào 거짓 보도, 가짜 뉴스 ｜ 大部分 dàbùfen 대부분
유의 成见 chéngjiàn 편견, 선입견

外界 wàijiè

명 외부, 바깥세상
▶ 그는 좀처럼 外界사람들과 어울리지 않고 집에서 혼자만의 시간을 보낸다.

过于重视**外界**对自己的评价，是这位导演失眠的原因。
자신에 대한 외부의 평가를 너무 중시하는 것이, 이 감독이 불면증에 걸린 이유이다.

过于 guòyú 너무 ｜ 重视 zhòngshì 중시하다 ｜ 评价 píngjià 평가 ｜ 导演 dǎoyǎn 감독 ｜ 失眠 shīmián 불면증에 걸리다 ｜ 原因 yuányīn 원인

濒临 bīnlín

동 인접하다, 가까이 가다
▶ 그분은 제가 인생을 포기하고 싶은 지경에 濒临했을 때 저를 도와주셨습니다.

有关部门加强了对**濒临**灭绝动植物的保护工作。
관련 부처는 멸종 위기에 처한 동식물에 대한 보호 작업을 강화했다.

部门 bùmén 부서 ｜ 加强 jiāqiáng 강화하다 ｜ 灭绝 mièjué 철저히 소멸하다 ｜ 动植物 dòngzhíwù 동식물 ｜ 保护 bǎohù 보호하다

动力 dònglì

명 원동력, 동력

▶ 네가 살아가는 데 가장 动力가 되는 것은 뭐야?

积极的人会把自己受到的压力当成前进的动力。

긍정적인 사람은 자신이 받은 스트레스를 앞으로 나아가는 원동력으로 삼는다.

积极 jījí 긍정적이다 | 受到 shòudào 받다 | 压力 yālì 스트레스 | 当成 dàngchéng ~으로 삼다

崇敬 chóngjìng

동 존경하고 사모하다

▶ 제가 가장 崇敬하는 인물은 인권운동가 마틴 루터 킹입니다.

白求恩的感人事迹激起了我内心的崇敬之情。

노먼 베순의 감동적인 업적은 내 가슴속 존경의 마음을 일으켰다.

白求恩 Báiqiú'ēn 노먼 베순(캐나다 출신의 외과 의사이자 의료 개혁가) | 感人 gǎnrén 감동시키다 |
事迹 shìjì 사적 | 激起 jīqǐ 일어나게 하다 | 内心 nèixīn 마음 | 情 qíng 감정
반의 鄙视 bǐshì 경멸하다

遵循 zūnxún

동 (원칙·규칙·지시 등을) 따르다, 준수하다

▶ 내부에 있는 규칙은 遵循하라고 있는 것이죠.

遵循客观规律是我们在社会上活动的基本要素。

객관적인 규율을 따르는 것은 우리가 사회에서 활동할 때의 기본 요소이다.

客观 kèguān 객관적이다 | 规律 guīlǜ 규칙 | 社会 shèhuì 사회 | 活动 huódòng 활동하다 |
基本 jīběn 기본적인 | 要素 yàosù 요소
유의 遵照 zūnzhào ~에 따르다
반의 违背 wéibèi 위반하다, 위배하다

유의어 비교 遵循 vs 遵照

두 어휘 모두 原则, 政策, 规定 등과 쓰일 수 있으나, 의미의 강조점 및 활용이 다르다.

遵循 zūnxún | 규정에 따라 행동하고, 위반하지 않는 것을 강조하며, 주로 서면어로 쓰임
예 **要遵循客观规律办事** 객관적인 법칙을 따라 일을 처리하다
无所遵循 따를 것이 없다

遵照 zūnzhào | 어떤 것에 의거하여 행동하고, 처리하는 것을 강조함
예 **要遵照国家的法律处理** 국가의 법률에 따라 처리하다
遵照指示 지시를 따르다

准则 zhǔnzé

명 규범, 준칙
▶ 당신이 가지고 있는 행동 准则는 무엇인가요?

任何人都不要轻易尝试违反他人的做事**准则**。
그 누구도 다른 사람의 행동 규범을 함부로 어기려 해서는 안 된다.

任何 rènhé 어떠한 | **轻易** qīngyì 쉽다 | **尝试** chángshì 시도해 보다 | **违反** wéifǎn 위반하다

维护 wéihù

동 지키다, 유지하고 보호하다
▶ 저희는 사회의 평화를 维护하기 위해 최선을 다할 것입니다.

一切政策都是为了**维护**社会稳定和繁荣而制定的。
모든 정책은 사회의 안정과 번영을 지키기 위해 제정된 것이다.

一切 yíqiè 모든 | **政策** zhèngcè 정책 | **为了A而B** wèile A ér B A를 위해 B하다 | **稳定** wěndìng 안정되다 | **繁荣** fánróng 번영하다 | **制定** zhìdìng 제정하다

유의 保护 bǎohù 보호하다
반의 破坏 pòhuài 파괴하다

维持 wéichí

동 유지하다, 지키다　**동** 지지하다
▶ 사회의 질서가 维持되지 못하고 무너지면 혼란이 일어날 거야.

当前这种表面安定的社会现象究竟能**维持**多久?
오늘날 이렇게 표면적으로 안정적인 사회 현상은 도대체 얼마나 유지될 수 있을까?

当前 dāngqián 오늘 | **表面** biǎomiàn 표면 | **安定** āndìng 안정되다 | **现象** xiànxiàng 현상 | **究竟** jiūjìng 도대체

유의 保持 bǎochí 유지하다

유의어 비교　**维持** vs **保持**

두 단어 모두 유지하고 지킨다는 의미를 가지고 있지만, 대상이 달라 대부분 바꿔 쓸 수 없다.

维持	계속 유지해 간다는 의미로, 질서·치안·현 상태·생명·생활 등에 쓰임
	예 维持秩序(zhìxù) 질서를 유지하다 ｜ 维持生态平衡 생태 균형을 유지하다
保持	원 상태가 파괴·손실되지 않도록 지킨다는 의미로, 물·토양·전통·작풍·연락 등에 쓰임
	예 保持水土 물과 토양을 보존하다 ｜ 保持优良传统 훌륭한 전통을 지키다

开展 kāizhǎn

동 전개되다, 확대되다　동 (전시회 등이) 열리다

▶ 보호의 사각지대에 있는 아이들을 돕는 사업을 왕성하게 开展해야 해요.

教科书改版的工作正如火如荼地开展着。

교과서 개편 작업이 한창 왕성하게 전개되는 중이다.

教科书 jiàokēshū 교과서 ｜ 改版 gǎibǎn 개판하다 ｜ 如火如荼 rúhuǒrútú 왕성하다

盛行 shèngxíng

동 성행하다

▶ 요즘 사회에 점점 이기주의가 盛行하는 것 같아요.

近年来，收集古董在中国突然盛行起来。

최근 들어, 골동품 수집이 중국에서 갑자기 성행하기 시작했다.

近年来 jìnniánlái 최근 몇 년간 ｜ 收集 shōují 수집하다 ｜ 古董 gǔdǒng 골동품

유의 流行 liúxíng 유행하다, 성행하다

通用 tōngyòng

동 통용되다

▶ 유로화는 유럽 연합에서 通用되는 화폐 단위야.

不可否认，英语仍然是世界通用的第一语言。

부정할 수 없는 것은, 영어가 여전히 세계에서 통용되는 첫 번째 언어라는 사실이다.

不可 bùkě ～할 수가 없다 ｜ 否认 fǒurèn 부정하다 ｜ 仍然 réngrán 여전히 ｜ 语言 yǔyán 언어

倡导 chàngdǎo

동 앞장서서 제창하다

▶ 그런 정상적이지 못한 주장을 倡导하고 다니는 무리들은 제정신이 아니야!

21世纪的今天，人类倡导用科学的方法改变世界。

21세기의 오늘날, 인류는 과학적인 방법으로 세계를 바꿀 것을 앞장서 제창한다.

世纪 shìjì 세기 ｜ 人类 rénlèi 인류 ｜ 科学 kēxué 과학적이다 ｜ 方法 fāngfǎ 방법 ｜ 改变 gǎibiàn 바꾸다

유의 提倡 tíchàng 제창하다

宣扬 xuānyáng

동 널리 알리다

▶ 그녀는 이런 작은 봉사는 宣扬할 것이 못 된다며 겸손한 태도로 일관했다.

这种保健品不像广告上极力宣扬的那么有效。

이러한 건강 보조 식품은 광고에서 강력히 선전하는 것처럼 효과적이지 않다.

保健品 bǎojiànpǐn 건강 보조 식품 | 广告 guǎnggào 광고 | 极力 jílì 있는 힘을 다하여 | 有效 yǒuxiào 효과가 있다

号召 hàozhào

동 (대중에게) 호소하다

▶ 청년들이 다시 꿈꾸는 사회를 만들자고 号召하였다.

政府号召青年义务献血，各高校学生也都积极响应。

정부는 청년에게 의무적으로 헌혈하도록 호소하고, 각 대학의 학생들 역시 적극적으로 응하고 있다.

政府 zhèngfǔ 정부 | 青年 qīngnián 청년 | 义务 yìwù 의무 | 献血 xiànxuè 헌혈하다 | 高校 gāoxiào 고등 교육 기관 | 积极 jījí 적극적이다 | 响应 xiǎngyìng 응하다

유의 呼吁 hūyù (도움·정의를) 호소하다

呼吁 hūyù

동 (도움·정의를) 호소하다, 구하다

▶ 그는 작은 생명을 구해 달라며 모두에게 呼吁하고 있었다.

媒体呼吁公众捐款，帮助那些受难的儿童。

언론은 대중에게 돈을 기부하여 어려움을 겪는 아이들을 도와 달라고 호소한다.

媒体 méitǐ 대중 매체 | 公众 gōngzhòng 대중 | 捐款 juānkuǎn 돈을 기부하다 | 受难 shòunàn 어려움을 당하다 | 儿童 értóng 어린이

유의 号召 hàozhào (대중에게) 호소하다

资助 zīzhù

동 (재물로) 돕다

▶ 그분은 어려운 아이들을 위해 물심양면으로 资助해 주셨어.

很多人认为不懂感恩的人不值得社会资助。

많은 사람들이 고마움을 모르는 사람은 사회의 도움을 받을 가치가 없다고 생각한다.

感恩 gǎn'ēn 고맙게 여기다 | 值得 zhídé ~할 만한 가치가 있다 | 社会 shèhuì 사회

补贴 bǔtiē

명 보조금, 수당 동 보조하다
▶ 정부에서 매달 补贴가 나오기 때문에 생활하시기 괜찮을 거예요.

存款利润高，就增大了补贴规划的预算费用。
예금 이윤이 높아서, 보조금 계획의 예산 비용이 늘어났다.

存款 cúnkuǎn 예금 | 利润 lìrùn 이윤 | 增大 zēngdà 늘리다 | 规划 guīhuà 계획 | 预算 yùsuàn 예산 | 费用 fèiyòng 비용

출제 포인트　**补贴와 补助**

补贴는 재정적인 지원을 뜻하는 말로, 정부나 회사, 조직에서 개인에게 지원해 주는 수당이다. 관련 어휘로 补助는 보통 단체가 개인에게 보조해 주는 것을 가리키고, 津贴(jīntiē)는 특수 조건에서의 근로와 생활비 지출을 보상하기 위한 수당을 뜻한다.

예　补贴家用 생활비를 보조하다 | 副食补贴 부식비 수당 | 福利补贴 복지 수당
医疗补助 의료 보조 | 高温津贴 고온 작업 수당

无偿 wúcháng

형 무상의, 보수가 없는
▶ 끼니를 거르는 아이들에게 无偿 급식을 제공합니다.

志愿者们无偿从事公益活动的行动十分令人敬佩。
자원봉사자들이 무상으로 공익 활동에 종사하는 행동은 감탄을 자아낸다.

志愿者 zhìyuànzhě 자원봉사자 | 从事 cóngshì 몸담다, 종사하다 | 公益 gōngyì 공익 | 活动 huódòng 활동 | 行动 xíngdòng 행동 | 十分 shífēn 매우 | 令 lìng ～하게 하다 | 敬佩 jìngpèi 탄복하다

便利 biànlì

형 편리하다 동 편리하게 하다
▶ 이 동네는 주변에 대형 마트도 있고, 교통도 아주 便利해!

交通是否便利是人们选择住宅区时考虑的重点之一。
교통이 편리한지 여부는 사람들이 거주지를 선택할 때 고려하는 중점 중의 하나이다.

交通 jiāotōng 교통 | 是否 shìfǒu ～인지 아닌지 | 住宅区 zhùzháiqū 주거 지역 | 考虑 kǎolǜ 고려하다 | 重点 zhòngdiǎn 중점 | 之一 zhī yī ～ 중의 하나　유의　方便 fāngbiàn 편리하다

출제 포인트　**便利의 빈출 짝꿍 표현**

便利는 듣기 1·3부분에서 교통이 편리하다거나 과학 기술의 편리함에 대한 내용으로 자주 출제된다. 특히 '～에게 (많은) 편리함을 가져오다'라는 의미로 [为/给+사람+带来+(许多)+便利] 형태가 많이 쓰이므로, 반드시 익혀 두자.

예　交通便利 교통이 편리하다 | 提供便利 편리함을 제공하다 | 带来便利 편리함을 가져오다
互联网为人们带来了许多便利。 인터넷은 사람들에게 많은 편리함을 가져왔다.

慈善 císhàn

형 자선을 베풀다, 동정심이 많다
▶ 이번 공연 수익은 전부 慈善기금으로 쓰일 것입니다.

灾后那所小学是由一个慈善机构资助而建成的。
재난 후에 그 초등학교는 한 자선 기구가 자금 지원을 하여 세워진 것이다.

灾 zāi 재해 | 所 suǒ 개(학교·병원 등 기관을 세는 양사) | 由A而B yóu A ér B A에서(부터) B하다 |
机构 jīgòu 기구 | 建成 jiànchéng 건설하다

惯例 guànlì

명 관례, 관행
▶ 그런 좋지 못한 惯例까지 준수해야 할 이유가 있을까?

由于他违反了规定，按照公司的惯例他会被开除。
그가 규정을 위반했기 때문에, 회사의 관례에 따라 그는 해고될 것이다.

违反 wéifǎn 위반하다 | 规定 guīdìng 규정 | 按照 ànzhào ～에 따라 | 开除 kāichú 해고하다

破例 pòlì

동 관례를 깨다
▶ 규정은 마땅히 지켜야 하며, 특별한 사유 없이 破例할 수는 없습니다.

遇到紧急情况时，破例是不可避免的。
긴급 상황이 닥쳤을 때, 관례를 깨는 것은 피할 수 없는 일이다.

紧急 jǐnjí 긴급하다 | 情况 qíngkuàng 상황 | 不可 bùkě ～할 수가 없다 | 避免 bìmiǎn 피하다

事件 shìjiàn

명 사건
▶ 이번 事件과 관련해서 몇 가지 물어볼 것이 있습니다.

两国关系因不愉快的历史事件，而日趋恶化。
양국의 관계는 안 좋은 역사적 사건으로 인해, 갈수록 악화되고 있다.

因A, 而B yīn A, ér B A 때문에, B하다 | 日趋 rìqū 나날이 | 恶化 èhuà 악화되다

출제 포인트 **事件의 빈출 짝꿍 표현**

事件은 事情과 다르게 중대하고 자주 발생하지 않는 일, 역사적·사회적인 사건에 쓰인다. 시험에는 독해 4부분에서 정치·사회적 사건과 관련된 설명문으로 자주 출제된다.

예 **政治事件** 정치적 사건 | **社会事件** 사회적 사건 | **流血事件** 유혈 사태
讲述自己经历的特殊事件 자신이 경험한 특수한 사건을 서술하다

事迹 shìjì

▶ 그의 영웅적인 事迹는 지금까지 널리 전해지고 있다.

战士们的英勇事迹都被写进了教科书。
전사들의 용감한 사적은 모두 교과서에 기록되었다.

战士 zhànshì 전사 | **英勇** yīngyǒng 매우 용감하다 | **教科书** jiàokēshū 교과서

事态 shìtài

▶ 지금으로서는 事态가 더 악화되지 않기를 바랄 수 밖에.

事态进展如何成了各国媒体都在关注的焦点。
사태가 어떻게 진전되는지가 각국 언론이 모두 관심을 기울이는 쟁점이 되었다.

进展 jìnzhǎn 진전하다 | **如何** rúhé 어떻게 | **成** chéng ~이 되다 | **各国** gèguó 각국 | **媒体** méitǐ 대중 매체 | **关注** guānzhù 관심을 가지다 | **焦点** jiāodiǎn 초점

动荡 dòngdàng

▶ 나라가 안정되지 못하고 动荡하니, 국민들도 불안해 하고 있어.

世界局势动荡不安、经济萧条，使很多人开始购买黄金。
세계 정세가 불안정하고, 경제는 위축되어, 많은 사람들이 황금을 사기 시작했다.

局势 júshì 정세 | **动荡不安** dòngdàngbù'ān (정세·상황 등이) 불안하다 | **经济** jīngjì 경제 | **萧条** xiāotiáo 불경기이다 | **使** shǐ ~하게 하다 | **购买** gòumǎi 구매하다
반의　**稳定** wěndìng 안정되다

轰动 hōngdòng

▶ 그 영화는 소재와 구성이 독특하여 영화계에서 轰动하였다.

古典芭蕾《天鹅湖》，每次公演都会引起不小的轰动。
고전 발레 〈백조의 호수〉는 매 공연마다 큰 화제를 일으킨다.

古典 gǔdiǎn 고전 | **芭蕾** bālěi 발레 | **《天鹅湖》** Tiān'éhú 백조의 호수 | **公演** gōngyǎn 공연 | **引起** yǐnqǐ 야기하다

灾难 zāinàn

명 재해, 재난, 화
▶ 긴급으로 발생하는 灾难에 대한 메뉴얼이 준비되어 있나요?

在自然灾难面前，人类总是显得很渺小。
자연재해 앞에서 인류는 항상 매우 보잘것없어 보인다.

自然 zìrán 자연 ｜ **人类** rénlèi 인류 ｜ **显得** xiǎnde ~인 것처럼 보이다 ｜ **渺小** miǎoxiǎo 보잘것없다

变故 biàngù

명 변고, 재난
▶ 여태 아무 소식이 없는 걸 보니 무슨 变故라도 생긴 게 아닐까?

家庭的变故使他承担起抚养弟弟妹妹的重担。
가정의 변고로 그는 남동생과 여동생을 부양하는 큰 부담을 지게 되었다.

家庭 jiātíng 가정 ｜ **承担** chéngdān 부담하다 ｜ **抚养** fǔyǎng 부양하다 ｜ **重担** zhòngdàn 중대한 책임

缘故 yuángù

명 원인, 이유
▶ 도대체 무슨 缘故로 주변 사람들을 다 정리하고 떠나려는 거야?

人与人的关系日益淡漠，是由于互联网发达的缘故。
사람과 사람의 관계가 갈수록 삭막해지는 것은 인터넷이 발달했기 때문이다.

与 yǔ ~과 ｜ **日益** rìyì 날로 ｜ **淡漠** dànmò 냉담하다 ｜ **由于** yóuyú ~ 때문에 ｜ **互联网** hùliánwǎng 인터넷 ｜ **发达** fādá 발달하다

유의 **原因** yuányīn 원인, 이유

异常 yìcháng

부 몹시, 대단히　형 심상치 않다, 예사롭지 않다
▶ 친구들과 함께하는 이 시간이 异常 즐겁고 행복해!

最近，保健品的“广告大战”变得异常激烈。
최근, 건강 보조 식품의 '광고 대전'이 굉장히 치열해졌다.

保健品 bǎojiànpǐn 건강 보조 식품 ｜ **广告** guǎnggào 광고 ｜ **大战** dàzhàn 대전 ｜ **激烈** jīliè 치열하다

반의 **正常** zhèngcháng 정상적이다

人为 rénwéi

형 인위적인 동 사람이 하다
▶ 업계에서 서로 담합하여 人为로 도매가를 조정한 일이 요즘 사회적 이슈야.

社会中存在的人为破坏现象，是人们素质低下的体现。
사회에 존재하는 인위적인 파괴 현상은 사람들의 소양이 저속하다는 것을 보여 준다.

社会 shèhuì 사회 |**存在** cúnzài 존재하다 |**破坏** pòhuài 파괴하다 |**现象** xiànxiàng 현상 | **素质** sùzhì 소질 | **低下** dīxià 저속하다 | **体现** tǐxiàn 구체적인 표현

饥饿 jī'è

형 굶주리다, 배고프다
▶ 지금 이 시간에도 먹을 것이 없어 饥饿하는 아이들이 아주 많아.

当我们浪费粮食时，不要忘记那些忍受饥饿的人们。
우리는 음식을 낭비할 때, 굶주림을 견뎌 내는 사람들을 잊어서는 안 된다.

当……时 dāng …… shí ~할 때 | **浪费** làngfèi 낭비하다 | **粮食** liángshi 식량 | **忍受** rěnshòu 참다

救济 jiùjì

동 (돈이나 물질을 사용하여) 구제하다
▶ 난민을 救济하기 위한 활동이 계속해서 이루어지고 있습니다.

有关人士以最快的速度将救济物资送到难民手中。
관련 인사는 가장 빠른 속도로 구호물자를 난민의 손에 전달했다.

人士 rénshì 인사 | **以** yǐ ~로 | **速度** sùdù 속도 | **将** jiāng ~를 | **物资** wùzī 물자 | **难民** nànmín 난민

抢救 qiǎngjiù

동 구출하다, 구조하다
▶ 그들이 화염 속에서 사람들을 빠르게 抢救해 주어 큰 피해를 막을 수 있었다.

救援人员将受困的人从碎片中抢救出来了。
구조 대원은 곤경에 빠진 사람을 파편 속에서 구해 냈다.

救援人员 jiùyuán rényuán 구조 대원 | **受困** shòukùn 곤경에 빠지다 | **碎片** suìpiàn 파편

警惕 jǐngtì

동 경계하다, 경계심을 갖다
▶ 유해 매체가 청소년들을 현혹시키지 못하게 늘 警惕해야 합니다.

在施工区域设立警告牌是为了引起人们的警惕。
공사 현장에 경고문을 설치하는 것은 사람들의 경각심을 일깨우기 위한 것이다.

施工 shīgōng 공사하다 | **区域** qūyù 구역 | **设立** shèlì 설립하다 | **警告牌** jǐnggàopái 경고판
| **引起** yǐnqǐ 야기하다
반의 **麻痹** mábì 경계심을 잃다

逝世 shìshì

동 서거하다, 세상을 떠나다
▶ 백범 김구 선생의 갑작스런 逝世에 온 나라가 통곡했다.

令人尊敬的周总理逝世时，可以用举国哀悼来形容。
존경받는 저우 총리가 서거했을 때, 전국이 애도했다고 형용할 수 있다.

令 lìng ~하게 하다 | **尊敬** zūnjìng 존경하다 | **周** Zhōu 저우(성씨) | **总理** zǒnglǐ 총리 | **举国**
jǔguó 전국 | **哀悼** āidào 애도하다 | **形容** xíngróng 형용하다
유의 **去世** qùshì 세상을 뜨다

慰问 wèiwèn

동 위문하다
▶ 재난을 당한 지역에 慰问하는 발길이 끊이지 않았다.

人们纷纷前来向从战场上归来的士兵表示慰问。
사람들은 전장에서 돌아온 병사들에게 잇달아 위로와 안부를 전했다.

纷纷 fēnfēn 잇달아 | **战场** zhànchǎng 전장 | **归来** guīlái 돌아오다 | **士兵** shìbīng 병사 |
表示 biǎoshì 표시하다

鼓动 gǔdòng

동 부추기다, 선동하다　동 흔들다
▶ 나쁜 사람들이 鼓动하는 데 넘어가서는 안 된다.

很多不良学生会鼓动身边的朋友和自己一起做坏事。
많은 불량 학생이 주변의 친구에게 자신과 함께 나쁜 일을 하도록 부추긴다.

不良 bùliáng 불량하다 | **身边** shēnbiān 신변

根源 gēnyuán

명 근원   동 ~에서 비롯되다
▶ 도대체 이런 말도 안 되는 소문의 根源이 어디입니까?

从某种意义上来讲，贫穷可以被看做是犯罪的根源。
어떤 의미에서 말하면, 가난은 범죄의 근원으로 간주되기도 한다.

某 mǒu 어느 ┃ 意义 yìyì 의미 ┃ 贫穷 pínqióng 가난하다 ┃ 看做 kànzuò ~으로 보다 ┃ 犯罪 fànzuì 죄를 저지르다

유의 本源 běnyuán 근원

支援 zhīyuán

동 지원하다
▶ 재해 지역의 복구를 위해 支援할 봉사자를 모집합니다.

没有社会各界的支援，这项研究绝不会成功。
사회 각계의 지원이 없으면, 이 연구는 절대 성공할 수 없다.

社会 shèhuì 사회 ┃ 各界 gèjiè 각 분야 ┃ 项 xiàng 가지(제도·조항 등을 세는 양사) ┃ 研究 yánjiū 연구하다 ┃ 绝 jué 절대로 ┃ 成功 chénggōng 성공하다

★ 보충단어 아래 단어들의 예문은 WEB 단어장에서 확인할 수 있어요.

种族 zhǒngzú 명 인종, 종족

同胞 tóngbāo 명 동포, 한 민족
　　　　명 친형제자매

舆论 yúlùn 명 여론

稠密 chóumì 형 조밀하다, 촘촘하다

正义 zhèngyì 명 정의   형 정의로운

失踪 shīzōng 동 실종되다, 행방불명되다

乞丐 qǐgài 명 거지, 비렁뱅이

挽救 wǎnjiù 동 구제하다, 구해 내다

麻痹 mábì 부 경계심을 잃게 하다
　　　　형 경계심을 잃다   동 마비되다
　　　　동 방심하게 만들다

追悼 zhuīdào 동 (죽은 자를) 추모하다, 추도하다

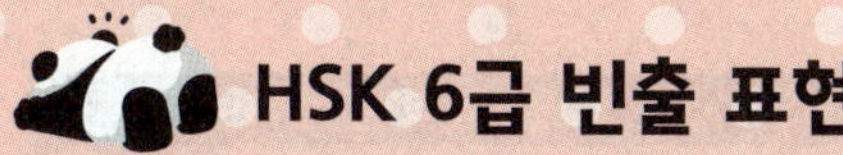 

HSK 6급 빈출 표현

음원 듣기

爱国人士	àiguó rénshì	애국지사
宣扬事迹	xuānyáng shìjì	업적을 널리 알리다
造福后代	zàofú hòudài	후세를 행복하게 하다
维持秩序	wéichí zhìxù	질서를 유지하다
遵循规律	zūnxún guīlǜ	규율을 따르다
消除偏见	xiāochú piānjiàn	편견을 없애다
制造舆论	zhìzào yúlùn	여론을 조성하다
不分场合	bùfēn chǎnghé	장소를 가리지 않다
时代潮流	shídài cháoliú	시대의 흐름
下意识	xiàyìshí	잠재의식
通讯技术	tōngxùn jìshù	통신 기술
濒临灭绝	bīnlín mièjué	멸종 위기
局势动荡	júshì dòngdàng	정세가 불안하다
遭受灾难	zāoshòu zāinàn	재난을 당하다
支援灾区	zhīyuán zāiqū	재해 지역을 지원하다
补贴生活费	bǔtiē shēnghuófèi	생활비를 보조하다

데일리 테스트

고생하셨어요!
QR코드를 스캔하면 DAY01~DAY30 전체 데일리 테스트 PDF가
다운로드됩니다.

PDF 다운로드

HSK 6급 30일 합격 프로젝트

★ HSK 시험에 이렇게 나와요.

법·치안과 관련된 어휘는 주로 사회 현상과 범죄 관련 내용, 불법 사냥 등의 내용으로 출제되었습니다. 비교적 어려운 내용으로 출제되지만, 출제 빈도가 낮아 표제어 위주로 익혀 두는 것이 유리합니다.

모두에게 평등한 법

#법 #치안

음원 듣기

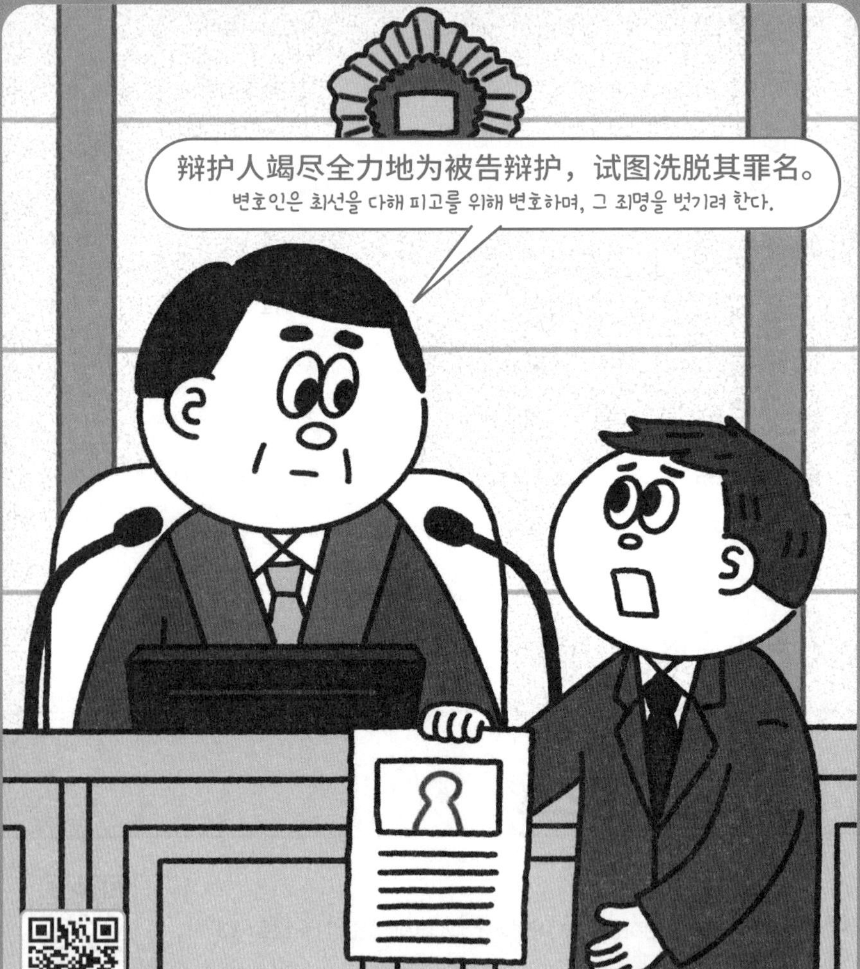

암기 영상

司法 sīfǎ

명 사법
▶ 로스쿨이 생기기 전에는 변호사가 되려면 司法 고시를 봐야 했어.

在我国，司法行政机关是各级政府的组成部分。
우리나라에서 사법 행정 기관은 각급 정부의 구성 요소이다.

行政机关 xíngzhèng jīguān 행정 기관 | **各级** gèjí 각급 | **政府** zhèngfǔ 정부 | **组成** zǔchéng 구성하다 | **部分** bùfen 부분

原告 yuángào

명 원고
▶ 법원에 소송을 제기한 사람을 原告라고 하지.

法庭上的所有人都认为原告没有胜诉的机会。
법정에 있는 모든 사람이 원고에게 승소할 기회가 없다고 생각한다.

法庭 fǎtíng 법정 | **所有** suǒyǒu 모든 | **胜诉** shèngsù 승소하다
반의 **被告** bèigào 피고

被告 bèigào

명 피고
▶ 被告는 죄가 있음을 인정합니까?

在强大的证据面前，陪审团一致裁决被告有罪。
강력한 증거 앞에서, 배심원단은 만장일치로 피고가 유죄라고 판정했다.

强大 qiángdà 강대하다 | **证据** zhèngjù 증거 | **陪审团** péishěntuán 배심원단 | **一致** yízhì 일치하다 | **裁决** cáijué 판정하다 | **有罪** yǒuzuì 유죄이다
반의 **原告** yuángào 원고

投诉 tóusù

동 고발하다, 고소하다, 호소하다
▶ 소비자 보호 센터에 投诉하면 효과가 있긴 한 거야?

市民可以通过免费的举报电话进行投诉。
시민은 무료 신고 전화를 통해 고발할 수 있다.

市民 shìmín 시민 | **通过** tōngguò ~를 통해 | **免费** miǎnfèi 무료로 하다 | **举报** jǔbào 신고하다 | **进行** jìnxíng 진행하다

诉讼 sùsòng

동 소송하다, 재판을 걸다
▶ 형제들끼리 재산 때문에 서로 诉讼하다니.

这场诉讼费用耗光了他们的全部积蓄。
이번 소송 비용으로 그들의 저축 전부를 다 써 버렸다.

场 cháng 회(사물의 발생·자연 현상·행위의 과정을 양사) | **费用** fèiyòng 비용 | **耗** hào 소비하다 |
光 guāng 하나도 남지 않다 | **全部** quánbù 모두 | **积蓄** jīxù 저축하다
유의 **打官司** dǎ guānsi 소송하다, 고소하다

打官司 dǎ guānsi

소송하다, 고소하다
▶ 그들은 기업의 부당 처사에 맞서 打官司하기로 결정했다.

不到不得已的情况，公司绝对不会走打官司这一步。
어쩔 수 없는 상황이 아니라면, 회사는 절대 소송을 하는 단계까지 가지 않을 것이다.

不得已 bùdéyǐ 어쩔 수 없이 | **情况** qíngkuàng 상황 | **绝对** juéduì 절대로
유의 **诉讼** sùsòng 소송하다, 재판을 걸다

案件 ànjiàn

명 사건, 안건
▶ 이 案件은 이미 공소 시효가 지나서 더는 조사할 수가 없어요.

两宗案件的手法极其相似，这让警方有了并案的想法。
두 사건의 수법이 매우 비슷했고, 이에 경찰은 사건을 합치는 생각을 하게 되었다.

宗 zōng 가지(사물을 세는 양사) | **手法** shǒufǎ 수법 | **极其** jíqí 매우 | **相似** xiāngsì 비슷하다 |
警方 jǐngfāng 경찰 측 | **并案** bìng'àn 여러 안건을 합치다 | **想法** xiǎngfǎ 생각

案例 ànlì

명 사례
▶ 이번 사건과 비슷한 案例들을 보면 재판 결과를 어느 정도
예상할 수 있어.

警长破获的案例中有许多起是案情十分残酷的。
경찰서장이 해결한 사례 중 많은 사건은 경위가 매우 잔혹하다.

警长 jǐngzhǎng 경찰서장 | **破获** pòhuò 사건을 해결하여 용의자를 체포하다 | **许多** xǔduō 매우
많다 | **起** qǐ 건(횟수·건수를 세는 양사) | **案情** ànqíng (사건의) 경위 | **十分** shífēn 매우 | **残酷**
cánkù 잔혹하다

审查 shěnchá

동 검열하다, 심사하다, 심의하다

▶ 경찰은 사건과 관련된 증거물들을 审查하기 시작했다.

调查人员对所有证据进行了一番仔细地审查。

수사관은 모든 증거에 대해 자세한 검열을 진행했다.

调查人员 diàochá rényuán 조사원 | **所有** suǒyǒu 모든 | **证据** zhèngjù 증거 | **番** fān 번(동작의 횟수를 세는 양사) | **仔细** zǐxì 꼼꼼하다

辩证 biànzhèng

동 변증하다, 논증하다   형 변증법적인 [=辨证]

▶ 모든 일은 감정에 치우치기보다 논리적으로 辩证하는 방법으로 해결해야 해.

任何时候我们都要以辩证的眼光来看待问题。

어떤 경우에도 우리는 변증의 관점에서 문제를 바라보아야 한다.

任何 rènhé 어떠한 | **以** yǐ ~으로 | **眼光** yǎnguāng 관점 | **看待** kàndài 대하다

辩护 biànhù

동 변호하다, 변론하다

▶ 우리측을 辩护하는 변호사는 매우 유능한 사람이야.

辩护人竭尽全力地为被告辩护，试图洗脱其罪名。

변호인은 최선을 다해 피고를 위해 변호하며, 그 죄명을 벗기려 한다.

辩护人 biànhùrén 변호인 | **竭尽全力** jiéjìnquánlì 모든 힘을 다 기울이다 | **试图** shìtú 시도하다 | **洗脱** xǐtuō (치욕·억울함·오점 등을) 벗다 | **罪名** zuìmíng 죄명

유의 **辩解** biànjiě 변명하다

유의어 비교 **辩护** vs **辩解**

辩护는 누군가를 위해 '변호하다', 辩解는 어떤 사건을 '해명하다'라는 뜻이다.

辩护 biànhù — 일반적인 장소나 공식 장소에 모두 쓰이며, 대상은 타인, 본인, 피고인이 됨

예 **被告请李明做的辩护律师。** 피고인은 리밍을 그의 변호사로 청했다.

辩解 biànjiě — 일반적인 장소에서만 쓰이며, 대상은 사건의 원인이 됨

예 **错了就是错了，你不要再辩解了。** 잘못한 건 잘못한 거야. 더는 변명하지 마.

审判 shěnpàn

동 재판하다, 심판하다
▶ 모두가 그 악랄한 범죄자를 审判하는 날만 기다리고 있어.

这几名偷渡客将在当地法院接受审判。
이 밀입국자들은 현지 법원에서 재판을 받을 예정이다.

偷渡 tōudù 밀입국하다 | 将 jiāng ~일 것이다 | 当地 dāngdì 현지 | 法院 fǎyuàn 법원 |
接受 jiēshòu 받다

判决 pànjué

동 판결하다, 판단하다
▶ 반드시 공정하게 判决해서 그 사람이 꼭 벌을 받았으면 좋겠어.

法院的判决生效后，当事人必须坚决服从，不能抗拒。
법원의 판결이 효력을 발휘한 후, 당사자는 반드시 철저히 복종해야지, 반항해서는 안 된다.

生效 shēngxiào 효력이 발생하다 | 当事人 dāngshìrén 당사자 | 坚决 jiānjué 단호하다 | 服从
fúcóng 복종하다 | 抗拒 kàngjù 반항하다

制裁 zhìcái

동 제재하다
▶ 판결 결과를 어기면 당연히 추가적으로 制裁해야 하지 않을까?

一切不法犯罪行为都应受到法律的制裁。
모든 불법 범죄 행위는 마땅히 법적 제재를 받아야 한다.

一切 yíqiè 모든 | 不法 bùfǎ 불법의 | 犯罪 fànzuì 죄를 저지르다 | 行为 xíngwéi 행위 | 受到
shòudào 받다 | 法律 fǎlǜ 법률

处置 chǔzhì

동 처리하다, 처치하다 동 처벌하다
▶ 초범이라는 이유로 저런 범죄자를 가볍게 处置하는 건 안 돼!

检察人员依法将他非法获得的一大笔赃款进行了处置。
검찰은 법에 따라 그가 불법으로 받은 거액의 뇌물을 처리했다.

检察人员 jiǎnchá rényuán 검찰 요원 | 依法 yīfǎ 법에 의거하다 | 将 jiāng ~을 | 非法 fēifǎ
불법적인 | 获得 huòdé 얻다 | 大笔 dàbǐ 거액의 | 赃款 zāngkuǎn 뇌물로 받은 돈 | 进行
jìnxíng 진행하다
유의 处理 chǔlǐ 처리하다

惩罚 chéngfá

동 징벌하다
▶ 부정을 저지른 자는 당연히 엄중하게 惩罚받게 될 겁니다.

罪犯即将被关进监狱，接受应有的惩罚。
범인은 곧 감옥에 갇혀 상응하는 벌을 받을 것이다.

罪犯 zuìfàn 범인 │ **即将** jíjiāng 곧 │ **监狱** jiānyù 감옥 │ **应有** yīngyǒu 상응하는

公道 gōngdào

명 공도, 정의, 바른 도리　**형** 공평하다, 정의롭다
▶ 경찰이 公道라고는 전혀 없고 오로지 거짓만 가득하다니.

如果没有正义和公道，社会将陷入混乱不堪的状态。
만약 정의와 공도가 없다면, 사회는 매우 혼란한 상태에 들어서게 될 것이다.

正义 zhèngyì 정의 │ **社会** shèhuì 사회 │ **将** jiāng ~일 것이다 │ **陷入** xiànrù 빠지다 │ **混乱**
hùnluàn 혼란하다 │ **不堪** bùkān (부정적인 의미로) 몹시 심하다 │ **状态** zhuàngtài 상태
유의 公平 gōngpíng 공평하다

公正 gōngzhèng

형 공정하다, 공명정대하다
▶ 판사님의 公正한 판결을 기다리겠습니다.

任何一个社会都有其公正标准，公正是一种价值判断。
그 어떤 사회라도 공정에 대한 기준이 있고, 공정함은 일종의 가치 판단이다.

任何 rènhé 어떠한 │ **标准** biāozhǔn 기준 │ **价值** jiàzhí 가치 │ **判断** pànduàn 판단하다
유의 公平 gōngpíng 공평하다, 공정하다
　　　 公道 gōngdào 공평하다

유의어 비교　公正 vs 公平 vs 公道

두 어휘는 서술하는 대상과 품사에 차이가 있어, 활용이 다르다.

公正　사적이지 않고 공정함을 나타냄
　　　예　公正执法 공정하게 법을 집행하다 │ 为人公正 됨됨이가 공정하다
　　　　　公正的评价 공정한 평가

公平　어느 한쪽으로 치우치지 않고 공평함을 나타냄
　　　예　公平交易 공평한 거래

公道　가격에 쓰이거나 명사를 꾸밀 수 있음
　　　예　价钱公道 가격이 공정하다 │ 公道人 공정한 사람
　　　　　公道话 공정한 말

废除 fèichú

(동) 폐지하다, 취소하다
▶ 다들 사형 제도를 废除하는 것에 대해서 어떻게 생각해?

政府通过议案，废除了部分繁琐礼仪与封建习惯。
정부는 안건을 통해 일부 번거로운 관례와 봉건적인 관습을 폐지했다.

政府 zhèngfǔ 정부 | **通过** tōngguò ~을 통해 | **议案** yì'àn 안건 | **部分** bùfen 일부 | **繁琐** fánsuǒ 번거롭다 | **礼仪** lǐyí 예의 | **与** yǔ ~와 | **封建** fēngjiàn 봉건적인
(유의) **废止** fèizhǐ 폐지하다　(반의) **缔结** dìjié 체결하다

报警 bàojǐng

(동) 경찰에 신고하다, 긴급 경보를 보내다
▶ 만약에 사고가 발생하면 바로 경찰에 报警하세요.

意识到自己被骗后，他立即向警方报警了。
자신이 사기를 당했다는 것을 알아차린 후 그는 바로 경찰에 신고했다.

意识 yìshí 깨닫다 | **骗** piàn 속이다 | **立即** lìjí 바로 | **警方** jǐngfāng 경찰 측

跟踪 gēnzōng

(동) 미행하다, 바짝 뒤를 따르다
▶ 범인은 경찰이 跟踪하는 것을 알아채고 도주하기 시작했다.

跟踪嫌疑人只是调查案件时的一个组成部分。
용의자를 미행하는 것은 사건 조사 시의 한 부분에 불과하다.

嫌疑人 xiányírén 용의자 | **案件** ànjiàn 사건 | **组成** zǔchéng 구성하다 | **部分** bùfen 부분

출제 포인트　　跟踪의 빈출 짝꿍 표현

跟踪은 바짝 뒤쫓으며 감시하거나 추적하는 것을 의미하여, 사물을 뒤쫓거나 사고를 뒤로 추적하여 연구하는 내용으로 듣기 3부분에 자주 출제된다. 독해 2부분에도 종종 출제되므로, 함께 쓰이는 어휘에 주의하여 익히자.

예　**跟踪监视**(jiānshì) 추적 감시하다 | **跟踪观察** 추적 관찰하다 | **进行跟踪研究** 추적 연구하다

踪迹 zōngjì

(명) 행적, 종적, 발자취
▶ 그 사건 용의자의 踪迹가 갑자기 묘연해졌단 말이지.

警犬嗅来嗅去，终于找到了罪犯的踪迹。
경찰견은 여기저기 냄새를 맡다가 드디어 범죄자의 행적을 발견했다.

警犬 jǐngquǎn 경찰견 | **嗅** xiù (냄새를) 맡다 | **A 来A去** A lái A qù 이리저리 A하다 | **罪犯** zuìfàn 범인

捕捉 bǔzhuō

동 잡다, 체포하다

▶ 범인을 捕捉하려고 한 달 동안 잠복근무를 했는데 아직도 못 잡았어.

渔护署负责拯救及捕捉野生动物的工作。

홍콩 농수산환경청은 야생 동물을 구출하고 포획하는 업무를 담당한다.

渔护署 Yúhùshǔ 농수산환경청(AFCD, 홍콩 식품위생 산하 기구) | **负责** fùzé 책임지다 | **拯救** zhěngjiù 구조하다 | **及** jí ~과 | **野生** yěshēng 야생의

当场 dāngchǎng

부 그 자리에서, 당장

▶ 신속한 출동으로 범인을 当场 체포할 수 있었다.

绑匪的顽强抵抗使武装警察将其当场击毙。

유괴범의 완강한 저항에 무장 경찰은 그를 그 자리에서 사살했다.

绑匪 bǎngfěi 유괴범 | **顽强** wánqiáng 완강하다 | **抵抗** dǐkàng 저항하다 | **使** shǐ ~하게 하다 | **武装警察** wǔzhuāng jǐngchá 무장 경찰 | **将** jiāng ~를 | **击毙** jībì 사살하다

现场 xiànchǎng

명 현장, 작업 현장

▶ 사고 现场에 폴리스 라인이 쳐 있어서 일반 사람들은 들어갈 수 없어.

案发现场的两种血迹，法医初步怀疑是死者和凶手的。

사건 현장의 두 가지 혈흔에 대해, 법의학자는 일단 사망한 피해자와 범인의 것이라고 의심한다.

案发 ànfā 사건이 발생하다 | **血迹** xuèjì 혈흔 | **法医** fǎyī 법의학자 | **初步** chūbù 처음 단계의 | **怀疑** huáiyí 의심하다 | **死者** sǐzhě 죽은 사람 | **凶手** xiōngshǒu 살인범

场面 chǎngmiàn

명 장면, 정경

▶ 범행을 저지르는 场面이 CCTV에 잡혀서 정말 다행이야!

警察与罪犯的枪战场面令很多在场市民终生难忘。

경찰과 범죄자의 총격 장면은 현장에 있던 많은 시민들이 평생 잊을 수 없게 했다.

警察 jǐngchá 경찰 | **与** yǔ ~과 | **罪犯** zuìfàn 범인 | **枪战** qiāngzhàn 총격전 | **令** lìng ~하게 하다 | **在场** zàichǎng 현장에 있다 | **终生** zhōngshēng 평생 | **难忘** nánwàng 잊을 수 없다

非法 fēifǎ

형 불법적인, 비합법적인
▶ 우리나라에서 총기 소지는 당연히 非法 행위지!

政府正设法整顿日益增多的**非法**入境现象。

정부는 날로 늘어나는 불법 입국 현상을 바로잡을 방법을 강구하고 있다.

政府 zhèngfǔ 정부 ┃ **设法** shèfǎ 방법을 강구하다 ┃ **整顿** zhěngdùn 바로잡다 ┃ **日益** rìyì 날로 ┃ **增多** zēngduō 많아지다 ┃ **入境** rùjìng 입국하다 ┃ **现象** xiànxiàng 현상

반의 **合法** héfǎ 합법적이다

违背 wéibèi

동 위반하다, 위배하다
▶ 그런 행위는 법을 违背하는 거나 마찬가지야.

即使是**违背**口头协议，也应该受到制裁。

구두 계약을 어긴 것이어도, 제재를 받아야 한다.

即使A, 也B jíshǐ A, yě B 설령 A하더라도, B하다 ┃ **口头** kǒutóu 구두 ┃ **协议** xiéyì 협의 ┃ **受到** shòudào 받다 ┃ **制裁** zhìcái 제재하다

유의 **违反** wéifǎn 위반하다
반의 **遵从** zūncóng 따르다

嫌疑 xiányí

명 혐의, 의심쩍음
▶ 그는 누명을 쓴 동생의 嫌疑를 벗기기 위해 동분서주하였다.

为了摆脱**嫌疑**，他不惜使出任何手段。

혐의를 벗기 위해, 그는 그 어떤 수단을 쓰는 것도 마다하지 않는다.

摆脱 bǎituō 벗어나다 ┃ **不惜** bùxī 아끼지 않다 ┃ **使出** shǐchū 발휘하다 ┃ **任何** rènhé 어떠한 ┃ **手段** shǒuduàn 수단

凶手 xiōngshǒu

명 살인범, 살인자
▶ 친한 친구를 살해한 그 凶手는 인간도 아니야!

一切人证物证都指向嫌疑人，证明他就是**凶手**。

모든 증인과 증거물이 용의자를 지목하고 있어, 그가 바로 살인범이라는 것을 증명한다.

一切 yíqiè 모든 ┃ **人证** rénzhèng 인적 증거 ┃ **物证** wùzhèng 물질적 증거 ┃ **指向** zhǐxiàng 가리키다 ┃ **嫌疑人** xiányírén 용의자 ┃ **证明** zhèngmíng 증명하다

凶恶 xiōng'è

형 흉악하다
▶ 연쇄 살인을 저지를 그 凶恶한 범죄자는 사형당해 마땅해!

持枪歹徒在被俘的瞬间依然露出凶恶的表情。
총기를 지니고 있던 악당은 체포되는 순간에도 여전히 흉악한 표정을 지어 보였다.

持枪 chíqiāng 총기를 휴대하다 | 歹徒 dǎitú 악당 | 被俘 bèifú 붙잡히다 | 瞬间 shùnjiān 순간 | 依然 yīrán 여전히 | 露出 lùchū 드러내다 | 表情 biǎoqíng 표정
반의 和善 héshàn 온화하고 선량하다

失事 shīshì

동 의외의 사고가 발생하다
▶ 몇 년 전 이곳에서 선박이 失事한 사건은 아직 조사 중입니다.

"黑匣子"的记录显示，飞机失事的原因是操作失误。
'블랙박스'의 기록에 따르면, 항공기 사고의 원인은 조종 실수였다.

黑匣子 hēixiázi 블랙박스 | 记录 jìlù 기록하다 | 显示 xiǎnshì 보여 주다 | 原因 yuányīn 원인 | 操作 cāozuò 조작하다 | 失误 shīwù 실수

罪犯 zuìfàn

명 범인, 죄인
▶ 모두들 그 목격자가 사실은 罪犯이었다는 것을 믿지 못했다.

警察与罪犯串通或包庇罪犯是不可饶恕的罪行。
경찰이 범인과 공모하거나 범인을 감싸 주는 것은 용서할 수 없는 죄이다.

与 yǔ ~과 | 串通 chuàntōng 함께 공모하다 | 包庇 bāobì 감싸 주다 | 不可 bùkě ~할 수가 없다 | 饶恕 ráoshù 용서하다 | 罪行 zuìxíng 범죄 행위

盗窃 dàoqiè

동 절도하다
▶ 휴가철에는 특히 盗窃 범죄가 빈번하니 주의하세요.

调查显示，盗窃犯是运用高科技手段进行犯罪的。
조사 결과, 절도범은 고도의 기술을 사용해 범죄를 저지른 것으로 나타났다.

调查 diàochá 조사하다 | 盗窃犯 dàoqièfàn 절도범 | 运用 yùnyòng 활용하다 | 高科技 gāokējì 첨단 기술 | 手段 shǒuduàn 수단 | 进行 jìnxíng 진행하다
유의 偷盗 tōudào 도둑질하다

暴力 *bàolì*

명 폭력 명 (국가의) 공권력
▶ 어떤 상황이라도 暴力는 정당화될 수 없는 행위야!

国家在保护儿童免遭暴力侵犯的道路上不遗余力。
국가는 아동이 폭력과 침해를 당하지 않도록 보호하는 일에 최선을 다하고 있다.

保护 bǎohù 보호하다 | 儿童 értóng 아동 | 免遭 miǎnzāo 당하지 않다 | 侵犯 qīnfàn 침범하다
| 不遗余力 bùyíyúlì 있는 힘을 다하다

间谍 *jiàndié*

명 간첩
▶ 间谍은 나라의 안보를 위협한다.

国际刑警在那名间谍欲出境时，将其逮捕。
인터폴은 그 간첩이 출국하려고 할 때, 그를 체포했다.

国际刑警 guójì xíngjǐng 인터폴 | 欲 yù ~하고자 하다 | 出境 chūjìng 출국하다 | 将 jiāng ~를
| 逮捕 dàibǔ 체포하다

隐蔽 *yǐnbì*

동 은폐하다, 가리다 형 은폐된, 가려진
▶ 증거들이 철저하게 隐蔽되어 있어서 찾기가 쉽지 않아.

几名罪犯被隐蔽在树林里的警察一举捕获。
범죄자 몇 명이 숲속에 숨어 있던 경찰에게 단번에 체포되었다.

树林 shùlín 숲 | 警察 jǐngchá 경찰 | 一举 yìjǔ 단번에 | 捕获 bǔhuò 체포하다
반의 暴露 bàolù 폭로하다

유의어 비교	隐蔽 vs 隐藏(yǐncáng)

두 어휘는 서술하는 대상과 품사에 차이가 있어, 활용이 다르다.

隐蔽 yǐnbì — 스스로를 옆의 물건으로 가리는 것을 뜻함. 把자문에 쓰이지 않음
예 地方很隐蔽 장소가 매우 은밀하다
儿子隐蔽在门后面 아들이 문 뒤에 숨었다

隐藏 yǐncáng — 어떤 대상을 보이지 않도록 숨기는 것을 뜻함. 把자문에 쓰임.
예 隐藏在山洞里 동굴로 숨었다
把毒品隐藏在行李箱里 트렁크에 마약을 숨기다

掩饰 yǎnshì

동 덮어 숨기다, 감추다

▶ 교묘하게 掩饰되어 있는 진상을 낱낱이 파헤쳐야 합니다.

如果犯了错误不改正，反而加以掩饰，那就是罪加一等。

만일 잘못을 저지르고 고치지 않고, 오히려 덮어 숨긴다면, 죄가 가중된다.

犯 fàn 저지르다 | 错误 cuòwù 잘못 | 改正 gǎizhèng 고치다 | 反而 fǎn'ér 오히려 | 加以 jiāyǐ ~하다 | 罪加一等 zuìjiāyīděng 매우 엄하고 중하게 벌을 줌

유의 掩盖 yǎngài 덮어 가리다

반의 揭露 jiēlù 폭로하다, 까발리다

출제 포인트 掩饰의 빈출 짝꿍 표현

掩饰는 어떤 것을 감추고 숨겨 다른 사람들이 알 수 없게 하는 것을 의미한다. 주로 실수나 결점 등이 그 대상이 되지만, 슬픔, 놀라움, 아쉬움 등의 감정에 쓰이기도 한다.

예 掩饰真相(zhēnxiàng) 진상을 감추다 | 掩饰错误 잘못을 숨기다 | 掩饰悲伤 슬픔을 감추다

伪造 wěizào

동 위조하다, 날조하다

▶ 공문서를 伪造한 죄가 얼마나 큰지 알고 있습니까?

科长因伪造公司文件被判处3年有期徒刑。

과장은 회사 문서를 위조하여 3년의 유기 징역을 선고받았다.

科长 kēzhǎng 과장 | 文件 wénjiàn 문서 | 判处 pànchǔ 선고하다 | 有期徒刑 yǒuqī túxíng 유기 징역

유의어 비교 伪造 vs 捏造

두 단어 모두 거짓을 사실처럼 꾸며 낸다는 의미를 가지고 있는데, 伪造는 구체적인 명사를 목적어로 취하며, 捏造는 추상명사를 목적어로 취한다는 점에 주의하자.

예 伪造证件 증명서를 위조하다, 위조 증명서 | 伪造品 위조품 | 伪造历史 역사를 조작하다

捏造罪名(zuìmíng) 죄명을 날조하다 | 捏造事实 사실을 날조하다 |

凭空捏造 근거 없이 날조하다

陷阱 xiànjǐng

명 함정, 속임수

▶ 그는 자기 자신이 만든 陷阱에 빠져, 경찰에 붙잡히고 말았다.

警方设下陷阱等待匪徒自投罗网。

경찰은 함정을 만들고 악당이 스스로 빠질 때를 기다린다.

设 shè 설치하다 | 等待 děngdài 기다리다 | 匪徒 fěitú 악당 | 自投罗网 zìtóuluówǎng 스스로 그물에 걸려들다

作弊 zuòbì

 부정 행위를 하다, 법이나 규정을 어기다
▶ 그 선거는 作弊 선거였기 때문에 무효 처리합니다.

他公然在考试中作弊，受到了应有的处分。
그는 공공연하게 시험 중 부정 행위를 했고, 그에 상응하는 처분을 받았다.

公然 gōngrán 공공연히 | **受到** shòudào 받다 | **应有** yīngyǒu 상응하는 | **处分** chǔfèn 처분

赌博 dǔbó

 도박하다, 노름하다
▶ 5년 전에도 불법 게임으로 赌博하다가 잡혀 놓고 또 그랬단 말이야?

市长在讲话中谴责了一切的赌博行为。
시장은 연설 중 모든 도박 행위를 비난했다.

市长 shìzhǎng 시장 | **讲话** jiǎnghuà 연설 | **谴责** qiǎnzé 비난하다 | **一切** yíqiè 모든 | **行为** xíngwéi 행위

打猎 dǎliè

 사냥하다, 수렵하다
▶ 멸종 위기 동물을 打猎하는 것은 법적으로 금지되어 있어요.

打猎活动必须遵守狩猎法规，否则一律属于不法行为。
사냥은 반드시 사냥 법규를 지켜야 하고, 그렇지 않으면 일률적으로 불법 행위에 속한다.

活动 huódòng 활동 | **遵守** zūnshǒu 준수하다 | **狩猎** shòuliè 사냥하다 | **法规** fǎguī 법규 | **否则** fǒuzé 그렇지 않으면 | **一律** yílǜ 일률적으로 | **属于** shǔyú ~에 속하다 | **不法** bùfǎ 불법의
유의 **狩猎** shòuliè 사냥하다

출제 포인트 　**打猎**의 빈출 짝꿍 표현

打猎는 총, 활, 매, 올가미 등을 활용하여 야생 동물을 사냥함을 뜻하는데, 6급 쓰기에서 사냥꾼이 사냥감을 잡는 과정에 관한 이야기로 자주 출제된다. 쓰기뿐만 아니라 듣기 영역에서도 종종 출제되므로, 관련 어휘들을 함께 익혀 두자.

예 **猎人** 사냥꾼 | **猎物** 사냥감 | **猎枪** 사냥총(엽총) | **捕猎** (야생 동물을) 포획하다
射猎 (야생에서 활로 쏴) 사냥하다 | **野外狩猎** 야생에서 수렵하다

刑事 xíngshì

형 형법과 관련된
▶ 그 변호사는 민사 사건 말고, 刑事 사건만 전문적으로 다룬대요.

随着科技的发展，高端的刑事犯罪手段也日益增加。
과학 기술의 발전으로, 고단수의 형사 범죄 수법도 갈수록 늘어나고 있다.

随着 suízhe ~에 따라 | 科技 kējì 과학 기술 | 发展 fāzhǎn 발전하다 | 高端 gāoduān 고급의
| 犯罪 fànzuì 죄를 저지르다 | 手段 shǒuduàn 수법 | 日益 rìyì 날로 | 增加 zēngjiā 증가하다

监视 jiānshì

동 감시하다
▶ 저희는 이제부터 당신의 일거수일투족을 监视할 것입니다.

几天来，警察严密地监视着那名嫌疑人的一举一动。
지난 며칠간, 경찰은 그 용의자의 일거수일투족을 빈틈없이 감시하고 있다.

警察 jǐngchá 경찰 | 严密 yánmì 빈틈없다 | 嫌疑人 xiányírén 용의자 | 一举一动 yìjǔyídòng
일거수일투족

戒备 jièbèi

동 경비하다　**동** (경계심을 갖고) 조심하다
▶ 인근에서 흉악 범죄가 연달아 발생하는 바람에 경찰이 삼엄하게 戒备하고 있어.

连续发生的凶杀案，使全市都处于高度戒备状态。
연속으로 발생한 살인 사건은 시 전체를 고도의 경비 상태에 처하게 만들었다.

连续 liánxù 연속하다 | 发生 fāshēng 발생하다 | 凶杀 xiōngshā 살인하다 | 使 shǐ ~하게 하다
| 处于 chǔyú 놓이다, 처하다 | 状态 zhuàngtài 상태

释放 shìfàng

동 석방하다, 방출하다
▶ 광복절에는 광복절 특사로 释放되는 죄수들이 있어요.

经过谈判后，劫机者终于释放了飞机上的几名人质。
협상을 거친 후, 비행기 납치범이 드디어 기내의 인질 몇 명을 풀어 주었다.

谈判 tánpàn 협상하다 | 劫机 jiéjī 비행기를 납치하다 | 人质 rénzhì 인질

출제 포인트　**释放**+수감자·구금자·에너지

释放은 수감자나 구금자 등을 석방한다는 의미와 어떤 물질이나 에너지 등을 방출한다는 뜻을 가지고
있는데, 독해 영역에서 '방출한다'는 의미로 자주 출제된다. 주로 아래와 같은 형태로 활용되니 알아 두자.

예　**释放热量** 에너지를 방출하다 | **释放二氧化碳** 이산화탄소를 방출하다
　　释放不良情绪 안 좋은 기분을 풀다 | **释放压力** 스트레스를 풀다

宪法 xiànfǎ 몡 헌법

当事人 dāngshìrén 몡 소송 당사자
몡 관계자, 당사자

审理 shěnlǐ 동 심사하여 처리하다

宣誓 xuānshì 동 선서하다

包庇 bāobì 동 비호하다, 감싸 주다

处分 chǔfèn 몡 처분, 처벌 동 처벌하다, 처분하다, 처리하다

牵扯 qiānchě 동 연루되다, 관련되다

诬陷 wūxiàn 동 억울한 죄를 씌우다

无辜 wúgū 톙 무고하다, 죄가 없다
몡 무고한 사람

饶恕 ráoshù 동 용서하다, 면해 주다

巡逻 xúnluó 동 순찰하다, 순시하다

治安 zhì'ān 몡 치안

侦探 zhēntàn 몡 탐정, 간첩 동 정탐하다

查获 cháhuò 동 수색하여 압수하다, 수사하여 체포하다

通缉 tōngjī 동 지명 수배하다

逮捕 dàibǔ 동 체포하다, 잡다

内幕 nèimù 몡 내막, 속사정

触犯 chùfàn 동 위반하다, 저촉되다

歹徒 dǎitú 몡 악당, 나쁜 사람

贼 zéi 몡 도둑, 도적 몡 반역자
톙 교활하다

流氓 liúmáng 몡 건달, 깡패
몡 행패, 비속한 행동

抢劫 qiǎngjié 동 강탈하다, 빼앗다

诈骗 zhàpiàn 동 속이다, 갈취하다

绑架 bǎngjià 동 납치하다

人质 rénzhì 몡 인질

走私 zǒusī 동 밀수하다

毒品 dúpǐn 몡 마약

阴谋 yīnmóu 몡 음모 동 음모하다

贪污 tānwū 동 횡령하다, 탐오하다

扣 kòu 동 공제하다 동 (단추 등을) 채우다
동 구류하다 몡 매듭 몡 단추

拘留 jūliú 동 구류하다, 구류를 받다

拘束 jūshù 동 구속하다, 제한하다
톙 거북하다, 어색하다

公安局 gōng'ānjú 몡 경찰국, 공안국

监狱 jiānyù 몡 교도소, 감옥, 감방

 ## HSK 6급 빈출 표현

嫌疑犯	xiányífàn	용의자, 피의자
贪污罪	tānwūzuì	횡령죄
非法走私	fēifǎ zǒusī	불법으로 밀수하다
查获毒品	cháhuò dúpǐn	(수색하여) 마약을 압수하다
违背条约	wéibèi tiáoyuē	조약을 위반하다
实施暴力	shíshī bàolì	폭력을 행사하다
诈骗钱财	zhàpiàn qiáncái	금품을 갈취하다
搞阴谋	gǎo yīnmóu	음모를 꾸미다
考试作弊	kǎoshì zuòbì	시험에서 부정행위를 하다
戒备森严	jièbèi sēnyán	경계가 삼엄하다
跟踪监视	gēnzōng jiānshì	미행하여 감시하다
审查案件	shěnchá ànjiàn	안건을 심사하다
处置罪犯	chǔzhì zuìfàn	죄인을 처벌하다
无罪释放	wúzuì shìfàng	무죄 석방하다
公正无私	gōngzhèng wúsī	공정하고 사심이 없다
废除法律	fèichú fǎlǜ	법률을 폐지하다

데일리 테스트

고생하셨어요!
QR코드를 스캔하면 DAY01~DAY30 전체 데일리 테스트 PDF가
다운로드됩니다.

★ HSK 시험에 이렇게 나와요.
군사·전쟁은 과거의 전쟁에 관한 이야기나 비유적인 표현으로, 듣기와 독해에서 골고루 출제됩니다. 역사적 사건에 관한 이야기로 쓰기 영역에서도 출제되지만, 출제 빈도는 낮은 편이므로, 합격점이 목표라면 표제어 위주로만 외워도 좋아요.

전쟁 대신 평화를

#군사 #전쟁

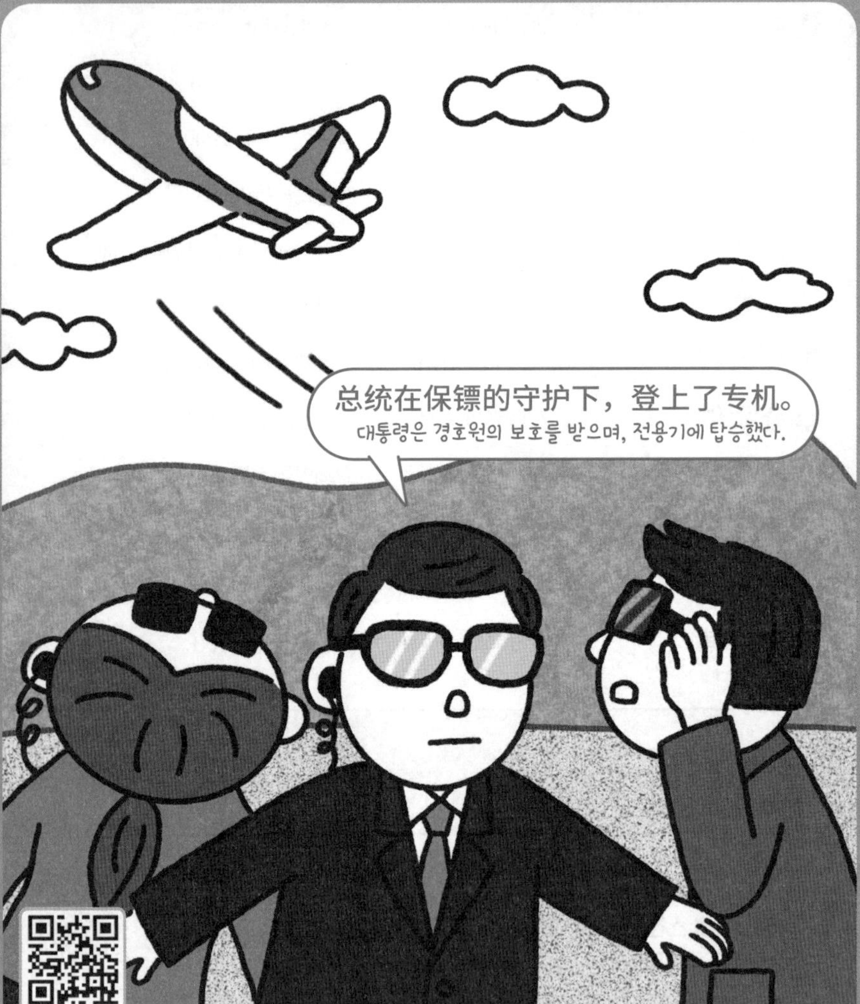

军队 jūnduì

명 군대
▶ 우리나라는 휴전 국가라서 军队가 징병제로 조직되고 있어.

联合国在该地区常年驻有军队，以便维和。
평화를 유지하기 위해, UN은 이 지역에 군대를 상시 주둔시키고 있다.

联合国 Liánhéguó 유엔(UN) | 该 gāi 이 | 地区 dìqū 지역 | 驻 zhù 주둔하다 | 以便 yǐbiàn ～하기 위하여 | 维和 wéihé 평화를 유지하다

武器 wǔqì

명 무기, 병기
▶ 너는 핵武器 보유에 대해서 어떻게 생각해?

战后，士兵们从敌军手上缴获了无数武器装备。
전쟁 후, 병사들은 적군에게서 무수히 많은 무기 장비를 빼앗았다.

战后 zhànhòu 전쟁 후 | 士兵 shìbīng 병사 | 敌军 díjūn 적군 | 缴获 jiǎohuò 빼앗다 | 无数 wúshù 매우 많다 | 装备 zhuāngbèi 장비

子弹 zǐdàn

명 총알
▶ 그가 시험 삼아 쏜 子弹이 과녁을 명중했다.

其实子弹的种类繁多，用途也各不相同。
사실 총알의 종류는 매우 다양하며, 용도도 각기 다르다.

种类 zhǒnglèi 종류 | 繁多 fánduō 다양하다 | 用途 yòngtú 용도 | 各不相同 gè bù xiāngtóng 제각기 다르다
유의 枪弹 qiāngdàn 총알

剑 jiàn

명 검
▶ 剑의 날이 매우 날카로우니 다룰 때 조심하세요.

医生们一致认为，前线的伤员们是被一种短剑所伤。
의사들은 모두 전방의 부상자들이 단검에 의해 다친 것이라 여긴다.

一致 yízhì 일치하다 | 前线 qiánxiàn (군사상) 전선, 전방 | 伤员 shāngyuán 부상자 | 短剑 duǎnjiàn 단검 | 所 suǒ ～되다(피동을 나타냄) | 伤 shāng 다치다

枚 méi

▶ 그 잠수함은 핵미사일을 150枚나 탑재할 수 있대.

专家们检测出飞机上藏了一枚定时炸弹。

전문가들은 비행기에 시한폭탄이 하나 숨겨져 있음을 탐지해 냈다.

专家 zhuānjiā 전문가 | **检测** jiǎncè 검측하다 | **藏** cáng 숨기다 | **定时炸弹** dìngshí zhàdàn 시한폭탄

> **출제 포인트** **枚**로 세는 물건
>
> 枚는 원형으로 된 작은 사물을 세는 양사로, 폭탄 외에도 우표, 메달, 조개껍데기, 브로치 등을 셀 때 쓰이므로, 함께 쓰이는 명사들을 알아 두자.
>
> 예 **一枚火箭**(huǒjiàn) 로켓 한 발 | **一枚鱼雷** 어뢰 한 발 | **一枚原子弹** 원자폭탄 한 발
>
> **一枚奖章** 메달 하나 | **两枚金牌** 금메달 두 개 | **一枚邮票** 우표 한 개

旗帜 qízhì

명 기, 깃발 명 본보기

▶ 전장에 아군의 旗帜가 힘차게 펄럭이고 있었다.

胜利的旗帜在风中飘扬，战士们也在分享胜利的喜悦。

승리의 깃발이 바람에 휘날리고, 전사들도 승리의 기쁨을 나누고 있다.

胜利 shènglì 승리하다 | **飘扬** piāoyáng 휘날리다 | **战士** zhànshì 전사 | **分享** fēnxiǎng 함께 나누다 | **喜悦** xǐyuè 기쁘다

유의 **旗子** qízi 깃발, 기

驻扎 zhùzhā

동 주둔하다, 주재하다

▶ 현재 우리나라에는 미군이 驻扎하고 있습니다.

这支部队驻扎在一座山上，就是为了随时进攻。

이 부대가 산에 주둔해 있는 것은, 언제든 공격하기 위한 것이다.

支 zhī 팀(팀을 세는 양사) | **部队** bùduì 부대 | **座** zuò 채(부피가 크거나 고정된 물체를 세는 양사) | **随时** suíshí 언제든지 | **进攻** jìngōng 공격하다

> **출제 포인트** 전쟁·분쟁에 관한 지문 빈출 어휘 **驻扎**
>
> 驻扎는 군대가 전쟁을 하기 위해 주둔함을 나타내어, 전쟁·분쟁에 관한 지문에 자주 출제된다. 특히 쓰기 영역에서는 군대가 아니더라도 어떤 목적을 위해 숨어 있는 상황을 나타낼 때도 자주 나온다. 아래 기출 문장들을 익혀 보자.
>
> 예 **军队在那里驻扎了几天。** 군대가 거기에 며칠 주둔했다.
>
> **秦国军队在这里驻扎下来。** 진나라 군사들이 여기에 주둔했다.

基地 jīdì

명 기지, 근거지, 본거지
▶ 경상남도 진해에 우리 해군 基地가 있어.

敌人的基地被我军炸成了一片火海。
적의 기지가 우리 군에 의해 불바다가 되었다.

敌人 dírén 적 | **炸** zhà 폭발하다 | **片** piàn 지면·수면 등에 쓰는 양사

操练 cāoliàn

동 훈련하다, 조련하다
▶ 매일 열 시간씩 操练하다가는 적군을 무찌르기 전에 우리가 죽겠다!

战争一触即发，士兵们在军营里不分昼夜地操练。
전쟁이 일촉즉발이라, 병사들은 군영에서 밤낮을 가리지 않고 훈련한다.

战争 zhànzhēng 전쟁 | **一触即发** yíchùjífā 일촉즉발 | **士兵** shìbīng 병사 | **军营** jūnyíng 군영 | **不分昼夜** bù fēn zhòuyè 밤낮을 가리지 않다

战略 zhànlüè

명 전략
▶ 촉한의 제갈공명은 아주 뛰어나고 유능한 战略가였지.

任何战略都反映了该国家利益的根本目标与方向。
어떠한 전략이든 이 국가 이익의 근본적인 목표와 방향이 반영되어 있다.

任何 rènhé 어떠한 | **反映** fǎnyìng 반영하다 | **该** gāi 이 | **利益** lìyì 이익 | **根本** gēnběn 기본적인 | **目标** mùbiāo 목표 | **与** yǔ ~와 | **方向** fāngxiàng 방향
유의 **策略** cèlüè 전략

战术 zhànshù

명 전술
▶ 그가 짠 战术가 먹혀들어 적군을 단숨에 제압할 수 있었다.

在必要时，我们会使用突击战术对敌军进行攻击。
필요할 때, 우리는 돌격 전술을 써서 적군을 공격할 것이다.

必要 bìyào 필요로 하다 | **使用** shǐyòng 사용하다 | **突击** tūjī 돌격하다 | **敌军** díjūn 적군 | **攻击** gōngjī 공격하다

阵容 zhènróng

명 조직 구성원의 짜임새   명 진용(진영의 형편·상태)
▶ 그 부대는 명실공히 최강의 阵容으로 꼽을 만하다.

这支队伍的阵容十分强大，是精英中的精英。
이 부대의 진용은 매우 강력해서, 엘리트 중에 엘리트이다.

支 zhī 팀(팀을 세는 양사) | 队伍 duìwu 군대 | 十分 shífēn 매우 | 强大 qiángdà 강대하다 |
精英 jīngyīng 걸출한 인물

队伍 duìwu

명 행렬, 대열   명 군대   명 집단, 단체
▶ 음악을 연주하며 행진하는 군악대의 队伍가 인상 깊었어.

阅兵仪式中，一支由女兵组成的队伍引起了人们的注意。
열병식에서, 여군으로 구성된 행렬이 사람들의 시선을 끌었다.

阅兵 yuèbīng 열병하다 | 仪式 yíshì 의식 | 由 yóu ～으로 | 女兵 nǚbīng 여군 | 组成
zǔchéng 구성하다 | 引起 yǐnqǐ 야기하다

动员 dòngyuán

동 (활동에) 참가하도록 하다   동 동원하다
▶ 유사시에는 예비역이 전투에 动员됩니다.

政府动员青年男子积极参军，保家卫国。
정부는 청년 남성이 적극적으로 군에 입대하여, 조국을 수호하게 한다.

政府 zhèngfǔ 정부 | 青年 qīngnián 청년 | 积极 jījí 적극적이다 | 参军 cānjūn 입대하다 |
保家卫国 bǎojiāwèiguó 집과 나라를 지키다

登陆 dēnglù

동 상륙하다, (배에서) 육지로 오르다
▶ 6.25전쟁 때 있었던 '인천 登陆 작전'은 전세를 뒤바꾼 유명한
　군사 작전이야.

敌军的登陆艇已经被我军团团包围。
적군의 상륙정은 이미 우리 군에 의해 포위되었다.

敌军 díjūn 적군 | 登陆艇 dēnglùtǐng 상륙용 함정 | 军 jūn 군대 | 团团 tuántuán 겹겹이 에워
싸다 | 包围 bāowéi 포위하다

率领 shuàilǐng

동 인솔하다, 거느리다, 이끌다
▶ 그가 率领한 무리는 한 명의 낙오자도 없이 목적지에 도착했다.

士兵在将军的率领下，奋勇杀敌、浴血奋战。
병사들이 장군의 인솔 하에, 용감히 적을 무찌르고 전투에서 분투했다.

士兵 shìbīng 병사 | **将军** jiāngjūn 장군 | **奋勇** fènyǒng 용기를 불러일으키다 | **杀敌** shādí 적을 무찌르다 | **浴血奋战** yùxuèfènzhàn 피투성이가 되어 분전하다

유의 带领 dàilǐng 인솔하다

유의어 비교 率领 vs 带领

두 단어 모두 '거느리다, 이끌다'라는 의미를 가지고 있지만, 쓰임이 다소 다르다.

率领 shuàilǐng 정식적인 장소에서 쓰이며, 주로 군대나 정치적인 성향을 띤 단체를 대상으로 함
예 率领代表团 대표단을 인솔하다 | 率领军队 군대를 인솔하다

带领 dàilǐng 일반적인 장소에서 쓰이며, 보통 공식적·정식적인 자리에는 쓰이지 않음
예 带领学生去旅游 학생들을 인솔하여 여행을 가다

进攻 jìngōng

동 공격하다, 진격하다
▶ 적군이 우리를 进攻할 수 있는 빈틈을 보여서는 안 돼.

由于尚未找到进攻的机会，现阶段我们只能静观其变。
아직 공격할 기회를 찾지 못했기 때문에, 현 단계에서 우리는 그저 상황을 지켜볼 수밖에 없다.

由于 yóuyú ~ 때문에 | **尚未** shàngwèi 아직 ~하지 않다 | **现阶段** xiànjiēduàn 현단계 | **静观其变** jìngguān qíbiàn 조용히 지켜보다

유의 攻击 gōngjī 공격하다
반의 撤退 chètuì 철수하다, 퇴각하다

瞄准 miáozhǔn

동 조준하다, 겨누다
▶ 목표물을 瞄准해서 정확하게 쏘지 못하면 더는 반격의 기회가 없어.

狙击手瞄准目标后立即开枪，一击将其击毙。
저격수는 타깃을 조준한 후 바로 총을 쐈고, 단번에 타깃을 사살했다.

狙击手 jūjīshǒu 저격수 | **目标** mùbiāo 목표 | **立即** lìjí 바로 | **开枪** kāiqiāng 총을 쏘다 | **一击** yìjī 일격 | **将** jiāng ~을 | **击毙** jībì 사살하다

发射 fāshè

(동) 발사하다, 쏘다
▶ 그들은 적의 진지를 향해 대포 한 발을 发射하였다.

他们万万没想到，发射的导弹会在空中分离。
그들은 발사한 미사일이 공중에서 분리되리라고는 전혀 생각하지 못했다.

万万 wànwàn 결코 | **导弹** dǎodàn 미사일 | **分离** fēnlí 분리되다

爆炸 bàozhà

(동) 폭발하다
▶ 그 지역으로 떨어진 폭탄이 爆炸하자 일대가 초토화되었습니다.

武装队员们正在调查这起爆炸事件的始末。
무장 대원들은 이 폭발 사건의 전말을 조사 중이다.

武装队员 wǔzhuāng duìyuán 무장 대원 | **调查** diàochá 조사하다 | **起** qǐ 건(횟수·건수를 세는 양사) | **事件** shìjiàn 사건 | **始末** shǐmò 전말

爆炸는 폭발하는 모습처럼 급격하게 많아지거나 한계를 넘는 상황을 나타내기도 한다.

예 炸弹(zhàdàn)爆炸 폭탄이 폭발하다 | 气球爆炸 풍선이 폭발하다
人口爆炸 인구 폭발 | 知识爆炸 지식 폭발 | 信息爆炸的时代 정보 폭증(과부하)의 시대

发动 fādòng

(동) 개시하다, 일으키다, 발동시키다, 기기를 돌리다
▶ 이 작전은 정확히 15시에 发动할 것입니다.

一个成熟的部队，会在适当的时机发动进攻。
숙련된 부대는 적절한 시기에 공격을 개시한다.

成熟 chéngshú 숙련되다 | **部队** bùduì 부대 | **适当** shìdàng 적절하다 | **时机** shíjī 시기
유의 **发起** fāqǐ 개시하다, 발동하다 / **启动** qǐdòng 작동을 시작하다

守护 shǒuhù

(동) 지키다, 수호하다
▶ 저는 이 나라를 守护하기 위해 목숨을 아끼지 않을 것입니다!

总统在保镖的守护下，登上了专机。
대통령은 경호원의 보호를 받으며, 전용기에 탑승했다.

总统 zǒngtǒng 대통령 | **保镖** bǎobiāo 경호원 | **登** dēng 오르다 | **专机** zhuānjī 전용기
유의 **守卫** shǒuwèi 지키다

防御 fángyù

 방어하다
▶ 최전방을 防御하지 못하면 저희는 이 성을 빼앗기고 말 것입니다.

有些军事家曾说过，最有效的防御其实是攻击。
어떤 군사 전문가들은 일찍이 가장 효과적인 방어는 사실 공격이라고 말했다.

军事家 jūnshìjiā 군사 전문가 | 有效 yǒuxiào 효과가 있다 | 攻击 gōngjī 공격하다

유의 防守 fángshǒu (외부의 공격을) 방어하다

반의 攻击 gōngjī 공격하다 / 进攻 jìngōng 공격하다, 진격하다

출제 포인트 | **防御의 빈출 짝꿍 표현**

防御는 적의 공격을 막는다는 의미로, 독해 3·4부분에 군사적인 내용이나 동물이 적을 방어하는 방법 등에 관한 지문에서 출제된다. 술어 외에도 명사를 꾸미는 역할 등을 하므로, 잘 알아 두자.

예 防御措施 방어 조치 | 防御行为 방어 행동 | 防御性强 방어성이 강하다

防御敌害(díhài) (동식물이) 천적의 위해를 방어하다 | 加强防御 방어를 강화하다

防守 fángshǒu

 방어하다, 수비하다
▶ 그들의 공격을 목숨 걸고 무조건 防守해야 합니다!

敌人重兵防守的军事要地，我们应加强监视。
적의 막강한 군대가 방어하는 군사 요충지에 대해, 우리는 감시를 강화해야 한다.

敌人 dírén 적 | 重兵 zhòngbīng 막강한 군대 | 军事 jūnshì 군사 | 要地 yàodì 요지 | 加强 jiāqiáng 강화하다 | 监视 jiānshì 감시하다

유의 防御 fángyù 방어하다

势力 shìlì

 (정치·경제·군사 등의) 세력
▶ 백제는 전투에서 승리하여 势力를 확장하게 되었다.

战争胜利标志着我军的势力范围将扩大3倍。
전쟁의 승리는 우리 군의 세력 범위가 3배 늘어난다는 것을 상징한다.

战争 zhànzhēng 전쟁 | 胜利 shènglì 승리하다 | 标志 biāozhì 상징하다 | 军 jūn 군대 | 范围 fànwéi 범위 | 将 jiāng ~할 것이다 | 扩大 kuòdà 확대하다 | 倍 bèi 배수

威力 wēilì

명 (추진력·파괴력을 갖춘) 힘, 위력
▶ 핵무기의 威力는 우리가 상상하는 것 이상이야.

这种新型武器的威力尚未得到真正的发挥。
이러한 신형 무기의 위력은 아직 진정으로 발휘되지 않았다.

新型 xīnxíng 신형의 | 武器 wǔqì 무기 | 尚未 shàngwèi 아직 ~하지 않다 | 得到 dédào 받다
| 真正 zhēnzhèng 진정한 | 发挥 fāhuī 발휘하다

情形 qíngxing

명 상황, 정황
▶ 아직도 적의 실제 情形에 대해서 파악이 안 되면 어떡합니까!

在进退两难的情形下，敌军选择了坚守阵地。
진퇴양난의 상황에서 적군은 진영을 지키는 방법을 선택했다.

进退两难 jìntuìliǎngnán 진퇴양난 | 坚守 jiānshǒu 꿋꿋이 지키다 | 阵地 zhèndì 진지
유의 情况 qíngkuàng 상황, 정황, 사정

유의어 비교 情形 vs 情况

두 단어 모두 어떠한 상황이나 정황을 의미하지만, 의미와 쓰임에 차이가 있다.

情形 qíngxing
사물이나 일이 진행되어 보여지는 모습·상황·형편을 나타냄
예 当时的情形 당시의 상황 | 生活情形 생활 형편 | 身体情形 (×)

情况 qíngkuàng
일의 진행 상황·상태를 나타내며, 有情况으로 군사상 일이 생기는 것도 나타냄
예 当时的情况 당시의 상황 | 特殊情况 특수 상황 | 身体情况 건강 상태 (○)
有情况 일이 생기다(군사상 적군의 동정이나 침입의 상황을 발견함)

动静 dòngjing

명 인기척, 동정, 동태
▶ 지금 오른쪽 숲에서 动静이 느껴집니다!

周围没有一点动静，这说明我们的处境尚且安全。
주위에 인기척이 조금도 없다는 것은 우리의 상황이 여전히 안전하다는 것을 설명한다.

周围 zhōuwéi 주위 | 说明 shuōmíng 설명하다 | 处境 chǔjìng 상황 | 尚且 shàngqiě 여전히
| 安全 ānquán 안전하다

侵略 qīnlüè

(동) 침략하다
▶ 侵略당한 나라는 모든 땅이 초토화되었다.

军事报道称，这是对邻国的蓄意侵略行为。
군사 보도에 따르면, 이는 인접국에 대한 고의적 침략 행위라고 한다.

军事 jūnshì 군사 | 报道 bàodào 보도 | 称 chēng ~라고 부르다 | 邻国 línguó 이웃 국가 |
蓄意 xùyì 고의로 하다 | 行为 xíngwéi 행위
(유의) 侵犯 qīnfàn 침범하다

袭击 xíjī

(동) 기습하다, 습격하다
▶ 적이 袭击해도 빠르게 대처할 수 있는 훈련을 하고 있습니다.

战友们都意识到了，我们遭到了突然袭击。
전우들은 모두 우리가 기습 공격을 당했다는 것을 깨달았다.

战友 zhànyǒu 전우 | 意识 yìshí 깨닫다 | 遭到 zāodào 당하다

攻击 gōngjī

(동) 공격하다 (동) 악의로 비난하다
▶ 더 망설이지 말고 나아가서 攻击하라!

我们计划在敌人最没有防备的时候发起攻击。
우리는 적이 가장 무방비 상태에 있을 때 공격을 개시할 계획이다.

计划 jìhuà 계획하다 | 敌人 dírén 적 | 防备 fángbèi 방비하다 | 发起 fāqǐ 개시하다
(유의) 进攻 jìngōng 공격하다, 진격하다

打击 dǎjī

(동) 타격을 주다, 좌절시키다 (동) 치다, 두들기다
▶ 폭도들의 打击를 반드시 진압해야 하오!

战败国受到了精神和经济上的双重打击。
패전국은 정신적, 경제적 이중고를 겪었다.

战败国 zhànbàiguó 패전국 | 受到 shòudào 받다 | 精神 jīngshén 정신 | 经济 jīngjì 경제 |
双重 shuāngchóng 이중의

冲击 chōngjī

동 방해하다, 공격하다　동 돌격하다
▶ 오랜 정비를 마치고 우리는 그들을 冲击하기 시작했다.

我驾驶的坦克在枪林弹雨的冲击下，突出了重围。
내가 운전한 탱크가 총알이 비처럼 쏟아지는 공격 아래, 겹겹의 포위망을 뚫고 나왔다.

驾驶 jiàshǐ 운전하다　|　**坦克** tǎnkè 탱크　|　**枪林弹雨** qiānglíndànyǔ 총이 숲의 나무만큼 많고
총알이 비 오듯 쏟아지다　|　**突出** tūchū 돌파하다　|　**重围** chóngwéi 겹겹의 포위망

战斗 zhàndòu

명 전투, 투쟁　동 전투하다　동 투쟁하다
▶ 战斗를 승리로 이끈 주역들은 나라의 영웅이 되었다.

这场持久的战斗似乎渐渐陷入了僵持状态。
이 기나긴 전투는 점차 교착 상태에 들어서는 것 같다.

持久 chíjiǔ 오래 유지되다　|　**似乎** sìhū 마치 ~인 것 같다　|　**渐渐** jiànjiàn 점점　|　**陷入** xiànrù
빠지다　|　**僵持** jiāngchí 서로 양보 없이 맞서다　|　**状态** zhuàngtài 상태
유의 **战争** zhànzhēng 전쟁　|　**战役** zhànyì 전쟁

斗争 dòuzhēng

동 투쟁하다, 분투하다
▶ 두 나라는 몇 년 동안이나 서로 斗争하는 것을 멈추지 않았다.

我们和敌人展开了一场你死我活的斗争。
우리는 적군과 생사가 걸린 투쟁을 벌였다.

敌人 dírén 적　|　**展开** zhǎnkāi 벌이다　|　**你死我活** nǐsǐwǒhuó 목숨을 걸고
유의 **争斗** zhēngdòu 투쟁하다

争夺 zhēngduó

동 쟁탈하다
▶ 그 무리들은 왕위를 争夺하려고 호시탐탐 노리고 있단 말이다.

为了抢占险要地势，敌我双方展开了激烈的争夺。
요충지를 점령하기 위해, 적군과 우리 군은 격렬한 쟁탈전을 벌였다.

抢占 qiǎngzhàn 다투어 점령하다　|　**险要** xiǎnyào 요충지　|　**地势** dìshì 땅의 형세　|　**敌** dí 적　|
双方 shuāngfāng 양측　|　**激烈** jīliè 격렬하다
유의 **争抢** zhēngqiǎng 쟁탈하다

掠夺 lüèduó

동 강탈하다, 약탈하다, 수탈하다
▶ 무장한 군인들이 쳐들어와 도시 전체를 掠夺하였다.

战胜国总是竭尽所能地、贪婪地掠夺战败国。
승전국은 항상 모든 수단을 동원하고 탐욕스럽게 패전국을 약탈한다.

战胜 zhànshèng 전승하다 **|** 竭尽所能 jiéjìn suǒnéng 할 수 있는 모든 바를 다하다 **|** 贪婪 tānlán 매우 탐욕스럽다 **|** 战败 zhànbài 패전하다

占据 zhànjù

동 (지역·장소를) 점거하다
▶ 전략적으로 요지가 될 만한 곳을 占据해야만 합니다.

经过缜密的分析，我军占据了强有力的地形。
철저한 분석을 통해 우리 군은 유리한 지형을 점거했다.

缜密 zhěnmì 세밀하다 **|** 分析 fēnxī 분석하다 **|** 军 jūn 군대 **|** 强有力 qiángyǒulì 강력하다 **|** 地形 dìxíng 지형

유의 占领 zhànlǐng 점령하다

占领 zhànlǐng

동 점령하다, 점유하다
▶ 우리가 원하는 그 성을 占领하는데 얼마나 걸리겠는가?

这个国家的海军陆战队占领那个国家多年。
이 국가의 해군 해병대는 그 국가를 오랫동안 점령했다.

海军 hǎijūn 해군 **|** 陆战队 lùzhànduì 해병대

유의 占据 zhànjù (지역·장소를) 점거하다

对立 duìlì

동 대립하다, 모순되다
▶ 삼국 시대에 한강 유역을 차지하기 위해 세 나라는 끝없이 대립하였다.

两国在政治上的对立，是导致战争的直接原因。
양국의 정치적 대립은 전쟁을 일으킨 직접적인 원인이다.

政治 zhèngzhì 정치 **|** 导致 dǎozhì 야기하다 **|** 战争 zhànzhēng 전쟁 **|** 直接 zhíjiē 직접적인 **|** 原因 yuányīn 원인

对抗 duìkàng

동 (물러서지 않고) 대립하다, 대치하다, 대항하다
▶ 전경들과 시위대가 서로 对抗하고 있었다.

古往今来，战争一直是金钱和国力的对抗。
예로부터 전쟁은 항상 돈과 국력의 대립이었다.

古往今来 gǔwǎngjīnlái 옛날부터 지금까지 | **国力** guólì 국력

拼搏 pīnbó

동 전력을 다해 끝까지 싸우다
▶ 그들은 여기서 패하면 조국을 잃게 되기 때문에 조금도 물러서지 않고 拼搏했다.

这些新兵在战役中竭尽全力拼搏，结果还是输了。
이 신병들은 전쟁에서 온 힘을 다해 끝까지 싸웠지만, 그런데도 결과적으로 지고 말았다.

新兵 xīnbīng 신병 | **竭尽全力** jiéjìnquánlì 모든 힘을 다 기울이다 | **输** shū 지다

不惜 bùxī

동 아끼지 않다
▶ 나라의 광복을 위해서라면 나는 목숨도 不惜하고 싸우겠소!

为了在战争中取得胜利，他们不惜付出任何代价。
전쟁에서 승리를 거두기 위해 그들은 어떤 대가라도 아낌없이 치르려 한다.

战争 zhànzhēng 전쟁 | **取得** qǔdé 얻다 | **胜利** shènglì 승리하다 | **付出** fùchū 지불하다 | **任何** rènhé 어떠한 | **代价** dàijià 대가

分散 fēnsàn

형 분산해 있다   **동** 분산시키다   **동** 배포하다
▶ 한곳에 몰려 있기보다 여러 곳에 分散해서 있으면 따돌리기 쉬울 거야.

武装警察分散在各个狙击点，以便发动进攻。
무장 경찰이 공격을 개시하기 위해 각 저격 거점에 분산되어 있다.

武装 wǔzhuāng 무장 | **警察** jǐngchá 경찰 | **狙击** jūjī 저격하다 | **以便** yǐbiàn ~하기 위하여 | **发动** fādòng 개시하다 | **进攻** jìngōng 공격하다

유의 **散开** sànkāi 흩어지다, 분산하다
반의 **集中** jízhōng 집중하다, 모으다

撤退 chètuì

동 철수하다, 퇴각하다

▶ 날이 너무 궂어 여기서 버티기 힘드니 撤退하는 것이 좋겠습니다.

士兵在撤退时，为了避免敌人追上，把桥梁都炸掉了。

병사들은 철수할 때, 적군이 쫓아오는 것을 막기 위해, 다리를 폭파했다.

士兵 shìbīng 병사 | **避免** bìmiǎn 방지하다 | **追** zhuī 쫓아가다 | **桥梁** qiáoliáng 다리 | **炸掉** zhàdiào 폭파하다

반의 **进攻** jìngōng 진격하다, 공격하다

保卫 bǎowèi

동 보위하다

▶ 저희의 임무는 수도가 적들에게 함락되지 않도록 保卫하는 것입니다.

不管在什么时候，保卫祖国都是军队的职责。

어느 때라도, 조국을 보위하는 것은 군대의 책임이다.

不管A, 都B bùguǎn A, dōu B A에 관계없이, 모두 B하다 | **祖国** zǔguó 조국 | **军队** jūnduì 군대 | **职责** zhízé 책

유의 **捍卫** hànwèi 지키다, 방위하다

埋伏 máifú

동 매복하다, 잠복하다

▶ 埋伏했던 적군을 발견하지 못해 전투에서 패배하고 말았다.

这支军队还没有意识到不远处有敌军的埋伏。

이 군대는 아직 가까운 곳에 적군이 매복해 있다는 것을 깨닫지 못했다.

支 zhī 팀(팀을 세는 양사) | **军队** jūnduì 군대 | **意识** yìshí 깨닫다 | **敌军** díjūn 적군

包围 bāowéi

동 포위하다, 에워싸다

▶ 유방의 군사들에 사방을 包围당한 항우는 어찌할 방법이 없었다.

在友军的帮助下，我们突破了重重包围。

우군의 도움으로, 우리는 겹겹의 포위망을 뚫었다.

友军 yǒujūn 우군 | **突破** tūpò 돌파하다 | **重重** chóngchóng 겹겹의

制服 zhìfú

동 (힘으로) 제압하다, 굴복시키다 명 제복
▶ 이런 단조로운 공격으로는 상대를 制服할 수 없어!

陆军与空军联手制服了预谋造反的叛乱者。
육군과 공군이 연합하여 반란을 모의한 반군을 제압했다.

陆军 lùjūn 육군 | **与** yǔ ～과 | **空军** kōngjūn 공군 | **联手** liánshǒu 연합하다 | **预谋** yùmóu 사전 모의하다 | **造反** zàofǎn 반란을 일으키다 | **叛乱者** pànluànzhě 반란을 일으킨 사람
유의 制伏 zhìfú 제압하다, 굴복시키다

征服 zhēngfú

동 (무력으로) 정복하다, 굴복시키다 동 마음을 사로잡다
▶ 주변국들을 征服하려는 야욕은 모두를 고통 속에 몰아넣기 시작했다.

这位领袖杰出的军事能力，征服了全世界。
이 지도자의 걸출한 군사 능력이 전 세계를 정복했다.

领袖 lǐngxiù 지도자 | **杰出** jiéchū 걸출한 | **军事** jūnshì 군사 | **能力** nénglì 능력

屈服 qūfú

동 굴복하다
▶ 전술의 비밀을 캐내려고 아무리 위협해도 그는 절대 屈服하지 않았다.

在各国的声讨下，他们不得不屈服，将人质释放。
각국의 규탄으로, 그들은 어쩔 수 없이 굴복하고, 인질을 풀어 주었다.

各国 gèguó 각국 | **声讨** shēngtǎo 규탄하다 | **不得不** bùdébù 어쩔 수 없이 | **将** jiāng ～을 | **人质** rénzhì 인질 | **释放** shìfàng 석방하다
유의 屈伏 qūfú 굴복하다 屈从 qūcóng 굴복하다
반의 反抗 fǎnkàng 반항하다

削弱 xuēruò

동 약화시키다 동 약화되다
▶ 상대의 방어 태세를 削弱시킨 뒤에 공격해도 늦지 않아.

我们的新型武器一亮出，势必会削弱对方的士气。
우리의 신형 무기가 모습을 드러내면, 분명 상대방의 사기를 약화시킬 것이다.

新型 xīnxíng 신형의 | **武器** wǔqì 무기 | **亮出** liàngchū 겉으로 드러내다 | **势必** shìbì 반드시 | **对方** duìfāng 상대편 | **士气** shìqì 사기

服从 fúcóng

동 따르다, 복종하다
▶ 당신이 아무리 장군이라도 그런 명령에는 服从하지 않겠습니다.

作为一名合格的军人，必须无条件服从上级命令。
제대로 된 군인이라면 반드시 무조건적으로 간부의 명령에 따라야 한다.

作为 zuòwéi ~으로서 | **合格** hégé 표준에 맞다 | **军人** jūnrén 군인 | **无条件** wútiáojiàn
무조건이다 | **上级** shàngjí 상급자 | **命令** mìnglìng 명령하다
유의 遵从 zūncóng 따르다, 복종하다

尸体 shītǐ

명 시체
▶ 대학살 현장에는 잔혹하게 살해당한 尸体들이 남아 있었다.

烈士们的尸体将被集体海葬，这也是他们生前的遗愿。
열사들의 시체가 단체로 해장될 것인데, 이는 그들 생전의 바람이기도 하다.

烈士 lièshì 열사 | **将** jiāng ~일 것이다 | **集体** jítǐ 단체 | **海葬** hǎizàng 해장(바다에 장을 지냄) |
生前 shēngqián 생전 | **遗愿** yíyuàn 생전에 다하지 못한 뜻

淹没 yānmò

동 파묻히다, 수몰되다
▶ 어둠에 淹没하여 줄줄이 침입해 오는 적군을 막지 못했다.

当地的房屋和基础设施都被淹没在了炮火中。
현지의 집과 기반 시설이 모두 포화 속에 파묻혔다.

当地 dāngdì 현지 | **房屋** fángwū 집 | **基础** jīchǔ 기초 | **设施** shèshī 시설 | **炮火** pàohuǒ
포화, 전쟁의 화염

毁灭 huǐmiè

동 파멸시키다, 괴멸시키다
▶ 원자 폭탄은 인류 전체를 毁灭시키는 엄청난 재앙이 될 거야.

事实证明，战争是毁灭人类一切希望的凶手。
사실이 증명하듯이, 전쟁은 인류의 모든 희망을 파멸시키는 살인마이다.

事实 shìshí 사실 | **证明** zhèngmíng 증명하다 | **战争** zhànzhēng 전쟁 | **人类** rénlèi 인류 |
一切 yíqiè 모든 | **凶手** xiōngshǒu 살인범

灭亡 mièwáng

동 (나라·민족 등이) 멸망하다
▶ 왕건이 세운 고려는 언제 灭亡하였을까요?

如果战争失败，那么这个民族也将走向灭亡。

전쟁에서 패하면 이 민족도 멸망하게 될 것이다.

失败 shībài 실패하다 | **民族** mínzú 민족 | **走向** zǒuxiàng (어떤 방향을) 향하여 발전하다

★ 보충단어 아래 단어들의 예문은 WEB 단어장에서 확인할 수 있어요.

보충단어 WEB 단어장

将军 jiāngjūn 명 장군

武装 wǔzhuāng 동 무장하다 명 무장

导弹 dǎodàn 명 유도탄, 미사일

哨 shào 명 초소 명 (–儿) 호루라기

滞留 zhìliú 동 체류하다

舰艇 jiàntǐng 명 함정(군사용 배)

演习 yǎnxí 동 (군사) 훈련하다, 연습하다

部署 bùshǔ 동 (인력·사람을) 배치하다

牵制 qiānzhì 동 견제하다, 꼼짝 못하게 하다

掩护 yǎnhù 동 엄호하다 동 가려 숨기다, 엄폐하다 명 엄폐물

情报 qíngbào 명 (주로 기밀성을 띤) 정보, 보고

挑衅 tiǎoxìn 동 도발하다

攻克 gōngkè 동 (적의 근거지를) 점령하다

阵地 zhèndì 명 진영, 진지, 활동하는 곳

打仗 dǎzhàng 동 전투하다, 싸우다, 전쟁하다

战役 zhànyì 명 전쟁

搏斗 bódòu 동 (칼·몽둥이 등으로) 격투하다 동 (비유적으로) 격렬하게 싸우다

牺牲 xīshēng 동 (정의를 위해) 희생하다, 목숨을 버리다 동 손해를 보다

豪迈 háomài 형 용맹스럽다, 씩씩하다, 호기스럽다

窜 cuàn 동 (적군·강도 등이) 도망가다 동 몰아내다 동 (문장 등을) 수정하다

驱逐 qūzhú 동 쫓아내다, 몰아내다

捍卫 hànwèi 동 지키다, 방위하다

宰 zǎi 동 주관하다 동 도살하다

抹杀 mǒshā 동 (사실·사물을) 완전히 없애다, 말살하다

投降 tóuxiáng 동 항복하다, 투항하다

俘虏 fúlǔ 명 포로 동 포로로 잡다

埋葬 máizàng 동 없애 버리다 동 (시체를) 묻다

废墟 fèixū 명 폐허

 # HSK 6급 빈출 표현

음원 듣기

部署军队	bùshǔ jūnduì	군대를 배치하다
驻扎军队	zhùzhā jūnduì	군대가 주둔하다
军队撤退	jūnduì chètuì	군대가 철수하다
故意挑衅	gùyì tiǎoxìn	고의로 도발하다
遭到袭击	zāodào xíjī	습격을 당하다
军事基地	jūnshì jīdì	군사 기지
战略战术	zhànlüè zhànshù	전략 전술
登陆作战	dēnglù zuòzhàn	상륙 작전
瞄准目标	miáozhǔn mùbiāo	목표물을 조준하다
发射导弹	fāshè dǎodàn	미사일을 발사하다
发挥威力	fāhuī wēilì	위력을 발휘하다
占领地盘	zhànlǐng dìpán	근거지를 점령하다
保卫和平	bǎowèi hépíng	평화를 지키다
战争俘虏	zhànzhēng fúlǔ	전쟁 포로
制服罪犯	zhìfú zuìfàn	범죄자를 제압하다
埋葬尸体	máizàng shītǐ	시체를 매장하다

 # 데일리 테스트

고생하셨어요!
QR코드를 스캔하면 DAY01~DAY30 전체 데일리 테스트 PDF가
다운로드됩니다.

PDF 다운로드

★ HSK 시험에 이렇게 나와요.
부사는 독해 2부분에 자주 출제되는 단골 품사로, 특히 유의어에
주의해야 합니다. 또한, 이 과의 표제어로 정리한 성어들은 모두
자주 출제되는 빈출 표현입니다. 쓰임과 상황에 주의하면 좀 더
정확히 외울 수 있습니다.

어머, 우와, 야호!

#감탄 #어기 #성어1

음원 듣기

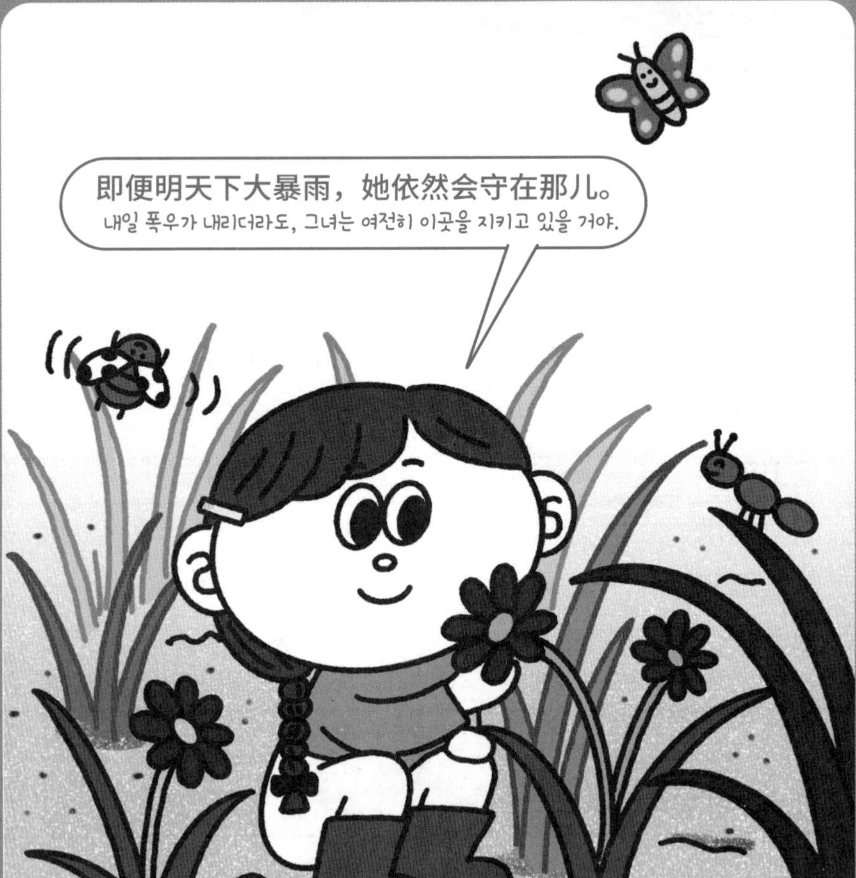

암기 영상

万分 wànfēn

부 매우, 대단히
▶ 오랫동안 준비했던 콩쿨에서 떨어져 그는 万分 실망했다.

山上的路很危险，夜里上山更是要万分小心。
산 위의 길이 위험해서 밤에 산에 오르면 더욱 매우 조심해야 한다.

危险 wēixiǎn 위험하다 | 夜 yè 밤
유의 非常 fēicháng 매우, 대단히

要命 yàomìng

동 정도가 몹시 심한 지경에 이르다
▶ 일이 너무 많아서 밥 먹을 시간도 없을 만큼 바쁘기가 要命해!

大雪一连下了几天，路上滑得要命。
폭설이 며칠 동안 계속 내려서 길 위가 몹시 미끄럽다.

大雪 dàxuě 대설 | 一连 yìlián 계속해서 | 滑 huá 미끄럽다

极端 jíduān

명 극단 형 극단적이다 부 몹시, 아주, 매우
▶ 极端적인 대응은 오히려 위기를 부추길 뿐이다.

性格过分极端的人一般独来独往，不容易有朋友。
성격이 지나치게 극단적인 사람은 보통 사람들과 어울리지 않고, 친구가 생기기 쉽지 않다.

性格 xìnggé 성격 | 过分 guòfèn 지나치다 | 独来独往 dúláidúwǎng 다른 사람들과 교류하지 않다
유의 极度 jídù 아주, 극시, 몹시

皆 jiē

부 모두, 전부, 다
▶ 여기 모인 인원을 皆 합해도 백 명이 안 돼.

这次的展品皆出于同一位艺术家之手。
이번 전시품은 모두 같은 예술가의 손에서 나왔다.

展品 zhǎnpǐn 전시품 | 出于 chūyú ～에서 나오다 | 艺术家 yìshùjiā 예술가 | 之 zhī ～의
유의 都 dōu 모두, 다

출제 포인트   서면어로만 쓰이는 皆

皆는 '모두, 전부'의 의미를 갖고 있지만, 都와는 달리 서면어로만 쓰여, 관용어나 성어에 많이 쓰인다. 독해 2부분에도 종종 출제되므로, 함께 쓰이는 어휘와 함께 익혀 두자.

예 **人人皆知** 모두가 알다 | **老幼皆宜** 노인과 아이에게 모두 이롭다 | **比比皆是** 모두가 그렇다
皆大欢喜 모두 매우 좋아하다 | **放之四海而皆准** 어느 곳에 놓아도 딱 들어맞다

过于 guòyú

부 지나치게, 과도하게
▶ 마음에 없는 말로 过于 아부하는 건 좋지 않아.

在人际交往中，有的时候过于谦虚也会使人讨厌。
인간관계에서, 어떤 때에는 지나치게 겸손한 것도 다른 사람의 미움을 산다.

人际交往 rénjì jiāowǎng 대인 관계 | **谦虚** qiānxū 겸손하다 | **讨厌** tǎoyàn 미워하다

过度 guòdù

형 지나치다, 과도하다
▶ 过度한 카페인 섭취는 오히려 주의력을 떨어뜨릴 수 있어.

很多家长在教育孩子的时候都会出现过度自信的情况。
많은 학부모들이 아이들을 교육할 때 자신감이 지나치는 경우가 생긴다.

家长 jiāzhǎng 학부모 | **教育** jiàoyù 교육하다 | **出现** chūxiàn 나타나다 | **自信** zìxìn 자신감 있다
| **情况** qíngkuàng 상황 　**유의** 过分 guòfèn 지나치다

不堪 bùkān

형 (부정적인 의미로) 몹시 심하다　**동** ~할 수 없다, 감당할 수 없다
▶ 며칠 밤을 잠을 못 잤더니 피로가 不堪해.

与其让孩子痛苦不堪的学习，不如培养他们的兴趣。
아이가 고통스럽게 공부하게 하느니, 그들의 흥미를 길러 주는 것이 낫다.

与其A, 不如B yǔqí A, bùrú B A하느니, B하는 게 낫다 | **痛苦** tòngkǔ 고통스럽다 | **培养**
péiyǎng 길러 내다

颇 pō

부 꽤, 상당히
▶ 열심히 공부하더니 颇 좋은 성적을 거두었구나!

"阿里巴巴"的总裁马云是一个颇有经历的人。
'알리바바'의 CEO인 마윈은 꽤 경험이 있는 사람이다.

阿里巴巴 Ālǐbābā 알리바바 | **总裁** zǒngcái (기업의) 총수 | **马云** Mǎ Yún 마윈(알리바바 그룹의
창시자 겸 회장) | **经历** jīnglì 경험　**유의** 很 hěn 매우

颇는 1음절 형용사와 함께 [颇+형용사]의 형태로 쓰이거나, [颇+为/有/具+~] 등의 형태로 많이 쓰인
다. 아래 기출 표현들을 미리 익혀 두자.

예　**评价颇高** 평가가 상당히 높다 | **颇为有趣** 매우 재미있다 | **颇为尴尬** 매우 난처하다
颇有争议的问题 논쟁이 많이 있는 문제 | **颇具民俗色彩** 민속 색채가 많이 있다

屡次 lǚcì

부 여러 번, 누차
▶ 좋은 말도 계속해서 屡次 얘기하면 잔소리 같이 들려.

他在找工作时屡次碰壁，现在十分沮丧。
그는 일자리를 찾으면서 여러 번 실패를 경험하여 지금 크게 낙담해 있다.

碰壁 pèngbì 난관에 부닥치다 | 十分 shífēn 매우 | 沮丧 jǔsàng 낙담하다

유의 屡屡 lǚlǚ 여러 차례, 누차
一再 yízài 거듭, 반복해서

不免 bùmiǎn

부 면할 수 없다, 피하지 못하다
▶ 외로운 유학 생활 중에 가족들이 생각나는 것은 不免한 일이야.

火车站人流混杂，不免会让人有些害怕。
기차역에 인파가 뒤섞여 있어서, 사람들을 조금 두렵게 만들 수밖에 없다.

人流 rénliú 인파 | 混杂 hùnzá 뒤섞이다

无非 wúfēi

부 ~ 뿐이다, 단지 ~밖에 없다
▶ 성공을 하고 싶다면 无非 밤낮없이 노력하는 수 밖에 없어.

学外语无非就是多听、多说、多练习啊。
외국어를 배우는 것은 많이 듣고, 많이 말하고, 많이 연습하는 것뿐이야.

출제 포인트 **无非의 활용 형태**

无非는 只, 不外乎, (只)不过 등과 같이 '단지 ~뿐이다, ~에 불과하다'라는 의미를 나타낸다. 문장에 보통 [无非是……]나 [无非是……罢了/而已]의 형태로 쓰인다.

예 社会科学无非是历史。 사회 과학은 단지 역사이다.
我无非是想给你提个醒罢了。 나는 단지 너에게 좀 알려 주고 싶었을 뿐이다.

并非 bìngfēi

동 결코 ~하지 않다
▶ 이 일은 너의 잘못이 并非이니 너무 자책하지 마라.

孩子们的想法并非像大人想象的那么幼稚。
아이들의 생각은 결코 어른들이 상상하는 것처럼 그렇게 유치하지 않다.

想法 xiǎngfǎ 생각 | 大人 dàren 어른 | 想象 xiǎngxiàng 상상하다 | 幼稚 yòuzhì 유치하다

专程
zhuānchéng

부 특별히, 일부러 (~에 가다)
▶ 절친이 해외에서 결혼해서 난 专程 그곳까지 갈 생각이야.

我生病时，李老师专程从北京来韩国看我。
내가 병에 걸렸을 때 이 선생님께서 특별히 나를 보러 베이징에서 한국으로 오셨다.

유의 特意 tèyì 특별히

凡是 fánshì

부 모든, 대강, 대체로
▶ 凡是 생명이 있는 것들은 죽음을 면할 수 없어.

凡是重要的内容，老师都反复做了强调。
모든 중요한 내용은 선생님이 반복적으로 강조하셨다.

内容 nèiróng 내용 | **反复** fǎnfù 반복하여 | **强调** qiángdiào 강조하다

唯独 wéidú

부 유독, 오직
▶ 모두 이 의견에 찬성하는데, 唯独 그 혼자만 반대한다.

市场上新产品的反响都不错，唯独此产品受到了质疑。
시장의 신상품 반응이 모두 좋은데, 유독 이 상품만 의구심을 받았다.

市场 shìchǎng 시장 | **新产品** xīn chǎnpǐn 신상품 | **反响** fǎnxiǎng 반응 | **此** cǐ 이 | **产品** chǎnpǐn 상품 | **受到** shòudào 받다 | **质疑** zhìyí 질의하다

接连 jiēlián

부 잇달아, 연거푸, 끊임없이
▶ 최근 7일 동안 接连 비가 왔으니 이제 그만 좀 그쳤으면 좋겠어.

最近接连发生的交通事故都与天气有关。
요즘 잇달아 발생하는 교통사고는 모두 날씨와 관련이 있다.

发生 fāshēng 발생하다 | **交通事故** jiāotōng shìgù 교통사고 | **与……有关** yǔ …… yǒuguān ~와 관련 있다

유의 连连 liánlián 끊임없이, 줄곧

索性 suǒxìng

<부> 아예, 차라리
▶ 나쁜 일이라고 생각되면, 처음부터 索性 시작하지를 마.

要说就**索性**说清楚，不要吞吞吐吐的。
말하려면 아예 확실히 말하고, 우물쭈물하지 마.

吞吞吐吐 tūntūntǔtǔ 우물쭈물하다
<유의> 干脆 gāncuì 아예, 그냥, 차라리

特意 tèyì

<부> 특별히, 일부러
▶ 이건 特意 너한테만 주는 거니까, 다른 사람에겐 비밀이야.

张科长在老板面前**特意**表现得很好。
장 과장님은 사장님 앞에서 특별히 더 잘 했다.

科长 kēzhǎng 과장 | 老板 lǎobǎn 사장 | 表现 biǎoxiàn 나타내다
<유의> 专程 zhuānchéng 특별히

不料 búliào

<접> 뜻밖에, 의외에, 생각지 못하게
▶ 이번 프로젝트가 2주면 끝날 줄 알았는데 不料 한 달이나 걸렸어.

我正要和他讲理，**不料**他竟动手打我。
내가 막 그와 시시비비를 따지려고 하는데, 뜻밖에 그가 나를 때릴 줄은 생각지 못했다.

讲理 jiǎnglǐ 시시비비를 따지다 | 竟 jìng 뜻밖에 | 动手 dòngshǒu 손을 대다, 때리다

势必 shìbì

<부> 반드시, 꼭
▶ 진실은 언젠가 势必 밝혀진다는 것을 기억해.

本次谈判，我们**势必**要取得胜利。
이번 협상에서 우리는 반드시 승리를 거두어야 한다.

谈判 tánpàn 협상하다 | 取得 qǔdé 얻다 | 胜利 shènglì 승리하다

明明 míngmíng

<부> 분명히, 명백히
▶ 이건 누가 봐도 明明하게 너의 실수인데 왜 나한테 덮어 씌우니?

明明是他做错了，他还怪别人。
분명히 그가 잘못했는데, 그는 그래도 다른 사람을 탓한다.

怪 guài 책망하다

恰巧 qiàqiǎo

부 때마침, 공교롭게도
▶ 그렇지 않아도 너에게 가려던 참 이었는데 恰巧 잘 왔어!

丽丽的车坏了，这时小李恰巧路过，帮她把车修好了。
리리의 차가 고장이 났는데, 그때 샤오리가 때마침 지나가던 중이어서, 그녀를 도와 차를 수리해 주었다.

路过 lùguò 지나다 ｜ 修 xiū 수리하다　**유의**　凑巧 còuqiǎo 공교롭게, 우연히

足以 zúyǐ

동 충분히 ~할 수 있다, ~하기에 족하다
▶ 사전에 미리 점검하면 더 큰 사고의 발생을 足以 막을 수 있어.

通过成龙的电影，我们足以感到他对电影制作的态度。
성룡의 영화를 통해, 우리는 영화 제작에 대한 그의 태도를 충분히 느낄 수 있다.

成龙 Chéng Lóng 성룡(홍콩 출신의 영화배우 겸 감독) ｜ 制作 zhìzuò 제작하다 ｜ 态度 tàidu 태도

愈 yù

부 (중첩 사용하여) ~할수록 ~하다
▶ 대안이 愈 늦을수록, 사태는 걷잡을 수 없이 愈 심각해질 거야.

你愈是心急，愈会手忙脚乱。
네가 마음이 급할수록 갈피를 잡지 못할 것이다.

心急 xīnjí 조급해하다 ｜ 手忙脚乱 shǒumángjiǎoluàn 갈피를 잡지 못하다
유의　越 yuè ～할수록 ～하다

不妨 bùfáng

부 (~하는 것도) 괜찮다, 무방하다
▶ 늦을까 봐 걱정되면, 아예 좀 일찍 나서는 것도 不妨해.

当你觉得累的时候，不妨站起来做一些简单的运动。
피곤하다고 느낄 때에는 일어나서 간단한 운동을 좀 하는 것도 괜찮다.

宁愿 nìngyuàn

부 차라리 ~할지언정
▶ 宁愿+牺牲(희생하다) = 차라리 희생할지언정

战士们宁愿牺牲也不会苟且地活着。
전사들은 차라리 희생할지언정 구차하게 살아남으려고 하지 않는다.

战士 zhànshì 전사 ｜ 牺牲 xīshēng 희생하다 ｜ 苟且 gǒuqiě 구차하게 ｜ 活 huó 살다
유의　宁可 nìngkě 차라리 ～할지언정 / 宁肯 nìngkěn 설령 ～할지라도

宁肯 nìngkěn

▶ 宁肯(설령 ~할지라도) + 承担后果(결과를 감당하다) = 설령 결과를 감당할지라도

他宁肯一个人承担所有的后果，也不想伤害她。

그는 설령 혼자서 모든 결과를 감당하게 될지라도, 그녀를 다치게 하고 싶지 않다.

承担 chéngdān 감당하다 | **所有** suǒyǒu 모든 | **后果** hòuguǒ (주로 안 좋은) 결과 | **伤害** shānghài 다치게 하다

유의 **宁可** nìngkě 차라리 ~할지언정

　　　宁愿 nìngyuàn 차라리 ~할지언정

출제 포인트　宁肯+也不/也要

宁肯을 비롯하여, 유의어 宁愿과 宁可는 모두 어떤 결과가 오더라도 그렇게 할 것임을 강조할 때 쓴다. 단독으로 쓸 수도 있지만, 자주 뒤에 也不나 也要와 호응한다. 독해 1부분에 출제되므로, 정확히 알아 두자.

예 宁肯/宁愿/宁可A, 也不B A할지언정, B하지 않다

他宁肯/宁愿/宁可自己吃点亏，也不愿亏了别人。

그는 스스로 손해를 좀 볼지언정, 다른 사람에게 손해를 입히려 하지 않는다.

宁愿/宁肯/宁可A, 也要B A하더라도, B하다

我宁可不睡觉，也要坚持做练习。 나는 잠을 자지 않을지언정, 계속 연습을 할 것이다.

毫无 háowú

조금도 ~이 없다

▶ 나는 그 아이와는 毫无 관계가 없으니 나한테 아무것도 묻지 마.

你提的意见与这一主题毫无关联。

네가 말한 의견은 이 주제와 조금도 상관이 없다.

提 tí 제시하다 | **意见** yìjiàn 의견 | **与** yǔ ~와 | **主题** zhǔtí 주제 | **关联** guānlián 관련되다

即便 jíbiàn

접 설령 ~하더라도

▶ 即便 계속해서 실패를 맛보더라도 결코 포기하지 않을 거야.

即便明天下大暴雨，他依然会守在那儿。

내일 폭우가 내리더라도, 그는 여전히 이곳을 지키고 있을 것이다.

大暴雨 dàbàoyǔ 호우 | **依然** yīrán 여전히 | **守** shǒu 지키다

유의 **即使** jíshǐ 설령 ~하더라도

固然 gùrán

접 물론 ~하지만　접 물론 ~이거니와
▶ 초대권이 있으면 固然 좋겠지만, 없으면 내가 돈 주고 표를 사도 돼.

妈妈常常教导我说："成绩固然重要，但人品更重要。"
엄마는 항상 '성적이 물론 중요하지만, 인성이 더욱 중요하다'라고 말씀하셨다.

教导 jiàodǎo 가르치다　|　人品 rénpǐn 인품

倘若 tǎngruò

접 만일 ~한다면
▶ 倘若 일이 생겨서 오지 못한다면, 사전에 미리 연락을 주세요.

倘若你遇到他，请帮我转告他一件事。
만약 네가 그를 만나면, 그에게 이야기 하나만 전해 줘.

转告 zhuǎngào 말을 전하다　유의　如果 rúguǒ 만약, 만일

反之 fǎnzhī

접 이와 반대로, 바꿔 말하면, 바꾸어서 한다면
▶ 이번 주까지 레포트를 제출해, 反之하면 학점을 받지 못할 거야.

只有肯付出才会有收获，反之将一事无成。
기여하려고 해야 비로소 수확을 얻을 수 있지, 반대로라면 아무런 성취도 없을 것이다.

肯 kěn 기꺼이 ~하다　|　付出 fùchū 들이다　|　收获 shōuhuò 수확　|　将 jiāng ~할 것이다　|
一事无成 yíshì wúchéng 아무런 성취도 없다

况且 kuàngqiě

접 하물며, 게다가
▶ 짐승도 제 새끼는 귀한 줄 아는데, 况且 사람이야 어떻겠는가?

老师都觉得这道题非常难，况且是学生呢。
선생님도 이 문제가 굉장히 어렵다고 생각하는데, 하물며 학생이야 어떻겠는가.

大人 dàren 어른　|　如此 rúcǐ 이러하다　|　何况 hékuàng 하물며

以便 yǐbiàn

접 ~하기 편하도록, 쉽게 ~하기 위하여
▶ 以便+让女儿喝(딸이 마시게 하다) 딸이 마시기에 편리하도록

妈妈把饮料放在冰箱里，以便让女儿喝到凉爽的饮料。
딸이 시원한 음료수를 쉽게 마실 수 있게, 어머니가 음료수를 냉장고 안에 넣어 두었다.

凉爽 liángshuǎng 시원하고 상쾌하다

以至 yǐzhì

접 ~에 이르다　　접 (수량·정도·시간·범위 등) ~까지(=以至于)
▶ 以至+身败名裂(지위도 명예도 망가지다) = 신세를 망치기까지 이르다

他因为有赌博的嗜好，以至身败名裂。
그는 도박하는 취미가 있어서, 신세를 망치기까지 이르렀다.

赌博 dǔbó 도박하다 ｜ 嗜好 shìhào (나쁜) 취미 ｜ 身败名裂 shēnbài míngliè 지위를 잃고 명예에 금이 가다

 A, 以至(于)+B(A로 (인해) B에 이르다)

以至는 문장에서 [A, 以至(于)+B]의 형태로 A의 결과인 B를 이끄는 역할을 하여, 'A로 (인해) B에 이르다/B하게 되다' 등으로 해석된다. 또한, 수량·정도·시간·범위 등이 확장되어 '~까지' 이르렀음을 나타낸다는 것도 알아 두자.

예　**管理不当，以至损失了三千万。** 관리를 적절히 하지 못해 3천만 원을 손해 보게 되었다.
　　生产效率提高了几倍，以至十几倍。 생산 효율이 몇 배, 십몇 배까지 향상했다.

以致 yǐzhì

접 ~에 이르다, ~을 가져오다
▶ 그녀는 몸을 돌보지 않아 以致 병원에 입원했어.

他醉酒驾车，以致酿成重大事故。
그는 음주 운전으로, 큰 사고를 일으켰다.

醉酒 술에 취하다 ｜ 驾 jià 운전하다 ｜ 酿成 niàngchéng (좋지 않은 결과를) 조성하다 ｜ 重大 zhòngdà 중대하다 ｜ 事故 shìgù 사고

 以致 vs **以至**

두 어휘는 앞 절의 결과를 이끈다는 점은 같지만, 以致는 [以致+좋지 않은 결과]의 형태로 안 좋은 결과나 바라지 않는 일에 쓰이고, 以至는 결과의 좋고 나쁨에 제한 없이 쓰인다는 차이가 있다.

예　**他只听一面之词，以致做出了错误的判断。** 그는 한쪽 말만 듣고, 잘못된 판단을 하게 됐다.
　　这种形式，循环往复以至无穷。 이런 형식은 끊임없이 반복되어 무궁무진에 이른다.

进而 jìn'ér

접 더 나아가, 진일보하여
▶ 우리 문화를 아시아 지역, 进而 세계에 알릴 수 있으면 좋겠어.

先考虑好公司的方向，进而考虑如何开展业务。
먼저 회사의 방향을 잘 생각하고, 더 나아가 어떻게 업무를 해 나갈 것인지 생각한다.

考虑 kǎolǜ 생각하다 ｜ 如何 rúhé 어떻게 ｜ 开展 kāizhǎn 전개하다 ｜ 业务 yèwù 업무

而已 éryǐ

^조 (단지) ~ 뿐이다
▶ 그건 그냥 한번 해 본 말일 而已야, 다른 뜻은 없어.

一个人真正的实力不只是看他有没有资格证而已。
한 사람의 진정한 실력은 단순히 그에게 자격증이 있는지를 보는 것뿐만이 아니다.

真正 zhēnzhèng 진정한 | 实力 shílì 실력 | 资格证 zīgézhèng 자격증
^{유의} 罢了 bàle ~ 뿐이다

 而已의 활용 형태

而已는 보통 단독으로 쓰이지 않고, '단지'를 나타내는 어휘와 함께 [只(是)/仅(仅)/(只)不过/无非~而已]의 형태로 쓰인다. 쓰기 영역의 대화 인용문 등에 자주 출제되므로 잘 알아 두자.

예 **仅此而已** 단지 이러할 뿐이다 | **只是说说而已** 단지 말해 본 것뿐이다

只是运气不好而已 운이 안 좋았을 뿐이다 | **只不过是开始而已** 단지 시작에 불과하다

免得 miǎnde

^접 ~하지 않도록, ~ 않기 위해서
▶ 免得(~하지 않도록) + 受苦(고생을 하다) = 고생하지 않도록

每个人都应该保护环境，免得子孙受苦。
자손들이 고생하지 않도록, 모두가 환경을 보호해야 한다.

保护 bǎohù 보호하다 | 子孙 zǐsūn 자손 | 受苦 shòukǔ 고생을 하다
^{유의} 以免 yǐmiǎn ~하지 않도록 | 省得 shěngde ~하지 않도록

以免 yǐmiǎn

^접 ~하지 않도록
▶ 以免+发生事故(사고가 발생하다) = 사고가 발생하지 않도록

道路施工要尽快完成，以免发生交通事故。
교통사고가 발생하지 않도록, 도로 공사를 되도록 빨리 끝내야 한다.

施工 shīgōng 공사하다 | 尽快 jǐnkuài 되도록 빨리 | 发生 fāshēng 발생하다 | 交通事故 jiāotōng shìgù 교통사고
^{유의} 免得 miǎnde ~하지 않도록 | 省得 shěngde ~하지 않도록

 以免 vs 免得

둘 다 '~하지 않도록'이라는 뜻으로, 좋지 않은 일이 발생하지 않게 함을 나타낸다. 문장에서 주로 [A, 以免/免得+B(원치 않는 일)]의 형태로 쓰이며, 두 단어는 서로 바꿔 쓸 수 있다. 그러나 免得는 也免得로 쓸 수 있지만, 以免은 也와 함께 쓸 수 없다.

예 **以免/免得误会** 오해하지 않도록 | **以免/免得做错** 실수하지 않도록

你应该跟她解释清楚，也免得她误会。 그녀가 오해하지 않도록, 너는 그녀에게 확실하게
설명해야 한다. [이때 以免은 쓸 수 없음]

哄

hōng
hǒng

의성 왁자지껄, 와글와글
동 달래다, 구슬리다
▶ 아이들이 가득하니 방 안이 떠드는 소리에 哄하다.

无论是周末还是平时，江南总是乱哄哄的。
주말이든 평일이든, 강남은 항상 왁자지껄하다.

无论 wúlùn ~든지 | **平时** píngshí 평소 | **江南** Jiāngnán 강남 | **乱哄哄** luànhōnghōng
왁자지껄하다

家喻户晓

jiāyù hùxiǎo

성 사람마다 모두 알다
▶ 판다의 주식이 죽순이라는 것은 家喻户晓한 사실이야.

在中国，鲁迅是家喻户晓的文学家。
중국에서 루쉰은 모든 사람이 아는 문학가이다.

鲁迅 Lǔ Xùn 루쉰(중국 근현대 문학가) | **文学家** wénxuéjiā 문학가
유의 众所周知 zhòngsuǒzhōuzhī 모든 사람이 다 알고 있다

众所周知

zhòngsuǒ zhōuzhī

성 모든 사람이 다 알고 있다
▶ 한국인이라면 众所周知하듯이, 단군 왕검은 고조선의 시조이다.

众所周知，中国的经济正在稳步发展。
모두 알고 있듯이, 중국의 경제는 현재 안정적으로 발전하고 있다.

经济 jīngjì 경제 | **稳步** wěnbù 안정되게 | **发展** fāzhǎn 발전하다
유의 家喻户晓 jiāyù hùxiǎo 사람마다 모두 알다

举世瞩目

jǔshì zhǔmù

성 전 세계 사람들이 주목하다
▶ 그녀는 스무 살이라는 어린 나이에 举世瞩目할 만한 원리를 발견했다.

苹果公司的新品发布会成了举世瞩目的盛会。
애플사의 신제품 발표회는 전 세계 사람들이 주목하는 축제가 되었다.

苹果公司 Píngguǒ Gōngsī 애플사 | **新品** xīnpǐn 신상품 | **发布会** fābùhuì 발표회 | **成**
chéng ~가 되다 | **盛会** shènghuì 성대한 모임, 축제
유의 举世闻名 jǔshì wénmíng 전 세계에 이름이 알려지다

总而言之
zǒng'éryánzhī

▶ 내용적으로나 분량 면에서나, 总而言之 이번 발표는 아주 성공적이었다.

总而言之，我不喜欢光说不做的人。
요컨대, 나는 말만 하고 행동하지 않는 사람을 좋아하지 않는다.

光说不做 guāngshuō búzuò 말만 하고 하지 않는다

归根到底
guīgēn dàodǐ

▶ 나는 열심히 설득해 보겠지만, 归根到底 그가 싫다면 어쩔 수 없어.

一个国家的问题归根到底不是领导人一个人的责任。
한 국가의 문제는 결국 지도자 혼자만의 책임이 아니다.

领导人 lǐngdǎorén 지도자 | 责任 zérèn 책임

理所当然
lǐsuǒ dāngrán

▶ 자식이 부모님께 효도하는 것은 理所当然한 일이야.

作为国家的公民，合法纳税是理所当然的事情。
국가의 국민으로서, 합법적으로 납세하는 것은 당연한 일이다.

作为 zuòwéi ~의 신분으로서 | 公民 gōngmín 국민 | 合法 héfǎ 합법적이다 | 纳税 nàshuì 세금을 납부하다
반의 不以为然 bùyǐ wéirán 그렇게 여기지 않다

有条不紊
yǒutiáo bùwěn

▶ 일이 순차적으로 有条不紊하게 마무리되어 가고 있어.

新产品的研发，正在有条不紊地进行。
신상품의 연구 개발은, 현재 질서 정연하게 진행되고 있다.

新产品 xīn chǎnpǐn 신상품 | 研发 yánfā 연구 개발하다 | 进行 jìnxíng 진행하다
유의 井井有条 jǐngjǐng yǒutiáo 조리 있고 정연하다

一目了然

yímù liǎorán

▶ 이 보고서는 一目了然하게 정리되어 있어서 단번에 이해가 돼.

李教授的论文让人一目了然，非常容易理解。

이 교수의 논문은 일목요연하여, 이해하기 매우 쉽다.

教授 jiàoshòu 교수 ┃ 论文 lùnwén 논문

根深蒂固

gēnshēn dìgù

▶ 우리나라 문화에는 유교 사상의 영향이 根深蒂固하게 남아 있어.

某些老旧思想根深蒂固，是很难改变的。

어떤 낡은 생각은 뿌리가 깊어, 바꾸기가 어렵다.

某些 mǒu xiē 몇몇 ┃ 老旧 lǎojiù 낡다 ┃ 思想 sīxiǎng 생각 ┃ 改变 gǎibiàn 바꾸다

画蛇添足

huàshé tiānzú

▶ 그 설명은 画蛇添足라서, 차라리 안 하느니만 못 해.

参加会议的人都觉得他的意见是画蛇添足。

회의에 참석한 사람은 모두 그의 의견이 쓸데없다고 생각한다.

意见 yìjiàn 의견
유의 多此一举 duōcǐ yìjǔ 불필요한 짓을 하다

恍然大悟

huǎngrán dàwù

▶ 그 광경을 목격하고서 그동안의 모든 의문에 대해 恍然大悟하였다.

听完他说的话，我才恍然大悟，原来一切都是恶作剧。

그의 말을 다 듣고 나서야, 나는 알고 보니 모든 것이 짓궂은 장난이었다는 것을 문득 깨달았다.

原来 yuánlái 알고 보니 ┃ 一切 yíqiè 모든 ┃ 恶作剧 èzuòjù 짓궂은 장난

岂有此理
qǐyǒu cǐlǐ

성 언행이 도리나 이치에 어긋나다
▶ 한마디 상의도 없이 일방적으로 계약을 해지하다니, 정말 岂有此理해!

大家好心帮她，她倒说别人多管闲事，真是岂有此理！
다들 선의로 그녀를 도왔는데, 그녀는 오히려 남이 쓸데없이 참견한다고 하다니, 정말 도리가 아니다!

好心 hǎoxīn 선의 | **倒** dào 오히려 | **多管闲事** duōguǎn xiánshì 쓸데없는 일에 참견하다
반의 合情合理 héqíng hélǐ 인정상 도리상 모두 적절하다

迄今为止
qìjīn wéizhǐ

성 지금에 이르기까지
▶ 본교는 설립 이후 迄今为止 수많은 인재들을 배출했습니다.

研究表明，地球是迄今为止唯一有人类生存的星球。
연구 결과, 지구는 지금까지 유일하게 인류가 생존하는 행성이라고 한다.

研究 yánjiū 연구하다 | **表明** biǎomíng 분명하게 밝히다 | **地球** dìqiú 지구 | **唯一** wéiyī 유일한
| **人类** rénlèi 인류 | **生存** shēngcún 생존하다 | **星球** xīngqiú 천체, 별

与日俱增
yǔrì jùzēng

성 날이 갈수록 늘어나다
▶ 매년 유행성 독감에 걸리는 환자가 与日俱增하고 있대.

随着科技的发展，人们对电子产品的依赖也与日俱增。
과학 기술의 발전에 따라, 전자 기기에 대한 사람들의 의존도 날로 증가하고 있다.

随着 suízhe ～에 따라 | **科技** kējì 과학 기술 | **发展** fāzhǎn 발전하다 | **电子产品** diànzǐ chǎnpǐn 전자 제품 | **依赖** yīlài 의존하다
유의 日积月累 rìjī yuèlěi 날마다 조금씩 쌓이다

日新月异
rìxīn yuèyì

성 나날이 새로워지다
▶ 경제가 日新月异하게 발전하면서, 사람들의 생활 수준도 좋아지고 있다.

科技有了日新月异的变化，我们的生活也在随之改变。
과학 기술에 나날이 새로운 변화가 생기자, 우리의 생활도 이에 따라 바뀌고 있다.

生活 shēnghuó 생활 | **随之** suízhī 그에 따라서 | **改变** gǎibiàn 바뀌다
반의 一成不变 yìchéng búbiàn 변함이 없다

迫不及待
pòbù jídài

她迫不及待地打开盒子，却发现里面不是她想要的礼物。
그녀는 기다렸다는 듯이 급히 상자를 열었지만, 안에 있는 것은 그녀가 원하던 선물이
아니라는 것을 알았다.

打开 dǎkāi 열다 | 盒子 hézi (작은) 상자 | 却 què ~지만

无穷无尽
wúqióng wújìn

人们应该知道，地球上的资源并不是无穷无尽的。
사람들은 지구상의 자원이 결코 무궁무진한 것이 아니라는 점을 알아야 한다.

资源 zīyuán 자원 | 并 bìng 결코
유의 应有尽有 yīngyǒu jìnyǒu 없는 것이 없다

层出不穷
céngchū bùqióng

他总是有新想法层出不穷，这让我感叹不已。
그는 항상 새로운 아이디어가 끊임없이 나와서, 내가 감탄을 금치 못하게 한다.

想法 xiǎngfǎ 생각 | 感叹 gǎntàn 감탄하다 | 不已 bùyǐ ~해 마지않다

川流不息
chuānliú bùxī

他一个人在川流不息的人群中，漫无目的地走着。
그는 혼자 끊임없이 오가는 사람들 속에서, 아무 목적 없이 걷고 있다.

人群 rénqún 군중 | 漫无目的 mànwú mùdì 아무런 목적이 없다

不言而喻
bùyán'éryù

以现在的发展速度，50年后中国的发展将 **不言而喻**。

현재의 발전 속도대로라면, 50년 후 중국의 발전은 말하지 않아도 알 것이다.

以 yǐ ~에 따라 | 发展 fāzhǎn 발전하다 | 速度 sùdù 속도 | 将 jiāng ~일 것이다

보충단어
WEB 단어장

★ **보충단어**　아래 단어들의 예문은 WEB 단어장에서 확인할 수 있어요.

未免 wèimiǎn 부 아무래도 ~이다
부 (불가피하게) 꼭 ~하게 되다

默默 mòmò 부 묵묵히, 소리 없이

甭 béng 부 ~할 필요 없다(不用의 합성어)

亦 yì 부 또한, 또, ~도 역시

务必 wùbì 부 반드시, 꼭, 기필코

照样 zhàoyàng 부 여전히, 변함없이
동 (~儿) (어떤 모양) 그대로 하다

十足 shízú 형 충분하다, 충족하다
형 함유율이 높다

若干 ruògān 대 약간, 조금

连同 liántóng 접 ~과 함께, ~과 더불어

尚且 shàngqiě 접 ~조차 ~한데, 그럼에
도 불구하고 접 여전히

哇 wā 감 (감탄·놀람을 나타내어) 와!
wa 조 발음 변화를 나타냄
(u·ao·ou+啊인 경우)

啦 la 조 '了(le)+啊(a)'의 의미를 가짐
lā 의성 와르르, 퍽

嘛 ma 조 서술문 뒤에 쓰여 당연함을 나타냄

咋 zǎ 대 어떻게, 왜, 어째서(怎么의 방언)

啥 shá 대 어느, 무슨, 어떤, 무엇(什么의
방언)

嗨 hāi 감 어이! 이봐!

哦 ó 감 (놀람을 나타내어) 어! 어머! 어허!

嘿 hēi 감 이봐, 어이, 야

呵 hē 의성 하하, 허허 동 입김을 불다

哼 hēng 의성 흥, 힝
동 콧노래 부르다 동 끙끙거리다

侃侃而谈 kǎnkǎn'értán
성 당당하고 차분하게 말하다

理直气壮 lǐzhíqìzhuàng
성 이유가 충분하여 하는 말이 당당하다

一如既往 yìrújìwǎng
성 지난날과 다름없다

滔滔不绝 tāotāobùjué
성 쉴 새 없이 말하다, 끊임없이 계속되다

HSK 6급 빈출 표현

累得要命	lèi de yàomìng	피곤해 죽을 지경이다
过于极端	guòyú jíduān	지나치게 극단적이다
屡次失败	lǚcì shībài	계속하여 실패하다
专程看望	zhuānchéng kànwàng	특별히 방문하다
接连发生	jiēlián fāshēng	연달아 발생하다
默默无语	mòmò wúyǔ	함구무언하다
甭想	béng xiǎng	생각할 필요 없다
尽人皆知	jìnrénjiēzhī	모든 사람들이 다 알다
务必小心	wùbì xiǎoxīn	반드시 조심하세요
恰巧遇到	qiàqiǎo yùdào	공교롭게 마주치다
反之亦然	fǎnzhī yìrán	바꾸어서 말해도 역시 그렇다
若干问题	ruògān wèntí	약간의 문제
毫无关联	háowú guānlián	조금도 관련이 없다
哄堂大笑	hōngtáng dàxiào	장내가 떠들썩하게 크게 웃다
愈A愈B	yù A yù B	A할수록 B하다
A无非是B罢了	A wúfēi shì B bà le	A는 단지 B일 뿐이다

데일리 테스트

고생하셨어요!
QR코드를 스캔하면 DAY01~DAY30 전체 데일리 테스트 PDF가
다운로드됩니다.

DAY 30

성어 한 마디

#성어2

★ HSK 시험에 이렇게 나와요.
성어는 독해 2부분 외에도, 듣기, 독해, 쓰기의 전 영역에서 많이 출제되고 있습니다. 지문에서 쓰인 성어의 뜻을 묻거나, 내용과 관련된 성어를 고르는 문제, 성어와 관련된 고사 등이 골고루 출제되므로, 예문에서 활용된 용법에 주의하여 정확하게 익혀 두세요.

음원 듣기

암기 영상

供不应求
gōngbú yìngqiú

성 공급이 수요를 따르지 못하다
▶ 올해 배추가 흉작이라 供不应求한 현상이 일어나 가격이 폭등했다.

这款商品供不应求，有钱都买不到。
이 상품은 공급이 수요를 따르지 못해서, 돈이 있어도 사지 못한다.

款 kuǎn 종류, 타입 | 商品 shāngpǐn 상품
반의 供过于求 gōngguòyúqiú 공급이 수요를 초과하다

物美价廉
wùměi jiàlián

성 상품의 질이 좋고 값도 저렴하다
▶ 그 상점은 물건도 많고, 物美价廉해서 늘 손님이 끊이질 않아.

网购物美价廉、方便快捷，深受现代人喜爱。
인터넷 쇼핑은 상품의 질이 좋고 값도 저렴하며, 편리하고 빨라, 현대인의 깊은 사랑을 받는다.

网购 wǎnggòu 인터넷 쇼핑 | 快捷 kuàijié 빠르다 | 深受 shēnshòu 깊이 ~받다 | 现代人 xiàndàirén 현대인 | 喜爱 xǐ'ài 좋아하다

络绎不绝
luòyì bùjué

성 왕래가 빈번해 끊이지 않다
▶ 가을에는 단풍을 보려는 관광객들로 산에 사람들이 络绎不绝하다.

每天来首尔塔游玩的人都是络绎不绝的。
매일 남산 서울타워로 관광오는 사람은 항상 끊이지 않는다.

首尔塔 Shǒu'ěrtǎ 남산 서울타워 | 游玩 yóuwán 유람하며 즐기다
유의 川流不息 chuānliú bùxī 냇물처럼 끊임없이 오가다

欣欣向荣
xīnxīn xiàngróng

성 (초목이) 무성하다, (사업이) 번창하다
▶ 우리 집 뒷산의 곳곳에 파릇파릇한 초목들이 欣欣向荣하게 자라 있어.

春天到处都生长着欣欣向荣的花草。
봄에는 곳곳에 꽃과 풀이 무성하게 자라난다.

到处 dàochù 곳곳 | 生长 shēngzhǎng 자라다 | 花草 huācǎo 화초

不相上下
bùxiāng shàngxià

성 우열을 가릴 수 없다
▶ 쌍둥이들의 공부 실력은 不相上下해서 등수가 늘 엎치락뒤치락한다.

两位选手的实力**不相上下**，人们对比赛结果充满期待。
두 선수의 실력이 우열을 가릴 수 없어서, 사람들은 경기 결과에 기대가 크다.

选手 xuǎnshǒu 선수 | 实力 shílì 실력 | 结果 jiéguǒ 결과 | 充满 chōngmǎn 가득 차다 |
期待 qīdài 기대하다

千方百计
qiānfāng bǎijì

성 갖은 방법을 다 써 보다
▶ 사장님은 이번 계약을 성사시키기 위해, 千方百计하며 투자자를 설득했다.

几位候选人在**千方百计**地为自己拉选票。
후보자 몇 명은 갖은 방법을 다 써서 자신의 표를 확보하려 하고 있다.

候选人 hòuxuǎnrén 입후보자 | 拉 lā 끌어모으다 | 选票 xuǎnpiào 투표(한) 용지
유의 想方设法 xiǎngfāng shèfǎ 갖은 방법을 다하다

想方设法
xiǎngfāng shèfǎ

성 갖은 방법을 다하다
▶ 동생이 약을 먹으려고 하지 않자 엄마가 想方设法하며 그를 구슬렸다.

经理**想方设法**使公司脱离了困境。
사장님은 갖은 방법을 다하여 회사가 곤경에서 벗어나게 했다.

使 shǐ ～하게 하다 | 脱离 tuōlí 벗어나다 | 困境 kùnjìng 곤경
유의 千方百计 qiānfāng bǎijì 갖은 방법을 다 써 보다

유의어 비교 **想方设法** vs **千方百计**

想方设法는 해결하기 위해 여러 방면으로 알아보는 것을 나타내며, 千方百计는 깊이 생각하고, 해결하기 위해 모든 방법을 찾아 보는 것을 나타낸다. 想方设法는 千方百计보다 어감이 약하다. 모두 같은 상황에 쓰일 수 있으나 의미에 다소 차이가 있으므로 주의하자.

精益求精
jīngyìqiújīng

 훌륭하지만 더욱더 완벽을 추구하다
▶ 그녀는 모든 일을 잘하지만 더 精益求精하여, 최연소 팀장이 되었다.

因为追求精益求精，他的公司终于引起了世界的瞩目。
훌륭하지만 더 완벽을 추구하여, 그의 회사는 드디어 세계의 주목을 받았다.

追求 zhuīqiú 추구하다 | 引起 yǐnqǐ (주의를) 끌다 | 瞩目 zhǔmù 주목하다

全力以赴
quánlì yǐfù

성 (어떤 일에) 전력투구하다, 최선을 다하다
▶ 저희가 全力以赴하여 꼭 범인을 잡아낼 테니, 믿고 맡겨 주세요.

如果不全力以赴，就不可能取得成功。
만약 전력투구하지 않는다면, 성공을 얻을 수 없다.

取得 qǔdé 얻다 | 成功 chénggōng 성공하다
유의 竭尽全力 jiéjìn quánlì 모든 힘을 다 기울이다

苦尽甘来
kǔjìn gānlái

성 고생 끝에 낙이 온다
▶ 苦尽甘来라더니, 10년간의 연구 끝에 드디어 좋은 결실을 맺었구나.

艰苦的时光终将过去，坚强的人必将苦尽甘来。
고된 시간은 결국 지나갈 것이고, 굳센 사람에게는 반드시 고생 끝에 낙이 올 것이다.

艰苦 jiānkǔ 어렵고 고달프다 | 时光 shíguāng 시기 | 终将 zhōngjiāng 결국 ~일 것이다 | 坚强 jiānqiáng 굳세다 | 必将 bìjiāng 반드시 ~할 것이다
유의 雨过天晴 yǔguò tiānqíng 상황이 호전되다

废寝忘食
fèiqǐn wàngshí

성 전심전력하다, 매우 몰두하다
▶ 언니가 몇 달 동안 废寝忘食하며 쓴 논문이 우수 논문으로 뽑혔다.

考试以前，所有的学生都废寝忘食地学习。
시험 전에 모든 학생들이 전심전력으로 공부를 한다.

所有 suǒyǒu 모든

再接再厉
zàijiēzàilì

성 한층 더 분발하다
▶ 잘 될 때 더 힘내서 **再接再厉**해야지, 안 그러면 도태되기 쉽다.

虽然取得了一定的成就，但还是应该**再接再厉**。
비록 어느 정도의 성과를 거두었지만, 아직 한층 더 분발해야 한다.

成就 chéngjiù 성과

兢兢业业
jīngjīng yèyè

성 부지런하고 성실하게 일하다
▶ 직원들 모두 밤낮없이 **兢兢业业**하게 일하여 마침내 업계 1위를 차지하였다.

那位设计师对自己的工作总是**兢兢业业**的。
그 디자이너는 자신의 일에 항상 부지런하고 성실하다.

设计师 shèjìshī 디자이너
반의 敷衍了事 fūyǎn liǎoshì 대강대강 일을 끝내다

竭尽全力
jiéjìn quánlì

성 모든 힘을 다 기울이다
▶ 걱정 마, 우리가 **竭尽全力**해서 널 도울게.

竹子总是**竭尽全力**地在地下发展自己的"势力"。
대나무는 항상 모든 힘을 기울여 땅 속으로 자신의 '세력'을 발전시킨다.

竹子 zhúzi 대나무 | 发展 fāzhǎn 발전시키다 | 势力 shìlì 세력
유의 全力以赴 quánlì yǐfù (어떤 일에) 전력 투구하다, 최선을 다하다

力所能及
lìsuǒ néngjí

성 자기 능력으로 해낼 수 있다
▶ 너는 스스로 **力所能及**할 수 있는 일은 하지 않고, 왜 자꾸 못하는 일만 해?

不要说大话，要做自己**力所能及**的事情。
허풍 떨지 말고, 자기의 능력으로 할 수 있는 일을 해야 한다.

说大话 shuō dàhuà 허풍 떨다
반의 无能为力 wúnéng wéilì 어찌할 도리가 없다, 해결할 능력이 없다

齐心协力
qíxīn xiélì

(성) 한마음 한뜻으로 함께 노력하다
▶ 지금은 비록 사정이 어렵지만, 다 같이 齐心协力해서 이겨 냅시다.

只要我们齐心协力，就没有不能解决的问题。
한마음 한뜻으로 노력하기만 하면, 해결할 수 없는 문제는 없다.

只要A, 就B zhǐyào A, jiù B A하기만 하면, B하다
(유의) 齐心合力 qíxīn hélì 마음을 같이하여 힘을 합치다

称心如意
chènxīn rúyì

(성) 마음에 꼭 들다
▶ 하늘 아래 称心如意한 일이 어디 있겠어, 마음에 안 들어도 해야지.

不管售货员怎么介绍，都无法使他称心如意。
판매원이 어떻게 설명을 해도, 그의 마음에 꼭 들게 할 수는 없다.

不管A, 都B bùguǎn A, dōu B A를 막론하고, B하다 | 售货员 shòuhuòyuán 판매원 | 无法 wúfǎ ~할 수 없다 | 使 shǐ ~하게 하다
(유의) 心满意足 xīnmǎnyìzú 매우 만족해하다

恰到好处
qiàdào hǎochù

(성) 아주 적절하다, 꼭 들어맞다
▶ 그가 위급한 상황에 恰到好处한 조치를 취해서 생명을 구할 수 있었다.

这座建筑中的古典装饰设计得恰到好处。
이 건물에서 고전적인 장식은 아주 적절하게 설계되었다.

座 zuò 동(부피가 크거나 고정된 물체를 세는 양사) | 建筑 jiànzhù 건축물 | 古典 gǔdiǎn 고전적 | 装饰 zhuāngshì 장식 | 设计 shèjì 설계하다

实事求是
shíshì qiúshì

(성) 사실을 토대로 하여 진리를 탐구하다
▶ 나는 역사에 관해서는 모두 实事求是한 태도를 가져야 한다고 생각해.

他的做法和想法违反了实事求是的原则。
그의 방법과 생각은 사실을 토대로 진리를 탐구하는 원칙을 위배했다.

做法 zuòfǎ 방법 | 想法 xiǎngfǎ 생각 | 违反 wéifǎn 위배하다 | 原则 yuánzé 원칙

举足轻重
jǔzú qīngzhòng

성 대단히 중요한 위치에 있어 상당한 영향력을 미치다
▶ 작가는 드라마 스토리에 아주 举足轻重한 영향력을 행사한다.

这位老师在学生的心目中占举足轻重的地位。
이 선생님은 학생들 마음속에서 대단히 중요한 위치를 차지한다.

心目 xīnmù 마음속 | 占 zhàn 차지하다 | 地位 dìwèi 위치
반의 无足轻重 wúzú qīngzhòng 대수롭지 않다

相辅相成
xiāngfǔ xiāngchéng

성 서로 보완하고 도와서 일을 완성하다
▶ 경제의 번영과 정치의 안정은 相辅相成하여, 떼려야 뗄 수 없는 관계이다.

这篇文章的结尾和开头相辅相成，使读者很容易理解。
이 글의 결말과 도입은 상호보완을 해 주어, 독자가 쉽게 이해할 수 있게 한다.

篇 piān 편, 장(문장·종이 등을 세는 양사) | 文章 wénzhāng 글 | 结尾 jiéwěi 결말 | 开头 kāitóu 첫머리 | 使 shǐ ~하게 하다 | 读者 dúzhě 독자 | 理解 lǐjiě 이해하다

当务之急
dāngwùzhījí

성 당장 급히 처리해야 하는 일
▶ 좋은 기록을 내기 위해, 当务之急는 체력을 더 높이는 것이다.

眼下公司的当务之急是提高产品的质量。
현재 회사의 급선무는 상품의 품질을 높이는 것이다.

眼下 yǎnxià 현재 | 产品 chǎnpǐn 생산품 | 质量 zhìliàng 품질
반의 不急之务 bùjízhīwù 그다지 중요하지 않은 일

心甘情愿
xīngān qíngyuàn

성 기꺼이 원하다
▶ 이 일은 내가 心甘情愿하여 한 일이니 뒷일은 내가 책임지겠다.

为学生做的事都是老师们心甘情愿做的。
학생을 위해 한 일은 모두 선생님들이 기꺼이 원하여 한 것이다.

自力更生
zìlì gēngshēng

 자력갱생하다
▶ 그는 비록 사업에 실패했지만, 자력갱생하기 위해 고군분투하고 있다.

自力更生是一个成年人应该具备的基本素质。
자력갱생은 성인이라면 반드시 갖추어야 하는 기본 소양이다.

成年人 chéngniánrén 성인 | **具备** jùbèi 갖추다 | **基本** jīběn 기본적인 | **素质** sùzhì 소양
유의 **自给自足** zìjǐ zìzú 자급자족

半途而废
bàntú'érfèi

성 일을 중도에 그만두다
▶ 누나는 조금만 힘들어도 半途而废해서 마무리한 일이 하나도 없다.

半途而废的人是永远不可能成功的。
일을 중도에 그만두는 사람은 영원히 성공할 수 없다.

永远 yǒngyuǎn 영원히 | **成功** chénggōng 성공하다
반의 **坚持不懈** jiānchí búxiè 조금도 느슨해지지 않고 끝까지 견지하다

微不足道
wēibùzúdào

성 하찮아서 말할 가치도 없다
▶ 아무리 微不足道한 것이라도 모두 존재의 이유가 있다.

不要认为平时的积累是微不足道的。
평소에 쌓은 것이 하찮다고 생각하지 마라.

平时 píngshí 평소 | **积累** jīlěi 쌓이다

空前绝后
kōngqián juéhòu

성 전무후무하다
▶ 그 노래는 60주 연속 1위라는 空前绝后한 기록을 세웠다.

在音乐史上，莫扎特是空前绝后的音乐天才。
음악사에서 모차르트는 전무후무한 음악 천재이다.

史 shǐ 역사 | **莫扎特** Mòzhātè 모차르트 | **天才** tiāncái 천재
유의 **前所未有** qiánsuǒ wèiyǒu 역사상 유례가 없다

得天独厚
détiān dúhòu

성 특별히 좋은 조건을 갖추다, 처한 환경이 남달리 좋다
▶ 동생은 음감이 굉장히 뛰어나, 음악 공부를 하기에 得天独厚한 조건을 갖췄다.

中国在航天事业的研究方面有着得天独厚的条件。
중국은 우주 산업 연구에 있어서 특별히 좋은 조건을 갖추고 있다.

航天 hángtiān 우주 비행과 관련 있는 | **事业** shìyè 사업 | **研究** yánjiū 연구하다
반의 **先天不足** xiāntiān bùzú 선천적으로 체질이 허약하다

一举两得
yìjǔ liǎngdé

성 일거양득, 일석이조
▶ 좋은 풍경도 보고, 맛있는 음식도 먹고 一举两得네!

他这次解决危机的办法可谓是一举两得。
그의 이번 위기 해결 방법은 그야말로 일거양득이다.

危机 wēijī 위기 | **可谓** kěwèi ~라고 말할 수 있다
유의 **一石二鸟** yìshí'èrniǎo 일석이조

得不偿失
débù chángshī

성 얻는 것보다 잃는 것이 더 많다
▶ 당장은 이득이 많은 것 같지만, 멀리 내다보면 결국 得不偿失하게 될 거야.

大量使用一次性用品，最后只会让人类得不偿失。
일회용품을 많이 사용하면, 결국 인류는 얻는 것보다 잃는 것이 더 많게 될 것이다.

大量 dàliàng 많은 양의 | **一次性用品** yícìxìng yòngpǐn 일회용품 | **人类** rénlèi 인류
유의 **因小失大** yīnxiǎo shīdà 작은 일에 힘을 쓰다, 큰 일을 그르치다

博大精深
bódà jīngshēn

성 사상·학식이 넓고 심오하다
▶ 김 교수님의 논문은 博大精深하여, 대강 봤다가는 내용을 이해하기 힘들다.

中国的传统文化历史悠久、博大精深。
중국의 전통 문화는 역사가 유구하고, 넓고 심오하다.

传统 chuántǒng 전통 | **悠久** yōujiǔ 유구하다

见多识广
jiànduō shíguǎng

▶ 어릴 때부터 아버지를 따라 세계를 누빈 그는 见多识广하다.

那位新来的老师不仅见多识广，而且为人和善。
그 새로 온 선생님은 식견이 넓을 뿐만 아니라, 인품 또한 온화하고 선량하다.

不仅A, 而且B bùjǐn A, érqiě B A뿐만 아니라, B하다 | 为人 wéirén 인품 | 和善 héshàn 온화하고 선량하다

锦上添花
jǐnshàng tiānhuā

성 금상첨화, 더없이 좋다
▶ 이 시화는 시구도 아름답고, 그림은 더 아름다우니 그야말로 锦上添花야!

这幅画因有了名人的题字，而堪称锦上添花。
이 그림은 유명인의 기념 글이 있어, 금상첨화라고 불릴 만하다.

幅 fú 폭(옷감·종이·그림 등을 세는 양사) | 因A, 而B yīn A, ér B A해서, B하다 | 名人 míngrén 유명 인사 | 题字 tízì 기념 글 | 堪 kān ~할 만하다 | 称 chēng ~라고 부르다
반의 雪上加霜 xuěshàng jiāshuāng 설상가상, 엎친 데 덮친 격이다

雪上加霜
xuěshàng jiāshuāng

성 설상가상, 엎친 데 덮친 격이다
▶ 늦게 출발한 데다가 雪上加霜 비가 와서 길까지 막혀!

他对病人冷冰冰的态度让病人感到雪上加霜。
환자에 대한 그의 차가운 태도는 환자가 설상가상을 느끼게 했다.

冷冰冰 lěngbīngbīng 얼음처럼 차갑다 | 态度 tàidu 태도
반의 锦上添花 jǐnshàng tiānhuā 금상첨화, 더없이 좋다

출제 포인트 雪上加霜과 锦上添花

雪上加霜은 우리말의 '설상가상'과 같은 뜻으로, 눈 위에 서리까지 내린 상황을 나타낸다. 이는 안 좋은 상황이 연이어 발생해, 상황이 갈수록 더 심해짐을 형용한다. 듣기 1·3부분의 이야기 형식 지문에서 자주 출제되며, 반대로 좋은 상황이 연이어 발생함을 나타내는 말은 锦上添花로, '금상첨화'라는 뜻이다. 종종 같이 출제되므로 두 어휘의 발음을 정확히 기억하자.

DAY 21 22 23 24 25 26 27 28 29 30

名副其实
míngfùqíshí

(성) 명성과 실상이 서로 부합되다
▶ 브라질은 모두가 알다시피 名副其实한 축구 강국이다.

中国是名副其实的地大物博的国家。
중국은 명실상부하게 땅이 넓고 자원이 풍부한 국가이다.

地大物博 dìdàwùbó 땅이 넓고 생산물이 풍부하다
(반의) 名不副实 míngbúfùshí 명성이 실상과 부합되지 않다

优胜劣汰
yōushèng liètài

(성) 강한 자는 번성하고, 약한 자는 도태되다
▶ 优胜劣汰하는 세상에서 살아남으려면, 스스로 강해져야 한다.

优胜劣态是市场竞争的基本原则。
강한 자는 번성하고 약한 자는 도태되는 것은 시장 경쟁의 기본 원칙이다.

市场 shìchǎng 시장 | 竞争 jìngzhēng 경쟁하다 | 基本 jīběn 기본의 | 原则 yuánzé 원칙

不可思议
bùkěsīyì

(성) 불가사의하다, 이해할 수 없다
▶ 이집트의 피라미드는 세계 7대 不可思议 중 하나이다.

我们都认为她考上北京大学这件事非常不可思议。
우리 모두 그녀가 베이징 대학에 합격한 이 일은 매우 불가사의하다고 생각한다.

考上 kǎoshàng 시험에 합격하다

> **배경지식** **불교 용어 不可思议**
>
> 不可思议는 원래 불교 용어로 신비하고 오묘함을 나타내는 표현이었으나, 오늘날에는 사물이나 사람이 상상하지 못했거나 이해하기 어려운 것을 형용한다. 듣기 1·3부분에서 사건이 벌어지는 상황을 이야기 형식으로 풀어나가는 지문에 출제되므로, 뜻을 잘 알아 두자.

莫名其妙
mòmíng qímiào

(성) 영문을 알 수 없다, 어리둥절하게 하다
▶ 그는 늘 莫名其妙한 행동만 골라서 하는, 이해하기 힘든 사람이야.

虽然我觉得他的话莫名其妙，但还是让他把话说完了。
비록 나는 그의 말을 알아들을 수 없었지만, 그래도 그가 말을 다 하도록 했다.

(유의) 百思不解 bǎisī bùjiě 도무지 이해가 되지 않는다

潜移默化
qiányí mòhuà

성 무의식 중에 감화되다

▶ 슬픈 드라마에 潜移默化되어 저절로 눈물이 흘러내렸다.

父母对孩子的教育应该是潜移默化的。

아이에 대한 부모의 교육은 무의식 중에 영향을 주는 것이어야 한다.

父母 fùmǔ 부모 | 教育 jiàoyù 교육

爱不释手
àibúshìshǒu

성 너무 좋아하여 차마 손에서 떼어 놓지 못하다

▶ 나는 이 소설책이 너무 재미있어서 爱不释手하는 정도에 이르렀다.

弟弟对他的新手机达到了爱不释手的程度。

남동생은 그의 새 휴대폰이 너무 좋아서 손에서 떼지 못하는 정도가 되었다.

达到 dádào 이르다 | 程度 chéngdù 정도

유의 手不释卷 shǒubúshìjuàn 책을 손에서 떼지 아니하다

津津有味
jīnjīn yǒuwèi

성 흥미진진하다

▶ 할머니는 옛날이야기를 정말 津津有味하게 해 주신다.

一回家就看到孩子们在津津有味地看着电影。

집에 가자마자 아이들이 흥미진진하게 영화를 보고 있는 것을 보았다.

一A就B yī A jiù B A하자마자 B하다

유의 兴致勃勃 xìngzhì bóbó 흥미진진하다

兴致勃勃
xìngzhì bóbó

성 흥미진진하다

▶ 영화가 반전도 있고, 아주 兴致勃勃해서 볼만했어.

孩子们在兴致勃勃地听着老师讲成语故事。

아이들은 흥미진진하게 선생님이 이야기하는 성어 고사를 듣고 있다.

成语 chéngyǔ 성어 | 故事 gùshi 이야기

유의 津津有味 jīnjīn yǒuwèi 흥미진진하다

知足常乐
zhīzúchánglè

성 만족함을 알면 항상 즐겁다
▶ 남이 인정하지 않으면 어때, 스스로가 知足常乐하면 그걸로 된 거야.

知足常乐的人比一般人更善于发现生活中的美好。
만족할 줄 아는 사람이 일반 사람들보다 생활 속의 아름다움을 발견하는 데 더 능하다.

善于 shànyú ~에 능하다 | **生活** shēnghuó 생활 | **美好** měihǎo 아름답다

> **출제 포인트** 삶의 태도를 나타내는 **知足常乐**
>
> 知足常乐는 만족할 줄 알면 항상 즐겁다는 의미로, 현재 있는 위치에서 만족함을 형용한다. 듣기 3부분의 삶의 태도에 대한 논설문에서 자주 쓰이는 표현 중 하나이므로, 반드시 기억하자.

兴高采烈
xìnggāo cǎiliè

성 신바람이 나다, 매우 기쁘다
▶ 샤오리는 합격 소식을 듣고 兴高采烈하여 어머니께 전화를 걸었다.

从考场出来以后，儿子兴高采烈地告诉我这次考得很好。
고사장에서 나온 후, 아들은 신바람이 나서 나에게 이번 시험을 잘 봤다고 말했다.

考场 kǎochǎng 고사장 　반의 **无精打采** wújīng dǎcǎi 풀이 죽다

朝气蓬勃
zhāoqì péngbó

성 생기가 넘쳐 흐르다
▶ 밖에서 뛰노는 朝气蓬勃한 아이들을 보니 나도 같이 활력이 생기는 것 같아.

孩子是祖国的未来，他们应该朝气蓬勃。
아이는 조국의 미래이므로, 아이들은 반드시 생기가 넘쳐 흘러야 한다.

祖国 zǔguó 조국 | **未来** wèilái 미래　유의 **生气勃勃** shēngqì bóbó 생기발랄하다

无精打采
wújīng dǎcǎi

성 풀이 죽다
▶ 아이를 자꾸 혼내서 无精打采하게 만들지 마. 자존감을 높여 줘!

当孩子无精打采时，你应当要给予他们适当的关心。
아이가 기운이 없을 때, 아이들에게 적절한 관심을 주어야 한다.

当……时 dāng …… shí ~할 때 | **应当** yīngdāng 반드시 ~해야 한다 | **给予** jǐyǔ 주다 | **适当** shìdàng 적절하다
반의 **兴高采烈** xìnggāo cǎiliè 신바람이 나다, 매우 기쁘다

后顾之忧
hòugùzhīyōu

성 뒷걱정, 뒷일에 대한 근심
▶ 미래에 대해 여유가 있을 때 미리미리 준비를 해 놔야 后顾之忧가 없지.

父母给孩子安排好了工作，解决了他们的后顾之忧。
부모님이 아이에게 할 일을 마련해 주어, 그들의 근심을 해결했다.

父母 fùmǔ 부모 | 安排 ānpái 안배하다

不屑一顾
búxiè yígù

성 두 번 다시 거들떠보지도 않다, 업신여기다
▶ 아무리 조언을 해 줘도 不屑一顾하며 듣지를 않으니 방법이 없다.

他自从升为经理后，对往日的同事不屑一顾。
그는 팀장으로 승진한 후부터, 예전의 동료를 거들떠보지도 않는다.

自从 zìcóng ~부터 | 升 shēng 승급하다 | 往日 wǎngrì 지난날
반의 举足轻重 jǔzú qīngzhòng 대단히 중요한 위치에 있어 상당한 영향력을 미치다

刻不容缓
kèbùrónghuǎn

성 잠시도 지체할 수 없다
▶ 의사는 刻不容缓하게 응급 처지를 하기 시작했다.

全球环境污染日趋严重，保护环境刻不容缓。
전 세계의 환경 오염이 갈수록 심각해져서, 환경 보호를 잠시도 지체할 수 없다.

全球 quánqiú 전 세계 | 污染 wūrǎn 오염 | 日趋 rìqū 나날이 | 严重 yánzhòng 심각하다 |
保护 bǎohù 보호하다
유의 迫不及待 pòbùjídài 일각도 지체할 수 없다

急于求成
jíyú qiúchéng

성 서둘러 목적을 달성하려 하다
▶ 이번 일은 急于求成하지 말고, 신중 또 신중하게 고민해서 결정해야 한다.

凡事都要注重积累，不可急于求成。
모든 일은 쌓는 것을 중시해야지, 서둘러 목적을 달성하려 해서는 안 된다.

凡事 fánshì 모든 일 | 注重 zhùzhòng 중시하다 | 积累 jīlěi 쌓이다 | 不可 bùkě ~해서는 안 된다
유의 迫不及待 pòbùjídài 일각도 지체할 수 없다

拔苗助长
bámiáozhùzhǎng

教育孩子时，很多家长在无意间犯了拔苗助长的错误。

아이를 가르칠 때, 많은 학부모가 무의식 중에 서두르다가 도리어 그르치는 실수를 저지른다.

教育 jiàoyù 교육하다 | 家长 jiāzhǎng 학부모 | 无意间 wúyìjiān 부지불식간에 | 犯 fàn 저지르다 | 错误 cuòwù 잘못

小心翼翼
xiǎoxīnyìyì

研究人员小心翼翼地把试验用的瓶子放在箱子里。

연구진은 조심스럽게 실험에 사용한 병을 상자 안에 넣었다.

研究人员 yánjiū rényuán 연구원 | 试验 shìyàn 실험하다

반의 粗心大意 cūxīndàyì 부주의하다

精打细算
jīngdǎ xìsuàn

她是个精打细算的人，从来不浪费钱买没必要的东西。

그녀는 매우 꼼꼼한 사람으로, 지금까지 불필요한 물건을 사는 데 돈을 낭비한 적이 없다.

从来 cónglái 지금까지 | 浪费 làngfèi 낭비하다 | 必要 bìyào 필요로 하다

반의 大手大脚 dàshǒudàjiǎo 돈이나 물건을 헤프게 쓰다

聚精会神
jùjīnghuìshén

他正在聚精会神地写着报告，没想到突然停电了。

그는 정신을 집중하여 보고서를 작성하고 있었는데, 생각지도 못하게 갑자기 정전이 되었다.

报告 bàogào 보고서 | 停电 tíngdiàn 정전되다

东张西望
dōngzhāng xīwàng

성 여기저기 두리번거리다
▶ 낯선 사람이 우리 집 주변을 东张西望하며 어슬렁거리고 있었다.

东张西望也是注意力不集中的表现之一。
여기저기 두리번거리는 것도 주의력이 산만하다는 표현 중의 하나이다.

注意力 zhùyìlì 주의력 | **集中** jízhōng 집중하다 | **表现** biǎoxiàn 표현 | **之一** zhī yī ~중의 하나

丢三落四
diūsānlàsì

성 덜렁거리다, 이것저것 잘 잊어버리다
▶ 너 지갑 또 잃어버렸어? 어쩜 그렇게 丢三落四하니?

安排时间计划表或许可以改掉**丢三落四**的毛病。
시간 계획표를 짜면 아마 덜렁거리는 버릇을 고칠 수 있을 것이다.

安排 ānpái 안배하다 | **计划表** jìhuàbiǎo 계획표 | **或许** huòxǔ 아마 | **改掉** gǎidiào 고쳐 버리다 | **毛病** máobìng 버릇

悬崖峭壁
xuányáqiàobì

성 깎아지른 듯한 절벽
▶ 등반대원들은 그 위험한 悬崖峭壁도 매우 능숙하게 올라갔다.

这种植物长在**悬崖峭壁**上，耐干旱的能力较强。
이런 식물은 가파른 절벽에서 자라, 가뭄을 견디는 능력이 비교적 강하다.

植物 zhíwù 식물 | **耐** nài 견뎌 내다 | **干旱** gānhàn 가뭄 | **能力** nénglì 능력

急功近利
jígōngjìnlì

성 눈앞의 이익에만 급급하다
▶ 그는 매사에 急功近利해서 멀리까지 내다보는 눈이 없다.

他过于**急功近利**，失败是早晚的事。
그는 지나치게 눈앞의 이익에만 급급해서, 실패하는 것은 시간 문제이다.

过于 guòyú 지나치게 | **失败** shībài 실패하다 | **早晚** zǎowǎn 조만간

争先恐后 zhēngxiān kǒnghòu
성 뒤질세라 앞을 다투다

统筹兼顾 tǒngchóu jiāngù
성 여러 방면의 일을 두루 돌보다

一丝不苟 yìsī bùgǒu
성 조금도 빈틈이 없다

一帆风顺 yìfān fēngshùn
성 일이 순조롭게 진행되다

任重道远 rènzhòng dàoyuǎn
성 책임은 무겁고, 갈 길은 멀다

无微不至 wúwēi búzhì
성 (사소한 곳까지 신경을 써) 매우 세심하다

锲而不舍 qiè'érbùshě
성 끈기 있게 끝까지 해내다

无能为力 wúnéng wéilì
성 어찌할 도리가 없다, 해결할 능력이 없다

斩钉截铁 zhǎndīng jiétiě
성 언행이 단호하다, 과단성이 있다

饱经沧桑 bǎojīng cāngsāng
성 세상만사의 변화를 실컷 경험하다

无忧无虑 wúyōu wúlǜ
성 아무런 근심이 없다

热泪盈眶 rèlèi yíngkuàng
성 매우 감격하다

深情厚谊 shēnqíng hòuyì
성 깊고 돈독한 정

礼尚往来 lǐshàng wǎnglái
성 오는 정이 있으면 가는 정이 있다

天伦之乐 tiānlúnzhīlè
성 가족이 누리는 단란함

见义勇为 jiànyì yǒngwéi
성 정의로운 일을 보고 용감하게 뛰어들다

肆无忌惮 sìwú jìdàn
성 제멋대로 굴고 전혀 거리낌이 없다

无动于衷 wúdòng yúzhōng
성 아무런 반응도 없다, 마음에 전혀 와닿지 않다

无理取闹 wúlǐ qǔnào
성 일부러 말썽을 부리다

南辕北辙 nányuán běizhé
성 하는 행동과 목적이 상반되다

不择手段 bùzé shǒuduàn
성 수단·방법을 가리지 않다

循序渐进 xúnxùjiànjìn
성 순차적으로 진행하다

难能可贵 nánnéng kěguì
성 쉽지 않은 일을 해내어 대견스럽다

喜闻乐见 xǐwén lèjiàn
성 즐겨 듣고 즐겨 보다, 환영·사랑받다

狼吞虎咽 lángtūnhǔyàn
성 게걸스럽게 먹다, 마파람에 게 눈 감추듯 하다

鸦雀无声 yāquè wúshēng
성 매우 고요하다

HSK 6급 빈출 표현

令人不可思议	lìng rén bùkěsīyì	이해할 수 없게 하다
吃得津津有味	chī de jīnjīnyǒuwèi	매우 맛있게 먹다
兴致勃勃地听	xìngzhìbóbó de tīng	흥미진진하게 듣다
斩钉截铁地说	zhǎndīngjiétiě de shuō	단호하게 말하다
兴高采烈地说	xìnggāocǎiliè de shuō	신바람 나서 말하다
废寝忘食地学习	fèiqǐnwàngshí de xuéxí	전심전력으로 공부하다
无微不至地照顾	wúwēibúzhì de zhàogù	세심하게 신경 써서 보살피다
称心如意的生活	chènxīnrúyì de shēnghuó	만족스런 생활
无忧无虑的日子	wúyōuwúlǜ de rìzi	아무런 근심·걱정이 없는 날들
得天独厚的条件	détiāndúhòu de tiáojiàn	특별히 좋은 (천혜의) 조건
享受天伦之乐	xiǎngshòu tiānlúnzhīlè	가족의 단란함을 누리다
喜闻乐见的形式	xǐwénlèjiàn de xíngshì	매우 환영받는 형식
物美价廉的商品	wùměijiàlián de shāngpǐn	품질도 좋고 가격도 저렴한 상품
欣欣向荣的景象	xīnxīnxiàngróng de jǐngxiàng	초목이 무성한 경치
饱经沧桑的人	bǎojīngcāngsāng de rén	온갖 풍파를 다 겪은 사람
对……无动于衷	duì …… wúdòngyúzhōng	～에 아무 감흥이 없다

데일리 테스트

고생하셨어요!
QR코드를 스캔하면 DAY01~DAY30 전체 데일리 테스트 PDF가
다운로드됩니다.

부록

◆ 데일리 테스트 정답

DAY 01 p.25

1 (1) ⓓ　　(2) ⓐ　　(3) ⓒ
　(4) ⓔ　　(5) ⓑ
2 (1) ⓑ　　(2) ⓓ　　(3) ⓔ
　(4) ⓒ　　(5) ⓐ

DAY 02 p.41

1 (1) ⓑ　　(2) ⓔ　　(3) ⓐ
　(4) ⓒ　　(5) ⓓ
2 (1) ⓒ　　(2) ⓓ　　(3) ⓐ
　(4) ⓔ　　(5) ⓑ

DAY 03 p.59

1 (1) ⓔ　　(2) ⓓ　　(3) ⓑ
　(4) ⓒ　　(5) ⓐ
2 (1) ⓒ　　(2) ⓐ　　(3) ⓔ
　(4) ⓑ　　(5) ⓓ

DAY 04 p.79

1 (1) ⓒ　　(2) ⓔ　　(3) ⓐ
　(4) ⓓ　　(5) ⓑ
2 (1) ⓑ　　(2) ⓔ　　(3) ⓐ
　(4) ⓒ　　(5) ⓓ

DAY 05 p.99

1 (1) ⓓ　　(2) ⓐ　　(3) ⓑ
　(4) ⓔ　　(5) ⓒ
2 (1) ⓔ　　(2) ⓑ　　(3) ⓐ
　(4) ⓒ　　(5) ⓓ

DAY 06 p.115

1 (1) ⓒ　　(2) ⓐ　　(3) ⓔ
　(4) ⓑ　　(5) ⓓ
2 (1) ⓒ　　(2) ⓐ　　(3) ⓔ
　(4) ⓓ　　(5) ⓑ

DAY 07 p.127

1 (1) ⓒ　　(2) ⓔ　　(3) ⓐ
　(4) ⓑ　　(5) ⓓ
2 (1) ⓓ　　(2) ⓔ　　(3) ⓑ
　(4) ⓐ　　(5) ⓒ

DAY 08 p.147

1 (1) ⓒ　　(2) ⓔ　　(3) ⓐ
　(4) ⓑ　　(5) ⓓ
2 (1) ⓔ　　(2) ⓑ　　(3) ⓓ
　(4) ⓒ　　(5) ⓐ

DAY 09 p.165

1 (1) ⓓ　　(2) ⓐ　　(3) ⓔ
　(4) ⓑ　　(5) ⓒ
2 (1) ⓒ　　(2) ⓔ　　(3) ⓐ
　(4) ⓑ　　(5) ⓓ

DAY 10 p.183

1 (1) ⓒ　　(2) ⓔ　　(3) ⓐ
　(4) ⓑ　　(5) ⓓ
2 (1) ⓓ　　(2) ⓐ　　(3) ⓔ
　(4) ⓑ　　(5) ⓒ

(4) 任何人都没有权利侵犯他人的隐私。

(5) 打击敌人要像秋风扫落叶一般残
　　酷无情。

DAY 15 p.277

1 (1) 굳센 의지, 끈기

(2) 지도하다, 안내하다 / 인솔하다, 이끌다

(3) 장애물, 방해물 / 방해하다, 막다

(4) 도태하다, 골라내다

(5) 제거하다, 없애다

2 (1) 他始终向着一个目标坚定不移地
　　前行。

(2) 机遇总会眷顾那些有准备的人。

(3) 他已经逐渐在团队中树立起了威信。

(4) 他的言行使他遭遇社会各界的冷落。

(5) 人们要勇于突破自我不断挑战。

DAY 16 p.297

1 (1) 순간, 순식간

(2) 시기, 때, 기회

(3) 여전히 / 예전대로 하다

(4) 날로, 나날이 더욱

(5) 곧, 머지않아

2 (1) 这场宴会一直持续到凌晨也没有
　　结束的意思。

(2) 上下班高峰时间导致交通严重堵塞。

(3) 液体达到一定温度时会急剧化为
　　气体。

(4) 医生告诉家属病人现在只能靠镇
　　痛剂来延续生命。

(5) 漫长的旅程使很多游客已经疲惫
　　不堪了。

DAY 17 p.317

1 (1) 사용자, 가입자

(2) 잘 팔리다, 판로가 넓다

(3) 상당하다, 대단하다, 굉장하다 / 볼만
　　하다, 가관이다

(4) 파(내)다, 캐다

(5) 소모하다 / 소모시키다

2 (1) 对方企业要求我们提前出示供给
　　产品的样本。

(2) 研究员对采集来的样品做了深入
　　的分析与研究。

(3) 公司的当务之急是想办法推销下
　　一季度的新产品。

(4) 我国代表向来宾们赠送了本国自
　　主研发的新产品。

(5) 密封技术可用于食品加工业及医
　　疗器械的包装。

DAY 18 p.337

1 (1) 유산

(2) 수익, 이득

(3) 저축, 저금, 예금 / 저축하다, 비축하다

(4) (상품·화폐가) 유통되다 / 잘 통하다,
　　잘 소통되다

(5) (빌린 채무를) 상환하다

2 (1) 我们公司的这笔资产已由一个合
　　资公司接收。

(2) 用计算机储存和提取这些交易数
　　据是最为安全的。

(3) 资源的贫乏导致这一地区的经济
　　受到严重影响。

데일리 테스트 정답　　573

(4) 小企业无法通过发行债券累积更多
的资本。

(5) 分析经济统计材料是一个十分复杂
的过程。

DAY 19
p.355

1 (1) 취직하다, 취업하다

(2) 감독하다 / 감독

(3) 체계

(4) 제한하다, 국한하다

(5) 공고, 알림 / 공고하다

2 (1) 面试前我对这家公司的背景和来历
做了充分调查。

(2) 张秘书是一个在处理公众事务上沉
着冷静的人。

(3) 在办公室安置监控录像会让职员们
有紧张感。

(4) 我们的老板习惯反复评估利害关系
然后做出决定。

(5) 成为一家知名企业的继承人并非
易事。

DAY 20
p.375

1 (1) 전략, 책략, 전술 / 전략적이다, 전술적
이다

(2) 실행할 만하다, 가능하다

(3) (법령·정책 등을) 실시하다, 실행하다

(4) 인정하다 / 승낙하다, 인가하다

(5) 전제, 전제 조건

2 (1) 袁隆平把毕生精力都献给了杂交水
稻的研究事业。

(2) 政府通过会议决定为亚运会设立一
个宣传机构。

(3) 不断进步的技术为工业的发展奠定
了坚实的基础。

(4) 合作双方都必须通过正当途径解决
企业间的矛盾。

(5) 这家公司为协调市场专门成立一个
部门。

DAY 21
p.395

1 (1) 采纳　　　(2) 请教
(3) 依靠　　　(4) 混乱
(5) 指责

2 (1) 进展　　　(2) 更正
(3) 承办　　　(4) 负担
(5) 功劳

DAY 22
p.415

1 (1) 雕刻　　　(2) 创作
(3) 激发　　　(4) 武侠
(5) 手法

2 (1) 构思　　　(2) 新颖
(3) 赞叹　　　(4) 典型
(5) 珍贵

DAY 23
p.435

1 (1) 陈旧　　　(2) 防止
(3) 支撑　　　(4) 对称
(5) 毫米

2 (1) 修建　　　(2) 延伸
(3) 别致　　　(4) 视线
(5) 倾斜

다락원 홈페이지에서
▶ MP3 파일 다운로드 및 실시간 재생
▶ 부가자료 3종 PDF 다운로드

초밀착 순간 암기 코칭

HSK 6급 단어
한권으로 끝내기

지은이 남미숙
펴낸이 정규도
펴낸곳 (주)다락원

초판 1쇄 발행 2026년 2월 13일

편집장 이상윤
편집 박소정
디자인 구수정
조판 최영란
일러스트 서수영
성우 郭洋, 朴龙君, 권영지, MURF AI(WEB 단어장)

다락원 경기도 파주시 문발로 211
전화 (02)736-2031 (내선 250~252 / 내선 430, 437)
팩스 (02)732-2037
출판등록 1977년 9월 16일 제406-2008-000007호

ISBN 978-89-277-2359-2 14720
　　　　978-89-277-2343-1 (set)

www.darakwon.co.kr
다락원 홈페이지를 방문하시면 상세한 출판 정보와 함께 동영상 강좌, MP3 자료 등 다양한 어학 정보를 얻으실 수 있습니다.